	勘定科目	課否	備 考
	雑収入	○	現金過不足：－　作業くず：○　自販機設置手数料：
			税金の還付加算金：－
営業外費用	支払利息	×	
	手形売却損	×	割引料：×　割引手数料：○
	為替差損	－	
	売上割引	○	対価の返還等に該当
	有価証券売却損	×	有価証券売却益に同じ
	雑損失	－	評価損：－
特別利益	受取保険金	－	
	各種引当金戻入額	－	
	固定資産売却益	○	土地等の売却：×　課税売上高は、譲渡対価　固定資産税等の精算金は譲渡対価
	債務免除益	－	
特別損失	固定資産売却損	○	固定資産売却益に同じ
	固定資産除却損	－	
	損害賠償金	－	品質の不良等（値引と認められるもの）：○

貸借対照表科目

貸借対照表科目は、通常課税取引に該当する可能性のあるものだけを記載してあります。

	勘定科目	課否	備 考
流動資産	商　品	－	課税事業者⇔免税事業者の場合の棚卸高：○
	前払費用	－	1年以内の短期前払費用で法人（又は個人）で費用計上したもの：○
有形固定資産	建　物	○	
	建物附属設備	○	取得価額に算入された附随費用のうち
	機械装置	○	運送保険料：×
	車両運搬具	○	関税・不動産取得税・自動車取得税・登録免許税等：－
	工具器具備品	○	固定資産税等の精算金は取得価額
	一括償却資産	○	
	土　地	×	仲介手数料：○　造成費用：○　土地取得に伴う取壊し予定の建物購入対価：○
無形固定資産	電話加入権	○	
	ソフトウエア	○	
	営業権	○	
投資その他の資産	差入保証金	－	事務所敷金等のうち返還不要分：○
	長期前払費用	－	費用算入時に：○
	ゴルフ会員権	○	ゴルフ場に支払った預託金、株式払込金：－
			ゴルフ場に支払った返還されない入会金及び名義変更料：○
			ゴルフ場以外の者に支払った預託金、株式、入会金の対価：○
	預け金	－	自動車リサイクル料で以下のもの　シュレッダーダスト料金、エアバック類料金、フロン料金、情報管理料：－
			資金管理料金（支払時費用処理）：○
	保険積立金	×	
繰延資産（会社法上）		○	取得価額に算入された租税公課：－

STEP式

令和**3**年版

消費税申告書の
作成手順

税理士 **杉田宗久** 監修

税理士 **石原健次**・税理士 **松田昭久**
税理士 **田部純一**・税理士 **三野友行**
税理士 **田中信大** 共著

令和**3**年10月**1**日より
適格請求書発行事業者の
登録申請開始！

清文社

は　じ　め　に

　消費税は、法人税のように申告書作成時の申告調整等による処理が中心となるのではなく、日常的に行う会計処理に基づき、申告納税額を計算していく仕組みとなっています。日常業務の段階から適正に処理していれば正しい納税額を計算することができます。

　例えば、「当課税期間は課税売上高が5億円を超えそうだ」と予め認識して、日常業務の段階から課税仕入れについて課税売上高に対応するか否かの区分経理を行っていれば、個別対応方式による仕入税額控除を採用することができます。しかし、日常業務で区分経理を行っていなければ個別対応方式を採用することはできませんし、結果として納税義務者の税負担が重くなってしまうこともあります。

　最近では、市販の会計ソフトにより会計処理と消費税の処理を行うことが多いのですが、このような会計ソフトでは、勘定科目別に設定された課税区分に基づき自動的に区分と集計が行われてしまうので、日常の処理を誤ってしまうと納付する消費税額の計算が不適正なものになってしまうとともに利益計算や法人税、所得税の申告納税額にも影響を及ぼします。したがって、消費税は日常業務の積み重ねにより適正に処理することが必要です。

　本書では、消費税の準備業務にはじまり、日常業務における勘定科目別の課否判定について事例を織り交ぜながら、法人税との関連についても記載し、申告書作成業務においては、課税取引金額計算表を用いて納付税額の計算の仕組みを分かり易く解説しています。

　また、簡易課税制度をはじめ、調整対象固定資産がある場合の仕入税額控除の調整や修正申告書の作成、消費税の特例適用等の要件である各種届出など実務に直結するよう記載例をあげて詳細に解説しています。

　今回の改訂では、軽減税率とインボイス編として、「軽減税率制度」、「インボイス方式の導入と税額計算の特例（経過措置）」の最新情報を解説するとともに、令和3年10月1日から始まる適格請求書発行事業者登録申請手続についても様式を掲載し解説しています。

　本書は、企業の経理担当者、会計事務所職員の方々が利用しやすいよう取引態様別に目次を設けています。

　本書の姉妹図書「ステップ式　法人税申告書と決算書の作成手順」、「ステップ式　相続税申告書の作成手順」とともに、マニュアル本として手元においてご利用いただき、お役に立てて頂ければ幸いです。

　最後に、出版にあたり貴重なお時間と多大なご尽力をいただきました株式会社清文社編集部に感謝いたします。

　令和3年9月

著者たちを代表して

杉　田　宗　久

●目次

IV 日常業務

Ⅷ 修正申告書を作成する

Ⅸ 届出書等を作成する

本書の利用にあたって

1 対象者

企業の経理担当者、税理士事務所職員の方で消費税申告書作成にまだ慣れていない方を対象にしています。

2 全体の流れ

3月決算法人であるステップ商事株式会社の令和3年4月1日～令和4年3月31日の課税期間を例にとり、日常の消費税の経理処理、消費税申告書の作成手順、届出書の書き方で構成されています。

また、消費税の修正申告があった場合の法人税申告書の別表4、別表5(1)の記入方法、特殊な事例などを解説しています。

3 経理方法

消費税では、税抜経理方法と税込経理方法がありますが、本書では特に記載のあるものを除き、税込経理方法で説明しています。

4 申告書の内容

一般法人、個人事業者の申告書作成を想定していますので、公益法人等についての消費税については解説を省略しています。

5 本書の特長

各ページの構成にあたっては、申告書や付表の様式を常にイメージできるように、原則として左ページには解説を、右ページには左ページのステップに合わせて実際の記載例や図解を配置し理解しやすくなるように工夫してあります。

（注） 本書は、令和3年8月1日現在の消費税関係法令等によっています。

新型コロナウイルス感染症に関連する税制上の措置

概要

　新型コロナウイルス感染症のわが国社会経済に与える影響が甚大なものであることに鑑み、令和2年4月20日に「新型コロナウイルス感染症緊急経済対策における税制上の措置」が閣議決定され、感染症やその蔓延防止のための措置の影響により厳しい状況に置かれている納税者に対し、緊急に必要な税制上の措置が講じられました。

申告・納期限の個別延長

　新型コロナウイルス感染症の各地での感染の拡大状況を踏まえ、申告期限までに申告・納付が困難な事業者に対し、個別の申告期限の延長を認めています。

1．個別延長が認められる場合

　新型コロナウイルス感染症の影響により、事業者がその期限までに申告・納付が出来ないやむを得ない理由がある場合には、申請により期限の個別延長が認められます。

　　【やむを得ない理由の例】
　　① 体調不良により外出を控えている方がいること
　　② 平日の在宅勤務を要請している自治体にお住まいの方がいること
　　③ 感染拡大防止のため企業の干渉により在宅勤務等をしている方がいること
　　④ 感染拡大防止のため外出を控えている方がいること

　上記の理由以外であっても、感染症の影響を受けて法定期限までに申告・納付が困難な場合には個別に延長が認められます。

2．個別延長の手続

　申告期限までに申告・納付ができないやむを得ない理由等の状況を記載した**「災害による申告、納付等の期限延長申請書」**（以下「延長申請書」）を作成・提出して申請を行います。

　　（注）令和3年4月16日以降は、申告書の余白等に所定の文言を記載する簡易な方法による申請は行うことができません。

3．個別延長の場合の申告・納付期限

　やむを得ない理由がやんだ日から2か月以内の税務署長が指定した日まで申告・納付期限が延長されます。具体的には、**申告書等を作成・提出することが可能となった時点で申告を行うこととなります。**この場合、**申告・納付期限は原則として申告書等の提出日**となります。

4．中間申告書の提出期限の延長について

（1）概要

　中間申告書についても、新型コロナウイルス感染症の影響により、提出期限までに提出することが困難な場合には、提出期限の延長が認められます。

STEP 2-1

個別延長が認められる具体例

〔個人・法人共通〕

① 税務代理等を行う税理士（事務所の職員を含みます。）が感染症に感染したこと

② 納税者や法人の役員、経理責任者などが、現在、外国に滞在しており、ビザが発給されない又はそのおそれがあるなど入出国に制限等があること

③ 次のような事情により、企業や個人事業者、税理士事務所などにおいて通常の業務体制が維持できない状況が生じたこと

  ・ 経理担当部署の社員が、感染症に感染した、又は感染症の患者に濃厚接触した事実がある場合など、当該部署を相当の期間、閉鎖しなければならなくなったこと

  ・ 学校の臨時休業の影響や、感染拡大防止のため企業が休暇取得の勧奨を行ったことで、経理担当部署の社員の多くが休暇を取得していること

  ・ 緊急事態宣言などがあったことを踏まえ、各都道府県内外からの移動を自粛しているため、税理士が関与先を訪問できない状況にあること

〔法人〕

④ 感染症の拡大防止のため多数の株主を招集させないよう定時株主総会の開催時期を遅らせるといった緊急措置を講じたこと

〔個人〕

⑤ 納税者や経理担当の（青色）事業専従者が、感染症に感染した、又は感染症の患者に濃厚接触した事実があること

⑥ 次のような事情により、納税者が、保健所・医療機関・自治体等から外出自粛の要請を受けたこと

  ・ 感染症の患者に濃厚接触した疑いがある

  ・ 発熱の症状があるなど、感染症に感染した疑いがある

  ・ 基礎疾患があるなど、感染症に感染すると重症化するおそれがある

  ・ 緊急事態宣言などにより、感染拡大防止の取組みが行われている

(2) **手続き**

　提出期限までに中間申告書を提出することが困難な場合には、やむを得ない理由が
やんだ日後2か月以内に延長申請書を提出することにより、やんだ日から2か月以内
の税務署長が指定した日まで期限が延長されます。

　通常であれば、中間申告書の提出期限までに提出がなかった場合には、その提出期
限において直前課税期間の実績による中間申告書の提出があったものとみなされます
が、「直前課税期間の実績による中間申告」、「仮決算による中間申告」のどちらにつ
いても延長申請書を提出することで、みなし適用されずに提出期限の延長が適用され
ます。

(3) **確定申告書の提出期限までに提出が困難な場合**

　中間申告書を提出することが困難な状態が、確定申告書の提出期限まで続く場合に
は、その中間申告書の提出は不要となります。つまり、中間申告により納付する消費
税、地方消費税は生じないこととなります。この場合には、確定申告書を提出する際
に、確定申告書の余白に、「中間申告書は新型コロナウイルス感染症の影響により提
出できなかった」旨を記載して提出します。

　なお、確定申告の際には、中間納付額は0円として申告することとなります。

納税の猶予制度

1．換価の猶予・納税の猶予

　換価の猶予は、「事業継続又は生活の維持が困難であるとき」に比較的広く適用でき、
猶予期間中の延滞税が軽減（年8.8％ → 年1.0％）され、担保の提供が必要となる場合が
ある制度です。

　納税の猶予は、延滞税が全額免除となる場合がありますが、地震や台風などの災害や
納税者が病気・負傷したこと、事業の廃止などの場合に限定されます。

2．特例猶予制度

　新型コロナウイルス感染症及びそのまん延防止のための措置の影響により、多くの事
業者等の収入が減少しているという状況を踏まえ創設された、**令和2年2月1日から令
和3年1月31日までに納期限が到来する国税について**、「財産の損失」が生じていない
場合でも**無担保かつ延滞税なしで1年間納税の猶予を受けられる**制度は、申請期限であ
る**令和3年2月1日をもって終了**しました。ただし、令和3年2月1日までに納期限が
到来する国税で、納期限までに申請書を提出できなかったことについてやむを得ない理
由があると認められるときは、納期限後でも申請が可能です。

3．申請方法

　「納税の猶予申請書」を所轄の税務署に提出します。感染拡大防止の観点から、申請
書の提出は郵送（様式は国税庁ＨＰから入手可能）又はe-Taxの利用が推奨されています。

整理番号 ☐☐☐☐☐☐☐

収受印

令和 3 年 12 月 15 日

＿＿＿＿＿＿税 務 署 長 殿

（〒 5 4 0 - 0 0 0 8 ）

申請者 住 所
（所在地） 大阪市中央区大手前1-5

（電話番号 06-6×××-3319 ）

氏 名
（名 称） 国 税 商 事 株 式 会 社

法人番号 1 1 2 3 4 5 6 7 8 9 0 1 2

> 「自」には被災状況に記載の理由が生じた日を、「至」にはその理由のやんだ日（申告書と同時に提出する場合はその提出日）を記載します。

災害による申告、納付等の期限延長申請書

> e-taxで提出する場合は修正不要です。

自令和 3 年 10 月 12 日

至令和 3 年 12 月 15 日

＿＿新型コロナウイルス＿＿ の影響により により被害を受けましたので、下記のとおり、申告、

納付等の期限の延長を申請します。

> 申告書等同時に申請書を提出する場合は申告書の提出日を記載してください。
> 申請書のみ提出する場合は、期限延長の指定を受けようとする日を記載してください。

記

申 請 内 容			※ 処 理
期 限 の 種 類	法定期限	申 請 期 限	
法人税及び地方法人税の申告及び納付	令和 3 年11月30日	令和 3 年12月15日	
消費税及び地方消費税の申告及び納付	令和 3 年11月30日	令和 3 年12月15日	
	令和 年 月 日	令和 年 月 日	
	令和 年 月 日	令和 年 月 日	

被災状況	経理担当社員が感染症患者の濃厚接触者となったことにより、10月12日以降2週間の自宅待機が必要となり、決算作業が大幅に遅延した。 新型コロナウイルス感染症の影響により申告、納付等の期限の延長を申請する具体的な理由を記載してください。	参考事項

（注） 1 この延長申請書は、原則として災害のやんだ日から1か月以内に申請してください。

2 ※印が付された欄の記入は要しません。

※決裁	署 長	副署長	総務課長、統括官	担当者	※ 決 議	令和 年 月 日
					※ 通 知	令和 年 月 日 第 号・口頭・（ ）

※税務署整理欄	通信日付印	年 月 日	確認		処理年月日	年 月 日
	番号確認					

届出等に関する特例

1．概要

　新型コロナウイルス感染症及びそのまん延防止のための措置の影響を受けており、一定の条件を満たす事業者（特例対象事業者）は、納税地の所轄税務署長の承認により、消費税の届出等に関する特例が設けられました。

2．特例対象事業者

　新型コロナウイルス感染症等の影響により、**令和２年２月１日から令和３年１月31日までの間のうち、任意の１か月以上の期間（調査期間）の事業としての収入が、著しく減少（前年同期比概ね50％以上）**している事業者をいいます。

※　事業開始１年未満で、前年同期と比較できない場合は、令和２年１月以前の期間を比較対象とすることができます。また前年同期の収入金額が不明な場合は、直前１年間の平均収入金額を比較対象とすることができます。

3．特定課税期間

　「特定課税期間」とは、**新型コロナウイルス感染症等の影響により事業としての収入の著しい減少があった期間内の日を含む課税期間**をいいます。

課税事業者選択の変更に係る特例

　特例対象事業者は、特定課税期間以後の課税期間について、課税期間の開始後であっても、課税事業者を選択する（又は選択をやめる）ことができることとされました。

　（注）課税事業者の選択をやめる場合であっても、基準期間における課税売上高、特定期間における課税売上高が1,000万円以下等でなければ納税義務は免除されません。

1．承認申請手続

　「新型コロナ税特法第10条第１項（第３項）の規定に基づく課税事業者選択（不適用）届出に係る特例承認申請書」に、損益計算書、月次試算表、売上帳などの収入の著しい減少があったことを確認できる書類（以下「確認書類」という。）を添付して所轄税務署長に提出しなければなりません。

2．申請期限

　課税事業者を選択する場合には「特定課税期間の末日の翌日から２か月以内 （注１、２）」に、選択をやめる場合には「特定課税期間の確定申告書の提出期限 （注３、４）」までに申請が必要です。

　（注１）個人事業者の12月31日の属する課税期間である場合には３か月以内
　（注２）国税通則法第11条の適用による申請期限の延長が可能
　（注３）国税通則法第11条の適用により申告期限の延長を受けている場合には延長されたその期限
　（注４）特定課税期間又は課税選択の２年継続適用後の課税期間から選択をやめる場合の期限。
　　　　　これ以外の場合は、「２年経過日の属する課税期間の末日」と「選択をやめようとする課税期間の末日」のいずれかの早い日

課税事業者選択の変更に係る特例

〔免税事業者が課税事業者を選択する場合の具体的な適用事例〕

新型コロナウイルス感染症の影響により長期間にわたり売上が減少しており、令和3年1月1日から1か月間の事業収入が著しく減少したため、令和3年3月期に設備投資を行い、仕入れに係る消費税の還付を受けるため、課税事業者を選択し、一般課税により申告を行う場合（3月末決算法人の場合）

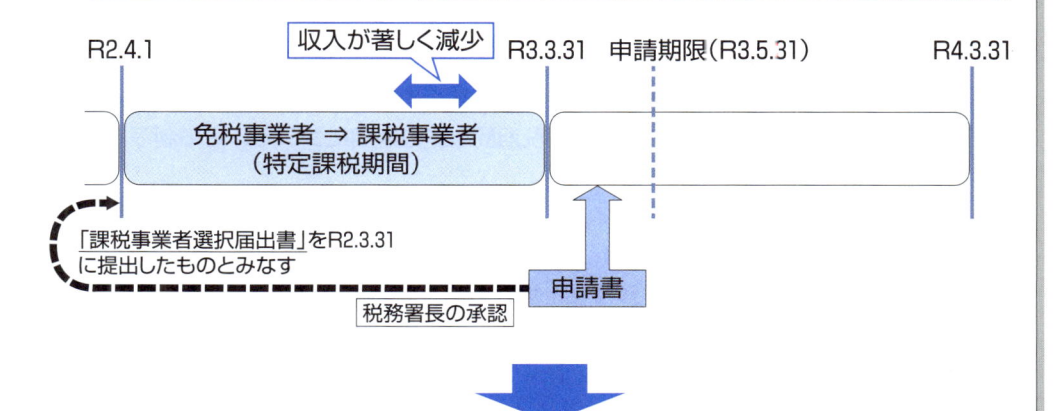

〔課税事業者の選択をやめる場合の具体的な適用事例〕

上記の事業者が令和4年3月期から課税事業者の選択をやめて免税事業者になる場合

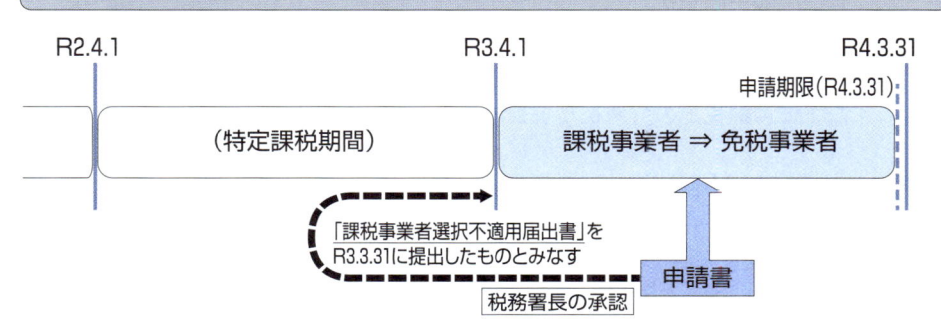

(注)免税事業者になることができるのは、その課税期間の基準期間における課税売上高が1,000万円以下の事業者等です。

3．2年継続適用の不適用

　この特例により課税事業者を選択する（又はやめる）場合、2年間の継続適用要件等は適用されません（この特例により課税事業者を選択した課税期間の翌課税期間において、課税事業者の選択をやめることも可能）。

※　このほか、新設法人が調整対象固定資産を取得した場合等における納税義務免除の制限について、税務署長の承認によりその制限を解除する特例が設けられています。

納税義務の免除の制限の解除

1．下記の納税義務の免除の制限の適用を受けている特例対象事業者は、納税地の所轄税務署長の承認により、特定課税期間以後の期間について、その制限を解除することができます。

①　新設法人等が基準期間のない各課税期間に調整対象固定資産を取得した場合の納税義務の免除の制限（**No.11**「課税事業者の判定をする」**STEP 7** 参照）

②　高額特定資産を取得等した場合の納税義務の免除の制限（**No.80**「高額特定資産を取得等した場合の納税義務の免除の特例」参照）

③　高額特定資産である棚卸資産等の調整措置の適用を受けた場合の納税義務の免除の制限（**No.81**「高額特定資産である棚卸資産等について調整措置の適用を受けた場合の納税義務の免除の特例の制限」参照）

2．承認申請手続

　「新型コロナ税特法第10条第4項から第6項の規定に基づいて納税義務の免除の特例不適用承認申請書」に「確認書類」を添付して、上記1.の適用に応じそれぞれ次の期限までに納税地の所轄税務署長に提出しなければなりません。

①の適用	基準期間のない事業年度のうち、最後の事業年度終了の日	左記の日と「特定課税期間の確定申告書の提出期限」とのいずれか遅い日
②の適用	高額特定資産の取得等の日の属する課税期間の末日	
③の適用	棚卸資産の調整の適用を受けることとなった日の属する課税期間の末日	

簡易課税制度の適用に関する特例について

　新型コロナウイルス感染症の影響による被害を受けたことにより、簡易課税制度の適用を受ける（又はやめる）必要が生じた場合、**「災害等があった場合の届出に関する特例（消法37の2）」**（**No.66　STEP 7** 参照）**により、税務署長の承認を受けることで、その被害を受けた課税期間から、その適用を受ける（又はやめる）ことができます。**

　なお、簡易課税制度の選択は、基準期間の課税売上高が5,000万円以下の場合に限ります。また、この特例の適用を受ける場合は、2年間の継続適用の要件はありません。

STEP 4-2 ① 新設法人等が調整対象固定資産を取得した場合

新設法人が、令和２年３月期に調整対象固定資産を取得していたが、新型コロナウイルス感染症の影響により、令和３年１月１日から１か月間、事業収入が著しく減少したため、令和２年３月期以後、納税義務の免除の制限を解除する場合（３月末決算法人の場合）

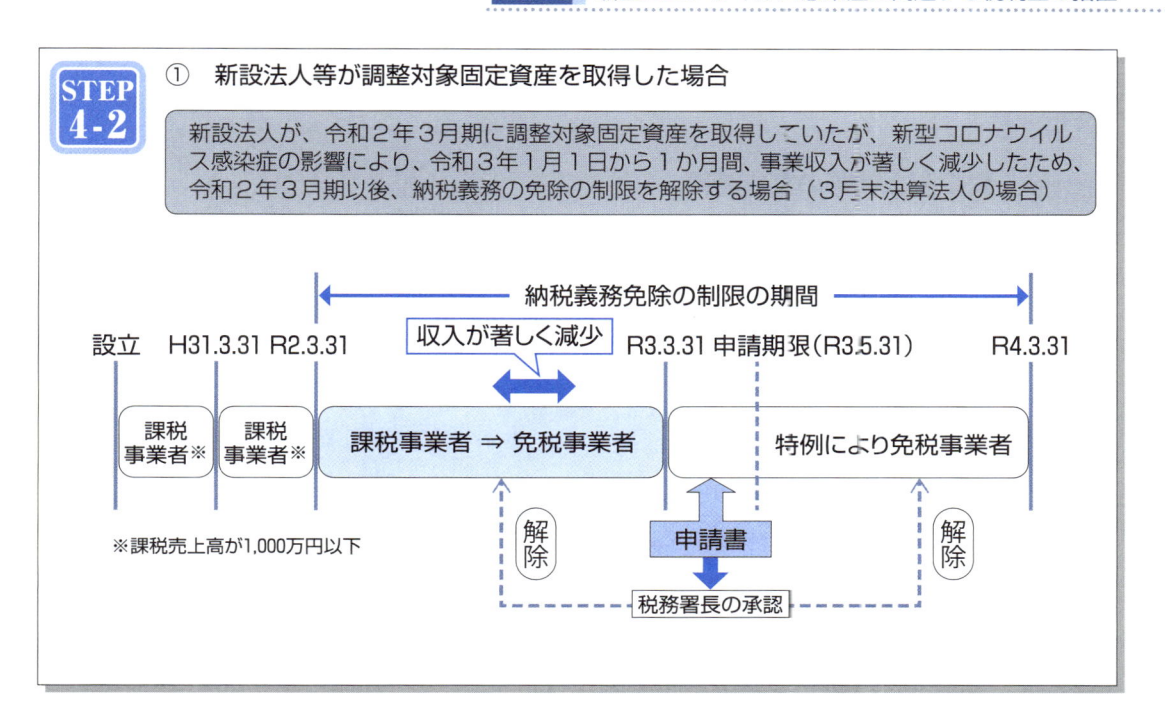

STEP 5 簡易課税制度の適用を受ける場合の具体的な適用事例

新型コロナ感染症の影響による損害を受けたことにより、事務処理能力が低下したため、簡易課税制度を選択する場合

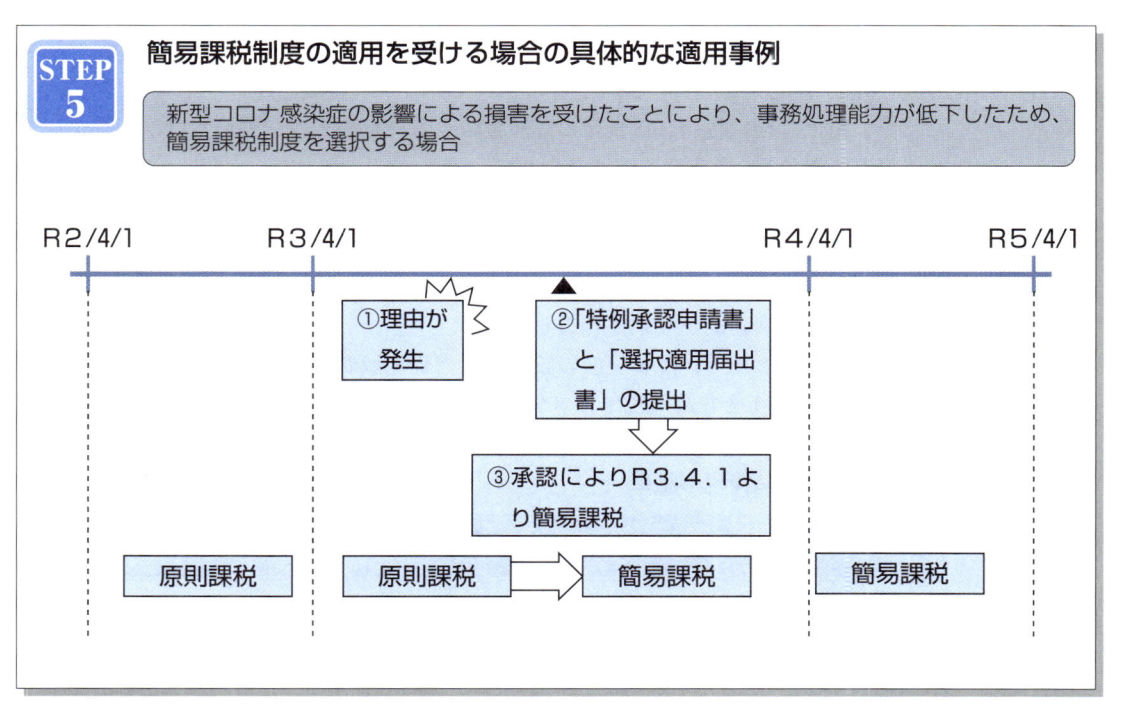

No. 1　軽減税率への対応

STEP 1　税率引上げ等の実施時期

消費税率の引上げに関連する改正項目と実施時期は以下のとおりです。

改正項目	実施時期
消費税及び地方消費税の税率引上げ	令和元年10月1日
軽減税率制度の導入	令和元年10月1日
仕入税額控除の方式の変更（**No. 3、4**参照） 　区分記載請求書等保存方式 　適格請求書等保存方式 **（適格請求書発行事業者の登録申請）**	 令和元年10月1日〜令和5年9月30日 令和5年10月1日〜 **令和3年10月1日〜**
税額計算の特例（経過措置）（**No. 3**参照） 　売上税額の特例 　仕入税額の特例	 4年間（令和元年10月〜令和5年9月30日） 1年間（令和元年10月〜令和2年9月30日）

STEP 2　消費税及び地方消費税の税率引上げ

　令和元年10月1日以後に国内において事業者が行う課税資産の譲渡等、国内において事業者が行う課税仕入れ及び保税地域から引き取られる課税貨物については10%（消費税7.8%、地方消費税2.2%）の税率が適用されています（消法29）。

　ただし、引上げ後に行われる資産の譲渡等のうち一定のものについては、旧税率を適用する経過措置（**No. 2**参照）が講じられています。

STEP 3　軽減税率制度の導入

　10%への税率引上げにあわせて、低所得者対策として、生活必需品に係る消費税負担を軽減する軽減税率制度が導入されました。

　軽減税率の対象となる、課税資産の譲渡等と保税地域から引き取られる課税貨物については税率の引上げ後も適用税率は8%（消費税6.24%、地方消費税1.76%）に据え置かれています。

消費税及び地方消費税の税率

適用開始日 区分	令和元年9月30日まで	現行	
		標準税率	軽減税率
消　費　税　率	6.3%	7.8%	6.24%
地 方 消 費 税 率	1.7% （消費税額の$\frac{17}{63}$）	2.2% （消費税額の$\frac{22}{78}$）	1.76% （消費税額の$\frac{22}{78}$）
合　　　　計	8.0%	10.0%	8.0%

（注）消費税等の軽減税率と旧税率はどちらも合計は8%ですが、消費税率（6.3%→6.24%）と地方消費税率（1.7%→1.76%）の割合が異なります。

STEP 1 税率引上げ等の概要

税率引上げと軽減税率制度の実施時期	令和元年10月1日
消費税率等	標準税率：10％（消費税率：7.8％、地方消費税率：2.2％） 軽減税率：8％（消費税率：6.24％、地方消費税率：1.76％）（注1） （注1）旧8％（消費税率：6.3％、地方消費税率：1.7％）とは消費税と地方消費税の割合が異なるため区分が必要。
軽減税率の対象品目	• 飲食料品（酒類・外食を除く） • 週2回以上発行される新聞（定期購読契約に基づくもの）
帳簿及び請求書等の記載と保存	• 対象品目の売上げ・仕入れがある事業者は、これまでの記載事項に税率ごとの区分を追加した請求書等（注2）の発行や記帳などの経理（区分経理）を行う必要あり。 • 仕入税額控除の要件として、区分経理に対応した帳簿及び請求書等（注2）の保存が必要となる（区分記載請求書等保存方式）。 （注2）「区分記載請求書等」という。なお、令和5年10月からは「区分記載請求書等」に代わり、「適格請求書等」の保存が要件となる（適格請求書等保存方式＝いわゆるインボイス方式）。
税額の計算	• 売上げ及び仕入れを税率ごとに区分して税額計算を行う必要あり。 • 区分経理が困難な中小事業者について、経過措置として売上げに係る税額（売上税額）又は仕入れに係る税額（仕入税額）の計算の特例あり。

STEP 3 軽減税率制度の実施後に必要となる事務

事業者の区分		必要な対応
課税事業者	軽減税率対象品目の売上げ・仕入れ（経費）の両方がある事業者 （例）• 飲食料品を取扱う小売・卸売業 　　　（スーパー、青果店等） 　　• 飲食店業 　　　（レストラン等）	① 取引の相手方に、記載事項を追加した区分記載請求書等を交付 ② 取引先から受領した区分記載請求書等をもとに、日々の取引を税率の異なるごとに記帳（区分経理） ③ 区分経理に基づき、申告時に税率ごとの税額計算
	軽減税率対象品目の仕入れ（経費）のみがある事業者 （例）会議費や交際費として飲食料品を購入する場合　等	上記②と③の対応が必要
免税事業者	軽減税率対象品目の売上げがある場合	課税事業者と取引を行う場合には、区分記載請求書等の交付を求められる場合があるため上記①の対応が必要

軽減税率の適用対象取引

STEP 4

　軽減税率の適用対象取引は、国内取引については課税資産の譲渡等のうち、次の1又は2に該当するもの（軽減対象資産の譲渡等）とし、輸入取引については保税地域から引き取られる課税貨物のうち次の1の飲食料品に該当するもの（軽減対象貨物）とされています。

1．飲食料品（酒類を除く）の譲渡

　飲食料品とは、食品表示法に規定する食品(注1)（酒類(注2)を除く。）をいい、一定の「一体資産」を含み、「外食・ケータリング等」は含まれません。

（注1）食品表示法2①（食品の定義）
　　　　この法律において「食品」とは、全ての飲食物（医薬品、医薬部外品及び再生医療等製品を除き、添加物を含む。）をいう。
（注2）酒税法2①（酒類の定義及び種類）
　　　　「酒類」とは、アルコール分1度以上の飲料（薄めてアルコール分1度以上の飲料とすることができるもの（アルコール分が90度以上のアルコールのうち、酒類の製造免許を受けた者が酒類の原料として当該製造免許を受けた製造場において製造するもの以外のものを除く。）又は溶解してアルコール分1度以上の飲料とすることができる粉末状のものを含む。）をいう。

⑴　軽減税率の対象とされるもの

①　食品表示法に規定する食品
②　一体資産のうち一定のもの（下記⑷）
③　飲食料品のいわゆる「テイクアウト」や「持ち帰り販売」（下記⑸④）
④　いわゆる「ケータリング、出張料理」のうち、有料老人ホーム等の施設で行う一定の基準を満たす飲食料品の提供（**STEP4-5**参照）

⑵　軽減税率の対象とされないもの

①　酒税法に規定する酒類
②　人の飲食に供することが可能なもので、人の飲用又は食用以外の用途で販売されるもの（例：工業用として販売される塩など）
③　医薬品、医薬部外品、再生医療等製品
④　いわゆる「外食」（下記⑸①）
⑤　いわゆる「ケータリング、出張料理」（下記⑹）

⑶　適用税率の判定時期

　軽減税率が適用される取引か否かの判定は、事業者が飲食料品を販売する時点（取引を行う時点）で行います。

　したがって、飲食料品を販売する事業者が、人の飲用・食用に供されるものとして販売した場合には、購入者がそれ以外の目的で購入・使用したとしても、その取引は「飲食料品の譲渡」に該当し、軽減税率の対象となります。

例）　・清掃用として販売した重曹を購入者が食用に用いたとしても、販売時の税率は標準税率
　　　・食用として販売した重曹を購入者が清掃用に用いたとしても、販売時の税率は軽減税率

軽減税率制度の適用対象となる飲食料品の範囲

軽減税率対象　軽減税率対象外

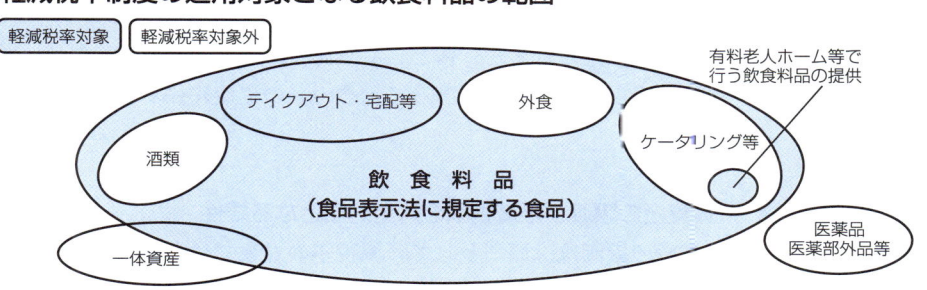

【留意点】

飲食料品	飲食料品とは、「一般に人の飲用又は食用に供するもの」をいいます。例えば、工業用の塩は、軽減税率の対象となる飲食料品に含まれません。
外食	飲食店営業等の事業を営む者が飲食に用いられる設備がある場所において行う食事の提供
ケータリング等	相手方の注文に応じて指定された場所で調理・給仕等を行うもの
テイクアウト・宅配等	飲食店営業等の事業を営む者が行うものであっても、いわゆるテイクアウト・宅配等は軽減税率の対象
一体資産	おもちゃ付きのお菓子など、食品と食品以外の資産があらかじめ一体となっている資産で、その一体となっている資産に係る価格のみが提示されているもの 税抜価格が1万円以下であり、かつ、食品の価額の占める割合が $\frac{2}{3}$ 以上の場合に限り、全体が軽減税率の対象（それ以外の場合は、標準税率の対象）

飲食料品の具体例

品目等	軽減税率の適用対象	適用対象とならないもの
農産物	・米穀や野菜、果実など ・人の飲用又は食用に供されるもみ ・おやつや製菓の材料用のかぼちゃの種など	・「種もみ」として販売されるもみ ・栽培用として販売される植物や種子
畜産物	・食肉や生乳、食用鳥卵など ・家畜の枝肉	・肉用牛、食用豚、等の生きた家畜
水産物	・魚類や貝類、海藻類など ・活魚	・熱帯魚などの観賞用の魚
加工食品	・麺類、パン類、菓子類、調味料等、その他製造又は加工された食品	―
飲料	・ジュース、お茶等の飲料 ・ミネラルウォーターなどの飲料水 ・ペットボトルに入れて「食品」として販売する水道水 ・医薬品等でない栄養ドリンク ・ノンアルコールビールや甘酒など「酒類」に該当しない飲料 ・ウォーターサーバーで使用する水	・水道水 ・医薬品等（医薬品、医薬部外品、再生医療等製品）に該当する栄養ドリンク ・ウォーターサーバーのレンタル料
氷	・かき氷や飲料に入れる氷などの食用氷	・ドライアイスや保冷用の氷
健康食品、美容食品等	・特定保健食品、栄養機能食品 ・医薬品等に該当しない健康食品、美容食品	―
酒類	・酒類を原料とした菓子（酒類に該当しないもの） ・酒類の原料となる食品（日本酒の原材料の米など） ・みりん風調味料、料理酒等（酒類に該当しないアルコール分1度未満のものや塩を加えたもの）	・酒税法に規定する酒類 ・食品の原材料となるワインなどの酒類 ・みりん、料理用清酒等（酒類に該当するもの）
家畜の飼料やペットフード	―	・牛や豚等の家畜の飼料 ・ペットフード

(4) 「一体資産」に関する注意点等

① 一体資産の意義

　　食品と食品以外の資産が一体として販売されるもの（あらかじめ一の資産を形成し、又は構成しているものであって、その一の資産に係る価格のみが提示されているもの）

② 一体資産の譲渡が軽減税率の適用対象となる要件

　　一体資産の譲渡は、原則として軽減税率の対象ではありませんが、次のいずれの要件も満たす場合に限り、その全体が軽減税率の適用対象となります。

- 一体資産の譲渡の対価の額（税抜販売価額）が 1 万円以下であること
- 一体資産の価額のうちにその一体資産に含まれる食品に係る部分の価額の占める割合として合理的な方法により計算した割合（下記③）が $\frac{2}{3}$ 以上であること

　※　要件を満たさなければその譲渡全体が標準税率の適用対象となります。

③ 合理的な方法により計算した割合

　　事業者の販売する商品や販売実態等に応じ、例えば次の割合など、事業者が合理的に計算した割合であれば差し支えないこととされています（軽減通達 5）。

- 一体資産の譲渡に係る売価のうち、合理的に計算した食品の売価の占める割合
- 一体資産の譲渡に係る原価のうち、合理的に計算した食品の原価の占める割合

④ 合理的な割合が不明な場合

　　小売業や卸売業等を営む事業者が、一体資産に該当する商品を仕入れて販売する場合において、合理的な割合が不明であるときは、販売する対価の額（税抜価額）が 1 万円以下であれば、その課税仕入れのときに仕入先が適用した税率をそのまま適用して差し支えありません。

(5) 「外食」に関する注意点等

① 「飲食店業等を営む者が行う食事の提供」（いわゆる「外食」）の意義

　　軽減税率が適用されない「外食」とは、

- 飲食店業等を営む者（下記②）が顧客の飲食に用いられるテーブル、椅子、カウンター等の飲食設備（下記③）のある場所において（**場所要件**）
- 顧客に飲食料品を飲食させるサービス（**サービス要件**）

をいいます（改正法附則 34①一イ）。

② 「飲食店業等を営む者」の意義

　　食品衛生法上の飲食店業、喫茶店営業を営む者に限らず、飲食設備のある場所において飲食料品を飲食させる役務の提供を行う全ての事業者が該当します（改正令附則 3①、軽減通達 7）。

品目等	軽減税率の適用対象	適用対象とならないもの
味覚狩り、潮干狩り、釣堀の入園料	・別途対価を徴して果物等を販売した場合	・顧客に収穫等させた果物等をその場で飲食させる役務の提供
食品衛生法に規定する「添加物」	・食品衛生法に規定する添加物（食品添加物）として販売される金箔、重曹など（購入者が清掃用、化粧品の原材料に用いたとしても対象） ・添加物として販売される炭酸ガス及びガスボンベ	－
飲食料品の包装材料、容器、割り箸、ストロー、保冷剤等	・飲食料品の販売に通常必要なものとして使用されるもの ・桐の箱等の高価な容器であっても、商品名を直接印刷するなど、その飲食料品の販売にのみ使用していることが明らかなもの ・ケーキやプリンなどの洋菓子にサービスで付ける保冷剤	・贈答用の包装など、別途対価を定めている包装材料等 ・包装紙のみの販売 ・別途対価を徴している保冷剤
自動販売機	・自動販売機によるジュース等の飲料、パン、お菓子等の販売	・自動販売機による酒類の販売
通信販売	・飲食料品の通信販売 (注)	－
食品の卸売	・飲食店への食材の販売	－
食品の加工	－	・コーヒーの生豆の焙煎等の加工
食品の廃棄	－	・賞味期限切れの廃棄食品の譲渡
送料	・送料込で別途送料を求めない場合	・飲食料品の譲渡に要する送料

（注）飲食料品の通信販売には適用税率の経過措置は適用されず、軽減税率が適用されるため、令和元年９月30日までの税率は、消費税率6.3％、地方消費税率1.7％の合計８％、令和元年10月１日以後の税率は消費税率6.24％、地方消費税率1.76％の合計８％となる。

STEP 4-3　一体資産の具体例

一体資産の具体例

・菓子と玩具により構成されている、いわゆる食玩
・飲食後に食器や装飾品として再利用できる容器に盛り付けられた洋菓子
・紅茶とティーカップのセット
・食品と食品以外の資産で構成された福袋

一体資産に該当しないもの

・例えばビールと惣菜など、それぞれ別々の商品として販売しているものを組み合わせて、一括で値引きを行う販売
・食品と食品以外の資産の詰合せ商品について、その詰合せ商品の価格とともに、個々の商品の価格を内訳として提示している場合
・例えば「よりどり３品○○円」と価格を提示し、顧客が自由に組合せできるようにして販売している場合

③ 「飲食に用いられる設備」（飲食設備）の意義

　飲食に用いられるテーブル、椅子、カウンター等の設備であれば、

* 飲食のための専用の設備である必要はなく、
* 飲食料品の提供を行う者と設備設置者（設備を設置又は管理する者）が異なる場合であっても、飲食料品の提供を行う者と設備設置者との間の合意等に基づき、その飲食設備を飲食料品の提供を行う者の顧客に利用させることとしているとき（例：フードコートでの飲食）は、「飲食設備」に該当します（軽減通達8、9）。

④ 「テイクアウト・持ち帰り販売」の取扱い

　「テイクアウト・持ち帰り販売」とは、「食料品を、持ち帰りのための容器に入れ、又は包装を施して行う譲渡」をいいます。

　テイクアウト・持ち帰り販売は、**「飲食設備のある場所において、飲食料品を飲食させる役務の提供」には当たらない単なる飲食料品の販売であることから、軽減税率が適用されます**（改正法附則 34①一イ）。

⑤ 「店内飲食」と「テイクアウト・持ち帰り販売」の両方を行っている場合

　「店内飲食」と「テイクアウト・持ち帰り販売」の両方を行っている飲食店等においては、**例えば「注文等の時点で『店内飲食（標準税率）』か『持ち帰り（軽減税率）』か、顧客に意思確認を行う」などの方法により適用税率の判定を行うこと**となります。

　なお、大半の商品（飲食料品）が持ち帰りであることを前提として営業しているコンビニエンスストア等においては、全ての顧客に店内飲食か持ち帰りかを質問することを必要とするものではなく、例えば、「イートインコーナーを利用する場合はお申し出ください」等の掲示をして意思確認を行うなど、営業の実態に応じた方法で意思確認を行うこととして差し支えありません。

「外食」の具体例

店舗形態等	標準税率（「外食」に当たる）	軽減税率（『外食』に当たらない）
牛丼屋、ハンバーガー店	店内飲食	テイクアウト
そば屋	店内飲食	出前
寿司屋	店内飲食	お土産
屋台	おでん屋やラーメン屋等の屋台での飲食 ・自らテーブル、椅子、カウンター等を設置している場合 ・自ら設置はせず、設備設置者から使用許可等を受けている場合	縁日などにおける屋台のお好み焼きや焼きそば等の軽食 ・テーブル等の設備がない場合 ・使用許可等を取っていない公園のベンチ等を顧客が使用（他の者も自由に使用）している場合
フードコート	フードコートでの飲食 ・テナントとして出店し、テーブル、椅子等はショッピングセンターの所有で、自社の設備ではない場合	－
コンビニエンスストア	イートインコーナーでの飲食を前提に提供される飲食料品	ホットスナック・弁当・惣菜 ・店内で飲食することも可能な商品を顧客が持ち帰りを前提に購入する場合
旅客列車等	食堂車での飲食	駅の売店や列車内の移動ワゴン等による弁当や飲み物等の販売
映画館の売店等	・売店のそばにテーブル、椅子等を設置して、その場で顧客に飲食させている場合 ・メニューを座席等に設置し、顧客の注文に応じてその座席等で行う食事の提供 ・座席等で飲食するため事前に予約を取って行う食事の提供	・テーブル等がない売店で行われる飲食料品の販売
旅館、ホテル等	・ホテル等自体又はテナントであるレストランが行う宴会場や会議室等で行われる食事の提供 ・いわゆるルームサービス	・客室備え付けの冷蔵庫内の酒類以外の飲料の販売
その他	・社員食堂での飲食 ・セルフサービスの飲食店での飲食 ・カウンターのみの立食形式の飲食店での飲食 ・学生食堂での飲食 ・カラオケボックスの客室での注文に応じた飲食料品の提供 ・バーベキュー施設での飲食等 ・注文した料理の残りを折り詰めにして持ち帰らせるサービス ・飲食店内で提供する缶飲料、ペットボトル飲料	・宅配ピザの配達 ・喫茶店の飲料の配達 ・飲食店のレジ前にある菓子の販売

⑹　「ケータリング、出張料理」に関する注意点

　軽減税率が適用されない「相手方が指定した場所において行う役務を伴う飲食料品の提供」（いわゆるケータリング、出張料理）とは、**飲食料品の提供を行う事業者が食材等を顧客が指定した場所に持参して、**

- 　加熱・切り分け・味付けなどの調理や、
- 　盛り付け・食器の配膳・取り分け用の食器等を配置するなどの役務

を伴って飲食料品の提供をすることをいいます。

２．新聞の譲渡で次の全てに該当するもの

⑴　一定の題号を用いているもの

⑵　政治、経済、社会、文化等に関する一般社会的事実を掲載するもの

⑶　週２回以上発行されるもの

⑷　定期購読契約に基づくもの

いわゆる「ケータリング」、「出張料理」の具体例

形態	標準税率	軽減税率
一般的な「ケータリング」「出張料理」	顧客が指定した場所で • 飲食料品の盛り付け • 飲食料品が入っている器の配膳 • 飲食料品の提供と取り分け用の食器等の配置 • 食材を持ち込み、調理を行い、飲食料品を提供等の役務を行うもの	－
出前	• 飲食料品の配達後に、配達場所で給仕等の役務の提供が行われる場合には、ケータリング等に該当	• そばの出前、宅配ピザの配達、喫茶店の飲料の配達等
配達先での取り分け	－	• 持ち帰り用のコーヒーをカップに注ぐ行為 • 配達先で味噌汁を取り分け用の器に注ぐ行為
有料老人ホーム、サービス付き高齢者向け住宅	• 受託者である給食事業者が有料老人ホーム等との給食調理委託契約に基づき行う食事の調理(注1)	• 有料老人ホーム等の設置者又は運営者が行う、一日一人に対して行う飲食料品の提供の税抜対価の額が一食につき640円以下で、その累計額が1,920円に達するまでの飲食料品の提供(注2)
学校給食		次の施設の設置者が児童又は生徒、幼児の全て(注3)に対して学校給食として行う飲食料品の提供 • 義務教育諸学校の施設 • 夜間課程を置く高等学校の施設 • 特別支援学校の幼稚部又は高等部の施設 • 幼稚園の施設 • 特別支援学校に設置される寄宿舎
病院食	• 患者の自己選択により、特別メニューの食事の提供を行う場合(注4)	

(注1) 軽減税率の適用対象となる飲食料品の提供は、有料老人ホーム等の設置者又は運営者が、その有料老人ホームの一定の入居者に対して行う飲食料品の提供に限られる。
(注2) 累計額の計算方法につきあらかじめ書面で定めている場合にはその方法によることとされている。
(注3) アレルギーなどの個別事情により全ての児童又は生徒に対して提供することができなかったとしても軽減税率の適用対象となる。
(注4) 健康保険法等の規定に基づく入院時食事療養費に係る病院食の提供は非課税とされていることから、消費税は課されない。

新聞の譲渡の具体例

軽減税率の適用対象となるもの

• いわゆるスポーツ新聞
• 業界紙
• 日本語以外の新聞　等
これらについても、週に2回以上発行される新聞で、定期購読契約に基づく譲渡であれば軽減税率の適用対象
• 通常週2回発行されている新聞が、休刊日により週に1回しか発行されない場合でも「週に2回以上発行される新聞」に該当

軽減税率の適用対象とならないもの

• 駅売りの新聞
• コンビニエンスストア等の新聞の販売　等
定期購読契約に基づかない新聞の譲渡は軽減税率の適用対象外
• インターネットを通じて配信する電子版の新聞
電気通信回線を介して行われる役務の提供である「電気通信利用役務の提供」に該当し、「新聞の譲渡」に該当しないことから、軽減税率の適用対象外（法2①八の三）

テイクアウトと店内飲食の価格表示について

どのような価格設定を行うかは事業者の任意です。

したがって、テイクアウト（軽減税率）と店内飲食（標準税率）で同一の税抜価格とするだけでなく、同一の税込価格とすることも考えられます。

なお、令和３年４月１日からの消費者に対して行う価格表示は、税込価格の表示（総額表示）が必要となります。

1．テイクアウトと店内飲食で異なる価格を設定する場合

⑴ テイクアウト及び店内飲食の両方の税込価格を表示する方法

なお、両方の税込価格に併せて、税抜価格又は消費税額を併記することも認められています。

【具体例】

○「テイクアウト」と「店内飲食」が同じ程度で利用される店舗の場合。（テイクアウトと店内飲食のどちらを選択するかの判断を行う際の利便のため）

⑵ テイクアウト又は店内飲食のどちらか片方のみの税込価格を表示する方法

【具体例】

○「店内飲食」利用がほとんどの外食事業者において「テイクアウト」の価格を表示する必要性が乏しい場合

○「テイクアウト」利用がほとんどの小売店等において「店内飲食」の価格を表示する必要性が乏しい場合

2．テイクアウトと店内飲食で同一価格を設定する場合

次のように、軽減税率が適用されるテイクアウトの税抜価格を標準税率が適用される店内飲食より高く設定、又は店内飲食の税抜価格を低く設定することで同一の税込価格を設定することができます。

テイクアウトの税抜価格　　102円　→110円（8％税込価格）◀─────┐
　　　　　　　　　　　　　　　　　　　　　　　　　　　　　　　　　　　├同一価格
店内飲食の税抜価格　　　　100円　→110円（10％税込価格）◀─────┘

【具体例】

○ テイクアウトの税抜価格を高く設定

・「出前」について、配送料分のコストを上乗せ

・「テイクアウト」について、箸や容器包装等のコストを上乗せ

○ 店内飲食の税抜価格を低く設定

・「店内飲食」について、提供する飲食料品の品数を減らす

・「店内飲食」の需要を喚起するため

※「全て軽減税率が適用されます」や「消費税率は8％しか頂きません」といった表示は、消費税転嫁対策特別措置法や景品表示法により禁止されています。

STEP 5-1 テイクアウトと店内飲食の両方の税込価格を表示【具体例】

(1) 外食事業者のメニュー表示

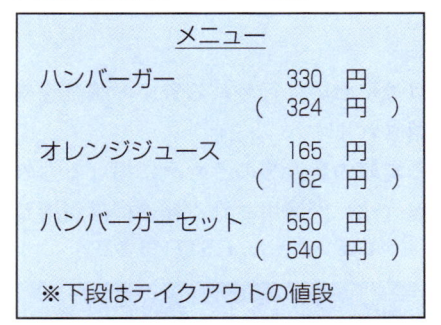

メニュー		
ハンバーガー	330	円
	(324	円)
オレンジジュース	165	円
	(162	円)
ハンバーガーセット	550	円
	(540	円)

※下段はテイクアウトの値段

メニュー			
店内飲食		(出前)	
かけそば	770円	(756	円)
天ぷらそば	990円	(972	円)
天丼セット	1,100円	(1,080	円)

(2) イートインスペースのある小売店等の商品棚の価格表示

総菜パン 162円（内消費税等12円）
（店内飲食 165円（内消費税等15円））

 **STEP 5-2** 店内掲示等を行うことを前提にどちらか片方のみの税込価格を表示【具体例】

(1) 外食事業者のメニュー表示

メニュー	
ハンバーガー	330円
オレンジジュース	165円
ハンバーガーセット	550円

※テイクアウトの場合、税率が異なりますので、別価格となります

出前メニュー	
かけそば	756円
天ぷらそば	972円
天丼	864円

※店内飲食の場合、税率が異なりますので、別価格となります

(2) イートインスペースのある小売店等の価格表示

（商品棚の価格表示）

総菜パン 162円

（店内掲示等）

店内飲食される場合、税率が異なりますので、別価格となります

(注) 景品表示法上の有利誤認表示に該当する恐れもあり、また、消費者の利便性の確保の観点から店内掲示等により、店内飲食（またはテイクアウト）では価格が異なる旨の注意喚起を行うことが望ましい。

 **STEP 5-3** 一の税込価格を表示【具体例】

(1) 外食事業者のメニュー表示

メニュー	
チーズバーガー	350円
リンゴジュース	180円
△△セット	600円

出前メニュー	
かけうどん	600円
天ぷらうどん	800円
かつ丼	850円

(2) イートインスペースのある小売店等の商品棚における価格表示

あんパン 170円

I　軽減税率とインボイス編

STEP 1

経過措置の概要を確認する

　令和元年10月1日（施行日）以後において行われる資産の譲渡等や課税仕入れ等については、改正後の消費税率が適用されます。

　ただし、施行日以後に行われる資産の譲渡等のうち次に掲げるものについては、税率引上げ後においても、旧税率8％（注）が適用される経過措置が講じられています。

（注）旧税率8％と軽減税率8％は区別が必要です（**No. 1　STEP 3** 参照）。

主な経過措置の内容	具体例	指定日の前日確認事項
(1)　旅客運賃等	旅客運賃・演劇・美術館・プロ野球の年間予約席	－
(2)　電気料金等	電気・ガス・水道・電話・携帯電話	－
(3)　請負工事等	工事、製造の請負・測量、設計の請負	契約
(4)　資産の貸付け	テナントビルの賃貸	契約
(5)　指定役務の提供	冠婚葬祭のための施設の提供	契約
(6)　予約販売に係る書籍等	書籍等の定期継続供給	契約
(7)　特定新聞等	定期的に発行される新聞	－
(8)　通信販売等	インターネット通販	条件提示
(9)　有料老人ホーム	有料老人ホーム	契約
(10)　家電リサイクル料	家電リサイクル	－

※　指定日の前日→平成31年3月31日

STEP 1

経過措置の概要を確認する

1．施行日と指定日

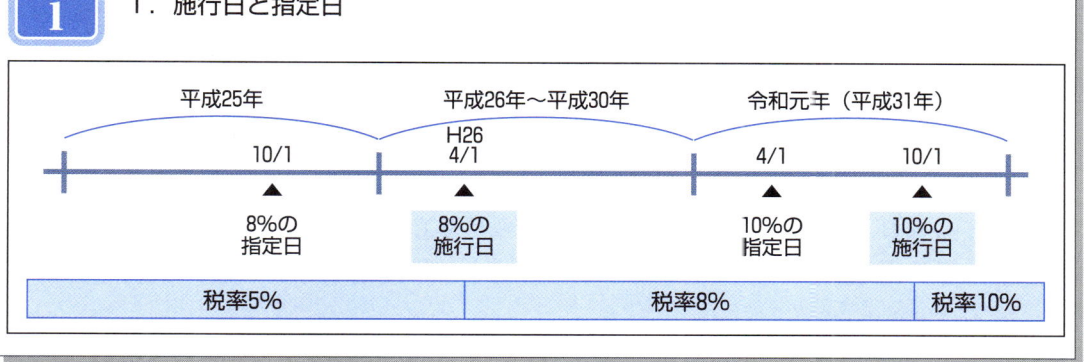

経過措置の適用関係を確認する

令和３年時点において適用が想定される経過措置は以下のとおりです。

１．請負工事等（税制抜本改革法附則５③⑧、16①②、平26改正令附則４⑤）

平成25年10月１日から指定日の前日（平成31年３月31日）までの間に締結した工事、製造等の請負契約で、令和元年10月１日以後に完成引渡しが行われる工事等については、旧税率（８％）が適用されます。

なお、事業者がこの経過措置の適用を受けた工事等を行った場合には、相手方に対してこの工事等がこの経過措置の適用を受けたものであることを書面で通知することとされています。

⑴ 請負工事等の範囲

① 工事の請負に係る契約（経過措置通達10）

日本標準産業分類（総務省）の大分類の建設業に分類される工事につき、その工事の完成を約し、かつ、それに対する対価を支払うことを約する契約をいいます。

② 製造の請負に係る契約（経過措置通達11）

日本標準産業分類（総務省）の大分類の製造業に分類される製造につき、その製造に係る目的物の完成を約し、かつ、それに対する対価を支払うことを約する契約をいいます。

③ これらに類する契約（平26改正令附則４⑤）

測量、地質調査、工事の施工に関する調査、企画、立案及び監理並びに設計、映画の制作、ソフトウエアの開発その他の請負に係る契約（委任その他の請負に類する契約を含みます。）で、仕事の完成に長期間を要し、かつ、その仕事の目的物の引渡しが一括して行われることとされているもののうち、その契約に係る仕事の内容につき相手方の注文が付されているものをいいます。

（注）　「仕事の内容につき相手方の注文が付されているもの」には、建物の譲渡に係る契約で、その建物の内装若しくは外装又は設備の設置若しくは構造についてのその建物の譲渡を受ける者の注文に応じて建築される建物に係るものも含まれます。

STEP 2

主な経過措置の経理処理を確認する

令和3年時点において適用が想定される経過措置は以下のとおりです。

1. 請負工事等

経過措置の適用関係

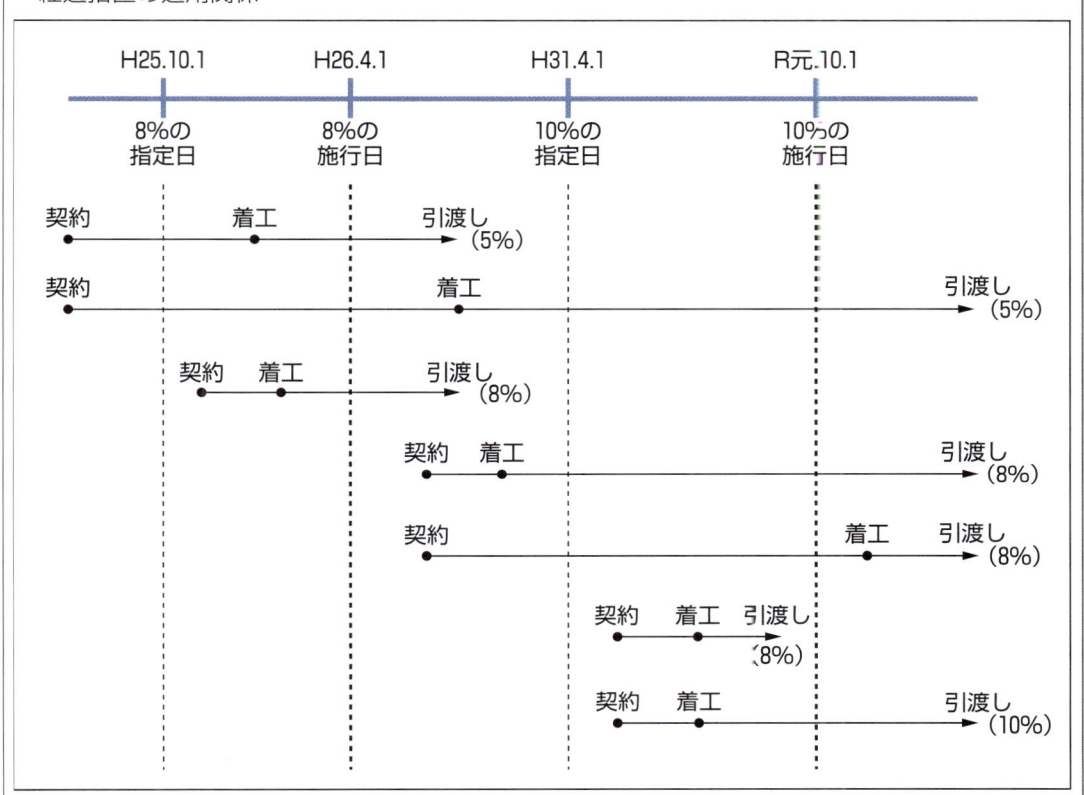

【留意点】

・いわゆる「見込生産」による製造物品の生産は適用対象となりません。

・月極めの警備保障又はメンテナンス契約などの期間極めの契約は、その約した役務の全部の完了が一括して行われるものではないので、適用対象となりません。

・指定日以後に請負金額の増額が行われた場合には、その増額部分は、適用対象となりません。

・事務機器の保守サービスについて、

①年間契約（月額〇〇円）で、月毎に作業報告書を作成して保守料金を請求している場合は、毎月の締日を役務提供完了日として税率を適用します。

②令和元年9月30日までに締結した1年間の年間契約で、同日までに1年間分の保守料金を一括収受し（中途解約時も未経過分が返還されないもの）、事業者が、収受した時に一括して収益計上している場合は、旧税率を適用します。

2．資産の貸付け（税制抜本改革法附則5④⑧、16①②、平26改正令附則4⑥）

　平成25年10月1日から指定日の前日（平成31年3月31日）までの間に締結した資産の貸付けに係る契約に基づき、令和元年10月1日前から引き続きその契約に係る資産の貸付けを行っている場合において、その契約の内容が次の「①及び②」又は「①及び③」の要件に該当するときは、令和元年10月1日以後に行う資産の貸付けについては、旧税率（8％）が適用されます。

　①　その契約に係る資産の貸付けの期間及びその期間中の対価の額が定められていること。

　②　事業者が事情の変更その他の理由によりその対価の額の変更を求めることができる旨の定めがないこと。

　③　契約期間中に当事者の一方又は双方がいつでも解約の申入れをすることができる旨の定めがないこと、並びにその貸付けに係る資産の取得に要した費用の額及び付随費用の額の合計額のうちに、その契約期間中に支払われる貸付けの対価の額の合計額の占める割合が100分の90以上であるように契約において定められていること。

　ただし、指定日以後にその資産の貸付けの対価の額の変更が行われた場合、その変更後におけるその資産の貸付けについては、この経過措置は適用されません。

　なお、事業者がこの経過措置の適用を受けた資産の貸付けを行った場合には、相手方に対してその資産の貸付けがこの経過措置の適用を受けたものであることを書面で通知することとされています。

3．指定役務の提供（税制抜本改革法附則5⑤、16①、平26改正令附則4⑦）

　平成25年10月1日から指定日の前日（平成31年3月31日）までの間に締結した役務の提供に係る契約（割賦販売法第2条第6項に規定する前払式特定取引に係る契約のうち、同項に規定する指定役務の提供に係るもの）で、その契約の性質上、その役務の提供の時期をあらかじめ定めることができないものであって、その役務の提供に先立って対価の全部又は一部が分割して支払われる契約に基づき、令和元年10月1日以後にその契約に係る役務の提供を行う場合において、その契約の内容が次の①及び②の要件に該当するときは、その役務の提供については、旧税率（8％）が適用されます。

　①　その契約に係る役務の提供の対価の額が定められていること。

　②　事業者が事情の変更その他の理由により、その対価の額の変更を求めることができる旨の定めがないこと。

　指定役務の提供とは、冠婚葬祭のための施設の提供その他の便宜の提供等に係る役務の提供をいいます。

　ただし、指定日以後において、当該役務の提供の対価の額の変更が行われた場合は、この経過措置は適用されません。

２．資産の貸付け

経過措置の適用

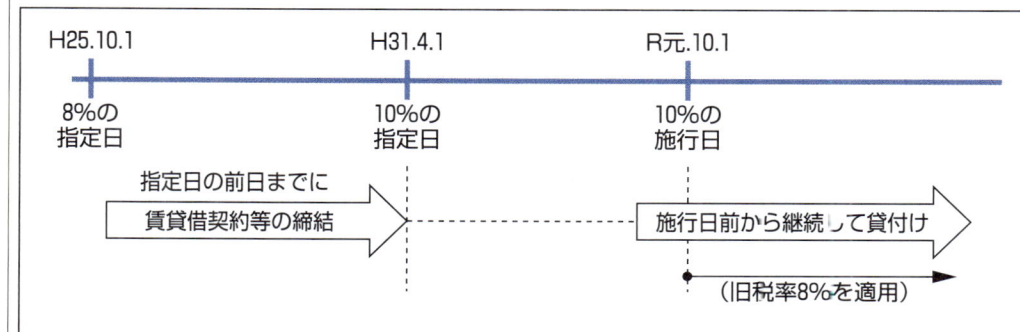

【留意点】

・例えば、２年ごとの自動更新となる契約の場合には、指定日の前日までに自動更新された残りの期間に対応する貸付け分について経過措置が適用されます。

・建物の賃貸料で、「売上金額の○○％」と定めているものは、適用されません。

・物価変動、租税公課等の増減を理由とする対価の額の変更ができる旨の定めがある契約は、適用されません。

・賃貸人が修繕義務を履行しないことによる対価の額の変更は、「対価の額の変更が行われた場合」には、該当しません。

３．指定役務の提供

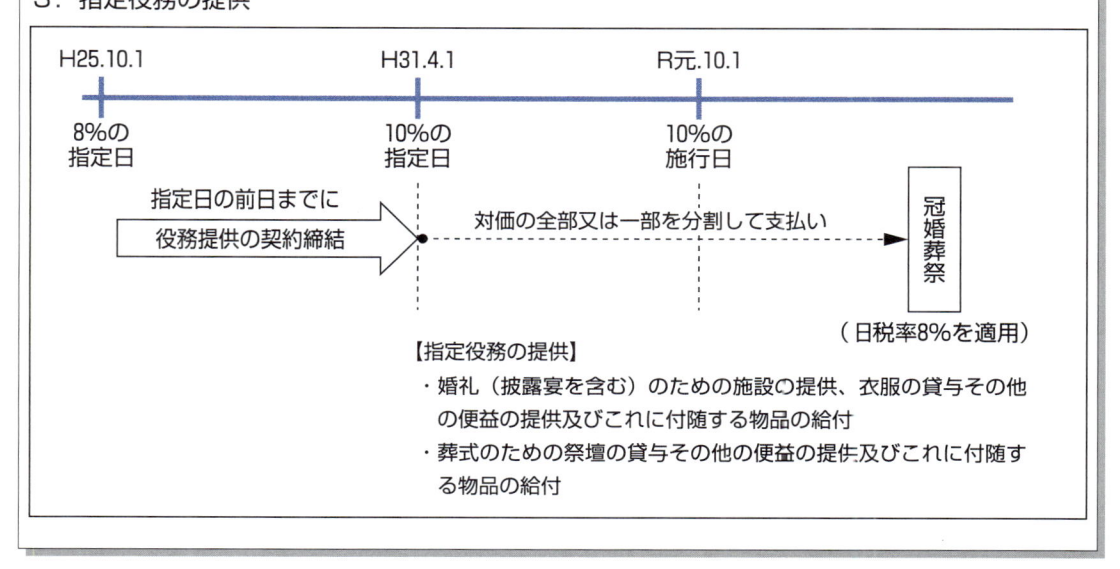

【指定役務の提供】

・婚礼（披露宴を含む）のための施設の提供、衣服の貸与その他の便益の提供及びこれに付随する物品の給付

・葬式のための祭壇の貸与その他の便益の提供及びこれに付随する物品の給付

4．有料老人ホーム（平26改正令附則5④）

　事業者が、平成25年10月1日から指定日の前日（平成31年3月31日）までの間に締結した有料老人ホームに係る終身入居契約（その契約に基づき、その契約の相手方が有料老人ホームに入居する際に一時金を支払うことにより、その有料老人ホームに終身居住する権利を取得するものをいいます。）で、入居期間中の介護料金を入居一時金として受け取っており、かつ、その一時金についてその事業者が事情の変更その他の理由によりその額の変更を求めることができる旨の定めがないものに基づき、令和元年10月1日前から引き続き介護に係る役務の提供を行っている場合には、令和元年10月1日以後に行われるその入居一時金に対応する役務の提供については、旧税率（8％）が適用されます。

5．家電リサイクル法に規定する再商品化等（平26改正令附則5⑤）

　家電リサイクル法に規定する製造業者等が、同法に規定する特定家庭用機器廃棄物の再商品化等に係る対価（家電リサイクル料）を令和元年10月1日前に領収している場合（同法の規定に基づき小売業者が領収している場合も含みます。）で、その対価の領収に係る再商品化等が令和元年10月1日以後に行われるものについては、旧税率（8％）が適用されます。

施行日前後の取引を確認する
●所有権移転外ファイナンス・リース取引

　所得税法上又は法人税法上、売買（資産の譲渡）として取り扱われるリース取引（いわゆるファイナンス・リース取引）については、リース資産の引渡しの日によって適用される税率を判断します。したがって、令和元年10月1日前に引渡しを受けたリース取引については、旧税率（8％）で仕入税額控除を行います。

　所有権移転外ファイナンス・リース取引の賃借人が、賃貸借処理を行っている場合には、そのリース料について支払うべき日の属する課税期間における課税仕入れ等とすることができます（いわゆる「分割控除」）。

　その賃借人が令和元年10月1日前に引渡しを受けたリース資産について、令和元年10月1日以後に分割控除を行う部分については、旧税率（8％）により仕入税額控除の計算を行うことになります。

4．有料老人ホーム

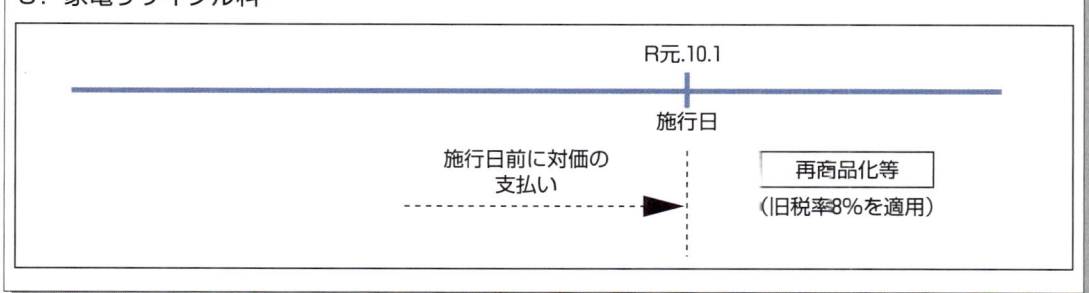

5．家電リサイクル料

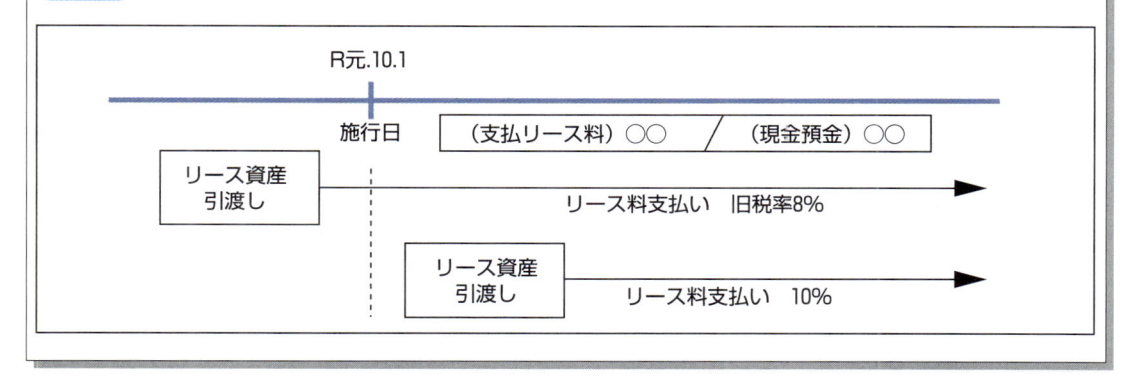

STEP 3 施行日前後の取引を確認する
●所有権移転外ファイナンス・リース取引（分割控除）

区分記載請求書等保存方式と税額計算の特例

STEP 1

概要

軽減税率制度の実施による複数税率化に伴い、取引等を税率の異なるごとに区分して記帳すること（区分経理）が必要となり、**令和5年10月1日**から適格請求書等保存方式（インボイス制度）が導入されますが、令和5年9月30日までは、経過的に区分記載請求書等保存方式と税額計算の特例が設けられています。

STEP 2

区分記載請求書等保存方式

1．概要

令和元年10月1日から**令和5年9月30日**までの間は、従来の請求書等保存方式を基本的に維持しつつ、軽減税率の適用対象となる商品の仕入れかそれ以外の仕入れかの区分を明確にするための記載事項を追加した、区分経理に対応した帳簿及び請求書等の保存が仕入税額控除の要件とされています（区分記載請求書等保存方式）（改正法附則34②）。

2．帳簿及び請求書等の記載事項

下線部分が追加された記載事項です。

帳簿	① 課税仕入れの相手方の氏名又は名称 ② 課税仕入れを行った年月日 ③ 課税仕入れに係る資産又は役務の内容(注1) （課税仕入れが他の者から受けた軽減対象資産の譲渡等に係るものである場合には、資産の内容及び**軽減対象資産の譲渡等に係るものである旨**） ④ 課税仕入れに係る支払対価の額
請求書等	① 書類の発行者の氏名又は名称 ② 課税資産の譲渡等を行った年月日 ③ 課税資産の譲渡等に係る資産又は役務の内容 （課税資産の譲渡等が軽減対象資産の譲渡等である場合には、資産の内容及び**軽減対象資産の譲渡等である旨**）(注2) ④ **税率ごとに区分して合計した課税資産の譲渡等の対価の額（税込価格**(注3)**）** ⑤ 書類の交付を受ける事業者の氏名又は名称（小売業等の場合は不要）

（注1）商品の一般的総称でまとめて記載するなど、申告時に請求書等を個々に確認することなく、軽減税率の対象であるか否かが判別でき、帳簿に基づいて税率ごとに仕入控除税額を計算できる程度の記載で差し支えありません。

（注2）軽減対象資産の譲渡等であることが客観的に判別できる程度の表示がされていればよく、例えば右ページの記載例のような場合も「軽減対象資産の譲渡等である旨」の記載があると認められます。

（注3）適格請求書等の記載事項である「税率の異なるごとに区分した税抜対価の合計額及び消費税額等」を記載することとして差し支えありません。したがって、適格請求書等の発行に対応したシステムの改修を行えば区分記載請求書等としての発行も可能となります。

3．注意点

⑴ 請求書等への「課税資産の譲渡等に係る資産又は役務の内容」の記載

軽減対象資産の譲渡等であることが明確となるように、個別の商品名等の記載が必要ですが、取引当事者間で軽減対象資産の譲渡等かどうかの判別が明らかである場合

改正の概要

改正項目	実施時期
仕入税額控除の方式の変更 　区分記載請求書等保存方式 **STEP 2** 　適格請求書等保存方式 **STEP 5**	令和元年10月1日～令和5年9月30日 令和5年10月1日～
税額計算の特例（経過措置） 　売上税額の特例 **STEP 3** 　仕入税額の特例 **STEP 4**	4年（令和元年10月1日～令和5年9月30日） 1年（令和元年10月1日～令和2年9月30日）

帳簿の記載例

記号・番号等を使用した場合の帳簿の記載例

総勘定元帳　　（仕入）　　（注）税込経理				
XX 年		摘要		借方
月	日			
11	1	△△商事㈱	雑貨	2,200
11	1	△△商事㈱	※食料品　①	5,400
11	2	㈱○○物産	雑貨	1,650
11	2	㈱○○物産	※食料品　①	11,880
⋮	⋮	⋮		⋮
			②	（※：軽減税率対象品目）

① 　軽減税率対象品目には「※」などを記載
② 　「※」が軽減税率対象品目である旨を記載
（注）この他、帳簿に税率区分欄を設けて、「8％」と記載する方法や税率コードを記載する方法も認められます。

区分記載請求書等の記載例

　個々の取引ごとに10％や8％の税率が記載されている場合のほか、例えば次のような場合も「軽減対象資産の譲渡等である旨」の記載があると認められます（軽減通達18）。

1．軽減税率の対象となる商品に、「※」や「☆」といった記号等を表示し、かつ、「これらの記号等が軽減対象資産の譲渡等である旨」を別途表示し、明らかにしている場合

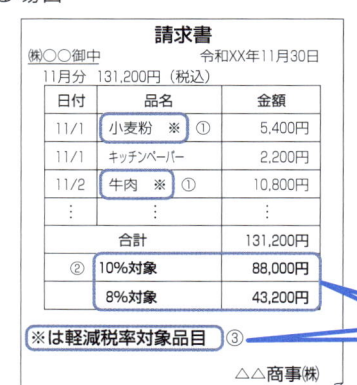

① 　軽減税率対象品目には「※」などを記載
② 　税率ごとに合計した課税資産の譲渡等の対価の額（税込み）を記載
③ 　「※」が軽減税率対象品目である旨を記載

この記載が必要！

31

は、資産の内容等について商品コード等による表示も認められます。

　また、レシートに個別の商品名等の記載が不可能なレジを使用している場合などについては、商品の一般的な総称による記載(注)であっても、その商品が課税対象であることと、軽減対象資産とそれ以外のものであることが、交付を受けた事業者において把握できる程度のものであれば、資産又は役務の内容の記載を満たすものとして取り扱われます。

　(注) 例えば、八百屋であれば「野菜」、精肉店であれば「肉」、又は一括して「食品」や「飲食料品」といった記載が該当します。一方、「部門01」などといった記載は、取引の内容が記載されていると言えず、一般的には記載事項を満たしていないこととなります。

⑵　「軽減対象資産の譲渡等である旨」等の記載がなかった場合の追記

　「軽減対象資産の譲渡等である旨」及び「税率ごとに区分して合計した課税資産の譲渡等の対価の額（税込み）」の記載がない請求書等を交付された場合であっても、請求書等の交付を受けた事業者が、事実に基づいて、これらの項目を追記し保存することで、仕入税額控除が認められます（改正法附則34③）。

　なお、上記の2項目以外の項目の追記や記載事項の修正は認められません（軽減通達19）。

⑶　免税事業者からの課税仕入れの取扱い

　従来と同様に仕入税額控除の適用を受けることができます。

　この場合、免税事業者からの仕入れであっても、「軽減対象資産の譲渡等である旨」及び「税率ごとに区分して合計した課税資産の譲渡等の対価の額（税込み）」の記載がある区分記載請求書等の保存が必要となります。

※　⑵のとおり、上記2項目の記載がない場合には取引の事実に基づき追記することが可能です。

⑷　3万円未満の取引に係る仕入税額控除について

　従来と同様に請求書等の保存がなくても、法令に規定する事項が記載された帳簿の保存のみで仕入税額控除を適用することができます（消法30⑦、消令49①一）。

　この場合、帳簿にはこれまでの記載事項に加え、「軽減対象資産の譲渡等に係るものである旨」を記載することが必要となります（改正法附則34②）。

⑸　一定期間分の取引のまとめ記載

　例えば1か月分など、一定期間分の取引をまとめた請求書と、日々の取引内容について記載された納品書等との相互の関連性が明確で、かつ、これらの書類全体で記載事項（軽減対象資産の譲渡等である旨等）を満たす場合には、これらの書類をまとめて保存することで仕入税額控除の請求書等の保存要件を満たします。

⑹　軽減税率の対象となる取引がない場合の請求書等の記載

　取引に軽減税率の対象となるものがない場合、「軽減対象資産の譲渡等である旨」、「税率ごとに区分して合計した課税資産の譲渡等の対価の額（税込み）」の記載は要しません。したがって、令和元年10月1日以後も請求書の記載事項に変更はありません。

2. 同一の請求書において、軽減税率の対象となる商品とそれ以外の商品とを区分し、軽減税率の対象となる商品として区分されたものについて、その全体が軽減税率の対象であることが表示されている場合

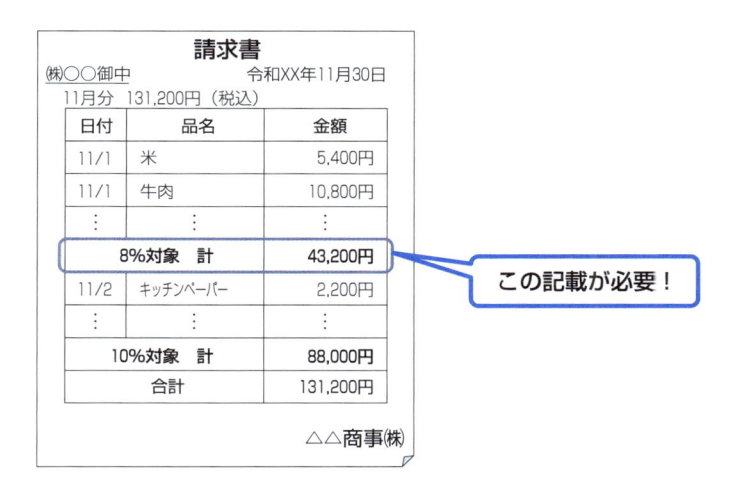

3. 軽減税率の対象となる商品に係る請求書とそれ以外の商品に係る請求書とを分けて作成し、軽減税率の対象となる商品に係る請求書 において、そこに記載された商品が軽減税率の対象であることが表示されている場合

○　軽減税率対象分　　　　　　　　　　　　　　　○　軽減税率対象分以外

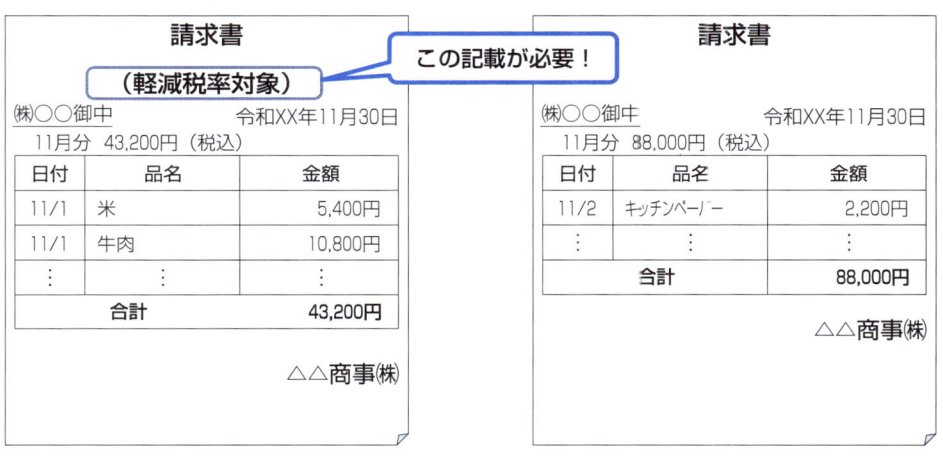

STEP 3

売上税額の計算の特例

1．概要

　軽減税率のもとでは、税率の異なるごとに売上げ及び仕入れを記帳（区分経理）し、これらをもとに総額を算出して税額を計算しなければなりませんが、税率の異なるごとに売上げ、仕入れを区分することについて<u>困難な事情</u>(注1)がある<u>中小事業者</u>(注2)に対しては、区分経理に円滑に対応できるよう、経過措置として売上税額の計算の特例、仕入税額の計算の特例**STEP 4**が設けられています。

　（注1）例えば、課税期間中に国内において行った課税売上げ又は課税仕入れにつき、税率ごとの管理が行えなかった場合等をいい、困難の程度は問いません。
　（注2）基準期間における課税売上高が5,000万円以下の事業者をいいます。
※　平成28年11月の税制改正により、当初予定されていた中小事業者以外の事業者に対する税額計算の特例は措置されないこととされました。

2．適用対象者

　課税売上げ（税込み）を税率ごとに区分して合計することが困難な中小事業者

3．適用期間　令和元年10月1日から**令和5年9月30日までの期間**です。

4．特例計算の内容

①　小売等軽減仕入割合の特例（新消法附則38②）

　課税仕入れ（税込み）を税率ごとに管理できる<u>卸売業又は小売業</u>(注1)を営む中小事業者は、事業に係る課税売上げ（税込み）に、<u>小売等軽減仕入割合</u>(注2)を乗じて、軽減対象資産に係る課税売上げ（税込み）を算出し、売上税額を計算することができます（簡易課税制度の適用を受けない期間に限ります。）。

　（注1）対象事業は簡易課税制度の事業区分における卸売業及び小売業と同じ範囲です。したがって、例えば製造小売業は小売業に含まれません。
　（注2）事業に係る課税仕入れ（税込み）全体のうちに、軽減税率対象品目の売上げにのみ要する課税仕入れ（税込み）の占める割合

②　軽減売上割合の特例（新消法附則38①）

　課税売上げ（税込み）に、<u>軽減売上割合</u>(注3)を乗じて、軽減対象資産に係る課税売上げ（税込み）を算出し、売上税額を計算することができます。

　（注3）通常の連続する10営業日の課税売上げ（税込み）のうちに同期間の軽減税率対象品目の課税売上げ（税込み）の占める割合
　　　「通常の連続する10営業日」とは、この特例の適用を受けようとする期間内の通常の事業を行う連続する10営業日であれば、いつかは問いません。

③　上記①及び②の割合の計算が困難な場合（新消法附則38④）

　上記①及び②の割合の計算が困難であって、<u>主として軽減税率対象品目の譲渡等を行う中小事業者</u>(注4)は、これらの割合に代えて$\frac{50}{100}$を使用して計算することができます。

　（注4）適用対象期間中の課税売上げのうち、軽減税率の対象となる課税売上げの占める割合がおおむね50％以上である事業者をいいます。

5．複数の事業を営む中小事業者の適用関係

　複数の事業を営む中小事業者が、課税売上げ（税込み）を事業ごとに区分しているときは、その区分している事業ごとに「小売等軽減仕入割合の特例」又は「軽減売上割合の特例」を適用することができます。

　ただし、「小売等軽減仕入割合の特例」と「軽減売上割合の特例」を併用することはできませんので、例えば、小売業と製造業を営む中小事業者は次のいずれかの選択が可能です。

　①　小売業についてのみ「小売等軽減仕入割合の特例」を適用し、製造業については、原則どおり、税率ごとに課税売上げ（税込み）を区分して計算
　②　小売業及び製造業の両方に「軽減売上割合の特例」を適用して計算

売上税額の計算の特例

	①小売等軽減仕入割合の特例	② 軽減売上割合の特例	③ ①・②の計算が困難な場合
対象者	課税仕入れ（税込み）を税率ごとに管理できる卸売業・小売業を営む中小事業者	①以外の中小事業者	①・②の計算が困難な中小事業者（主に軽減税率対象品目を販売する中小事業者）
期間	令和元年10月1日から令和5年9月30日までの期間		
	簡易課税制度の適用を受けない期間に限る。		
内容	卸売業・小売業に係る課税売上げ（税込み）に小売等軽減仕入割合を乗じた金額を軽減税率対象品目の課税売上げ（税込み）とし、売上税額を計算する。 □小売等軽減仕入割合□ $\dfrac{\text{卸売業・小売業に係る軽減税率対象品目の課税仕入れ（税込み）}}{\text{卸売業・小売業に係る課税仕入れ（税込み）}}$	課税売上げ（税込み）に軽減売上割合を乗じた金額を軽減税率対象品目の課税売上げ（税込み）とし、売上税額を計算する。 □軽減売上割合□ $\dfrac{\text{通常の連続する10営業日の軽減税率対象品目の課税売上げ（税込み）}}{\text{通常の連続する10営業日の課税売上げ（税込み）}}$	①・②の計算において使用する割合に代え、50％を使用して、売上税額を計算する。

売上税額の計算

軽減税率の対象となる課税売上げ（税込み）

課税売上げ（税込み） × 小売等軽減仕入割合	課税売上げ（税込み） × 軽減売上割合	課税売上げ（税込み） $\times \dfrac{50}{100}$

課税標準額

$$\text{軽減税率の対象となる課税標準額} = \text{軽減税率の対象となる課税売上げ（税込み）} \times \frac{100}{108}$$

$$\text{標準税率の対象となる課税標準額} = \left(\text{課税売上げ（税込み）} - \text{軽減税率の対象となる課税売上げ（税込み）}\right) \times \frac{100}{110}$$

売上税額の計算

$$\text{軽減税率の対象となる課税標準額} \times \frac{6.24}{100} = \text{軽減税率の対象となる売上げに係る消費税額}$$

$$\text{標準税率の対象となる課税標準額} \times \frac{7.8}{100} = \text{標準税率の対象となる売上げに係る消費税額}$$

$$\text{軽減税率の対象となる売上げに係る消費税額} + \text{標準税率の対象となる売上げに係る消費税額} = \text{売上げに係る消費税額の合計}$$

【適用期間の確認】

令和元年10月1日及び令和5年9月30日を含む課税期間においては、これらの日の前後で適用関係が異なります。

（例）課税期間が1月1日から12月31日までの事業者の場合

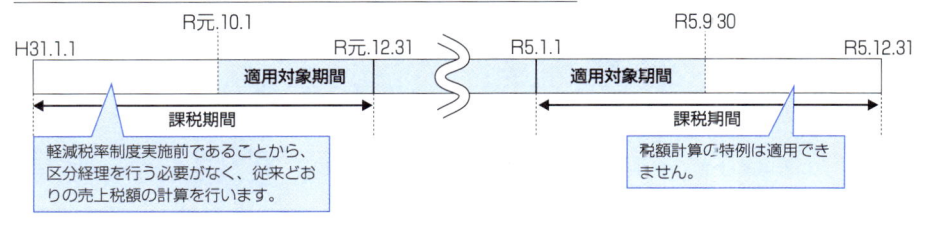

仕入税額の計算の特例

1．適用対象者

課税仕入れ（税込み）を税率ごとに区分して合計することが困難な中小事業者

2．小売等軽減売上割合の特例（新消法附則39①）

①　内容

課税売上げ（税込み）を税率ごとに管理できる卸売業又は小売業を行う中小事業者は、事業に係る課税仕入れ（税込み）に、小売等軽減売上割合(注)を乗じて、軽減対象資産に係る課税仕入れ（税込み）を算出し、仕入税額を計算することができます。

(注) 事業に係る課税売上げ（税込み）全体のうちに軽減税率対象品目の課税売上げ（税込み）の占める割合

②　適用期間

令和元年10月１日から**令和２年９月30日の属する課税期間の末日**までの期間（簡易課税制度の適用を受けない期間に限ります。）とされています。

3．簡易課税制度の届出の特例

①　内容

課税仕入れ（税込み）を税率ごとに区分して合計することが困難な中小事業者は、令和元年10月１日から令和２年９月30日までの日の属する課税期間中に簡易課税制度選択届出書を納税地の所轄税務署長に提出すれば、届出書を提出した課税期間から簡易課税制度の適用を受けることができます。

なお、この特例を受けるための簡易課税制度選択届出書は、令和元年７月１日から提出することができます。

②　調整対象固定資産や高額特定資産の仕入れ等を行った場合の措置

調整対象固定資産や高額特定資産の仕入れ等を行った場合には、一定期間「簡易課税制度選択届出書」を提出することができないこととされていますが、その課税期間中の課税仕入れ等（税込）を税率ごとに区分して合計することにつき、著しく困難な事情があるときは、簡易課税制度の届出の特例の適用を受けようとする課税期間の末日までに「簡易課税制度選択届出書」を提出すれば、簡易課税制度の適用を受けることができます。

4．適用可能な売上税額の特例と仕入税額の特例の組合せ

<table>
<tr><th colspan="3" rowspan="2"></th><th colspan="3">売上税額の計算</th></tr>
<tr><th rowspan="2">特例適用なし</th><th colspan="2">特例適用あり</th></tr>
<tr><th colspan="3"></th><th>小売等軽減仕入割合の特例</th><th>軽減売上割合の特例</th></tr>
<tr><th rowspan="4">仕入税額の計算</th><td colspan="2">一　般　課　税</td><td></td><td>◎</td><td>◎</td></tr>
<tr><td colspan="2">簡　易　課　税</td><td></td><td>×</td><td>◎</td></tr>
<tr><td rowspan="2">特例適用あり</td><td>簡易課税制度の適用あり</td><td>簡易課税制度の届出の特例</td><td>◎</td><td>×</td><td>◎</td></tr>
<tr><td>簡易課税制度の適用なし</td><td>小売等軽減売上割合の特例</td><td>◎</td><td>×</td><td>◎※</td></tr>
</table>

※軽減売上割合を小売等軽減売上割合とみなして計算

小売等軽減売上割合の特例

STEP 4

対象者	課税売上げ（税込み）を税率ごとに管理できる卸売業・小売業を営む中小事業者
期間	令和元年10月１日から令和２年９月30日の属する課税期間の末日までの期間 ※ 簡易課税制度の適用を受けない期間に限る。

内容

卸売業・小売業に係る課税仕入れ(税込み)に小売等軽減売上割合(注)を乗じた金額を軽減税率対象品目の課税仕入れ（税込み）とし、仕入税額を計算する。

小売等軽減売上割合

$$= \frac{\text{卸売業・小売業に係る軽減税率対象品目の課税売上げ（税込み）}}{\text{卸売業・小売業に係る課税売上げ（税込み）}}$$

仕入税額の計算

軽減税率の対象となる仕入税額

$$\text{軽減税率の対象となる課税仕入れ(税込み)} = \text{課税仕入れ（税込み）} \times \text{小売等軽減売上割合}$$

$$\text{軽減税率の対象となる仕入れに係る消費税額} = \text{軽減税率の対象となる課税仕入れ(税込み)} \times \frac{6.24}{108}$$

標準税率の対象となる仕入税額

$$\text{標準税率の対象となる課税仕入れ(税込み)} = \text{課税仕入れ（税込み）} - \text{軽減税率の対象となる課税仕入れ(税込み)}$$

$$\text{標準税率の対象となる仕入れに係る消費税額} = \text{標準税率の対象となる課税仕入れ(税込み)} \times \frac{7.8}{110}$$

仕入税額の計算

$$\text{仕入れに係る消費税額の合計} = \text{軽減税率の対象となる仕入れに係る消費税額} + \text{標準税率の対象となる仕入れに係る消費税額}$$

(注)「軽減売上割合の特例」を適用して売上税額を計算する中小事業者が、「小売等軽減売上割合の特例」を適用して仕入税額を計算する場合は、「軽減売上割合」を「小売等軽減売上割合」とみなして計算を行うことが可能です（改正令附則15）。

【適用期間の確認】

令和元年10月１日を含む課税期間においては、令和元年10月１日の前後で適用関係が異なります。
（例）課税期間が１月１日から12月31日までの事業者の場合

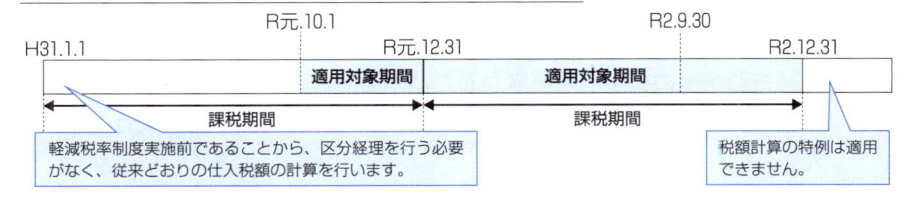

I
軽減税率とインボイス編

適格請求書等保存方式の概要

STEP 1

　複数税率に対応した仕入税額控除の方式として、**令和5年10月1日から「適格請求書等保存方式」**が導入されます。この方式のもとでは、適格請求書発行事業者が交付する**「適格請求書」**（注）**の保存が仕入税額控除の要件となります。**

（注）　適格請求書とは
　　　　「売手が、買手に対し正確な適用税率や消費税額等を伝えるための手段」であり、一定の事項が記載された請求書や納品書、領収書等の書類をいいます。
　　・　請求書や納品書、領収書、レシート等、その**書類の様式や名称は問いませんので、**たとえ、手書きの領収書であっても必要な事項が記載されていれば該当することになります。
　　・　適格請求書の交付に代えて、**電磁的記録（適格請求書の記載事項を記録した電子データ）を提供することも可能です。**

適格請求書発行事業者の登録

STEP 2

1．適格請求書発行事業者の登録制度

　適格請求書を交付できるのは、適格請求書発行事業者に限られます。適格請求書発行事業者となるためには、税務署長に**「適格請求書発行事業者の登録申請書」**（以下「登録申請書」という。）**を提出し、登録を受ける必要があります。**登録申請書を提出すると、審査、登録簿への登載を経て、税務署から登録番号などの通知が行われます。

　なお、**課税事業者でなければ登録を受けることはできません。**

2．登録申請のスケジュール

　登録申請書は、**令和3年10月1日から提出が可能です。**適格請求書等保存方式が導入される**令和5年10月1日から登録を受けるには、原則として令和5年3月31日までに申請書を提出する必要があります。**

　ただし、3月31日までに提出することについて困難な事情がある場合は、令和5年9月30日までに登録申請書にその困難な事情を記載して提出し、税務署長により登録を受けることにより、令和5年10月1日に登録を受けたものとみなされます。この場合の「困難な事情」については、その困難の度合いは問わないこととされています。

3．適格請求書への登録番号の記載時期
⑴　令和5年9月30日以前の請求書への記載

　令和3年10月以後、早い時期に登録申請書を提出した場合など、令和5年9月30日以前に登録番号が通知される可能性が考えられますが、令和5年9月30日以前に交付する区分記載請求書等に登録番号を記載しても差し支えありません。

　適格請求書の記載事項を満たした請求書等は、区分記載請求書等として必要な記載事項を満たしているため、区分記載請求書等保存方式の間に交付しても問題ありません。

STEP 2-1

適格請求書発行事業者の申請から登録まで

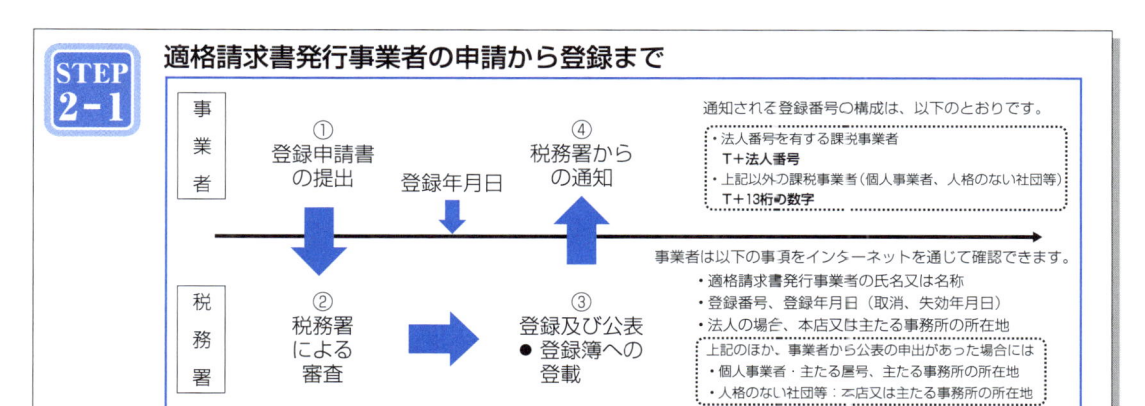

STEP 2-2

登録申請のスケジュール

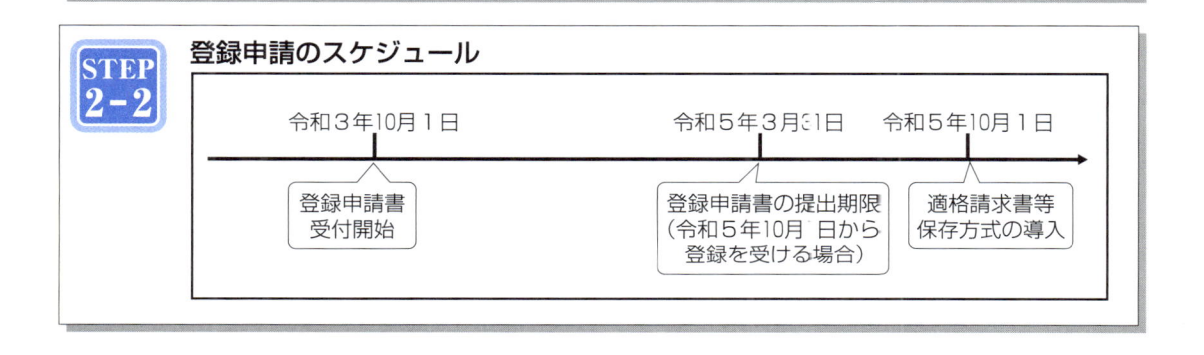

（2）　登録日から登録の通知を受けるまでの間の取扱い

　登録の効力は、通知の日にかかわらず、適格請求書発行事業者登録簿に登載された日（登録日）に発生します。このため、登録日以降の取引については、相手方（課税事業者に限る。）の求めに応じ、適格請求書の交付義務があります。

　しかしながら、登録日から登録の通知を受けるまでの間の取引については、相手方に交付する請求書には登録番号の記載がなく適格請求書の記載事項を満たしていないこととなります。

　この場合、原則として、通知を受けた後に、登録番号等を記載し適格請求書の記載事項を満たした請求書を改めて相手方に交付する必要がありますが、通知を受けた後に登録番号などの適格請求書の記載事項として不足する事項を相手方に書面等（注）で通知することで、既に交付した請求書と合わせて適格請求書の記載事項を満たすことも可能です。

　　（注）　既に交付した書類との相互の関連が明確であり、書面等の交付を受ける事業者が適格請求書の記載事項を適正に認識できるものに限ります。

3．免税事業者の登録手続

（1）　免税事業者が登録を受ける場合

　課税事業者でなければ適格請求書発行事業者の登録を受けることができませんので、**免税事業者が登録を受けるためには、課税事業者選択届出書（No.93参照）を提出して課税事業者となる必要があります。** 通常、課税事業者の選択は課税期間単位での選択となり、課税期間の途中から課税事業者となることはできません。

　ただし、**令和5年10月1日を含む課税期間中に免税事業者が適格請求書発行事業者の登録を受ける場合には、登録を受けた日から課税事業者となる経過措置が設けられています。さらに、この経過措置の適用を受ける場合に限り、課税事業者選択届出書の提出は不要とされています。**

（2）　登録後の納税義務

　登録を受けた場合、「適格請求書発行事業者の登録の取消しを求める届出書」の提出が行われない限り、翌課税期間以後について、**基準期間における課税売上高が1,000万円以下であっても免税事業者にはならず、納税義務は免除されません。**

4．登録は義務か？

　適格請求書発行事業者の**登録を受けるかどうかは事業者の任意**です。ただし、**登録を受けなければ、適格請求書を交付することができないため、取引先は仕入税額控除を行うことができない**こととなります。

　また、適格請求書発行事業者は、課税事業者である取引の相手方から交付を求められたときには、適格請求書を交付しなければなりませんが、一方で、消費者や免税事業者など、課税事業者以外の者に対する交付義務はありません。このため、例えば顧客が消費者のみの場合には、必ずしも適格請求書を交付する必要はありません。

　これらの点を踏まえ、登録の必要性を検討することとなります。

免税事業者の登録手続

１．経過措置が適用される場合

（令和５年10月1日を含む課税期間中に登録を受ける場合）

（例）12月決算の法人で、令和５年10月１日から登録を受ける場合

（注）　この場合、「**消費税課税事業者選択届出書**」の提出は必要ありません。

　　　また、登録日以降は課税事業者となるため、**消費税の申告をしなければなりません。**

令和４年12月期	令和５年12月期	令和６年12月期
	登録申請書の提出期限 （令和５年３月31日）(※)　↓　　登録日 （令和５年10月１日）	登録日以降は課税事業者 となりますので、消費税 の申告が必要になります。	
免税事業者	免税事業者	適格請求書発行事業者 （課税事業者）	適格請求書発行事業者 （課税事業者）

※ 令和５年３月31日までに提出することが困難な事情がある場合は、令和５年９月30日まで

２．通常の場合

（令和５年10月1日を含む課税期間の翌課税期間以後に登録を受ける場合）

（例）12月決算の法人で、課税事業者となった課税期間の初日である令和６年１月１日から登録を
受ける場合

（注）の場合、「**消費税課税事業者選択届出書**」を提出し、**課税事業者を選択する**とともに**課税
事業者となる課税期間の初日の前日から起算して１か月前の日までに登録申請書の提出が必要**
となります。

令和４年12月期	令和５年12月期	令和６年12月期
	登録申請書の提出期限 （令和５年11月30日）　↓	登録日 （令和６年１月１日）
免税事業者	免税事業者	適格請求書発行事業者 （課税事業者）

登録に当たっての留意点

【適格請求書発行事業者になると…】

①　基準期間における課税売上高が1,000万円以下となっても、納税義務は免除されず、申告・納付が
必要です。

②　取引の相手方（課税事業者に限ります。）から求められたときは、適格請求書を交付し、写しを保
存しなければならないため、事務負担が増大します。

【適格請求書発行事業者にならないと…】

①　基準期間における課税売上高が1,000万円以下であれば、納税義務は免除され、申告・納付は不要
です。

②　適格請求書を交付することができないため、取引の相手方は仕入税額控除を行うことができません。
そのため、相手方から取引を敬遠されたり、値引を要請される可能性が考えられます。

5．登録のとりやめ

　適格請求書発行事業者は、納税地を所轄する税務署長に「適格請求書発行事業者の登録の取消しを求める旨の届出書（登録取消届出書）」を提出することにより、適格請求書発行事業者の登録の効力を失わせることができます。

　この場合、**原則として、登録取消届出書の提出があった課税期間の翌課税期間の初日に登録の効力が失われる**こととなります。

　ただし、**登録取消届出書を、課税期間の最終30日の期間に提出した場合は、その提出があった課税期間の翌々課税期間の初日に登録の効力が失われる**こととされているため注意が必要です。

6．免税事業者の適用との関係

　基準期間の課税売上高が1,000万円以下となり免税事業者となるためには、上記5「登録取消届出書」を提出し、適格請求書発行事業者の登録を取り消す必要があります。

　また、課税事業者選択届出書を提出している事業者の場合には、併せて「消費税課税事業者選択不適用届出書」を提出する必要があります。

登録取消届出書の効力

（例1）適格請求書発行事業者である法人（3月決算）が令和7年2月1日に登録取消届出書を提出した場合

令和7年3月期	令和8年3月期	令和9年3月期
適格請求書発行事業者 （課税事業者）	適格請求書発行事業者でない 事業者（課税事業者）	適格請求書発行事業者でない 事業者（課税事業者）

登録取消届出書 ← 登録取消届出書提出（令和7年2月1日）

登録取消届出書を提出した課税期間の翌課税期間より登録の効力が失効。

（例2）適格請求書発行事業者である法人（3月決算）が令和7年3月15日に登録取消届出書を提出した場合（届出書を、その提出のあった日の属する課税期間の末日から起算して30日前の日から、その課税期間の末日までの間に提出した場合）

令和7年3月期	令和8年3月期	令和9年3月期
適格請求書発行事業者 （課税事業者）	適格請求書発行事業者 （課税事業者）	適格請求書発行事業者でない 事業者（課税事業者）

登録取消届出書 ← 登録取消届出書提出（令和7年3月15日）

登録取消届出書を提出した課税期間の翌課税期間より登録の効力が失効。

適格請求書発行事業者（売手側）の義務

STEP 3

1．適格請求書の交付及び写しの保存

　　適格請求書発行事業者が国内において課税資産の譲渡等（注1）を行った場合には、**4の場合を除き、取引の相手方（課税事業者に限ります。）の求めに応じて、適格請求書を交付する義務（注2）及び交付した適格請求書の写しを保存する義務**が課されます（注2）。

　　なお、適格請求書の交付に代えて、適格請求書に係る電磁的記録（適格請求書の記載事項を記録した電子データ）を提供することができます。

（注1）　課税資産の譲渡等に係る適用税率は問わないため、標準税率の取引のみを行っている場合でも、相手方（課税事業者）から交付を求められたときは、適格請求書の交付義務があります。なお、免税取引、非課税取引及び不課税取引のみを行った場合については、適格請求書の交付義務は課されません。

（注2）　売上げに係る対価の返還等を行った場合には適格返還請求書を、交付した適格請求書・適格返還請求書に誤りがあった場合には修正した適格請求書・適格返還請求書を交付する義務が課されます。

（注3）　不特定多数の者に対して販売等を行う小売業、飲食店業、タクシー業等については、記載事項を簡易なものとした「適格簡易請求書」（3参照）を交付することができます。

2．適格請求書の記載事項

　　下線の項目が、現行の区分記載請求書の記載事項に追加される事項です。

> ①　適格請求書発行事業者の氏名又は名称及び登録番号
>
> ②　取引年月日
>
> ③　取引に係る資産又は役務の内容
>
> 　　（取引が軽減税率の適用対象である場合には、資産の内容及び軽減税率の対象品目である旨）
>
> ④　税率ごとに区分して合計した課税資産の譲渡等の対価の額（税抜又は税込）及び適用税率（注1）
>
> ⑤　税率ごとに区分した消費税額等（注2）
>
> ⑥　書類の交付を受ける事業者の氏名又は名称

（注1）　地方消費税を含む税率（10％又は8％）です。

（注2）　消費税額及び地方消費税額の合計額です。

3．適格簡易請求書の交付

　　小売業などの「不特定多数の者に課税資産の譲渡等を行う一定の事業」を行う場合には、適格請求書に代えて、記載事項を簡易なものとした「適格簡易請求書」を交付することができます。なお、適格簡易請求書についても、その交付に代えて、その記載事項に係る電磁的記録を提供することができます。

(1)　適格簡易請求書の記載事項

> ①　適格請求書発行事業者の氏名又は名称及び登録番号
>
> ②　取引年月日
>
> ③　取引に係る資産又は役務の内容
>
> 　　（取引が軽減税率の適用対象である場合には、資産の内容及び軽減税率の対象品目である旨）
>
> ④　税率ごとに区分して合計した課税資産の譲渡等の対価の額（税抜又は税込）

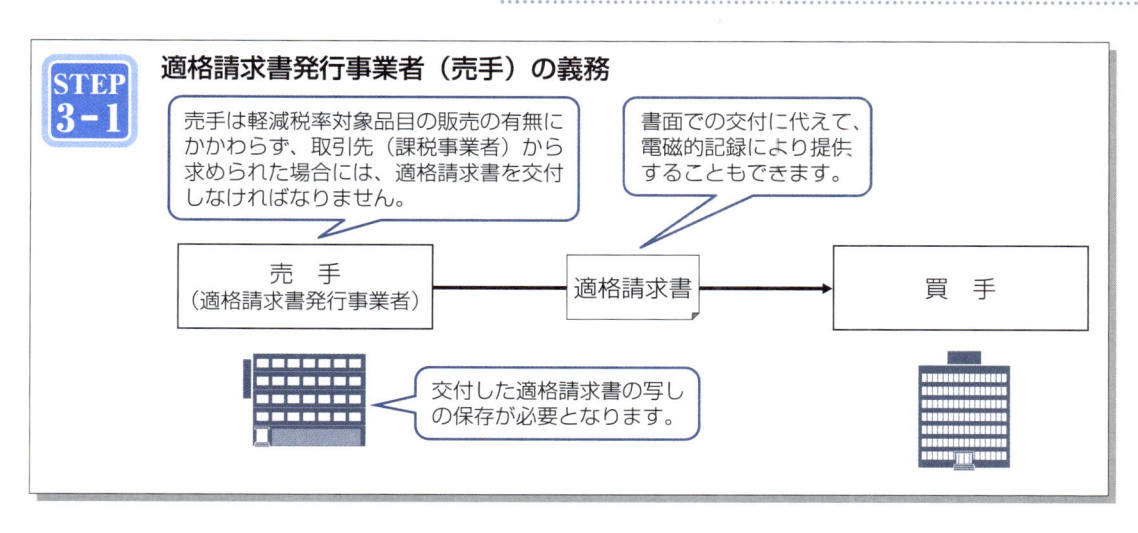

STEP 3-1 適格請求書発行事業者（売手）の義務

売手は軽減税率対象品目の販売の有無にかかわらず、取引先（課税事業者）から求められた場合には、適格請求書を交付しなければなりません。

書面での交付に代えて、電磁的記録により提供することもできます。

売 手（適格請求書発行事業者） → 適格請求書 → 買 手

交付した適格請求書の写しの保存が必要となります。

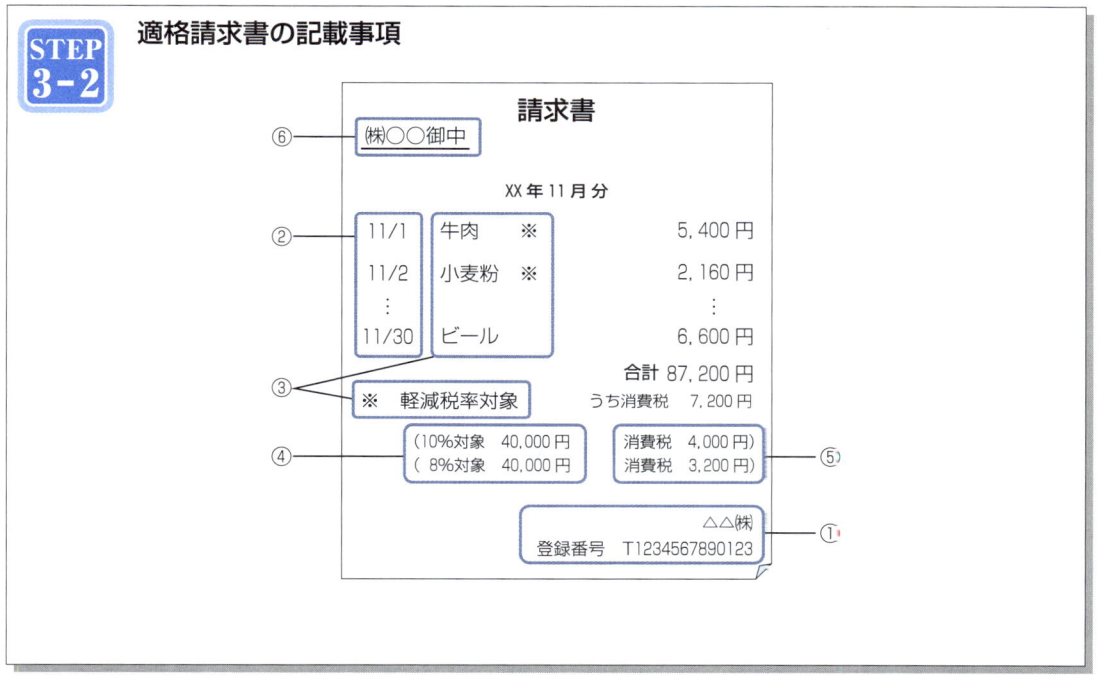

STEP 3-2 適格請求書の記載事項

請求書

⑥ ㈱○○御中

XX 年 11 月分

② | 11/1 | 牛肉 ※ | 5,400 円
| 11/2 | 小麦粉 ※ | 2,160 円
| ⋮ | | ⋮
| 11/30 | ビール | 6,600 円

合計 87,200 円
うち消費税 7,200 円

③ ※ 軽減税率対象

④ （10%対象 40,000 円
（ 8%対象 40,000 円

⑤ 消費税 4,000 円
消費税 3,200 円

① △△㈱
登録番号 T1234567890123

⑤ 税率ごとに区分した消費税額等又は適用税率

※ 適格請求書の記載事項と比べると、書類の交付を受ける事業者の氏名又は名称の記載が不要である点、消費税額等と適用税率のいずれか一方の記載で足りる点が異なります。なお、消費税額等と適用税率は両方記載しても差し支えありません。

(2) 適格簡易請求書の発行が可能な事業

・小売業、飲食店業、写真業、旅行業
・タクシー業
・不特定多数の者に対して行う駐車場業
・上記に準ずる不特定多数の者を対象とする一定の営業

4．端数処理

適格請求書の記載事項である「税率ごとに区分した消費税額等」に１円未満の端数が生じる場合には、**一の適格請求書につき、税率ごとの１回の端数処理を行います。**端数処理は、「切上げ」、「切捨て」、「四捨五入」など任意の方法で行うことが可能です。

したがって、**「税率ごとに区分して合計した対価の額」に税率を乗じるなどして、計算する**こととなります。例えば、一の適格請求書に記載されている個々の商品ごとに消費税額等を計算し、端数処理を行い、その合計額を「税率ごとに区分した消費税額等」として記載することは認められません。

消費税額等の計算は次のいずれかの方法により行います。

・税率ごとに区分して合計した税抜金額 $\times \dfrac{10}{100}$ （軽減税率分は $\dfrac{8}{100}$ ）

・税率ごとに区分して合計した税込金額 $\times \dfrac{10}{110}$ （軽減税率分は $\dfrac{8}{108}$ ）

5．適格請求書の交付義務が免除される取引

適格請求書を交付することが困難な以下の取引は、交付義務が免除されます。

① ３万円未満の公共交通機関（鉄道、バス、船舶）による旅客の運送
② 出荷者が卸売市場において行う生鮮食料品等の販売
（出荷者から委託を受けた受託者が卸売の業務として行う者に限ります。）
③ 生産者が農業協同組合や漁業協同組合等に委託して行う農林水産物の販売
（無条件委託方式かつ共同計算方式により生産者を特定せずに行うものに限ります。）
④ ３万円未満の自動販売機及び自動サービス機により行われる商品の販売等
⑤ 郵便切手類のみを対価とする郵便ポストに投函された郵便物の配達等

仕入税額控除（買手側）の要件

適格請求書等保存方式のもとでは、適格請求書等の交付を受けることが困難な一定の場合（下記３参照）を除き、**一定の事項を記載した帳簿及び適格請求書等の保存が仕入税額控除の要件となります。**

1．帳簿の記載事項

区分記載請求書等保存方式のもとでの帳簿の記載事項（**No. 3** 参照）と同様です。

2．適格請求書等の範囲

保存が必要となる適格請求書等には、①のほか、以下のものが含まれます。

STEP 3-3 適格簡易請求書の記載事項

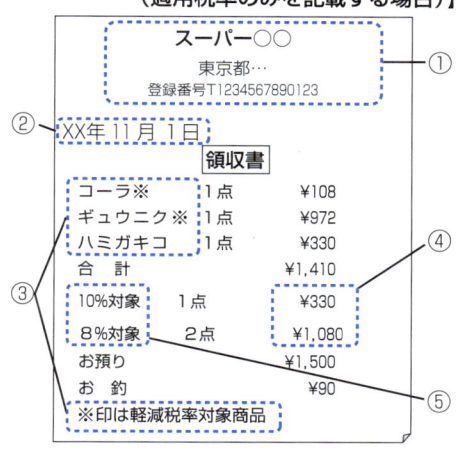

【適格簡易請求書の記載例
（適用税率のみを記載する場合）】

スーパー○○
東京都…
登録番号T1234567890123 … ①

② XX年11月1日

領収書

コーラ※	1点	¥108
ギュウニク※	1点	¥972
ハミガキコ	1点	¥330
合　計		¥1,410

③

| 10%対象 | 1点 | ¥330 | ④ |
| 8％対象 | 2点 | ¥1,080 | |

| お預り | ¥1,500 |
| お　釣 | ¥90 |

※印は軽減税率対象商品 … ⑤

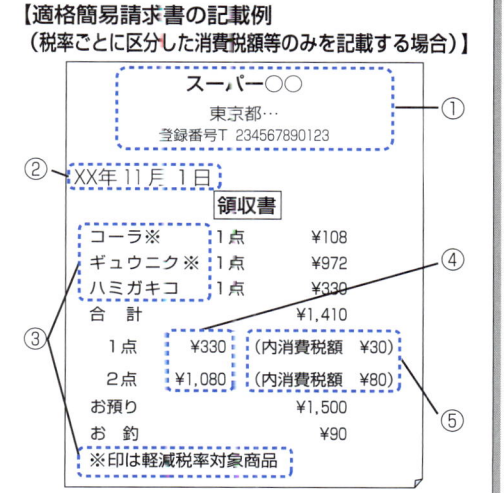

【適格簡易請求書の記載例
（税率ごとに区分した消費税額等のみを記載する場合）】

スーパー○○
東京都…
登録番号T 234567890123 … ①

② XX年11月1日

領収書

コーラ※	1点	¥108
ギュウニク※	1点	¥972
ハミガキコ	1点	¥330
合　計		¥1,410	④

③

| 1点 | ¥330 | （内消費税額 ¥30） |
| 2点 | ¥1,080 | （内消費税額 ¥80） | ⑤ |

| お預り | ¥1,500 |
| お　釣 | ¥90 |

※印は軽減税率対象商品

STEP 3-4 端数処理

【例①：**認められる例**】

請求書

○○㈱御中　　　　　　　　○年○月○日

※は軽減税率対象

㈱△△
（T123…）

請求金額			60,197円（税込）	
品名	数量	単価	税抜金額	消費税額
トマト　※	83	167	13,861	－
ピーマン※	197	67	13,199	－
花	57	77	4,389	－
花鉢	57	417	23,769	－
8％対象計	受領額		27,060 →端数	2,164
10%対象計			28,158 →処理	2,815

《計算例》
・ 税率ごとに、個々の商品に係る「税抜金額」を合計
　→ 8%対象：27,060円（税抜き）
　　 10%対象：28,158円（税抜き）
・ それぞれ消費税額を計算
　（税率ごとに端数処理1回ずつ）
　→ 8%対象：27,060×8／100＝2,164.8→2,164円
　　 10%対象：28,158×10／100＝2,815.8→2,815円
⇒ 適格請求書の記載事項として**認められる**。

【例②：**認められない例**】

請求書

○○㈱御中　　　　　　　　○年○月○日

※は軽減税率対象

㈱△△
（T123…）

請求金額			60,195円（税込）	
品名	数量	単価	税抜金額	消費税額
トマト　※	83	167	13,861 →行ごとに	1,108
ピーマン※	197	67	13,199 →行ごとに	1,055
花	57	77	4,389 →端数処理	438
花鉢	57	417	23,769 →端数処理	2,376
8％対象計	受領額		27,060	2,163
10%対象計			28,158	2,814

合算

《計算例》
・ 個々の商品ごとに消費税額を計算
　（その都度端数処理）
・ 計算した消費税額を、税率ごとに合計
⇒ 個々の商品の数だけ端数処理を行うこととなり、
　適格請求書の記載事項として**認められない**。

※ 個々の商品ごとの消費税額を参考として記載することは、
　差し支えありません。

① 適格請求書又は適格簡易請求書
② 仕入側が作成する仕入明細書等（適格請求書の記載事項が記載され、相手方の確認を受けたものに限る）
③ せり売りなど、卸売市場において委託を受けて卸売の業務として行われる課税仕入れについては、受託者が作成する請求書、納品書等
④ 適格請求書に係る電磁的記録

３．帳簿のみの保存で仕入税額控除が認められる場合

請求書等の交付を受けることが困難な一定の取引は、帳簿のみの保存で仕入税額控除が認められます。

４．免税事業者等からの課税仕入れに係る経過措置

適格請求書等保存方式の導入後は、（適格請求書発行事業者ではない）免税事業者や消費者から行った課税仕入れについては、仕入税額控除を行うことができません。

ただし、**導入から６年間は免税事業者等からの課税仕入れであっても、仕入税額相当額の一定割合を仕入税額とみなして控除できる経過措置が設けられています。**

税額計算の方法

令和５年10月１日以降の売上税額及び仕入税額の計算は、次のとおりです。

１．売上税額の計算

⑴ 原則（割戻し計算）

税率ごとに区分した課税期間中の課税資産の譲渡等の税込金額の合計額に $\frac{100}{110}$（軽減税率分は $\frac{100}{108}$）を乗じて算出した税率ごとの課税標準額に、7.8%（軽減税率分は6.24%）を乗じて算出します。

⑵ 特例（積上げ計算）

相手方に交付した適格請求書等の写しを保存している場合には、その写しに記載された税率ごとの消費税額等の合計額に $\frac{78}{100}$ を乗じて計算した金額とすることもできます（注1）（新消法45⑤、新消令62）。

ただし、適格簡易請求書の記載事項である「適用税率又は税率ごとに区分した消費税額等」について、「適用税率」のみを記載して交付する場合には、税率ごとの消費税額等の記載がないため、積上げ計算を行うことはできません。

また、売上税額の計算を積上げ計算によった場合は、仕入税額も積上げ計算により計算しなければなりません（注2）。

（注1）適格請求書等を顧客が受け取らなかったため、物理的な「交付」ができなかったような場合や、交付を求められたとき以外レシートを出力していない場合であっても、適格請求書発行事業者において当該適格請求書等の写しを保存していれば、「交付した適格請求書等の写しの保存」があるものとして、売上税額の積上げ計算を行って差し支えありません。

（注2）売上税額の計算は、例えば取引先ごとに割戻し計算と積上げ計算を分けて適用するなど、両方式を併用することも認められますが、併用した場合であっても「売上税額の計算につき積上げ計算を適用した場合」に当たるため、仕入税額の計算方法に割戻し計算を適用することはできません（インボイス通達３−13）。

 **STEP 4-1**

帳簿のみの保存で仕入税額控除が認められる場合
① 適格請求書の交付義務が免除される左ページ5①④⑤に掲げる取引
② 適格簡易請求書である入場券等が事後に回収される取引
③ 古物営業を行う者が消費者等から古物（注1）を買い取る場合
④ 質屋営業を行う者が消費者等から質物（注1）の所有権を取得する場合
⑤ 宅地建物取引業者が消費者等から建物（注1）を購入する場合
⑥ リサイクル業者が消費者等から再生資源及び再生部品（注1）を買い取る場合
⑦ 従業員等に対して支給する通常必要な出張旅費等及び通勤手当
　（注1）事業として販売する棚卸資産に該当するものに限ります。
　（注2）現行、「3万円未満の課税仕入れ」及び「請求書等の交付を受けなかったことにつき
　　　　やむを得ない理由があるとき」は、法定事項を記載した帳簿の保存のみで仕入税額控除
　　　　が認められる旨が規定されていますが、**適格請求書等保存方式の導入後は、これらの規
　　　　定は廃止されます。**

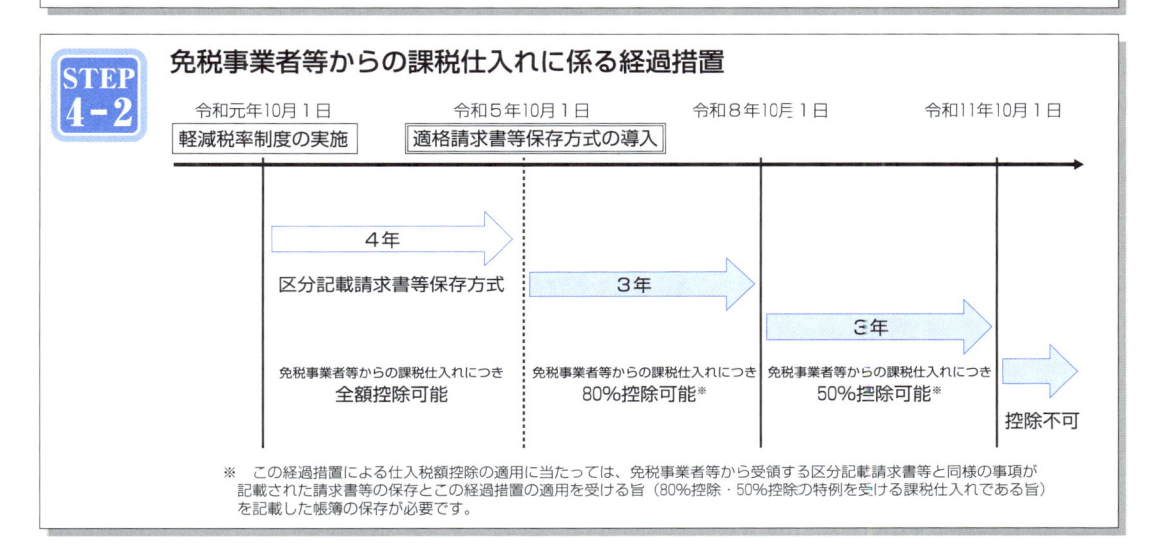 **STEP 4-2**

免税事業者等からの課税仕入れに係る経過措置

令和元年10月1日	令和5年10月1日	令和8年10月1日	令和11年10月1日
軽減税率制度の実施	適格請求書等保存方式の導入		

4年
区分記載請求書等保存方式
免税事業者等からの課税仕入れにつき **全額控除可能**

3年
免税事業者等からの課税仕入れにつき **80%控除可能※**

3年
免税事業者等からの課税仕入れにつき **50%控除可能※**

控除不可

※　この経過措置による仕入税額控除の適用に当たっては、免税事業者等から受領する区分記載請求書等と同様の事項が
　　記載された請求書等の保存とこの経過措置の適用を受ける旨（80%控除・50%控除の特例を受ける課税仕入れである旨）
　　を記載した帳簿の保存が必要です。

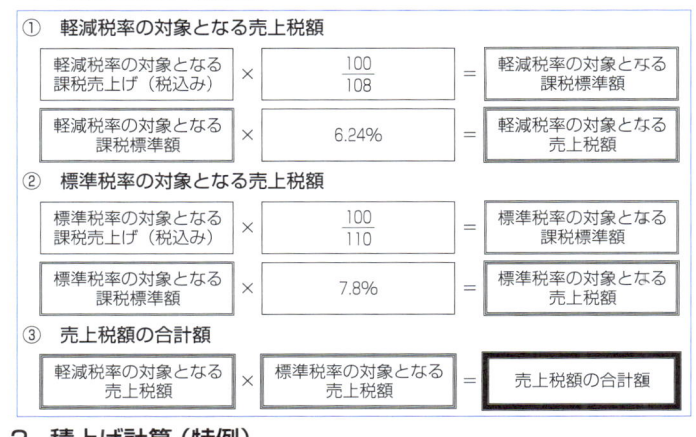 **STEP 5-1**

課税標準額に対する消費税額の計算方法

1．割戻し計算（原則）

① 軽減税率の対象となる売上税額

軽減税率の対象となる課税売上げ（税込み）	×	$\dfrac{100}{108}$	=	軽減税率の対象となる課税標準額
軽減税率の対象となる課税標準額	×	6.24%	=	軽減税率の対象となる売上税額

② 標準税率の対象となる売上税額

標準税率の対象となる課税売上げ（税込み）	×	$\dfrac{100}{110}$	=	標準税率の対象となる課税標準額
標準税率の対象となる課税標準額	×	7.8%	=	標準税率の対象となる売上税額

③ 売上税額の合計額

軽減税率の対象となる売上税額	×	標準税率の対象となる売上税額	=	売上税額の合計額

2．積上げ計算（特例）

適格請求書等に記載した消費税額等の合計額	×	$\dfrac{78}{100}$	=	売上税額の合計額

２．仕入税額の計算

⑴ 原則（積上げ計算）

　相手方から交付を受けた適格請求書等に記載された消費税額等のうち、課税仕入れに係る部分の金額（注1）の合計額に$\frac{78}{100}$を乗じて算出します（請求書等積上げ計算）（新消法30①、新消令46①）。

　また、これ以外の方法として、**課税仕入れの都度**（注2）、課税仕入れに係る支払対価の額に$\frac{10}{110}$（軽減税率分は$\frac{8}{108}$）を乗じて算出した金額（１円未満の端数が生じたときは、端数を切捨て又は四捨五入します。）を仮払消費税額等などとし、帳簿に記載している場合には、その金額の合計額に$\frac{78}{100}$を乗じて算出する方法も認められます**（帳簿積上げ計算）**。

　なお、仕入税額の計算に当たり、請求書等積上げ計算と帳簿積上げ計算を併用することも認められますが、これらの方法と⑵の割戻し計算を併用することは認められません（インボイス通達４－３）。

　　（注１）交付を受けた適格簡易請求書に適用税率のみの記載があり、消費税額等が記載されていない場合には、適格簡易請求書に記載された金額が税込金額であればその金額に$\frac{10}{110}$（軽減税率分は$\frac{8}{108}$）を、税抜金額であればその金額に$\frac{10}{100}$（軽減税率分は$\frac{8}{100}$）を乗じて算出した消費税額等を用いて、仕入税額の積上げ計算を行います。

　　（注２）例えば、都度交付を受けた適格請求書を単位として帳簿に仮払消費税額等として計上している場合のほか、課税期間の範囲内で一定の期間内に行った課税仕入れにつきまとめて交付を受けた適格請求書を単位として帳簿に仮払消費税額等として計上している場合も含まれます（インボイス通達４－４）。

⑵ 特例（割戻し計算）

　課税期間中の課税仕入れに係る支払対価の額を税率ごとに合計した金額に$\frac{7.8}{110}$（軽減税率分は$\frac{6.24}{108}$）を乗じて算出することができます（新消法30①、新消令46③）。

　ただし、仕入税額を割戻し計算することができるのは、売上税額を割戻し計算する場合に限ります。

STEP 5-2 仕入税額の計算方法

1．積上げ計算（原則）

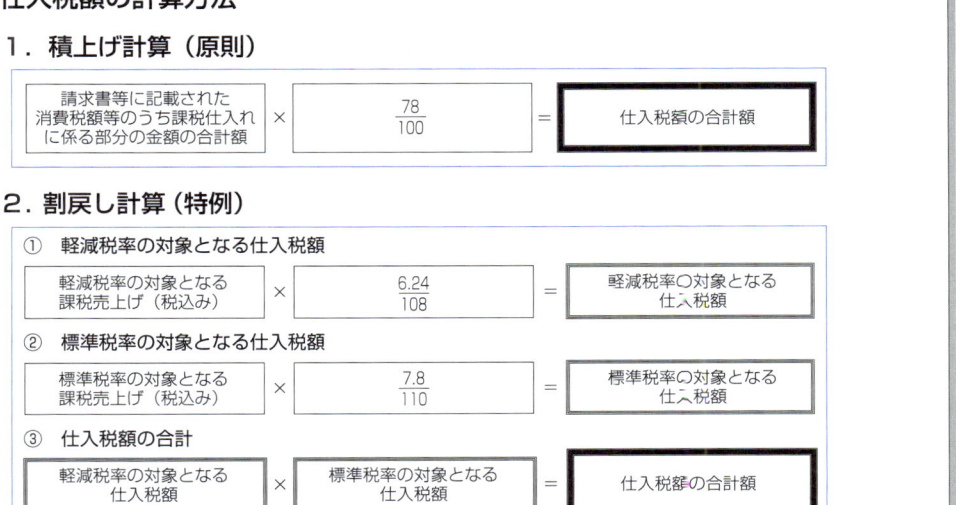

| 請求書等に記載された消費税額等のうち課税仕入れに係る部分の金額の合計額 | × | $\frac{78}{100}$ | = | 仕入税額の合計額 |

2．割戻し計算（特例）

① 軽減税率の対象となる仕入税額

| 軽減税率の対象となる課税売上げ（税込み） | × | $\frac{6.24}{108}$ | = | 軽減税率の対象となる仕入税額 |

② 標準税率の対象となる仕入税額

| 標準税率の対象となる課税売上げ（税込み） | × | $\frac{7.8}{110}$ | = | 標準税率の対象となる仕入税額 |

③ 仕入税額の合計

| 軽減税率の対象となる仕入税額 | × | 標準税率の対象となる仕入税額 | = | 仕入税額の合計額 |

STEP 5-3 売上税額と仕入税額の計算方法の整理

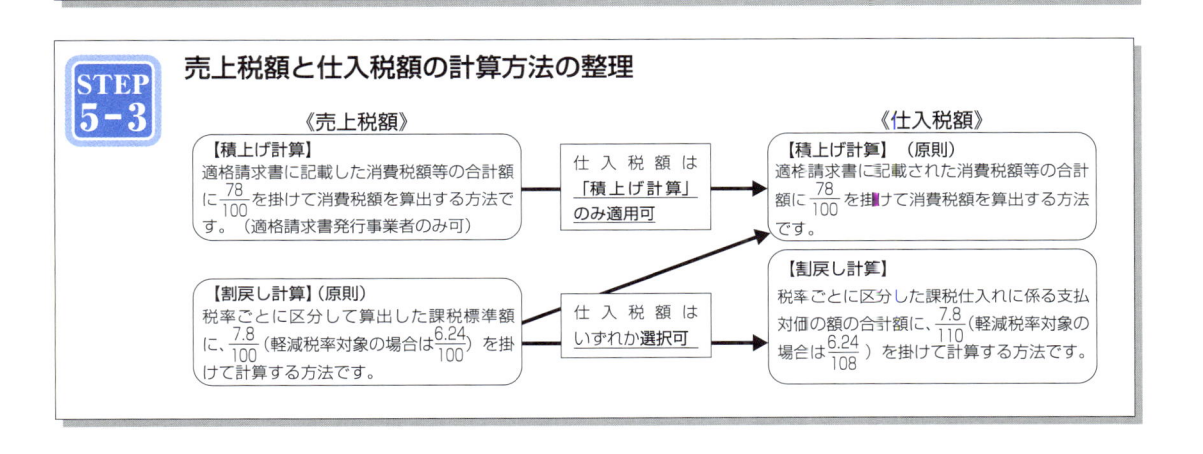

《売上税額》

【積上げ計算】
適格請求書に記載した消費税額等の合計額に $\frac{78}{100}$ を掛けて消費税額を算出する方法です。（適格請求書発行事業者のみ可）

【割戻し計算】（原則）
税率ごとに区分して算出した課税標準額に、$\frac{7.8}{100}$（軽減税率対象の場合は $\frac{6.24}{100}$）を掛けて計算する方法です。

仕入税額は「積上げ計算」のみ適用可

仕入税額はいずれか選択可

《仕入税額》

【積上げ計算】（原則）
適格請求書に記載された消費税額等の合計額に $\frac{78}{100}$ を掛けて消費税額を算出する方法です。

【割戻し計算】
税率ごとに区分した課税仕入れに係る支払対価の額の合計額に、$\frac{7.8}{110}$（軽減税率対象の場合は $\frac{6.24}{108}$）を掛けて計算する方法です。

適格請求書発行事業者の登録申請

登録申請

1．登録申請書を提出する

　「適格請求書発行事業者の登録申請書」は、令和３年10月１日から提出することができます。登録申請書を郵送等により提出する場合の送付先は各国税局のインボイス登録センターとなりますが、e-Taxを利用して提出することをおすすめします。

　令和５年10月１日から登録を受けるには、原則として、令和５年３月31日までに提出する必要があります。（**No. 4**「適格請求書等保存方式（インボイス制度）の導入」参照。）

2．登録の通知

　登録拒否要件に該当しない場合には、適格請求書発行事業者登録簿に法定事項が登録され、税務署長から登録を受けた事業者に対して通知されます。

　登録申請書をe-Taxにより提出して、登録通知について電子での通知を希望した場合は、メッセージボックスに登録番号等が記載された登録通知書がデータで格納されますので、取引先から事業者番号を求められたときに登録通知データを使用して渡すことができ便利です。その他の場合は、書面にて登録番号等が記載された登録通知書が送付されます。

登録番号の構成

法人（法人番号を有する課税事業者）	「T」（ローマ字）＋法人番号（数字13桁）
個人事業者等	「T」（ローマ字）＋数字13桁（注）

　（注）13桁の数字には、マイナンバー（個人番号）は用いず、法人番号とも重複しない事業者ごとの番号になります。

3．登録通知までの期間

　登録申請書を提出してから登録の通知を受けるまでの期間については、審査内容等によっても異なりますが、書面で提出された登録申請書については１か月程度、e-Taxで提出された登録申請書については２週間程度の期間が見込まれています。

4．登録拒否

　事業者が、消費税法の規定に違反して罰金以上の刑に処せられ、その執行が終わり、又は執行を受けることがなくなった日から２年を経過しない者は、登録を受けることができません。

適格請求書発行事業者の登録申請書（国内事業者用）

STEP 1-1

第1-(1)号様式

国内事業者用

適格請求書発行事業者の登録申請書

【1／2】

収受印			
令和 3 年 10 月 1 日	申	（フリガナ）	オオサカシチュウオウクオオテマエ
		住 所 又 は 居 所 （法人の場合のみ公表されます） （ 法 人 の 場 合 ） 本 店 又 は 主 た る 事 務 所 の 所 在 地	（〒 540 － 0008） 大阪市中央区大手前1-5 （電話番号 06 － 6XXX － 33??）
		（フリガナ）	
	請	納 税 地	（〒 － ） 同 上 （電話番号 － － ）
		（フリガナ）	コク ゼイショウジ カブ シキ ガイ シャ
		氏 名 又 は 名 称	国税商事株式会社
	者	（フリガナ）	ヤ マ ダ タ ロ ウ
		（ 法 人 の 場 合 ） 代 表 者 氏 名	山 田 太 郎
東 税務署長殿		法 人 番 号	1 2 3 4 5 6 7 8 9 0 1 2

この申請書に記載した次の事項（ ⌾ 印欄）は、適格請求書発行事業者登録簿に登載されるとともに、国税庁ホームページで公表されます。
1　申請者の氏名又は名称
2　法人（人格のない社団等を除く。）にあっては、本店又は主たる事務所の所在地
　なお、上記1及び2のほかに、登録番号及び登録年月日が公表されます。
　また、常用漢字等を使用して公表しますので、申請書に記載した文字と公表される文字が異なる場合があります。

下記のとおり、適格請求書発行事業者としての登録を受けたいので、所得税法の一部を改正する法律（平成28年法律第15号）第5条の規定による改正後の消費税法第57条の2第2項の規定により申請します。
※　当該申請書は、所得税法等の一部を改正する法律（平成28年法律第15号）附則第44条第1項の規定により令和5年9月30日以前に提出するものです。

令和5年3月31日（特定期間の判定により課税事業者となる場合は令和5年6月30日）までにこの申請書を提出した場合は、原則として令和5年10月1日に登録されます。

	この申請書を提出する時点において、該当する事業者の区分に応じ、□にレ印を付してください。	
事 業 者 区 分	☑ 課税事業者	□ 免税事業者
	※　次葉「登録要件の確認」欄を記載してください。また、免税事業者に該当する場合には、次葉「免税事業者の確認」欄も記載してください（詳しくは記載要領をご確認ください。）。	

令和5年3月31日（特定期間の判定により課税事業者となる場合は令和5年6月30日）までにこの申請書を提出することができなかったことにつき困難な事情がある場合は、その困難な事情	

> この申請書は、令和三年十月一日から令和五年九月三十日までの間に提出する場合に使用します。

> **令和5年10月1日以降に提出する登録申請書は、別の様式になります。**

> **令和5年3月31日までに提出できなかった困難な事情を記載しますが、困難の度合いは問われません。**

第1-(1)号様式次葉

国内事業者用

適格請求書発行事業者の登録申請書（次葉）

【2／2】

	氏 名 又 は 名 称	国税商事株式会社

該当する事業者の区分に応じ、□にレ印を付し記載してください。

免税事業者の確認	□	令和5年10月1日の属する課税期間中に登録を受け、所得税法等の一部を改正する法律（平成28年法律第15号）附則第44条第4項の規定の適用を受けようとする事業者 ※　登録開始日から納税義務の免除の規定の適用を受けないこととなります。			
		個 人 番 号			
		事業内容等	生年月日（個人）又は設立年月日（法人）	1 明治・2 大正・3 昭和・4 平成・5 令和 年　月　日	法人のみ記載　事 業 年 度　自　月　日／至　月　日　資 本 金　円
			事 業 内 容		課 税 期 間 の 初 日　令和 年 月 日
	□	消費税課税事業者（選択）届出書を提出し、納税義務の免除の規定の適用を受けないこととなる課税期間の初日から登録を受けようとする事業者			※ 令和5年10月1日から令和5年3月31日までの間のいずれかの日 令和　年　月　日
登録要件の確認	課税事業者です。 ※　この申請書を提出する時点において、免税事業者であっても、「免税事業者の確認」欄のいずれかの事業者に該当する場合は、「はい」を選択してください。				☑ はい　□ いいえ
	消費税法に違反して罰金以上の刑に処せられたことはありません。 （「いいえ」の場合は、次の質問にも答えてください。）				☑ はい　□ いいえ
	その執行を終わり、又は執行を受けることがなくなった日から2年を経過しています。				□ はい　□ いいえ

> この申請書は、令和二年十月一日から令和五年九月三十日までの間に提出する場合に使用します。

> **【経過措置を適用する場合】**
課税事業者選択届出書を提出しないで登録申請する場合に☑します。

> ※経過措置の詳細は**No.4**「適格請求書等保存方式（インボイス制度）の導入」**STEP2**参照。

> **【経過措置を適用しない場合】**
課税事業者選択届出書を提出して登録申請する場合に☑します。

５．情報の公表

適格請求書発行事業者の情報は、国税庁ホームページ「適格請求書発行事業者公表サイト」（令和３年10月運用開始予定）において公表されます。原則として、税務署による審査を経て登録された日の翌日に公表サイトに掲載されます。

なお、登録申請受付開始直後の令和３年10月については、多くの登録申請書が提出され、税務署による審査に時間を要することが予想されますので、令和３年10月中に登録された場合は、一括して令和３年11月１日に公表サイトにおいて掲載されます。

６．公表期間

公表サイトでは、過去に行われた取引についても取引時点での取引先の登録状況を確認できるよう、登録の取消や失効があった場合でも、取消・失効後７年間は、適格請求書発行事業者情報と取消・失効年月日を公表サイトに掲載され、７年経過後に公表サイトから削除されます。

７．公表情報の変更等

適格請求書発行事業者の氏名又は名称、法人の本店所在地などの法定の公表事項に変更があった場合は、適格請求書発行事業者は、納税地の所轄税務署長に「適格請求書発行事業者登録簿の登録事項変更届出書」を提出する必要があり、これにより、適格請求書発行事業者登録簿の情報及び公開情報が変更されます。なお、通知を受けた適格請求書発行事業者の登録番号は、変更することはできません。

新設法人等の登録時期の特例

新たに設立した法人が、事業を開始した日の属する課税期間の初日から登録を受けようとする場合には、その旨を記載した登録申請書を、事業を開始した日の属する課税期間の末日までに所轄税務署長に提出し、適格請求書発行事業者登録簿へ登載されることにより、その課税期間の初日に登録を受けたものとみなされます（以下「新設法人等の登録時期の特例」といいます。）。

したがって、新たに設立された法人が設立時から登録を受けようとする場合には、
・免税事業者…「課税事業者選択届出書」と「登録申請書」
・課税事業者…「登録申請書」
をその課税期間の末日までに提出する必要があります。

国税庁ホームページ「適格請求書発行事業者公表サイト」の具体的な公表情報

（1）法定の公表事項

①適格請求書発行事業者の氏名又は名称
②法人（人格のない社団等を除く）については、本店又は主たる事務所の所在地
③特定国外事業者以外の国外事業者については、国内において行う資産の譲渡等に
　係る事務所事業所その他これらに準ずるものの所在地
④登録番号
⑤登録年月日
⑥登録取消年月日、登録失効年月日

（2）本人の申出に基づき追加で公表できる事項

次の①、②の事項について公表することを希望する場合には、必要事項を記載した
「適格請求書発行事業者の公表事項の公表（変更）申出書」を提出します。

①個人事業者の「主たる屋号」、「主たる事務所の所在地等」
②人格のない社団等の「本店又は主たる事務所の所在地」

新設法人等の登録時期の特例

（例）令和5年11月1日に法人（資本金500万円、3月決算）を設立し、令和6年2月1日
　　　に登録申請書と課税選択届出書を併せて提出した免税事業者である新設法人の場合

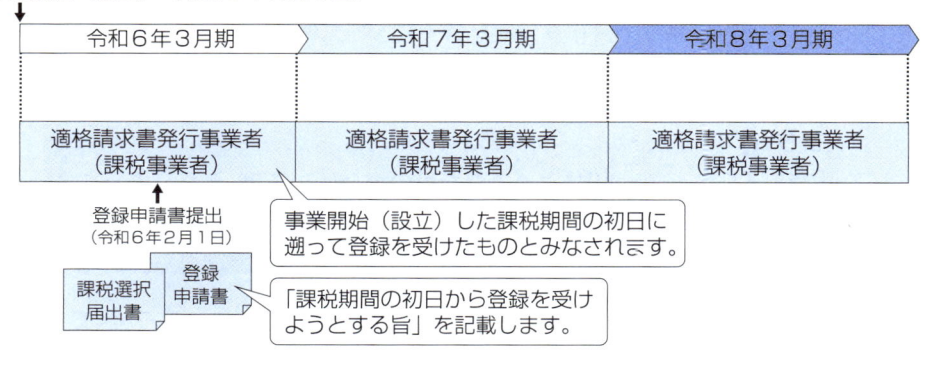

II 消費税の概要

消費税は間接税

　消費税は、「消費」に対して、広く、公平に、負担を求めることとしています。したがって、医療、福祉、教育などの限定された一部のものを除き、国内で行われるほとんどすべての物品の販売、サービスの提供等及び保税地域から引き取られる外国貨物を課税の対象としており、取引の各段階でそれぞれの取引金額に対して7.8%の税率（地方消費税分を合わせると10%）（令和元年9月30日まで6.3%（地方消費税分を合わせると8%）、軽減税率適用の場合6.24%（地方消費税分を合わせると8%））で課税する多段階課税方式による間接税です。

消費税は消費者に転嫁

　消費税は、事業者の販売する物品やサービスの価格に上乗せされて、製造業者から卸売業者へ、卸売業者から小売業者へ、小売業者から消費者へと、順次先へ転嫁していくことを予定し、最終的には、すべて消費者に転嫁され、消費者が物品の購入やサービスの提供を受けることを通じて負担している税金です。

税の累積を排除

　消費税は、生産、流通の各段階で二重、三重に税が課されることのないよう、売上げに対する消費税額から仕入れ等に含まれている消費税額を控除し、税が累積しない前段階税額控除方式の仕組みになっています。

【コラム】

国税収入57兆4,480億円に占める消費税の割合は、35.3%となっています。

税目等		課税対象	令和3年度予算額	構成比
国税収入計		―	億円 574,480	% 100.0
	消費課税計	―	258,020	44.9
	消費税	資産の譲渡等	202,840	35.3
	個別間接税等計	―	55,180	9.6
	酒税	酒類	11,760	2.0
	たばこ税	製造たばこ	9,120	1.6
	揮発油税	揮発油等	20,700	3.6
	航空機燃料税	航空機燃料	370	0.1
	石油石炭税	原油等	6,060	1.1
	電源開発促進税	一般電気事業者の販売電気	3,050	0.5
	自動車重量税	検査自動車等	3,820	0.7
	国際観光旅客税	国際観光旅客等の出国	300	0.1

STEP 1

直接税と間接税

　税の転嫁の有無により「直接税と間接税」とに分類し、実際に税金を負担する者と、その税金を直接納める者（法律上の納税義務者）とが同一となるものを直接税といいます。また異なるものを間接税といいます。

　この分類によれば、所得税や法人税は、直接税に属するのに対して、消費税は、物品の販売やサービスの提供を業とする者を納税義務者としていますが、その物品やサービスの取引価格に上乗せされて、これらを購入する消費者に税負担が転嫁されることを予定していることから、間接税に属する租税となります。

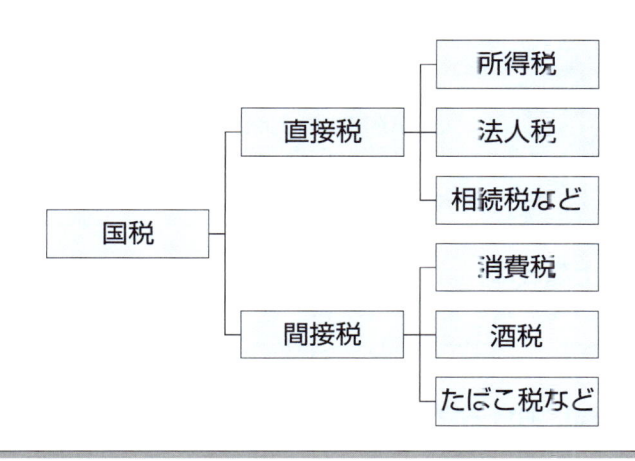

STEP 2

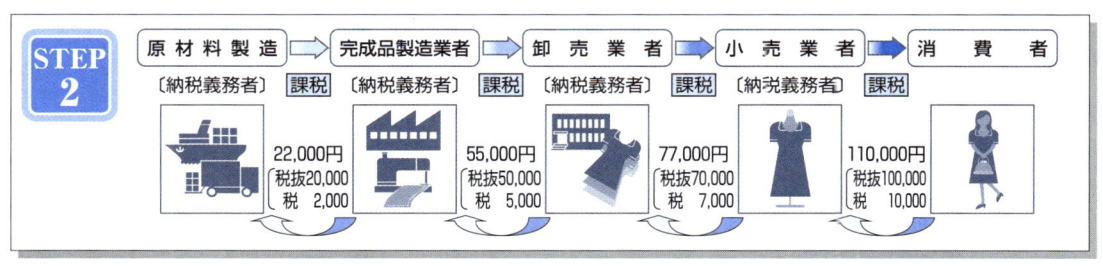

STEP 3

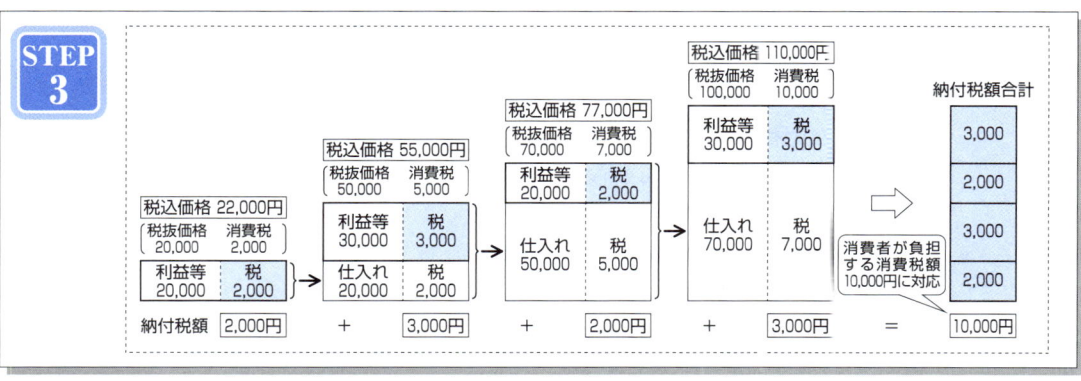

57

課税期間とは （消法19）

消費税の納付税額を計算する期間を課税期間といい、法人個人それぞれ次のとおりです。

法　　人	事業年度
個人事業者	暦年（1月1日〜12月31日）

＊届出書（「消費税課税期間特例選択・変更届出書」といいます。）を提出することにより、課税期間を3か月又は1か月に短縮することができます。（**No.83**「課税期間の短縮の特例」参照）

基準期間とは （消法2①十四）

消費税の基準期間は次のとおりです。

法　　人	その事業年度の前々事業年度 ＊その事業年度の前々事業年度が1年未満の場合 　その事業年度開始の日の2年前の日の前日から同日以後1年を経過する日までの間に開始した各事業年度を合わせた期間が基準期間となります。
個人事業者	その年の前々年

課税売上高とは （消法9②）

課税売上高とは、課税資産の譲渡等の対価の額から、売上げに係る対価の返還等を控除した金額をいいます。いわゆる税抜きの純売上高です。

基準期間における課税売上高 （消法9②）

消費税の納税義務の有無は、基準期間における課税売上高で判定を行いますが、その計算方法は次のとおりです。

(1) 基準期間が1年未満の場合

法　　人	基準期間の課税売上高を1年分へ換算します。 $$基準期間の課税売上高 \times \frac{12月}{基準期間の月数＊}$$ ＊月数は暦に従って計算し、1か月未満の端数は切り上げます。
個人事業者	1年分への換算はしません。基準期間の課税売上高そのものの金額となります（消基通1-4-9）。

(2) 基準期間が免税事業者＊の場合 （消基通1-4-5）

基準期間が免税事業者の場合は、その基準期間である課税期間中の課税売上高には、消費税が課税されていませんから、税抜き処理を行わない課税売上高で納税義務を判定します。

＊免税事業者は**No.11**「課税事業者の判定をする」参照。

STEP 5

基準期間

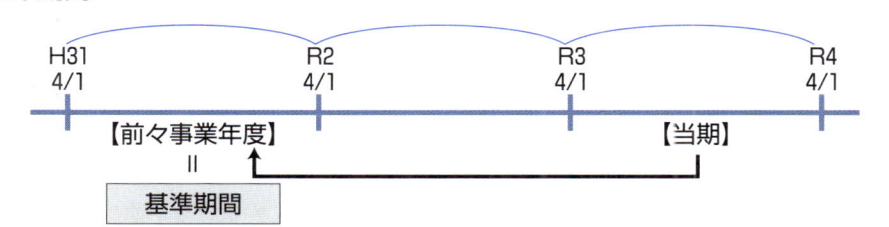

〔事業年度を変更した場合の基準期間〕
令和元年12月31日まで半年決算であったが、令和2年4月より1年決算へ事業年度を変更した場合

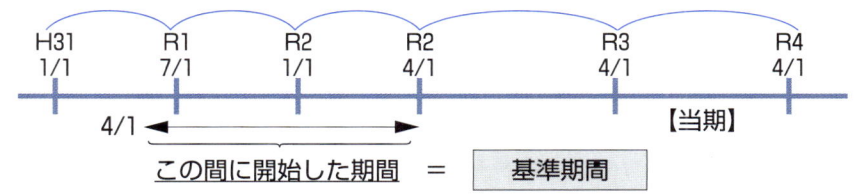

その事業年度開始の日（R3.4.1）の2年前の日の前日（H31.4.1）から同日以後1年を経過する日（R2.3.31）までの間に開始した各事業年度を合わせた期間が基準期間となります。

STEP 6

課税売上高

課税資産の譲渡等
・売上高収入　・雑収入
・車輌・備品の売却収入　など

売上げに係る対価の返還等
・返品、値引、割戻し　など

課税売上高

※基準期間の課税売上高は、その基準期間が課税事業者であった場合は税抜金額で計算しますが、免税事業者であった場合は税込金額で計算します。

STEP 7

基準期間における課税売上高

基準期間が1年未満の場合は、1年間の金額に換算します。（法人のみ）

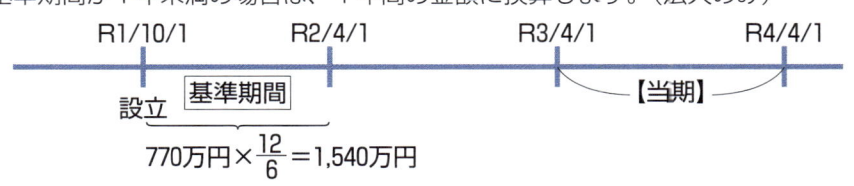

設立　基準期間

$$770万円 \times \frac{12}{6} = 1,540万円$$

Ⅱ 消費税の概要

消費税の課税対象となる取引の概要（消法2①八〜八の五、4①）

　消費税の課税対象は、「事業者が行う国内取引」と「輸入取引」に限られます。さらに「事業者が行う国内取引」には、「資産の譲渡等」と「特定仕入れ」の2つがあります。

1. 「資産の譲渡等」とは、次の①から⑤のすべての要件を満たす取引です。
   - ①　国内において行う取引（国内取引）であること
   - ②　事業者が事業として行うものであること
   - ③　対価を得て行うものであること（代物弁済等、みなし譲渡を含みます。）
   - ④　資産の譲渡、貸付け及び役務の提供であること
   - ⑤　特定資産の譲渡等に該当しないこと

   （注）「特定資産の譲渡等」とは、「事業者向け電気通信利用役務」及び「特定役務の提供」をいいます。詳細は**No.69**「国境を越えた役務の提供がある場合（リバースチャージ方式）」参照

2. 「特定仕入れ」とは、事業として他の者から受けた特定資産の譲渡等をいいます。

   （注）輸入取引に係る課税の対象は、**No.38**「輸入取引がある場合の仕入税額控除」参照

事業者が事業として行う取引（消法2①三〜四、消基通5-1-1、5-1-8）

- ①　「法人」の場合は、すべての取引が事業として行う取引となります。
- ②　「個人」の場合は、対価を得て行われる資産の譲渡及び貸付け並びに役務の提供が反復、継続、独立して行う者をいいます。（事業を行う個人）

　したがって個人事業者が生活の用に供している資産を譲渡する場合のその譲渡は、「事業として」には該当しませんので課税対象とされません。（課税対象外）

国内取引の判定（消法4③④）

- ①　資産の譲渡又は貸付けの場合・・・資産の所在地
- ②　役務の提供の場合・・・役務の提供が行われた場所

（注）国境を越えた役務の提供がある場合の詳細は、**No.69**「国境を越えた役務の提供がある場合（リバースチャージ方式）」参照

資産の譲渡等（資産の譲渡、資産の貸付け、役務の提供）であること

（消法2①八、2②、消基通5-2-1、5-2-10、5-5-1）

- ①　資産の譲渡とは、売買や交換等の契約により、資産の同一性を保持しつつ、他人に移転することをいいます。したがって、権利の消滅や価値の減少は、資産の譲渡には該当しません。
- ②　資産の貸付けとは、賃貸借や消費貸借等の契約により、資産を他の者に貸し付け、使用させる一切の行為をいい、資産に係る権利の設定も含まれます。
- ③　役務の提供とは、請負契約、運送契約、委任契約、寄託契約などに基づいて労務、便益その他のサービス（例：請負、宿泊、飲食、出演、広告、運送、委任）を提供することをいいます。

対価を得て行うもの（消基通5-1-2）

　消費税は、資産の譲渡等の反対給付として対価を受ける取引に課税されます。したがって、無償の取引は課税の対象になりません。

　ただし、法人が役員に対して法人の資産を贈与した場合などは、対価を得て行われた取引とみなされます。（消法4⑤）詳細は、**No.14**「課税売上高の確認」参照。

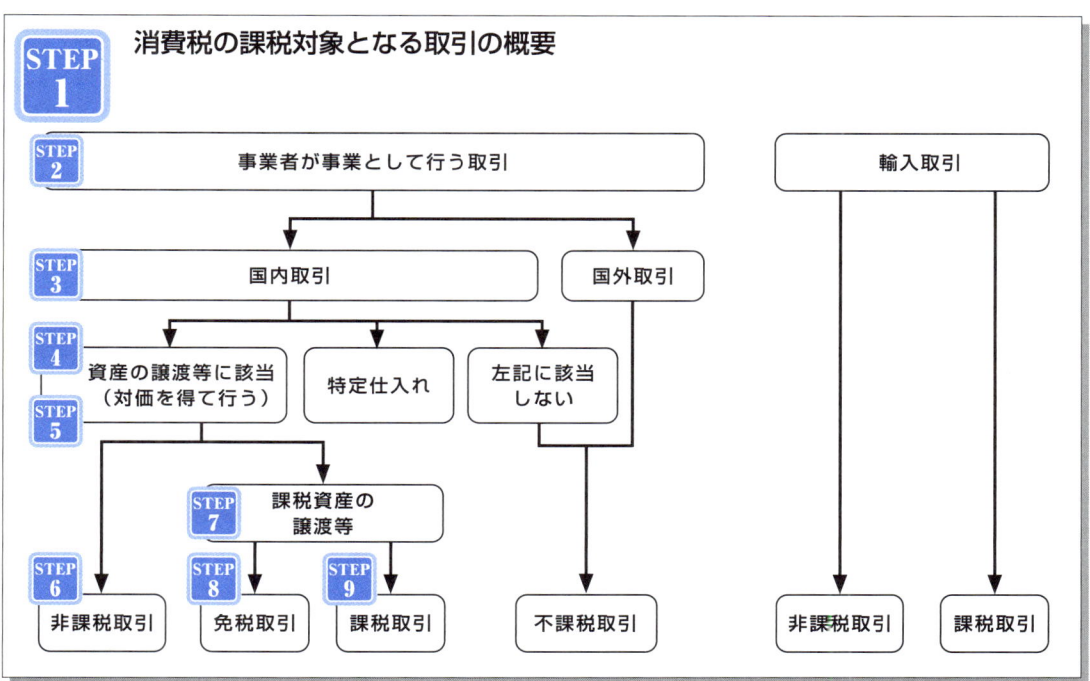

STEP 2　事業者が事業として

事業者	事業として
・個人事業者（事業を行う個人）	反復、継続かつ独立して対価を得て行われる資産の譲渡等
・法人	全取引

STEP 3　国内取引の判定

内　容	資産の所在地又は役務の提供場所	判　定
資産の譲渡 資産の貸付 役務の提供	国　内	国内取引
	国　外	国外取引

STEP 4　資産の譲渡等

資産とは	棚卸資産、機械装置、建物などの有形資産、商標権、特許権などの無形資産など取引（譲渡又は貸付け）の対象となるものは全て含まれます。
資産を使用させるとは	動産、不動産、無体財産権その他の資産を、他の者に使用させることをいいます。

STEP 5　対価を得て行うものに該当しない例

内　容	理　由
給与・賃金・退職金	雇用契約に基づく労働の対価であり、「事業」として行う資産の譲渡等の対価に当たらないため。
寄附金、祝金、見舞金、補助金等	一般的に対価として支払われるものではないため。
保険金や共済金	資産の譲渡等の対価といえないため。
株式の配当金や他の出資分配金	株主や出資者の地位に基づいて支払われるものであるため。

Ⅱ
消費税の概要

非課税取引（消法6①②）

1．国内取引に係る非課税

　課税対象となる国内取引のうち、消費税の性格からみて課税になじまないものや、社会政策的配慮から課税することが適当でない取引については、消費税は非課税とされています。

(1)	消費税の性格からみて課税になじまないもの
①	土地（土地の上に存する権利を含みます。）の譲渡及び貸付け
②	有価証券、支払手段の譲渡
③	利子、保証料、保険料
④	郵便切手類、印紙、証紙の譲渡、商品券などの物品切手等の譲渡
⑤	国、地方公共団体の行政手数料等、外国為替業務の手数料
(2)	社会政策的な配慮に基づくもの
⑥	社会保険診療
⑦	介護保険法に基づく介護サービス、社会福祉事業
⑧	医師、助産師等による助産に係る資産の譲渡等
⑨	埋葬料、火葬料
⑩	身体障害者用物品の譲渡、貸付け等
⑪	学校、専修学校、各種学校等の授業料、入学金等
⑫	教科用図書の譲渡
⑬	住宅の貸付け

2．輸入取引に係る非課税

　課税対象となる輸入取引のうち、国内取引に係る非課税とのバランスから一定の輸入資産は非課税とされています。

①	有価証券等
②	郵便切手類、印紙、証紙、物品切手等
③	身体障害者用物品
④	教科用図書

課税資産の譲渡等

　「事業者が事業として行う国内取引」で、「非課税取引」以外の資産の譲渡等は、消費税の課税対象とされ、次の「免税取引」以外の取引が「課税取引」となります。

免税取引（消法8①）

　次のような輸出取引等を行った場合は、消費税が免除され、輸出品の仕入れ等に係る消費税は、仕入税額控除の対象となります。この取扱いを0％課税といいます。

① 　国内からの輸出として行われる資産の譲渡又は貸付け（典型的な輸出取引）

② 　外国貨物の譲渡、貸付け

③ 　保税地域内での荷役、運送、保管等のサービス

③ 　国際通信、国際運輸、国際郵便など（詳細は**No.42**「通信費」参照）

課税取引

　「不課税取引」、「非課税取引」、「免税取引」以外のものが「課税取引」とされ、10％の消費税が課税されます。

　（令和元年9月30日までは8％）

国内取引に係る非課税

STEP 6

	区　分	例示、留意点等
1	土地（土地の上に存する権利を含む）の譲渡及び貸付け（一時的に使用させる場合等を除く）	土地の上に存する権利：地上権、賃借権、地役権等の土地の使用収益に関する権利をいう。
		一時的に使用させる場合等：貸付期間が1月未満及び建物、駐車場他その他の施設の利用に伴って土地が使用される場合をいう。
2	有価証券、有価証券に類するもの及び支払手段の譲渡	有価証券：国債、株券、投資信託など 有価証券に類するもの：預金、売掛金その他の債権など 支払手段：紙幣、小切手、支払手形など
		船荷証券、貨物引換証、倉庫証券、株式・預託形態によるゴルフ会員権は除く　→　課税対象
3	利子を対価とする貸付金その他の特定の資産の貸付け及び保険料を対価とする役務の提供等	預金、貸付金、国債、地方債の利子 信用の保証料、保険料、手形の割引料 割賦販売等の手数料、クレジット会社手数料
4	郵便切手類、印紙、証紙の譲渡、物品切手等の譲渡	郵便切手類の譲渡：郵便局、印紙売りさばき所等、一定の場所における譲渡に限り非課税
		物品切手等：商品券、ビール券、図書カード、テレホンカード、プリペイドカードなど
5	国、地方公共団体等が法令に基づき徴収する手数料に係る役務の提供、外国為替業務に係る役務の提供	国、地方公共団体等の行政手数料 外国為替の送金手数料、両替手数料、トラベラーズチェックの発行手数料など
6	公的な医療保障制度に係る療養、医療、施設療養又はこれらに類する資産の譲渡等	健康保険法、国民健康保険法等の規定に基づく保険診療など
7-1	介護保険法の規定に基づく、居宅・施設・地域密着型介護サービス費の支給に係る居宅・施設・地域密着型介護サービス等	介護保険法の規定に基づく居宅サービス、施設サービス、訪問介護など
7-2	社会福祉法に規定する社会福祉事業等として行われる資産の譲渡等	第一種社会福祉事業、第二種社会福祉事業、更生保護事業法に規定する更生保護事業、幼稚園併設型認可外保育施設における事業など
8	医師、助産師その他医療に関する施設の開設者による助産に係る資産の譲渡等	助産に係る資産の譲渡等：妊娠検査、検診、入院、分娩介助、回復検診、新生児の検診・入院など 妊娠中・出産後の入院の差額ベッド料も非課税
9	墓地、埋葬等に関する法律に規定する埋葬・火葬に係る埋葬料・火葬料を対価とする役務の提供	埋葬料、火葬料
10	身体障害者の使用に供するための特殊な性状、構造又は機能を有する物品の譲渡、貸付け等	身体障害者用物品：義肢、盲人安全つえ、義眼、点字器、人工喉頭などで厚生労働大臣が指定したもの
11	学校、専修学校、各種学校等の授業料、入学金、施設設備費等	幼稚園、小学校、中学校、高等学校、大学、専修学校の高等課程・専門課程・一般課程、各種学校の要件に該当するもの　などの授業料、入学金他
12	教科用図書の譲渡	教科用図書：検定済教科書、文部科学省が著作した教科用図書に限る。 参考書、問題集等の補助教材は課税。
13	住宅の貸付け	住宅：人の居住の用に供する家屋又は家屋のうち人の居住の用に供する部分をいう。
		貸付け：契約において人の居住の用に供することが明らかにされているものに限る。

II

消費税の概要

仕入税額控除の対象となる課税仕入れの概要

　消費税法における課税仕入れとは、会計上の仕入れよりも広い概念であり、販売していない棚卸資産、販売費及び一般管理費などの中に含まれるもの、一定の固定資産を取得したものまで含まれます。

　ただし、土地の購入や賃借などの非課税取引、課税対象とならない給与、賃金などは課税仕入れに含まれません。

課税仕入れ （消法2①十二）

課税仕入れとは、次の4つの要件を満たすものをいいます。

① 事業者が、事業として他の者から資産を譲り受け、若しくは借り受け、又は役務の提供を受けること。

② 給与等を対価とする役務の提供でないこと。

③ 他の者が事業として資産を譲り渡し、若しくは貸し付け、又はその役務の提供をしたとした場合に課税資産の譲渡等に該当するものであること。

④ 輸出免税により消費税が免除されるものではないこと。

　「資産」とは、取引の対象となる一切の資産をいいますから、棚卸資産又は固定資産のような有形資産のほか、権利その他の無形資産が含まれます。（消基通5－1－3）

　国内取引のうち、「特定課税仕入れ」は**No.69**参照、輸入取引のうち、「課税貨物の引取り」は**No.38**を参照

課税仕入れの相手方 （消基通11－1－3）

　「課税仕入れの意義」に規定する「他の者」には、課税事業者及び免税事業者のほか消費者が含まれます。

コ ラ ム

　令和5年10月より「適格請求書保存方式」の導入により免税事業者及び消費者からの仕入れに係る控除を適用することはできなくなります。

　ただし、経過措置により免税事業者及び消費者からの課税仕入れについては、適格請求書等保存方式の導入後3年間は仕入税額相当額の80%、その後の3年間は仕入税額相当額の50%の控除ができるとされています。

STEP 1 仕入税額控除の対象となる課税仕入れの概要

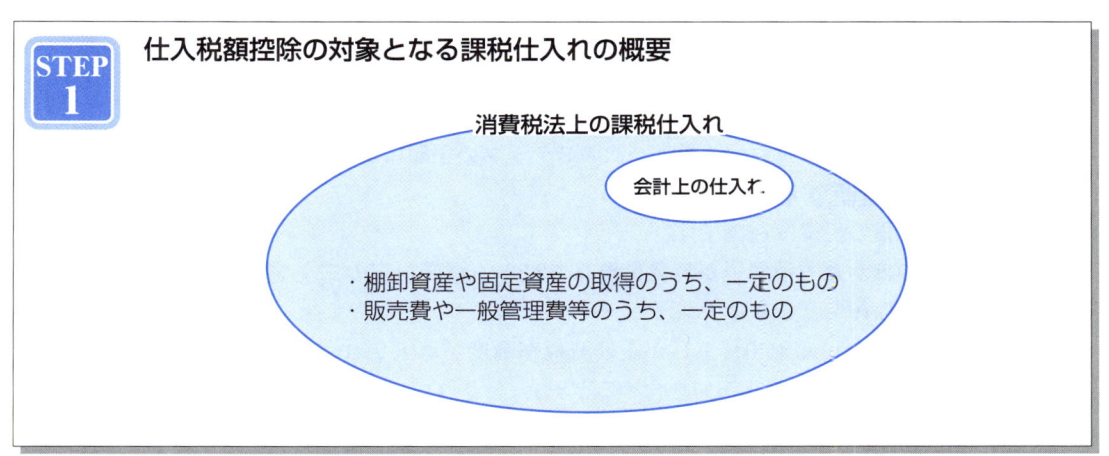

STEP 2 課税仕入れ

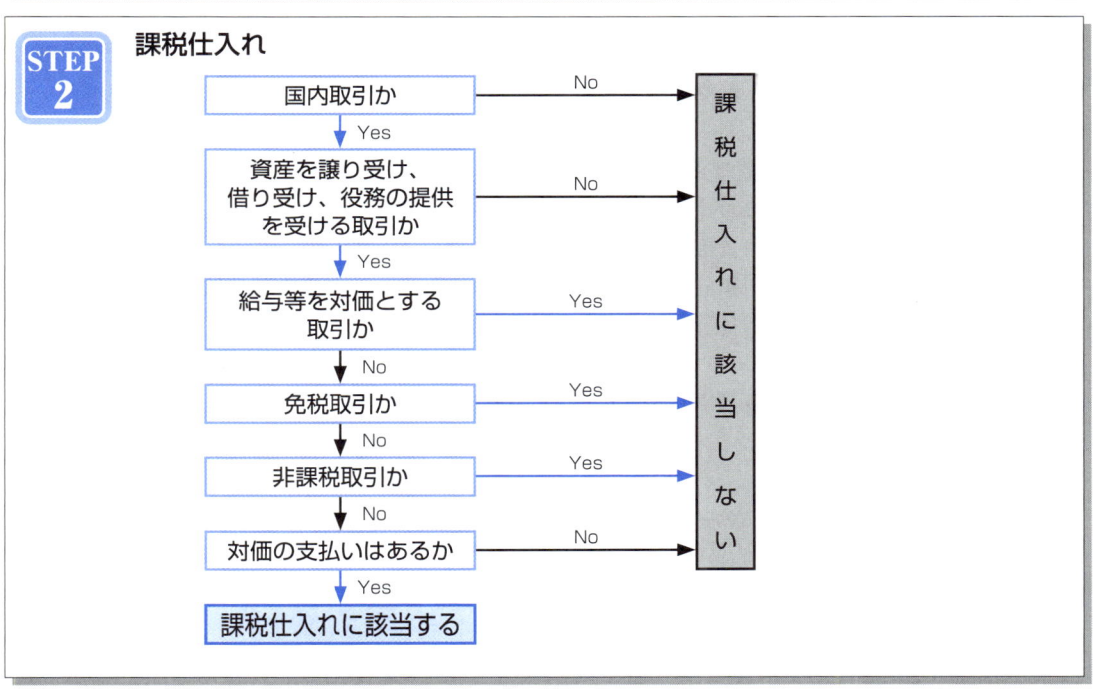

STEP 3 課税仕入れの相手方

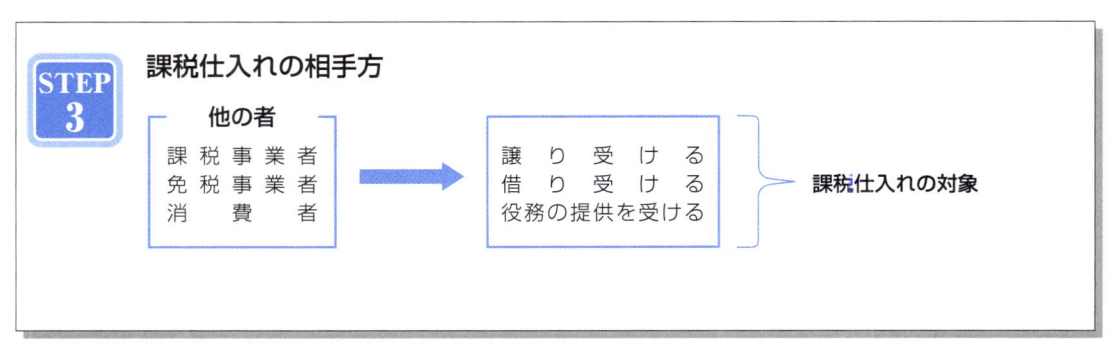

消費税額の計算の概要

納付する消費税額は、通常、次のステップの手順により計算を行っていきます。

税率を確認する

消費税の税率は7.8％です。

このほか地方消費税が消費税換算で2.2％（消費税率の $\frac{22}{78}$）課税されますので、税率の合計は10％となります。

また、令和元年10月１日から軽減税率制度が導入され、対象品目については税率を6.24％（地方消費税1.76％を含めると8％）とされています。

納付税額の計算

消費税の納付税額は、課税期間における課税売上げに係る消費税額から、その課税期間における課税仕入れ等に係る消費税額を控除して計算します。

課税標準額を確認する

まず、課税期間における課税売上高の合計額を税抜きの金額にします。これを課税標準額といいます（消費税申告書の①欄）。

課税標準額は、税額計算の基礎となる金額であり、この課税標準額に税率を乗じて、課税売上げに係る消費税額を計算します。

課税売上げに係る消費税額を計算する

STEP3で計算した課税標準額に税率7.8％[※]を乗じて課税売上げに係る消費税額を計算します。

※軽減税率の場合は6.24％

課税仕入れに係る消費税額を確認する

課税仕入れに係る消費税額（以下「仕入控除税額」といいます。）の計算は、原則課税（**No.18**「原則課税方式による控除税額の計算」参照）と簡易課税（**No.19**「簡易課税方式による控除税額の計算」参照）の２つの方法があります。

①原則課税による計算

課税仕入れに係る支払対価の額（税込み）に $\frac{7.8^{※}}{110}$ を乗じて計算します。

※軽減税率の場合は $\frac{6.24}{108}$

②簡易課税による計算

課税売上げに係る消費税額（**STEP3**）にみなし仕入率（**No.19**参照）を乗じて計算します。

税率

区分 ＼ 適用開始日	平成元年 4月1日〜	平成9年 4月1日〜	平成26年 4月1日〜	令和元年10月1日〜 標準税率	令和元年10月1日〜 軽減税率
消 費 税 率	3%	4%	6.3%	7.8%	6.24%
地方消費税率	—	1%	1.7%	2.2%	1.76%
合　　計	3%	5%	8%	10.0%	8.0%

納付税額の計算を確認する

$$\text{消費税の納付税額} = \text{課税売上げに係る消費税額} - \text{課税仕入れ等に係る消費税額（実額）}$$

課税標準額

$$\text{課税標準額} = \text{課税売上げの対価の額（税込み）} \times \frac{100}{110} \text{（千円未満切捨て）}$$

課税売上げに係る消費税額

$$\text{消費税額} = \text{課税標準額} \times 7.8\%$$

> **課税売上げに係る消費税額　3,120 ＝ 40,000×7.8%**

STEP 5　課税仕入れに係る消費税額
【原則課税】
控除対象仕入税額＝課税仕入れに係る支払対価の額（税込み）$\times \frac{7.8}{110}$

【簡易課税】
控除対象仕入税額＝課税売上げに係る消費税額×みなし仕入率

STEP 6　売上げに係る対価の返還等に係る消費税額
返還等対価に係る税額＝返還等の対価$\times \frac{7.8}{110}$

STEP 7　貸倒れに係る消費税額
貸倒れに係る税額＝貸倒れに係る金額$\times \frac{7.8}{110}$

$$\begin{array}{l}\text{課税仕入れに係る消費税額}\\ \text{返還等対価に係る税額} \quad 2,340\\ \text{貸倒れに係る税額}\end{array} = \begin{cases} 31,900 \times \dfrac{7.8}{110} \ \text{（課税仕入れ）}\\ 220 \times \dfrac{7.8}{110} \ \text{（売上に係る対価の返還）}\\ 880 \times \dfrac{7.8}{110} \ \text{（貸倒れ）}\end{cases}$$

売上げに係る対価の返還等に係る消費税額を確認する

　課税売上げについて売上値引や返品等（「売上げに係る対価の返還等」といいます。）があった場合には、売上値引・返品等の金額を課税売上げに係る消費税額から控除します。（No.23「売上値引・返品」参照）

　なお、売上値引・返品等を売上高から直接控除する経理処理を行っている場合は、控除後の売上高から課税標準額を計算することも認められています。（消基通14-1-8）

貸倒れに係る消費税額を確認する

　消費税の課税対象となる取引の売掛金その他の債権が貸倒れとなったときは、貸倒れとなった金額に対応する消費税額を、貸倒れの発生した課税期間の課税売上げに係る消費税額から控除します。（No.34「貸倒損失」参照）

差引税額を計算する

　課税売上げに係る消費税額（STEP4）から①課税仕入れに係る消費税額（STEP5）、②売上げに係る対価の返還等に係る消費税額（STEP6）、③貸倒れに係る消費税額（STEP7）の合計額を控除して差引税額を計算します。

中間納付額を控除して納付税額を計算する

　差引税額（STEP8）から消費税の中間納付額を控除して、納付税額を計算します。

地方消費税額を計算する

　差引税額（STEP8）に$\frac{22}{78}$を乗じて計算した金額から、中間納付譲渡割額を控除して、地方消費税の納付額を計算します。

納付額の合計を計算する

　納付税額（STEP9）と地方消費税額（STEP10）を合算して、納付額の合計を計算します。

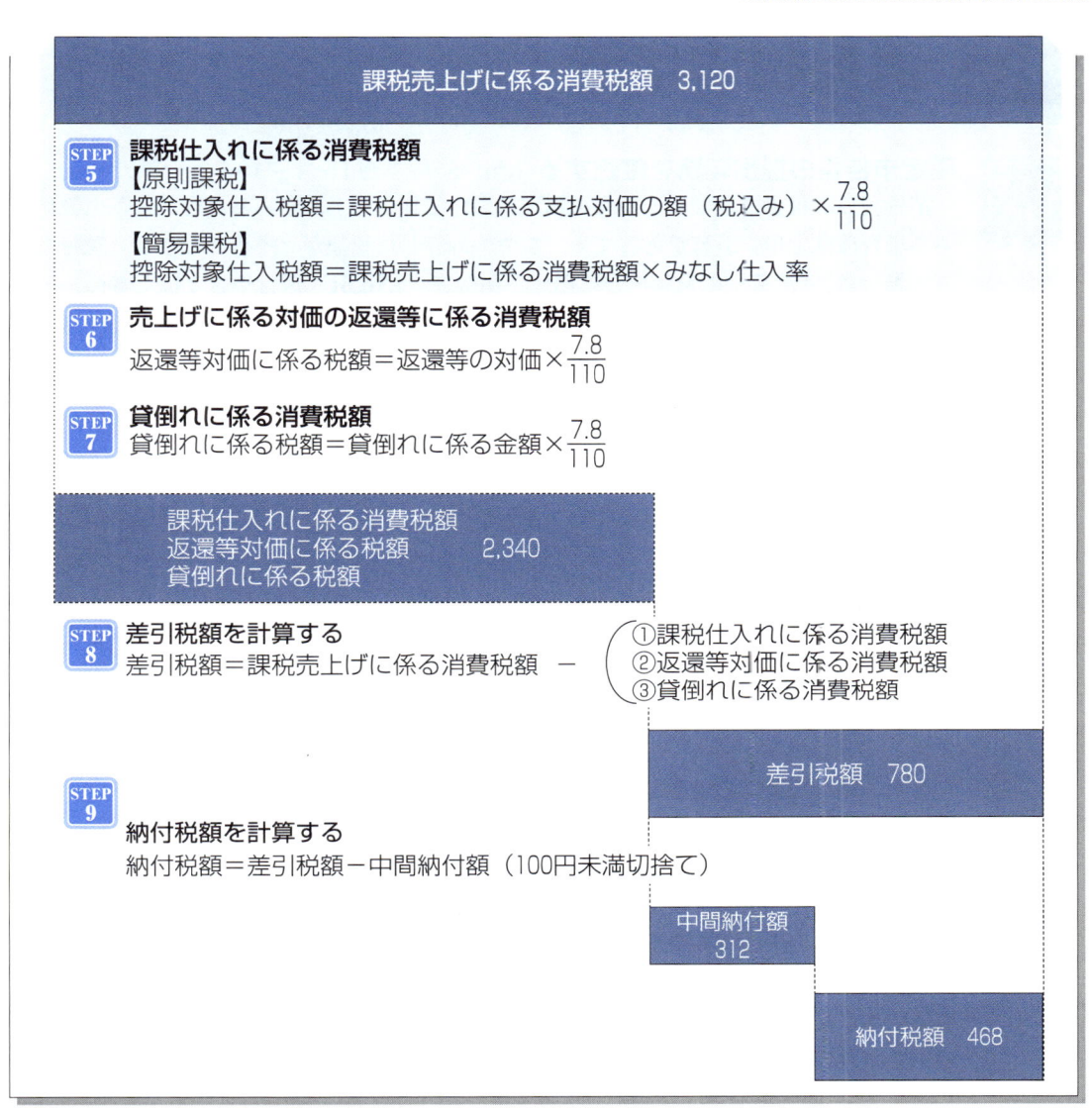

課税売上げに係る消費税額　3,120

STEP 5　課税仕入れに係る消費税額
【原則課税】
控除対象仕入税額＝課税仕入れに係る支払対価の額（税込み）× $\dfrac{7.8}{110}$

【簡易課税】
控除対象仕入税額＝課税売上げに係る消費税額×みなし仕入率

STEP 6　売上げに係る対価の返還等に係る消費税額
返還等対価に係る税額＝返還等の対価× $\dfrac{7.8}{110}$

STEP 7　貸倒れに係る消費税額
貸倒れに係る税額＝貸倒れに係る金額× $\dfrac{7.8}{110}$

課税仕入れに係る消費税額
返還等対価に係る税額　2,340
貸倒れに係る税額

STEP 8　差引税額を計算する
差引税額＝課税売上げに係る消費税額 － ①課税仕入れに係る消費税額
②返還等対価に係る消費税額
③貸倒れに係る消費税額

差引税額　780

STEP 9
納付税額を計算する
納付税額＝差引税額－中間納付額（100円未満切捨て）

中間納付額
312

納付税額　468

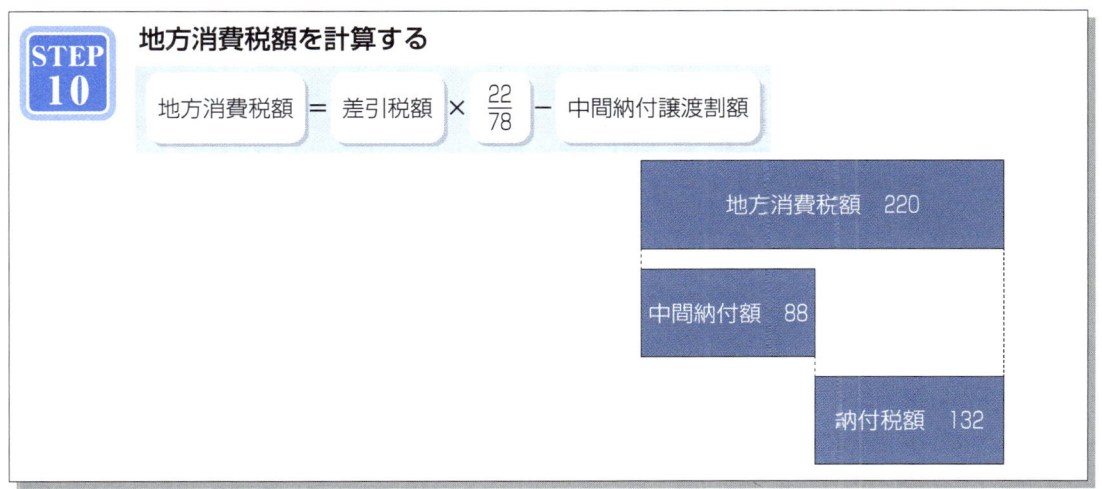

STEP 10　地方消費税額を計算する

地方消費税額 ＝ 差引税額 × $\dfrac{22}{78}$ － 中間納付譲渡割額

地方消費税額　220

中間納付額　88

納付税額　132

II 消費税の概要

STEP 1

確定申告書の提出義務を確認する（消法45、消基通1−4−1）

　消費税の課税事業者で、その課税期間において課税売上高がある場合又は差引税額がある場合は確定申告義務があります。なお、計算した税額がマイナスとなる（還付となる）場合は、「消費税の還付申告に関する明細書」（**No.61**「還付申告とは」参照）を添付する必要があります。

　課税事業者であっても、国内における課税資産の譲渡等がない場合又は課税資産の譲渡等のすべてが免税の対象となる場合で、かつ、納めるべき消費税額等がないときは、確定申告義務はありません。

　ただし、確定申告義務がない場合でも課税事業者は還付申告をすることができます。（**No.61**参照）

STEP 2

確定申告書の提出期限（消法45、措法86の6）

　消費税の課税事業者は、課税期間の末日の翌日から2か月以内に確定申告書を提出しなければなりません。

　例えば、法人で課税期間が4月1日〜3月31日の場合は、5月31日が申告期限となります。

　また、個人事業者の場合は、翌年3月31日が申告期限となります。

STEP 3

消費税の確定申告書の申告期限の延長（消法45の2、通則法11、法法75の2）

1．法人の申告期限の延長の創設

　法人税の確定申告書の提出期限の延長の特例の適用を受ける法人が、消費税の確定申告書の提出期限を延長する旨の届出書を提出した場合には、その提出をした日の属する事業年度以後の各事業年度の末日の属する課税期間に係る消費税の確定申告書の提出期限を1か月延長されます。

（注1）この改正は、**令和3年3月31日以後に終了する事業年度の末日の属する課税期間**から適用されます。

（注2）確定申告書の提出期限が延長された期間の消費税の納付については、その延長された期間に係る利子税を併せて納付することになります。

（注3）この特例の適用により、消費税の確定申告の期限が延長された場合でも、「中間申告」（年11回中間申告を行う場合の1回目及び2回目の中間申告対象期間を除きます。）の期限や「課税期間の特例により短縮された課税期間」（事業年度終了の日の属する課税期間を除きます。）に係る確定申告の期限は延長されません。

（注4）「国、地方公共団体に準ずる法人の申告期限の特例」の適用を受けている法人はこの特例の適用を受けることはできません。

（注5）「法人税の申告期限の延長の特例」の適用を受ける連結親法人又はその連結子法人が「消費税申告期限延長届出書」を提出した場合にも、その提出をした日の属する連結事業年度（その連結事業年度終了の日の翌日から45日以内に提出した場合のその連結事業年度を含みます。）以後の各連結事業年度終了の日の属する課税期間に係る消費税の確定申告の期限を1か月延長することとされました。

2．災害等による期限の延長

　国税通則法により、災害その他やむを得ない理由により申告期限までに提出できない場合は、その理由のやんだ日から2か月以内に限り、その期限を延長することができます。

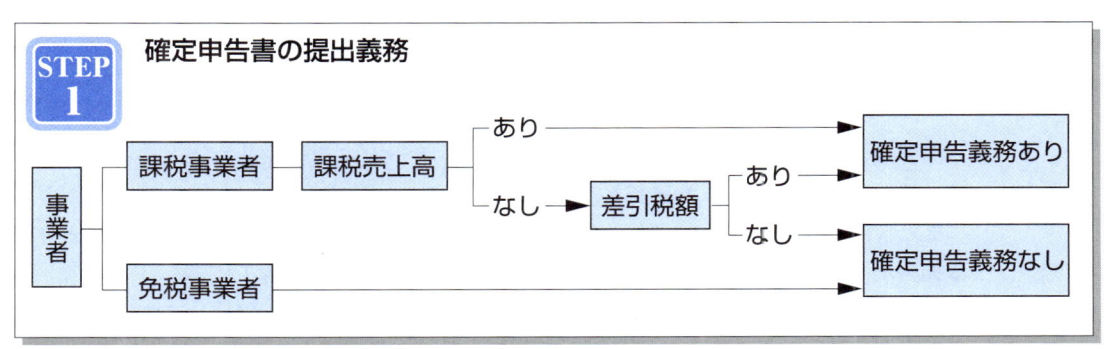

STEP 1 確定申告書の提出義務

STEP 2 確定申告書の提出期限

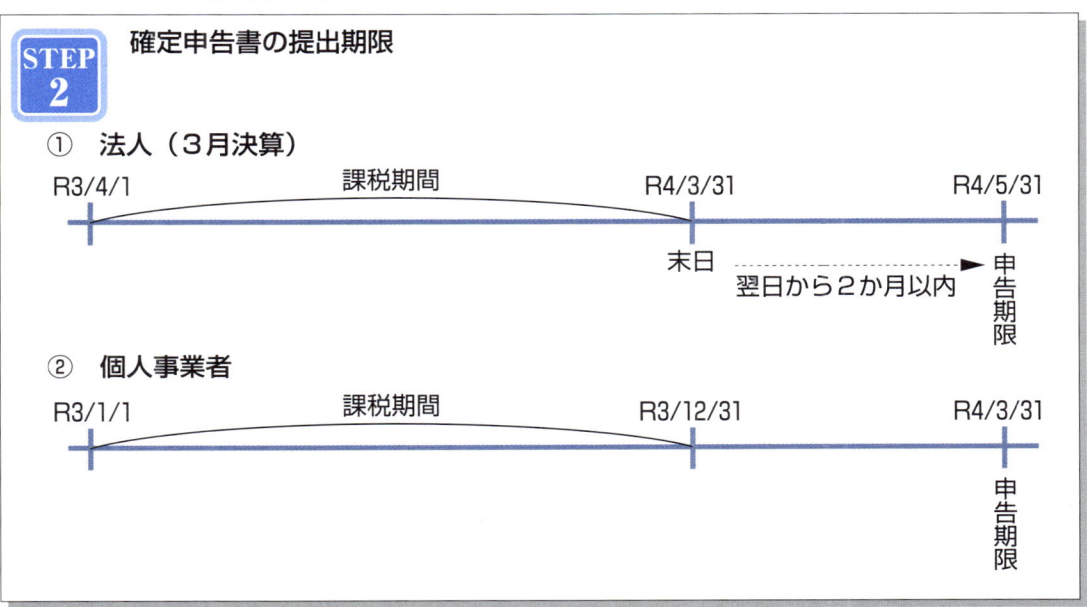

① 法人（3月決算）

② 個人事業者

STEP 3 確定申告書の申告期限の延長の特例

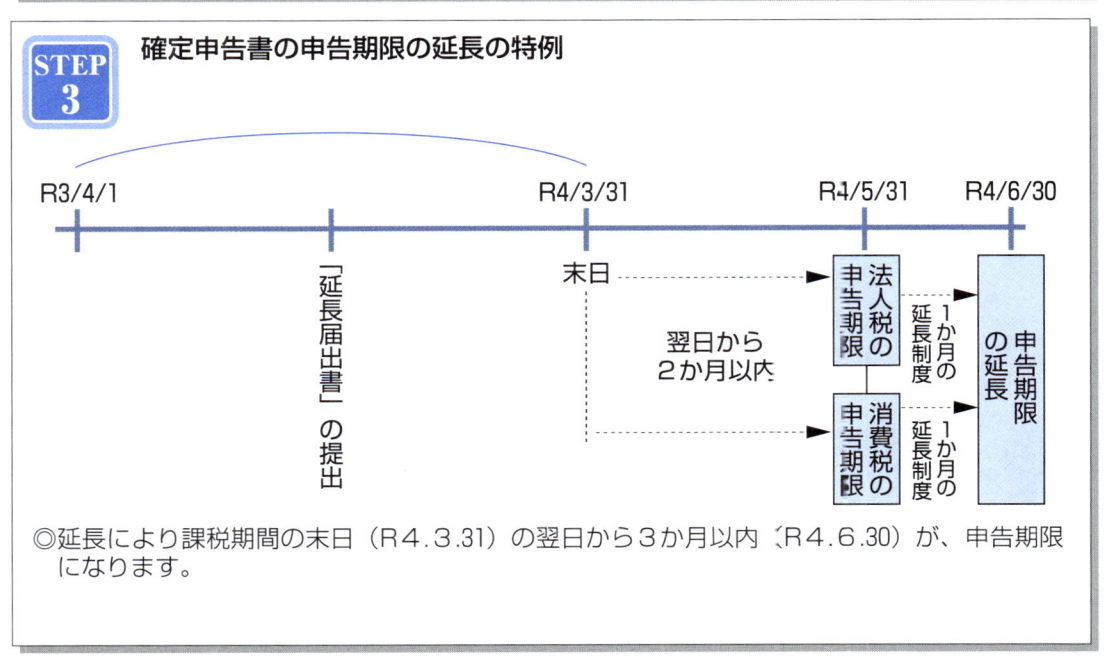

◎延長により課税期間の末日（R4.3.31）の翌日から3か月以内（R4.6.30）が、申告期限になります。

課税事業者の判定をする

消費税の課税対象となる物品の販売をしたり、サービスを提供した法人や個人事業者は、消費税を国へ納める義務があります。

また、海外から物品を輸入した者は、その物品を引き取る際に税関長へ消費税を納める義務があります。（No.38「輸入取引がある場合の仕入税額控除」参照）

ここでは、消費税の国内取引の納税義務者とその特例について確認します。なお、用語の意義はNo. 6「消費税の基本的な仕組みと用語の意義」をご参照ください。

国内取引の納税義務者を確認する（消法5①）

国内において課税取引を行った事業者は、消費税を納めなければなりません。消費税法上の事業者とは、法人と個人事業者をいいます。

事業者	法　　人	全ての法人は納税義務があります。	普通法人、協同組合等、公益法人、NPO法人、公共法人、国・地方公共団体
	個人事業者	事業を行っている個人（事業所得、不動産所得、雑所得等の所得の区分は問いません。）	物品販売、サービス、不動産賃貸など

＊人格のない社団等（町内会やPTA）は、法人とみなされます。

小規模事業者の納税義務の免除（国内取引）を確認する（消法9①）

小規模事業者の納税事務負担等を考慮して、基準期間における課税売上高が1,000万円以下の事業者は、消費税の納税義務が免除されます。このような事業者を「免税事業者」といいます。

基準期間における課税売上高	1,000万円を超える事業者	納税義務あり	課税事業者
	1,000万円以下の事業者	納税義務なし	免税事業者

課税事業者の選択を確認する（消法9④）

基準期間における課税売上高が1,000万円以下となる免税事業者であっても、選択により課税事業者になることができます。

この課税事業者の選択を行う場合は、適用を受けようとする課税期間の初日の前日までに「消費税課税事業者選択届出書」を納税地の所轄税務署長に提出します。（詳細は、No.93「消費税課税事業者選択届出書を作成する」参照）

特定期間における課税売上高による納税義務の免除の特例を確認する

（消法9の2）

基準期間における課税売上高が1,000万円以下であっても、特定期間における課税売上高又は給与等支払額が1,000万円を超える場合は、課税事業者となります。（詳細は、No.12「特定期間における課税売上高による納税義務の免除の特例」参照）

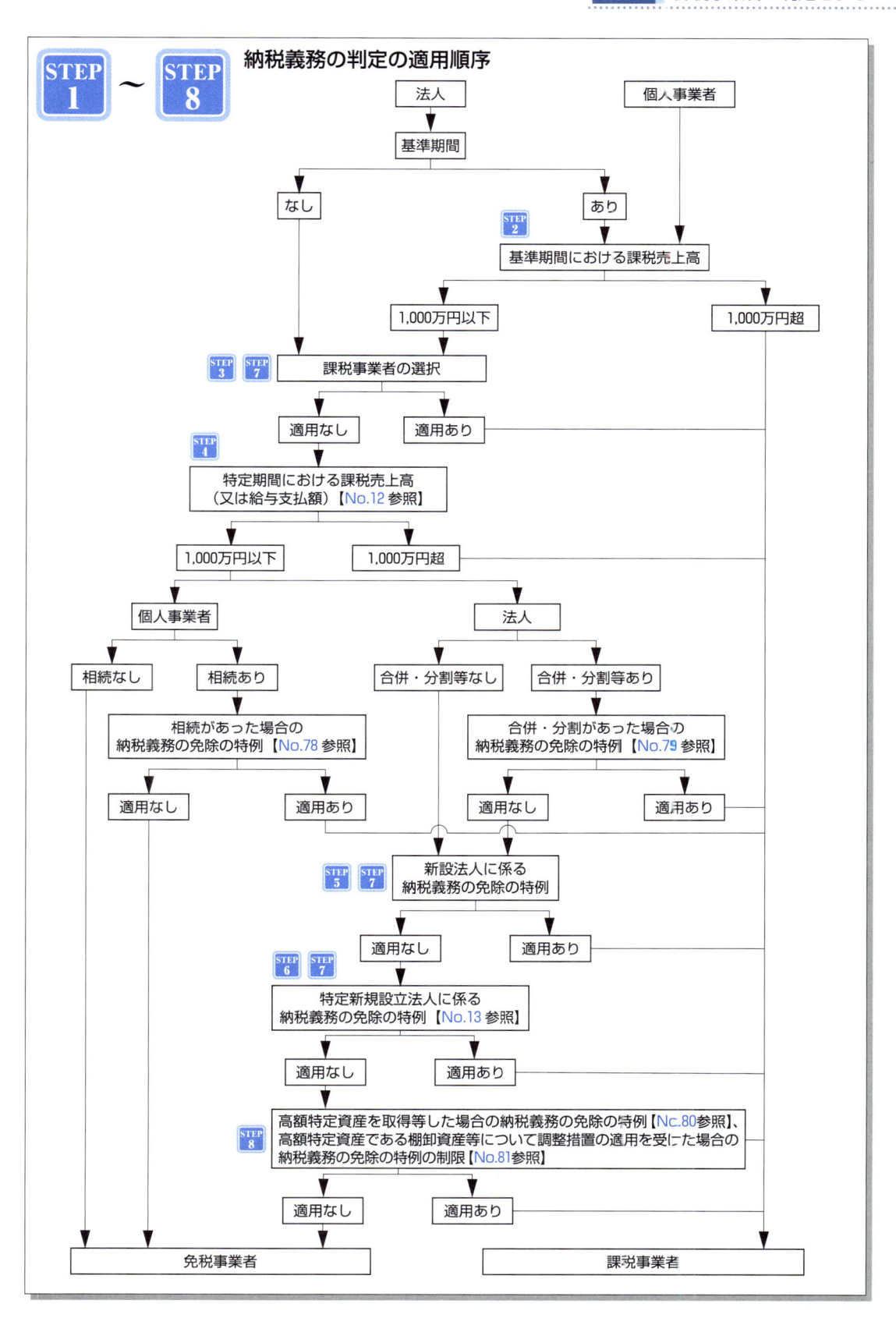

新設法人の納税義務の免除の特例を確認する （消法12の2①）

　基準期間がない（＝新たに設立された）法人（社会福祉法人を除きます。）のうち、その事業年度開始の日の資本金の額又は出資金の額が1,000万円以上である法人（**新設法人**）については、その基準期間がない事業年度の納税義務は免除されません。

特定新規設立法人の納税義務の免除の特例を確認する （消法12の3①）

　平成26年4月1日以後に設立された基準期間がない法人で、その事業年度開始の日における資本金の額又は出資金の額が1,000万円未満の法人（新規設立法人）のうち、課税売上高5億円超の事業者により支配されている一定の法人（**特定新規設立法人**）については、当該特定新規設立法人の基準期間のない事業年度の納税義務は免除されません。
　（詳細は、**No.13**「特定新規設立法人の納税義務の免除の特例」参照）

STEP 7

課税事業者を選択した事業者又は新設法人若しくは特定新規設立法人が調整対象固定資産＊を取得した場合

　下記の場合、調整対象固定資産の仕入れ等を行った課税期間の**初日から3年間**は、免税事業者になれません。

⑴　**課税事業者を選択した場合** （消法9⑦）
　・課税事業者となった課税期間の**初日から2年を経過する日までに開始**した課税期間中に、調整対象固定資産の仕入れ等を行い、
　・かつ、その仕入れ等の課税期間を原則課税で申告を行う場合

⑵　**新設法人又は特定新規設立法人を設立した場合** （消法12の2②、12の3③）
　・その基準期間がない事業年度に含まれる各課税期間中に調整対象固定資産の課税仕入れ等を行い、
　・かつ、その仕入れ等の課税期間を原則課税で申告を行う場合

　なお、上記⑴⑵に該当する場合において、免税事業者になれない期間は、簡易課税制度の選択適用もできません。

　　＊調整対象固定資産：棚卸資産以外の資産で税抜きの支払対価の額が100万円以上のもの（詳細は**No.72**「調整対象固定資産①－転用した場合」参照）

高額特定資産を取得等した場合等 （消法12の4）

⑴　課税事業者が、原則課税の課税期間中に、国内における高額特定資産の仕入れ等を行った場合、その仕入れ等の日の属する課税期間の初日から3年間は、免税事業者になれません。

⑵　事業者が、高額特定資産である棚卸資産等又は調整対象自己建設高額資産について、令和2年4月1日以降において棚卸資産に係る消費税額の調整（**No.81**「高額特定資産である棚卸資産等について調整措置の適用を受けた場合の納税義務の免除の特例の制限」参照）の適用を受けた場合には、その適用を受けた課税期間の初日から3年間は免税事業者になれません。**（令和2年度改正）**

　なお、上記⑴⑵に該当する場合において、免税事業者になれない期間は、簡易課税制度の選択適用もできません。（詳細は、**No.80**「高額特定資産を取得等した場合の納税義務の免除の特例」参照）

新たに設立した法人の納税義務の判定

【例】 資本金500万円で設立し、第1期に1,000万円に増資している場合
（特定新規設立法人には該当しない）

判定課税期間	判定対象となる期間の課税売上高	開始の日の資本金	判定結果
第1期 R3.7.1〜R4.3.31	（基準期間）　なし （特定期間）　なし	500万円	免税事業者
第2期 R4.4.1〜R5.3.31	（基準期間）　なし （特定期間 R3.7.1〜R3.12.31）　10,300,000円（税込み） 　　　　　（特定期間の給与等支給額11,500,000円）	1,000万円	課税事業者
第3期 R5.4.1〜R6.3.31	（基準期間 R3.7.1〜R4.3.31）　15,600,000円（税込み） （特定期間）　判定に使用しない	判定に 使用しない	課税事業者

R3.7.1　　　R4.4.1　　　R5.4.1　　　R6.4.1

設立

第1期の判定 ……
①基準期間の課税売上高なし
②特定期間の課税売上高なし
③資本金500万円＜1,000万円
　∴免税事業者

（特定期間で判定）

第2期の判定 ……
①基準期間の課税売上高なし
②特定期間の課税売上高10,300,000円＞1,000万円
　（特定期間は免税事業者なので税抜処理しない）
　∴課税事業者

（基準期間で判定）

第3期の判定 ……
①基準期間の課税売上高
15,600,000円×12月／9月＝20,800,000円＞1,000万円
（基準期間は免税事業者なので税抜処理しない）
　∴課税事業者

＊（**第2期の判定**）　納税義務の判定は、**STEP2〜6**の順序で行います。第2期の判定は**STEP4**「特定期間における課税売上高」が1,000万円を超えるため課税事業者となります。
　なお、第2期の事業年度開始時に資本金の額が1,000万円以上となっていますが、課税事業者に該当することとなるのは、あくまで**STEP4**によります。**STEP5**「新設法人の納税義務」の適用によるためではありませんのでご注意ください。（P.73「納税義務の判定の適用順序」参照）

新設法人が調整対象固定資産を取得した場合

◎資本金1,000万円で法人を設立し、第2期に200万円の備品を購入し、原則課税で申告した場合

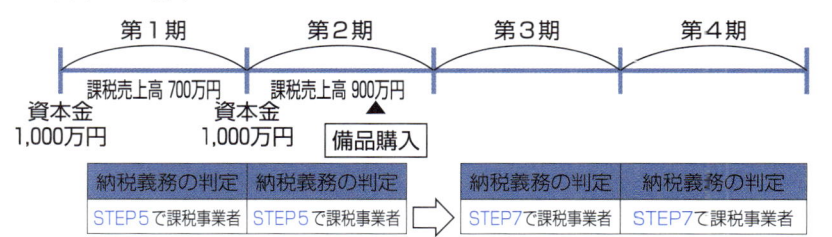

＊上記の場合において、第2期に新設法人（**STEP5**）に該当し、調整対象固定資産の課税仕入れ等を行っているため、第3期及び第4期は課税事業者となります（**STEP7**）。また簡易課税を選択することもできません。

Ⅲ 準備業務

STEP 1

概　要（消法9の2）

　個人事業者又は法人の当課税期間の基準期間における課税売上高が1,000万円以下であっても、その個人事業者又は法人の特定期間における課税売上高（又は給与等支払額）が1,000万円を超える場合は、当課税期間の納税義務は免除されず課税事業者となります。

STEP 2

特定期間とは

(1)　個人事業者…その年の前年1月1日から6月30日までの期間

(2)　法人

　　①　その事業年度の前事業年度が**短期事業年度**に該当しない場合

　　　　その事業年度の前事業年度開始の日から6か月の期間

　　②　その事業年度の前事業年度が**短期事業年度**に該当する場合

　　　　その事業年度の前々事業年度開始の日から6か月の期間（注）

> **短期事業年度とは**
> ・その事業年度の前事業年度で7か月以下であるもの
> ・その事業年度の前事業年度（7か月超であるもの）で、前事業年度開始の日以後6か月の期間の末日の翌日から前事業年度終了の日までの期間が2か月未満であるもの

　（注）　前事業年度が短期事業年度に該当する場合において、前々事業年度がその事業年度の基準期間に含まれるなど一定の場合には、特定期間は存在せず、この特例の適用はありません。

STEP 3

給与等支払額とは

　給与等支払額とは、特定期間中に支払った所得税の課税対象とされる給与、賞与等の合計額をいいます。非課税とされる通勤手当を除き、退職給与、特定期間中に支払われなかった未払給与等は含みません。

　給与の支払明細書の控えや源泉徴収簿から所得税の課税対象となるものを合計して算出します。

STEP 4

特定期間の課税売上高の判定について

　特定期間の判定において、課税売上高と給与等支払額のいずれの基準を採用するかは、事業者の選択ですので、一方が1,000万円を超えていても他方が1,000万円以下の場合は、事業者の判断により、免税事業者を選択することができます。

STEP 5

適用開始時期

　この規定は、平成25年1月1日以後に開始する年又は事業年度から適用されます。例えば、令和4年3月決算（事業年度が12か月）法人の場合、令和2年4月1日から令和2年9月30日が特定期間となります。

　特定期間における課税売上高の判定により課税事業者となる場合は、「消費税課税事業者届出書（特定期間用）」を速やかに納税地の所轄税務署長に提出します。（詳細は、**No.90**参照）

STEP 1 特定期間における課税売上高による納税義務の免除の特例

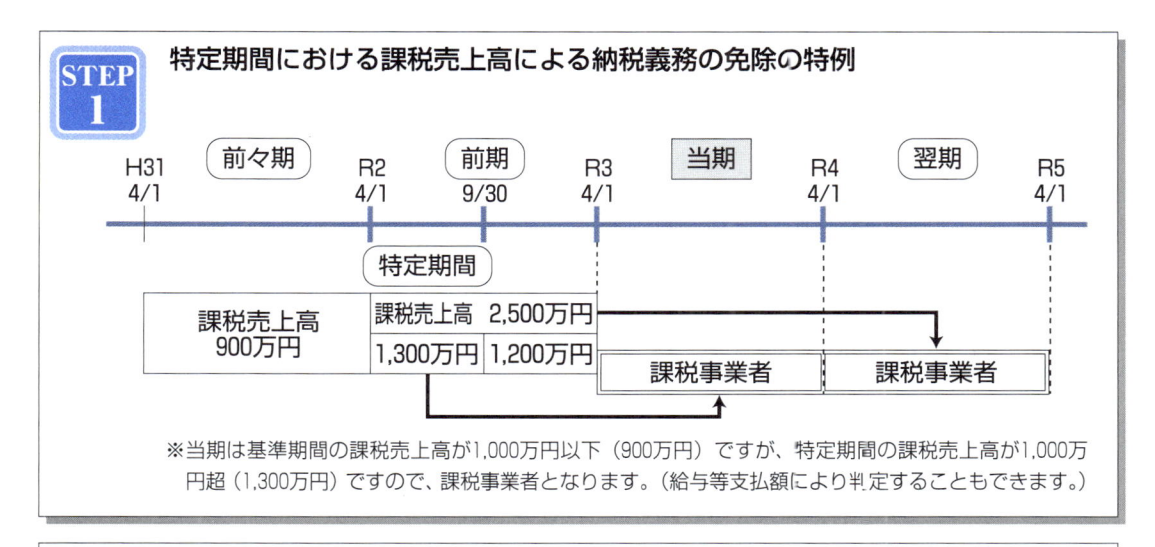

※当期は基準期間の課税売上高が1,000万円以下（900万円）ですが、特定期間の課税売上高が1,000万円超（1,300万円）ですので、課税事業者となります。（給与等支払額により判定することもできます。）

STEP 2 特定期間

① 個人事業者及び事業年度が1年の法人の特定期間

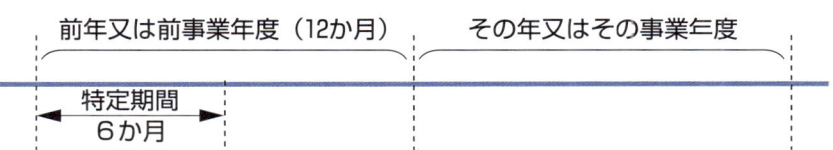

② 新たに設立した法人の1期目が7か月の場合（特定期間なし）

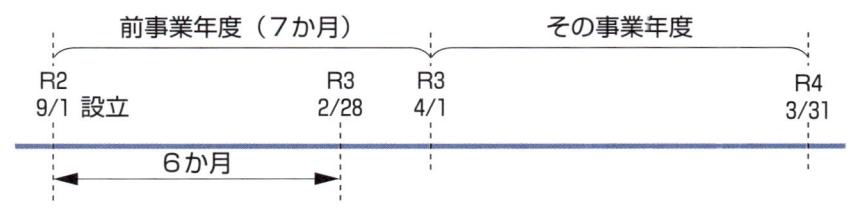

　設立日（前事業年度開始の日）から6か月の期間があるが、前事業年度は7か月以下であるため、その期間は特定期間に該当しません。したがって、特定期間における課税売上高による判定の必要はありません。

③ 前事業年度の終了の日は月末であるが、月の途中で設立したため6か月の期間の末日が月末でない場合【6か月の期間の特例（消令20の6）】

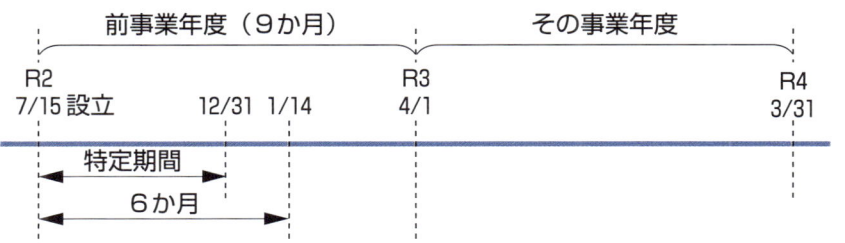

　設立日（前事業年度開始の日）から6か月後は1月14日となるが、前事業年度終了の日が月末である（1月14日の応当日でない）ため、6か月後（1月14日）の前月の末日である12月31日が特定期間の末日となります。したがって、設立日7月15日から12月31日までが特定期間となります。

Ⅲ

準
備
業
務

概要

　新たに設立された法人で、資本金1,000万円未満の法人に関する納税義務について、課税売上高が５億円超の事業者によりその法人が支配される場合には、その法人の設立当初２年間については、消費税の納税義務は免除されません。

特定新規設立法人とは

　その事業年度の基準期間がない法人で、その事業年度開始の日における資本金の額又は出資の金額が1,000万円未満の法人（新規設立法人）のうち、次の①、②のいずれにも該当するもの（**特定新規設立法人**）については、当該特定新規設立法人の基準期間のない事業年度に含まれる各課税期間については、納税義務が免除されません。（消法12の３）

【要件】

①　特定要件に該当すること（他の者に支配されていること）

　その基準期間がない事業年度開始の日（新設開始日）において、他の者により新規設立法人の株式等の50％超を直接又は間接に保有される場合など、他の者により新規設立法人が支配されていること。

②　判定対象者の基準期間相当期間の課税売上高が５億円を超えること

　上記①の特定要件に該当するかどうかの判定の基礎となった他の者及び他の者と一定の特殊な関係にある法人のうちいずれかの者（判定対象者）の当該新規設立法人の当該事業年度の**基準期間に相当する期間**における課税売上高が５億円を超えていること。

　新規設立法人を支配する他の者又は特殊関係法人が、新設開始日前１年以内に解散していた場合であっても、その解散の日において、新規設立法人と特殊な関係があったときは、判定対象者となります。

基準期間に相当する期間

　次の①～③の期間をいい、**いずれか**の期間の課税売上高が５億円を超えているかにより判定を行います。

①　新設開始日の２年前の日の前日から同日以後１年を経過する日までの間に終了した判定対象者の年又は各事業年度を合わせた期間

②　新設開始日の１年前の日の前日からその新設開始日の前日までの間に終了した判定対象者の年又は各事業年度を合わせた期間

③　新設開始日の１年前の日の前日からその新設開始日の前日までの間に開始する判定対象者の年又は事業年度開始の日以後６か月の期間

（６か月の期間の末日の翌日から新設開始日の前日までの期間が２か月未満である場合を除きます。）

適用開始時期と届出書の提出

　この規定は、平成26年４月１日以後に設立された法人の事業年度から適用されます。

　また「特定新規設立法人」に該当することとなった場合には、その旨を記載した届出書を速やかに納税地の所轄税務署長に提出する必要があります。（詳細は、**No.101**参照）

STEP 2

特定新規設立法人とは

特定要件

　設立第1期の期首又は設立第2期の期首において、他の者により株式等の50%超を直接又は間接に保有されていること。

（判定対象者の一例）

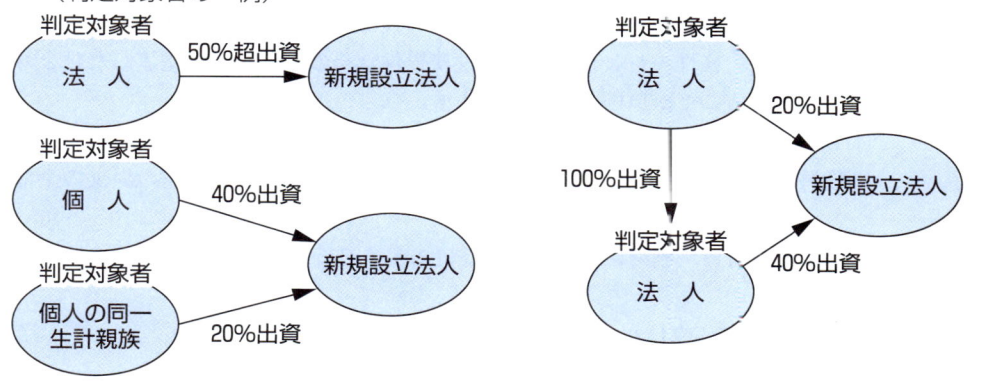

STEP 3

基準期間相当期間の課税売上高判定

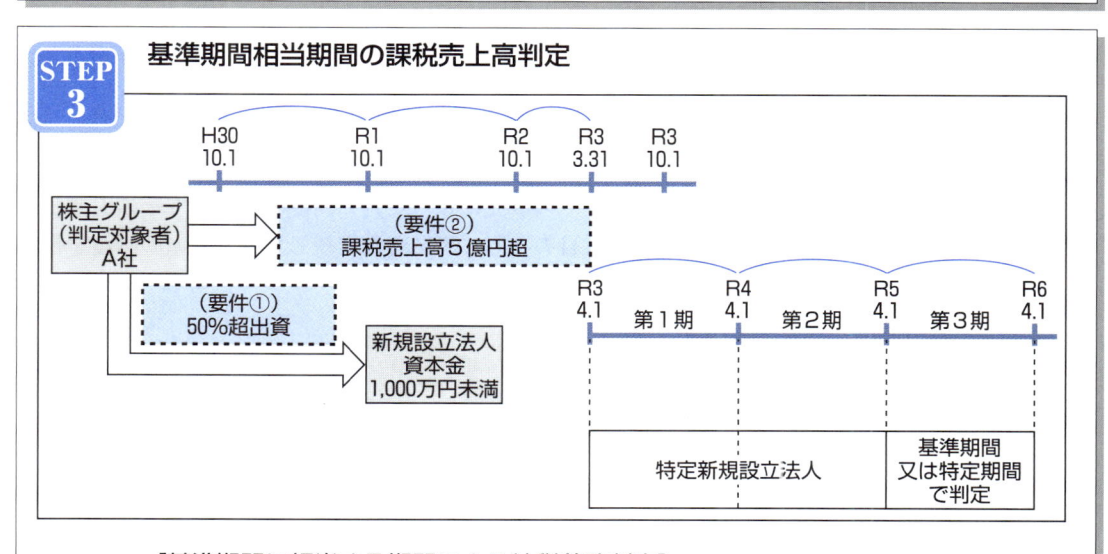

　　　[基準期間に相当する期間による納税義務判定]

設立第1期　①A社（H30.10.1〜R1.9.30）課税売上高　≧　5億円
　　　　　　②A社（R1.10.1〜R2.9.30）課税売上高　≧　5億円
　　　　　　③A社（R2.10.1〜R3.3.31）課税売上高
　　　　　上記①②いずれかの期間の課税売上高が5億円超となれば、納税義務は免除されません。
　　　　　③の期間については、6か月期間の末日（R3.3.31）から新設開始日の前日までの期間が2か月未満のため、判定しません。

設立第2期　第1期と同様に判定します。

売上計上時期を確認する （国内取引）

　国内取引の売上げの計上時期は、取引の態様によって様々です。例えば、棚卸資産や固定資産の譲渡は商品等の引渡しのあった日をもって売上げを計上することが原則となっています。修理・レンタルなどの役務提供はその役務提供が完了した日をもって売上げを計上することが原則となっています。

(1)資産の譲渡等　引渡しのあった日

(2)役務の提供　　目的物の全部を完成して引き渡した日又は役務の提供の全部が完了した日

(3)資産の貸付け　使用料等の支払を受けるべき日

棚卸資産の引渡しの日を確認する

(1)　原則

　棚卸資産の引渡しの日がいつであるかについては、例えば、

① 　出荷した日

② 　相手が検収した日

③ 　相手方において使用収益ができることとなった日

④ 　検針等により販売数量を確認した日

　等、その棚卸資産の種類や性質、その販売に係る契約の内容等に応じてその引渡しの日として合理的であると認められる日のうち、事業者が継続して棚卸資産の譲渡を行ったこととしている日によるものとされています。

(2)　試用販売

　相手方が購入の意思を表示した日

　ただし、相手方が一定期間内に返送等の意思を表示しない限り特約又は慣習によりその販売が確定することとなっている場合には、その期間の満了の日

(3)　委託販売

　受託者がその委託品を販売した日

　ただし、売上計算書が一定期間ごとに作成されている場合に、継続して売上計算書が到着した日としているときは、その売上計算書が到着した日

　また、リース譲渡、工事の請負などについて特例が設けられています。

 **STEP 1 売上計上時期を確認する**

取引の態様		譲渡等の時期の原則
(1)棚卸資産の販売（委託販売等を除く）		引渡日
(2)固定資産の譲渡（工業所有権等を除く）		引渡日
(3)工業所有権等の譲渡又は実施権の設定		契約の効力発生日
(4)請負	物を引き渡すもの	目的物の全部の完成引渡日
	物を引き渡さないもの	役務の提供の完了日
(5)人的役務の提供（請負を除く）		人的役務の提供の完了日
(6)資産の貸付け	契約又は慣習により使用料等の支払日が定められているもの	支払日
	支払日が定められていないもの	支払を受けた日（請求があった時に支払うこととされるものは、その請求日）

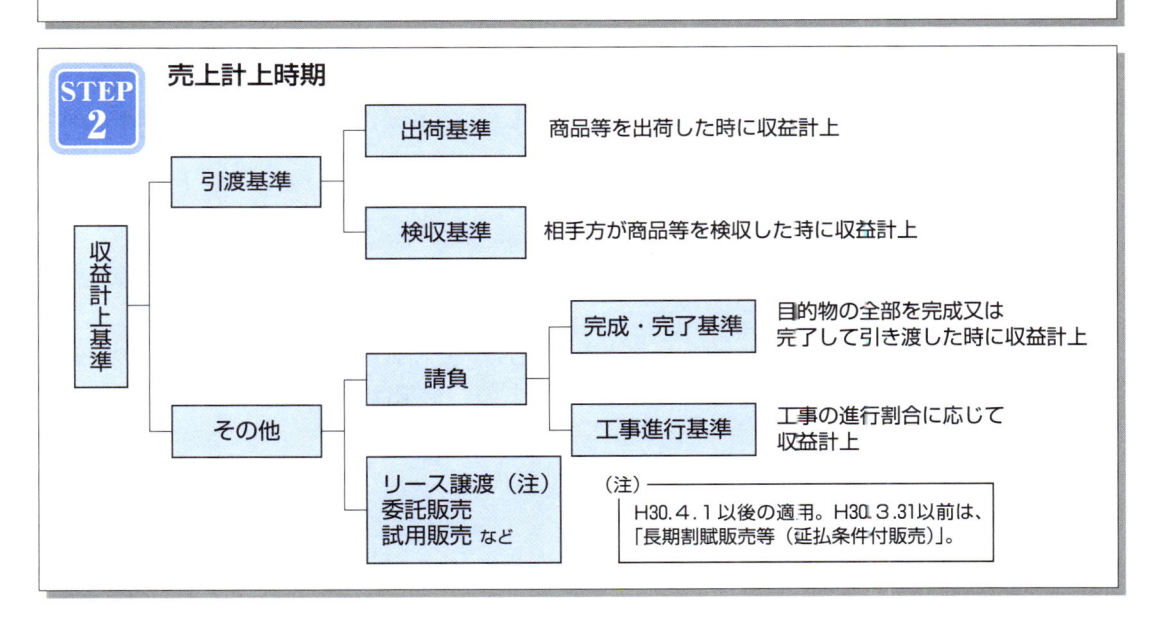

STEP 2 売上計上時期

課税売上高として計上する金額を確認する

　課税売上高として計上する金額は「課税資産の譲渡等の対価の額」です。この「課税資産の譲渡等の対価の額」とは、対価として収受する又は収受すべき一切の金銭及び金銭以外の物、若しくは権利その他経済的利益の額をいいます。つまりその資産等の価格ではなく取引の当事者間で授受することとした対価の額をいいます。

みなし譲渡

　消費税では対価を得て行う資産の譲渡が課税の対象となり、無償による資産の譲渡は課税対象となりません。

　しかし、個人事業者が棚卸資産等を家事消費等した場合や、法人が役員に資産を贈与した場合は、消費税では事業として対価を得て行われた資産の譲渡とみなします。これを「みなし譲渡」といいます。（詳細は**No.32**参照）

低額譲渡

　消費税では原則として課税資産の譲渡等の対価の額を課税売上高に計上します。ただし、法人がその役員に対して、時価に比べて著しく低い価額で資産の譲渡（「低額譲渡」といいます。）をした場合には、実際に役員から受領した金額ではなく、その譲渡の時における時価に相当する金額を課税標準として消費税が課税されます。（詳細は**No.33**参照）

課税資産と非課税資産の一括譲渡

　土地付建物を一括で譲渡した場合は、土地の売却は非課税売上げとなり、建物の売却は課税売上げとなります。

　このように土地付建物を一括譲渡した場合は、その譲渡代金について、土地の対価部分と建物の対価部分に区分する必要があります。（詳細は**No.31**参照）

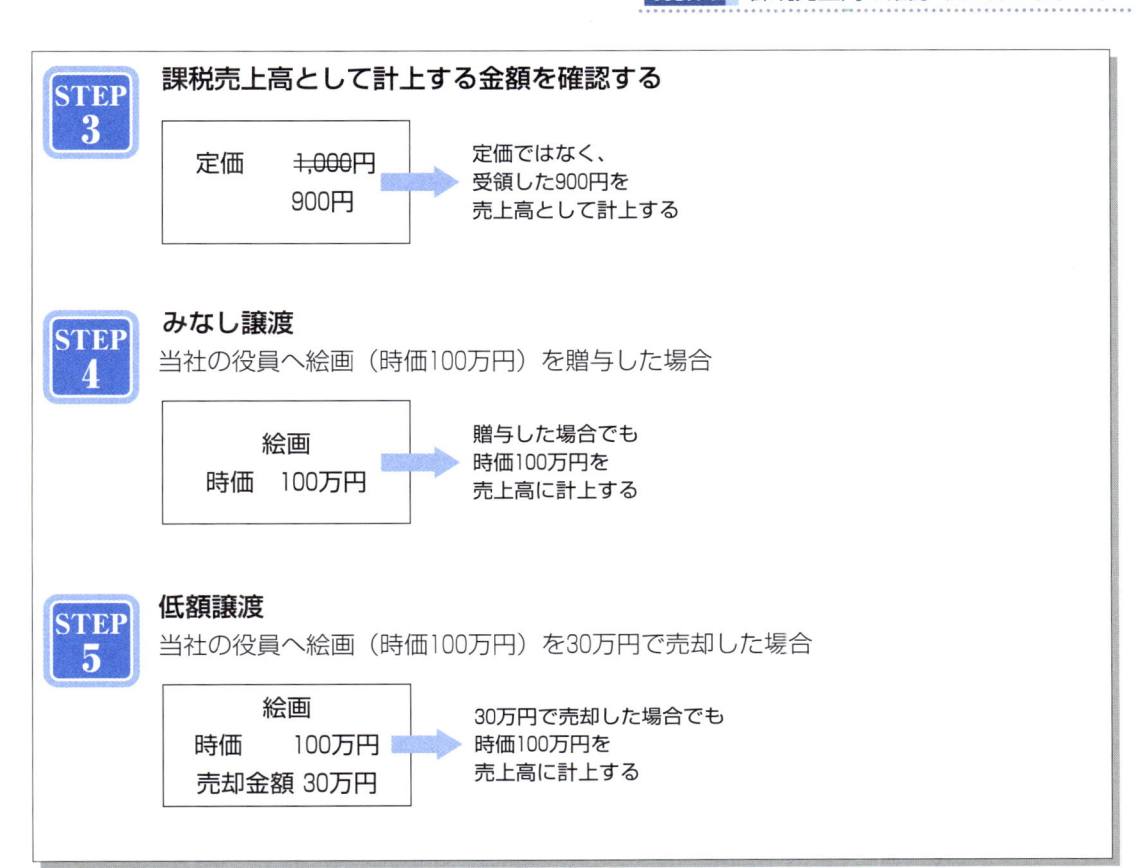

STEP 3 課税売上高として計上する金額を確認する

| 定価 | ~~1,000円~~ |
| | 900円 |

定価ではなく、
受領した900円を
売上高として計上する

STEP 4 みなし譲渡

当社の役員へ絵画（時価100万円）を贈与した場合

| 絵画 | |
| 時価 | 100万円 |

贈与した場合でも
時価100万円を
売上高に計上する

STEP 5 低額譲渡

当社の役員へ絵画（時価100万円）を30万円で売却した場合

絵画	
時価	100万円
売却金額	30万円

30万円で売却した場合でも
時価100万円を
売上高に計上する

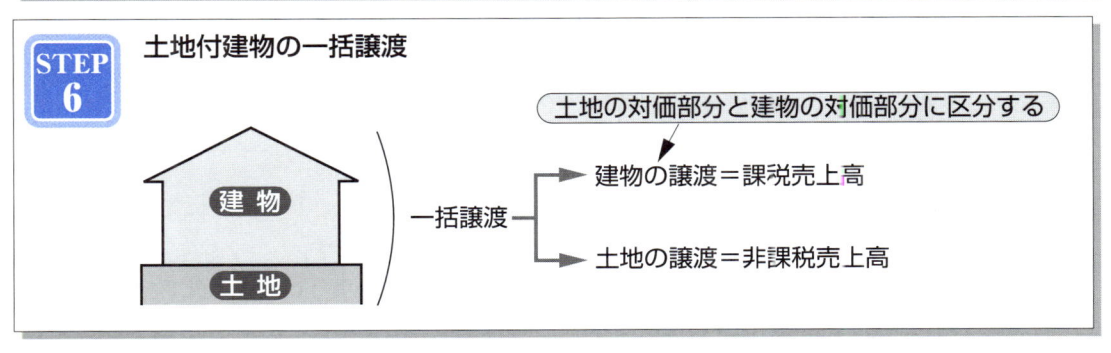

STEP 6 土地付建物の一括譲渡

土地の対価部分と建物の対価部分に区分する

一括譲渡 → 建物の譲渡＝課税売上高

→ 土地の譲渡＝非課税売上高

建 物
土 地

Ⅲ 準備業務

帳簿及び請求書等の保存の概要 （消法30⑦、改正法附則34②）

　原則課税方式により仕入税額控除を受けるためには、課税仕入れを行った事実を帳簿に記載するとともに請求書等（請求書、領収書、納品書、契約書など）の保存が必要となります。（確定申告期限の翌日から7年間保存が必要です。）

　令和元年10月1日からは、従来の帳簿及び請求書等保存方式を基本的に維持しながら、複数税率に対応するため、取引等を税率の異なるごとに区分して記帳すること（区分経理）が必要となり、区分経理に対応した帳簿及び請求書等の保存が要件となります。（区分記載請求書等保存方式）（**No. 4**「適格請求書等保存方式（インボイス制度）の導入」参照）

支払先から受け取った請求書等（請求書・領収書など）の記載事項を確認する （消法30⑨）

　支払先から受け取った請求書・領収書などの記載事項を確認します。

　次の①〜⑤の記載事項がない場合には、税額控除はできません。

支払先から受け取った請求書、領収書	記　載　事　項
	① 作成者の氏名、名称 ② 取引年月日（一定期間分の取りまとめ請求の場合には対象期間） ③ 取引の内容（軽減対象資産の譲渡等である場合には、取引の内容及び軽減対象資産の譲渡等に係るものである旨） ④ 税率ごとに区分して合計した対価の額（消費税等の額を含む） ⑤ 支払者の氏名、名称 注　ただし小売業、タクシー業、飲食店業、旅行業、駐車場業など不特定多数の者が買い手である場合は⑤の記載は要しません。

帳簿への記載事項を確認する （消法30⑧）

　帳簿への記載事項は次の区分に応じて次のようになります。

　帳簿とは、元帳又は仕入帳、経費帳などをいいます。ただし、集計表であっても「帳簿」といえる程度の記載事項がある場合には、帳簿とすることができます。

帳簿記載事項

課税仕入れの場合 →
① 相手方の氏名又は名称
② 取引年月日
③ 取引の内容（軽減対象資産の譲渡等である場合には、その旨を記載）
④ 税率ごとに区分した支払対価の額

課税貨物の引取りの場合 →
① 課税貨物を保税地域から引き取った年月日
② 課税貨物の内容
③ 消費税額及び地方消費税額

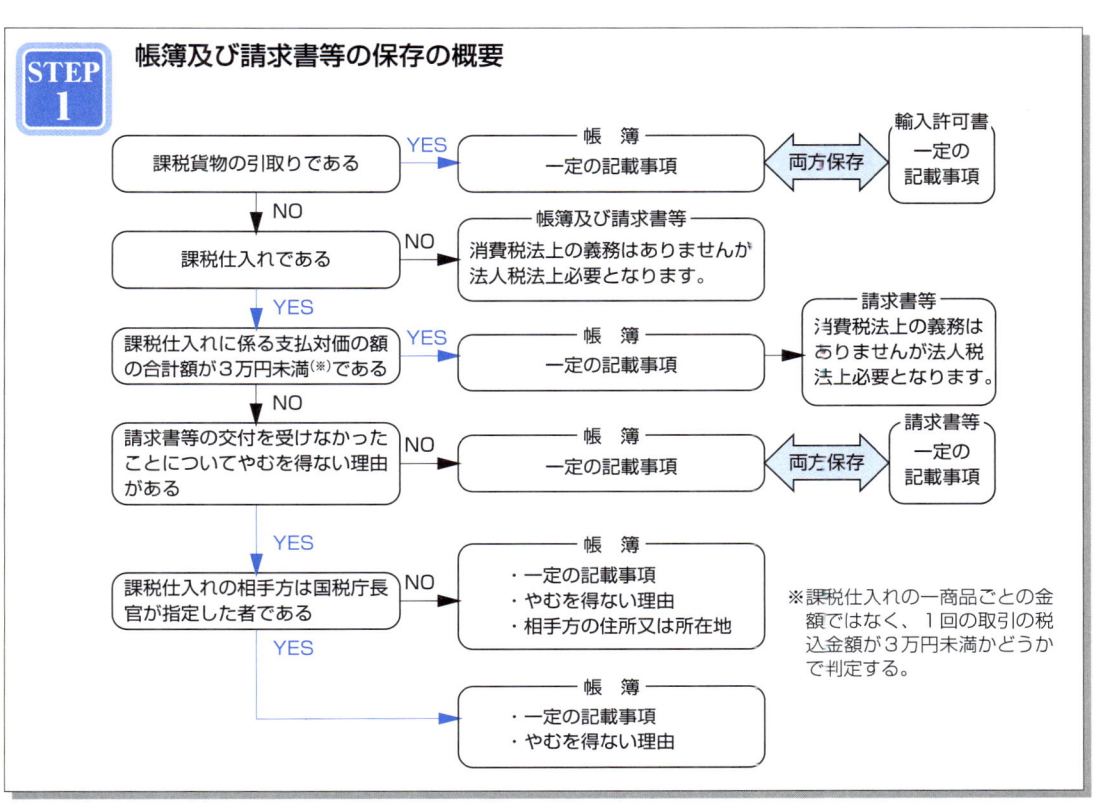

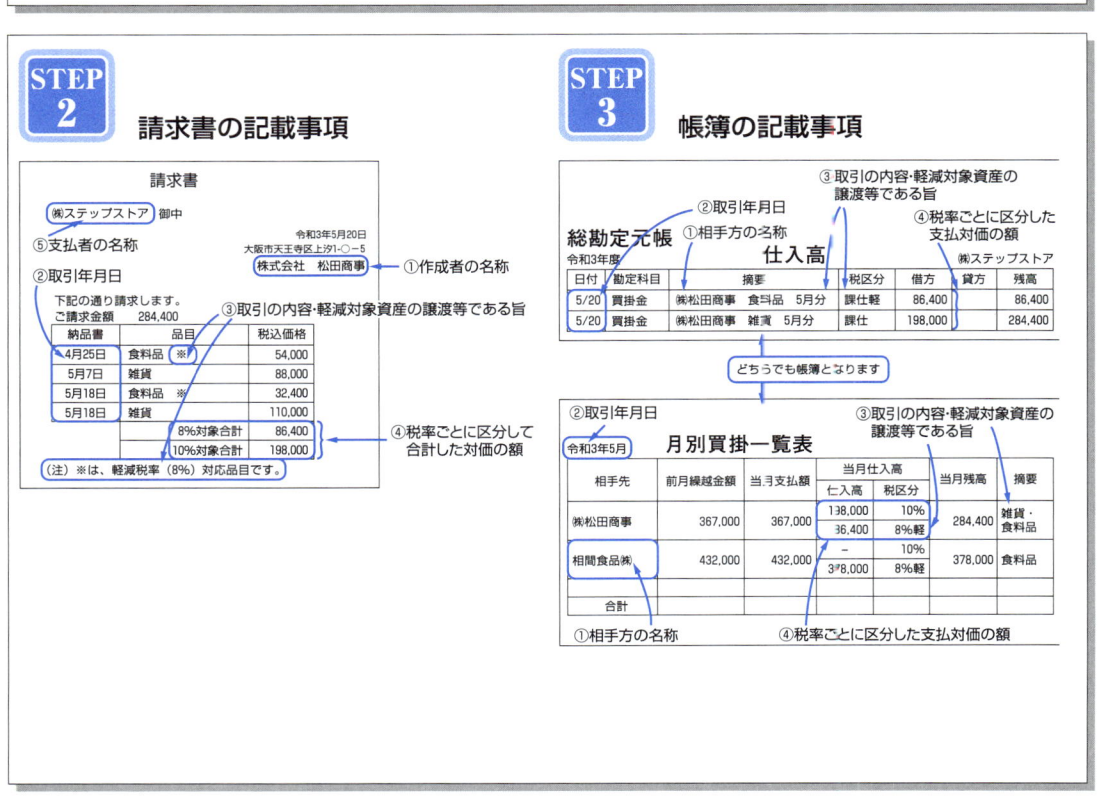

STEP 4

請求書等の交付を受けなかったことについてやむを得ない理由がある場合

　支払の際に支払先から請求書等の交付を受けなかった場合には、原則として仕入税額控除の適用を受けることができません。ただしその交付を受けなかったことについて、次のやむを得ない理由がある場合には、帳簿にやむを得ない理由等を記載することを要件に仕入税額控除を受けることができます。

１．やむを得ない理由（消基通11－6－3）

⑴　自動販売機を利用して課税仕入れを行った場合
⑵　入場券、乗車券、搭乗券等のように課税仕入れに係る証明書類が資産の譲渡等を受ける時に資産の譲渡等を行う者により回収されることとなっている場合
⑶　課税仕入れを行った者が課税仕入れの相手方に請求書等の交付を請求したが、交付を受けられなかった場合
⑷　課税仕入れを行った場合において、その課税仕入れを行った課税期間の末日までにその支払対価の額が確定していない場合 　　なお、この場合には、その後支払対価の額が確定した時に課税仕入れの相手方から請求書等の交付を受け保存するものとする。
⑸　その他、これらに準ずる理由により請求書等の交付を受けられなかった場合

２．国税庁長官の指定する者（消基通11－6－4）

⑴　汽車、電車、乗合自動車、船舶又は航空機に係る旅客運賃（料金を含む。）を支払って役務の提供を受けた場合の一般乗合旅客自動車運送事業者又は航空運送事業者
⑵　郵便役務の提供を受けた場合の当該郵便役務の提供を行った者
⑶　課税仕入れに該当する出張旅費、宿泊費、日当及び通勤手当を支払った場合の当該出張旅費等を受領した使用人等
⑷　再生資源卸売業者が課税仕入れを行った場合の当該課税仕入れの相手方

STEP 4 請求書等の交付を受けなかったことについてやむを得ない理由がある場合の帳簿への必要記載事項

区分	帳簿への必要記載事項	
請求書、領収書等の交付を受けなかったことについてやむを得ない理由がある場合	① 相手方の氏名・名称 ② 取引年月日 ③ 取引の内容 ④ 支払対価の額 　通常の記載事項	+ ① やむを得ない理由 ② 相手方の住所・所在地
国税庁長官の指定する者に対して支払う場合		+ ① やむを得ない理由 ※住所・所在地の記載不要

設 例 得意先従業員との打ち合わせのため、自動販売機で飲料5本600円を購入した。

総 勘 定 元 帳 （ 会 議 費 ）

ステップ商事株式会社　　　　　　　　　　　　　　　　　　　　消費税：税抜経理

日付	相手科目	摘　要	課税区分	借方	貸方	残高
R3.6.1		前月より繰越				54,100
R3.6.15	現　金	得意先打合せ 飲料5本購入※	課仕軽	600		54,700
		自動販売機　大正区				
:	:	:	:	:	:	:

やむを得ない理由　　所在地

設 例 事務所家賃126,000円は毎月口座振替により支払っている。

総 勘 定 元 帳 （ 支 払 家 賃 ）

ステップ商事株式会社　　　　　　　　　　　　　　　　　　　　消費税：税抜経理

日付	相手科目	摘　要	課税区分	借方	貸方	残高
R3.4.25	普通預金	東福不動産㈱　5月分家賃（口座振替）	課仕	220,000		
R3.4.30	仮払消費税	消費税額振替　税込金額：220,000	課仕		20,000	200,000
		＊＊　4月計　＊＊		220,000	20,000	
R3.5.25	普通預金	東福不動産㈱　6月分家賃	課仕	220,000		
:	:	同じ内容であれば省略可		:	:	:

やむを得ない理由

金又は白金の地金の課税仕入れを行った場合に保存する本人確認書類

　令和元年10月1日以降に事業者が「金又は白金の地金」の課税仕入れを行った場合において、その課税仕入れの相手方（売却者）の本人確認書類を保存しない場合には、当該課税仕入れにかかる消費税額について仕入税額控除の適用を受けることができません。

保存する本人確認書類の範囲

課税仕入れの相手方		本人確認書類　（注）次の記載があるものに限ります。個人：氏名及び住所　法人：名称及び本店又は主たる事業所の所在地
個人	国内に住所を有する者	①マイナンバーカードの写し（表面のみ）　②住民票の写し ③戸籍の附票の写し、印鑑証明書　④国民健康保険、健康保険証等の写し ⑤国民年金手帳等の写し　⑥運転免許証又は運転経歴証明書の写し ⑦旅券（パスポートの写し）　⑧在留カード又は特別永住者証明書の写し ⑨国税・地方税の領収証、納税証明書、社会保険料の領収証又はこれらの写し ⑩①〜⑨の書類以外で、官公署から発行・発給された書類その他これらに類するもの又はこれらの写し
	国内に住所を有しない者	上記③から⑩のいずれかの書類
法人	内国法人・外国法人	①登記事項証明書、印鑑証明書又はこれらの写し（1年以内に作成されたもの） ②国税・地方税の領収証、納税証明書、社会保険料の領収証又はこれらの写し ③①及び②の書類以外で、官公署から発行・発給された書類その他これらに類するもの又はこれらの写し
	人格のない社団等	①定款、寄付行為、規則又は規約で、その代表者又は管理人の当該人格のない社団等のものである旨を証する事項の記載のあるものの写し ②上記「内国法人・外国法人」欄の②又は③の書類

令和3年度改正

　事業者が「金又は白金の地金」の課税仕入れを行った場合に、保存が必要な課税仕入れの相手方の本人確認書類について、在留カードの写し並びに国内に住所を有しない者の旅券の写し及び官公署から発行・発給された書類その他これらに類するもの又はこれらの写しが除かれることとなりました。この改正は令和3年10月1日以降に行われる課税仕入れから適用されます。

STEP 5

金又は白金の地金の課税仕入れを行った場合に保存する本人確認書類の直し

改正後の取り扱い（令和3年10月1日以降に行われる課税仕入れ）

課税仕入れの 相手方の区分		在留カードの 写し	旅券の 写し	官公署から発行・発給された書類 その他これらに類するもの又は写し
個 人	国内に住所を 有する者	×	○	○
	国内に住所を 有しない者	×	×	×（※）

※官公署から発行・発給された書類のうち、「戸籍の附票の写し、印鑑証明書又はこれらの写し」「国民健康保険の被保険者証等の写し」「国税・地方税の領収証、納税証明、社会保険料の領収証又はこれらの写し」は、改正後も本人確認書類の対象となります。

III 準備業務

STEP 1

概要（消法30①、消基通11-3-1）

　仕入税額控除は、課税仕入れを行った日の属する課税期間において行います。課税仕入れを行った日とは、資産の譲受けや借受けをした日又は役務の提供を受けた日をいいます。

　これらの日は原則として、所得税法又は法人税法で所得金額の計算を行うときの資産の取得の日又は費用の計上時期と同じです。

STEP 2

建設仮勘定（消基通11-3-6）

　建設工事は、工事の発注から完成引渡しまでが長期にわたり、一事業年度を超えることがあります。この場合、工事代金の前払金や経費の額をいったん建設仮勘定として経理し、引渡しを受けたときに固定資産勘定に振り替える処理を行います。

　しかし、消費税法においては、建設仮勘定に計上されている金額であっても、原則として物の引渡しや役務の提供があった日の属する課税期間において仕入税額控除を行います。

　ただし、建設仮勘定として経理した課税仕入れについて、その都度課税仕入れとしないで、工事の目的物のすべての引渡しを受けた日の属する課税期間における課税仕入れとして処理する方法も認められます。

STEP 3

未成工事支出金（消基通11-3-5）

　建設業者が建設工事を行う場合には、仕入れや外注費などは、未成工事支出金勘定として経理し、目的物が完成し引き渡した時点で、売上げに対応する原価として損金の額に算入します。

　この未成工事支出金勘定に含まれる課税仕入れの額は、それぞれの取引ごとに資産の引渡しを受けた日や役務の提供を完了した日の属する課税期間において仕入税額控除の対象となります。

　ただし、未成工事支出金として経理した金額を、目的物の引渡しをした課税期間の課税仕入れとすることも、継続適用を条件として認められています。

STEP 4

短期前払費用（消基通11-3-8）

　前払費用の額でその支払った日から1年以内に提供を受ける役務に係るものを支払った場合において、その支払った額に相当する金額を、継続してその支払った日の属する事業年度の損金の額に算入しているときは、法人税法上及び所得税法上は、その処理が認められますが、消費税法においても、その前払費用に係る課税仕入れは、その支出した日の属する課税期間における課税仕入れとすることができます。

STEP 1 仕入税額控除の時期

区　分	意　義
課税仕入れを行った日	課税仕入れに係る資産の譲受け若しくは借受けをした日又は役務の提供を受けた日
課税貨物を引き取った日	関税法第67条（輸出又は輸入の許可）に規定する輸入の許可を受けた日

区　分	原　則	特　例
減価償却資産	課税仕入れを行った日	
繰延資産	課税仕入れを行った日	
割賦購入資産・リース資産	引渡しを受けた日	所有権移転外ファイナンス・リースについて賃貸借処理をしている場合にはリース料の支払日
未成工事支出金	課税仕入れを行った日	継続適用を条件として目的物を引渡した日
建設仮勘定	課税仕入れを行った日	目的物の完成した日
郵便切手類・物品切手等	役務又は物品の引換給付を受けた時	継続適用を条件として郵便切手類等の対価を支払った日
短期前払費用	課税仕入れを行った日	その支出した日

STEP 2 建設仮勘定の経理処理

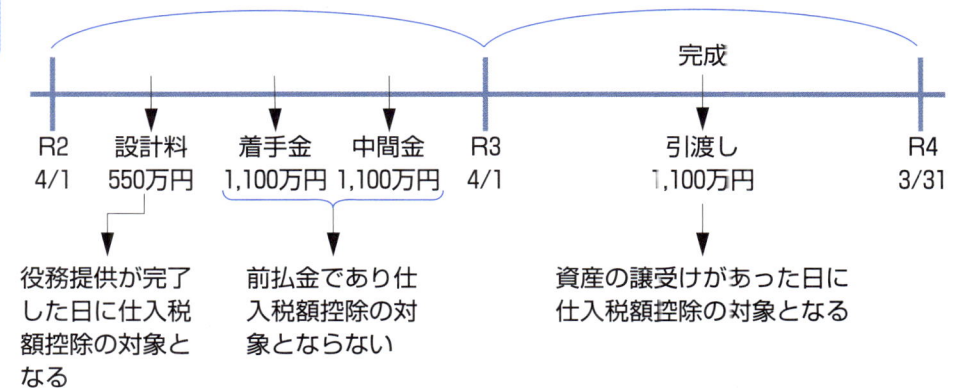

役務提供が完了した日に仕入税額控除の対象となる

前払金であり仕入税額控除の対象とならない

資産の譲受けがあった日に仕入税額控除の対象となる

　建物の建設中に支払った着手金、中間金は前払金であり資産の譲受けが行われていませんので、仕入税額控除できません。建物の引渡しを受けた時期に仕入税額控除の対象となります。一方、設計料については原則として設計業務という役務の提供が完了した時期（R3.3月期）の仕入税額控除の対象となります（建物の引渡時にまとめて控除することも可能）。

仕 訳

設計料支払時	（建設仮勘定）課仕	5,500,000／（現　預　金）	5,500,000
着手金、前払金等支払時	（建設仮勘定）	11,000,000／（現　預　金）	11,000,000
建物の引渡し時	（建　物）課仕	33,000,000／（建設仮勘定）	33,000,000

控除税額等の計算

　事業者は課税期間における課税売上げに係る消費税額から、課税仕入れ等に係る消費税額（以下「仕入控除税額」といいます。）を控除して納付税額を計算します。

この仕入税額控除には、原則課税と簡易課税の２つの方法があります。

原則課税と簡易課税を確認する

⑴　原則課税

　課税期間における課税売上げ及び特定課税仕入れ（**No.69**参照）に係る消費税額から課税仕入れに係る消費税額、特定課税仕入れに係る消費税額及び課税貨物につき課された消費税額の合計額を控除し、納付する消費税額を計算します。（**No.18**参照）

⑵　簡易課税

　課税期間における課税売上げに係る消費税額にみなし仕入率を乗じて仕入控除税額の計算をし、納付する消費税額を計算します。

この簡易課税は、中小企業者の事務負担を考慮して簡便に納付税額を計算することができる方法です。選択できるのは基準期間における課税売上高が5,000万円以下の事業者です。（**No.19**参照）

簡易課税の適用を検討する

　簡易課税制度を適用するには、次の要件をいずれも満たす必要があります。

①　基準期間における課税売上高が、5,000万円以下であること

②　「消費税簡易課税制度選択届出書」（**No.95**参照）をその適用しようとする課税期間開始の日の前日までに所轄税務署長へ提出していること。

　したがって、「消費税簡易課税制度選択届出書」を提出している場合でも、基準期間における課税売上高が5,000万円を超える課税期間については、原則課税により計算することになります。

　また、「消費税簡易課税制度選択届出書」を提出し、基準期間における課税売上高が5,000万円以下である課税期間については、必ず簡易課税を適用しなければなりません。

原則課税と簡易課税を確認する

納付税額の計算方法（概要）

原則課税　課税売上げに係る消費税額から課税仕入れ等に係る消費税額を控除して、納付する消費税額を計算します。

消費税の納付税額	＝	課税売上げに係る消費税額	－	課税仕入れ等に係る消費税額（実額）

> この部分の計算が異なります

簡易課税　課税売上げに係る消費税額に、事業に応じた一定の「みなし仕入率」を乗じた金額を課税仕入れ等に係る消費税額とみなして、納付する消費税額を計算します。

消費税の納付税額	＝	課税売上げに係る消費税額	－	課税売上げに係る消費税額 × みなし仕入率

基準期間の課税売上高と消費税額の計算方法

基準期間の課税売上高				課税事業者の判定		消費税の計算方法	
5,000万円超				課税事業者		原則課税	
1,000万円超5,000万円以下				課税事業者		選択	原則課税
							簡易課税
1,000万円以下	特定期間の課税売上高	1,000万円超		課税事業者		選択	原則課税
		1,000万円以下		選択	課税事業者		簡易課税
				免税事業者			

簡易課税制度の適用判定

届出書	「消費税簡易課税制度選択届出書」を課税期間開始の日の前日までに提出している

 NO

↓ YES

課税売上高	基準期間の課税売上高が5,000万円以下である

 NO

↓ YES

簡易課税制度の適用あり

原則課税

原則課税方式による控除税額の計算

STEP 1

概要

　課税売上げに係る消費税額から控除する課税仕入れ等に係る消費税額（以下「仕入控除税額」といいます。）の計算方法は、その課税期間中の課税売上高及び課税売上割合（**No.64**参照）に応じて、それぞれ次の方法により計算します。

１．課税売上高が５億円以下かつ課税売上割合が95％以上の場合（消法30①）

　　課税期間中の課税売上げに係る消費税額から、その課税期間中の課税仕入れ等に係る消費税額の全額を控除します。

２．課税売上高が５億円超又は課税売上割合が95％未満の場合（消法30②）

　課税仕入れ等に係る消費税額の全額を控除するのではなく、課税売上げに対応する部分のみを控除します。したがって、次の「個別対応方式」又は「一括比例配分方式」のいずれかの方式により仕入控除税額を計算します。

　※課税期間が１年に満たない場合（消基通11−5−10）

　　その課税期間が１年に満たない場合には、次のとおり課税売上高を１年分に換算して判定します。

$$その課税期間の課税売上高 \times \frac{12}{課税期間の月数（注）}$$

（注）月数は暦に従って計算し、１月未満の端数は切り上げます。

平成27年度改正

１．平成27年10月１日以後は、「課税仕入れ等に係る消費税額」に「特定課税仕入れに係る消費税額」が含まれます。

２．原則課税で課税売上割合が95％以上の課税期間については、当分の間、「特定課税仕入れ」はなかったものとして計算します。

　　（**No.69**「国境を越えた役務の提供がある場合（リバースチャージ方式）」を参照）

令和2年度改正

居住用賃貸建物の取得等に係る仕入税額控除の制限（消法30⑩）

　令和２年10月１日以後に税抜き1,000万円以上で取得又は建築等をした居住用賃貸建物の課税仕入れ等に係る消費税額については、仕入税額控除の対象から除外されることとなります。（**No.82**「居住用賃貸建物の取得等に係る仕入税額控除制限」参照）

STEP 2

個別対応方式（消法30②一）

　個別対応方式は、その課税期間中の課税仕入れ等のすべてを

　　イ　課税売上げにのみ要するもの

　　ロ　非課税売上げにのみ要するもの

　　ハ　課税売上げと非課税売上げに共通して要するもの

に区分し、次の算式により仕入控除税額を計算する方法です。

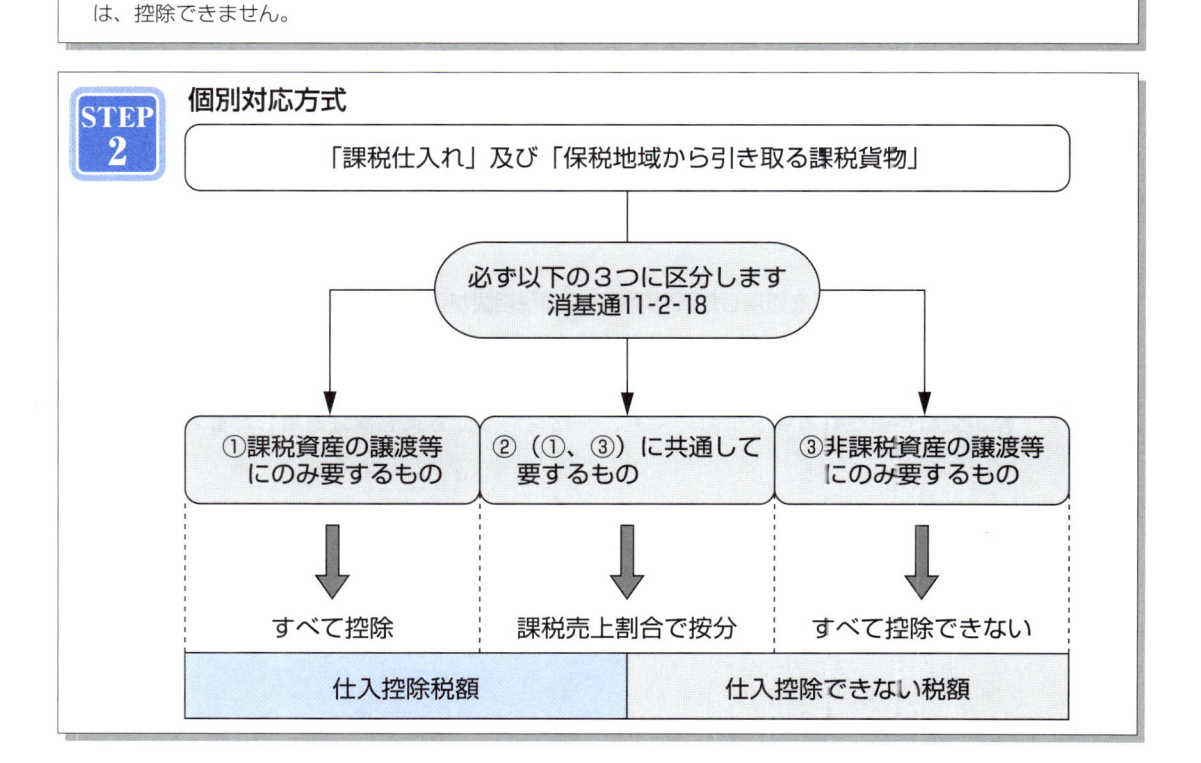

STEP 1　仕入控除税額の計算方法

課税売上高

- 5億円超
- 5億円以下 → 課税売上割合
  - 95％未満
  - 95％以上

課税仕入れ等を区分経理している

区分経理していない

個別対応方式 → 課税仕入れ等に係る消費税額（※）
- 課税売上げ対応 → 全額控除
- 共通対応 → ×課税売上割合又は準ずる割合
- 非課税売上げ対応 → 控除できません

選択（一括比例配分方式を選択した場合は2年間継続適用）

一括比例配分方式 → 課税仕入れ等に係る消費税額（※） → ×課税売上割合

課税仕入れ等に係る消費税額（※） → 全額控除

※課税売上割合が95％以上の課税期間については、当分の間、「特定課税仕入れ」はなかったものとします。
　令和2年10月1日以後に税抜1,000万円以上で取得又は建築した居住用賃貸建物の課税仕入れ等に係る消費税額は、控除できません。

STEP 2　個別対応方式

「課税仕入れ」及び「保税地域から引き取る課税貨物」

必ず以下の3つに区分します
消基通11-2-18

①課税資産の譲渡等にのみ要するもの	②（①、③）に共通して要するもの	③非課税資産の譲渡等にのみ要するもの
すべて控除	課税売上割合で按分	すべて控除できない

仕入控除税額	仕入控除できない税額

$$\boxed{仕入控除税額} = \boxed{\begin{array}{c}課税売上げにのみ要する\\課税仕入れ等に係る消費税額\end{array}} + \boxed{\begin{array}{c}課税売上げと非課税売上げに共通して\\要する課税仕入れ等に係る消費税額\end{array}} \times \boxed{課税売上割合^{※}}$$

※課税売上割合に代えて「課税売上割合に準ずる割合」によって計算することもできます。（**No.69**参照）

【適用方法】（消基通11－2－18）

　個別対応方式は、上記イ、ロ、ハの区分がされている場合に限り適用することができます。

　したがって、例えば課税仕入れ等の中から、課税売上げにのみ要するものを抽出し、それ以外のものをすべて共通して要するものに該当するものとして区分することは認められません。

STEP 3

一括比例配分方式 （消法30②二）

　一括比例配分方式は、その課税期間中の課税仕入れ等に係る消費税額に、課税売上割合を乗じて仕入控除税額を計算する方法です。

$$\boxed{仕入控除税額} = \boxed{課税仕入れ等に係る消費税額^{※1}} \times \boxed{課税売上割合^{※2}}$$

　その課税期間中の課税仕入れ等に係る消費税額が**STEP2**の個別対応方式のイ、ロ、ハのように区分されていない場合又は区分されていてもこの方式を選択する場合に、適用します。

　※1　課税売上割合が95％以上の課税期間については、当分の間、「特定課税仕入れ」はなかったものとします。

　※2　「課税売上割合に準ずる割合」によって計算することはできません。

【２年間の継続適用】（消法30⑤）

　一括比例配分方式を選択した場合には、一括比例配分方式により計算することとした課税期間の初日から２年を経過する日までの間に開始する各課税期間において、一括比例配分方式を継続して適用した後の課税期間でなければ個別対応方式に変更することはできません。

【一括比例配分方式を適用した課税期間の翌課税期間が全額控除の場合】（消基通11－2－21）

　一括比例配分方式を適用した課税期間の翌課税期間以後の課税期間における課税売上高が５億円以下で、かつ課税売上高割合が95％以上となり、課税仕入れ等に係る消費税額が全額控除される場合においても、一括比例配分方式を継続適用したものとされます。

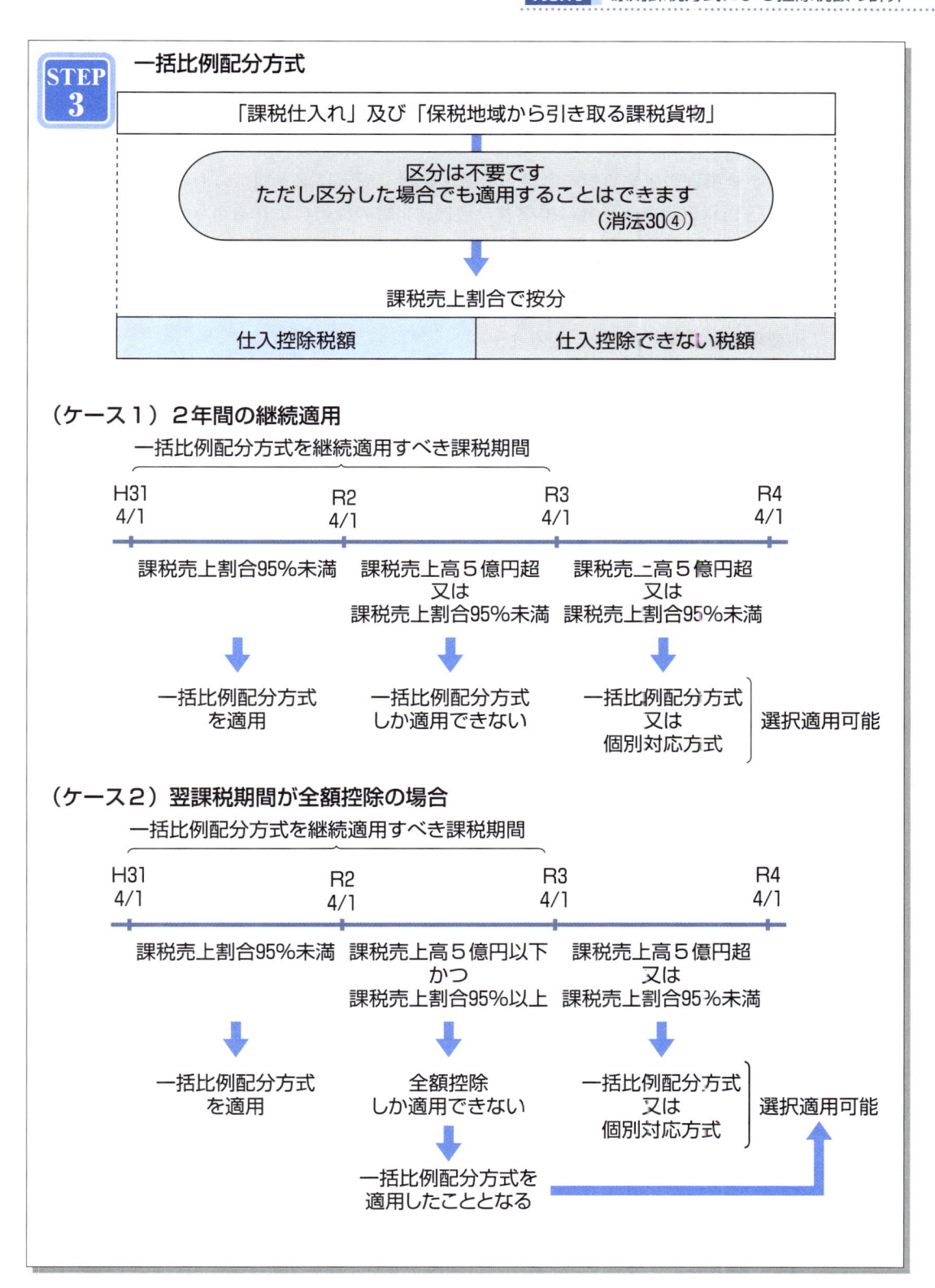

一括比例配分方式

STEP 3

「課税仕入れ」及び「保税地域から引き取る課税貨物」

区分は不要です
ただし区分した場合でも適用することはできます
（消法30④）

課税売上割合で按分

| 仕入控除税額 | 仕入控除できない税額 |

（ケース１）２年間の継続適用

一括比例配分方式を継続適用すべき課税期間

H31 4/1 ── R2 4/1 ── R3 4/1 ── R4 4/1

- 課税売上割合95％未満 → 一括比例配分方式を適用
- 課税売上高５億円超又は課税売上割合95％未満 → 一括比例配分方式しか適用できない
- 課税売上高５億円超又は課税売上割合95％未満 → 一括比例配分方式又は個別対応方式　選択適用可能

（ケース２）翌課税期間が全額控除の場合

一括比例配分方式を継続適用すべき課税期間

H31 4/1 ── R2 4/1 ── R3 4/1 ── R4 4/1

- 課税売上割合95％未満 → 一括比例配分方式を適用
- 課税売上高５億円以下かつ課税売上割合95％以上 → 全額控除しか適用できない → 一括比例配分方式を適用したこととなる
- 課税売上高５億円超又は課税売上割合95％未満 → 一括比例配分方式又は個別対応方式　選択適用可能

 簡易課税方式による控除税額の計算

Ⅲ 準備業務

STEP 1

概要（消法37、消令59）

中小企業者の事務負担を考慮して基準期間（通常は前々期）における課税売上高が5,000万円以下である場合に事業者の選択届出書の提出により適用されるもので、その課税期間の課税売上げに係る消費税額に、みなし仕入率を乗じて、仕入控除税額を計算する制度です。

したがって、実際の課税仕入れの税額を計算することなく、課税売上げから納付する消費税額を計算することができます。

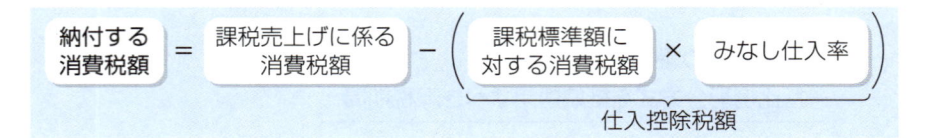

納付する消費税額 ＝ 課税売上げに係る消費税額 －（課税標準額に対する消費税額 × みなし仕入率）
　　　　　　　　　　　　　　　　　　　　　　　　　　　　　仕入控除税額

STEP 2

仕入控除税額の計算方法

みなし仕入率は、課税売上高を右ページの6つの事業に区分して適用し、次のとおり仕入控除税額を計算します。

1．1種類の事業だけを営む場合

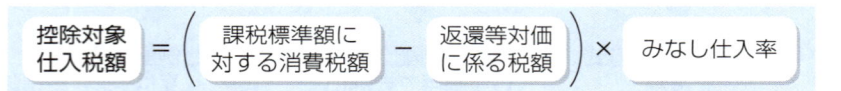

控除対象仕入税額 ＝（課税標準額に対する消費税額 － 返還等対価に係る税額）× みなし仕入率

2．2種類以上の事業を営む場合

（1）原則

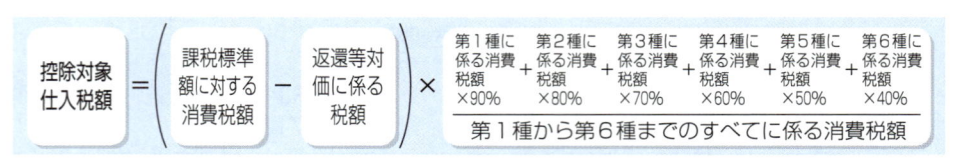

控除対象仕入税額 ＝（課税標準額に対する消費税額 － 返還等対価に係る税額）× （第1種に係る消費税額×90％ ＋ 第2種に係る消費税額×80％ ＋ 第3種に係る消費税額×70％ ＋ 第4種に係る消費税額×60％ ＋ 第5種に係る消費税額×50％ ＋ 第6種に係る消費税額×40％）/（第1種から第6種までのすべてに係る消費税額）

（2）特例

① 2種類以上の事業を営む事業者で、1種類の事業の課税売上高が全体の課税売上高の75％以上を占める場合には、その75％以上を占める事業のみなし仕入率を全体の課税売上高に対して適用することができます。

② 3種類以上の事業を営む事業者で、特定の2種類の事業の課税売上高の合計額が全体の課税売上高の75％以上を占める場合は、その2種類の事業のうちみなし仕入率の高い方の事業に係る課税売上高については、そのみなし仕入率を適用し、それ以外の課税売上高については、その2種類の事業のうち低い方のみなし仕入率をその事業以外の課税売上高に対して適用することができます。

3．事業区分をしていない場合の取扱い

2種類以上の事業を営む事業者が課税売上高を事業ごとに区分していない場合には、区分していない部分については、その区分していない事業のうち一番低いみなし仕入率を適用して仕入控除税額を計算します。

STEP 1 みなし仕入率

事業区分	みなし仕入率	該当する事業	
第1種事業	90%	卸売業	他の者から購入した商品をその性質及び形状を変更しないで他の事業者に販売する事業
第2種事業	80%	小売業、軽減税率が適用される飲食料品を生産する農林水産業	他の者から購入した商品をその性質及び形状を変更しないで消費者に販売する事業
第3種事業	70%	農業、林業、漁業※、鉱業、建設業、製造業（製造小売業を含む）、電気業、ガス業、熱供給業、水道業	第1種事業、第2種事業及び加工賃等を対価とする役務の提供を行う事業を除く
第4種事業	60%	飲食店業、加工賃等を対価とする役務の提供を行う事業、固定資産等の譲渡など	第1種事業、第2種事業、第3種事業、第5種事業及び第6種事業以外の事業
第5種事業	50%	金融・保険業、運輸通信業、サービス業（飲食店業を除く）	第1種事業、第2種事業及び第3種事業を除く
第6種事業	40%	不動産業	

※　軽減税率制度導入に伴い、**令和元年10月1日以降**、農林水産業のうち**飲食料品**を生産するものの事業区分が**第3種事業**から**第2種事業**に変更されています（平成30年度改正）。

STEP 2 複数の事業を営む場合の計算例

事業区分	構成割合	課税売上高	消費税額
卸売業（第1種）	50%	10,000,000	1,000,000
小売業（第2種）	30%	6,000,000	600,000
サービス業（第5種）	20%	4,000,000	400,000
合計		20,000,000	2,000,000

(1)　原則

$$\text{控除対象仕入税額} = 2,000,000 \times \frac{1,000,000 \times 90\% + 600,000 \times 30\% + 400,000 \times 50\%}{2,000,000}$$

$$= 2,000,000 \times \frac{1,580,000}{2,000,000} = 1,580,000$$

(2)　特例

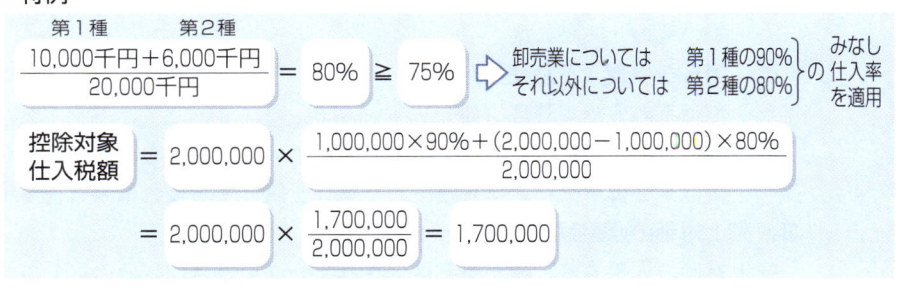

$$\frac{\text{第1種} \quad \text{第2種}}{20,000千円} \quad 10,000千円 + 6,000千円 = 80\% \geq 75\%$$

⇨ 卸売業については 第1種の90% それ以外については 第2種の80% のみなし仕入率を適用

$$\text{控除対象仕入税額} = 2,000,000 \times \frac{1,000,000 \times 90\% + (2,000,000 - 1,000,000) \times 80\%}{2,000,000}$$

$$= 2,000,000 \times \frac{1,700,000}{2,000,000} = 1,700,000$$

(1)＜(2)　特例有利　∴仕入控除税額　1,700,000

事業区分の判定（消基通13－2－1～13－3－2）

1．事業区分

　事業者が行う事業が、第1種事業から第6種事業までのいずれに該当するかの判定は、課税売上げごとに判定しますので、帳簿等に基づき課税売上高を事業別に区分し、集計しておく必要があります。

2．判定の留意点

① 第1種事業（卸売業）

　「性質及び形状を変更しないで販売する」とは、他の者から購入した商品をそのまま販売することをいいますが、次のような行為は、「性質及び形状を変更しないで販売する」に該当します。

・購入した商品に、商標やネームを貼り付ける行為

・複数の商品を詰め合わせる行為

・運送のために分解されている部品を組み立てて販売する行為（例，組立式の家具）

② 第2種事業（小売業）

　食料品小売店舗において、仕入れた商品に<u>軽微な加工</u>をして販売する場合は、第2種事業に該当します。（例えば食肉・魚を切る、刻む、挽く行為は軽微な加工にあたりますが、加熱調理は軽微な加工に該当せず、第3種事業に該当します。）

③ 第3種事業（製造業等）

・製造卸売業、製造小売業

・自己が請け負った建設工事の全部を下請に施工させる元請としての事業

・第3種事業に該当する製造業、建設業等の事業から生じた加工くず、副産物の売却収入は、第3種事業に該当します。

・農林水産業のうち飲食料品の生産は第2種事業に該当します。（令和元年10月1日以降の取引）

④ 第4種事業（その他）

・第1種事業又は第2種事業から生じた段ボール等の不要物品等の売却収入（ただし、不要物品が生じた事業に区分することも認められます。）

・固定資産等の売却収入は、第4種事業に該当します。

⑤ 第5種事業（サービス業等）

　日本標準産業分類の大分類の「サービス業（他に分類されないもの）」は、次のとおりです。

・廃棄物処理業　・自動車整備業　・機械等修理業　・職業紹介業

・労働者派遣業　・政治・経済・文化団体　・宗教団体　・金融・保険業

・その他のサービス業

⑥ 第6種事業（不動産業）

・不動産の賃貸、管理、仲介

・不動産の譲渡については、他の者から購入した物件を譲渡する場合は第1種事業又は第2種事業に、自ら建築した物件を譲渡する場合は第3種事業に該当します。

3．売上対価の返還等の事業区分

　売上対価の返還等の金額が事業区分されていないときは、その区分されていない返還等に係る売上げに係る帳簿等により合理的に区分します。

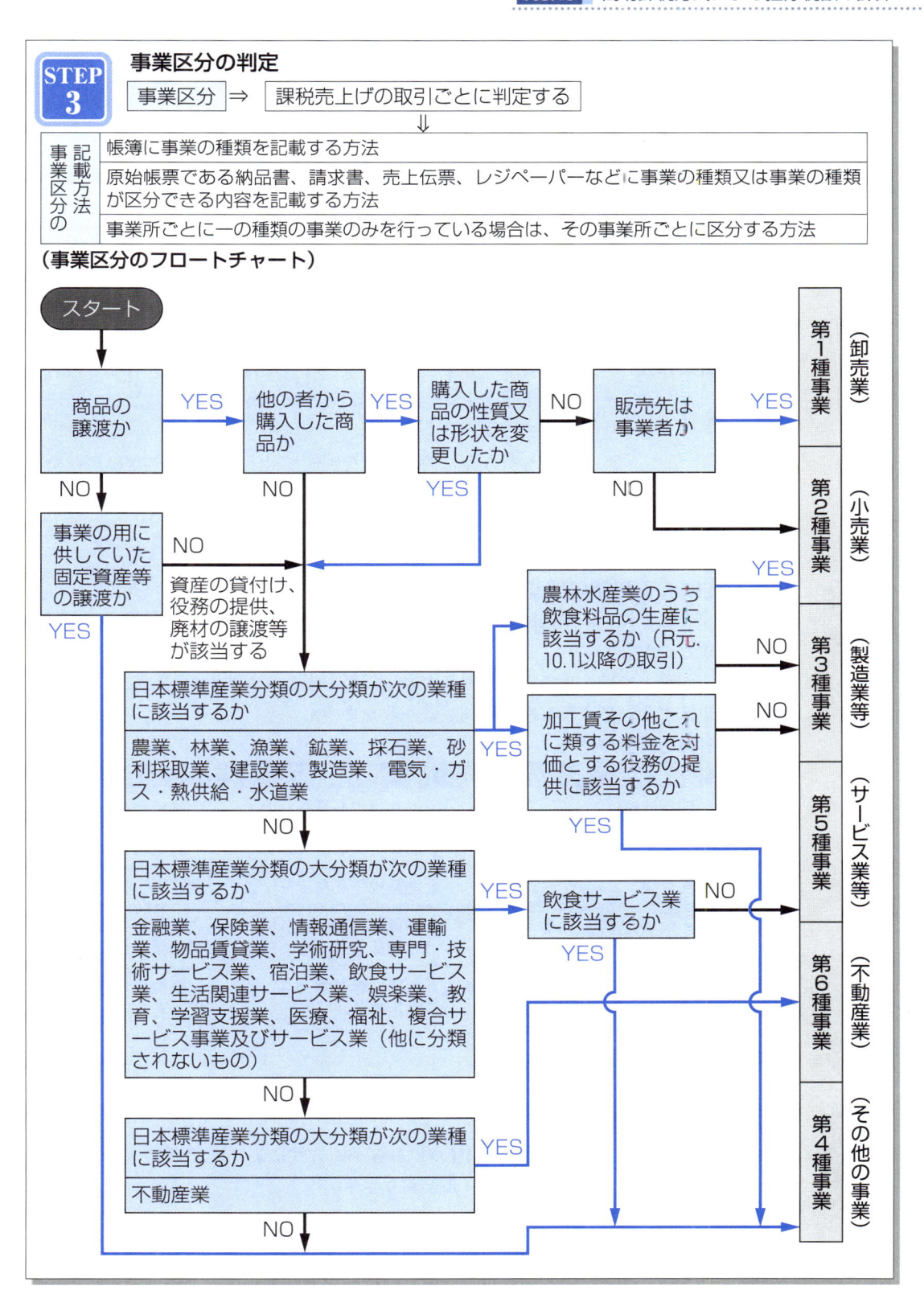

消費税の経理処理を決定する

Ⅲ 準備業務

STEP 1 消費税等の経理処理方法

消費税の課税取引について、消費税及び地方消費税（以下「消費税等」という。）の経理処理方法には、税込経理方式と税抜経理方式があります。

① **税込経理方式** ⇨ 消費税等の額を、その対象となった売上げや仕入れなどの対価の額に含めて経理する方式です。

仕訳を行う際に税抜きにする必要がありませんので処理は簡単です。

② **税抜経理方式** ⇨ 消費税等の額を、その対象となった売上げや仕入れなどの対価の額と区分し、「仮払消費税」や「仮受消費税」として経理する方式です。

仕訳を行う際に消費税等を別建て計上するため処理は煩雑になりますが、企業の損益計算に影響を及ぼさないため「中小企業の会計に関する指針」では原則とされています。

STEP 2 経理方法による利益の確認

経理処理の違いによる損益計算をまとめると右ページのようになり、理論上、当期純利益は一致します。

しかし、実務上では、次のような資産の取得価額や損金算入基準の判定などの法人税の取扱規定により、必ずしも当期純利益は一致しません。

法人税の計算の影響点

内　容	税抜経理方式	税込経理方式
棚卸資産の取得価額	消費税等を含まない。	消費税等を含む。
交際費	消費税等を含まない。	消費税等を含む。
寄附金（物品を購入して寄附した場合）	消費税等を含まない。	消費税等を含む。
減価償却資産の取得価額	消費税等を含まないので償却額は少なくなる。	消費税等を含むので償却額は多くなる。
少額減価償却資産（繰延資産）の損金算入　原則…10万円未満　青色で中小企業者は30万円未満　繰延資産は20万円未満	消費税等を含めないで判定する。	消費税等を含めて判定する。

STEP 3 経理処理方式の選択

法人が課税事業者であれば、**STEP1**のどちらかの方式により経理処理を行いますが、その選択については、次のようなルールがあります。

ただし、免税事業者は、税込経理方式しか選択できません。

① 原　則 ⇨ すべての取引について、同一方式を適用。

② 例　外 ⇨ 売上げなどの収益について税抜経理方式を適用している場合に限り、右ページの⑥とおりの例外方式を適用することができます。

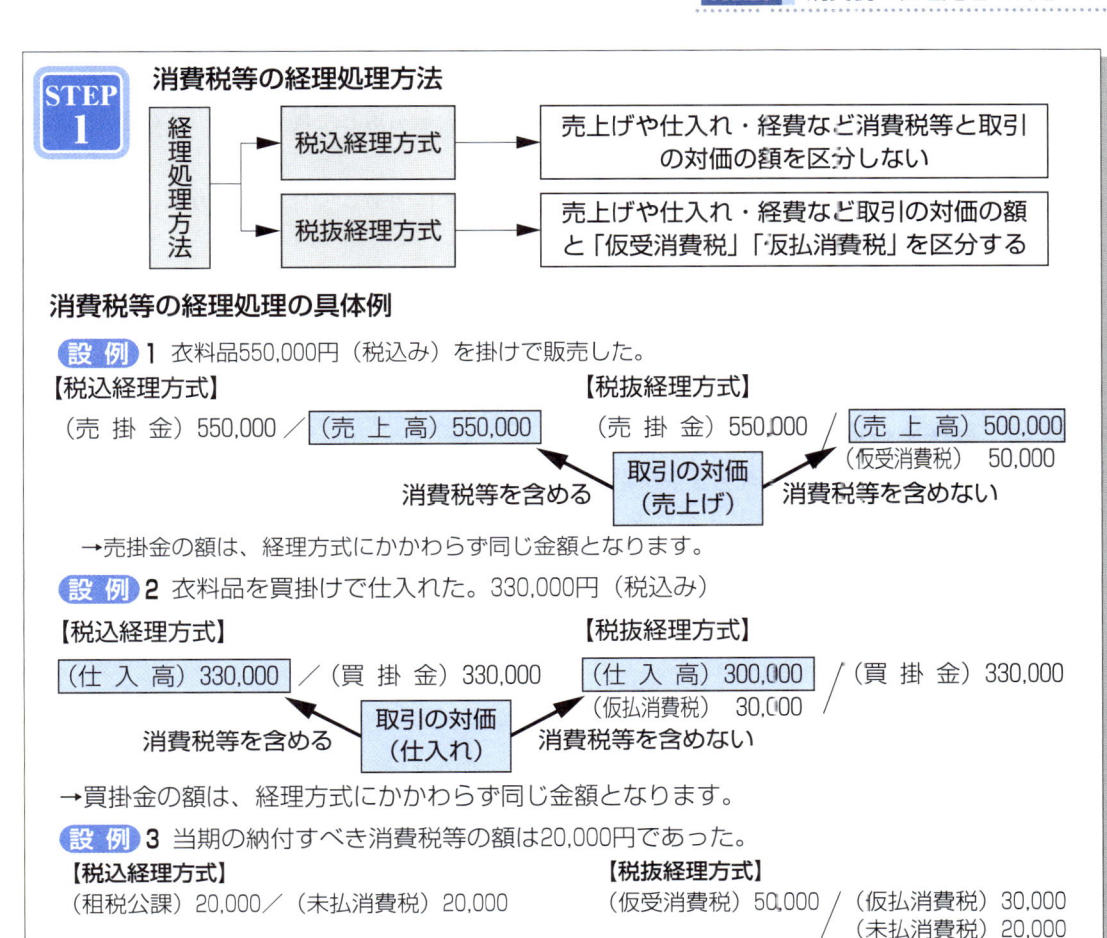

STEP 1

消費税等の経理処理方法

経理処理方法
→ 税込経理方式 → 売上げや仕入れ・経費など消費税等と取引の対価の額を区分しない
→ 税抜経理方式 → 売上げや仕入れ・経費など取引の対価の額と「仮受消費税」「仮払消費税」を区分する

消費税等の経理処理の具体例

設例 1 衣料品550,000円（税込み）を掛けで販売した。

【税込経理方式】

（売 掛 金）550,000 ／（売 上 高）550,000

【税抜経理方式】

（売 掛 金）550,000 ／（売 上 高）500,000
（仮受消費税）50,000

取引の対価（売上げ）
消費税等を含める ← → 消費税等を含めない

→売掛金の額は、経理方式にかかわらず同じ金額となります。

設例 2 衣料品を買掛けで仕入れた。330,000円（税込み）

【税込経理方式】

（仕 入 高）330,000 ／（買 掛 金）330,000

【税抜経理方式】

（仕 入 高）300,000 ／（買 掛 金）330,000
（仮払消費税）30,000

取引の対価（仕入れ）
消費税等を含める ← → 消費税等を含めない

→買掛金の額は、経理方式にかかわらず同じ金額となります。

設例 3 当期の納付すべき消費税等の額は20,000円であった。

【税込経理方式】

（租税公課）20,000／（未払消費税）20,000

【税抜経理方式】

（仮受消費税）50,000 ／（仮払消費税）30,000
（未払消費税）20,000

STEP 2

経理方法による利益の確認

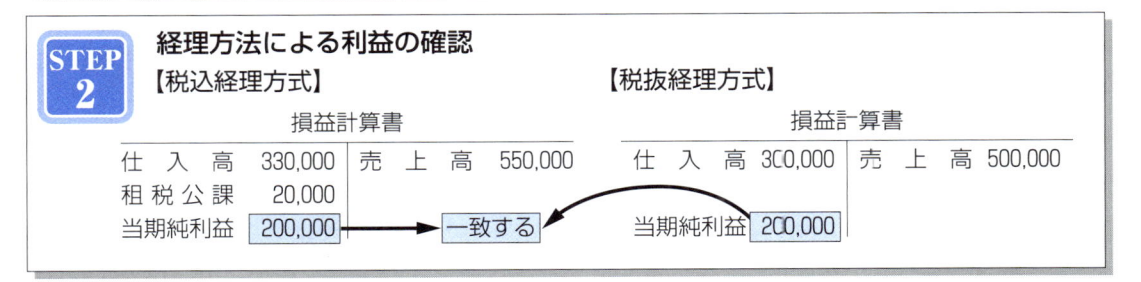

【税込経理方式】

損益計算書

仕 入 高	330,000	売 上 高	550,000
租 税 公 課	20,000		
当期純利益	200,000		

【税抜経理方式】

損益計算書

| 仕 入 高 | 300,000 | 売 上 高 | 500,000 |
| 当期純利益 | 200,000 | | |

一致する

STEP 3

税込・税抜経理方式の組合わせ

組み合わせ		売上げ等	棚卸資産	固定資産 繰延資産	経費等
原則	①	税 込 み			
	②	税 抜 き			
例外	③	税抜き	税抜き		税込み
	④		税込み		税抜き
	⑤		税抜き	税込み	税抜き
	⑥				税込み
	⑦		税込み	税抜き	税抜き
	⑧				税込み

---ポイント---

1．個々の固定資産等又は経費等ごとに異なる方式を適用することはできません。

2．売上げなどの収益について、税込経理方式を適用した場合はすべての取引を税込経理方式で適用しなければなりません。

3．期中において税込経理を行っておき、期末に一括して税抜経理方式に変換することもできます。

4．免税事業者は、税込経理方式しか適用できません。

5．法人税における種々の金額基準については、法人が選択した消費税の経理処理方式に応じて判定を行います。

STEP 4 具体的な経理処理

　消費税等の経理処理方法が決定したら、取引ごとに、課税対象（課税対象は、さらに旧税率8％、軽減税率8％と税率10％に区分します。）か、非課税、課税対象外（**No. 7** 参照）に区分をし、各勘定科目ごと、かつ、課税区分ごとに集計できるようにします。

　具体的には、総勘定元帳の各勘定科目の取引ごとに、課税区分を表示して検証できるようにし、申告時には、各勘定科目ごと、かつ、課税区分ごとに集計して申告資料とします。

仕 訳　　　　　　　課税区分

R 3.12.7　（交際費）対外　50,000／（現　金）　50,000〔摘要〕結婚祝い　佐藤電気㈱社長子息

STEP 5 税抜経理の場合の仮払・仮受消費税の計上方法

　税抜経理では、取引ごとに税抜経理をしますが、次のいずれかの方法により「仮払消費税」「仮受消費税」を計上します。

①　領収書や請求書に別記されている消費税額等を「仮払消費税」「仮受消費税」として計上する方法

②　領収書や請求書の税込金額に$\frac{10}{110}$（※）を乗じて計算した金額を「仮払消費税」「仮受消費税」として計上する方法

　　※旧税率8％又は軽減税率8％の場合は$\frac{8}{108}$

STEP 4 総勘定元帳記載例

総 勘 定 元 帳 （ 交 際 費 ）

ステップ商事株式会社　　　　　　　　　　　　　　　　　　　　　　消費税：税込経理

日付	相手科目	摘　　要	課税区分	借方	貸方	残高
		前月より繰越				3,170,000
R3.12.2	現　　金	南部百貨店 商品券 神戸電工	非仕	30,000		3,200,000
R3.12.7	現　　金	結婚お祝い 佐藤電気 社長子息	対外	50,000		3,250,000
:	:	:	:	:	:	:
R4.1.10	現　　金	マツイ　森商事営業部長 飲食接待	課仕	60,000		3,820,000
:	:	:	:	:	:	:
R4.3.31	現　　金	南部百貨店 お菓子 永田機器 手土産	課仕軽	3.240		4,528,000
		＊＊＊　年間　消費税集計　＊＊＊	課仕			3,212,000
			課仕軽			216,000
			非仕			100,000
			対外			1,000,000

STEP 5 税抜経理の場合の仮払・仮受消費税の計上方法

① 領収書等に別記されている消費税額等を「仮払消費税」「仮受消費税」として計上する方法

```
領　収　書
                        令和3年12月3日
ステップ商事株式会社　様
    金50,500円（うち消費税額等3,740円）
    （但し、食料品として軽減税率対象）
    上記正に領収致しました。
            大阪市福島区鷺洲２－１－１
                株式会社　宮本商店
```

仮払消費税　＝　3,740円
　　別記されている金額を計上する

② 領収書等の税込金額に $\frac{8}{108}$ を乗じて計算した金額を「仮払消費税」「仮受消費税」として計上する方法

```
領　収　書
                        令和3年12月3日
ステップ商事株式会社　様
    金50,500円
（但し、消費税額を含み、食料品として軽減税率対象）
    上記正に領収致しました。
  ┌──┐
  │収入│  大阪市福島区鷺洲２－１－１
  │印紙│      株式会社　宮本商店
  │200円│
  └──┘
```

仮払消費税　＝
$50,500 \times \frac{8}{108} = 3,740.74$
→3,740円

※ 取引金額と消費税等の金額が区分して記載されていないため、50,500円が記載金額となり印紙税の非課税文書に該当しません。

課税仕入れ等の用途区分
（課税売上対応・非課税売上対応の区分）

Ⅲ 準備業務

STEP 1　概要

　課税売上げに係る消費税額から控除する課税仕入れ等（課税仕入れ及び課税貨物の引取り）に係る消費税額を計算をする場合において、個別対応方式を適用する場合には、その課税期間中の課税仕入れ等に係る消費税額のすべてを、

　　イ　課税売上げにのみ要する課税仕入れ等に係るもの
　　　　　　　　　　　　　　　…　「課税売上げ対応の課税仕入れ等」
　　ロ　非課税売上げにのみ要する課税仕入れ等に係るもの
　　　　　　　　　　　　　　　…　「非課税売上げ対応の課税仕入れ等」
　　ハ　課税売上げと非課税売上げに共通して要する課税仕入れ等に係るもの
　　　　　　　　　　　　　　　…　「共通対応の課税仕入れ等」

に区分する必要があります。

STEP 2　課税売上げ対応の課税仕入れ等

(1)　**課税売上げ対応の課税仕入れ等**（消基通11－2－12、11－2－14）

　課税売上げ対応の課税仕入れ等とは、課税資産の譲渡等を行うためにのみ要する課税仕入れ等をいいます。

　なお、課税仕入れ等を行った課税期間において、その課税仕入れに対応する課税資産の譲渡等があったかどうかは問いません。

　課税売上げ対応の課税仕入れ等の具体例は次のとおりです。

　①　そのまま他に譲渡される課税資産

　②　課税資産の製造用にのみ消費し、又は使用される原材料、容器、包紙、機械及び装置、工具、器具、備品等

　③　課税資産に係る倉庫料、運送費、広告宣伝費、支払手数料又は支払加工賃等

　④　課税資産に係る販売促進等のために得意先等に配布される試供品、試作品等

(2)　**免税売上げのための課税仕入れ等**

　課税資産の譲渡等には輸出免税売上げが含まれます。したがって、輸出取引のための課税仕入れ等は、課税売上げ対応の課税仕入れ等に該当します。

(3)　**国外で行われる資産の譲渡等のための課税仕入れ等**（消法2①九、6①、消基通11－2－13）

　「課税資産の譲渡等」とは、「非課税資産の譲渡等」以外の資産の譲渡等をいい、「非課税資産の譲渡等」とは、国内において行われる非課税となる資産の譲渡等をいいますので、国外において行われる資産の譲渡等は、用途区分上すべて「課税資産の譲渡等」となります。

　したがって、国外で行われる資産の譲渡等のための課税仕入れ等は、課税売上げ対応の課税仕入れ等に該当します。

　例えば、国外に所在する土地の売却に係る仲介手数料、相談料の支払いは、課税売上げ対応の課税仕入れ等に該当します。

 **概要**

	課税売上げ対応の課税仕入れ等	・課税売上げにのみ要する課税仕入れ等
課税仕入れ等	非課税売上げ対応の課税仕入れ等	・非課税売上げにのみ要する課税仕入れ等
	共通対応の課税仕入れ等	・課税売上げと非課税売上げに共通して要する課税仕入れ等 ・課税売上げ対応の課税仕入れ等にも非課税売上げ対応の課税仕入れ等にも該当しない課税仕入れ等

 **課税売上げ対応の課税仕入れ等**

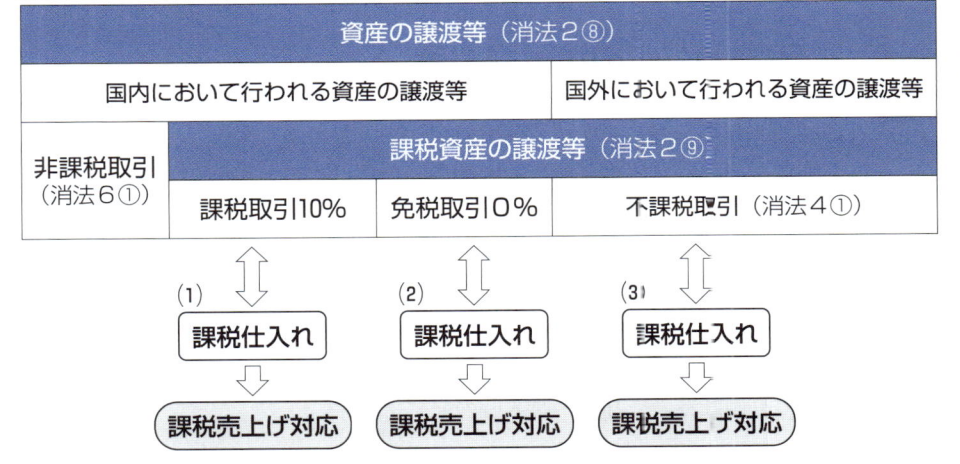

（3） 国外において行う資産の譲渡等のための課税仕入れ等

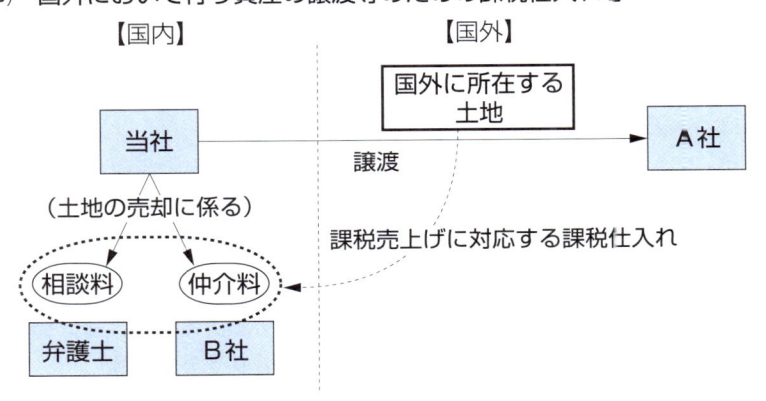

　国外に所在する土地の売却に係る仲介手数料、相談料の支払いは課税売上げに対応する課税仕入れに該当します。

（4） **非課税資産を輸出した場合の課税仕入れ等** （消法31①）

　非課税資産の輸出取引等は、課税資産の譲渡等に係る輸出取引等に該当するものとみなし、その非課税資産の輸出に係る課税仕入れ等は、課税売上げ対応の課税仕入れ等に区分します。

　非課税資産の輸出取引等とは、身体障害者用物品の輸出、国内における非居住者からの利息の受取り、国内における外国債の利息の受取りなどが該当します。ただし、有価証券、支払手段、金銭債権の輸出は除きます。

（5） **国内にある資産を海外に移送した場合の課税仕入れ等** （消法31②）

　国外において行う資産の譲渡等又は国外における自己の使用のためにする資産の輸出については、課税資産の譲渡等に係る輸出取引等に該当するものとみなし、その資産に係る課税仕入れ等は、課税売上げ対応の課税仕入れ等に該当します。

非課税売上げ対応の課税仕入れ等

　非課税売上げ対応の課税仕入れ等とは、非課税資産の譲渡等を行うためにのみ要する課税仕入れ等をいいます。（消基通11－2－15）

　非課税売上げ対応の課税仕入れ等の具体例は次のとおりです。

① 　販売用の土地の造成費用
② 　販売用の土地の取得に係る仲介手数料
③ 　土地だけの譲渡に係る仲介手数料
④ 　賃貸用住宅の建築費用（令和2年10月1日以後は税額控除の制限があります）
⑤ 　住宅の賃貸に係る仲介手数料
⑥ 　有価証券の売却時・購入時の売買手数料

共通対応の課税仕入れ等

（1） **共通対応の課税仕入れ等** （消基通11－2－16）

　共通対応の課税仕入れ等とは、課税資産の譲渡等と非課税資産の譲渡等に共通して要する課税仕入れ等をいいます。また、資産の譲渡等に該当しない取引に対応する課税仕入れ等は、共通対応の課税仕入れ等として取り扱います。

　したがって、課税仕入れ等の区分は、「課税売上げ対応の課税仕入れ等」と「非課税売上げ対応の課税仕入れ等」に区分し、そのいずれにも区分できないものは「共通対応の課税仕入れ等」に区分することになります。

　共通対応の課税仕入れ等の具体例は次のとおりです。

① 　課税売上げと非課税売上げに共通して対応する消耗品費、通信費、水道光熱費等
② 　株券発行に当たっての印刷費や証券会社への引受手数料等
③ 　金銭以外の資産を贈与した場合の、その資産の取得（消基通11－2－17）

（4） 非課税資産を輸出した場合の課税仕入れ等

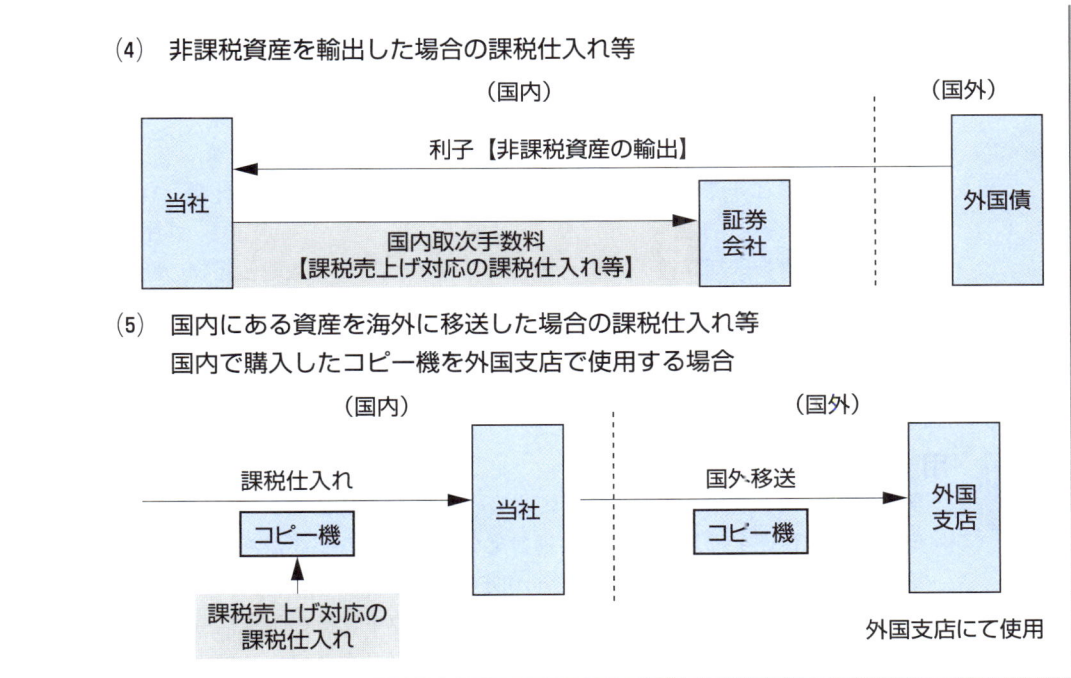

（5） 国内にある資産を海外に移送した場合の課税仕入れ等
　　　国内で購入したコピー機を外国支店で使用する場合

STEP 3 非課税売上げ対応の課税仕入れ等
（例）販売用の土地の造成費用

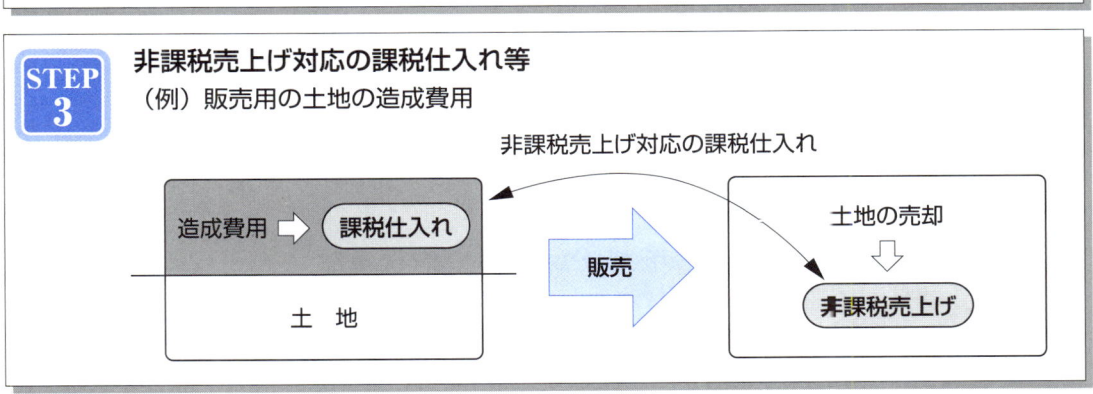

STEP 4 （1） 共通対応の課税仕入れ等

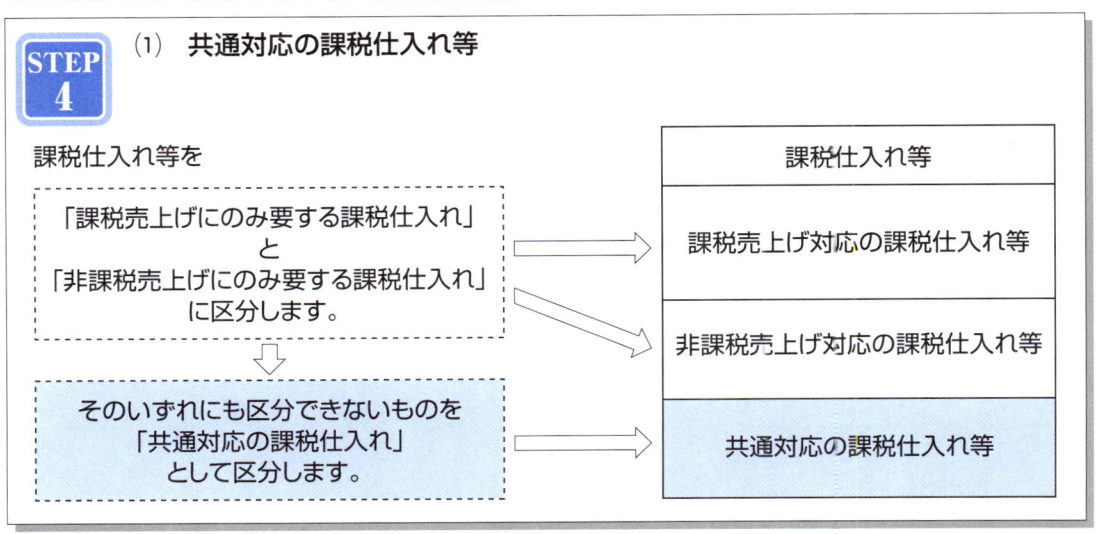

⑵ 共通対応の課税仕入れ等を合理的な基準により区分した場合（消基通11－2－19）

　共通対応の課税仕入れ等であっても、合理的な基準により「課税売上げ対応の課税仕入れ等」と「非課税売上げ対応の課税仕入れ等」とに区分することが可能なものについては、その合理的な基準により区分することができます。

　　－ 合理的な基準の具体例 －

　①　課税資産と非課税資産の製造用に使用される原材料、包装材料、倉庫料、電力料
　　　　　　　　　　　　　　　　　　　…　「生産実績」

　②　土地建物を一括譲渡した場合の仲介手数料　…　「土地と建物の譲渡代金」

　合理的な基準とは、生産実績のように既に実現している事象の数値のみによって算定される割合であり、その合理性が検証可能な基準により機械的に区分することが可能であるものをいいます。

用途区分の方法

　個別対応方式を適用するにあたっては、すべての課税仕入れ等について、課税売上げ対応分、非課税売上げ対応分及び共通対応分に区分する必要があります。

　その区分方法については、その区分が明らかとなるように、例えば、課税仕入れ等に係る帳簿にその用途区分を記載する、又は会計ソフトにその用途区分を入力するなど、申告後においても客観的に判断できるように用途区分されていればよく、その区分方法は問いません。

用途区分の判定時期 （消基通11－2－20）

⑴ 原 則

　課税仕入れ等の用途区分は、原則として課税仕入れ等を行った日の状況により、個々の課税仕入れ等ごとに行う必要があります。

⑵ 課税期間の末日までに用途区分が明らかにされた場合

　課税仕入れ等を行った日において、その用途が明らかでない場合もありえますので、その日の属する課税期間の末日までに用途区分が明らかにされた場合には、その明らかにされた用途区分によることも差し支えありません。

⑶ 課税期間の末日までに用途区分が未定の場合

　課税仕入れ等を行った課税期間の末日までに、用途が決まらない課税仕入れ等については、課税売上げ対応分又は非課税売上げ対応分のいずれにも区分されませんので、共通対応分として区分します。

STEP 4

（2） 共通対応の課税仕入れを合理的な基準により区分した場合

- 建物／土地 → 一括譲渡 → 仲介手数料 → 建物対応分 → 課税売上げ対応の課税仕入れ
- 仲介手数料 → 土地対応分 → 非課税売上げ対応の課税仕入れ
- 共通対応の課税仕入れ → 原則的には共通対応ですが、譲渡対価という合理的な基準により区分できます。

STEP 5 用途区分の方法

総 勘 定 元 帳 （ 交 際 費 ）

ステップ商事株式会社　　　　　　　　　　　　　　　　　　　　　　消費税：税込経理

日付	相手科目	摘　要	課税区分	借方	貸方	残高
		前月より繰越				3,170,000
R3.12.2	現　　金	南部百貨店 商品券 神戸電工	非仕	30,000		3,200,000
R3.12.7	現　　金	結婚お祝い 佐藤電気 社長子息	対外	50,000		3,250,000
：	：	課税売上げ対応の課税仕入れ			：	：
R4.1.10	現　　金	マツイ　森商事営業部長 飲食接待	課対	60,000		3,820,000
：	：	共通対応の課税仕入れ		：	：	：
R4.3.31	現　　金	南部百貨店 お菓子 永田機器 手土産	共通軽	3,240		4,528,328
		＊＊＊　年間　消費税集計　＊＊＊	課対			1,265,000
			課対軽			40,404
		個別対応方式を適用するには課税仕入れ等を3つの用途に区分するとともに、税率ごとの区分の必要があります。	非対			0
			共通			1,486,050
			共通軽			636,874
			非仕			100,000
			対外			1,000,000

STEP 6 用途区分の判定時期

原則		課税仕入れ等を行った日の状況による用途区分	
特例	課税仕入れ等を行った日において用途区分が未定	課税期間の末日までに用途区分が決定	その決定した用途区分
		課税期間の末日までに用途区分が未定	共通対応分として区分

勘定科目別の用途区分例

用途区分は、次のような判断により区分する方法が考えられます。

(1) 交際費

① 中元・歳暮等の贈答費用

中元・歳暮等の贈答費用については、贈答先との関係により用途区分を判定します。

・課税製品の販売先に対するものは、課税売上げ対応

・顧問税理士に対するものは、会社全体の業務に対するものとして、共通対応

② 交際費に該当する飲食費

飲食費については、相手先、内容等により用途区分を判定します。

・課税製品の販売先との飲食代は、課税売上げ対応

・社内交際費となる飲食代は、会社全体の業務に対するものとして、共通対応

(2) 広告宣伝費

① 製品の広告宣伝費

・課税製品に係る広告宣伝費は、課税売上げ対応

② 会社の広告宣伝費

・会社案内のパンフレットやホームページ作成、維持管理費用は、会社全体の業務に対するものとして、共通対応

③ 不動産業者の広告宣伝費

販売物件、賃貸物件の内容により、用途区分を判定します。

・土地の販売のための広告費用は、非課税売上げ対応

・土地付建物の販売のための広告費用は、共通対応

・店舗・事務所の賃貸の広告費用は、課税売上げ対応

・住宅の賃貸の広告費用は、非課税売上げ対応

(3) 福利厚生費

① 慰安旅行費用

・売上げとの明確な対応関係がないため、原則として共通対応に区分します。

・課税製品の製造業を営む会社において、福利厚生の対象となる従業員を、製造部門、管理部門に区分することができる場合は、次のように区分することができます。

　製造部門の福利厚生費は、課税売上げ対応

　管理部門の福利厚生費は、共通対応

② 給食費

法人が従業員から相当の食事代金を受領しているか、無償であるかにより判定します。

・食事代金を受領している場合は、課税売上げ対応

・無償で提供している場合は、対応する売上げがないため、共通対応

(2)
広告宣伝費の用途区分例

業　種	内　容		用途区分
課税製品の販売業	製品の広告宣伝		課税売上げ対応
	会社の広告宣伝		共通対応
不動産業	会社の広告宣伝		共通対応
	販売目的	土地	非課税売上げ対応
		土地付建物	共通対応
	賃貸目的	土地	非課税売上げ対応
		住宅	非課税売上げ対応
		店舗・事務所	課税売上げ対応
	仲介目的		課税売上げ対応

(3)
福利厚生費の用途区分例

	内　容	用途区分
給食費	有償で提供している場合	課税売上げ対応
	無償で提供している場合	共通対応
社宅の維持管理費	有償貸付けの場合	非課税売上げ対応
	無償貸付けの場合	共通対応
保養所、レジャー施設の維持管理費用	利用料を徴収する場合	課税売上げ対応
	利用料を徴収しない場合	共通対応

(6)
土地の仲介手数料、造成費の用途区分例

	内　容	用途区分
販売用の土地		非課税売上げ対応
建物を建て販売する土地		共通対応
自社社屋の建設をする土地	課税売上げのみの業務を行う	課税売上げ対応
	非課税売上げのみの業務を行う	非課税売上げ対応
	課税・非課税両方の業務を行う	共通対応
賃貸建物の建設をする土地	店舗・事務所	課税売上げ対応
	住宅	非課税売上げ対応
用途が未定の場合		共通対応

Ⅲ
準
備
業
務

③ **社宅、社員寮の維持管理費用**

法人が従業員から、家賃を徴収しているか、無償であるかにより判定します。

・有償貸付けの場合は、非課税売上げ対応

・無償貸付けの場合は、共通対応

(4) **寄附金**

① **寄附する目的で資産を購入した場合**（消基通11－2－17）

資産の購入が課税仕入れに該当する場合において、寄附は対価性がなく、課税売上げ対応にも非課税売上げ対応にも該当しないため、共通対応に区分します。

② **自社製品等を寄附する場合**

製品等の購入時の目的で用途区分を判断します。

・自社製品の材料費等の費用は、課税売上げ対応

・仕入商品の仕入れは、課税売上げ対応

・寄附するために購入した場合の費用は、共通対応

(5) **不動産売却時の仲介手数料**

売却する資産の課非区分により判定します。

・土地の売却に伴う仲介手数料は、非課税売上げ対応

・建物の売却に伴う仲介手数料は、課税売上げ対応

・土地建物一括譲渡の場合の仲介手数料は、共通対応（合理的な基準により区分することもできます。）

(6) **土地の取得時の仲介手数料、土地造成費**

その土地の利用目的により判定します。

・販売用の土地の場合は、非課税売上げ対応

・その土地の上に建物を建て、店舗として賃貸する場合は、課税売上げ対応

・その土地の上に建物を建て、住宅として賃貸する場合は、非課税売上げ対応

・その取得の日の課税期間の末日までに用途が未定の場合は、共通対応

(7) **建物の建築費用**

その建物の利用目的により判定します。

・賃貸用住宅の建築費用は、非課税売上げ対応（令和2年10月1日以後は税額控除の制限があります）

・賃貸用店舗の建築費用は、課税売上げ対応

・本社ビル（管理部門）の建築費用は、共通対応

・自社店舗（課税製品の販売部門）の建築費用は、課税売上げ対応

・販売用戸建住宅の建築費用は、課税売上げ対応

勘定科目別の用途区分例

勘定科目	内容	区分経理	根拠
仕入高	そのまま他に譲渡される課税資産	課税売上げ対応	消法30② 消基通11－2－12
	病院における医薬品の仕入れ	原則：共通対応 特例：課税売上割合に準ずる割合の選択 （例：保険診療と自由診療との患者数の比率や使用薬価の比率）	消法30②、③ 消基通11－5－7
	販売目的で取得した土地の造成費用	非課税売上げ対応	消法30② 消基通11－2－15
	販売目的で取得した土地を造成し、一時的に資材置き場として利用	非課税売上げ対応	消法30② 消基通11－2－15、11－2－20
	販売用土地の取得に係る仲介手数料	非課税売上げ対応	消法30② 消基通11－2－15
	分譲用マンションを建設するための土地の仲介手数料	共通対応	消法30②
	海外支店あてに輸出する場合	課税売上げ対応	消法31② 消基通11－7－1
材料仕入高	課税・非課税売上げに共通する原材料	原則：共通対応 特例：合理的な区分 （例：生産実績など）	消法30② 消基通11－2－19
	自社製品等を被災者等に無償で提供した場合の自社製品の材料費等	①自社で製造している製品（課税資産）の材料費等の費用 …課税売上げ対応	消法30② 消基通11－2－17
		②自社で販売している商品（課税資産）の仕入れ …課税売上げ対応	
		③被災者に必要とされる物品を提供するために購入した②以外の物品 …共通対応	

勘定科目	内容	区分経理	根拠
材料仕入高	国外での建設工事に要する資産の国内における課税仕入れ	課税売上げ対応	消法30② 消基通11－2－13
材料仕入高 外注加工費	課税資産の製造用にのみ使用、消費	課税売上げ対応	消法30② 消基通11－2－12
	試作用 サンプル用	課税売上げ対応	消法30② 消基通11－2－14
福利厚生費	会社が負担する社員食堂の代金	原則：共通対応	消法2①十二
広告宣伝費	課税資産のみを広告	課税売上げ対応	消法30② 消基通11－2－12
運賃	課税資産のみを運送	課税売上げ対応	消法30② 消基通11－2－12
販売促進費	商品（課税資産）に係る商品券の印刷費	課税売上げ対応	消法30② 消基通11－2－12
業務代行手数料	国内における課税売上げがない場合	課税売上げ対応	消法30②
委託売買手数料等	株式の売買に係る委託売買手数料、投資顧問料、保護預り料	非課税売上げ対応	消法30② 消基通11－2－15
支払手数料	課税資産のみの仲介手数料	課税売上げ対応	消法30② 消基通11－2－12
	土地だけの譲渡に係る仲介手数料	非課税売上げ対応	消法30② 消基通11－2－15
	住宅の賃貸に係る仲介手数料	非課税売上げ対応	消法30② 消基通11－2－15
	国内債券・外国債券に運用をしている投資信託の信託報酬、投資顧問料	共通対応	消法31

勘定科目	内容	区分経理	根拠
支払手数料	不課税とされる損害賠償金を得るために要した弁護士費用、交通費	共通対応	消法30② 消基通11－2－16
	土地建物を譲渡した場合の仲介手数料	原則：共通対応 特例：合理的な区分 （例：土地建物の譲渡代金を合理的に区分できる場合） 建物に係る仲介手数料 …課税売上げ対応 土地に係る仲介手数料 …非課税売上げ対応	消法30② 消基通10－1－5、11－4－2、11－2－19
	国外における土地の譲渡に伴い弁護士に対して支払ったコンサルティング料	課税売上げ対応	消法30② 消基通11－2－13
消耗品費	課税資産の譲渡等と非課税資産の譲渡等がある場合	共通対応	消法30② 消基通11－2－16
	包装紙（課税資産・非課税資産の販売に使用するもの）	原則：共通対応 特例：合理的な区分 （例：使用量が把握できる場合）	消法30② 消基通11－2－19
	海外支店で使用する少額備品	課税売上げ対応	消法31② 消基通11－7－1
旅費交通費	自社製品等を被災者等に提供する際に支出した費用（被災地までの旅費、宿泊費等）	共通対応	消法30② 消基通11－2－17
通信費	課税資産の譲渡等と非課税資産の譲渡等がある場合の電話料金	共通対応	消法30② 消基通11－2－16

勘定科目	内容	区分経理	根拠
交際費	課税資産の譲渡等と非課税資産の譲渡等がある場合	共通対応	消法30② 消基通11−2−16
	建設現場で支出するもの	原則：共通対応 特例（支出の目的や相手方との取引が課税売上げであると特定できる場合）…課税売上げ対応	消法30② 消基通11−2−12
寄附金	寄附する目的で取得した物品	共通対応	消法30② 消基通11−2−17
会議費	株主総会のための会場費、飲み物代	共通対応	消法30②
地代家賃	課税資産のみ保管する倉庫料	課税売上げ対応	消法30② 消基通11−2−12
	課税資産・非課税資産の倉庫料	原則：共通対応 特例：合理的な区分	消法30② 消基通11−2−19
水道光熱費	課税・非課税売上げがある場合の電気料金・水道料金・ガス料金	共通対応	消法30② 消基通11−2−16
	課税・非課税売上げがある製造に係る電気料金・水道料金・ガス料金	原則：共通対応 特例：合理的な区分（例：生産実績など）	消法30② 消基通11−2−19
管理費	社宅や従業員寮の維持費	有償で従業員に貸し付けている場合…非課税売上げ対応	消法30②
		無償で従業員に貸し付けている場合…共通対応	
仮払消費税	外国の発注者から無償で部品を輸入し、製品と抱き合わせで第三国の納入先へ輸出した場合の輸入に係る消費税	課税売上げ対応	消法30②

勘定科目	内容	区分経理	根拠
建物	賃貸用住宅の建築費用	非課税売上げ対応 令和2年10月1日以後に税額控除の制限があります	消法30②⑩ 消基通11－2－15
	社宅や従業員寮の取得費	有償で従業員に貸し付けている場合 …非課税売上げ対応	消法30②
		無償で従業員に貸し付けている場合 …共通対応	
建物その他の有形固定資産	課税資産の譲渡等と非課税資産の譲渡等がある場合	原則：共通対応 特例：合理的な区分	消法30② 消基通11－2－16
機械及び装置 工具、器具、備品	課税資産の製造用にのみ使用	課税売上げ対応	消法30② 消基通11－2－12
機械及び装置その他の有形固定資産	海外工場で使用する資産	課税売上げ対応	消法31② 消基通11－7－1
土地	自社ビルの建設をする土地の造成費、仲介手数料	①事業者が課税売上げのみの業務を行っている場合 …課税売上げ対応	消法30② 消基通11－2－12
		②事業者が非課税売上げのみの業務を行っている場合 …非課税売上げ対応	
		③事業者が課税、非課税売上げ双方の業務を行っている場合 …共通対応	
	賃貸事務所用の建物建築のための旧建物の撤去費用、立ち退き料（借家権として対価性があるもの）	課税売上げ対応	消法30②
新株発行費	株券の印刷	共通対応	消法30② 消基通11－2－16
新株発行費 社債発行費	事務委託費等	共通対応	消法30② 消基通11－2－16

Ⅲ
準備業務

株式、債券に係る取扱手数料等の課税仕入れ区分

種類	有価証券等の所在場所	債務者（発行体）	取引	売上げ 課税売上割合の分母へ算入する金額	売上げ 税区分	仕入れ 取引時に発生する課税仕入れ	仕入れ 個別対応方式を採用した場合の課税仕入れ区分	備考
株式	国内	－	買	－	－	委託売買手数料	非課税売上げに対応する	国内株式、外国上場の日本株式
						国内取次手数料		
			売	譲渡の対価の5%	非課税	委託売買手数料	非課税売上げに対応する	
						国内取次手数料		
	国外	－	買	－	－	委託売買手数料	課税売上げに対応する	国外株式、東証上場外国株式
						国内取次手数料		
			売	－	不課税	委託売買手数料	課税売上げに対応する	
						国内取次手数料		
債券	国内	居住者	買	利子償還差益*	非課税	委託売買手数料	非課税売上げに対応する	国内債
			売	譲渡の対価の5%	非課税	委託売買手数料	非課税売上げに対応する	
		非居住者	買	利子・償還差益	免税	委託売買手数料	課税仕入れを行った課税期間の末日までに償還を受け、又は利子を受け取ったものについては、課税売上げに対応し、その他のものは非課税売上げに対応する	国内起債の外国債（サムライ債）
			売	譲渡の対価の5%	非課税	委託売買手数料	非課税売上げに対応する	
	国外	居住者	買	利子・償還差益	非課税	国内取次手数料	非課税売上げに対応する	国外起債の日本債
			売	－	不課税	国内取次手数料	課税売上げに対応する	
		非居住者	買	利子・償還差益	免税	国内取次手数料	課税売上げに対応する	外国債
			売	－	不課税	国内取次手数料	課税売上げに対応する	

＊　保有期間中の利子及び満期時の償還差益を指しています。以下同じ。

国内株式の売買

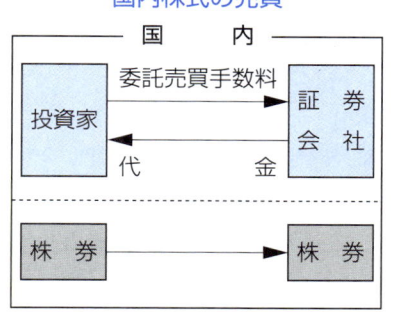

国内債券の売却

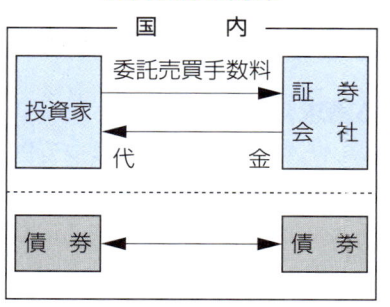

売上げ …非課税売上げ
（売却代金の5％）

課税仕入れ

委託売買手数料

（購入時）…非課税売上げに対応

（売却時）…非課税売上げに対応

東証上場外国株式の売買

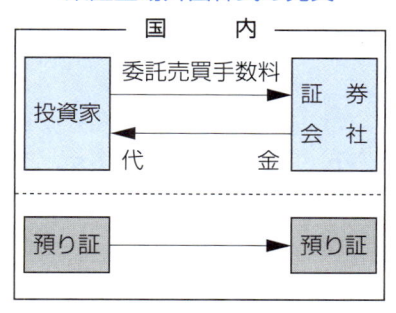

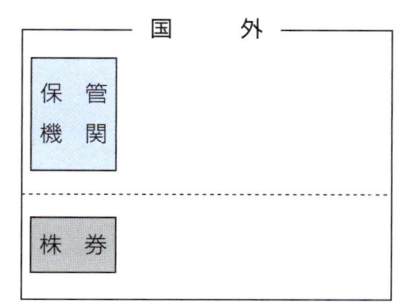

売上げ …株券の所在地が
国外のため不課税

課税仕入れ

委託売買手数料

（購入時）…課税売上げに対応

（売却時）…課税売上げに対応

外国株式の売買

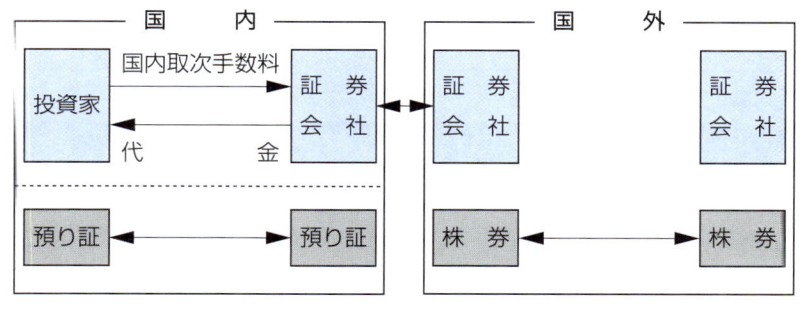

売上げ …株券の所在地が
国外のため不課税

課税仕入れ

国内取次手数料

（購入時）…課税売上げに対応
（売却時）…課税売上げに対応

外国上場日本株式の売買

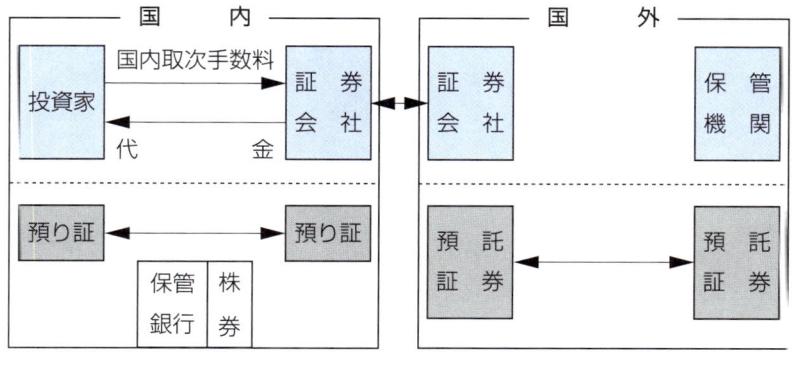

売上げ …非課税売上げ
（売却代金の5％）

課税仕入れ

国内取次手数料

（購入時）…非課税売上げに対応

（売却時）…非課税売上げに対応

Ⅳ 日常業務

STEP 1 当社が発行する請求書等を確認する

当社の売上げを、得意先が課税仕入れとして仕入税額控除するためには、当社が発行する請求書等に次の事項を記載しなければなりません。

記載事項 ①販売者の氏名又は名称、②商品等を販売して引き渡した年月日（まとめて1か月分請求する場合は請求期間）、③販売又は役務の提供の内容（軽減対象取引についてはその旨）、④売上金額（消費税等を含む）⑤購入者の氏名又は名称

STEP 2 国内取引と課税対象を確認する（消法2、4③）

1. 国内取引に該当するかを確認する

国内取引であるかどうかを契約書、注文書、請求書（控）、納品書（控）、受領書などから確認します。請求書等に記載された引渡し・提供場所の所在地が国内であるかどうかを名簿等により確認します。

取引内容	引渡し・提供場所	所在地	国内取引
① OAシステムの販売	HATAトレイディング本社	大阪市大正区	○
② OAシステム機器の設置	〃	〃	○
③ OAシステムの設定・指導	〃	〃	○
④ 飲食料品の卸売	相馬物産	豊中市	○
⑤ 冷凍冷蔵庫のレンタル	〃	〃	○

2. 課税（軽減）対象であるかを確認する

取引内容	資産の譲渡・貸付け、役務の提供	対価	非課税取引に該当するか否か	課税対象判定
① OAシステムの販売	資産の譲渡	あり	非該当	課税対象
② OAシステム機器の設置	役務の提供	なし	〃	対価がないため不課税
③ OAシステムの設定・指導	〃	あり	〃	課税対象
④ 飲食料品の卸売	資産の譲渡	あり	〃	課税（軽減）対象
⑤ 冷凍冷蔵庫のレンタル	資産の貸付け	あり	〃	課税対象

下記の非課税取引以外は課税対象となりますので、対価がないため不課税取引となるOAシステム機器の設置以外はすべて課税取引となります。

〔非課税取引〕（消法6①、別表第一）

① 土地等の譲渡、貸付け	⑧ 助産に係る資産の譲渡等
② 有価証券等の譲渡	⑨ 埋葬料、火葬料
③ 利子、保険料、保証料	⑩ 身体障害者用物品の譲渡等
④ 郵便切手類、印紙、証紙、物品切手等の譲渡	⑪ 一定の学校の授業料等
⑤ 行政手数料等、外国為替業務	⑫ 教科用図書の販売
⑥ 社会保険医療等	⑬ 住宅の貸付け
⑦ 介護保険によるサービス、社会福祉事業等	

STEP 1 当社が発行する請求書等を確認する

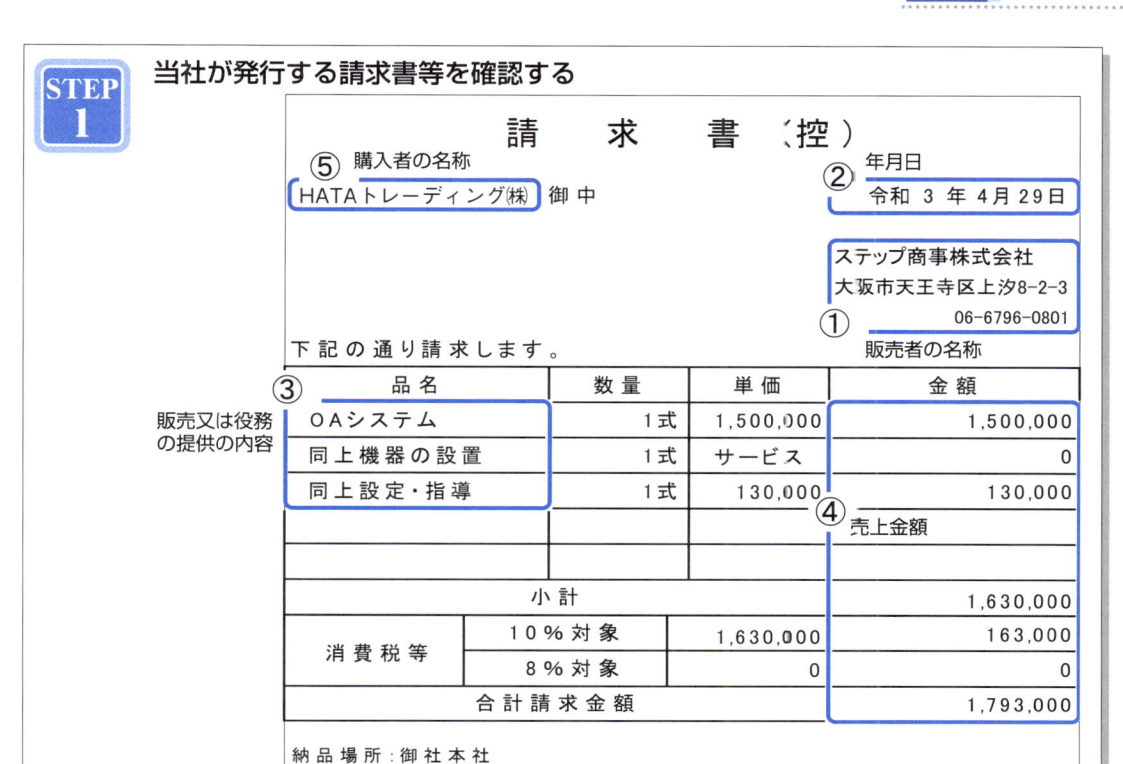

STEP 2 国内取引と課税対象を確認する

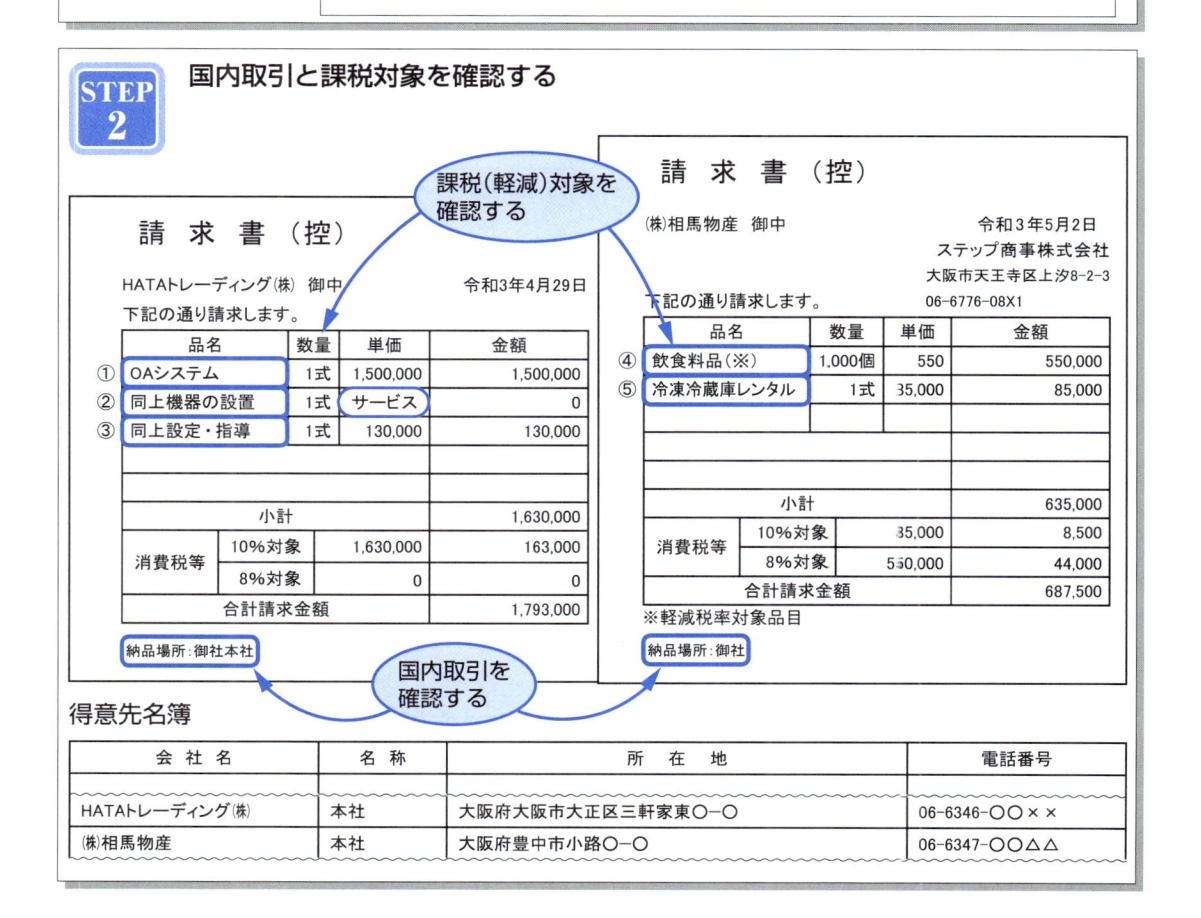

STEP 3 　売上計上時期の確認（消基通9－1－1、9－1－2）

　売上げの計上時期は、商品等の販売は引渡しのあった日、修理・レンタル等の役務の提供は完了した日をもって計上することが原則となっています。また商品等の販売について、引渡基準として出荷基準と検収基準がありますが、一般的には出荷基準が採用されています。

STEP 4 　売上高の計上

1．日常の売上計上

　毎月の売上計上は、納品書、請求書等に基づき得意先元帳（売掛金補助簿、売掛一覧表）を作成し、「当月売上高」を次のように仕訳します。

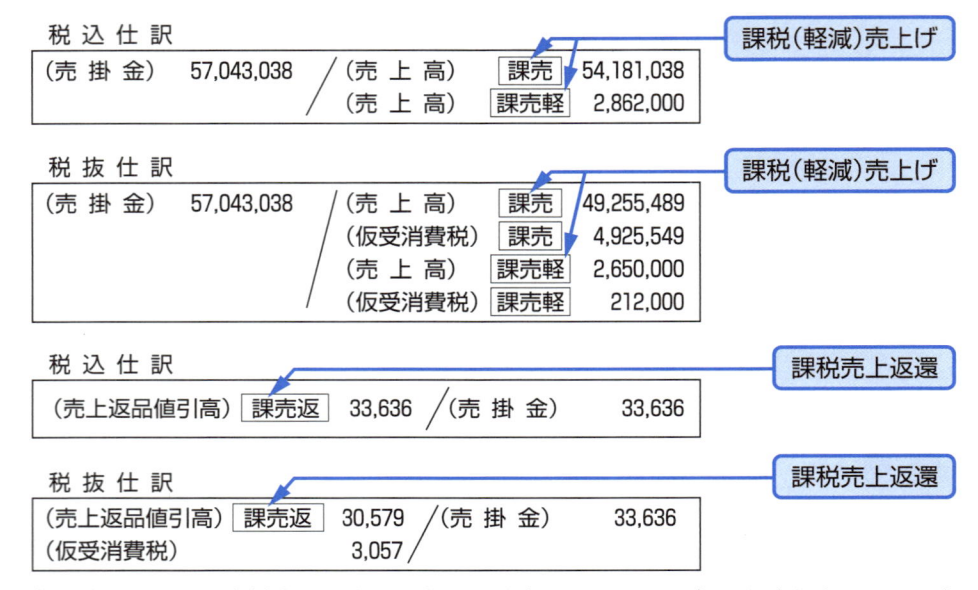

　売上計上すなわち売掛金の発生や回収及び残高が正しいかどうかを確認するため、右ページの「月別売掛一覧表」を作成し、売上計上すなわち締日ごとの売掛金の請求と、それに対応する売掛金の回収を突合します。

2．決算時の売上計上（売上締日の確認）

　請求の締日ごとに売上げを計上している場合は、締日の翌日から期末までの分の売上げ（帳端売上げ）を計上する必要があります。

　したがって、まず締日ごとの得意先名簿を作成しておき、月末締以外の得意先について帳端売上げがないか確認します。

　納品書、請求書等に基づき得意先元帳（売掛金補助簿、売掛一覧表）を作成し、「帳端売上高」に消費税を加算して次のように仕訳します。

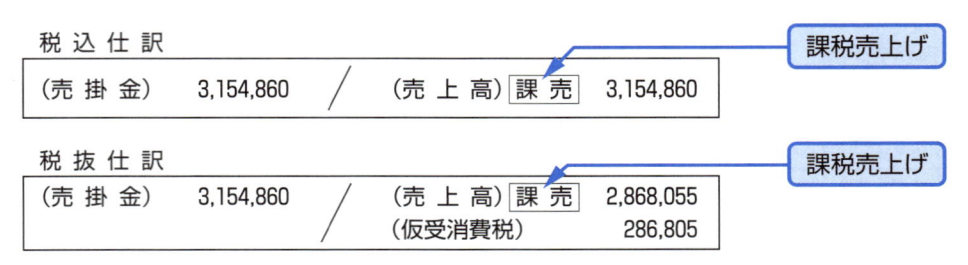

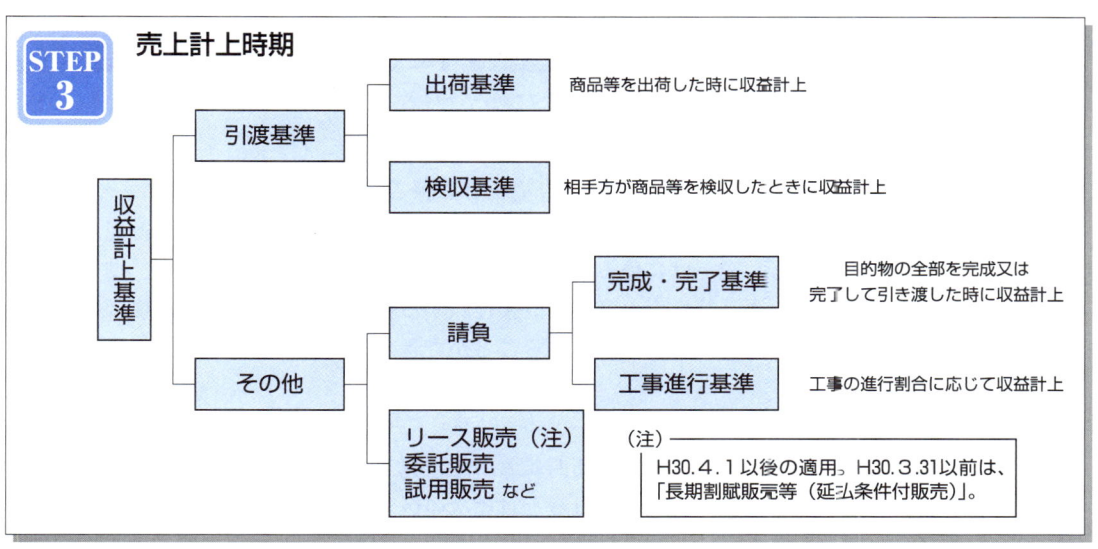

STEP 3 売上計上時期

- 収益計上基準
  - 引渡基準
    - 出荷基準 — 商品等を出荷した時に収益計上
    - 検収基準 — 相手方が商品等を検収したときに収益計上
  - その他
    - 請負
      - 完成・完了基準 — 目的物の全部を完成又は完了して引き渡した時に収益計上
      - 工事進行基準 — 工事の進行割合に応じて収益計上
    - リース販売（注）委託販売 試用販売 など

（注）H30.4.1以後の適用。H30.3.31以前は、「長期割賦販売等（延払条件付販売）」。

STEP 4 売上高の計上

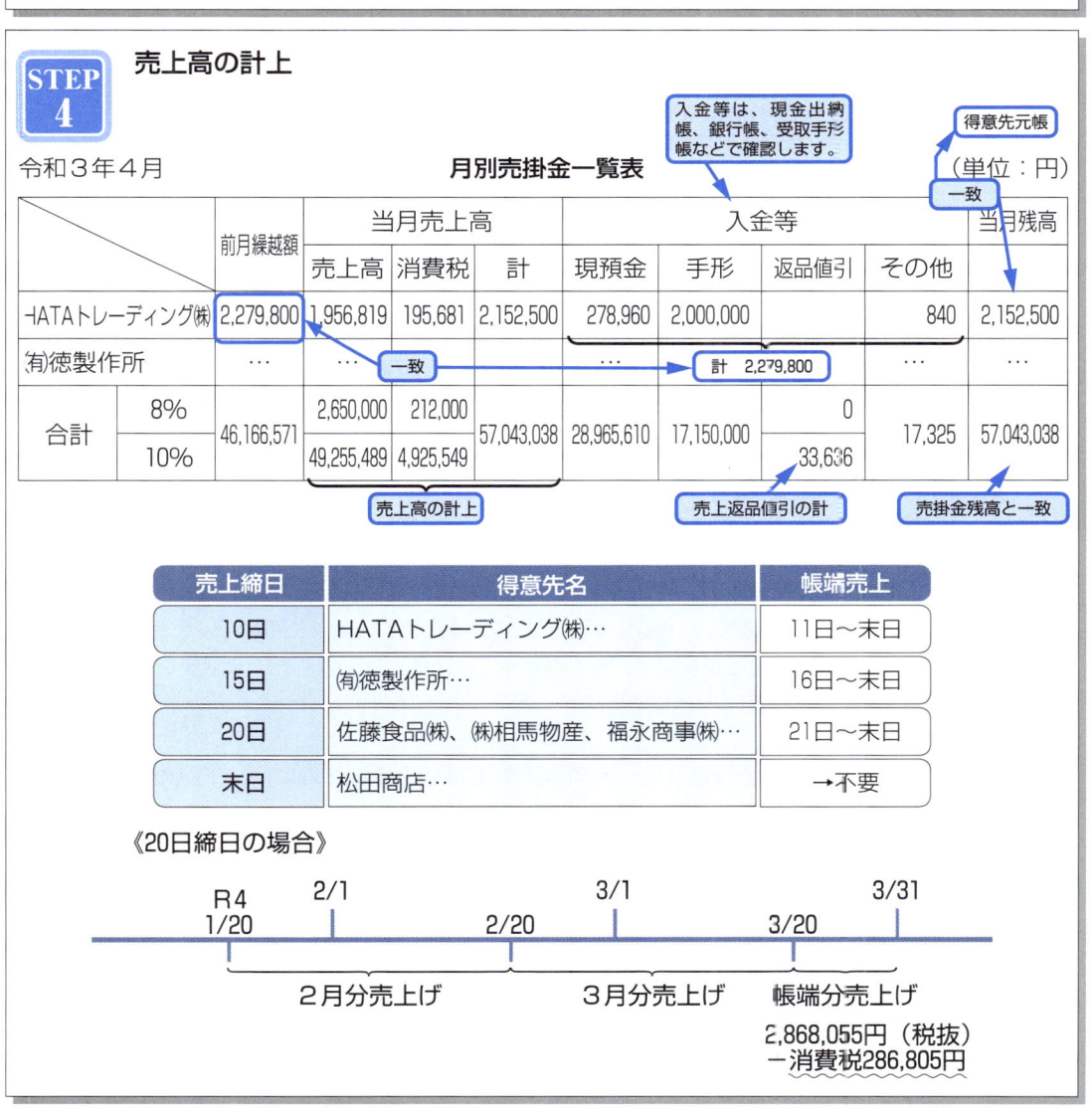

令和3年4月　　月別売掛金一覧表　　（単位：円）

入金等は、現金出納帳、銀行帳、受取手形帳などで確認します。

得意先元帳

| | 前月繰越額 | 当月売上高 | | | 入金等 | | | | 当月残高 |
		売上高	消費税	計	現預金	手形	返品値引	その他	
HATAトレーディング㈱	2,279,800	1,956,819	195,681	2,152,500	278,960	2,000,000		840	2,152,500
㈲徳製作所	…	…	一致		…	計 2,279,800		…	…
合計　8%	46,166,571	2,650,000	212,000	57,043,038	28,965,610	17,150,000	0	17,325	57,043,038
合計　10%		49,255,489	4,925,549				33,636		

売上高の計上　　売上返品値引の計　　売掛金残高と一致

売上締日	得意先名	帳端売上
10日	HATAトレーディング㈱…	11日〜末日
15日	㈲徳製作所…	16日〜末日
20日	佐藤食品㈱、㈱相馬物産、福永商事㈱…	21日〜末日
末日	松田商店…	→不要

《20日締日の場合》

R4 1/20 — 2/1 — 2/20 — 3/1 — 3/20 — 3/31

2月分売上げ　　3月分売上げ　　帳端分売上げ

2,868,055円（税抜）－消費税286,805円

IV 日常業務

売上値引・返品の処理 （消法38、消令58の2、消基通14-1-8）

課税売上げについて値引・返品等（「売上げに係る対価の返還等」といいます。）があった場合には、売上値引・返品等の金額を課税売上げから控除しないで、総売上高で課税標準額を計算し、売上げに係る対価の返還等の消費税を税額控除します。

ただし、値引・返品等を売上高から直接控除する経理処理を行っている場合は、控除後の純売上高から課税標準額を計算することができ、この場合税額控除は行いません。

税額控除の時期

売上値引・返品等を行った課税期間において、売上げに係る対価の返還等の税額控除を行います。なお、売上割戻しを行った日は次の区分によります（消基通14-1-9）。

① 算定基準が販売価額又は販売数量によっており、かつ、その算定基準が契約などにより相手方に明示されている場合	原則	課税資産の譲渡等をした日
	特例	売上割戻しの金額の通知又は支払をした日（継続適用が要件）
② 上記①に該当しない場合	原則	売上割戻しの金額の通知又は支払をした日
	特例	各課税期間終了の日までに、売上割戻しの算定基準等が内部的に決定しており、その金額を未払金に計上し、確定申告期限までに相手方に通知している場合は、未払金を計上した課税期間（継続適用が要件）

控除の対象とならない売上げに係る対価の返還等

売上げに係る対価の返還等の税額控除は、課税売上げについて返品・値引等があった場合に適用があります。したがって、そもそもの売上げが消費税の課税取引でないものについて返品・値引等があった場合は適用がありません。

【控除の対象とならない売上げに係る対価の返還等】 （消基通14-1-6、14-1-7）

(1) 輸出売上げに係る値引等	(2) 非課税売上げに係る値引等
(3) 国外売上げ（不課税）に係る値引等	(4) 免税事業者であった課税期間の課税売上げに係る値引等
(5) 免税事業者である課税期間に行う課税売上げに係る値引等	

適用要件

売上げに係る対価の返還等の税額控除の適用を受けるためには、下記の内容を記載した帳簿を確定申告期限から7年間保存することが義務付けられています。

【帳簿の記載事項】

① 売上げに係る対価の返還等の相手方の氏名又は名称

② 売上げに係る対価の返還等を行った年月日

③ 売上げに係る対価の返還等の内容

④ 売上げに係る対価の返還等をした金額

STEP 1

売上げに係る対価の返還等の処理方法

原則	税額控除	値引等に係る消費税額を課税標準額に対する消費税額から控除する（消法38）
特例	売上高控除	売上高から直接控除する（継続適用が要件）（消基通14－1－8）

$$控除税額＝課税売上げに係る返品等の金額×\frac{7.8}{110}又は\frac{6.24}{108}$$

設例

課税売上げに係る返品等の金額　330,000円

$$控除税額＝330,000円×\frac{7.8}{110}＝23,400円⇒申告書「返還等対価に係る税額⑤」へ$$

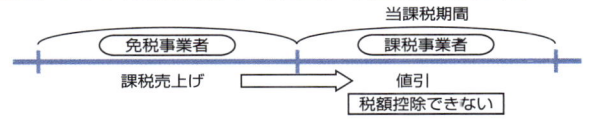

この申告書による消費税の税額の計算

		十 兆 千 百 十 億 千 百 十 万 千 百 十 一 円	
課 税 標 準 額	①	2 6 7 8 9 0 0 0	03
消 費 税 額	②	2 0 8 9 5 4 2	06
控除過大調整税額	③		07
控除 控除対象仕入税額	④	9 1 9 1 4 8	08
除 返還等対価に係る税額	⑤	2 3 4 0 0	09

売上げに係る対価の返還等の範囲

売上返品、売上値引、売上割戻し（リベート）、金銭による販売奨励金（消基通14－1－2）、売上割引（消基通14－1－4）、事業分量配当金（消基通14－1－3）、船舶の早出料（消基通14－1－1）

※売上割引は、会計上は売掛代金を期日前に支払を受けることに伴う支払利息の性格を有しますが、消費税では売上げに係る対価の返還等として税額控除を行います。

STEP 3

控除の対象とならない売上げに係る対価の返還等の例示

免税事業者であった課税期間の売上げの値引等（消基通14－1－6）

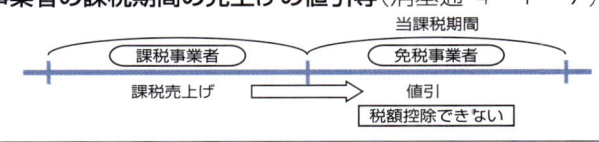

免税事業者の課税期間の売上げの値引等（消基通14－1－7）

STEP 4

適用要件　（帳簿の記載事項）

令和3年度　　　　　　　　総勘定元帳（売上値引高）

税抜経理

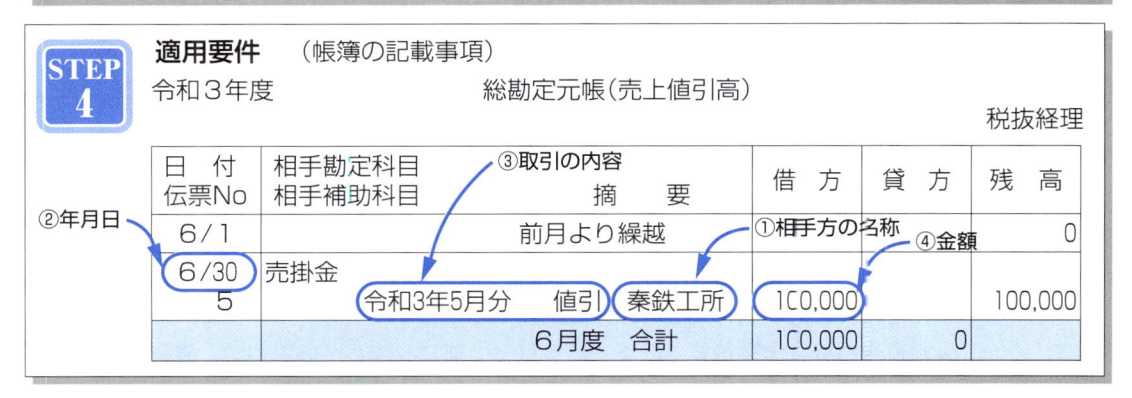

IV 日常業務

STEP 1

消費税の課否判定を行う

　不動産の賃貸料収入を契約書の内容に基づき、課税売上げと非課税売上げに区分します。

1．賃貸住宅の家賃収入（消法6①、別表第一、消基通6−13−9）

　　住宅の家賃収入は契約書に居住用と明記されているもの（契約期間が1か月未満のものは除きます。）に限り、非課税売上げとなります。

　　月決め等の家賃のほか、共益費や返還されない礼金等も非課税売上げとなります。

　　退去後に返還する敷金は、単なる預り金ですので不課税取引となります。（**STEP 3** 参照）

2．店舗、事務所、倉庫等の家賃収入

　　店舗、事務所、倉庫等の家賃収入は、課税売上げです。

　　月決め等の家賃のほか、共益費や返還されない礼金等も課税売上げとなります。

　　退去後に返還する敷金は、1と同様に不課税取引となります。（**STEP 3** 参照）

3．社宅使用料収入　住宅の貸付けに該当しますので、非課税売上げとなります。

　　※会社が従業員等の社宅に供するため借り上げた賃貸マンション等の家主への支払家賃は非課税となり、仕入税額控除の対象となりません。（消基通6−13−7）

4．共益費の課否区分は、家賃の区分と同様です。

5．貸付契約の用途変更（消基通6−13−8）

　　住宅として貸し付けられている建物について、契約当事者間で住宅以外の用途に使用する旨の契約変更を行った場合は、変更後のその建物の貸付けは、課税取引に該当します。

6．水道光熱費等を収受している場合（消基通10−1−14）

① 各貸付先へメーターを取り付けて実費精算されている場合で、その金額を貸付先へ明示し、預り金等として経理処理しているとき	不課税取引
② 賃料又は共益費として収受するもの	家賃と同じ区分
③ 賃料とは別に水道光熱費等として収受するもの	課税売上げ

　　※上記①は、水道局等へ支払う金額と同額を精算している場合にのみ預り金として処理できます。

STEP 2

消費税の課否判定に基づいて仕訳する

1．課税売上げ（事務所等の賃貸）

　・契約書に基づき請求書を作成します。

　・事務所の賃貸料収入、共益費は課税売上げとなります。

　・水道光熱費は実費精算の金額ではなく、賃料とは別に収受しているので、課税売上げとなります。

2．非課税売上げ（住宅の賃貸）

　・契約書に基づき請求書を作成します。

　・住宅の賃貸料収入、共益費は非課税売上げとなります。

　・水道光熱費は実費精算ではなく、賃料とは別に収受しているので、課税売上げとなります。

STEP 1　課否判定を行う

１．契約書の内容で判断する（住宅の貸付けの場合）

> 第４条　　乙は、本件建物を居住以外の目的には使用しないものとする。
> ・・・・・

２．賃貸料収入の課否区分

課税売上げ	非課税売上げ
事務所、店舗、倉庫などの家賃収入 駐車場収入（フェンス、区画などがなく、 管理していない場合は非課税）	土地の賃貸料（一時使用、施設利用に伴うものを除く。**STEP3**参照） 住宅の家賃収入 社宅使用料収入

３．共益費の課否区分＝家賃収入の課否区分

事務所、店舗、倉庫などの共益費	事務所、店舗、倉庫などの家賃収入	課税売上げ
住宅の共益費	住宅の家賃収入	非課税売上げ

STEP 2　課否判定に基づいて仕訳する

(1)　事務所家賃収入（課税売上げ）

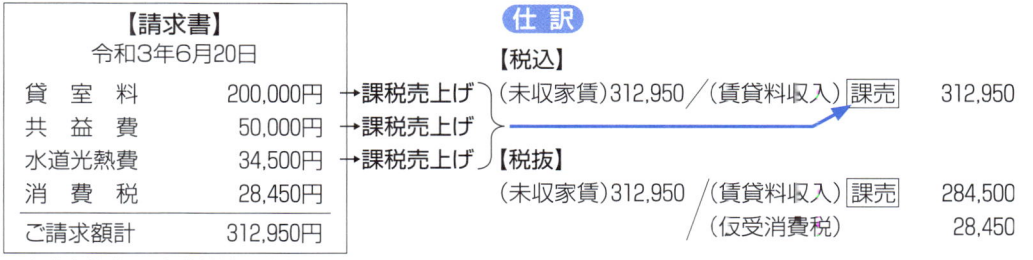

【請求書】	
令和3年6月20日	
貸　室　料	200,000円
共　益　費	50,000円
水道光熱費	34,500円
消　費　税	28,450円
ご請求額計	312,950円

→課税売上げ
→課税売上げ
→課税売上げ

仕訳

【税込】
（未収家賃）312,950／（賃貸料収入）課売　312,950

【税抜】
（未収家賃）312,950／（賃貸料収入）課売　284,500
　　　　　　　　　／（仮受消費税）　　　　28,450

※水道光熱費は、実費精算の金額ではない。

(2)　住宅家賃収入（非課税売上げ）

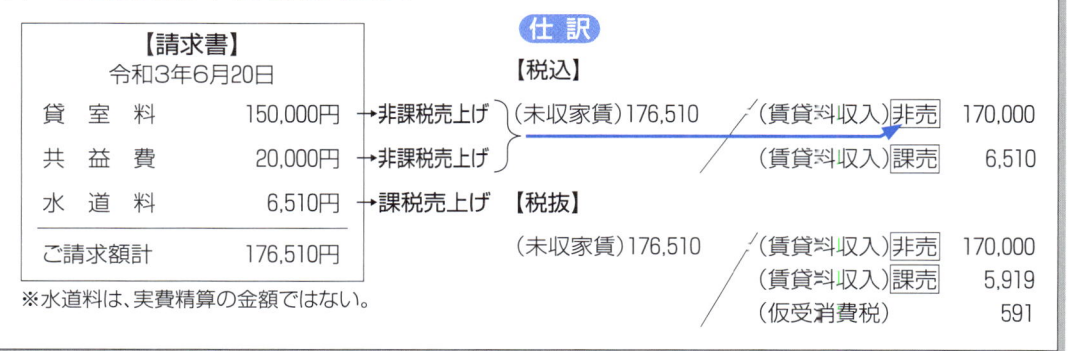

【請求書】	
令和3年6月20日	
貸　室　料	150,000円
共　益　費	20,000円
水　道　料	6,510円
ご請求額計	176,510円

→非課税売上げ
→非課税売上げ
→課税売上げ

仕訳

【税込】
（未収家賃）176,510／（賃貸料収入）非売　170,000
　　　　　　　　　／（賃貸料収入）課売　　6,510

【税抜】
（未収家賃）176,510／（賃貸料収入）非売　170,000
　　　　　　　　　／（賃貸料収入）課売　　5,919
　　　　　　　　　／（仮受消費税）　　　　591

※水道料は、実費精算の金額ではない。

その他の事項を確認する

1. 権利金、敷金、立退料の取扱い

(1) 建物又は土地等の賃貸借契約にあたって収受する権利金や更新料のように、後日に返還しないものは、資産の貸付けの対価に該当します。

　事務所や店舗の貸付けに係る権利金等は課税売上げとなり、住宅の貸付けに係る権利金等は非課税売上げとなります。このように権利金等の課否区分は、その権利金等に係る家賃収入の区分と同様となります。

(2) 敷金や保証金のように賃貸借の終了時に返還されるものは、一種の預り金であり不課税取引となります。

(3) なお、敷金や保証金であっても、返還されない部分がある場合には、返還されないことが確定した課税期間において消費税の課税関係が生じます。

　事務所や店舗の貸付けに係る敷金等で返還されない部分は課税売上げとなり、住宅の貸付けに係る敷金等で返還されない部分は非課税売上げとなります。このような敷金等で返還されない部分の課否区分は、その敷金等に係る家賃収入の区分と同様となります。

　敷金等の返還不要部分の収入の計上時期は、次のとおりです。

	収入計上時期
契約時点で返還されない金額が確定しているとき	契約時
賃貸期間の経過により返還しない部分が増加する場合 （例：毎年10％ずつ返還不要部分が増加する）	返還不要が確定した課税期間に、返還不要が確定した部分を収入に計上する
賃貸期間の経過により返還しない部分が減少する場合 （例：契約時50％返還不要、以後1年毎に10％ずつ返還不要部分が減少する。）	当初から返還不要が確定している金額は契約時に収入に計上する。その後実際に返還不要が確定した部分を確定した都度収入に計上する

(4) 建物等の賃借人が賃貸借の目的とされている建物等の契約の解除に伴い賃貸人から収受する立退料は、賃貸借の権利が消滅することに対する補償、営業上の損失又は移転等に要する実費補償などに伴い授受されるものであり、資産の譲渡等の対価に該当しません。（消基通5−2−7）

(注) 建物等の賃借人たる地位を賃貸人以外の第三者に譲渡し、その対価として立退料等として収受した場合は、これらは建物等の賃借権の譲渡に係る対価として受領されるものですので、資産の譲渡等の対価に該当します。（消基通5−2−7（注）書き）

2. 非課税である土地の貸付けに該当しない場合（消令8）

(1) 土地の貸付けで契約による期間が1か月未満の場合は課税売上げとなります。

(2) 施設の利用に伴う土地の貸付け

　駐車場としての用途に応じアスファルト敷きなどの地面の整備又はフェンス、区画がされたものは、駐車場その他施設の利用に伴う土地の使用であるため、非課税となる土地の貸付けから除外されています。

　また、土地付きで建物を賃貸するような場合は、その土地の貸付けは建物の貸付けに必然的に伴うものですので、賃貸料を土地部分と建物部分に区分して設定していても、その全体を建物の貸付けに係る賃貸料として取り扱います。

1. 権利金、更新料の課否判定

内容	消費税の課否判定
事務所、店舗等に係る権利金、更新料	課税売上げ
土地の貸付け、住宅の貸付けに係る権利金、更新料	非課税売上げ

2. 礼金、保証金で返還されない部分の金額

(1) 契約時点で返還されない金額が確定している場合

設例1（住宅賃貸）

保証金50万円のうち、20万円は返還しない。→返還されない保証金20万円は契約時の非課税売上げ

（現金預金）500,000	（賃貸料収入） 非売	200,000
	（預り保証金） 対外	300,000

(2) 賃貸期間の経過により返還しない金額が生じる場合

設例2（事務所賃貸）

当初の保証金100万円　1年経過後に10%ずつ返還不要部分が増加する場合

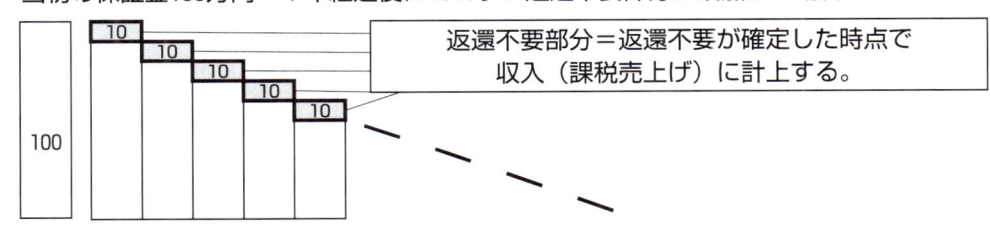

返還不要部分＝返還不要が確定した時点で収入（課税売上げ）に計上する。

設例3（事務所賃貸）

当初の保証金100万円、返還不要部分50%
1年経過後に10%ずつ返還不要部分が減少する場合

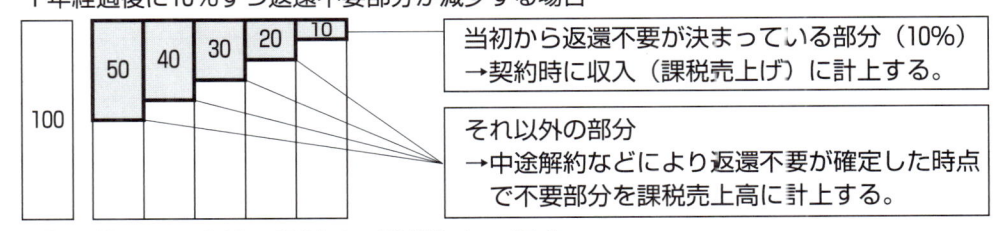

当初から返還不要が決まっている部分（10%）
→契約時に収入（課税売上げ）に計上する。

それ以外の部分
→中途解約などにより返還不要が確定した時点で不要部分を課税売上高に計上する。

3. 非課税である土地の貸付けに該当しない場合

【土地付建物の貸付け】

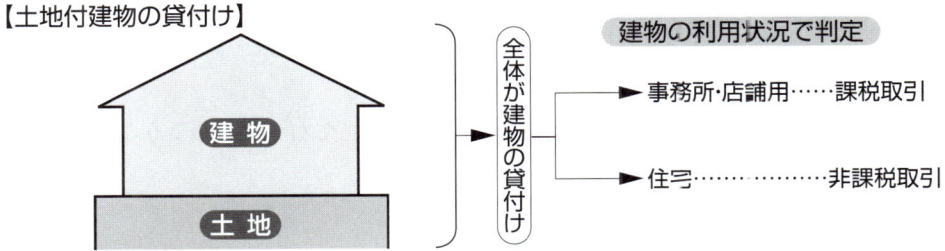

全体が建物の貸付け

建物の利用状況で判定

→ 事務所・店舗用……課税取引

→ 住宅……………非課税取引

4. 立退料の課否判定

内容	消費税の課否判定
通常の立退料として家主から受ける次の性質を有するもの　賃借権の消滅に対する補償、収益の補償、移転費用の補償	不課税取引
権利の譲渡の対価として第三者から受けるもの	課税売上げ

No.25 輸出売上げ

IV 日常業務

STEP 1 輸出免税の概要

消費税は国内において消費される商品の販売やサービスに対して課税するものですので、国外で消費される輸出取引については、消費税は免除されます。

STEP 2 免税とされる輸出取引等の範囲 （消法7①、消令17、消基通7－2－1）

1. 「輸出」とは、関税法2条1項2号で、「内国貨物を外国に向けて送り出すこと」と定義しています。つまり、国内にある貨物を通関手続をした上で外国に輸出する場合に限り、輸出免税が適用されます。

2. 輸出免税の対象となる輸出取引等の範囲は次のとおりです。

①	日本からの輸出として行われる資産の譲渡、貸付け
②	外国貨物の譲渡、貸付け
③	国内及び国外の地域にわたって行われる旅客、貨物の輸送、通信、郵便、信書便
④	外航船舶等の譲渡、貸付け、修理で船舶運航業者等に対するもの
⑤	国際貨物の輸送の用に供されるコンテナーの譲渡、貸付け、修理で船舶運航業者等に対するもの
⑥	外航船舶等の水先、誘導、入出港、離着陸の補助又は入出港、離着陸、停泊、駐機のための施設の提供で船舶運航事業者等に対するもの
⑦	外国貨物の荷役、運送、保管、検数、鑑定等の役務の提供
⑧	非居住者に対する無形固定資産等の譲渡、貸付け
⑨	非居住者に対する役務の提供で次のもの以外のもの イ　国内に所在する資産に係る運送又は保管 ロ　国内における飲食又は宿泊 ハ　イ、ロに準ずるもので国内において直接便益を受けるもの
⑩	外航船等に積み込む物品の譲渡等
⑪	外国公館等に対する課税資産の譲渡等
⑫	海軍販売所等に対する物品の譲渡

STEP 3 適用要件

輸出免税の適用を受けるためには、その取引が輸出取引である旨の証明が必要です。輸出取引等に応じて右ページの表に掲げる書類や帳簿等を、確定申告書の提出期限から7年間保存しなければなりません。

STEP 4 輸出売上計上時期の確認

輸出売上げの計上時期は、その貿易条件に応じて右ページのようなものがあります。当社では、船積基準で売上げを計上しています。

STEP 1 　輸出免税の概要

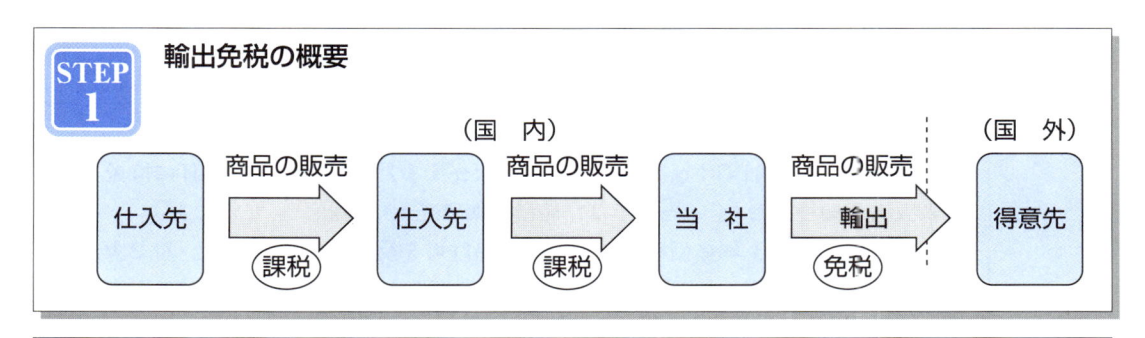

STEP 3 　輸出証明書類を確認する

輸出の許可を受ける貨物（船舶、航空機の貸付を除きます。）		輸出許可書、輸出許可通知書、輸出申告控
郵便による輸出	輸出時の価額が20万円を超える場合	郵便物輸出証明書
	輸出時の価額が20万円以下の場合	次の帳簿又は書類 帳簿 ・輸出年月日 ・品名、数量、価額 ・受取人の氏名、住所等 受領書等 ・輸出者の氏名、住所等 ・品名の数量、価額 ・受取人の氏名、住所等 ・受取年月日
・外国籍の船舶、航空機に内国貨物を積み込むために資産を譲渡 ・外航船等に積み込む指定物品の譲渡等		船（機）用品積込承認書
上記以外の輸出		次の事項を記載した帳簿、契約書等 ・譲渡等年月日（期間） ・資産、役務提供の内容及び提供場所 ・対価の額 ・相手方の氏名等、住所等

STEP 4 　輸出売上計上時期の確認

	輸出国渡し			輸入国渡し
貿易取引条件	EXW	CIF等（頭文字C）	FOB等（頭文字F）	DAF等（頭文字D）
所有権移転時期	工場渡し時	船積み時	船積み時	輸入国渡し時
国内・国外取引	国内	国内	国内	国外
消費税処理	輸出免税	輸出免税	輸出免税	対象外売上げ

※ 貿易取引条件EXW（Ex Works）、CIF（Cost Insurance and Freight）、FOB（Free On Board）、DAF（Delivered at Frontier）
　　ただし、輸入国渡しの場合には、No.26「国内にある資産を海外に移送した場合」の取扱いがあります。

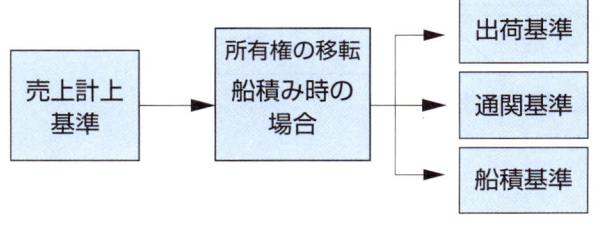

		出荷基準	倉庫又は工場から出荷した日に売上げを計上する方法
売上計上基準 →	所有権の移転 船積み時の場合 →	通関基準	税関の輸出許可日に売上げを計上する方法
		船積基準	船積みが完了した日（船荷証券発行日）に売上げを計上する方法

STEP 5

輸出免税の金額を確認する

請求金額と輸出証明書を突合します。

> #### 設例
>
> 　米国に所在するABC Co. Ltd.に対し輸出販売するため、本年２月10日に機械工具を大阪港で船積みした。（当社では、船積基準で売上げを計上しています。）
>
> 　申告価格（FOB：本体価額）は税関で輸出許可を受ける貨物の参考金額ですから、取引条件がCIF条件（本体価額＋運賃＋保険料込）の輸出の場合にはCIF価格であるUS$38,461が輸出免税の金額となります。

STEP 6

輸出売上げを日本円に換算する（消基通10－1－7）

　消費税の課税標準は円表示を前提としていますので、外貨建取引を行った場合にはこれを円表示の金額に換算する必要があります。

　また消費税法上の外貨建取引とは、外国通貨で支払われる資産の販売及び購入、役務の提供、金銭の貸付け及び借入れ、剰余金の配当その他の取引をいいます。

　したがって当社が、輸出取引を外貨建て（本設例の場合には米ドル建て）で行った場合の売上計上金額を、日本円に換算する必要があります。

　当社では、当月の売上計上レートは、前月の電信売買相場の平均である１ドル＝110円25銭（仮定）で換算します。

　110円25銭×US$38,461＝4,240,325円（円未満の端数処理は任意、当社は切捨て）

STEP 7

売上高の計上

１．日常の売上計上

　毎月の売上計上は、INVOICE（仕切り状）等に基づき得意先元帳（売掛金補助簿、売掛金一覧表）を作成し「当月売上高」を次のように仕訳します。

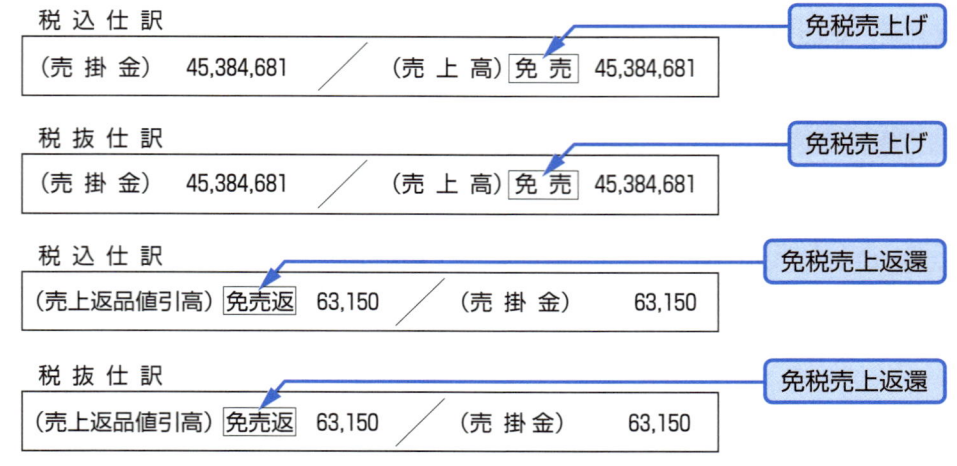

２．決算時の売上計上（売上締日の確認）

　No.22「売上高」を確認してください。

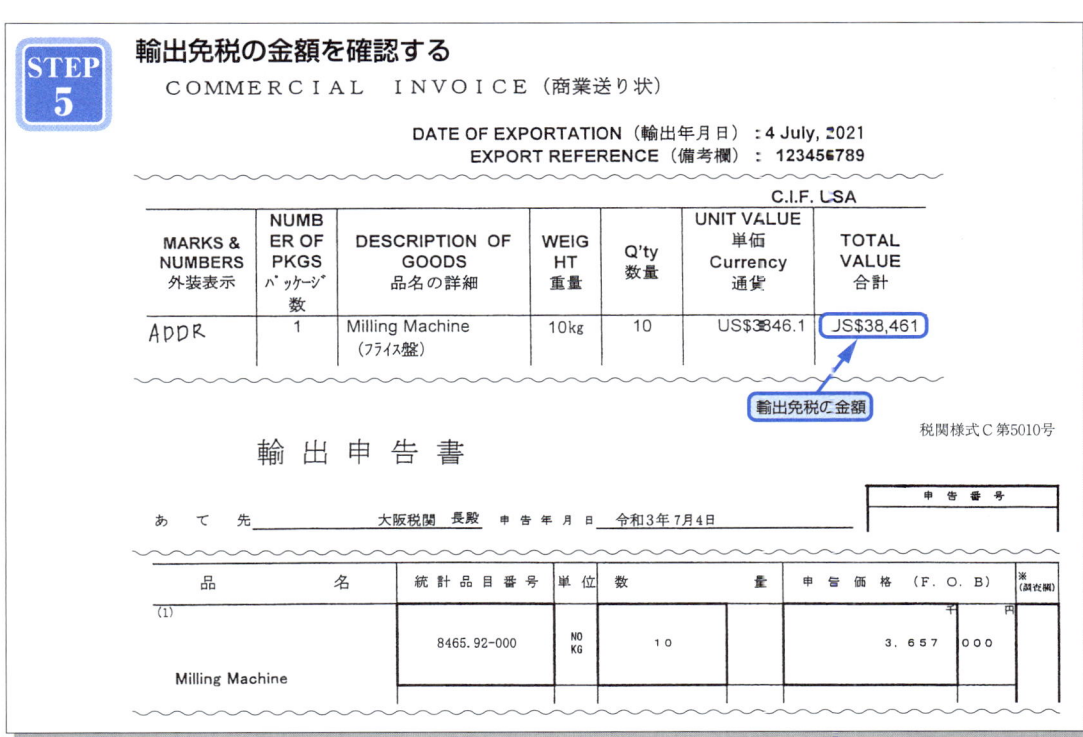

STEP 5

輸出免税の金額を確認する

COMMERCIAL INVOICE（商業送り状）

DATE OF EXPORTATION（輸出年月日）: 4 July, 2021
EXPORT REFERENCE（備考欄）: 123456789

C.I.F. USA

MARKS & NUMBERS 外装表示	NUMBER OF PKGS パッケージ数	DESCRIPTION OF GOODS 品名の詳細	WEIGHT 重量	Q'ty 数量	UNIT VALUE 単価 Currency 通貨	TOTAL VALUE 合計
ADDR	1	Milling Machine （フライス盤）	10kg	10	US$3,846.1	US$38,461

輸出免税の金額

税関様式C第5010号

輸 出 申 告 書

あ て 先 　大阪税関 長殿　申告年月日　令和3年7月4日　　申告番号

品 名	統計品目番号	単位	数　　量	申告価格（F.O.B）※（調査欄）
(1) Milling Machine	8465.92-000	NO KG	1 0	3,657,000 円

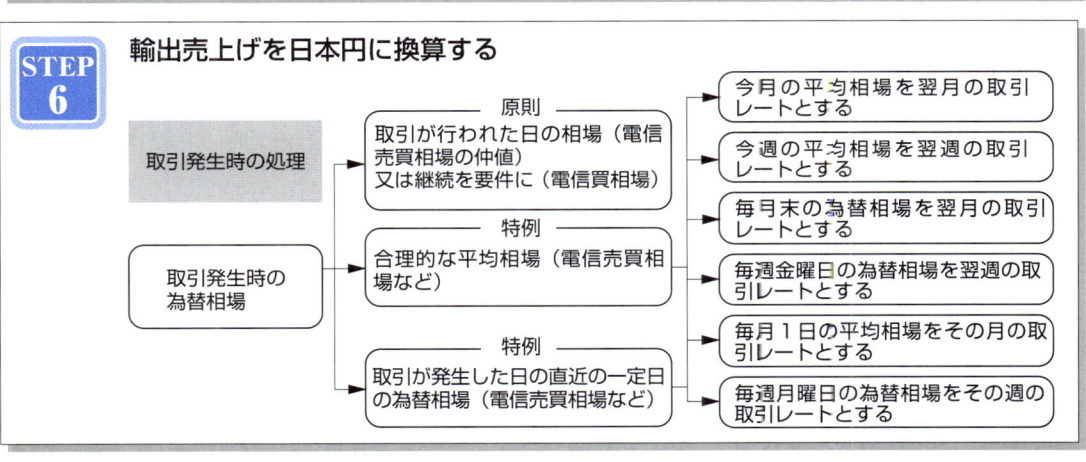

STEP 6

輸出売上げを日本円に換算する

取引発生時の処理

取引発生時の為替相場

原則
取引が行われた日の相場（電信売買相場の仲値）又は継続を要件に（電信買相場）

- 今月の平均相場を翌月の取引レートとする
- 今週の平均相場を翌週の取引レートとする

特例
合理的な平均相場（電信売買相場など）

- 毎月末の為替相場を翌月の取引レートとする
- 毎週金曜日の為替相場を翌週の取引レートとする

特例
取引が発生した日の直近の一定日の為替相場（電信売買相場など）

- 毎月1日の平均相場をその月の取引レートとする
- 毎週月曜日の為替相場をその週の取引レートとする

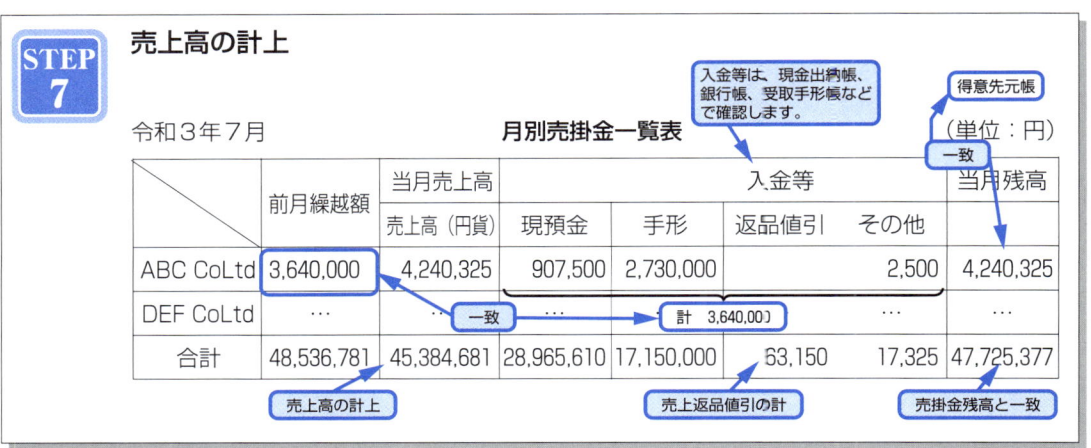

STEP 7

売上高の計上

令和3年7月　　　　　　月別売掛金一覧表

入金等は、現金出納帳、銀行帳、受取手形帳などで確認します。

得意先元帳

（単位：円）

一致

	前月繰越額	当月売上高 売上高（円貨）	入金等 現預金	手形	返品値引	その他	当用残高
ABC CoLtd	3,640,000	4,240,325	907,500	2,730,000		2,500	4,240,325
DEF CoLtd	…	… 一致	…	計 3,640,000		…	…
合計	48,536,781	45,384,681	28,965,610	17,150,000	53,150	17,325	47,725,377

売上高の計上　　　　　　売上返品値引の計　　　　　　売掛金残高と一致

Ⅳ 日常業務

STEP 1 非課税資産を輸出した場合の課税仕入れ等 （消法31①）

　非課税資産の輸出取引等は、非課税取引を課税資産の譲渡等に係る輸出取引等に該当するものとみなし、仕入税額控除について個別対応方式を適用する場合には、その非課税資産の輸出取引等に係る課税仕入れ等は、課税売上げ対応の課税仕入れ等に区分します。

　非課税資産の輸出取引等とは、身体障害者用物品の輸出、国内における非居住者からの利息の受取り、国内における外国債の利息の受取りなどが該当します。ただし、有価証券、支払手段、金銭債権の輸出は除きます。

STEP 2 国内にある資産を海外に移送した場合の課税仕入れ等 （消法31②）

　国外において行う資産の譲渡等又は国外における自己の使用のために行う資産の輸出については、課税資産の譲渡等に係る輸出取引等に該当するものとみなし、仕入税額控除について個別対応方式を適用する場合には、その資産の輸出に係る課税仕入れ等は、課税売上げ対応の課税仕入れ等に区分します。

STEP 3 課税売上割合の計算 （消令51①〜④）

　課税売上割合の計算は、次のように取り扱います。

１．非課税資産を輸出した場合

　分母と分子に非課税資産の売上高を算入します。→付表２−１「非課税資産の輸出等の金額③」に記載します。

　ただし、有価証券、支払手段、金銭債権の輸出等は、除きます。

２．国内にある資産を海外に移送した場合

　分母と分子に国外に移送する資産のFOB価格を算入します。→付表２−１「海外支店等へ移送した資産の価額③」に記載します。

STEP 4 会計処理と申告書 （付表２−１）

　設例の会計処理及び課税取引区分は下記のとおりです。

１．非課税資産を輸出した場合

（売掛金）	5,000,000 ／ （輸出売上げ）	輸出非売	5,000,000

２．国内にある資産を海外に移送した場合 （FOB価格4,000,000円）

（商品（外国支店））	4,000,000 ／ （商品（本社））	国外移送	4,000,000

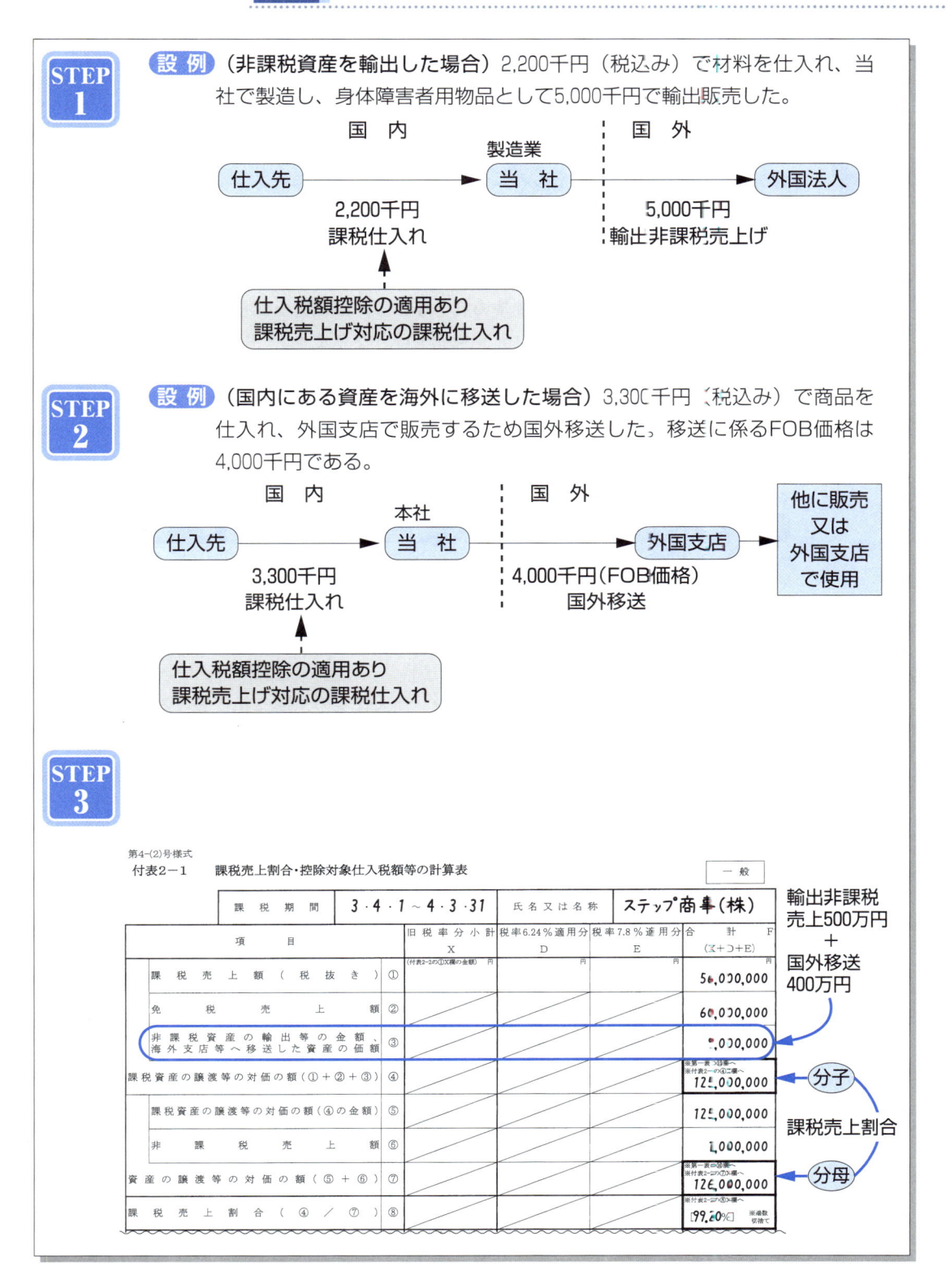

STEP 1

設例 （非課税資産を輸出した場合）2,200千円（税込み）で材料を仕入れ、当社で製造し、身体障害者用物品として5,000千円で輸出販売した。

国　内 ｜ 国　外

製造業
仕入先 → 当　社 ┊ → 外国法人

2,200千円
課税仕入れ

5,000千円
輸出非課税売上げ

仕入税額控除の適用あり
課税売上げ対応の課税仕入れ

STEP 2

設例 （国内にある資産を海外に移送した場合）3,300千円（税込み）で商品を仕入れ、外国支店で販売するため国外移送した。移送に係るFOB価格は4,000千円である。

国　内 ｜ 国　外

本社
仕入先 → 当　社 ┊ → 外国支店 → 他に販売又は外国支店で使用

3,300千円
課税仕入れ

4,000千円（FOB価格）
国外移送

仕入税額控除の適用あり
課税売上げ対応の課税仕入れ

STEP 3

第4-(2)号様式
付表2-1　課税売上割合・控除対象仕入税額等の計算表　　一　般

| 課　税　期　間 | 3・4・1 ～ 4・3・31 | 氏 名 又 は 名 称 | ステップ商事（株） |

項　目		旧 税 率 分 小 計 X (付表2-3の①X欄の金額) 円	税率6.24％適用分 D 円	税率7.8％適用分 E 円	合　計 F (X＋D＋E) 円
課 税 売 上 額 （ 税 抜 き ）	①				56,000,000
免 　 税 　 売 　 上 　 額	②				60,000,000
非 課 税 資 産 の 輸 出 等 の 金 額 、海 外 支 店 等 へ 移 送 し た 資 産 の 価 額	③				9,000,000
課 税 資 産 の 譲 渡 等 の 対 価 の 額 （①＋②＋③）	④				125,000,000
課 税 資 産 の 譲 渡 等 の 対 価 の 額 （④の金額）	⑤				125,000,000
非 　 課 　 税 　 売 　 上 　 額	⑥				1,000,000
資 産 の 譲 渡 等 の 対 価 の 額 （⑤＋⑥）	⑦				126,000,000
課 税 売 上 割 合 （ ④ ／ ⑦ ）	⑧				99.20％ ※端数切捨て

輸出非課税売上500万円＋国外移送400万円

分子

課税売上割合

分母

No.27 受取利息・受取配当等

IV 日常業務

STEP 1 概要

消費税では、利息に該当するものは非課税売上げ、配当に該当するものは不課税売上げとなります。

STEP 2 非課税売上げ・不課税売上げとなるもの （消法6①、別表第一）

1．預金利子、貸付金利子、公社債の利子などは非課税売上げとなります。

2．証券投資信託の収益分配金は非課税売上げとなります。

証券投資信託の収益分配金は、法人税と消費税では取扱いが異なります。

法人税では、株式投資信託の収益分配金は配当として、公社債投資信託の収益分配金は利子として取り扱われます。

しかし、消費税では、株式投資信託の収益分配金も公社債投資信託の収益分配金も利子に類するものとして非課税売上げとなります。

内　容	消費税	法人税
株式投資信託の収益分配金	利子	配当
公社債投資信託の収益分配金		利子

3．剰余金の配当、利益の配当、剰余金の分配は、不課税売上げです。

4．売上割引・仕入割引

売掛金の早期回収における売上割引や、仕入代金の早期支払における仕入割引は、会計上は利息としての性格を有するものとして取り扱いますが、消費税ではそれぞれ売上げのマイナス項目、仕入れのマイナス項目として取り扱われます。

STEP 3 消費税の課否判定に基づいて仕訳する

1．**預金利子等の場合**

⑴　源泉所得税（※）控除前の金額（手取金額＋源泉税）を受取利息として計上します。

⑵　受取利息は非課税売上げとなります。

⑶　法人税、住民税及び事業税は、租税公課ですので消費税は不課税取引です。

2．**受取配当金の場合**

⑴　源泉所得税（※）控除前の金額（手取金額＋源泉税）を受取配当金として計上します。

⑵　受取配当金は不課税取引となります。

⑶　法人税、住民税及び事業税は、租税公課ですので消費税は不課税取引です。

（※）復興特別所得税を含みます。

STEP 1 概要

・利子、配当等の種類により消費税の取扱いが異なります。

・利息計算書や利益配当金計算書を確認して、取引を分類します。

・利子等の源泉所得税の金額を確認します。

STEP 2 非課税売上げと不課税売上げ

非課税売上げ	不課税売上げ
預金利子、貸付金利子、公社債利子 株式投資信託の収益分配金 公社債投資信託の収益分配金 合同運用信託の収益分配金 手形の割引料収入 割引債の償還差益	剰余金の配当 利益の配当 剰余金の分配

STEP 3 課否判定に基づいて仕訳する

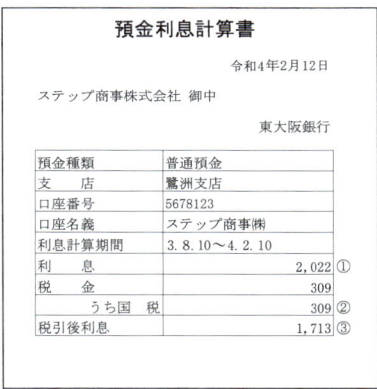

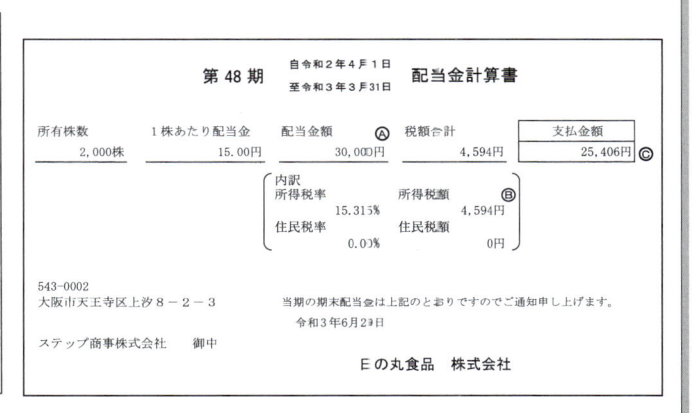

1. 預金利子 （入金額1,713円、国税309円）

（現金預金）	1,713③	（受取利息） 非売	2,022①
（法人税、住民税及び事業税） 対外	309②		

2. 剰余金の配当（入金額25,406円、国税4,594円）

（現金預金）	25,406Ⓒ	（受取配当） 対外	30,000Ⓐ
（法人税、住民税及び事業税） 対外	4,594Ⓑ		

Ⅳ 日常業務

STEP 1

概要

　雑収入は、営業外収益に属するもののうち、他の勘定科目に当てはまらない又は独立科目とするには金額的に重要性が乏しいものをいい、以下のようなものがあります。

【例示】
- ・現金過剰
- ・保険契約に係る配当金
- ・保険契約に係る解約返戻金
- ・団体保険集金手数料
- ・税金の還付加算金
- ・販売奨励金
- ・無事故達成奨励金
- ・債務免除益
- ・クレジットカード会社から受けるキャッシュバック
- ・社員食堂の売上げ
- ・役員・使用人から受ける保養施設・福利厚生施設の利用料
- ・役員・使用人から受ける社宅家賃、貸金利息
- ・自動販売機設置手数料
- ・保険金収入
- ・祝い金等、金銭・物品の受贈益
- ・作業屑・不用品の売却収入
- ・スクラップの売却代金
- ・為替差益
- ・立退料収入
- ・収益補償金、費用補償金、休業補償金、移転補償金
- ・国、地方公共団体から受ける、補助金、助成金
- ・仮受消費税と仮払消費税の精算差額収入

STEP 2

課税対象となる取引を確認する （消法2、4③）

　雑収入の課税対象は、「事業者が行う国内取引」に限られます。この「事業者が行う国内取引」で課税の対象となるのは、次の4つの要件を満たす取引です。

① 事業者が事業として行う取引であること
② 国内において行う取引であること
③ 資産の譲渡等（資産の譲渡、資産の貸付け、役務の提供）であること
④ 対価を得て行うもの

　詳細は、**No. 7** 「消費税の課税対象となる取引」を参照

STEP 2　課税対象となる取引を確認する

内容	消法税の課否判定	根拠
・現金過剰	不課税	消法2①、4①
・保険契約に係る配当金		
・保険契約に係る解約返戻金		
・団体保険集金手数料	課税売上げ	
・税金の還付加算金	不課税	
・販売奨励金（課税資産に係るもの）	課税仕入れのマイナス	消基通12−1−2
・無事故達成奨励金	不課税	消法2①、4①
・債務免除益	不課税	消基通12−1−7
・クレジットカード会社から受けるキャッシュバック		
・社員食堂の売上げ	課税売上げ	消基通5−4−4
・役員・使用人から受ける保養施設・福利厚生施設の利用料	課税売上げ	消基通5−4−4
・役員・使用人から受ける社宅家賃	非課税	別表第一13
・役員・使用人から受ける貸金利息		別表第一3
・自動販売機設置手数料	課税売上げ	消法2①、4①
・保険金収入	不課税	消基通5−2−4
・祝い金等、金銭・物品の受贈益		消基通5−2−14
・作業屑・不用品の売却収入	課税売上げ	消法2①、4①
・スクラップの売却収入		
・為替差益	不課税	消基通10−1−7
・立退料収入（下記以外）		消基通5−2−7
・立退料収入（賃借権の譲渡）	課税売上げ	
・収益補償金、費用補償金、休業補償金、移転補償金	不課税	消基通5−2−10
・国、地方公共団体から受ける補助金、助成金		消基通5−2−15
・仮受消費税と仮払消費税の精算差額収入		消法2①、4①

No.29 有価証券の譲渡

STEP 1 概要

　有価証券等の譲渡は、資本の移転取引又は振替取引であり、消費されるものではないため非課税とされています。

STEP 2 有価証券等の範囲と非課税売上げ・課税売上げとなるもの

（消法6①、別表第一、消基通6－2－2）

　有価証券等の売却収入は、原則として非課税売上げとなります。

　消費税法に規定する有価証券等は、株式、公社債等の他、約束手形などの支払手段や貸付金、売掛金などの金銭債権も含まれます。

　ゴルフ会員権の譲渡は、消費税において非課税となる有価証券等の譲渡に該当しないため株式形態又は預託金形態にかかわらず、課税売上げとなります。

STEP 3 譲渡収入が非課税売上高になる

　有価証券等を譲渡した場合、会計処理では、その譲渡収入から帳簿価額を控除した金額を売却損益としますが、消費税の課税売上割合の計算では、譲渡収入が非課税売上高となります。

1．株式・公社債等の譲渡（消令48⑤）

　譲渡収入の5％相当額を非課税売上高とします。これは、有価証券の譲渡が頻繁に行われた場合は、譲渡収入金額が多額になり、全額非課税売上げとしてしまうと課税売上割合が低くなるため、譲渡収入の5％相当額を非課税売上げとして計算することとされています。

> （例）証券会社を通じ上場会社の株式を520万円で譲渡した。
> 　課税売上割合の計算では、520万円×5％＝26万円を非課税売上高へ計上する

2．貸付金等の金銭債権の譲渡

　譲渡収入の5％相当額を非課税売上高とします。（平成26年3月31日以前に行われた金銭債権の譲渡については譲渡収入の全額が非課税売上げになります。）

3．売掛金や支払手段及び支払手段に類するものの譲渡（消令48②）

　非課税取引となりますが、課税売上割合の計算には使いません。

　支払手段に類するもの（ビットコインに代表される暗号資産の譲渡については、平成29年6月30日以前の取引は課税売上げ、平成29年7月1日以後の取引は非課税売上げになります。）

STEP 4 有価証券の非課税売上高の計上時期（消基通9－1－17）

　有価証券の非課税売上高の計上時期は、その引渡しがあった日です。

　しかし、「その譲渡に係る契約をした日」に非課税売上高を計上することも認められています。

STEP 2 有価証券等の範囲

非課税売上げとなるもの	課税売上げとなるもの
国債、地方債、社債券 株式、証券投資信託等の受益証券 コマーシャルペーパー（CP） 合同会社等の持分 貸付金、売掛金	ゴルフ会員権

STEP 3 課税売上割合の計算で非課税売上高に計上する金額

区分	計上する金額
国債、地方債、社債、株式、受益証券、CP、金銭債権（貸付金、国内CDなどは平成26年4月1日から）など	対価の5％相当額を計上
抵当証券、合同会社等の持分 金銭債権（貸付金、国内CDなど平成26年3月31日まで）	対価の全額
資産の譲渡等の対価として取得した金銭債権 （売掛金など）	含めない
支払手段（現金、小切手、手形など）	含めない
支払手段に類するもの（仮想通貨は平成29年7月1日から）	含めない

設例 A社株式（帳簿価額380万円）を520万円で譲渡し、証券会社手数料286,000円（税込み）が差し引かれ4,914,000円の入金があった。

課税区分　　譲渡収入

仕訳 （現金預金）　　　　　4,914,000 ／（有価証券売却益）有証非売 5,200,000
　　　　（有価証券売却益）対外 3,800,000 ／（有価証券）　　　　　3,800,000
　　　　（支払手数料）課仕 286,000
※譲渡収入を把握するため「有価証券売却益」勘定を貸借両建てして仕訳をします。

STEP 4 有価証券の非課税売上高の計上時期

区分	計上時期	通達
株券が発行されている株式	引渡しの日又は契約の日	消基通9－1－17
株券が発行されていない株式	譲渡の意思表示があった日	消基通9－1－17の2
持分会社の社員持分	譲渡の意思表示があった日	消基通9－1－17の4
株式の信用取引等	売付けに係る取引の決済を行った日	消基通9－1－18

IV 日常業務

概要

　消費税では、商品・製品等の棚卸資産の販売だけではなく、固定資産を譲渡した場合も課税対象となります。

課税売上げ・非課税売上げとなるもの （消法6①、2①九）

　売却した資産の種類により、その課税区分を判定します。
・土地・借地権の譲渡は非課税売上げとなります。
・建物や機械など土地以外の固定資産の譲渡は課税売上げとなります。

譲渡収入が課税売上高になる （消基通10-1-17）

　固定資産を譲渡した場合、会計処理では、その譲渡収入から譲渡原価・譲渡費用を控除した金額を売却損益としますが、消費税は取引の対価に課税しますので、譲渡損益ではなく、譲渡収入が課税売上高となります。

　なお、車両の買換えに際して下取りがあった場合、その下取り車両の下取金額が譲渡収入として課税売上高になります。（**No.55**「固定資産・繰延資産を取得した場合」を参照）

　したがって、消費税では、損益計算書の「固定資産売却損益」ではなく、譲渡収入を把握しなければなりません。

> **（例）** 社用車（帳簿価額100万円）を、132万円（税込み）で譲渡した。
>
> 　　　売却益32万円ではなく、売却収入132万円が課税売上高になります。

課税売上げの計上時期 （消基通9-1-13）

　固定資産を譲渡した場合には、固定資産を相手方に引き渡した日に課税売上げを計上しますが、土地建物等の場合は、契約の効力が発生した日に譲渡があったものとすることも認められます。

未経過固定資産税の取扱い （消基通10-1-6）

　土地建物の譲渡契約に係る未経過固定資産税の精算金は、譲渡収入に含めます。固定資産税は毎年1月1日現在の所有者に対して1年分が課税されます。不動産取引の慣習として固定資産税が日割りで精算されますが、租税公課として経費にできるのは、課税された1月1日現在の所有者であり、売主が未経過分の固定資産税相当額を買主から収受しても、その金額はあくまで譲渡金額を構成するものであり、租税公課の精算としては取り扱いません。

> 建物に係る未経過固定資産税　⇒　建物の譲渡収入　⇒　課税売上高
> 土地に係る未経過固定資産税　⇒　土地の譲渡収入　⇒　非課税売上高

固定資産の売却	
課税売上げとなるもの	非課税売上げとなるもの
建物・機械など土地以外の固定資産の売却収入 特許権など無形固定資産の売却収入 ゴルフ会員権・レジャークラブ会員権の売却収入	土地・借地権の売却収入

STEP 3

譲渡収入が課税売上高になる

設例　社用車（帳簿価額100万円）を、132万円（税込み）で譲渡した。

仕訳　（現金預金）　　　　　1,320,000／（固定資産譲渡益）　課売　1,320,000　←譲渡収入

　　　（固定資産譲渡益）　対外　1,000,000／（車両運搬具）　　　　　1,000,000

※譲渡収入を課税売上げとするため「固定資産譲渡益」勘定を貸借両建てして仕訳をします。

STEP 4

課税売上げの計上時期

固定資産	
土地建物等	土地建物以外
その引渡しがあった日	その引渡しがあった日
譲渡に関する契約の効力の発生の日	

STEP 5

未経過固定資産税

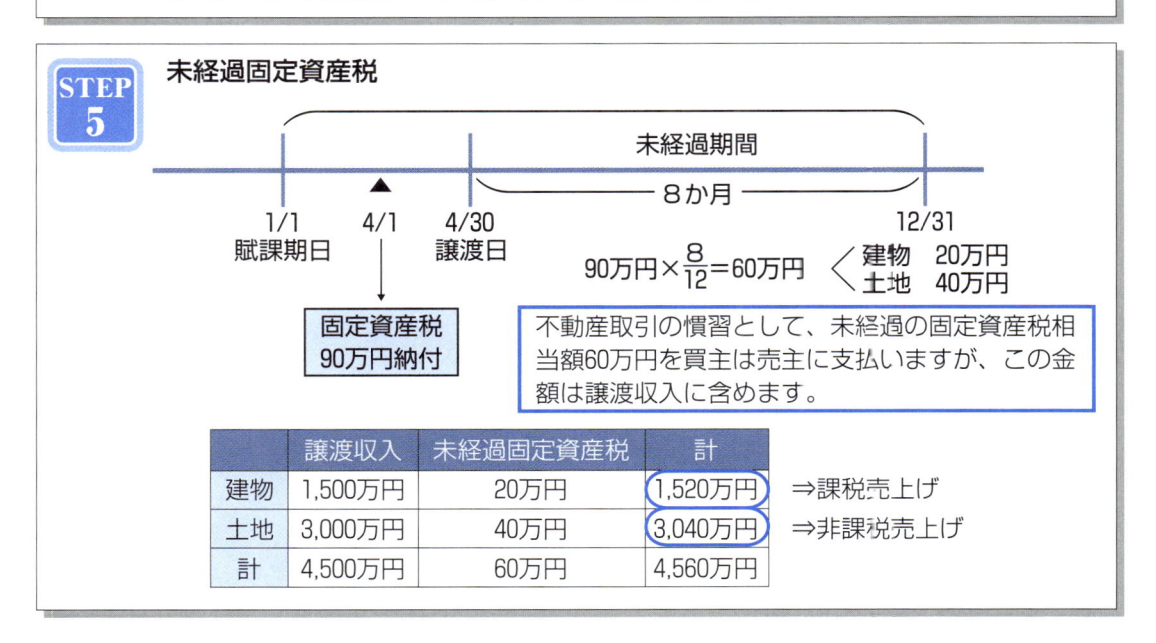

	譲渡収入	未経過固定資産税	計	
建物	1,500万円	20万円	1,520万円	⇒課税売上げ
土地	3,000万円	40万円	3,040万円	⇒非課税売上げ
計	4,500万円	60万円	4,560万円	

土地建物の一括譲渡

IV 日常業務

概要

　土地と建物を一括で譲渡した場合は、土地の譲渡は非課税売上げとなり、建物の譲渡は課税売上げとなります。

　このように土地付建物を一括譲渡した場合は、その譲渡代金について、土地の対価部分と建物の対価部分に区分する必要があります。

譲渡対価の区分

　土地付建物の一括譲渡の場合の課税売上高と非課税売上高にそれぞれ計上する金額は、次のとおりです。

契約書に土地と建物の金額の区分あり	記載金額の区分が合理的である	記載した金額
	記載金額の区分が合理的でない	時価により按分計算（消令45③）
契約書に建物と土地の金額の区分なし		

　なお、土地と建物を同一の者に対し同時に譲渡した場合で、法人税又は所得税の土地の譲渡等に係る課税の特例計算による取扱い（措基通63(2)−3など）により区分しているときは、消費税の課税標準もその区分した金額で計算します。（消基通10−1−5）

○合理的な区分方法の例

①　近隣の取引事例を参考に計算した建物及び土地の時価の比により按分計算
②　不動産鑑定評価額による区分
③　相続税評価額や固定資産税評価額をもとに按分計算する
④　土地や建物の原価をもとに按分計算する
⑤　(イ)　「建物の標準的な建築価額表」により建物の取得価額を算出する 　　(ロ)　建物の価額＝建物の取得価額−減価償却費 　　(ハ)　土地の価額＝総額−建物の価額

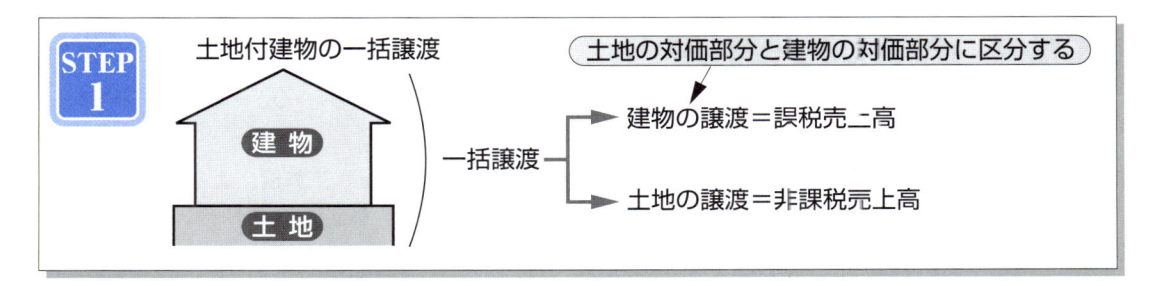

STEP 1

土地付建物の一括譲渡　　土地の対価部分と建物の対価部分に区分する

一括譲渡
建物の譲渡＝課税売上高
土地の譲渡＝非課税売上高

STEP 2　譲渡対価の区分

(1)　契約書に建物の消費税額の記載がある場合（記載金額の区分が合理的な場合）

> 土地建物譲渡契約書
> 第1条　土地付建物を5,000万円（うち消費税200万円）で譲渡する
> ・・・・・・・・・・

① 　建物の価額：200万円÷10%×1.10＝2,200万円

② 　土地の価額：総額5,000万円－建物2,200万円（税込み）＝2,800万円

(2)　契約書に総額のみの記載がある場合（固定資産税評価額をもとに按分計算）

> 土地建物譲渡契約書
> ・・・・・
> 第1条　土地付建物を5,000万円で譲渡する。
> ・・・・・

> 固定資産税賦課決定通知書
> ・・・評価額・・・
> 土地　　　　　1,000万円
> 建物　　　　　1,500万円

① 　建物の価額：$5,000万円 \times \dfrac{1,500万円}{1,000万円+1,500万円} = 3,000万円$（税込み）

② 　土地の価額：$5,000万円 \times \dfrac{1,000万円}{1,000万円+1,500万円} = 2,000万円$

(3)　契約書の記載金額の区分が合理的でないと認められる場合

> 土地建物譲渡契約書
> 第1条　土地付建物を下記のとおり譲渡する
> 　(1)　土地の譲渡代金　4,000万円
> 　(2)　建物の譲渡代金　1,000万円
> 　　　・・・・・・・・・・

> 固定資産税賦課決定通知書
> ・・・評価額・・・
> 土地　　　　　1,000万円
> 建物　　　　　1,500万円

　契約書記載金額が合理的に区分されていない場合は、譲渡時の時価の比（ここでは固定資産税評価額）で按分計算します。

① 　建物の価額：$5,000万円 \times \dfrac{1,500万円}{1,000万円+1,500万円} = 3,000万円$（税込み）

② 　土地の価額：$5,000万円 \times \dfrac{1,000万円}{1,000万円+1,500万円} = 2,000万円$

No.32 みなし譲渡

Ⅳ 日常業務

STEP 1

概要（消法4⑤、28③）

　消費税では対価を得て行う資産の譲渡が課税の対象となり、無償による資産の譲渡は課税対象となりません。

　しかし、個人事業者が棚卸資産等を家事消費等した場合や、法人が役員に資産を贈与した場合は、事業として対価を得て行われた資産の譲渡とみなします。これを「みなし譲渡」といいます。

STEP 2

みなし譲渡となる取引

次に掲げる場合には、みなし譲渡としてその取引は課税対象となります。

⑴　個人事業者が、棚卸資産又は棚卸資産以外の事業用資産を家事のために消費又は使用した場合

⑵　法人が、資産をその法人の役員に対して贈与した場合

　※役員とは、法人税法第2条第15号に規定する役員をいいます。

STEP 3

みなし譲渡時の時価を課税売上高に計上する

　みなし譲渡に該当する場合は、家事消費等を行ったとき又は贈与時の資産の時価を課税売上高に計上します。

　ただし、棚卸資産について家事消費等又は贈与を行った場合には、通常の販売価額の50%相当額又は仕入価額のいずれか大きい金額を課税売上高とすることができます。

【課税売上高に計上する金額】（消基通10-1-18）

	課税売上高に計上する金額
棚卸資産	①　仕入価額 ②　通常の販売価額の50%相当額 ｝いずれか大きい方の金額
棚卸資産以外	その資産の時価

STEP 4

資産の貸付け・サービスの無償提供の場合（消基通5-3-5）

　消費税のみなし譲渡の規定は、法人が資産を自社の役員へ贈与した場合や個人事業者の棚卸資産等の家事消費等の場合に適用されます。

　したがって、資産の無償貸付けやサービスの無償提供の場合は、みなし譲渡の規定は適用はなく、消費税の課税対象となりません。すなわち不課税取引となります。

STEP 5

自社役員への資産の贈与でみなし譲渡に該当しない場合（消基通5-3-5）

　所得税基本通達において、給与として課税しなくても差し支えないとされている永年勤続者の記念品や創業記念品等については、役員に対して無償支給する場合であっても、みなし譲渡に該当しないものとされています。

 **みなし譲渡の場合の課税売上高に計上する金額**

1　棚卸資産の場合

設例　当社の役員へ商品（通常の販売価額10万円、仕入価額7万円）を贈与した。

【棚卸資産の場合】

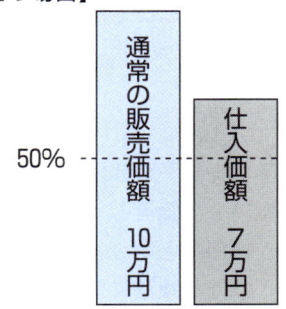

（1）　判定

　　①　通常の販売価額10万円×50％＝5万円

　　②　仕入価額　7万円

　　③　①＜②　∴7万円を課税売上高に計上する

仕訳

（役員給与）対外　　　100,000　／　（売上高）課売　　70,000
　　　　　　　　　　　　　　　　　　　（売上高）対外　　30,000

※棚卸資産の通常の販売価額10万円が役員に対する経済的利益となり、役員給与として計上します。

2　棚卸資産以外の場合

設例　当社の役員へ絵画（時価100万円、取得価額70万円）を贈与した。

【判定】時価の100万円を課税売上高に計上する

仕訳

（役員給与）　　　　対外　1,000,000　／　（固定資産譲渡益）課売　1,000,000
（固定資産譲渡益）対外　　700,000　／　（絵　画）　　　　　　　700,000

※譲渡収入を課税売上げとするため「固定資産譲渡益」勘定を貸借に両建てして仕訳をします。

 **無償による資産の貸付けの場合**

設例

　通常の社宅使用料が10万円のところ、役員乙に対しては無償で貸し付けていた。

（1）　判定：無償による資産の貸付けは、みなし譲渡に該当しないため、消費税の非課税売
　　上高に計上しません。

（2）　仕訳

　　（役員給与）対外　100,000　／（家賃収入）対外　100,000

※通常の社宅使用料10万円が役員に対する経済的利益となり、役員給与として計上します。

IV 日常業務

STEP 1

概要 （消法28①）

　消費税では、原則として課税資産の譲渡等の対価の額を課税売上高に計上します。ただし、法人がその役員に対して、時価に比べて著しく低い価額で資産の譲渡（「低額譲渡」といいます。）をした場合には、実際に役員から受領した金額ではなく、その譲渡の時における時価に相当する金額を課税標準として消費税が課税されます。

STEP 2

低額譲渡を判定する

　法人が役員に対して、時価に比べて著しく低い価額で資産の譲渡をした場合とは、その資産の時価の50％に相当する金額に満たない価額により譲渡した場合をいいます。

　ただし、棚卸資産について、その譲渡金額が仕入価額以上の金額で、かつ、通常の販売価額の50％に相当する金額以上の金額であるときは低額譲渡に該当しないものとして取り扱われます。

　※役員とは、法人税法第2条第15号に規定する役員をいいます。

STEP 3

譲渡時の時価を課税売上高に計上する

低額譲渡に該当する場合は、その資産の譲渡時の時価相当額を課税売上高に計上します。

【低額譲渡の判定及び課税売上高に計上する金額】（消基通10-1-2）

	低額譲渡の判定		課税売上高に計上する金額
棚卸資産	①対価 < 仕入価額 ②対価 < 通常の販売価額の50％相当額	いずれかに該当	通常の販売価額
棚卸資産以外	対価 < その資産の時価の50％相当額		その資産の譲渡時の時価

STEP 4

自社の役員に対する低額譲渡を仕訳する

　自社の役員への低額譲渡に該当する場合は、通常の販売価額や時価を課税売上高に計上します。この場合の通常の販売価額や時価と対価との差額は、その役員に対する給与等として計上することとなります。

　ただし、役員及び使用人の全部について一律又は勤続年数等に応ずる合理的な基準で明示された値引率により譲渡が行われている場合は、低額譲渡として取扱わず実際の販売価額を課税売上高に計上します。（消基通10-1-2ただし書）なお、この場合は、所得税においても給与等の課税は行われません。（所基通36-23）

STEP 5

資産の貸付け・サービスの提供の場合 （消基通5-3-5）

　消費税の低額譲渡の規定は、法人が資産を自社の役員へ著しく低い対価の額で譲渡した場合に適用されます。自社の役員への資産の貸付けやサービスの提供の対価の額が著しく低い場合は、低額譲渡の規定は適用されません。課税売上高に計上する金額は、原則どおり実際の対価の額となります。

STEP 2

STEP 3

低額譲渡の判定と課税売上高

1. 棚卸資産の場合

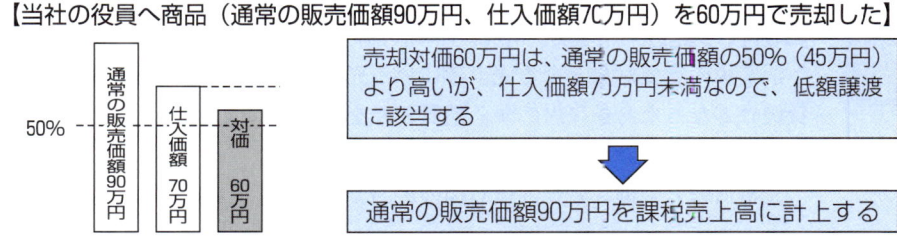

【当社の役員へ商品（通常の販売価額90万円、仕入価額70万円）を60万円で売却した】

売却対価60万円は、通常の販売価額の50%（45万円）より高いが、仕入価額70万円未満なので、低額譲渡に該当する

↓

通常の販売価額90万円を課税売上高に計上する

2. 棚卸資産以外の場合

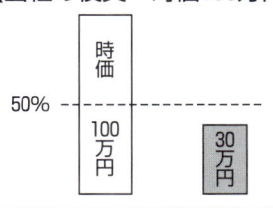

【当社の役員へ時価100万円の応接室の絵画を30万円で売却した】

売却対価30万円は、絵画の売却時点での時価の50%（50万円）未満なので、低額譲渡に該当する

↓

絵画の時価100万円を課税売上高に計上する

STEP 4

低額譲渡を仕訳する

設例 商品A（通常の販売価額100万円、仕入価額70万円）を役員甲には60万円で、役員乙には80万円でそれぞれ売却した。

1. 役員甲

(1) 判定　売却価額60万円 ＜ 仕入価額70万円 ∴低額譲渡に該当

よって、通常の販売価額100万円を課税売上高とします。

(2) 仕訳　（現金預金）　　　　　600,000 ／（売上高）課売 1,000,000
　　　　　（役員給与）対外　　400,000 ／

2. 役員乙

(1) 判定　売却価額80万円 ＞ 仕入価額70万円及び通常の販売価額×50%

∴低額譲渡に該当しませんので、売却価額80万円を課税売上高に計上します。

(2) 仕訳　（現金預金）　　　　　800,000 ／（売上高）課売　　800,000
　　　　　（役員給与）対外　200,000 ／（売上高）対外　　200,000

※上記1、2共に売却価額と通常の販売価額との差額が役員に対する経済的利益となり、役員給与として計上します。

STEP 5

低額による資産の貸付けの場合

 通常の社宅使用料が10万円のところ、役員丙に対しては4万円で貸し付けていた。

　低額による資産の貸付けは、低額譲渡の規定は適用されないため、受領した金額を非課税売上高に計上します。

仕訳　　　（現金預金）　　　　　40,000 ／（家賃収入）非売　40,000
　　　　　　（役員給与）対外　60,000 ／（家賃収入）対外　60,000

貸倒損失

IV 日常業務

STEP 1 貸倒れの範囲 （消法39、消令59）

　消費税の課税対象となる売上げに係る売掛金その他の債権が貸倒れとなったときは、貸倒れとなった金額に対応する消費税額を、貸倒れの発生した課税期間の課税標準額に対する消費税額から控除します。

　売掛債権の貸倒れの範囲は右図のとおりです。

STEP 2 控除の対象とならない貸倒れ

　次のように売上計上時に消費税額の課税標準額に算入されない売掛債権等の貸倒れや貸付金の貸倒れについては、税額控除の適用はありません。

①　輸出売上げ
②　非課税売上げ
③　不課税売上げ
④　貸付金、立替金　など

STEP 3 貸倒れに係る消費税額の計算 （消法39）

　貸倒れに係る消費税額は、次の算式により計算します。

$$\boxed{\text{貸倒れに係る税額}} = \text{貸倒れ売掛金等の金額（税込）} \times \frac{7.8}{110}（1円未満切捨て）$$

※平成 9 年 3 月31日までの課税資産の譲渡等に係る売掛金等が貸倒れとなった場合には $\dfrac{3}{103}$

※平成26年 3 月31日までの課税資産の譲渡等に係る売掛金等が貸倒れとなった場合には $\dfrac{4}{105}$

※令和元年 9 月30日までの課税資産の譲渡等に係る売掛金等が貸倒れとなった場合には $\dfrac{6.3}{108}$

※軽減税率が適用される課税資産の譲渡等に係る売掛金等が貸倒れとなった場合には $\dfrac{6.24}{108}$

STEP 1　貸倒れの範囲 （消令59、消規18）

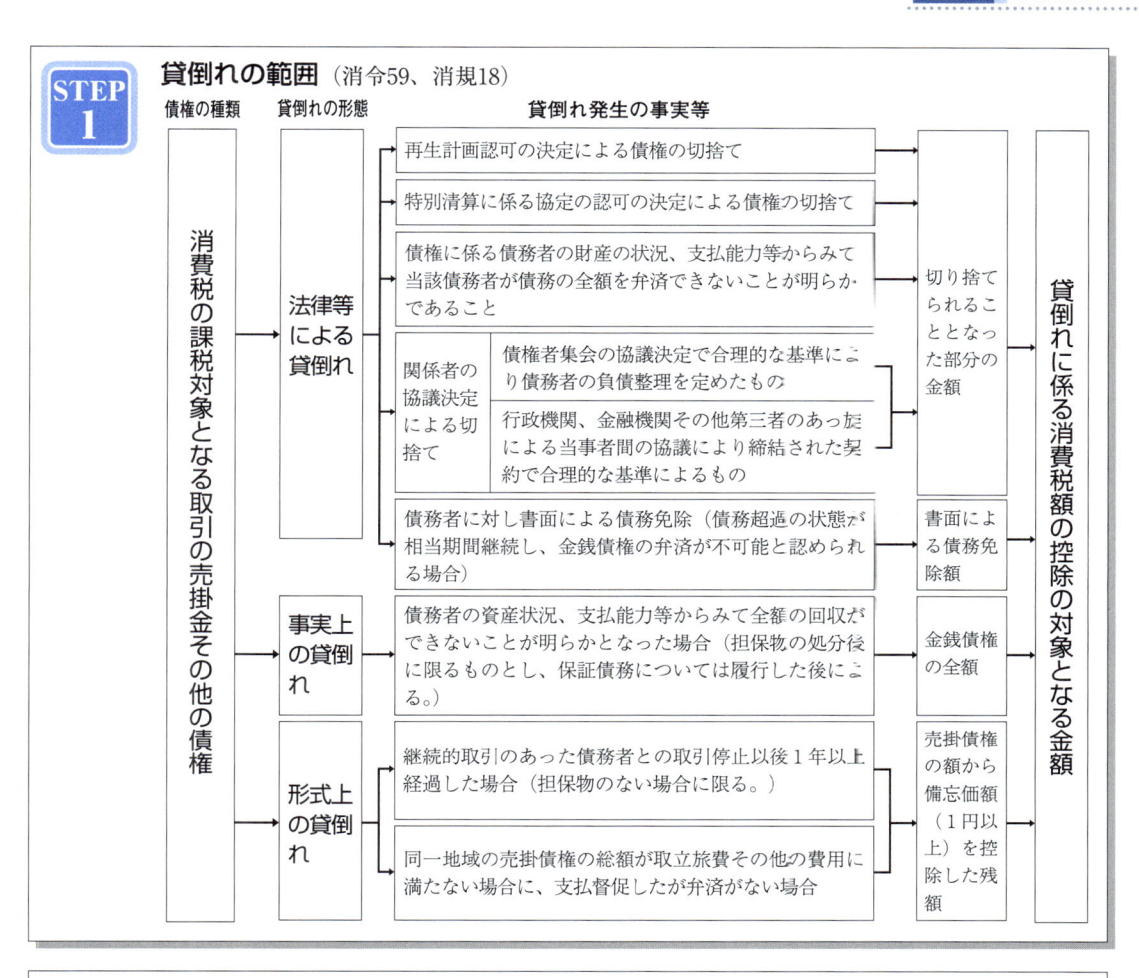

債権の種類	貸倒れの形態	貸倒れ発生の事実等		
消費税の課税対象となる取引の売掛金その他の債権	法律等による貸倒れ	再生計画認可の決定による債権の切捨て	切り捨てられることとなった部分の金額	貸倒れに係る消費税額の控除の対象となる金額
		特別清算に係る協定の認可の決定による債権の切捨て		
		債権に係る債務者の財産の状況、支払能力等からみて当該債務者が債務の全額を弁済できないことが明らかであること		
		関係者の協議決定による切捨て：債権者集会の協議決定で合理的な基準により債務者の負債整理を定めたもの／行政機関、金融機関その他第三者のあっ旋による当事者間の協議により締結された契約で合理的な基準によるもの		
		債務者に対し書面による債務免除（債務超過の状態が相当期間継続し、金銭債権の弁済が不可能と認められる場合）	書面による債務免除額	
	事実上の貸倒れ	債務者の資産状況、支払能力等からみて全額の回収ができないことが明らかとなった場合（担保物の処分後に限るものとし、保証債務については履行した後による。）	金銭債権の全額	
	形式上の貸倒れ	継続的取引のあった債務者との取引停止以後1年以上経過した場合（担保物のない場合に限る。）	売掛債権の額から備忘価額（1円以上）を控除した残額	
		同一地域の売掛債権の総額が取立旅費その他の費用に満たない場合に、支払督促したが弁済がない場合		

STEP 3　貸倒れに係る消費税額の計算 （消法39）

設例　貸倒れ売掛金等の金額 500,000 円（税込み）

控除税額 $500{,}000 \text{円} \times \dfrac{7.8}{110} = 35{,}454$ 円 ⇒ 申告書「貸倒れに係る税額⑥」へ

この申告書による消費税の税額の計算

		十兆千百十億千百十万千百十一円	
課税標準額	①	26789000 0	03
消費税額	②	2089542	06
控除過大調整税額	③		07
控除税額｜控除対象仕入税額	④		08
返還等対価に係る税額	⑤		09
貸倒れに係る税額	⑥	35454	10
控除税額小計	⑦		

貸倒れに係る税額控除の控除時期、納税義務の有無との関係

1．原則

貸倒れの発生した課税期間において税額控除します。

2．免税事業者であった課税期間における売掛金等の貸倒れ（消基通14－2－4）

免税事業者であった課税期間の課税売上げに係る売掛金等について、課税事業者になってから貸倒れとなった場合は、税額控除することはできません。免税事業者であった課税期間は消費税の納税を行っていませんので、税額控除をすることができません。

3．免税事業者等となった後における売掛金等の貸倒れ（消基通14－2－5）

課税事業者であった課税期間の課税売上げに係る売掛金等について、免税事業者になってから貸倒れとなった場合は、確定申告書の提出もないため税額控除の適用はありません。

書類の保存義務（消法39②、消規19）

貸倒れに係る税額控除を行う場合は、貸倒れの事実を証明する書類を確定申告期限から7年間保存することが義務付けられています。

貸倒れの事実を証明する書類の例

1　法律等による貸倒れ

　更生計画書、再生計画案、裁判所からの文書、更生債権の届出書、債権者集会の議事録、債務免除の通知書、債務者についての各種情報の記録、社内稟議書、新聞等の記事

2　売掛債権についての形式上の貸倒れ

　得意先元帳、請求書、売上伝票、取引停止の稟議書、取立費用の見積書など

STEP 4 貸倒れに係る税額控除の控除時期、納税義務の有無との関係

1. 原則

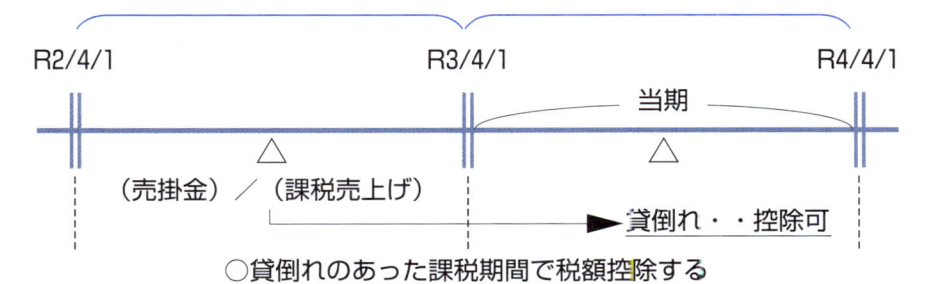

○貸倒れのあった課税期間で税額控除する

2. 免税事業者であった期間の売上げの貸倒れ

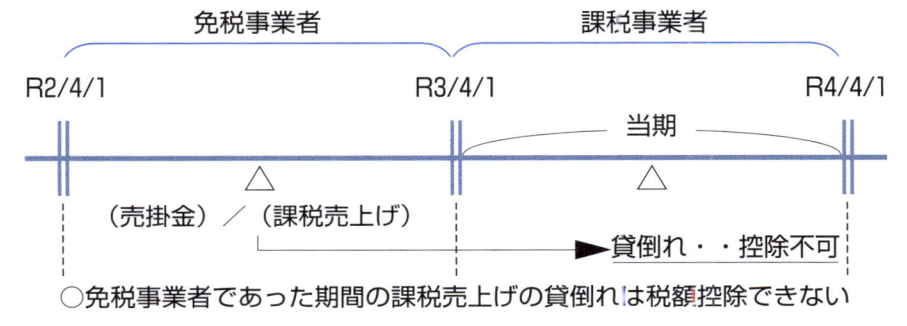

○免税事業者であった期間の課税売上げの貸倒れは税額控除できない

3. 免税事業者になった期間の貸倒れ

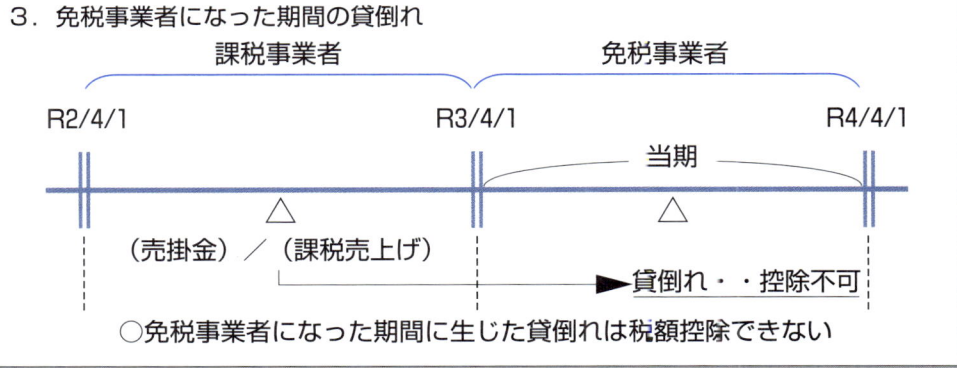

○免税事業者になった期間に生じた貸倒れは税額控除できない

Ⅳ
日常業務

概要 （消法39③）

　課税売上げに係る売掛債権が貸倒れとなったときは、貸倒れとなった金額に対応する消費税額を、貸倒れが発生した課税期間の課税標準額に対する消費税額から控除します。

　ところが、貸倒処理を行った売掛金など（以下「貸倒債権」といいます。）の一部又は全部について、その後の課税期間において回収することがあります。

　この場合には、回収した貸倒債権に含まれる消費税額を、回収した課税期間の課税標準額に対する消費税額に加算します。なお、回収した貸倒債権の額は税込みの金額として計算します。

　なお、**No.34**の貸倒れに係る税額控除の適用を受けなかった売掛債権等を回収した場合は、適用しません。

貸倒回収に係る消費税額の計算

　貸倒回収に係る消費税額は、次の算式により計算します。

$$\boxed{\text{加算する消費税額}} = \boxed{\text{回収した貸倒債権の金額}} \times \frac{7.8}{110}（1 \text{円未満切捨て}）$$

※平成9年3月31日までの課税資産の譲渡等に係る貸倒債権を回収した場合には $\frac{3}{103}$

※平成26年3月31日までの課税資産の譲渡等に係る貸倒債権を回収した場合には $\frac{4}{105}$

※令和元年9月30日までの課税資産の譲渡等に係る貸倒債権を回収した場合には $\frac{6.3}{108}$

※軽減税率が適用される課税資産の譲渡等に係る貸倒債権を回収した場合には $\frac{6.24}{108}$

原則課税により申告する場合

　STEP2で計算した金額を一般用の申告書第一表「控除過大調整税額③」と、付表2－1、2の「貸倒回収に係る消費税額㉖」及び付表1－1、2の「控除過大調整税額③」（旧税率の適用がない場合には、付表2－3及び1－3）に記載します。

簡易課税により申告する場合

　STEP2で計算した金額を簡易課税用の申告書第一表の「貸倒回収に係る消費税額③」と、付表4－1、2の「貸倒回収に係る消費税額③」及び付表5－1、2の「貸倒回収に係る消費税額②」（旧税率の適用がない場合には、付表4－3及び5－3）に記載します。

　したがって、簡易課税制度を適用している事業者は、課税標準額に対する消費税額にその回収した貸倒債権に含まれる消費税額を加算した金額に、みなし仕入率を乗じて控除対象仕入税額を計算することになります。

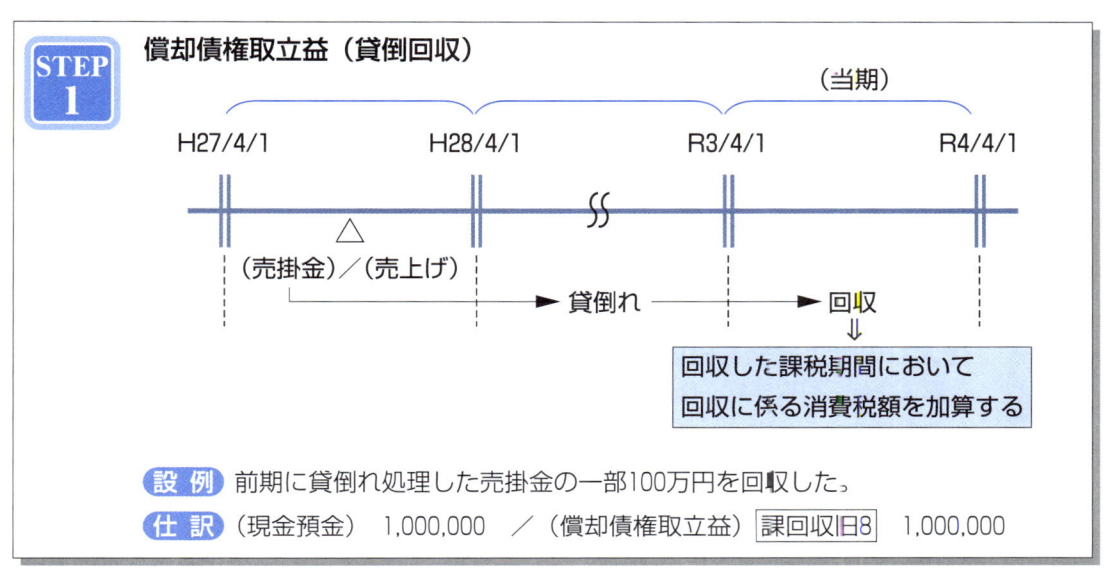

STEP 1 償却債権取立益（貸倒回収）

設 例 前期に貸倒れ処理した売掛金の一部100万円を回収した。

仕 訳 （現金預金） 1,000,000 ／（償却債権取立益）課回収旧8 1,000,000

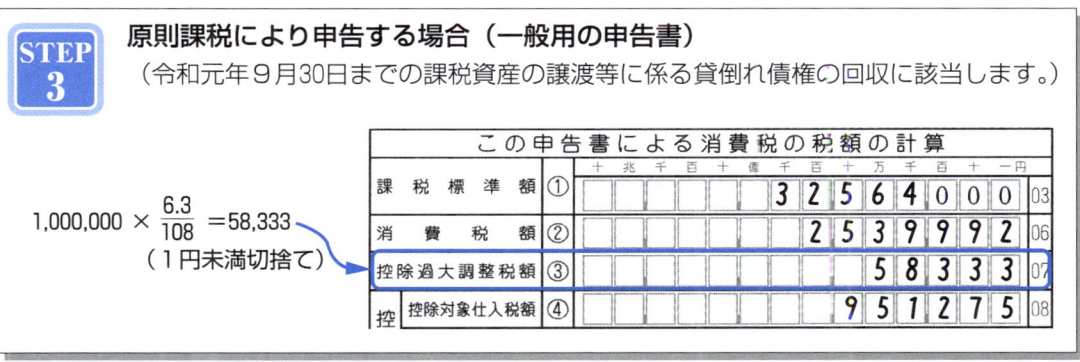

STEP 3 原則課税により申告する場合（一般用の申告書）

（令和元年9月30日までの課税資産の譲渡等に係る貸倒れ債権の回収に該当します。）

$$1,000,000 \times \frac{6.3}{108} = 58,333$$
（1円未満切捨て）

この申告書による消費税の税額の計算		
課 税 標 準 額 ①	3 2 5 6 4 0 0 0	03
消 費 税 額 ②	2 5 3 9 9 9 2	06
控除過大調整税額 ③	5 8 3 3 3	07
控 控除対象仕入税額 ④	9 5 1 2 7 5	08

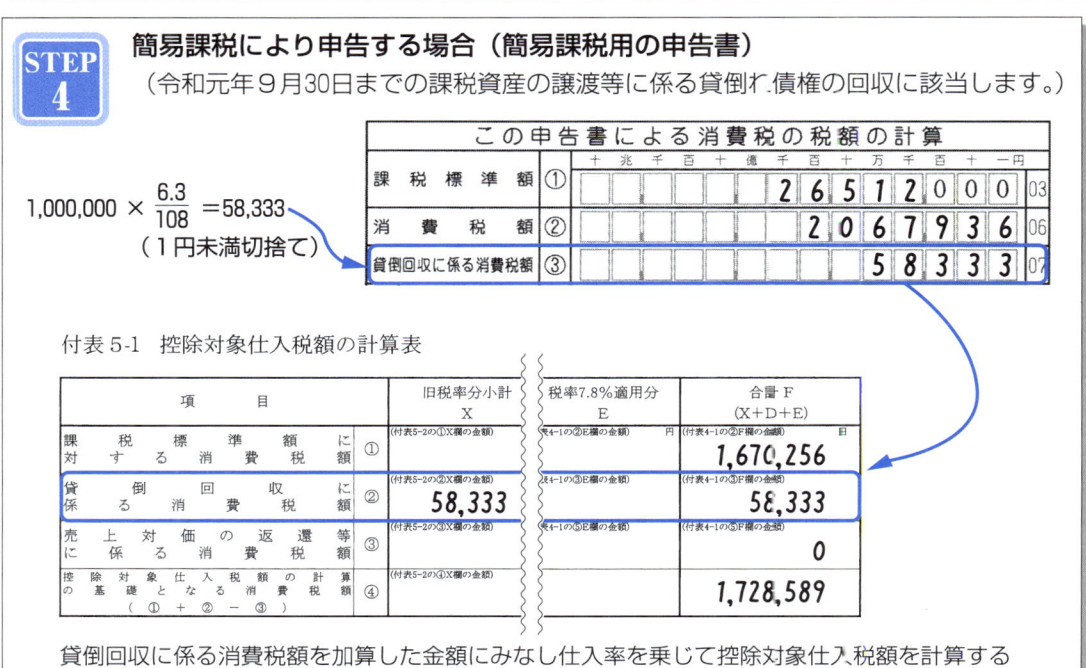

STEP 4 簡易課税により申告する場合（簡易課税用の申告書）

（令和元年9月30日までの課税資産の譲渡等に係る貸倒れ債権の回収に該当します。）

$$1,000,000 \times \frac{6.3}{108} = 58,333$$
（1円未満切捨て）

この申告書による消費税の税額の計算		
課 税 標 準 額 ①	2 6 5 1 2 0 0 0	03
消 費 税 額 ②	2 0 6 7 9 3 6	06
貸倒回収に係る消費税額 ③	5 8 3 3 3	07

付表5-1 控除対象仕入税額の計算表

項 目	旧税率分小計 X	税率7.8%適用分 E	合計 F (X＋D＋E)
課 税 標 準 額 に 対 す る 消 費 税 額 ①	（付表5-2の①X欄の金額）	（付表4-1の②E欄の金額）円	（付表4-1の②F欄の金額）円 1,670,256
貸 倒 回 収 に 係 る 消 費 税 額 ②	（付表5-2の②X欄の金額） 58,333	（付表4-1の③E欄の金額）	（付表4-1の③F欄の金額） 58,333
売 上 対 価 の 返 還 等 に 係 る 消 費 税 額 ③	（付表5-2の③X欄の金額）	（付表4-1の⑤E欄の金額）	（付表4-1の⑤F欄の金額） 0
控除対象仕入税額の計算の基礎となる消費税額（①＋②－③）④	（付表5-2の④X欄の金額）		1,728,589

貸倒回収に係る消費税額を加算した金額にみなし仕入率を乗じて控除対象仕入税額を計算する

157

仕入れの計上時期を確認する （消法30、消基通11−3−1）

　仕入れの計上時期は、引渡しがあった日に仕入れを計上する引渡基準が原則となっています。また、引渡基準には入荷基準と検収基準があり、一般的には入荷基準が採用されています。

仕入れの計上金額を確認する

　購入代価（引取運賃、荷役費、運送保険料、購入手数料、関税その他購入のために要した費用を含みます。）と付随費用の金額の合計額を仕入計上金額として計上します。

　付随費用には次のものがあります。

①	間接的なもの	購入事務費、検収、整理、選別、手入れ等に要した費用
②	事後的なもの	保管場所から販売所への移管運賃、荷造費及び特別の時期に販売する等のため長期にわたって保管するために要した費用

　ただし、①と②の費用で購入代価のおおむね３％以内である場合には、仕入高としないで別の勘定科目で費用として計上することができます。（法基通５−１−１）

仕入計上金額の課税区分 （消法２①十二）

　仕入計上金額の中には仕入税額控除の対象となる課税仕入れになるものとならないものが混在する場合がありますので区分します。

課税仕入れとなるもの	課税仕入れとならないもの
課税資産の仕入れ 国内取引に係る運賃、荷役費、荷造費、購入手数料、保管料	非課税資産の仕入れ 販売用土地等 国際運賃 運送保険料 関税、不動産取得税

　上記の区分は契約書、納品書、請求書などで確認します。

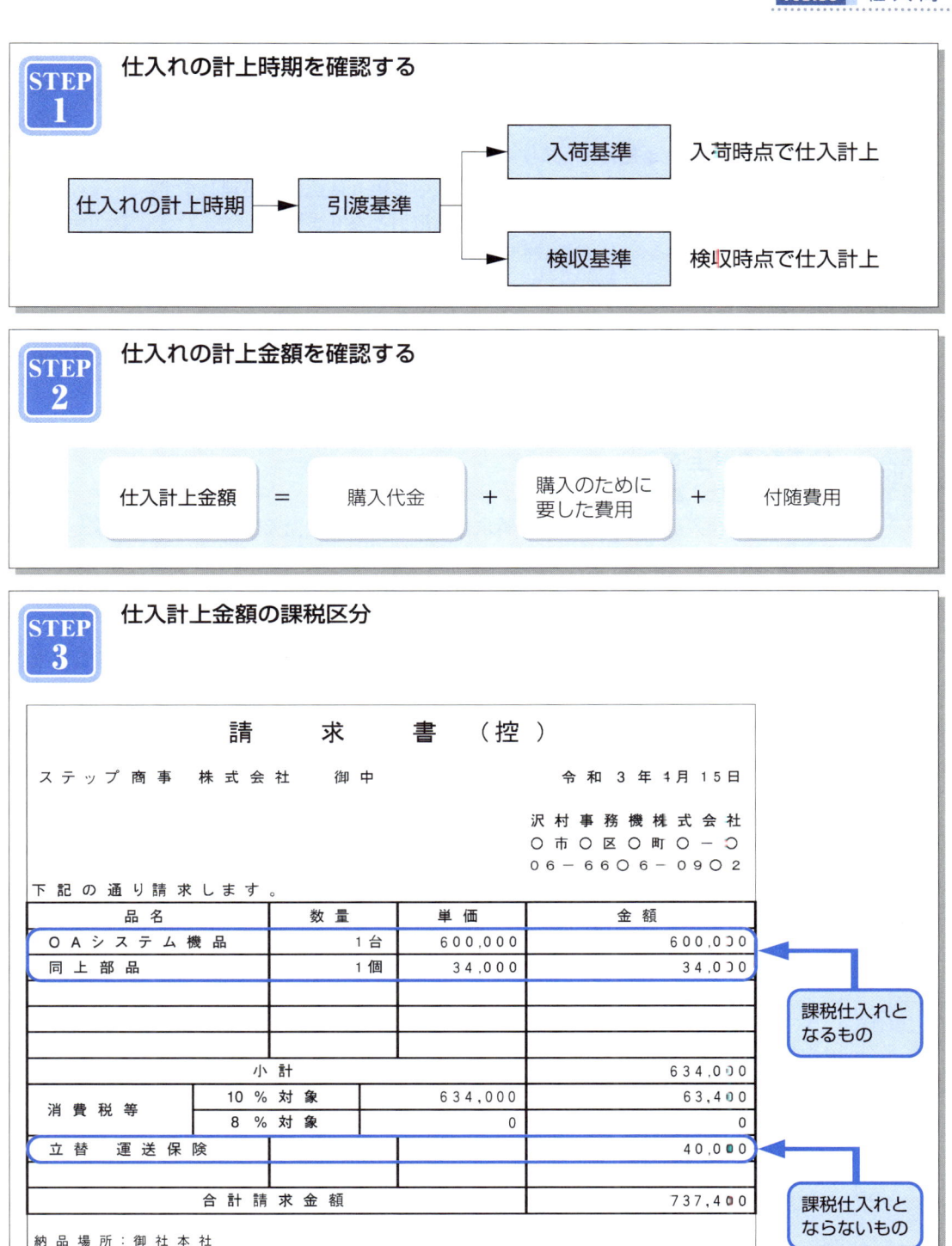

STEP 1 　仕入れの計上時期を確認する

仕入れの計上時期 → 引渡基準

- 入荷基準 → 入荷時点で仕入計上
- 検収基準 → 検収時点で仕入計上

STEP 2 　仕入れの計上金額を確認する

仕入計上金額 ＝ 購入代金 ＋ 購入のために要した費用 ＋ 付随費用

STEP 3 　仕入計上金額の課税区分

請 求 書 （控）

ステップ商事　株式会社　御中　　　　　令和 3 年 4 月 15 日

沢村事務機株式会社
○市○区○町○ー○
06ー66○6ー09○2

下記の通り請求します。

品　名	数　量	単　価	金　額
ＯＡシステム機品	1台	600,000	600,000
同上部品	1個	34,000	34,000
小　計			634,000
消費税等　10 ％ 対象		634,000	63,400
8 ％ 対象		0	0
立替　運送保険			40,000
合 計 請 求 金 額			737,400

納品場所：御社本社

→ 課税仕入れとなるもの

→ 課税仕入れとならないもの

買掛金残高を確認する

　仕入計上すなわち買掛金の発生や、支払及び残高を確認するために、売掛金と同様に右ページの「月別買掛金一覧表」を作成し、締日ごとの買掛金の発生と、それに対応する買掛金の支払いとを突合します。

１．**長期滞留買掛金**…長期滞留買掛金について調査確認の上処理します。

　（債務免除を受けた場合には課税対象外取引となります。）

> （買掛金）　×××／（債務免除益）　対外　×××

２．**過払金**…過払金の場合は、返金されるものであれば「未収金」勘定に、次回の買掛金の支払いに充当されるものであれば「前渡金」勘定に振り替えます。

仕入高を計上する

１．日常の仕入計上

　毎月の仕入計上は、納品書、請求書等に基づき得意先元帳（買掛金補助簿、買掛一覧表）を作成し、「当月仕入高」を右ページのように仕訳します。

２．決算時の仕入計上（仕入締日の確認）

　請求の締日ごとに１か月分の仕入れを計上している場合は、締日の翌日から期末までの仕入れ（帳端仕入れ）を計上する必要があります。

　したがって、まず締日ごとの仕入先一覧表を作成しておき、月末締以外の仕入先については帳端仕入れがないか確認します。

STEP 4 買掛金残高を確認する

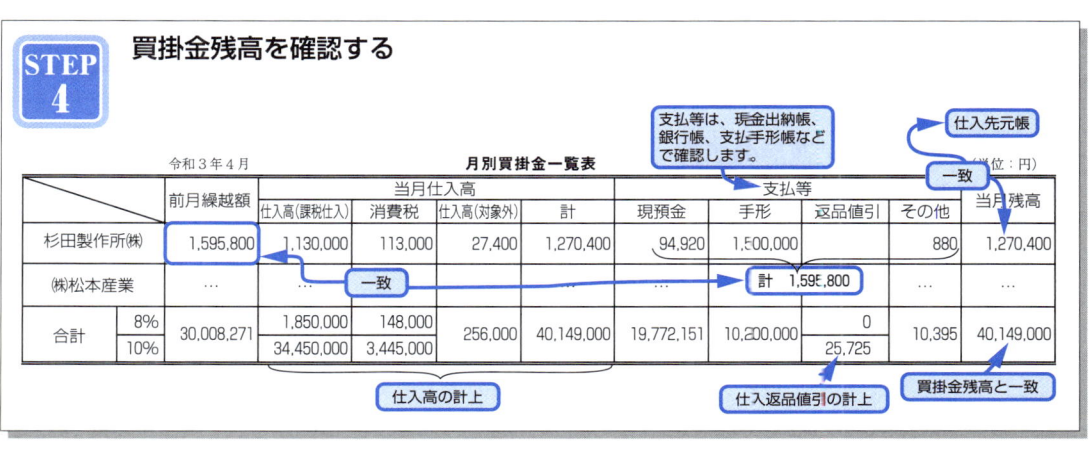

令和3年4月　　月別買掛金一覧表　　　　　　　　（単位：円）

支払等は、現金出納帳、銀行帳、支払手形帳などで確認します。

仕入先元帳

一致

| | | 前月繰越額 | 当月仕入高 | | | | 支払等 | | | | 当月残高 |
			仕入高（課税仕入）	消費税	仕入高（対象外）	計	現預金	手形	返品値引	その他	
杉田製作所㈱		1,595,800	1,130,000	113,000	27,400	1,270,400	94,920	1,500,000		880	1,270,400
㈱松本産業		…	…	一致			…	計 1,595,800		…	…
合計	8%	30,008,271	1,850,000	148,000	256,000	40,149,000	19,772,151	10,200,000	0	10,395	40,149,000
	10%		34,450,000	3,445,000					25,725		

仕入高の計上　　　　　仕入返品値引の計上　　　　買掛金残高と一致

STEP 5 仕入高を計上する

課税（軽減）仕入れ

税込仕訳

（仕入高）	課仕	37,895,000	/	（買掛金）	39,893,000
（仕入高）	課仕軽	1,998,000			

課税（軽減）仕入れ

税抜仕訳

（仕入高）	課仕	34,450,000	（買掛金）	39,893,000
（仮払消費税）	課仕	3,445,000		
（仕入高）	課仕軽	1,850,000		
（仮払消費税）	課仕軽	148,000		

（仕入高）	対外	256,000	/	（買掛金）	256,000

対象外仕入れ

（仕入高）	対外	256,000	/	（買掛金）	256,000

対象外仕入れ

税込仕訳

（買掛金） 25,725	/	（仕入返品値引高）	課仕返	25,725

課税仕入れ返還

税込仕訳

（買掛金） 25,725	/	（仕入返品値引高）	課仕返	23,387
		（仮払消費税）		2,338

課税仕入れ返還

仕入締日	得意先名	帳端仕入れ
10日	㈱松本産業…	11日～末日
15日	沢村事務機㈱…	16日～末日
20日	白井電気㈱、㈱樽本設備、山田商事㈱…	21日～末日
末日	㈱杉田製作所…	→不要

《20日締日の場合》

R4　　2/1　　　　　3/1　　　　　3/31
1/20　　　　2/20　　　　3/20

2月分仕入れ　　　3月分仕入れ　　帳端分仕入れ
1,475,000円（税抜き）
＋消費税147,500円

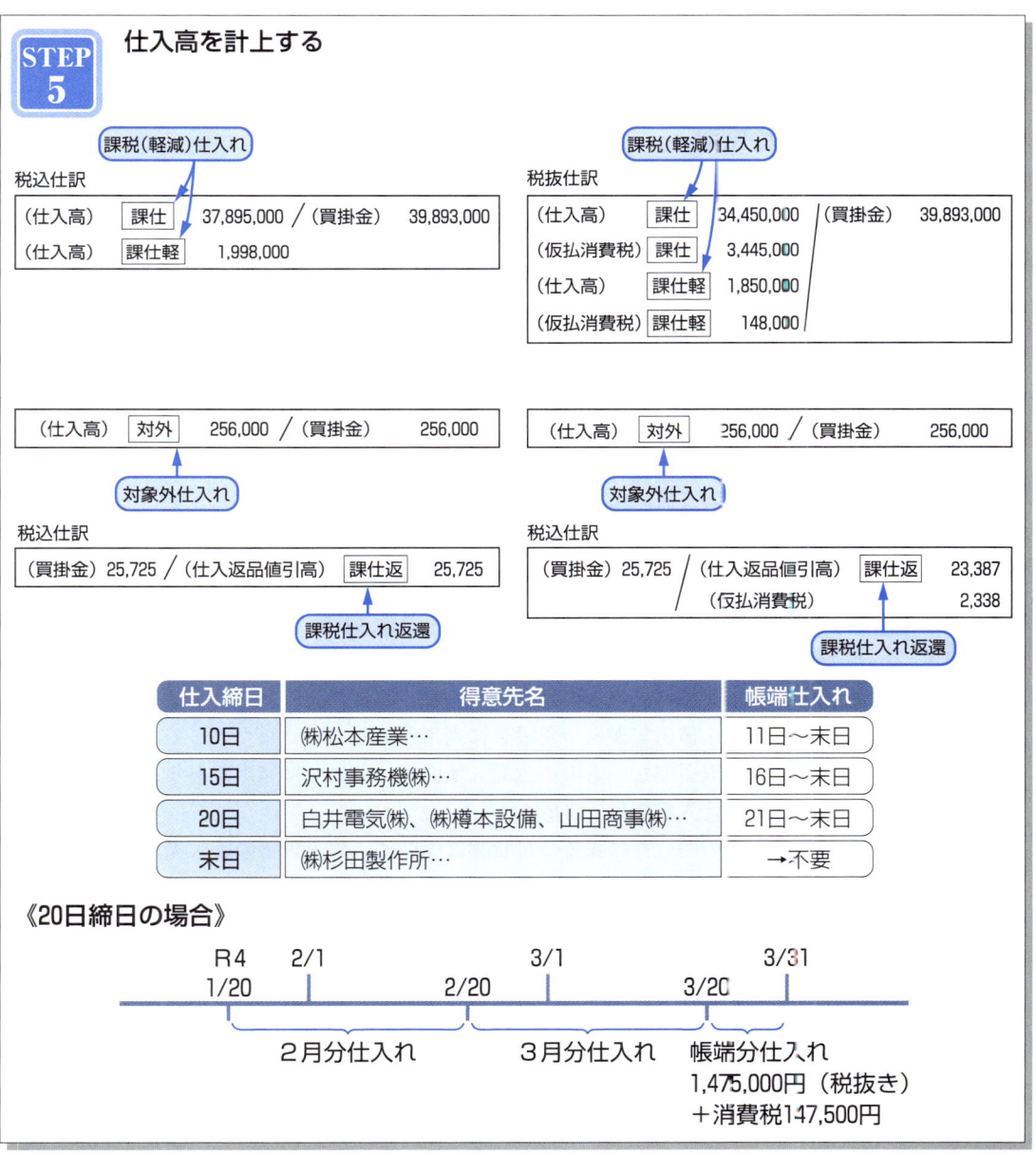

Ⅳ 日常業務

STEP 1 仕入値引・返品の処理 （消法32、消令52、消基通12－1－12）

1．原則

　　課税仕入れについて仕入値引・返品等（「仕入れに係る対価の返還等」といいます。）があった場合には、課税仕入れに係る消費税額から、対価の返還等を受けた金額に係る消費税を控除します。

2．特例

　　ただし、課税仕入れの金額から、対価の返還等の金額を直接控除する経理処理を継続して行っている場合は、この処理も認められます。この場合、控除後の課税仕入れから仕入税額を計算しますので、税額の調整は行いません。なお、課税仕入れに係る消費税額から、仕入れに係る対価の返還等を受けた金額に係る消費税額を控除しきれない場合は、その控除しきれない額を課税標準額に対する消費税額に加算します。

STEP 2 税額の調整の時期

1．原則

　　仕入れに係る対価の返還等に対する税額の調整は、仕入値引・返品等を行った課税期間において行います。したがって前課税期間以前の課税仕入れであっても、当課税期間に値引き等を受けた場合は、当課税期間において課税仕入れに係る消費税額を減額します。（消基通12－1－10）

2．免税事業者であった課税期間の課税仕入れに係る値引等 （消基通12－1－9）

　　免税事業者であった課税期間の課税仕入れについて、課税事業者になってから値引・返品等が発生したとしても、もとの課税仕入れが仕入税額控除の対象ではありませんので、税額の調整は行いません。

3．免税事業者になった課税期間に発生した値引等 （消基通12－1－8）

　　課税事業者であった課税期間の課税仕入れについて、免税事業者になってから値引・返品等が発生したとしても、税額の調整は行いません。

STEP 3 調整の対象とならない仕入れに係る対価の返還等

1．非課税仕入れに係る値引等

　　仕入れに係る対価の返還等の税額の調整は、課税仕入れとして税額控除を行ったものについて返品・値引等があった場合に適用があります。したがって、もとの仕入れが消費税の課税取引でないものの返品・値引等については適用がありません。

2．輸入品に係る仕入割戻し （消基通12－1－5）

　　保税地域からの引取りに係る課税貨物について、課税貨物の購入先から受けた仕入割戻しについては、仕入れに係る対価の返還等に該当しませんので税額の調整は行いません。

3．債務免除益 （消基通12－1－7）

　　事業者が課税仕入れの相手方に対する買掛金その他の債務の全部又は一部について受けた債務免除については、仕入れに係る対価の返還等に該当しませんので税額の調整は行いません。

仕入れに係る対価の返還等の処理方法

原則	税額調整	値引等に係る消費税額を課税仕入れに係る消費税額から控除する。（消法32）
特例	仕入高控除	課税仕入高から直接控除する。（継続適用が要件）消基通12－1－12

〈税額控除の場合の付表2の記入方法〉

設例

課税仕入れに係る支払対価の額　　　24,655,120（10%）

仕入対価の返還等の金額　　　　　　527,485（10%）

⑨欄　仕入対価の返還等の金額を控除した金額を記入する。

　　　24,655,120－527,485＝24,127,635

⑩欄　次の算式により計算した金額を記入する。

$$\left[\begin{array}{l}\text{課税仕入れに係る支払対価の額（仕入対価}\\\text{の返還等の金額を控除する前の税込金額）}\end{array}\times\frac{7.8}{110}\right]-\left[\begin{array}{l}\text{仕入対価の返還}\\\text{等の金額（税込み）}\end{array}\times\frac{7.8}{110}\right]$$

$$=24,655,120\times\frac{7.8}{110}-527,485\times\frac{7.8}{110}=1,710,869$$

付表2－1　課税売上割合・控除対象仕入税額等の計算表
〔経過措置対象課税資産の譲渡等を含む課税期間用〕　　　　　　　　　　　　一般

課税期間	・・～・・	氏名又は名称		
項　目	旧税率分小計 X	税率6.24%適用分 D	税率7.8%適用分 E	合　計 F (X+D+E)
課税仕入れに係る支払対価の額（税込み）⑨			24,127,635	24,127,635
課税仕入れに係る消費税額 ⑩			1,710,869	1,710,869
特定課税仕入れに係る支払対価の額 ⑪				
特定課税仕入れに係る消費税額 ⑫				
課税貨物に係る消費税額 ⑬				
納税義務の免除を受けない（受ける）こととなった場合における消費税額の調整（加算又は減算）額 ⑭				
課税仕入れ等の税額の合計額（⑩+⑫+⑬±⑭）⑮			1,710,869	1,710,869

仕入れに係る対価の返還等の範囲

仕入返品、仕入値引、仕入割戻し（リベート）
金銭による販売奨励金（消基通12－1－2）、仕入割引（消基通12－1－4）
事業分量配当金（消基通12－1－3）、船舶の早出料（消基通12－1－1）
課税仕入れとそれ以外の取引を一括して対象とする仕入割戻し（消基通12－1－6）

※仕入割引は、会計上は支払代金を期日前に支払うことに伴う利息とされますが、消費税では仕入れに係る対価の返還等として仕入税額控除の調整項目となります。

仕入れに係る対価の返還等の時期（消基通12－1－10）

【仕入割戻しを受けた日】

算定基準が購入価額又は数量によっており、かつ、その算定基準が契約等により明示されている場合	資産の譲渡等を受けた日
上記に該当しない場合	仕入割戻しの金額の通知を受けた日

輸入取引がある場合の仕入税額控除

STEP 1　輸入取引に係る消費税の概要 （消法5②、30①）

　外国貨物を保税地域から引き取る者は、その外国貨物に係る消費税を納める義務があります。また事業者が保税地域から外国貨物を引き取った場合には、その外国貨物に係る消費税額は、仕入税額控除の対象となります。

STEP 2　課税対象となる輸入取引

（消法4②、輸徴法5、消基通5-6-1〜5-6-6、消法6②、輸徴法11〜13、措法85）

　輸入取引についても国内取引と同様に課税取引、非課税取引、免税取引に区別されます。

課税取引とされるもの	非課税取引とされるもの	免税取引とされるもの
右以外の引取り	① 有価証券、支払手段 ② 郵便切手類 ③ 印紙・証紙 ④ 物品切手等 ⑤ 身体障害者物品 ⑥ 教科用図書	① 保税運送・難破貨物等の運送の承認を受け又は届出をしたもの ② 特例輸出貨物制度により輸出許可を受けたもの ③ 燃料、飲食物その他の消耗品等の貨物で船用品又は機用品として船舶又は航空機において使用するもの ④ その他一定のもの

　さらに保税地域において消費又は使用される場合には次のようになります。

課税取引となる消費等	対象外取引となる消費等
右以外の消費等	① 税関職員が採取した外国貨物の見本の検査のための消費等 ② 法令により権限のある公務員が収去した外国貨物のその権限に基づく消費等 ③ 外国貨物が課税貨物の原料又は材料とされる消費等 ④ 外国貨物が災害等により亡失し、又は滅失した場合

STEP 3　輸入取引に係る消費税の申告納付 （消法47、50、51）

１．申告納税方式（原則）

　課税貨物を保税地域から引き取ろうとする者は、原則として輸入（納税）申告書を税関長に提出し、その申告に係る課税貨物を保税地域から引き取る時までに、その申告に係る消費税を納付しなければなりません。この場合に、担保の提供をしたときには、最長3か月の納期限の延長を受けることができます。

２．特例申告方式

　関税法に規定する特例申告を行う場合には、先に輸入申告書を提出し、課税貨物の引取りの日の属する月の翌月末までに申告納税しなければなりません。この場合にも担保の提供をしたときには、最長2か月の納期限の延長を受けることができます。

３．賦課課税方式

　賦課課税方式が適用される課税貨物を保税地域から引き取る者は、その課税貨物に係る課税標準を記載した申告書を税関長に提出しなければなりません。税関長が決定した消費税を引取りの際に徴収します。

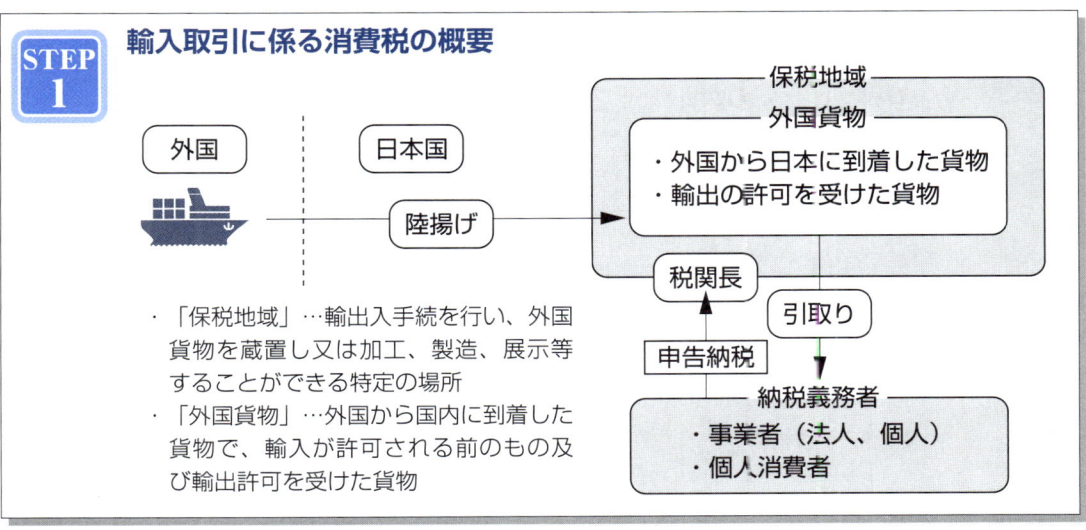

STEP 1 輸入取引に係る消費税の概要

外国　　日本国

陸揚げ

保税地域
外国貨物
・外国から日本に到着した貨物
・輸出の許可を受けた貨物

税関長

引取り

申告納税

納税義務者
・事業者（法人、個人）
・個人消費者

・「保税地域」…輸出入手続を行い、外国貨物を蔵置し又は加工、製造、展示等することができる特定の場所
・「外国貨物」…外国から国内に到着した貨物で、輸入が許可される前のもの及び輸出許可を受けた貨物

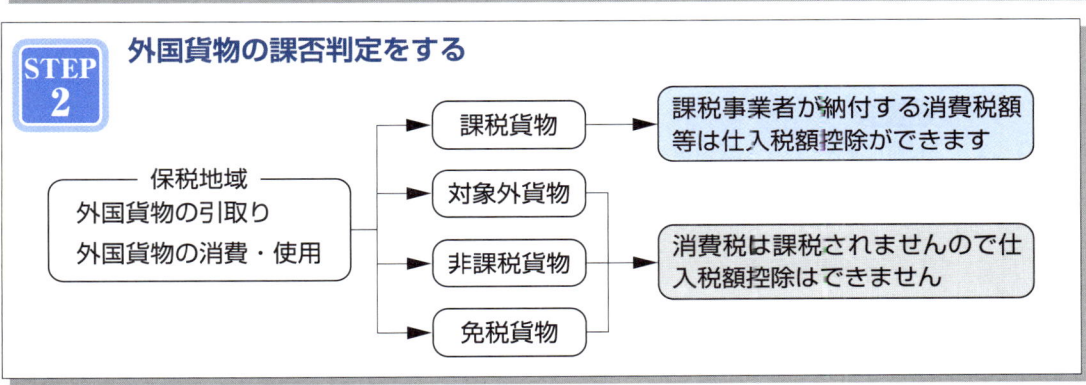

STEP 2 外国貨物の課否判定をする

保税地域
外国貨物の引取り
外国貨物の消費・使用

→ 課税貨物 → 課税事業者が納付する消費税額等は仕入税額控除ができます

→ 対象外貨物

→ 非課税貨物 → 消費税は課税されませんので仕入税額控除はできません

→ 免税貨物

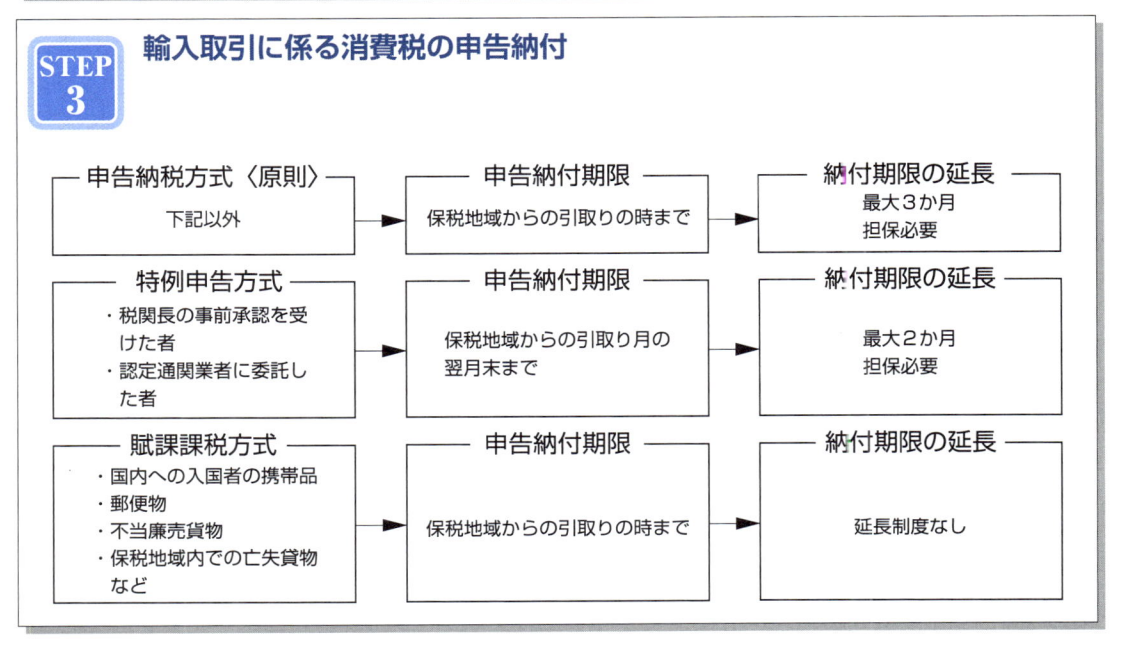

STEP 3 輸入取引に係る消費税の申告納付

申告納税方式〈原則〉	申告納付期限	納付期限の延長
下記以外	保税地域からの引取りの時まで	最大3か月 担保必要

特例申告方式	申告納付期限	納付期限の延長
・税関長の事前承認を受けた者 ・認定通関業者に委託した者	保税地域からの引取り月の翌月末まで	最大2か月 担保必要

賦課課税方式	申告納付期限	納付期限の延長
・国内への入国者の携帯品 ・郵便物 ・不当廉売貨物 ・保税地域内での亡失貨物 など	保税地域からの引取りの時まで	延長制度なし

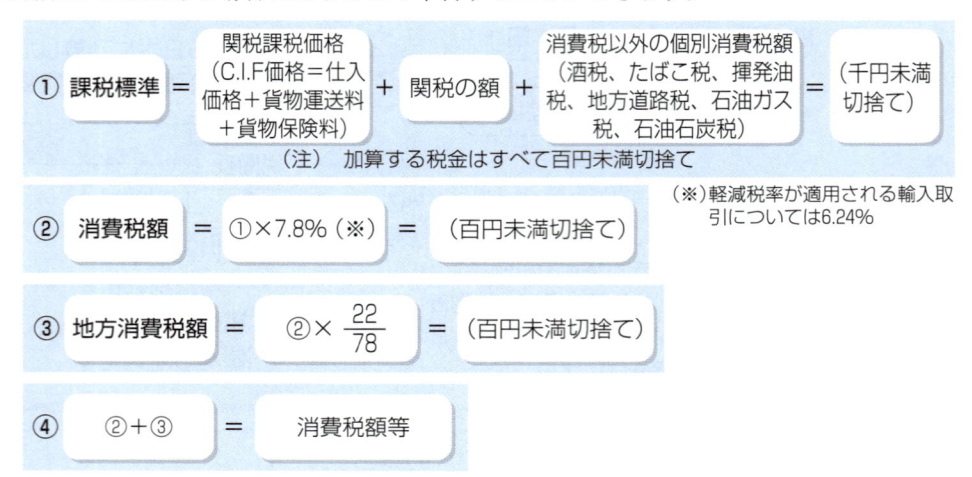

STEP 4　輸入取引に係る消費税の課税標準と税額 （消法28④）

　輸入取引に係る消費税額等は次のとおり計算されます。ただし１品目20万円以下となる品目が２以上ある場合にはまとめて申告することができます。

① 課税標準 ＝ 関税課税価格（C.I.F価格＝仕入価格＋貨物運送料＋貨物保険料） ＋ 関税の額 ＋ 消費税以外の個別消費税額（酒税、たばこ税、揮発油税、地方道路税、石油ガス税、石油石炭税） ＝ （千円未満切捨て）

（注）　加算する税金はすべて百円未満切捨て

② 消費税額 ＝ ①×7.8%（※） ＝ （百円未満切捨て）

（※）軽減税率が適用される輸入取引については6.24%

③ 地方消費税額 ＝ ②×$\frac{22}{78}$ ＝ （百円未満切捨て）

④ ②＋③ ＝ 消費税額等

設 例

　米国に所在するABC Incより金属製の箱を仕入れた。

仕入れ　US$16,000.　運賃　　US$11,000.　運送保険　JP¥334,430

税関長の公示した為替レート　US$1 ＝110.25円（仮定）　関税率 3.9%

① 関税課税価格 （ア＋イ＝ 3,311,180円 ）

　ア 　（US$16,000＋US$11,000）×110.25円＝2,976,750円

　イ　334,430円

② 関税の計算

　3,311,000円（千円未満切捨て）×3.9%＝ 129,100円 （百円未満切捨て）

③ 消費税の計算

　（①＋②）＝3,440,000円（千円未満切捨て）×7.8%＝ 268,300円 （百円未満切捨て）

④ 地方消費税の計算

　268,300円×$\frac{22}{78}$ ＝ 75,600円 （百円未満切捨て）

コ ラ ム

　国内取引は、対価があることが要件となっていますので無償取引は課税の対象となりません。

　これに対し輸入取引は、課税貨物を保税地域から無償で引き取る場合にも、関税課税価格（CIF価格）に対して関税、消費税等の納税義務があります。

STEP 4

輸入（納税）申告控（内国消費税等課税標準数量等申告控兼月）

代表税番	申告種別	区分	あて先税関	提出先	申告年月日	蔵置場所		申告番号
39235	RICS	2	NARIKOH BC 10A		2021.07.27	J_B	4289	1451

予備申告 [ ]　申告予定年月日　　　　　2021.07.27　本申告 [ ]

輸入者　　　　99999 STEP SHOJI CO.,LTD
住所　　　　　OSAKA SHI TENNOUJI KU UESHIO 8-2-3
電話　　　　　06-6776-08X1
代理人　　　　1MNEY　OSAKA EXPRES CO.,LTD　　　　　通関士コード
輸入取引者
輸出者名　　　ABC INC.
住所　　　　　8XX25 SANTA MONICA BLVD, LOS ANGELES CA 90069-4507
輸出の委託者

AWB番号	200 48513	MAWB番号	131 798025	貨物個数	10 個
積載機名	JLOO17/26JUL	入港年月日	2021.07.26	貨物重量	70.0KGM
取卸港	JPTYO NARITA APT/TOKYO	積出地			

貿易形態別符号	調査用符号	仕入書価格	A-FOB-USD-	16,000
貿易管理令 [ ] 輸入承認証 [ ] 支払手段等 [ ]		運賃	A-USD-	11,000
関税法70条関係許可承認		保険	A-JPY-	334,430
共通管理番号		通関金額	-USD	16,000

税科目	税額合計	欄数	納税額合計	¥397,600
D 関税	¥129,100	1	担保額 [ ]	
F 消費税	¥268,300	1		
A 地方消費税	¥75,600	1		
通貨レート	USD 110.25			

記事1

記事2

<01欄>統合先欄
品目　　METAL　BOXES, CASES
税表番号
申告価格（CIF）　　　　¥3,311,180

関税率　　　　3.9%
関税額　　　　　　　　　¥129,129
減免税額

減免税　定 [ ] 暫 [ ] 法条項号令条項号
　内国消費税等(1)　　消費税
　　課税標準額　　　　　　¥3,440,000
　　税率　　　7.8%
　　税額　　　　　　　　　¥268,300
　　減免税額

　内国消費税等(2)　　地方消費税
　　課税標準額　　　　　　¥268,300
　　税率　　22/78
　　税額　　　　　　　　　¥75,600
　　減免税額

仕入先の請求書

COMMERCIAL　INVOICE（商業送り状）

DATE OF EXPORTATION《輸出年月日》：07／23／2021
　　　　　　　　　　　　　　　　　　　　Q17297

SHIPPER/EXPORTER（荷送人/輸出者）	CONSIGNEE（荷受人）
ABC INC. 8XX25 SANTA MONICA BLVD, LOS ANGELES CA 90069-4507	STEP SHOJI CO., LTD OSAKA SHI TENNOUJI KU UESHIO 8-2-3

COUNTRY OF ORIGIN OF GOODS（品物の原産国）：USA
COUNTRY OF ULTIMATE DESTINATION（最終仕向国）：JAPAN

　　　　　　　　　　　　　　　　　　　　FOB. USA

MARKS & NUMBERS 外装表示	NUMBER OF PKGS パッケージ数	DESCRIPTION OF GOODS 品名の詳細	WEIGHT. 重量	Q'ty 数量	UNIT VALUE 単価 Currency 通貨	TOTAL VALUE 合計
ADDR	10	METAL BOXES CASE（金属製箱）	70kg	10	US$1,600	US$16,000

通関業者の請求書

請求書（輸入）（INVOICE）

2021/7/28
543-0002
大阪市天王寺区上汐8－2－3
ステップ商事　株式会社

品名	METAL BOXES CASES		個数 10個	重量 70kg	保険金額	
立替金	航空運賃 US $11,000 1,212,750	関税 129,100	立替消費税等 343,900	保険料 334,430		
諸料金	通関料	特別作業料	取扱斗			

運賃料金合計　¥2,020,180

大阪通運株式会社
天王寺支店
06-6763-6XX1

輸入取引の仕入計上時期と輸入諸掛

　輸入取引に係る仕入れの計上基準は次のようなものがあります。一般的に通関日基準が採用されています。

① 　船積日基準（FOB、CIF条件の場合）

② 　通関日基準（輸入許可日）

③ 　現品引取日基準

また、輸入取引に伴う次の諸掛は、仕入れとして計上します。

① 　国際運賃、運送保険料、保管料、通関料、関税、検査料など

② 　国内運賃、代理店への購入手数料など

課税貨物に係る仕入税額控除の時期 （消法30、消基通11－3－9）

　保税地域から引き取られる課税貨物について課された消費税額の仕入税額控除の時期はその消費税等の申告等の方式により次のとおりとなります。

① 　申告納税方式（原則）の場合…課税貨物を引き取った日（輸入の許可を受けた日）

② 　特例申告方式の場合…特例申告書を提出した日又はその申告に係る決定の通知を受けた日

③ 　賦課課税方式の場合…課税貨物を引き取った日（輸入の許可を受けた日）

（注）　仕入計上基準によっては、仕入計上時期と仕入税額控除の時期が異なる場合があります。

輸入仕入高の計上 （消基通10－1－7）

① 　輸入商品本体については、INVOICE（仕切状）に基づき、円貨に換算し計上します。設例では、前月の電信売買相場の平均である1ドル＝110円25銭（仮定）で換算し計上します。

$$\$16,000 \times 110.25円 = 1,764,000円$$

② 　輸入諸掛

　通関業者の請求書に基づき、課税区分を確認し計上します。

③ 　消費税額

　通関業者が税関に納付し、立替払いしていますので、請求書と輸入申告書の消費税額を確認し、記載されている金額を計上します。

　なお、税込経理方式で経理している場合も、課税貨物に係る消費税額は、税抜経理で個別に計上する必要があります。また、一括税抜振替処理もできません。

（ポイント）

　輸入仕入高（①＋②）×10％の金額と、税関に納付した消費税額は、換算レートの違いにより一致しません。仮払消費税は、税関に実際に納付した金額を計上します。

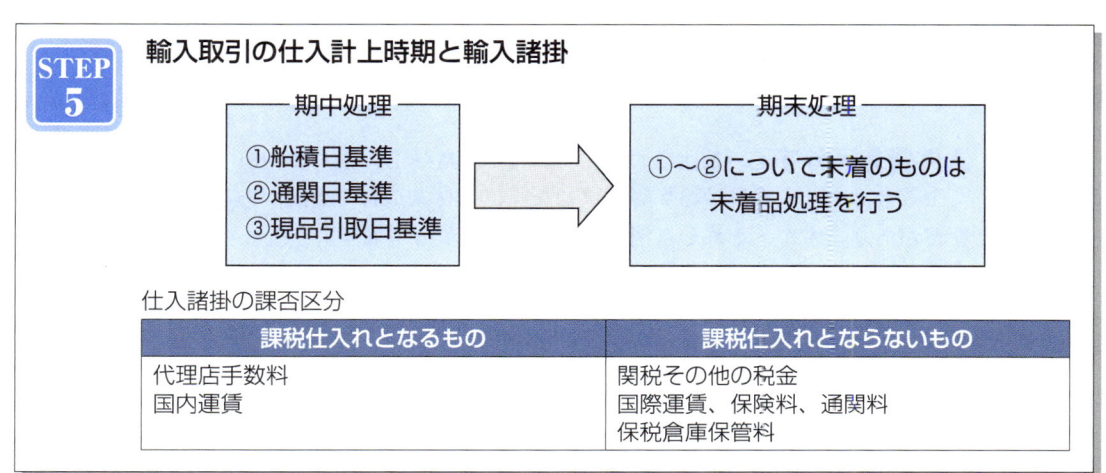

STEP 5　輸入取引の仕入計上時期と輸入諸掛

期中処理
①船積日基準
②通関日基準
③現品引取日基準

期末処理
①～②について未着のものは未着品処理を行う

仕入諸掛の課否区分

課税仕入れとなるもの	課税仕入れとならないもの
代理店手数料 国内運賃	関税その他の税金 国際運賃、保険料、通関料 保税倉庫保管料

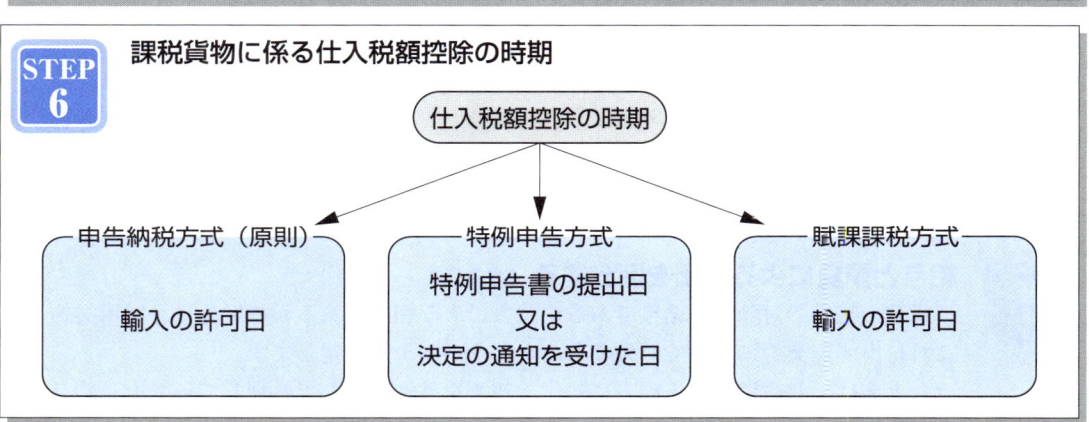

STEP 6　課税貨物に係る仕入税額控除の時期

仕入税額控除の時期

申告納税方式（原則）
輸入の許可日

特例申告方式
特例申告書の提出日
又は
決定の通知を受けた日

賦課課税方式
輸入の許可日

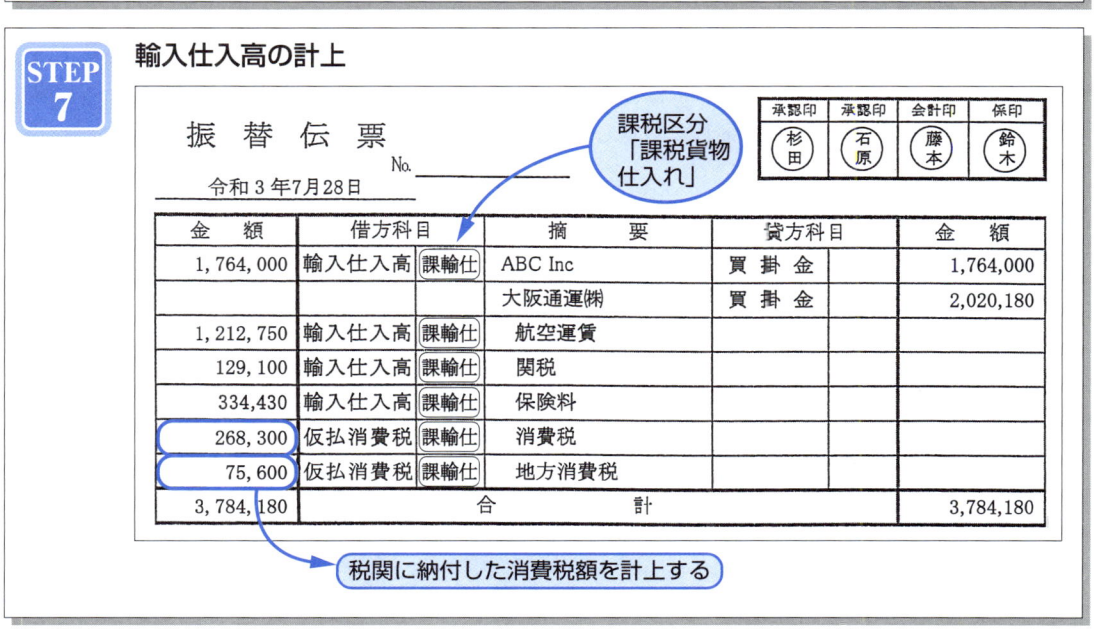

STEP 7　輸入仕入高の計上

振　替　伝　票　No.

令和3年7月28日

課税区分「課税貨物仕入れ」

承認印	承認印	会計印	係印
杉田	石原	藤本	鈴木

金　額	借方科目		摘　要	貸方科目	金　額
1,764,000	輸入仕入高	課輸仕	ABC Inc	買　掛　金	1,764,000
			大阪通運㈱	買　掛　金	2,020,180
1,212,750	輸入仕入高	課輸仕	航空運賃		
129,100	輸入仕入高	課輸仕	関税		
334,430	輸入仕入高	課輸仕	保険料		
268,300	仮払消費税	課輸仕	消費税		
75,600	仮払消費税	課輸仕	地方消費税		
3,784,180	合　　計				3,784,180

税関に納付した消費税額を計上する

Ⅳ 日常業務

 STEP 1

人件費を区分する（消法2①十二、消基通11-1-2、5-5-10）

　企業会計上、人件費は給与等だけでなく、人材派遣料や出向がある場合の負担金支出などがありますが、それぞれ消費税の取扱いが異なります。

- ・給与等　　　……役員給与、給料手当、賃金給料、退職金などをいいます。
- ・出向社員給与……法人の使用人が他の法人に出向した場合の、出向元法人から出向者に支払う給与をいいます。
- ・給与負担金　……出向先法人が出向元法人に支払う負担金で、経営指導料等の名義で支出するものを含みます。
- ・人材派遣料　……労働者を派遣してもらう役務に対する対価をいいます。

 STEP 2

請負による報酬を確認する

　外注先との請負契約により支払う報酬については、原則として外注費として課税仕入れとなります。業務委託契約書、外注契約書、相手先からの請求書により、その内容を確認します。

STEP 3

給与と請負による報酬を区分する（消基通1-1-1）

　役務の提供の対価が、給与であるか請負による報酬であるかの区分は、雇用契約又はこれに準ずる契約に基づく対価であるかどうかにより判定します。

　たとえば、建設業の一人親方に対する報酬を外注費として処理していても、給与に該当するのではないかという課税上の問題があります。その報酬の計算が日当など従事した日数を基礎に支払われる場合で請負契約がないときや、契約書等において請負であることが明らかでないときには、右ページの事項により、給与であるか請負による報酬であるかを総合的に勘案して判定します。

 **STEP 4**

外交員報酬・人材派遣料を確認する

１．外交員報酬（消基通11-2-5）

　外交員、集金人、電力量計等の検針人等に対して支払う報酬又は料金のうち、所得税法に規定する給与所得に該当する部分については、課税仕入れに該当しませんので、報酬等を、給与所得に該当する部分とその他の部分とに区分する必要があります。

　その区分は、所基通204-22《外交員又は集金人の業務に関する報酬又は料金》の例により区分することとなります。

２．人材派遣料（消基通5-5-11）

　人材派遣料は、労働者を派遣してもらう役務に対する対価ですので、課税仕入れに該当します。

 **STEP 5**

振替伝票を作成する

　取引に、課税取引と課税対象外取引が混在する場合には、それぞれの勘定科目ごとに「課税仕入れ」、「対象外取引」などの課税区分を帳簿等に記載する必要があります。

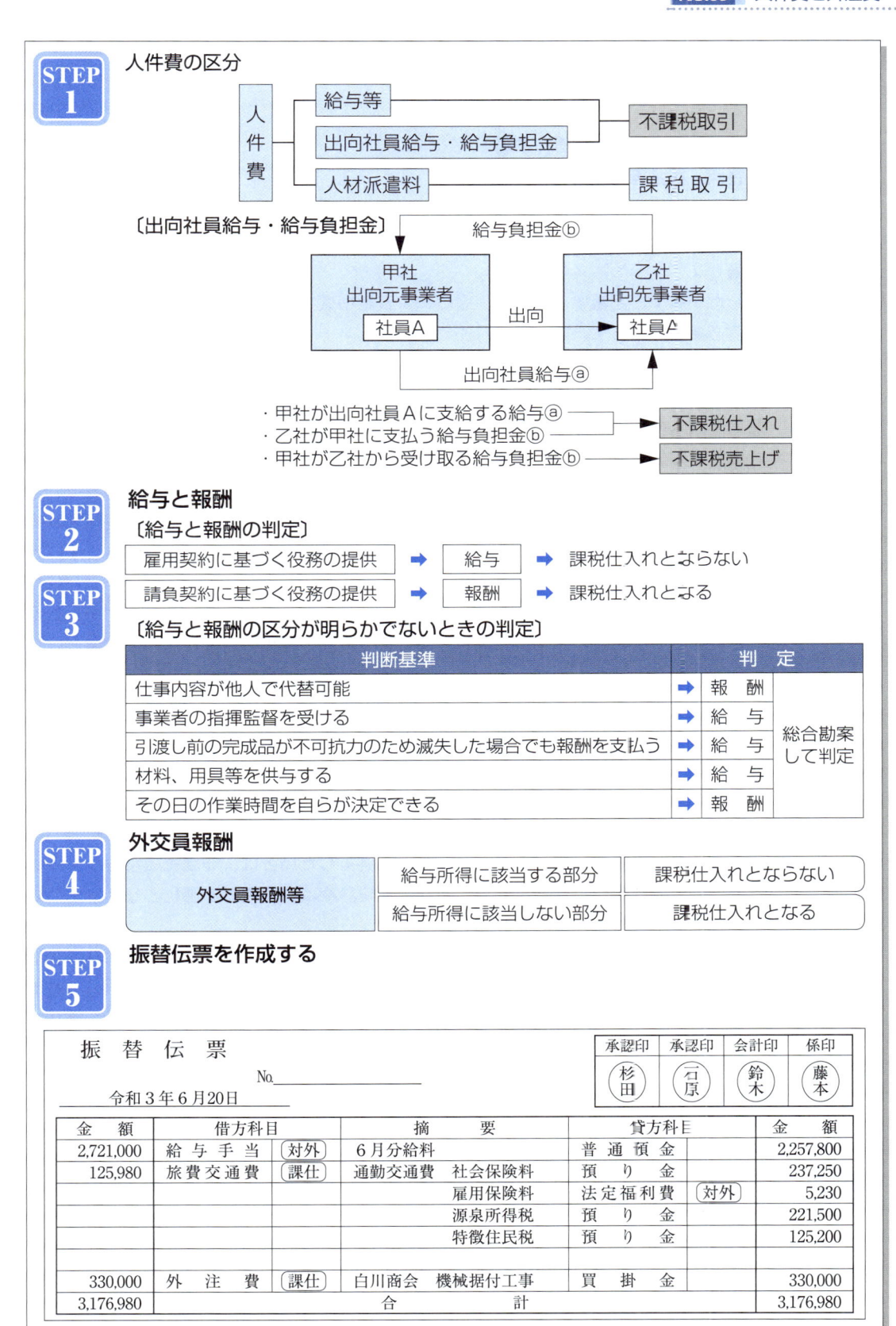

STEP 1 人件費の区分

人件費
- 給与等
- 出向社員給与・給与負担金
→ 不課税取引
- 人材派遣料
→ 課税取引

〔出向社員給与・給与負担金〕

給与負担金ⓑ

甲社 出向元事業者	出向 →	乙社 出向先事業者
社員A		社員A

出向社員給与ⓐ

- 甲社が出向社員Aに支給する給与ⓐ → 不課税仕入れ
- 乙社が甲社に支払う給与負担金ⓑ → 不課税仕入れ
- 甲社が乙社から受け取る給与負担金ⓑ → 不課税売上げ

STEP 2 給与と報酬

〔給与と報酬の判定〕

雇用契約に基づく役務の提供 ➡ 給与 ➡ 課税仕入れとならない

STEP 3

請負契約に基づく役務の提供 ➡ 報酬 ➡ 課税仕入れとなる

〔給与と報酬の区分が明らかでないときの判定〕

判断基準		判定	
仕事内容が他人で代替可能	➡	報酬	総合勘案して判定
事業者の指揮監督を受ける	➡	給与	
引渡し前の完成品が不可抗力のため滅失した場合でも報酬を支払う	➡	給与	
材料、用具等を供与する	➡	給与	
その日の作業時間を自らが決定できる	➡	報酬	

STEP 4 外交員報酬

外交員報酬等	給与所得に該当する部分	課税仕入れとならない
	給与所得に該当しない部分	課税仕入れとなる

STEP 5 振替伝票を作成する

振 替 伝 票
No._____
令和3年6月20日

承認印	承認印	会計印	係印
杉田	石原	鈴木	藤本

金 額	借方科目		摘 要	貸方科目		金 額
2,721,000	給 与 手 当	対外	6月分給料	普 通 預 金		2,257,800
125,980	旅 費 交 通 費	課仕	通勤交通費　社会保険料	預 り 金		237,250
			雇用保険料	法 定 福 利 費	対外	5,230
			源泉所得税	預 り 金		221,500
			特徴住民税	預 り 金		125,200
330,000	外 注 費	課仕	白川商会　機械据付工事	買 掛 金		330,000
3,176,980	合 計					3,176,980

No.40 福利厚生費

STEP 1 福利厚生費の内容を確認する

1．香典・祝金等の慶弔費 （消基通5－2－14）

香典、祝金、餞別などを金銭で支出した場合には、課税仕入れとなりません。ただし葬儀において樒、生花など物品を購入して供える場合は、その購入が課税仕入れに該当します。

したがって、記帳するときは、金銭による慶弔費である旨や購入した物品名を明記する必要があります。

2．慰安旅行費用

事業者が負担した国内の慰安旅行費用は課税仕入れとなりますが、温泉地の入湯税、旅館やバスの運転手等への心づけは課税仕入れとなりません。

海外の慰安旅行費用については、航空運賃は輸出免税により課税仕入れとなりません。また現地での旅費や宿泊費は国外取引となり、課税仕入れとなりません。

ただし、旅行会社への支払のうち、空港施設利用料や事務代行料等は課税仕入れに該当しますので、請求書をもとに、その内訳を区分して記帳する必要があります。

3．研修費・資格取得費用

社員研修の目的で支出したセミナー会費、教材費は課税仕入れとなりますが、負担した授業料や受講料などが、非課税となる教育役務の提供の対価に該当する場合は課税仕入れとなりませんので、授業料等の明細書の確認が必要です。

また、受講料相当額を従業員に対して現金で支給する場合は、その額は給与に該当しますので、課税仕入れに該当しないことになります。

ただし、その会社宛の受講料の領収証を受領した分については、実質的に会社が支払う場合と同様となりますので、課税仕入れに該当するものとして取り扱われます。

4．健康診断費用・産業医報酬

従業員の健康診断費用・人間ドック費用を負担した場合は、非課税とならない自由診療ですので課税仕入れとなります。社会保険診療は消費税の非課税となりますので、その費用は課税仕入れに該当しません。

労働安全衛生法第13条に規定する産業医（一定規模以上の事業所で選任しなければならないとされている労働者の健康管理に当たる医師）に対する報酬は、その委託する産業医が個人の開業医であれば給与に該当しますので、課税仕入れに該当しません。また、委託する産業医が医療法人の場合は、消費税の課税対象となり課税仕入れに該当します。

STEP 2 現物給与との関係 （消基通11－2－3）

事業者が従業員に金銭以外の物品を給付する、いわゆる現物給付については、その資産の取得が課税仕入れに該当するかどうかは、その給付が従業員の給与として所得税の課税の対象とされるかどうかにかかわらず、給付する資産の取得が事業としての資産の譲受けであるかどうかを基礎にして判定します。

STEP 1 福利厚生費の内容を確認する

課税仕入れとなるもの	課税仕入れとならないもの
国内の慰安旅行費用	海外の慰安旅行費用
樒、生花などの慶弔費	祝金・香典等の慶弔費
研修費・資格取得費用	社宅借上げ家賃
健康診断費用（自由診療）	

（慰安旅行費用）

ステップ商事株式会社　御中　　　　　　　　　令和3年9月15日

請　求　書

ラビットトラベル株式会社

カンボジア3泊4日	150,000	10	1,500,000	➡輸出免税
空港施設利用料（消費税込）	2,650	10	26,500	➡課税仕入れ
ビザ申請事務代行料	3,000	10	30,000	➡課税仕入れ
計			1,556,500	

振　替　伝　票

No.＿＿＿＿＿＿＿＿＿＿

＿＿＿令和3年9月30日＿＿＿

承認印	承認印	会計印	係印
杉田	石原	鈴木	藤本

金　額	借方科目		摘　要	貸方科目	金　額
1,500,000	福利厚生費	対外	慰安旅行費用　ラビットトラベル㈱	普通預金	1,556,500
26,500	福利厚生費	課仕	〃　　空港施設利用料		
30,000	福利厚生費	課仕	〃　　ビザ申請代行料		
660	雑　費	課仕	〃　　振込手数料	普通預金	660
20,000	福利厚生費	対外	営業課田中課長実父逝去　香典	現　金	20,000
11,000	福利厚生費	課仕	〃　　樒代　東大阪祭典㈱	現　金	11,000
1,588,160			合　　　計		1,588,160

（従業員の研修費等を負担した場合の取扱い）

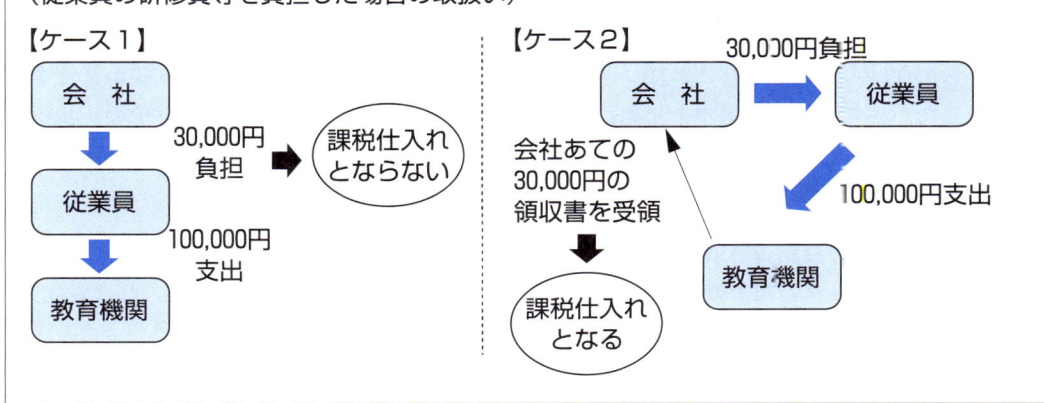

No.41 旅費交通費

STEP 1 内容を確認する

旅費交通費は、交通費、出張旅費、通勤手当等が該当します。請求書、領収書により支出の内容を確認しますが、鉄道運賃・バス代は、領収書等がありませんので、支出した証明として、日常より交通費計算書等の作成が必要です。

回数券やプリペイド式の乗車券は、実際に使用した金額が課税仕入れとなりますが、継続適用を条件として、購入時に仕入税額控除することが認められています。なお、海外旅費は輸出免税取引ですので課税仕入れとなりません。

STEP 2 通勤手当・出張旅費・日当等の取扱いを確認する

1. 通勤手当（消基通11-2-2）

使用人等に支給する通勤手当は、給与等の手当として金銭支給した場合でも、定期券等を現物支給した場合でも、支給形態を問わず、その通勤に通常必要であると認められる金額は、課税仕入れとなります。

―通勤に通常必要であると認められる金額―

① 公共交通機関・自動車利用の場合

所得税の通勤手当の非課税限度額にかかわらず、実際にこれらの費用に充てられる金額は、課税仕入れとなります。

② 自転車通勤の場合

所得税の通勤手当の非課税限度額の範囲内で支給した金額は、課税仕入れとなります。

2. 出張旅費・日当等（消基通11-2-1）

出張旅費・宿泊費・日当等については、その旅行について通常必要であると認められる金額、すなわち所得税で非課税とされる金額は、課税仕入れとなります。ただし、海外出張の旅費等・日当については、課税仕入れとなりません。

STEP 3 交通費計算書・旅費精算書を作成する

鉄道運賃・バス代等の交通費は、相手方からの領収書がありませんが、請求書等の交付を受けられなかったことにつきやむを得ない理由があるものとして取り扱われます。したがって、下記の事項を記載した交通費計算書や旅費精算書を作成し、その支払額等をまとめて記載した帳簿を併せて保存することにより、仕入税額控除の要件を満たすものとして取り扱われます。

> **（帳簿の必要記載事項）**
> ①課税仕入れの相手方の氏名・名称　②課税仕入れの年月日　③課税仕入れの資産又は役務の内容　④課税仕入れの支払対価の額

STEP 1　内容を確認する

課税仕入れとなるもの	課税仕入れとならないもの
国内交通費 通勤手当 国内出張の旅費・宿泊費・日当	海外出張の旅費・宿泊費・日当

STEP 2　通勤手当・出張旅費・日当等の取扱い

通勤手当

		所得税	消費税
公共交通機関・マイカー等を利用	非課税限度額の範囲内	非課税	
	非課税限度額を超える部分	課税	課税仕入れとなる
自転車を利用	非課税限度額の範囲内	非課税	
	非課税限度額を超える部分	課税	課税仕入れとならない

出張旅費・日当等

		所得税	消費税
国内出張	通常必要な部分	非課税	課税仕入れとなる
	必要額を超える部分	課税	
海外出張	通常必要な部分	非課税	課税仕入れとならない
	必要額を超える部分	課税	

STEP 3　交通費計算書・旅費精算書を作成する

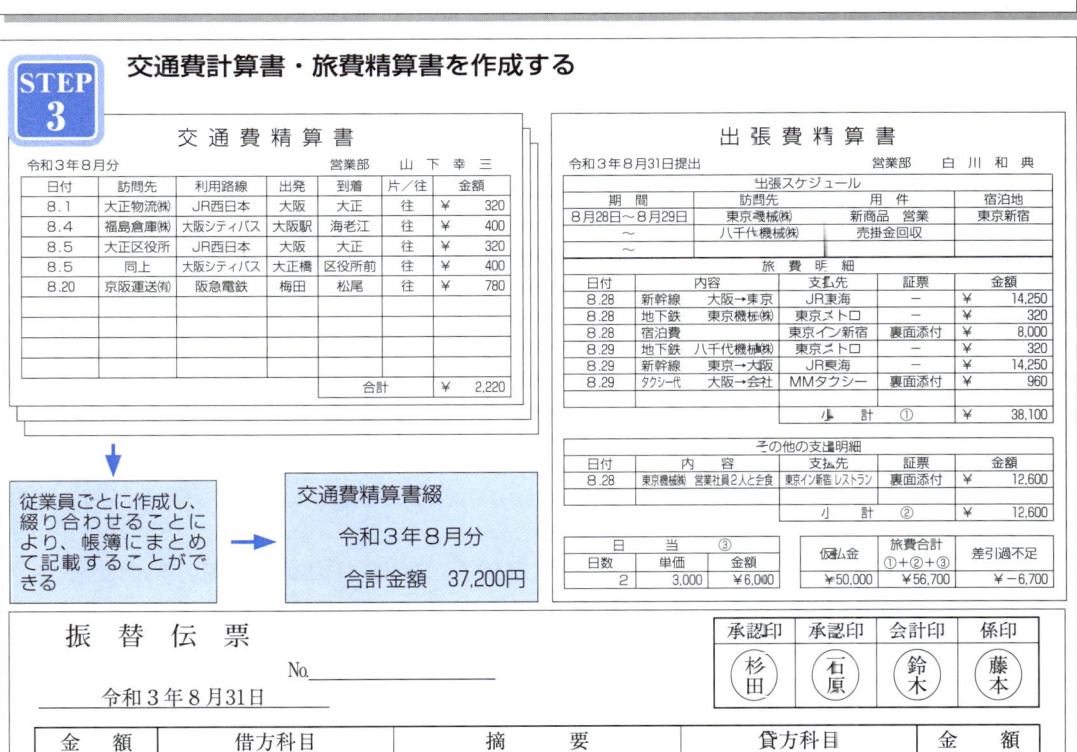

交通費精算書

令和3年8月分　　　　　営業部　山下幸三

日付	訪問先	利用路線	出発	到着	片/往	金額
8.1	大正物流㈱	JR西日本	大阪	大正	往	¥　320
8.4	福島倉庫㈱	大阪シティバス	大阪駅	海老江	往	¥　400
8.5	大正区役所	JR西日本	大阪	大正	往	¥　320
8.5	同上	大阪シティバス	大正橋	区役所前	往	¥　400
8.20	京阪運送㈲	阪急電鉄	梅田	松尾	往	¥　780
					合計	¥　2,220

従業員ごとに作成し、綴り合わせることにより、帳簿にまとめて記載することができる

交通費精算書綴
令和3年8月分
合計金額　37,200円

出張費精算書

令和3年8月31日提出　　　　　営業部　白川和典

出張スケジュール

期　間	訪問先	用　件	宿泊地
8月28日～8月29日	東京機械㈱	新商品　営業	東京新宿
～	八千代機械㈱	売掛金回収	
～			

旅費明細

日付	内容		支払先	証票	金額
8.28	新幹線	大阪→東京	JR東海	－	¥　14,250
8.28	地下鉄	東京機械㈱	東京メトロ	－	¥　320
8.28	宿泊費	東京イン新宿	東京イン新宿㈱	裏面添付	¥　8,000
8.29	地下鉄	八千代機械㈱	東京メトロ	－	¥　320
8.29	新幹線	東京→大阪	JR東海	－	¥　14,250
8.29	タクシー代	大阪→会社	MMタクシー	裏面添付	¥　960
			小　計　①		¥　38,100

その他の支出明細

日付	内　容	支払先	証票	金額
8.28	東京機械㈱　営業社員2人と会食	東京イン新宿 レストラン	裏面添付	¥　12,600
		小　計　②		¥　12,600

日　当　③			仮払金	旅費合計①+②+③	差引過不足
日数	単価	金額	¥50,000	¥56,700	¥－6,700
2	3,000	¥6,000			

振替伝票

No.＿＿＿＿＿＿＿＿＿
令和3年8月31日

承認印　杉田　承認印　石原　会計印　鈴木　係印　藤本

金　額	借方科目		摘　要	貸方科目	金　額
37,200	旅費交通費	課仕	社員　令和3年8月分交通費精算	現　金	37,200
44,100	旅費交通費	課仕	白川和典　東京出張費精算	仮　払　金	50,000
12,600	交　際　費	課仕	〃	現　金	6,700
93,900			合　計		93,900

STEP 1 通信費の内容を確認する

　通信費は、電話料金、郵便料金等が該当します。領収書や請求書からその内容を確認し、課税仕入れになるもの、非課税・輸出免税により課税仕入れとならないものを区分します。

１．電話料金

・国内通話料は、課税取引となり課税仕入れに該当します。

・国際通話料は、輸出免税取引となり課税仕入れに該当しません。（消基通5-7-13）
　したがって、国際電話料があるときは、国内電話料と区分して記帳する必要があります。

２．郵便料金・切手代

・郵便料金は、課税取引となり課税仕入れに該当します。ただし、郵便切手類の仕入税額控除の時期については、**STEP2**により取り扱います。

・国際郵便料は、輸出免税取引となり課税仕入れに該当しません。したがって、手持ちの切手を貼付して国際郵便を発送した場合は、課税区分を振り替える経理処理が必要です。

３．テレホンカード代

　テレホンカードは、業務で使用するものは課税仕入れに該当しますが、贈答目的で購入したものは物品切手等の仕入れとして非課税となり、課税仕入れに該当しません。

STEP 2 郵便切手類の仕入税額控除の時期を確認する（消基通11-3-7）

　会計上、郵便切手類は購入時ではなく、使用したときの経費になります。したがって、購入時に通信費として経理処理した場合は、期末に棚卸しを行い未使用分を貯蔵品として振り替える必要があります。

　消費税法上も、購入時においては課税仕入れに該当せず、使用した段階で課税仕入れとなります。

【原　則】
購入時（貯蔵品）　　　　8,400　／（現金）　　　8,400　［摘要］84円切手×100枚
使用時（通信費）課仕 5,880　／（貯蔵品）　5,880　［摘要］84円切手70枚使用

　ただし、この経理方法では、切手を使用するたびに経理処理する必要があり、煩雑となりますので、継続適用を要件として、購入時に全額を課税仕入れとすることが認められています。

【継続適用】
購入時（通信費）課仕 8,400　／（現金）　　　　8,400　［摘要］84円切手×100枚
決算時（貯蔵品）　　　2,520　／（通信費）対外 2,520　［摘要］84円切手30枚未使用

STEP 1　概要

課税仕入れとなるもの	課税仕入れとならないもの
国内電話料金	国際電話料金
国内郵便料金	国際郵便料金
電気通信事業法に規定する回線使用料 （国内敷設分）（消基通5−5−12）	電気通信事業法に規定する回線使用料 （国内と国外にわたる敷設分）
ＮＨＫ受信料（消令2①）	
郵便切手・ハガキ代	
テレホンカード代（自社で使用するもの）	テレホンカード代（贈答用）

（請求書・領収書を確認する）

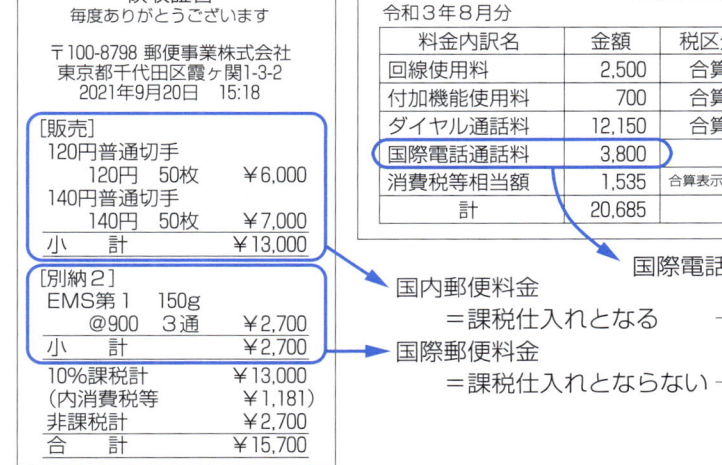

領収証書
毎度ありがとうございます

〒100-8798 郵便事業株式会社
東京都千代田区霞ヶ関1-3-2
2021年9月20日　15:18

[販売]
120円普通切手
　　120円　50枚　　￥6,000
140円普通切手
　　140円　50枚　　￥7,000
小　　計　　　　　￥13,000

[別納2]
EMS第1　150g
　@900　3通　　　￥2,700
小　　計　　　　　￥2,700

10%課税計　　　　￥13,000
（内消費税等　　　￥1,181）
非課税計　　　　　￥2,700
合　　計　　　　　￥15,700

電話料金請求書

令和3年8月分　　　　　　　　　NTT西日本株式会社

料金内訳名	金額	税区分	摘　要
回線使用料	2,500	合算	3年7月21日〜8月20日
付加機能使用料	700	合算	
ダイヤル通話料	12,150	合算	
国際電話通話料	3,800		
消費税等相当額	1,535	合算表示の料金計15,350円に10%を乗じて計算しています。	
計	20,685		

国際電話料金＝課税仕入れとならない

国内郵便料金
　＝課税仕入れとなる

国際郵便料金
　＝課税仕入れとならない

├ 区分して記帳する必要あり

STEP 2　郵便切手類の仕入税額控除の時期

郵便切手類	購入先	仕入税額控除の時期	
郵便切手 官製はがき 郵便書簡	郵便局	原則	使用した時
		継続適用	購入した時
	郵便局以外 （金券ショップ等）	購入した時	

振　替　伝　票

No.＿＿＿＿＿＿＿＿＿

令和3年9月20日

承認印	承認印	会計印	係印
杉田	弓原	鈴木	藤本

金　額	借方科目		摘　要	貸方科目	金　額
16,885	通　信　費	課仕	NTT西日本㈱　8月分	普 通 預 金	20,685
3,800	通　信　費	対外	〃　国際通話料		
13,000	通　信　費	課仕	郵便事業㈱　切手代	現　　金	15,700
2,700	通　信　費	対外	〃　国際郵便EMS3通		
2,520	通　信　費	課仕	NHK受信料　8月分	普 通 預 金	2,520
38,905	合　　　計				38,905

交際費

STEP 1 交際費の内容を確認する

１．贈答費用、飲食代

中元・歳暮等の得意先への贈答品の購入代金や、得意先の接待のための飲食代の支払は、課税仕入れとなります。

ただし、贈答用の商品券やビール券の購入代金は、物品切手等の仕入れとして非課税となり、課税仕入れには該当しません。

２．香典・祝金等の慶弔費 （消基通５－２－14）

香典、祝金、餞別などを支出した場合には、課税仕入れとなりません。ただし葬儀において榊、生花など物品を購入して供える場合は、その購入が課税仕入れに該当します。

３．ゴルフ代

ゴルフのプレー代金には、通常、ゴルフ場利用税 （注） が含まれており、課税仕入れに該当しませんので、領収書の内訳により区分して経理することが必要です。

（注）ゴルフ場利用税は、18歳未満の者、70歳以上の者、障害者その他一定の者に対しては課されません。（地方税法75の２）

４．費途不明の交際費、渡切交際費 （消基通11－２－23）

交際費、機密費等の名義をもって支出した金額でその費途が明らかでないもの、また費途を問わず精算を要しない渡し切りの交際費については、法定事項を記載した帳簿及び請求書等がありませんので、課税仕入れとして仕入税額控除することはできません。

STEP 2 法人税の損金不算入額の計算の関係

消費税の経理処理には、税抜経理方式と税込経理方式がありますが、法人税における損金不算入額の計算との関係は次のとおりです。

税抜経理方式	－	税抜価額で支出交際費の額を計算する（注）
税込経理方式	－	税込価額で支出交際費の額を計算する

（注）　税抜経理方式を採用している場合で、課税売上高が５億円超又は課売売上割合が95％未満となった課税期間において、交際費に係る消費税額等のうち仕入税額控除ができなかった消費税等の額（以下、「控除対象外消費税額等」といいます。）がある場合には、税抜価額の支出交際費の額に、交際費に係る控除対象外消費税額等を加えて、交際費等の損金不算入額を計算します。（**No.63**「控除対象外消費税額等の処理」参照）

交際費の内容を確認する

課税仕入れとなるもの	課税仕入れとならないもの
樒、生花などの慶弔費 贈答品の購入 接待飲食費 ゴルフプレー費 ゴルフ場・レジャー施設の年会費	祝金・香典等現金による慶弔費 贈答用の商品券・ビール券等の購入 接待飲食費のうちチップ・心づけ ゴルフ場利用税 費途不明金・渡切交際費

ゴルフプレー費用とゴルフ場利用税

国税　太郎　様

令和3年6月12日

―計　算　書―

ステップカントリー倶楽部

グリーンフィ	内税	13,200
キャディフィ	内税	4,950
レストラン　カレー	内税	1,100
売店　缶ビール	内税	550
ゴルフ場利用税	不課税	1,200
合計		21,000

―領　収　書―

令和3年6月12日

国税　太郎　様

２１,０００円也

上記正に領収致しました。

消費税1,800円　ゴルフ場利用税1,200円

兵庫県三木市口吉川町小島12番

ステップカントリー倶楽部

振　替　伝　票

No._____

令和3年6月30日

承認印	承認印	会計印	係印
杉田	石原	鈴木	藤本

金　額	借方科目		摘　　要	貸方科目	金　額
			田部商事㈱ゴルフコンペ 社長6/12精算	現　金	21,000
19,800	交　際　費	課仕	ステップカントリー倶楽部		
1,200	交　際　費	対外	〃　ゴルフ場利用税		
10,000	交　際　費	対外	坂井商事㈱会長奥様逝去　香典	現　金	10,000
11,000	交　際　費	課仕	〃　生花代　西大阪祭典㈱	現　金	11,000
42,000			合　　　計		42,000

交際費等の損金不算入額の計算

設例　支出交際費990万円（税込み）課税売上割合95％以上　資本金1億円以下の場合

（税込経理）　支出交際費の額　990万円

交際費等の損金不算入額の計算

（990万円－800万円）＝190万円　　　∴190万円

（税抜経理）　支出交際費の額　990万円 × $\frac{100}{110}$ ＝900万円

交際費等の損金不算入額の計算

（900万円－800万円）＝100万円　　　∴100万円

※損金不算入額の計算にあたっては、税抜経理の方が有利になります。

IV 日常業務

概要

　国・地方公共団体に納付する税金や、罰金・科料・交通反則金、町会費などを租税公課として経理しますが、消費税ではほとんどが課税仕入れとなりません。例外として、課税資産を取得する際に支払った固定資産税や自動車税の未経過分が課税仕入れとなります。

収入印紙・証紙

　収入印紙・証紙の使用は、原則として非課税仕入れとなりますので、仕入税額控除の対象となりません。

　しかし、購入先が金券ショップである場合には、その使用は課税仕入れに該当します。

収入印紙の貼付、印紙税と消費税額等

　契約書や商品の販売代金の領収書などには、その課税文書に記載されている金額に応じて印紙税が課税されます。

　この記載金額は、消費税及び地方消費税の額（消費税額等）を含んだ金額としますが、下記の課税文書については、消費税額等を区分して記載している場合、又は、税込価額及び税抜価額が記載されていることにより消費税額等が明らかである場合には、記載金額に消費税額等を含めないこととしています。

①　第1号文書　　不動産の譲渡等に関する契約書
②　第2号文書　　請負に関する契約書
③　第17号文書　　金銭又は有価証券の受取書

未経過固定資産税・自動車税（消基通10－1－6）

　固定資産税については毎年1月1日、自動車税については毎年4月1日現在の所有者に対して地方公共団体が課税します。

　不動産を売買した場合、取引の慣習として、引渡し日以後の期間に対応する固定資産税相当額を日割りにより精算することが行われます。ただし、租税公課として経費になるのは、課税された1月1日現在の所有者である売主だけであり、買主が未経過分の固定資産税相当額を売主に支払ったとしても、その金額は取得価額を構成するものであり、租税公課として経費にはなりません。

　反対に、売主も受け取った固定資産税相当額は、租税公課の減額あるいは雑収入ではなく、譲渡収入金額に加算する必要があります。

　したがって、売主、買主とも、未経過固定資産税は、譲渡価額に含めて処理します。

STEP 2

| 収入印紙の取得 | → | 郵便事業株式会社・印紙売りさばき所 | 非課税仕入れ |
| | → | 上記以外（金券ショップ等） | 課税仕入れ |

| 証紙の取得 | → | 地方公共団体・売りさばき人 | 非課税仕入れ |
| | → | 上記以外（金券ショップ等） | 課税仕入れ |

STEP 3　印紙税と消費税額等

```
　　　　　　　　　領　収　書
　　　　　　　　　　　　　　　令和３年６月３日
　ステップ商事株式会社　　様
　　　　　　　金５３，９００円也
　　　　　上記正に領収致しました。
　　　　　（うち消費税額等4,900円）
　　　　　　　　　　　大阪市福島区鷺洲２－１－１
　　　　　　　　　　　　　株式会社　宮本商店
```

消費税額4,900円は
記載金額に含めないので
記載金額は49,000円
↓
印紙税は非課税
（５万円未満非課税）

```
　　　　　　　　　領　収　書
　　　　　　　　　　　　　　　令和３年６月３日
　ステップ商事株式会社　　様
　　　　　　　金５３，９００円也
　　　　　上記正に領収致しました。
　　　　　（消費税額等10%を含む）
　収入印紙　　　　　　大阪市福島区鷺洲２－１－１
　200円　　　　　　　　　株式会社　宮本商店
```

「消費税額等10%を含む」
の表現は消費税額等を
明記していませんので
記載金額は53,900円
↓
印紙税は200円
（５万円以上100万円以下）

STEP 4　未経過固定資産税

設例 ㈱英和より倉庫用として土地建物を購入した。契約内容は下記のとおりである。

	譲渡価額	固定資産税精算金	合計
建物	16,500,000	200,000	16,700,000
土地	30,000,000	400,000	30,400,000
合計	46,500,000	600,000	47,100,000

受け取った固
定資産税精算
金は譲渡価額
に含めます。

仕訳
（建物）課仕 16,500,000 ／（現金預金）46,500,000 〔摘要〕㈱英和より土地建物購入
（土地）非仕 30,000,000 ／
（建物）課仕 200,000 ／（現金預金）600,000 〔摘要〕㈱英和　固定資産税精算金
（土地）非仕 400,000 ／

個別消費税（酒　税・たばこ税等）との関係

消費税と個別消費税（消基通10－1－11）

　消費税法上の消費税に対して、特定の物品やサービスなどの消費行為そのものに対して課税される消費税を個別消費税といいます。

　個別消費税には、酒税、たばこ税、揮発油税、軽油引取税、ゴルフ場利用税、入湯税等があります。

販売者側の取扱い

　消費税の課税標準である課税資産の譲渡等の対価の額には、酒税、たばこ税、揮発油税などを含みます。酒税やたばこ税などの個別消費税は、メーカー等が納税義務者となって負担する税金であり、その販売価額に含まれているためです。

　これに対して、軽油引取税（注）、ゴルフ場利用税、入湯税等は、利用者等が納税義務者となるものですから、その税額の金額を請求書・領収書等で明示し、預り金等の科目で経理するなど、明確に区分している場合は、課税資産の譲渡等の対価の額に含めませんが、明確に区分していない場合には、対価の額に含めることになります。

支払側の取扱い

　個別消費税を含む物品やサービスの対価の支払側の処理は、**STEP2**の取扱いと同じです。

　酒税やたばこ税などの個別消費税は、その販売価額に含まれていますので、課税仕入れとして仕入税額控除することができます。

　軽油引取税（注）、ゴルフ場利用税、入湯税等については、請求書・領収書等で区分されているときは、その個別消費税を課税仕入れとすることはできません。区分されていない場合は、支払総額を課税仕入れとして仕入税額控除をします。

　（注）軽油引取税の取扱い

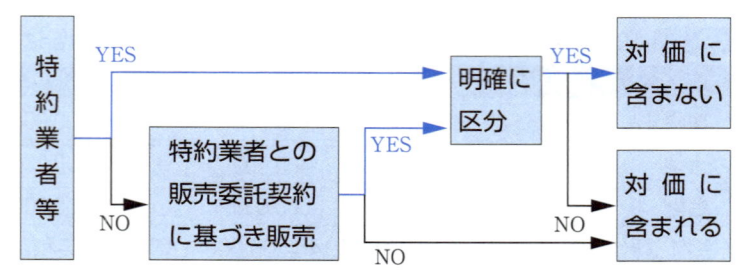

※特約業者等とは、軽油引取税の特別徴収義務者である事業者をいいます。

 **STEP 1** 個別消費税の取扱い

種　　類	税額相当額	販売者側の取扱い	支払者側の取扱い
酒税・たばこ税・揮発油税・石油税など	販売価額に含まれる	課税売上げに含める	課税仕入れとなる
ゴルフ場利用税・入湯税・軽油引取税	区分あり	課税売上げに含めない	課税仕入れとならない
	区分なし	課税売上げに含める	課税仕入れとなる

 **STEP 2** 軽油引取税（明確な区分がある場合）

請　求　書

ステップ商事株式会社様

西尾石油株式会社（特約業者）
大阪市大正区三軒家東１－１－１

請求金額　　　　86,405円
令和３年10月分（令和３年10月１日～10月31日）

ガソリン代	402リッ/ドル		55,275円
単価/リッドル		125	
本体価格		125	50,250円
消費税			5,025円
軽油代	325リッ/ドル		31,130円
単価/リッドル		90	
本体価格		57.9	18,817円
軽油引取税		32.1	10,432円
消費税			1,881円
合計			86,405円

－　販売者側　－

（売掛金）86,405	（売上）	課売	55,275	〔摘要〕ステップ商事㈱10月分　ガソリン代
	（売上）	課売	20,698	〔摘要〕ステップ商事㈱10月分　軽油代
	（預り金）		10,432	〔摘要〕ステップ商事㈱10月分　軽油引取税

↖ 明確に区分することにより課税売上げに含めない

－　支払者側　－

（燃料費）	課仕	55,275	（未払金）86,405	〔摘要〕西尾石油㈱10月分　ガソリン代
（燃料費）	課仕	20,698		〔摘要〕西尾石油㈱10月分　軽油代
（燃料費）	対外	10,432		〔摘要〕西尾石油㈱10月分　軽油引取税

自動車リサイクル料金

STEP 1

概要

　平成17年1月1日より、自動車リサイクル法が施行され、自動車ユーザーは、その自動車が廃車になった際に生じるリサイクル料金をあらかじめ負担することが義務付けられました。平成17年1月1日以降に新車を購入した場合は購入時に、以前から所有していた自動車がある場合は最初の車検時又は廃車時にリサイクル料金を支払うことになります。このリサイクル料は「資金管理法人」に預託され、最終的にその自動車が廃車されるときにリサイクルをする業者に払い出しされます。

STEP 2

新車購入時・車検時に初めて支払った際の取扱い

　リサイクル料金は下記のとおり区分されます。

	経理処理	課税区分
(1) シュレッダーダスト料金 (2) エアバッグ類料金 (3) フロン類料金 (4) 情報管理料金	預託金	課税対象外
(5) 資金管理料金	支払手数料	課税仕入れ

　(1)〜(4)の料金は、廃車時まで資金管理法人で管理されますので、「預託金」として資産計上し、消費税の課税対象外取引となります。

　(5)の資金管理料金は、資金管理法人で使用される費用ですので、支払時に費用計上することが可能であり、消費税については支払時に課税仕入れとなります。

STEP 3

中古車売買時の取扱い

　すでにリサイクル料金が支払われている自動車を売買した場合、自動車の譲渡代金とともに必ず預託金（リサイクル料金）も譲渡されます。ただし、預託金は金銭債権に該当しますので、消費税は非課税取引になり**譲渡対価の5％**が課税売上割合の分母に算入されます（注）。したがって、譲渡代金とリサイクル料金とは、別々に会計処理が必要です。

（注）平成26年3月31日までの金銭債権の譲渡については、その譲渡対価の全額が課税売上割合の分母に算入されます。

STEP 4

廃車時の取扱い

　使用済自動車を引取業者に引き渡した時点で、リサイクル料金は資金管理法人からリサイクル業者に払い出しされますので、資産として計上していた預託金を費用処理することになり、消費税でもこの時点で課税仕入れとなります。

郵便はがき

料金受取人払郵便

大阪北局
承認

6730

差出有効期間
2023年8月
31日まで

(切手不要)

530-8790

478

大阪市北区天神橋2丁目北2－6
大和南森町ビル

株式会社 清文社 行

ご住所 〒(　　　　　　　　)

ビル名 (　　階　　　号室)

貴社名

部　　　課

お名前(ふりがな)

電話番号

ご職業

※本カードにご記入の個人情報は小社の商品情報のご案内、またはアンケート等を送付する目的にのみ使用いたします。

─愛読者カード─

ご購読ありがとうございます。今後の出版企画の参考にさせ
ていただきますので、ぜひ皆様のご意見をお聞かせください。

■本書のタイトル（ご購入いただいた書名をお書きください）

1. 本書をお求めの動機

1.書店でみて（　　　　　　　　）　2.案内書をみて

3.新聞広告（　　　　　　　　）　4.インターネット（　　　　　　　）

5.書籍・新刊紹介（　　　　　）　6.人にすすめられて

7.その他（　　　　　　　　　）

2. 本書に対するご感想（内容、装幀など）

3. どんな出版をご希望ですか（著者・企画・テーマなど）

■小社新刊案内（無料）を希望する　1. 郵送希望　2. メール希望

◆メール案内ご希望の方は、下記にご記入下さい

E-mail

STEP 1　概要

リサイクル料

資金管理法人

リサイクル料

STEP 2

リサイクル券

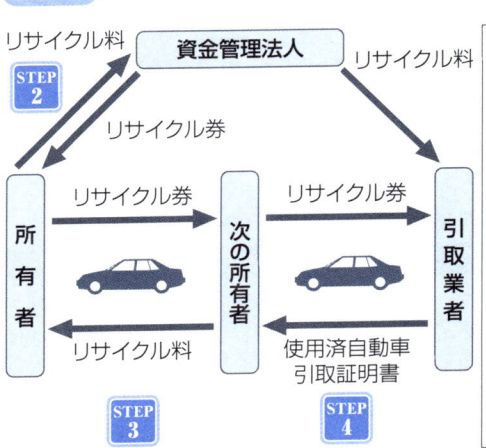

所有者 —リサイクル券→ 次の所有者 —リサイクル券→ 引取業者

所有者 ←リサイクル料— 次の所有者 ←使用済自動車引取証明書— 引取業者

STEP 3　STEP 4

［A券］預託証明書（リサイクル券）				
《車両欄》		《料金欄》		
リサイクル券番号	0100-XXX-XXXX	シュレッダーダスト料金		¥7,700
車台番号	ABC12PP-XXXX	エアバッグ類料金		¥2,290
車名	ABC	フロン類料金		¥2,100
財団法人		情報管理料金		¥130
自動車リサイクル促進センター		預託金額合計		¥12,220

［C券］資金管理料金受領書				
リサイクル券番号	0100-XXX-XXXX	受領金額	¥290	財団法人
車台番号	ABC12PP-XXXX			自動車リサイクル
車名	ABC	消費税込		促進センター

STEP 2　新車購入時・車検時に初めて支払った際の取扱い

（車両運搬具）課仕	1,100,000	（現預金）	1,100,000	〔摘要〕ABCモータース　GS150購入
（預　け　金）	12,220	（現預金）	12,220	〔摘要〕自動車リサイクル料金シュレッダーダスト料金他
（支払手数料）課仕	290	（現預金）	290	〔摘要〕自動車リサイクル料金資金管理料金

STEP 3　中古車売買時の取扱い

購入時

（車両運搬具）課仕	880,000	（現　預　金）	880,000	〔摘要〕ABC中古車センター　GS100購入
（預　け　金）	12,220	（現　預　金）	12,220	〔摘要〕自動車リサイクル料金

売却時

（現　預　金）	220,000	（固定資産譲渡損）課売	220,000	〔摘要〕ABC中古車センター　GS150売却
（固定資産譲渡損）	300,000	（車両運搬具）	300,000	〔摘要〕ABC中古車センター　GS150売却
（現　預　金）	12,220	（預　け　金）非売	12,220	〔摘要〕自動車リサイクル料金

STEP 4　廃車時の取扱い

（固定資産除却損）	300,000	（車両運搬具）	300,000	〔摘要〕GS150廃車
（雑　損　失）課仕	12,220	（預　け　金）	12,220	〔摘要〕自動車リサイクル料金

No.47 広告宣伝費

Ⅳ 日常業務

STEP 1 新聞・雑誌等の広告宣伝費

　国内の新聞、雑誌などへの広告掲載料やチラシの作成などは、広告宣伝費として課税仕入れとなります。

STEP 2 クオカードなどのプリペイドカード

　プリペイドカード等を購入した場合の消費税の課税関係は次のとおりです。

内　容	課税関係
広告宣伝用として得意先へ交付した場合	プリペイドカード等の販売は非課税取引ですので、購入して自ら当該プリペイドカード等を使用せず、他者へ交付する場合は課税仕入れとなりません。
業務用として自社で使用する場合	プリペイドカード等を使用した時点で、役務の提供等を受けることになります。したがって使用した時点での課税仕入れとなります。（注）

（注）　自ら使用する場合で、継続適用を条件にプリペイドカード等を購入した時点で課税仕入れとすることもできます。（消基通11−3−7）

STEP 3 広告宣伝用として交付するプリペイドカード等

　広告宣伝用として得意先へ交付するプリペイドカード等で、無地のものを購入し、社名等を印刷した場合の消費税の課税関係は次のとおりです。

プリペイドカード等の購入費	非課税取引ですので、課税仕入れとなりません。
社名等の印刷費用	課税仕入れとなります。

STEP 4 海外での広告掲載 （消法4③二三）

1．海外の雑誌への広告掲載

　広告についての国内・国外判定は、広告の提供場所によって判定します。海外の雑誌への広告掲載は、広告の提供場所が国外となっていますので、国外取引となり課税仕入れに該当しません。

2．海外のウェブサイトへの広告掲載

　インターネット上の広告は、広告の提供地を特定することが困難ですので、ウェブサイトの運営会社の事務所等の所在地により国内取引・国外取引を判定していましたが、平成27年10月1日以後は、広告役務の提供を受ける事業者の住所地等の所在地により、国内取引・国外取引を判定することとなりました。

　したがって、海外に所在するウェブサイト運営会社へ支払う広告掲載料は、広告役務の提供を受けた事業者で判定し、国内取引として課税取引（リバースチャージ方式）に該当します。（詳細は**No.69**「国境を越えた役務の提供がある場合」参照）

STEP 1 広告宣伝費

設例 国内の雑誌に新製品の広告を掲載し、広告掲載料を110,000円（税込み）支払った。

（広告宣伝費）課仕 110,000 ／ （現預金） 110,000

STEP 2 クオカードなどプリペイドカードの取扱い

(1) プリペイドカード等を得意先へ交付した場合

(2) プリペイドカード等を自社で使用した場合

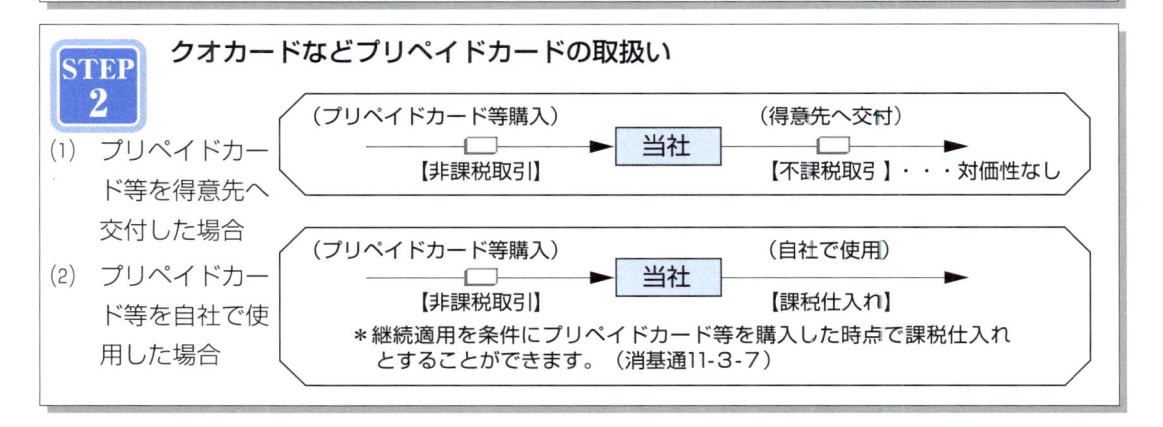

＊継続適用を条件にプリペイドカード等を購入した時点で課税仕入れとすることができます。（消基通11-3-7）

STEP 3 広告宣伝費として交付するプリペイドカード等の取扱い

社名の印刷代：課税仕入れ　⇒　ステップ商事株式会社　　プリペイドカード等の購入代金：非課税取引

設例 広告用として取引先へ交付する無地のプリペイドカードを100,000円で購入し、表面に当社の新製品名を印刷した。印刷代金は220,000円である。

（広告宣伝費）対外 100,000 ／（現預金） 320,000 〔摘要〕プリペイドカード購入
（広告宣伝費）課仕 220,000 ／ 〔摘要〕プリペイドカード印刷代金

STEP 4 海外での広告宣伝費

1. 海外で発行される雑誌への広告掲載：課税仕入れに該当しない

2. 海外のウェブサイトへの広告掲載：特定課税仕入れに該当する

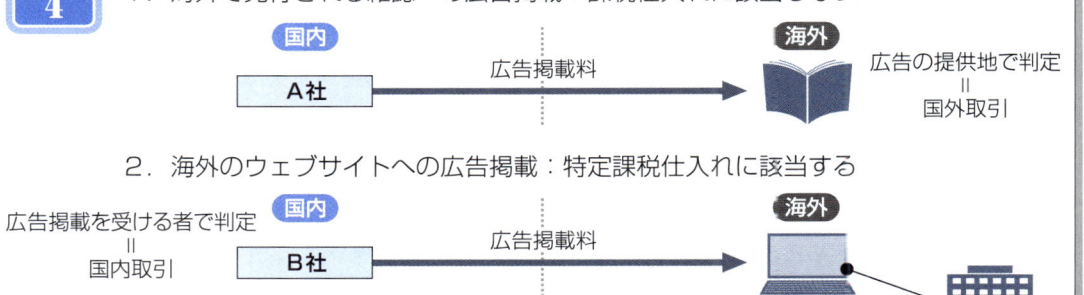

No.48 販売奨励金

STEP 1 金銭による販売奨励金 （消基通14−1−2）

　販売促進の目的で販売数量等に応じて取引先へ金銭で販売奨励金等を支払った場合は、売上げに係る対価の返還等として税額控除を行います。（**No.23**「売上値引・返品（売上げに係る対価の返還等）」参照）

STEP 2 サービス券等

　売上金額に応じて、自社のみで使用できるサービス券等を発行している場合の消費税の課税関係は次のとおりです。

サービス券等の発行	無償の取引ですので、消費税は不課税取引となります。
サービス券等と商品の交換	無償の取引ですので、消費税は不課税取引となります。
サービス券等での値引き	値引き後の実際に収受する金額が課税売上げの対価となります。

STEP 3 スタンプカード

　顧客へスタンプカードを発行し、売上金額に応じてスタンプを押し、一定数のスタンプが貯まったら商品等と交換したり、金券として使用できる場合の消費税の課税関係は次のとおりです。

スタンプの交付	売上金額に応じてスタンプを押す行為は、無償の取引ですので、消費税は不課税取引となります。
スタンプカードと商品等の交換	スタンプカードと商品等の交換等は、無償の取引ですので、消費税は不課税取引となります。
スタンプカードを金券として使用	スタンプカードを金券として、商品の代金を値引きした場合は、値引き後の実際に収受する金額が、課税売上げの対価となります。

STEP 4 特約店のセールスマンに支払う販売奨励金

　販売促進の目的で取引先に対してではなく取引先のセールスマンへ販売奨励金等を支払った場合の消費税の課税関係は次のとおりです。

① 特約店等に専属するセールスマン（その報酬につき所得税法第204条〔報酬・料金等に係る源泉徴収義務〕の規定の適用を受ける者に限る。）に対し、その取扱数量又は取扱金額に応じてあらかじめ定められているところにより交付する金品の費用	役務の提供の対価に該当するため、課税仕入れとなります。
② 専ら自己の製品等を取り扱う特約店等の従業員等に対し、その者の外交販売に係る当該製品等の取扱数量又は取扱金額に応じてあらかじめ明らかにされているところにより交付する金品の費用	

※参考：法人税法の取扱いでは、当該金品の交付は交際費に該当しないこととされています。（措通61の4(1)−13、14）

 **STEP 1**

金銭による販売奨励金

| A社 | ──── 販売奨励金　110,000円 ────▶ | B社 |

［A社の仕訳］
（販売奨励金）｜売返｜ 110,000／（現預金）　110,000〔摘要〕B社　販売奨励金

 **STEP 2**

サービス券等

設 例　サービス券（500円分）を無償で発行し、当該サービス券と引き換えに2,200
　　　円の商品を1,700円で販売した。

C社	①サービス券（500円分）の発行 ────▶	顧客
	◀──── ②2,200円の商品購入 サービス券（500円分）＋1,700円の支払	
	③2,200円の商品の引渡し ────▶	

［C社の仕訳］
①サービス券の発行　仕訳なし
②③商品の販売　実際に収受する金額1,700円が課税売上げの対価となる
（現預金）　　　1,700 ／（売上高）　｜課売｜ 1,700〔摘要〕売上げ

 **STEP 3**

スタンプカード

D社	①500円ごとにスタンプ交付 ────▶	顧客
	◀──── ②5,500円の商品購入 （スタンプポイント1,000円分） ＋4,500円の支払	
	③5,500円の商品の引渡し ────▶	

［D社の仕訳］
①スタンプ交付　仕訳なし
②③5,500円の商品の販売　実際に収受した金額4,500円が課税売上げの対価となる
（現預金）　　　4,500 ／（売上高）　｜課売｜ 4,500〔摘要〕売上げ

STEP 4

特約店のセールスマンに支払う販売奨励金

| E社 | 販売数量に応じて支払う報酬22,000円 （源泉徴収後19,958円） ────▶ | 特約店B社 セールスマンF氏 |

［E社の仕訳］
（販売奨励金）｜課仕｜ 22,000 ／（現預金）　　19,958〔摘要〕販売奨励金　B社F氏
　　　　　　　　　　　　　／（預り金）　　　2,042〔摘要〕販売奨励金　B社F氏
　　　　　　　　　　　　　　　　　　　　　　　　　　　　　　　　源泉所得税

189

Ⅳ 日常業務

STEP 1　概要

　諸会費の内容は多種にわたり、また法人税においては実質的には、「交際費」「福利厚生費」「給与」に該当するものもあります。

　消費税では、その支出の内容を確認し、対価性の有無により、課税区分を判断する必要があります。

STEP 2　同業者団体・組合等の会費 （消基通5−5−3）

　同業者団体・組合等の会費については、その対価性の有無により判定しますが、その判定が困難な場合に、その団体において継続して会費収入を課税対象としていないときは、支払側の事業者においても課税仕入れとされません。

　ただし、会費の名目であっても、それが実質的に出版物の購読料、映画・演劇等の入場料、職員研修の受講料又は施設の利用料等であるときは、その会費等は、対価性の判定により、課税仕入れに該当します。

　なお、対価性の判定が困難な会費について、団体側が課税対象としない場合には、その旨を構成員に通知することとされています。

STEP 3　その他の会費

１．社交団体・ロータリークラブ・ライオンズクラブの会費

　　社交団体・ロータリークラブ・ライオンズクラブの会費は、名目は会費ですが、法人税では、「交際費」や「給与」として取り扱われます。「給与」とされる場合は、課税仕入れとなりませんが、「交際費」とされる場合はその対価性の有無により判定を行います。

　　例えば、通常会費や年会費といったものは、対価性がありませんので「交際費」とされる場合であっても課税仕入れとなりませんが、講演会や懇親会のような対価性がある会費は、課税仕入れとなります。

２．ゴルフクラブ・レジャークラブの会費

　　ゴルフクラブ・レジャークラブの会費は、名目は会費ですが、法人税では、その内容により、「交際費」、「福利厚生費」、「給与」として取り扱われます。したがって法人税で「交際費」「福利厚生費」とされる場合は課税仕入れとなりますが、「給与」とされる場合は課税仕入れとなりません。

概要

課税仕入れとなるもの	課税仕入れとならないもの
クレジットカード年会費 研修会・セミナー会費	同業者団体・組合の通常会費 法人税で給与となる会費

同業者団体・組合等の会費

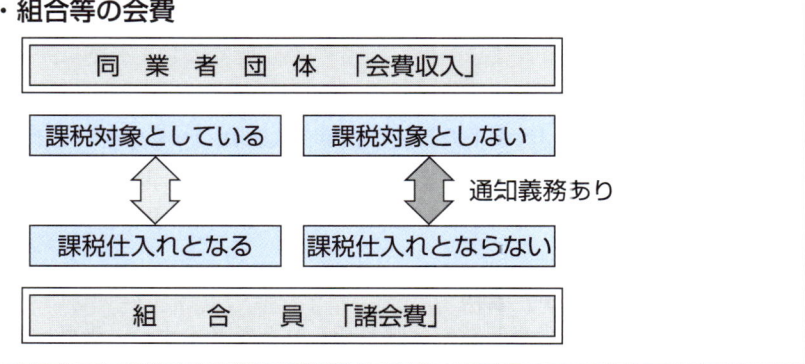

社交団体・ロータリークラブ・ライオンズクラブ・ゴルフクラブ・レジャークラブの会費

		法人税	消費税
社交団体、ロータリークラブ・ライオンズクラブの会費	交際費となるもの		対価性有り⇒課税仕入れ 対価性無し⇒課税仕入れとならない
	給与となるもの		課税仕入れとならない
ゴルフクラブ・レジャークラブの会費	交際費又は福利厚生費となるもの		課税仕入れとなる
	給与となるもの		課税仕入れとならない

支払手数料

STEP 1

概要

　支払手数料には、税理士・司法書士の報酬、金融機関の手数料、クレジットカード手数料等があります。課税仕入れになるもの、ならないものが混在しますので、個別に支出内容を確認し、課税区分を判断する必要があります。

STEP 2

税理士・司法書士報酬

　税理士・司法書士の報酬は課税仕入れになりますが、これらの報酬は、所得税が源泉徴収されていること、また、司法書士報酬には印紙代・登録免許税の立替金が含まれていますので、請求書を確認し、正しく経理処理する必要があります。

STEP 3

金融機関の手数料

　国内間の送金手数料は課税仕入れとなりますが、海外への送金手数料、為替手数料（外貨の交換手数料）は非課税取引で課税仕入れとなりません。

　また、手形割引の際、手形割引料は非課税取引となりますが、手形取立手数料は課税仕入れとなりますので、両者を区分して経理する必要があります。

STEP 4

クレジットカード手数料

　クレジットカードでの売上げの場合、カード加盟店には、カード会社からクレジットカード手数料が差し引かれて入金されます。このクレジットカード手数料は、手数料の名称がついていますが、実質的には債権譲渡の割引料ですので、非課税取引であり課税仕入れとなりません。

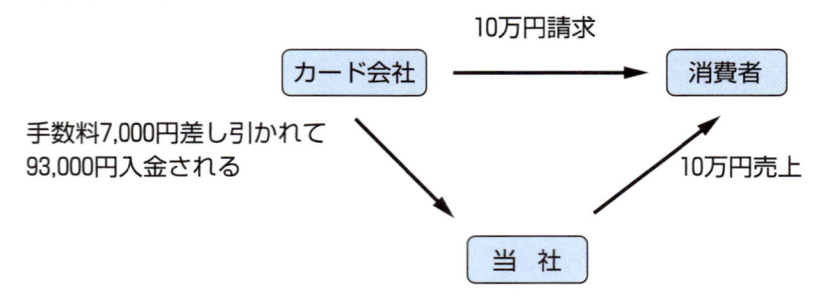

STEP 1 　概要

課税仕入れとなるもの	課税仕入れとならないもの
税理士・司法書士・弁護士報酬 国内の送金手数料	為替手数料 海外への送金手数料 クレジットカード手数料

STEP 2 　税理士報酬・司法書士報酬

税理士報酬請求書

請　求　書

令和3年12月31日

ステップ商事株式会社

¥49,895

上記の通り請求いたします。

大阪市中央区天満橋1丁目7番17号
芦田税理士事務所
税理士 芦田 幸三

区分	報酬内容	内　訳	金　額	源泉徴収税額
報酬	顧 問 報 酬	顧問料 令和3年12月分	50,000	5,105
	記 帳 報 酬			
	税 務 代 理 報 酬			
	調 査 立 会 報 酬			
	税務書類作成報酬			
	決算書類作成報酬			
	財務書類作成報酬			
	日 当			
	旅 費 ・ 宿 泊 費			
請求額	小 計		50,000	5,105
	消 費 税 10 %		5,000	
	消費税含む差引額		55,000	5,105
立替費用	通 信 費			
	消 耗 品 費			
	登 記 費 用			
上 記 の 通 り ご請求申し上げます。		請　求　額	¥49,895	

仕訳

（支払手数料）課仕 55,000 ／（現　金）49,895
　　　　　　　　　　　　　／（預り金） 5,105

司法書士報酬請求書

請　求　書

令和3年11月30日

ステップ商事株式会社

¥32,977

上記の通り請求いたします。

大阪市中央区大手前1丁目1番1号
藤本司法書士事務所
司法書士 藤本 宏章

区分	種　別	報酬額	登録免許税又は印紙税
手続きの代理又は書類の作成等	株式会社 役員変更登記	20,000	10,000
	登記簿謄本	1,000	1,000
日当及び旅費			
	小計	① 21,000	② 11,000
その他			
	小計	③	
	合計金額 ①＋②＋③	④ 32,000	
	消費税 ①×10%	⑤ 2,100	
	源泉所得税及び復興特別所得税	⑥ 1,123	
	合計請求額 ④＋⑤－⑥	⑦ 32,977	
	前受金	⑧	
	差引請求金額 ⑦－⑧	⑨ 32,977	

仕訳

（支払手数料）課仕 23,100 ／（現　金）32,977
（租税公課）　対外 11,000 ／（預り金） 1,123

STEP 3 　金融機関の手数料

設例 受取手形1,500,000円を銀行で割引し、割引料12,000円、取立手数料880円を支払った。

仕訳

（当座預金）　　　　1,500,000 ／（割引手形）1,500,000
（手形売却損）非仕　 12,000 ／（当座預金）　 12,880
（支払手数料）課仕　　 880 ／

STEP 4 　クレジットカード手数料

設例 クレジットカードでの売上げ100,000円から、カード手数料7,000円が差し引かれ93,000円入金された。

仕訳

（当座預金）　　　　93,000 ／（売掛金）100,000
（支払手数料）非仕　 7,000 ／

Ⅳ 日常業務

STEP 1　概要

　賃借料は、店舗や事務所の家賃、社宅の借上家賃、駐車場の使用料など多種にわたります。その支出の内容を確認し、課税区分を判断する必要があります。

（**No.24**「不動産賃貸収入」参照）

STEP 2　店舗、事務所、倉庫等の支払家賃

　店舗、事務所、倉庫等の支払家賃及び家賃とともに支払う共益費などは、消費税の課税取引ですので、課税仕入れとなります。

　契約時に支払う礼金も課税取引ですので、支払った課税期間の仕入税額控除の対象となります。なお、事務所等の退室後に返還される敷金は、単なる預け金の返金ですので課税仕入れとなりません。

STEP 3　駐車場の使用料 （消令8、消基通6−1−5）

　駐車場の使用料は消費税の課税取引ですので、課税仕入れとなります。ただし、駐車場として地面の整備又は区画、フェンス等を設置せず、更地を駐車場として貸し付ける場合（いわゆる青空駐車場）は、消費税の非課税取引である土地の貸付けに該当しますので、課税仕入れとなりません。

STEP 4　社宅の借上家賃 （消基通6−13−7）

　会社が従業員等の社宅に供するため借り上げた賃貸マンション等の支払家賃は消費税の非課税取引である住宅の貸付けに該当しますので、課税仕入れとなりません。

STEP 5　支払地代 （消令8、消基通6−1−4、6−1−5）

　土地の貸付けは消費税の非課税取引に該当しますので、土地を賃借した場合の支払地代は、課税仕入れとなりません。ただし、賃貸借期間が1か月未満の短期の場合は、非課税取引に該当しませんので、課税仕入れとして仕入税額控除の対象となります。

　また、店舗の利用に伴って土地が使用される場合は、土地部分も含めて課税取引に該当しますので、課税仕入れとなります。

 **STEP 1** 賃借料の課否区分

課税仕入れとなる	課税仕入れとならない
事務所、店舗、倉庫などの支払家賃 駐車場の使用料（フェンス、区画などがなく管理していない場合は課税対象外）	土地の賃借料（短期間、施設利用除く） 社宅の借上家賃

 **STEP 2** 店舗、事務所等の家賃

〔事務所の支払家賃〕

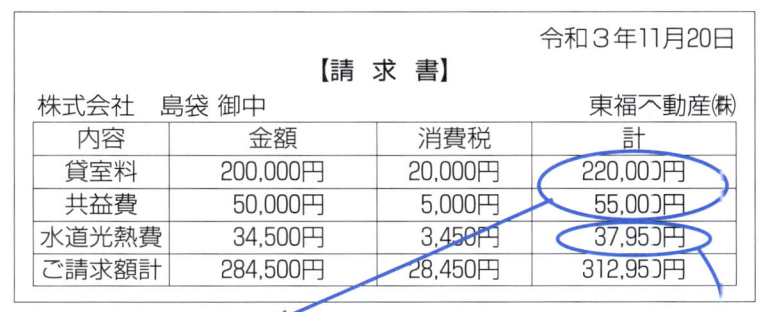

令和3年11月20日

【請求書】

株式会社　島袋 御中　　　　　　　　　　　東福不動産㈱

内容	金額	消費税	計
貸室料	200,000円	20,000円	220,000円
共益費	50,000円	5,000円	55,000円
水道光熱費	34,500円	3,450円	37,950円
ご請求額計	284,500円	28,450円	312,950円

仕訳 （支払家賃）課仕 275,000 ／（現金預金）312,950 〔摘要〕東福不動産㈱12月分家賃

（水道光熱費）課仕 37,950 ／ 〔摘要〕東福不動産㈱11月分水道光熱費

〔礼金・敷金〕

仕訳 （長期前払費用）課仕 2,200,000 ／（現金預金）3,200,000 〔摘要〕東福不動産㈱店舗礼金

（差入保証金）対外 1,000,000 ／ 〔摘要〕東福不動産㈱店舗保証金

STEP 4 社宅の借上家賃

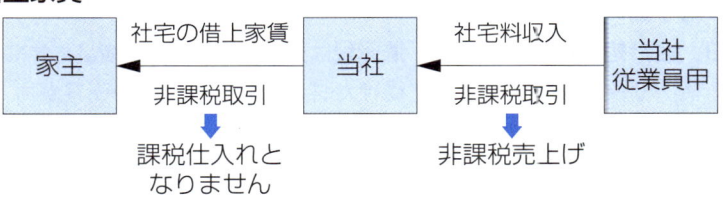

STEP 5 店舗を敷地と共に賃借した場合

店舗賃貸料 110,000
敷地　敷地賃貸料 80,000

賃貸料が区分している場合であっても

合計190,000円が課税仕入れとなります。

（支払家賃）課仕 190,000 ／（現金預金）190,000

リース取引の概要

　法人税、所得税において平成20年４月１日以後契約する所有権移転外ファイナンス・リース取引については、従来の賃貸借処理から売買処理へ改正されましたが、賃貸借処理による計算方法も認められています。

　それに伴い、消費税においても、同様に取り扱うこととなりました。

１．賃貸借処理

　　通常の賃貸借取引に係る方法に準じた処理

２．売買処理

　　リース資産の引渡し時にリース資産の売買があったものとして取り扱う処理

所有権移転外ファイナンス・リース取引の消費税の処理

区分	会計処理		消費税	法人税
上場企業 大企業	リース会計基準	売買処理	売買処理	売買処理 （注）
		少額リース資産 賃貸借処理	（賃貸借処理も可）	
中小企業	中小企業の会計 に関する指針	原則 売買処理	売買処理	
		例外 賃貸借処理	（賃貸借処理も可）	

１．売買処理（消基通５−１−９、11−３−２）

　　リース資産の引渡しを受けた日に、リース資産の売買があったものとして、その引渡しを受けた日の課税期間において消費税を一括して仕入控除税額の計算を行います。

２．賃貸借処理の場合（国税庁質疑応答事例）

　　賃貸借処理をしている場合は、リース料の支払時に、仕入税額控除の計算を行うことが認められます。

３．会計処理は賃貸借処理、消費税は売買処理（国税庁質疑応答事例）

　①　リース資産の引渡しを受けた日に、リース資産の売買があったものとして、その資産に係る消費税額を「仮払消費税」として計上します。この場合、帳簿においてリース料総額を明示する必要があります。

　②　リース料の支払時は、消費税は課税対象外取引として処理します。

（注）　法人税においては、売買処理により資産に計上してリース期間定額法により減価償却費で費用計上しても、賃借料として費用計上しても所得計算上変わることはありません。

リース料に含まれる利息等の取扱い（消基通６−３−１）

　リース契約書において、リース料総額又はリース料のうち利息や保険料相当額が明示されている場合、その相当額部分は非課税となり仕入税額控除の対象となりません。

　リース契約書に明示されていない場合は、リース料総額又はリース料の全額が仕入税額控除の対象となります。

STEP 1　リース取引の分類

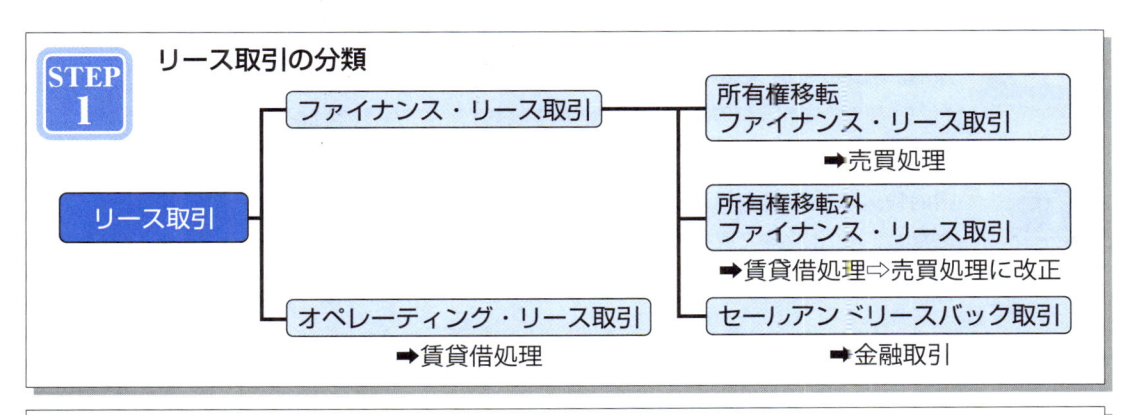

- ファイナンス・リース取引
  - 所有権移転ファイナンス・リース取引　➡売買処理
  - 所有権移転外ファイナンス・リース取引　➡賃貸借処理⇨売買処理に改正
- リース取引
- オペレーティング・リース取引　➡賃貸借処理
  - セールアンドリースバック取引　➡金融取引

STEP 2　所有権移転外ファイナンス・リース取引の消費税の処理

設例

① 事業年度：令和3年4月1日～令和4年3月31日

② リース契約：令和3年11月1日契約締結　5年間

③ リース資産：デジタル複写機

④ リース料月額：22,000円（税込み）　リース料総額：1,320,000円（税込み）

⑤ 経理処理：税抜処理

（売買処理の場合）

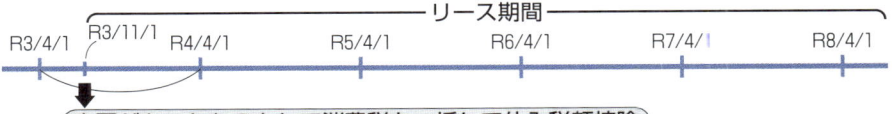

── リース期間 ──
R3/4/1　R3/11/1　R4/4/1　R5/4/1　R6/4/1　R7/4/1　R8/4/1

売買があったものとして消費税を一括して仕入税額控除

(1)　リース資産の引渡し時

（リース資産）課仕　1,200,000 ／（リース債務）　1,320,000
（仮払消費税）　120,000 ／

(2)　毎月のリース料支払時

（リース債務）対外　22,000 ／（現金預金）　22,000

（賃貸借処理の場合）

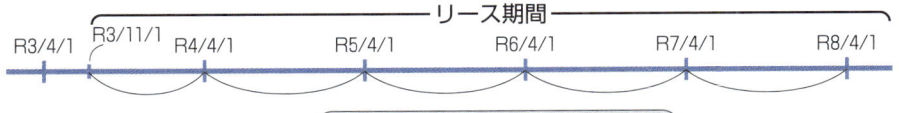

── リース期間 ──
R3/4/1　R3/11/1　R4/4/1　R5/4/1　R6/4/1　R7/4/1　R8/4/1

リース料の支払時に仕入税額控除

(1)　リース資産の引渡し時　仕訳なし

(2)　毎月のリース料支払時

（支払リース料）課仕　20,000 ／（現金預金）　22,000
（仮払消費税）　2,000 ／

（会計処理は賃貸借処理、消費税は売買処理の場合）

(1)　リース資産の引渡し時

（仮払消費税）　120,000 ／（リース債務）　120,000

(2)　毎月のリース料支払時

（支払リース料）対外　20,000 ／（現金預金）　22,000
（リース債務）　2,000 ／

荷造運送費

IV 日常業務

STEP 1　概要

　国内輸送に係る運送費は課税仕入れとなります。

　ただし、輸出・輸入取引がある場合又は別途請求される保険料が含まれている運送費については、課否判定が必要となります。

STEP 2　国内及び国外にわたって行われる貨物の輸送 （消法7、消令17、消基通7-2-1、7-2-5）

　国内から国外への貨物の輸送又は国外から国内への貨物の輸送（以下「国際輸送」といいます。）は輸出免税取引とされます。

発送地	到着地	課否判定
国内	国外	輸出免税
国外	国内	輸出免税

　また、国際輸送として行う輸送の一部に国内における輸送（以下「国内輸送」という。）が含まれている場合であっても、運送契約において国際運送の一環として行われる国内輸送は、国際輸送に該当するものとして取り扱います。

STEP 3　保税地域における通関業務料など （消基通7-2-12、7-2-13）

1．免税取引
　・外国貨物に係る検量、港湾運送関連事業に係る業務
　・輸入貨物に係る通関手続
　・青果物に係る薫蒸などの役務提供

2．課税取引
　・運送状の作成代行や通関手続以外の届出代行など
　・本船扱い、ふ中扱い又は搬入前申告扱いの承認を受けた貨物の保税地域での荷役などの役務提供

STEP 4　国内輸送費の中に保険料が含まれている場合

　国内輸送費の中に保険料が含まれている場合には次のように取り扱います。

1．保険契約者が荷主である場合
　①　運送会社がまとめて請求した場合→課税対象
　②　運送会社が別途請求した場合→非課税

2．保険契約者が運送会社である場合
　①　原則→課税対象
　②　荷主から付保の委任を受けて運送会社が名義人でかつ保険の効果が荷主となっている場合で運送会社が立替金処理をした場合→不課税

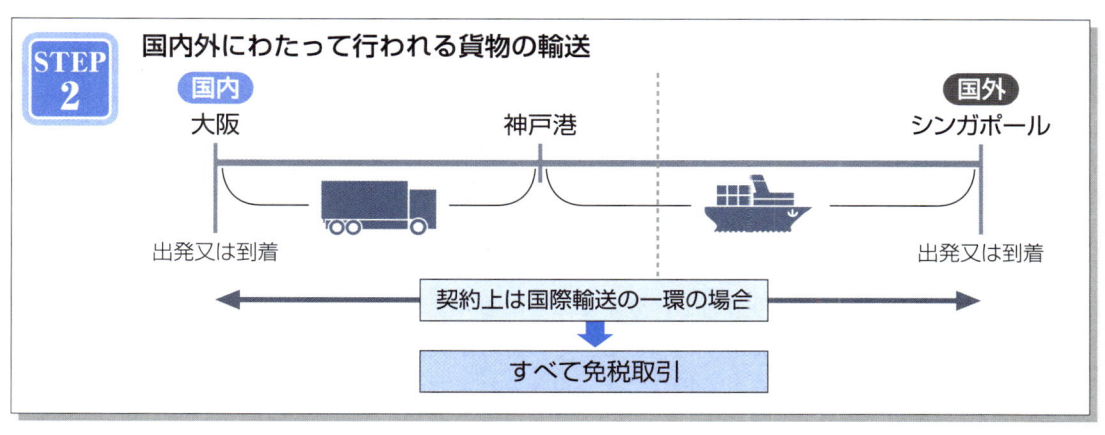

STEP 2　国内外にわたって行われる貨物の輸送

国内　大阪　　　　　　　神戸港　　　　　　　**国外**　シンガポール

出発又は到着　　　　　　　　　　　　　　　　　　　出発又は到着

契約上は国際輸送の一環の場合

すべて免税取引

STEP 3　保税地域における通関業務料など

保税地域
・外国貨物に係る荷役、輸送、保管、検数、鑑定、検量
・港湾運送関連事業に係る業務
・通関業務
・青果物に係る薫蒸　　　　　　など

・本船扱い、ふ中扱い、搬入前申告扱いの承認貨物の荷役

国内　**国外**　→ 輸出
　　　　　← 輸入

・運送状の作成代行
・通関手続以外の届出代行
　　　　　　　　　　など
→ 課税取引　　　　免税取引

STEP 4　国内輸送費に保険料が含まれている場合

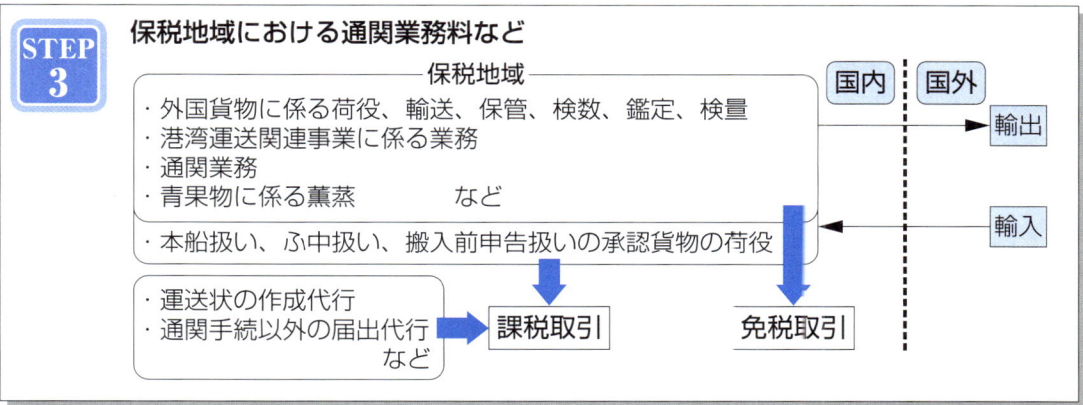

請求書

令和3年11月30日

ステップ商事株式会社 御中

東大阪市徳庵〇ー×
藤本運送株式会社

請求額　175,000円

令和3年11月20日〆分

内　訳	金　額
運送料　大阪～東京	176,000 円
同上　　運送保険	10,000 円
10 % 対 象 合 計	175,000 円

設例　保険契約者が運送会社である場合

仕訳

（荷造運賃）課仕　175,000円／（未払金）175,000円

請求額　175,000円

令和3年11月20日〆分

内　訳	金　額
運送料　大阪～東京	165,000 円
同上　　運送保険	10,000 円
10 % 対 象 合 計	165,000 円
非 課 税 合 計	10,000 円

設例　保険契約者が荷主である場合

仕訳

（荷造運賃）課仕　165,000円／（未払金）175,000円
（保険料）　非仕　10,000円／

その他の費用（寄附金、損害賠償金、キャンセル料・違約金、キャッシュレス・ポイント還元）

Ⅳ 日常業務

寄附金

STEP 1

寄附金の支出は、対価を得て行われる取引ではありませんので、課税仕入れにはなりません。ただし金銭を寄附するのではなく、物品を購入して寄附した場合は、その物品の購入代金は課税仕入れとなります。したがって、その寄附が金銭によるものか、物品によるものかにより課否を区分することになります。

ただし、名目は寄附であっても、その寄附が実質的に資産の譲渡としての対価を構成すべきものと認められる場合には課税仕入れとなります。（消基通5-2-14）

損害賠償金

STEP 2

損害賠償金は次のように取り扱います。

心身又は資産に損害を与えた場合に支払うもの	課税対象外	
損害を与えた資産が当社に引き渡される場合で、その資産がそのまま又は軽微な修理で使用できるときに支払うもの	課税対象	
無体財産権に侵害を与えた場合に支払うもの	課税対象	消基通5-2-5
賃借土地又は賃借住宅の明渡しの遅滞によるもの	非課税	
賃借事務所、賃借店舗の明渡しの遅滞によるもの	課税対象	

キャンセル料・違約金

STEP 3

キャンセル料・違約金は次のように取り扱います。

予約の取消し、変更等に伴うもの	課税対象外	
解約手数料、払戻手数料等の事務手数部分（一定額）	課税対象	
解約手数料、払戻手数料等で逸失利益部分（割増額）	課税対象外	
ゴルフ場のプレー予約の取消しに伴うもの	課税対象外	消基通5-5-2
賃借土地又は賃借住宅の賃貸契約の中途解約によるもの	課税対象外	
賃借事務所、賃借店舗の賃貸契約の中途解約によるもの	課税対象外	

寄附金

金銭による寄附	課税対象外	消基通5−2−14
国・地方公共団体に対する寄附金で実質的に資産の取得対価と認められるもの	土地…非課税 建物…課税対象	
物品を購入し現物で寄附	購入資産が課税対象	消基通11−2−17

設例 日本赤十字社に現金10,000円を寄附した。

仕訳 （寄附金）対外 10,000円／（現金預金） 10,000円〔摘要〕日本赤十字社へ現金で寄附

設例 杉田画廊で絵画を550,000円で購入し、直ちに社会福祉法人ステップ会に寄附した。

仕訳 （器具備品）課仕 550,000円／（現金預金） 550,000円〔摘要〕杉田画廊 絵画購入
（寄附金）対外 550,000円／（器具備品）対外 550,000円 上記絵画ステップ会へ寄附

損害賠償金

設例 当社の社員が配達中に人身事故を起こし、被害者に損害賠償金300,000円を支払った。

仕訳 （雑損失）対外 300,000円／（現金預金） 300,000円〔摘要〕交通事故賠償金元木明様

設例 当社が㈱ステップの商標権を侵害し、損害賠償金1,000,000円を支払った。

仕訳 （雑損失）課仕 1,000,000円／（現金預金）1,000,000円〔摘要〕㈱ステップ商標権侵害賠償金

キャンセル料・違約金

設例 当社の社員の都合により、購入した航空券をキャンセルし、払戻し手数料880円と取消手数料4,000円が控除され22,120円が普通預金に入金された。（払戻手数料はキャンセルの時期に関わらず徴収され、取消手数料は取消時期、搭乗区間によって金額が異なる。）

仕訳 （支払手数料）課仕 880円／（前払金）27,000円〔摘要〕ＡＬ航空 払戻手数料
（支払手数料）対外 4,000円／ ＡＬ航空 取消手数料
（現金預金） 22,120円／ ＡＬ航空 払戻し

設例 得意先の都合によりゴルフのプレー予約を取り消し、ステップゴルフクラブにキャンセル料として20,000円を支払った。

仕訳 （雑　費）対外 20,000円／（現金預金）20,000円〔摘要〕ステップGCキャンセル料

即時充当によるキャッシュレス・ポイント還元の仕入税額控除の考え方

　コンビニ等が行っている即時充当（購買金額に発行したポイント等を即時に充当する方法）によるキャッシュレス・消費者還元は、商品対価の合計額が変わるものではありません。したがって、**課税事業者が商品を購入の際に即時充当による消費者還元を受け、その取引（課税仕入れ）について仕入税額控除を行う場合には、商品対価の合計額（＝充当前の購入金額）が「課税仕入れに係る支払対価の額」となります。**なお、ポイント等の即時充当額は課税対象外の収入となります。

　一方、自社ポイントのように、**商品等の購入の際のポイント利用が「値引き」となる場合には、「値引き後の金額」が「課税仕入れに係る支払対価の額」となります。**

日常業務

STEP 4 即時充当とポイント利用（値引き）の処理

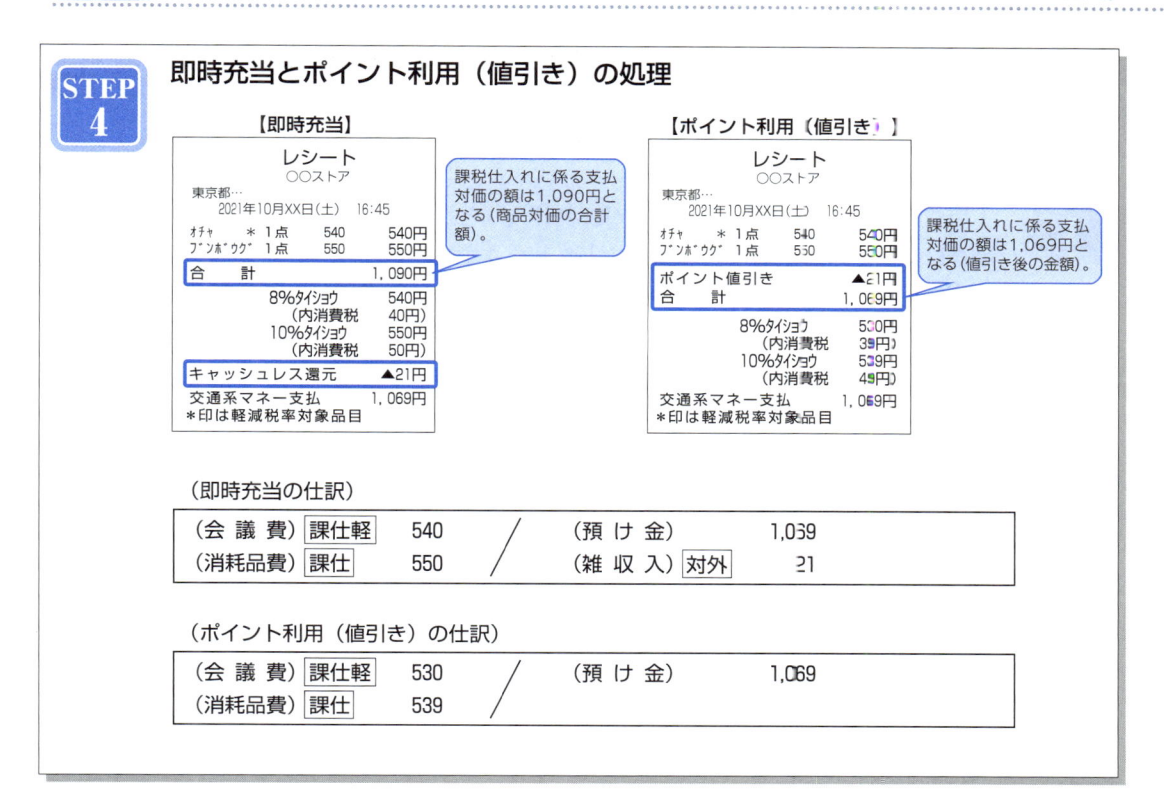

（即時充当の仕訳）

| （会 議 費）課仕軽 | 540 | / | （預 け 金） | 1,039 |
| （消耗品費）課仕 | 550 | / | （雑 収 入）対外 | 21 |

（ポイント利用（値引き）の仕訳）

| （会 議 費）課仕軽 | 530 | / | （預 け 金） | 1,069 |
| （消耗品費）課仕 | 539 | / | | |

No.55 固定資産・繰延資産を取得した場合

STEP 1

概要

　消費税では、仕入れ、費用だけが課税仕入れとなるのではなく、課税資産を取得した場合には、その資産の取得も課税仕入れとなります。

　法人税では、固定資産・繰延資産を取得した場合は、耐用年数の期間で減価償却をして費用計上しますが、消費税では、取得した課税期間において、その全額が仕入税額控除の対象となります。

STEP 2

土地を取得した場合

1．土地を取得した場合

　土地の譲渡は非課税取引ですので、その取得については課税仕入れとなりません。ただし、土地を取得するための仲介手数料、造成費用は課税取引ですので、課税仕入れとなります。

2．土地と建物を一括して取得した場合

　土地の譲渡は非課税取引、建物の譲渡は課税取引ですので、土地建物を一括して取得した場合には、非課税仕入れと課税仕入れが混在します。契約書に土地建物の価額の記載がある場合は、その金額により計算しますが、記載がない場合は、取得時の時価により按分して土地建物のそれぞれの取得価額を計算し、非課税仕入れと課税仕入れを区分する必要があります。（**No.31**「土地建物の一括譲渡」を参照）

3．土地の取得を目的として土地建物を購入し、建物を取り壊した場合（法基通7－3－6）

　当初から建物を取り壊して土地を利用する目的で土地建物を取得した場合、その建物の取得価額は、土地の取得価額に算入されます。

　この場合、売買契約において建物の譲渡価額が記載されているときは、その建物の取得は課税仕入れに該当します。

STEP 3

建物、車両運搬具などの有形固定資産を取得した場合

　建物、附属設備、機械装置、車両運搬具、器具備品などの有形固定資産を取得した場合、その資産の取得は課税仕入れとなります。

　令和元年10月1日以後に税抜1,000万円以上で取得又は建築した居住用賃貸建物の課税仕入れに係る消費税額については、仕入税額控除の対象とならない等制限が設けられています。

・下取りがあった場合（消基通10－1－17）

　車両の買換えに際して下取りがあった場合、下取金額と新車の購入価格を相殺して支払うことがありますが、この場合、下取金額を譲渡収入とする課税売上げと、新車の取得による課税仕入れとを区分して経理する必要があります。

概要

課税仕入れとなるもの	課税仕入れとならないもの
建物・機械など土地以外の固定資産 特許権などの無形固定資産 ゴルフ会員権・レジャークラブの入会金 敷金・保証金などで将来返還されないもの	土地・有価証券などの非課税資産 敷金・保証金などで将来返還されるもの

１．土地を購入した際の仲介手数料

設例 土地を30,000,000円で購入し、仲介手数料として990,000円支払った。

仕訳
（土地）非仕 30,000,000 ／（現金預金）30,000,000 〔摘要〕㈱三光より土地購入
（土地）課仕 990,000 ／（現金預金） 990,000 〔摘要〕日輪不動産 仲介手数料

２．土地建物を一括して取得した場合

不動産売買契約書

　市岡産業株式会社（以下「売主」という。）と国税商事株式会社（以下「買主」という。）とは、売主所有の別紙目録記載の土地建物（以下「本件不動産」という）の売買に関し、次のとおり契約する。
　　第1条（目　的）　売主は、本件不動産を買主に売渡し、買主は、これを買い受ける。
　　第2条（売買代金）　本件不動産の売買代金は、金52,000,000円（うち消費税2,000,000円）
　　　　　とする。

（譲渡対価の区分の計算）
　　消費税額より課税資産（建物）の譲渡価額を計算する
　　　　建物　$2,000,000 \times \dfrac{110}{10}$ ＝ 22,000,000円（税込み）
　　　　土地　52,000,000－22,000,000＝30,000,000円

仕訳
（土地）非仕 30,000,000 ／（現金預金）52,000,000 〔摘要〕市岡産業㈱より土地建物購入
（建物）課仕 22,000,000 ／

３．土地の取得を目的として土地建物を購入し、建物を取り壊した場合

設例 譲渡価額　土地 30,000,000円、建物13,200,000円の契約で購入したが、建物については取壊し費用2,200,000円をかけて取り壊し、更地とした。

仕訳
（土地）非仕 30,000,000 ／（現金預金）43,200,000 〔摘要〕㈱英和より土地建物購入
（土地）課仕 13,200,000 ／
（土地）課仕 2,200,000 ／（現金預金） 2,200,000 〔摘要〕山口土建 建物取壊費用

STEP 4　ゴルフ会員権を取得した場合 （消基通5−5−5、6−2−2）

　ゴルフ会員権を取得した場合は、取得先によって課税区分が異なります。

１．ゴルフクラブから会員権を取得する場合

　ゴルフクラブが発行する会員権が株式形態の場合は出資金であり、預託金形式の場合は保証金ですので、不課税取引となり、課税仕入れとなりません。ただし、脱退時に返還されない入会金や名義書換料は課税仕入れとなります。

２．会員権業者又は会員権の所有者から会員権を取得した場合

　会員権が株式形態の場合は株式の譲渡に、預託金形式の場合は金銭債権の譲渡に該当しますが、ゴルフ会員権の譲渡は、消費税の非課税取引に含まれませんので、課税対象となります。したがって、取得対価の全額が課税仕入れとなります。

STEP 5　特許権などの無形固定資産を取得した場合

（消法4、消令6①、消基通5−7−4〜5−7−10）

　特許権、営業権、鉱業権などの無形固定資産を取得した場合、その資産の取得が国内取引に該当するときは、その資産の取得は課税仕入れとなります。なお、国内取引の判定場所は右ページの表のとおりです。

・特許権を取得した場合

　特許権を取得した場合に登録をした機関が国内である場合には、国内取引とされ消費税の課税対象となります。

　特許権取得の際の出願料、特許料、名義変更手数料は、非課税取引に該当し課税仕入れにはなりません。

STEP 6　敷金、保証金、借家権利金などを支払った場合

　建物を賃借する際には、敷金、保証金、借家権利金などの名称で貸主に一時金を支払いますが、その取扱いについては、名称で判断するのではなく、その一時金が将来返還されるものか否かで実質的に判断する必要があります。

　　　将来返還されるもの　　　⇨　課税仕入れとならない
　　　将来返還されないもの　　⇨　課税仕入れとなる

ゴルフ会員権の課税関係

取得先	区分		課税区分
ゴルフクラブ	会員権	株式形態	課税仕入れとならない
		預託金形式	
	入会金	脱退時に返還されないもの	課税仕入れとなる
会員権業者 会員権所有者	会員権	株式形態	課税仕入れとなる
		預託金形式	

無形固定資産を取得した場合

資産の種類	国内取引の判定場所
鉱業権	鉱業権に係る鉱区の所在地
採石権	採石権に係る採石場の所在地
特許権、実用新案権、意匠権、商標権	権利の登録をした機関の所在地 （同一の権利について2以上の国において登録している場合には権利の譲渡又は貸付けを行う者の住所地）
著作権、ノウハウ	譲渡又は貸付けを行う者の住所地
営業権、漁業権、入漁権	これらの権利に係る事業を行う者の住所地
借家権利金	貸付資産の貸付時の所在場所

特許権を取得した場合

───── 特許原簿の謄本（特許庁） ─────

特許　第○○○号

表示部
出願年月日　平成26年6月3日
査定年月日　平成27年6月5日
発明の名称　○○

甲区
【特定承継による本権の移転】
受付年月日　令和3年10月10日
大阪市中央区大手前1－5　　　国税商事株式会社
　　　　　　　　登録年月日　令和3年10月25日

特許権譲渡契約書

国内の登録機関で登録

（設例）特許権を株式会社澤村機械から1,100,000円で購入し、特許料38,600円、名義変更手数料4,200円を特許庁に支払った。

仕訳						
（特許権）	課仕	1,100,000	（現金預金）	1,100,000	A社より○×特許購入 特許番号○○号	
（特許権）	対外	42,800	（現金預金）	42,800	特許庁　特許料他	

敷金・保証金を支払った場合

事務所賃貸契約書

住宅以外の建物賃貸契約

（保証金）
第○条　賃借に係る保証金として甲は乙に525,000円を差し入れる。
　2　　前項の保証金のうち275,000円は返還しない。

返還不要部分

設例　井上建物株式会社と事務所賃貸契約を締結し、保証金525,000円（うち保証金引きは275,000円）を支払った。

仕訳					
（長期前払費用）	課仕	275,000	（現金預金）	275,000	井上土地建物㈱事務所保証金引き
（保証金）	対外	250,000	（現金預金）	250,000	井上土地建物㈱事務所保証金

No.56 中間申告を確認する

V

申告書（一般用）を作成する

STEP 1 中間申告の義務を判定する （消法42）

消費税の課税事業者は、中間申告が不要の事業者を除き、申告期限までに中間申告書を提出し、その申告書に記載された税額を納付しなければなりません。また、中間申告は、直前の課税期間の確定消費税額（年税額）を基準に、中間申告の義務、中間申告の期間及び中間納付額が次表のとおり規定されています。

（中間申告が不要の事業者）

① 設立１期目の法人（合併によるものを除きます。）

② その年に開業した個人事業者

③ 課税期間の短縮の特例を受けている事業者

直前課税期間の確定 消費税額（国税）		対象と なる期間	中間申 告回数	申告期限	直前課税期間実績 による中間納付額
4,800万円超		１月ごと の期間	年11回	中間申告対象期間 の末日の翌日から ２月以内（最初の １か月は３月以内）	直前課税期間の確定 消費税額×$\frac{1}{12}$
400万円超 4,800万円以下		３月ごと の期間	年３回	中間申告対象期間 の末日の翌日から ２月以内	直前課税期間の確定 消費税額×$\frac{3}{12}$
48万円超 400万円以下		６月 の期間	年１回	中間申告対象期間 の末日の翌日から ２月以内	直前課税期間の確定 消費税額×$\frac{6}{12}$
48万円 以下	中間 申告 不要	中間申告 書を提出 する旨の 届出書を 提出 ６月 の期間	年１回	中間申告対象期間 の末日の翌日から ２月以内	直前課税期間の確定 消費税額×$\frac{6}{12}$

STEP 2 任意の中間申告制度 （消法42⑧〜⑪）

中間申告義務のない事業者が、中間申告書を提出する旨を記載した届出書を納税地の所轄税務署長に提出した場合には、その届出書を提出した日以後にその末日が到来する６月の中間申告対象期間から、自主的に中間申告及び納付をすることができます。
（**No.102、103**参照）

（不適用の届出）

任意の中間申告制度を選択した事業者が、その適用をやめようとするときは、その適用をやめる旨を記載した届出書を、納税地の所轄税務署長に提出しなければなりません。

（不適用のみなし規定）

任意の中間申告制度を選択した事業者が、その適用対象となる中間申告書をその申告期限までに提出しなかった場合には、その適用をやめる旨を記載した届出書の提出があったものとみなされます（**STEP 3 3**のみなし規定の適用はありません）。

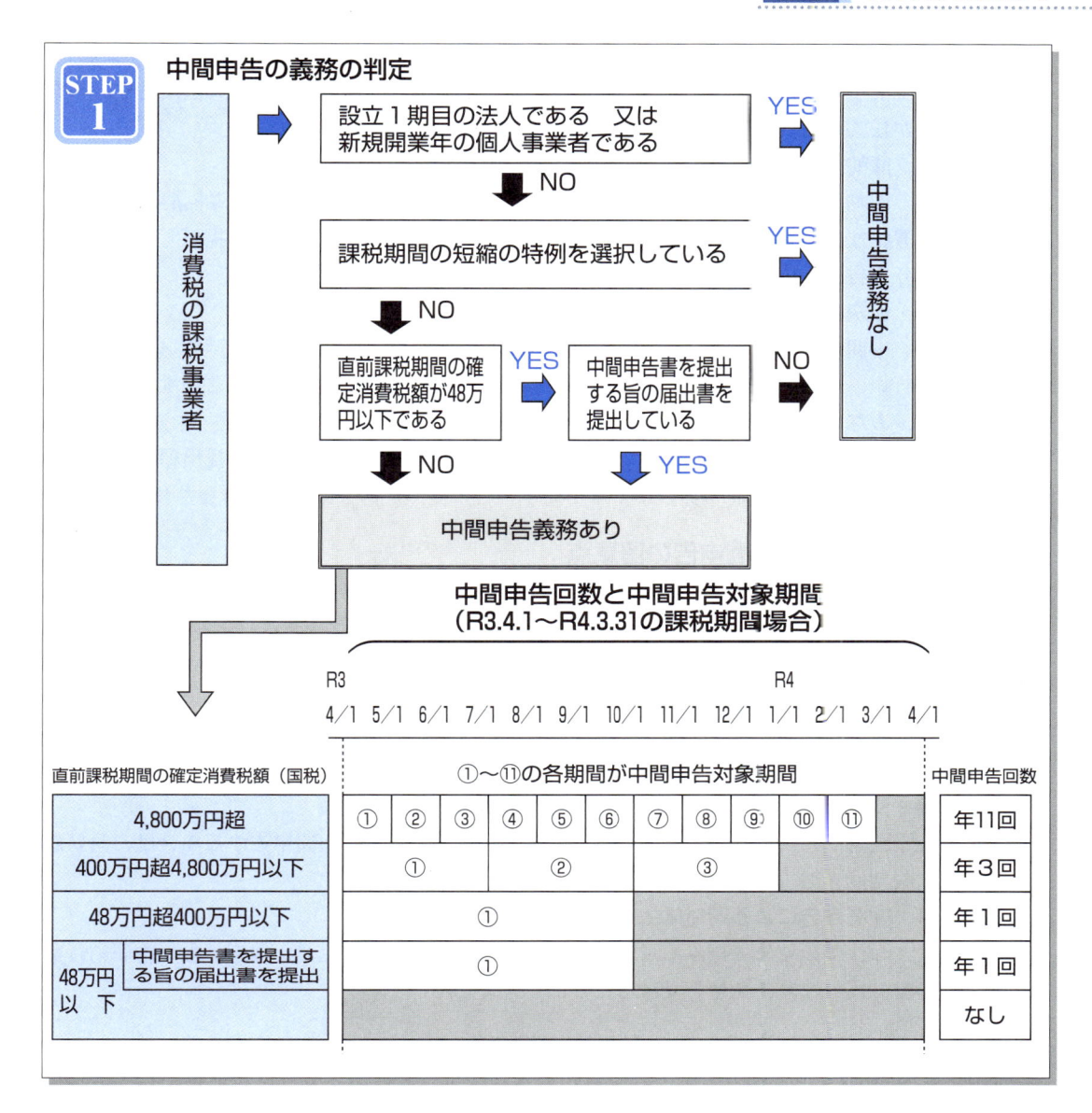

中間申告の方法

中間申告の方法は、前課税期間の実績による方法と、仮決算による方法があり、事業者が任意に選択することができます。

１．直前課税期間の実績による中間申告（消法42）

所轄税務署から送付されてくる、STEP1の計算式による直前の課税期間の確定消費税額に応じた中間納付額が記載された中間申告書（26号様式）を提出することにより申告を行います。

２．仮決算による中間申告（消法43）

中間申告対象期間を一課税期間とみなして確定申告と同様の税額計算（仮決算）を行い、中間納付額を計算します。申告書の様式は、確定申告書と同じです。

３．みなし規定（消法44、消基通15－1－6）

中間申告書の提出期限までにその提出がなかった場合には、その提出期限において1.の直前課税期間の実績による中間申告書の提出があったものとみなされます。

仮決算による中間申告の留意点

１．申告義務の判定（消基通15－1－4）

仮決算により納付税額を計算する場合でも、中間申告義務及び回数は、STEP1の直前の課税期間の確定消費税額により判定します。

２．前課税期間の実績による方法と仮決算の併用（消基通15－1－2）

1月ごとの又は3月ごとの中間申告を行う場合は、その中間申告対象期間ごとに、前課税期間の実績による方法と仮決算による方法を選択適用することができます。

３．簡易課税制度を適用している場合（消基通15－1－3）

簡易課税制度を適用している事業者が、仮決算により中間申告する場合は、簡易課税制度を適用して仮決算を行い中間申告します。

４．中間申告による還付は生じない（消基通15－1－5）

仮決算の結果、控除不足還付税額（申告書の⑧欄）が生じた場合でも、中間納付額は0円となり、還付を受けることはできません。

中間申告書を作成する―前課税期間の実績による中間申告書―

STEP1,2により中間申告の義務がある課税事業者に対しては、税務署から「消費税及び地方消費税の中間申告書（第26号様式）」が送付されてきます。

この中間申告書には、前課税期間、前課税期間の消費税額、中間申告対象期間、月数換算、納付すべき消費税額、納付すべき地方消費税額、消費税及び地方消費税の合計納付税額が、事前に印字されています。

納税地、名称、代表者氏名を記入し、納税地の所轄税務署に提出します。

設例　前課税期間の消費税額　1,800,200円　前課税期間　R2.4.1～R3.3.31

（判定）　480,000円＜1,800,200円≦4,000,000円　∴年1回の中間申告

国税　　$1,800,200円 \times \dfrac{6}{12} = 900,099円$（注）　→　900,000円（100円未満切捨て）

地方税　$900,000円 \times \dfrac{22}{78} = 253,846円$　→　253,800円（100円未満切捨て）

合計　　900,000円＋253,800円＝1,153,800円

（注）　課税期間の月数12で除し、これに6を乗じて計算します。

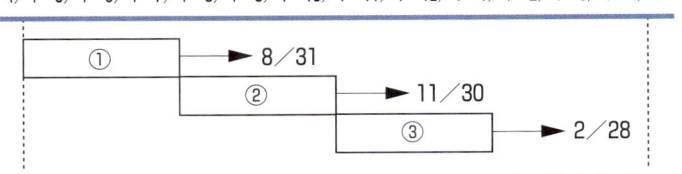

STEP 3 中間申告期限（３か月ごとの中間申告の場合）

中間申告対象期間	申告期限
①4／1〜6／30	8／31
②7／1〜9／30	11／30
③10／1〜12／31	2／28

各中間申告対象期間の末日の翌日から２か月以内が申告期限です。

STEP 4 中間申告・仮決算（３か月ごとの中間申告の場合）

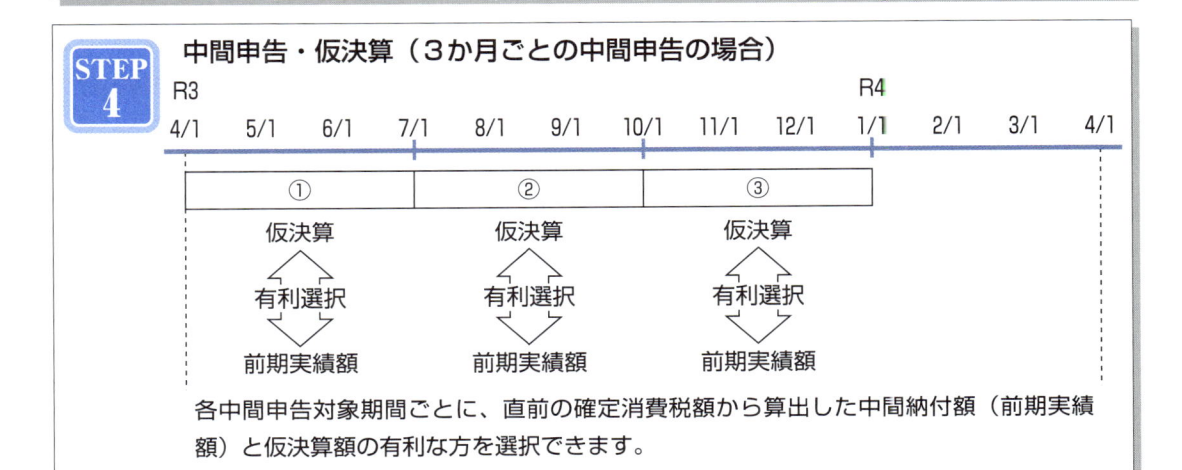

各中間申告対象期間ごとに、直前の確定消費税額から算出した中間納付額（前期実績額）と仮決算額の有利な方を選択できます。

STEP 5 中間申告書─第26号様式─

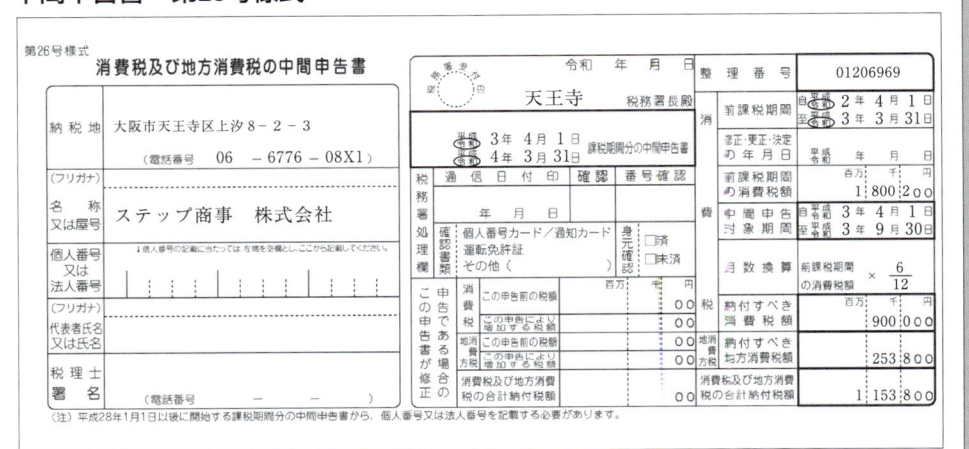

仕 訳 【税込経理】
（租税公課）1,153,800／（現預金）1,153,800

【税抜経理】
（仮払金）1,153,800／（現預金）1,153,800

税抜振替処理を確認する

STEP 1

概要

　消費税の経理処理方法には、税込経理方式と税抜経理方式がありますが、企業の損益計算や法人税の計算に影響が及ばないように、「中小企業の会計に関する指針」では、税抜経理方式を原則としています（**No.20**「消費税の経理処理を決定する」参照）。

　しかし、一仕訳ごとに、「仮払消費税」や「仮受消費税」を計上することは事務処理が煩雑になりますので、仕訳時には税込経理方式で処理し、月末又は決算時に一括して税抜振替処理をし、税抜経理方式にすることが認められています。

　なお、輸入取引については、個別に消費税を集計する必要があるため、一括税抜振替処理はできません。

１．決算時一括税抜振替処理

　期中仕訳はすべて税込経理方式で経理処理し、決算時に一括して消費税を税抜振替処理する方法をいいます。

　税抜振替処理は、決算時の一度だけですが、消費税の振替処理により決算時に損益に影響を及ぼす可能性があります。

２．月末一括税抜振替処理

　日常仕訳は税込経理方式で経理処理し、月末に一括して消費税を税抜振替処理する方法をいいます。毎月末に税抜振替処理をする必要がありますが、月次損益を正しく把握することができます。

税抜振替計算表を作成する

　ここでは、月末一括税抜振替処理の設例により計算します。

１．月次の試算表より、税抜振替計算表の「勘定科目」欄、「税込金額」欄に記入します。

２．１か月の取引について総勘定元帳より、「課税対象外」、「非課税」、「課税売上げ」、「課税仕入れ」の課税区分ごとに集計し、転記します。

３．「課税売上げ」、「課税仕入れ」欄の金額に、$\frac{10}{110}$（※）を乗じて計算した金額を、「税抜振替金額」欄に記入します。この金額がそれぞれ「仮受消費税」、「仮払消費税」の振替金額になります。

　※ ８％、旧８％税率のものは$\frac{8}{108}$

税抜振替仕訳をする

　税抜振替仕訳により、税抜振替計算表の税抜振替金額を、課税売上げの勘定科目については仮受消費税に、課税仕入れの勘定科目については仮払消費税に振り替えることにより、税込金額が税抜金額になります。

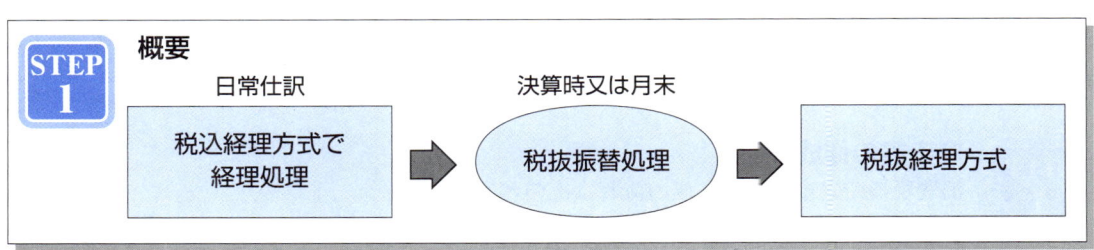

STEP 1　概要

日常仕訳　　　　　　　　決算時又は月末

税込経理方式で経理処理　➡　税抜振替処理　➡　税抜経理方式

STEP 2　税抜振替計算表を作成する

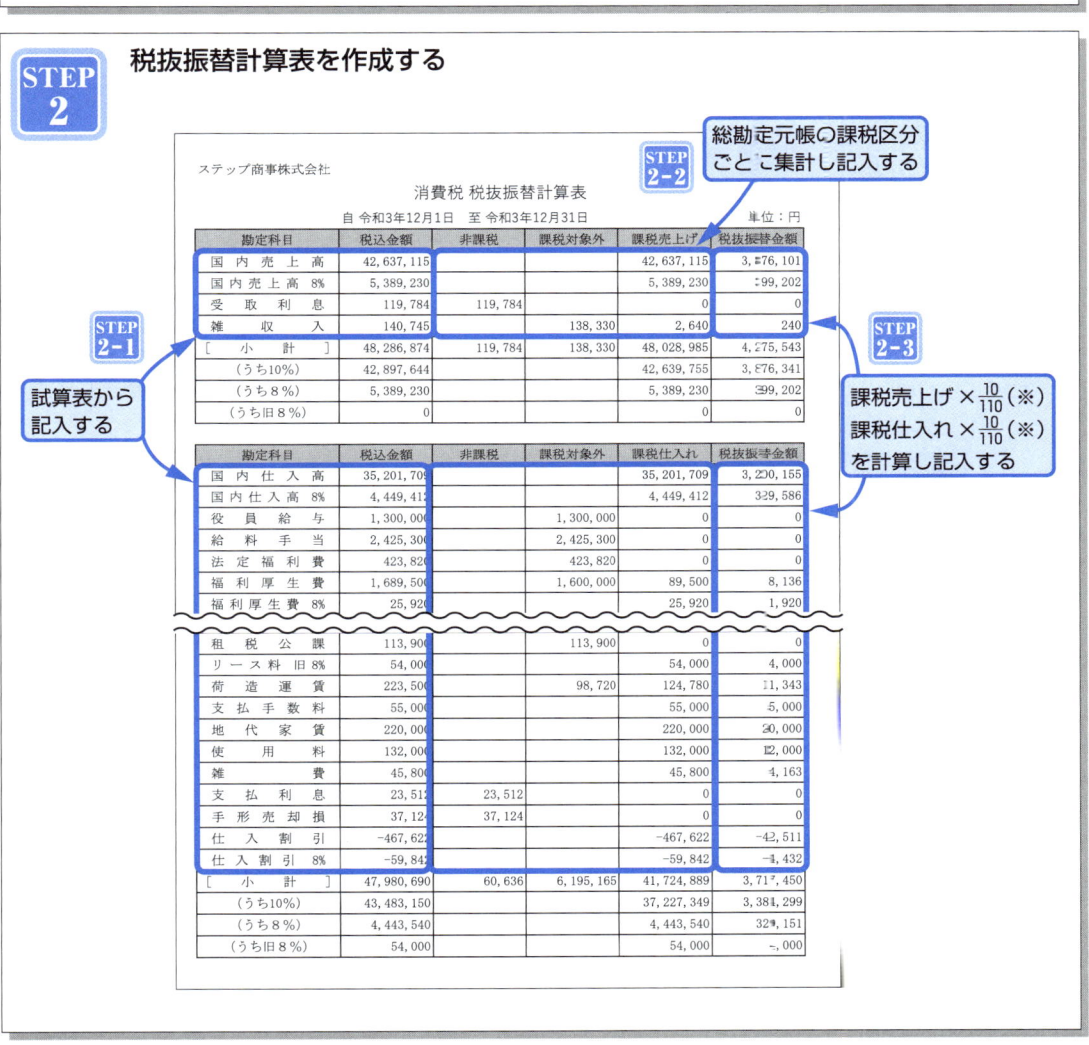

ステップ商事株式会社

消費税　税抜振替計算表

自 令和3年12月1日　至 令和3年12月31日　　単位：円

勘定科目	税込金額	非課税	課税対象外	課税売上げ	税抜振替金額
国 内 売 上 高	42,637,115			42,637,115	3,876,101
国 内 売 上 高 8%	5,389,230			5,389,230	399,202
受 取 利 息	119,784	119,784		0	0
雑 収 入	140,745		138,330	2,640	240
［ 小 計 ］	48,286,874	119,784	138,330	48,028,985	4,275,543
（うち10%）	42,897,644			42,639,755	3,876,341
（うち 8 %）	5,389,230			5,389,230	399,202
（うち旧 8 %）	0			0	0

勘定科目	税込金額	非課税	課税対象外	課税仕入れ	税抜振替金額
国 内 仕 入 高	35,201,709			35,201,709	3,200,155
国 内 仕 入 高 8%	4,449,412			4,449,412	329,586
役 員 給 与	1,300,000		1,300,000	0	0
給 料 手 当	2,425,300		2,425,300	0	0
法 定 福 利 費	423,820		423,820	0	0
福 利 厚 生 費	1,689,500		1,600,000	89,500	8,136
福 利 厚 生 費 8%	25,920			25,920	1,920
租 税 公 課	113,900		113,900	0	0
リ ー ス 料 旧 8%	54,000			54,000	4,000
荷 造 運 賃	223,500		98,720	124,780	11,343
支 払 手 数 料	55,000			55,000	5,000
地 代 家 賃	220,000			220,000	20,000
使 用 料	132,000			132,000	12,000
雑 費	45,800			45,800	4,163
支 払 利 息	23,512	23,512		0	0
手 形 売 却 損	37,124	37,124		0	0
仕 入 割 引	-467,622			-467,622	-42,511
仕 入 割 引 8%	-59,842			-59,842	-4,432
［ 小 計 ］	47,980,690	60,636	6,195,165	41,724,889	3,717,450
（うち10%）	43,483,150			37,227,349	3,384,299
（うち 8 %）	4,443,540			4,443,540	329,151
（うち旧 8 %）	54,000			54,000	4,000

STEP 2-2　総勘定元帳の課税区分ごとに集計し記入する

STEP 2-1　試算表から記入する

STEP 2-3　課税売上げ×$\frac{10}{110}$（※）　課税仕入れ×$\frac{10}{110}$（※）を計算し記入する

STEP 3　税抜振替処理をする

（例）　（国内売上高）課売　3,876,101　／　（仮受消費税）　3,876,101
　　　　（国内売上高）課売軽　399,202　／　（仮受消費税）　399,202

（例）　（仮払消費税）　8,136　／　（福利厚生費）課仕　8,136
　　　　（仮払消費税）　1,920　／　（福利厚生費）課仕軽　1,920

消費税の課税区分を確認する

STEP 1

申告書の作成手順

消費税の確定申告書の作成の流れは次のとおりです。

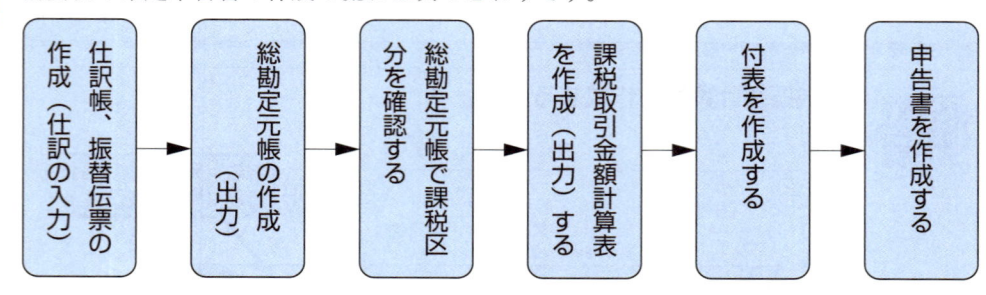

仕訳帳、振替伝票の作成（仕訳の入力） → 総勘定元帳の作成（出力） → 総勘定元帳で課税区分を確認する → 課税取引金額計算表を作成（出力）する → 付表を作成する → 申告書を作成する

STEP 2

総勘定元帳で課税区分を確認する

1. 総勘定元帳で、年間の取引について消費税の課税区分に誤りがないか確認します。当社の取引で注意すべき点は、次のとおりです。（当社は、税込経理で経理し、月末に税抜振替をする経理処理をしています。）

勘定科目	留意点
輸出売上高	輸出免税に区分されているか確認します。
固定資産売却益	売却損益ではなく売却価格が課税売上げになります。売却資産が土地の場合は非課税売上げになります。
償却債権取立益	貸倒れに係る税額控除を行った債権を回収した場合には、その債権に係る消費税額を控除過大調整税額として課税標準額に対する消費税額に加算します。
輸入仕入高	課税貨物の仕入れは税抜きで経理し、実際に税関に納付した消費税額を「仮払消費税」に計上します。
土地	土地の取得は非課税取引ですが、仲介手数料は課税仕入れとなります。
貸倒損失	課税売上げに計上した債権が貸倒れとなった場合は税額控除の対象となります。

2. 年間の取引について、総勘定元帳と課税取引金額計算表を照合し、課税区分の集計に誤りがないか確認します。

STEP 2 総勘定元帳で課税区分を確認する

「輸出免税」で区分されているか？

総 勘 定 元 帳 （輸出売上高）

ステップ商事株式会社　　　　　　　　　　　　　　　　　　　　　消費税：税抜経理

日付	相手科目	摘要	課税区分	借方	貸方	残高
		前月より繰越				32,81,430
R4.2.28	売 掛 金	2月分　輸出売上高	免税		12,574,251	45,384,681
R4.2.28	売 掛 金	2月分　輸出売上返品	免税	63,150		45,321,631
		＊＊　2月計　＊＊		63,150	12,574,251	
R4.3.31	売 掛 金	3月分　輸出売上高	免税		23,834,379	69,156,010
		＊＊　3月計　＊＊			23,834,379	
		＊＊　年間計　＊＊		258,925	69,414,935	69,156,010

「課税売上げ」で区分されているか？
税率は正しいか？

総 勘 定 元 帳 （固定資産売却益）

ステップ商事株式会社　　　　　　　　　　　　　　　　　　　　　消費税：税抜経理

日付	相手科目	摘要	課税区分	借方	貸方	残高
R3.6.21	現 金 預 金	㈲徳製作所　社用車売却	課売		1,320,000	1,320,000
R3.6.21	車両運搬具	㈲徳製作所　社用車売却　帳簿価額	対外	1,000,000		320,000
R3.6.30	仮受消費税	消費税額振替　税込金額：1,320,000	課売	120,000		200,000
		＊＊　6月計　＊＊		1,120,000	1,320,000	
		＊＊　年間計　＊＊		1,120,000	1,320,000	200,000

「課税仕入れ」で区分されているか？
税率は正しいか？

「課税貨物」で区分されているか？
税率は正しいか？

総 勘 定 元 帳 （輸入仕入高）

ステップ商事株式会社　　　　　　　　　　　　　　　　　　　　　消費税：税抜経理

日付	相手科目	摘要	課税区分	借方	貸方	残高
		前月より繰越				12,553,654
R4.2.28	買 掛 金	2月分　輸入仕入高	課貨課対	15,153,541		27,707,195
R4.2.28	買 掛 金	2月分　輸入仕入諸掛	課対	1,641,788		29,348,983
R4.2.28	買 掛 金	2月分　輸入仕入諸掛	対外	658,412		30,007,395
R4.2.28	仮払消費税	消費税額振替　税込金額：1,641,788	課仕		149,253	29,858,142
		＊＊　2月計　＊＊		17,453,741	149,253	
：	：	：	：	：	：	：
		＊＊　年間計　＊＊		52,404,742	266,278	52,138,464

「課税貸倒れ」で区分されているか？
税率は正しいか？

総 勘 定 元 帳 （貸倒損失）

ステップ商事株式会社　　　　　　　　　　　　　　　　　　　　　消費税：税抜経理

日付	相手科目	摘要	課税区分	借方	貸方	残高
R3.12.15	売 掛 金	㈱高鷲製作所　売掛金貸倒れ	課貸倒旧8	1,134,000		
R3.12.15	貸 付 金	㈱高鷲製作所　貸付金貸倒れ	対外	120,000		
R3.12.31	仮受消費税	消費税額振替　税込金額：1,134,000	課貸倒旧8		84,000	1,170,000
		＊＊　12月計　＊＊		1,254,000	84,000	
		＊＊　年間計　＊＊		1,254,000	84,000	

課税取引金額計算表を作成する

V 申告書（一般用）を作成する

STEP 1

課税取引金額計算表の概要

　多くの税務・会計ソフトで右ページのような消費税の課税取引の集計表（以下「課税取引金額計算表」と呼びます。）の作成が可能です。この集計に誤りがあると正しい税額計算を行うことができません。ここでは、課税取引金額計算表の各項目がどのような意味を持つのかを確認します。

　消費税申告書の「付表2−1、2−2」を作成するためには、課税期間中の下記の数値が必要となります。各数値は「課税取引金額計算表」の以下の項目の合計（課税取引については税率ごとの小計）欄の金額を用いて計算します。

課税売上高5億円超又は課税売上割合95％未満の場合

付表2−1、2−2の項目		使用する課税取引金額計算表の項目
課税売上額（税抜き）	①	売上項目、Ⅰ.資産の譲渡等の「課税売上げ」、「仮受消費税」
免税売上高	②	売上項目、Ⅰ.資産の譲渡等の「輸出免税」
非課税資産の輸出等の金額 海外支店等へ移送した資産の価額	③	なし
非課税売上額	⑥	売上項目、Ⅰ.資産の譲渡等の「非課税売上」、「有価証券売却」
課税仕入れに係る支払対価の額（税込み）	⑨	仕入項目、Ⅲ.仕入税額控除（合計）の「課税仕入れ」、「仮払消費税」
特定課税仕入れに係る支払対価の額	⑪	仕入項目、Ⅲ.仕入税額控除（合計）の「特定課税仕入れ」
課税貨物に係る消費税額	⑬	仕入項目、Ⅲ.仕入税額控除（合計）の課税貨物の内訳欄の「仮払消費税」
納税義務の免除を受けない（受ける）こととなった場合における消費税額の調整（加算又は減算）額	⑭	なし
⑮のうち、課税売上げにのみ要するもの	⑰	仕入項目、Ⅲ.仕入税額控除（合計）、課税売上げ対応の「課税仕入れ」、「仮払消費税」
⑮のうち、課税売上げと非課税売上げに共通して要するもの	⑱	仕入項目、Ⅲ.仕入税額控除（合計）、共通対応の「課税仕入れ」、「仮払消費税」
課税売上割合変動時の調整対象固定資産に係る消費税額の調整（加算又は減算）額	㉑	なし
調整対象固定資産を課税業務用（非課税業務用）に転用した場合の調整（加算又は減算）額	㉒	なし
居住用賃貸建物を課税賃貸用に供した（譲渡した）場合の加算額	㉓	なし
貸倒回収に係る消費税額	㉖	売上項目、Ⅱ貸倒回収の「課税貸倒回収」、「仮受消費税」

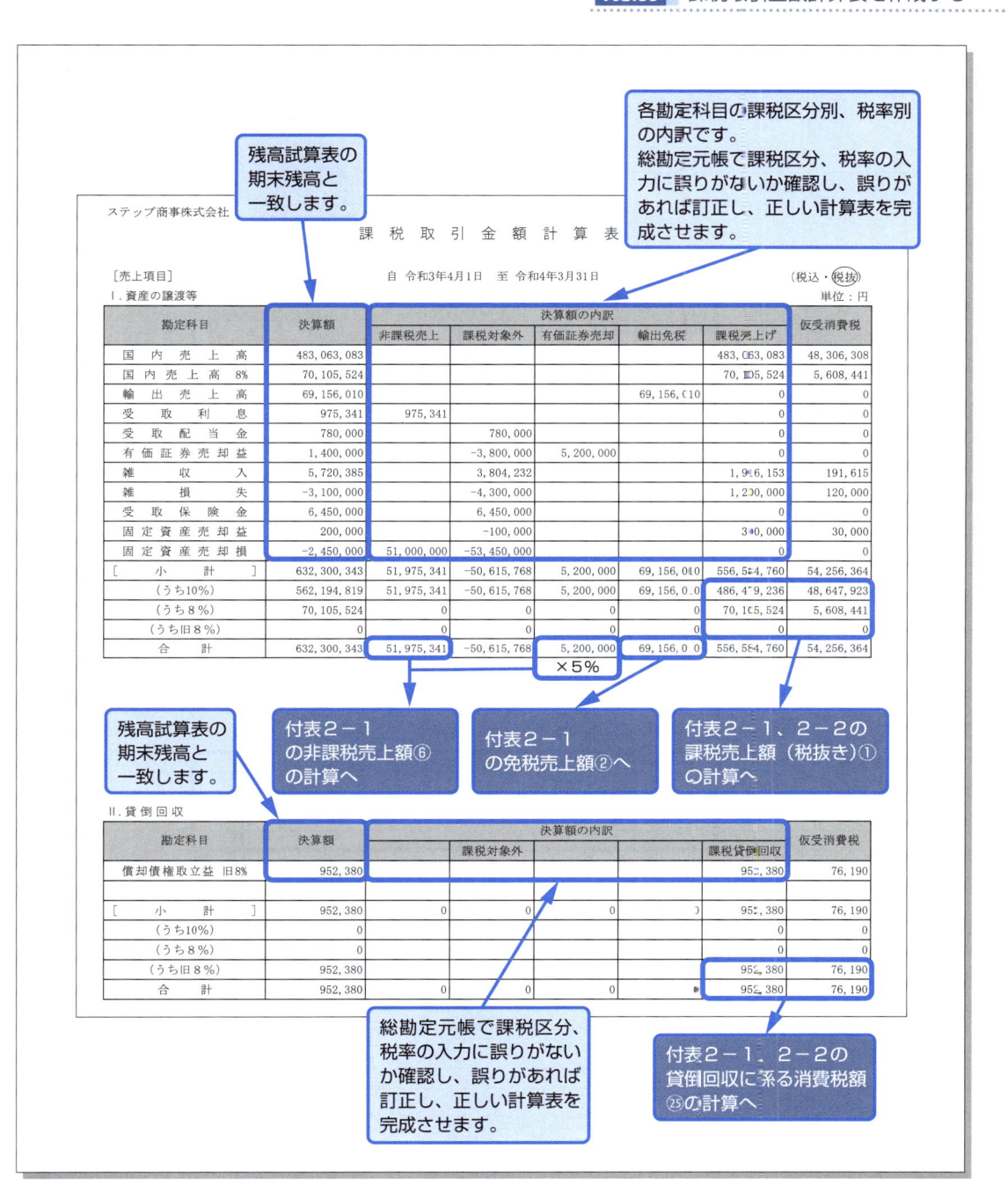

残高試算表の期末残高と一致します。

各勘定科目の課税区分別、税率別の内訳です。
総勘定元帳で課税区分、税率の入力に誤りがないか確認し、誤りがあれば訂正し、正しい計算表を完成させます。

ステップ商事株式会社

課 税 取 引 金 額 計 算 表

[売上項目]
Ⅰ. 資産の譲渡等

自 令和3年4月1日 至 令和4年3月31日

(税込・税抜)
単位：円

勘定科目	決算額	決算額の内訳					仮受消費税
		非課税売上	課税対象外	有価証券売却	輸出免税	課税売上げ	
国 内 売 上 高	483,063,083					483,063,083	48,306,308
国 内 売 上 高 8%	70,105,524					70,105,524	5,608,441
輸 出 売 上 高	69,156,010				69,156,010	0	0
受 取 利 息	975,341	975,341				0	0
受 取 配 当 金	780,000		780,000			0	0
有 価 証 券 売 却 益	1,400,000		-3,800,000	5,200,000		0	0
雑 収 入	5,720,385		3,804,232			1,916,153	191,615
雑 損 失	-3,100,000		-4,300,000			1,200,000	120,000
受 取 保 険 金	6,450,000		6,450,000			0	0
固 定 資 産 売 却 益	200,000		-100,000			300,000	30,000
固 定 資 産 売 却 損	-2,450,000		-53,450,000			0	0
[小 計]	632,300,343	51,975,341	-50,615,768	5,200,000	69,156,010	556,584,760	54,256,364
（うち10%）	562,194,819	51,975,341	-50,615,768	5,200,000	69,156,010	486,479,236	48,647,923
（うち8%）	70,105,524	0	0	0	0	70,105,524	5,608,441
（うち旧8%）	0	0	0	0	0	0	0
合 計	632,300,343	51,975,341	-50,615,768	5,200,000	69,156,010	556,584,760	54,256,364

×5%

残高試算表の期末残高と一致します。

付表2-1の非課税売上額⑥の計算へ

付表2-1の免税売上額②へ

付表2-1、2-2の課税売上額（税抜き）①の計算へ

Ⅱ. 貸倒回収

勘定科目	決算額	決算額の内訳				仮受消費税
		課税対象外			課税貸倒回収	
償却債権取立益 旧8%	952,380				952,380	76,190
[小 計]	952,380	0	0	0	952,380	76,190
（うち10%）	0				0	0
（うち8%）	0				0	0
（うち旧8%）	952,380				952,380	76,190
合 計	952,380	0	0	0	952,380	76,190

総勘定元帳で課税区分、税率の入力に誤りがないか確認し、誤りがあれば訂正し、正しい計算表を完成させます。

付表2-1、2-2の貸倒回収に係る消費税額㉕の計算へ

各勘定科目の課税区分別、売上げとの対応区分別、税率別の内訳です。
総勘定元帳で課税区分、税率の入力に誤りがないか確認し、誤りがあれば訂正し、正しい計算表を完成させます。

残高試算表の期末残高と一致します。

ステップ商事株式会社

課 税 取 引 金 額 計 算 表

［仕入項目］　　　　　　　　　　　　自 令和3年4月1日　至 令和4年3月31日　　　　　　　（税込・税抜）
１. 仕入税額控除（損益項目）

勘定科目	決算額	決算額の内訳		課税仕入れの内訳			仮払消費税
		課税取引以外	課税取引	課税売上対応	共通対応	非課税売上対応	
国 内 仕 入 高	381,338,236		381,338,236	381,338,236			38,133,823
国 内 仕 入 高 8%	52,029,892		52,029,892	52,029,892			4,162,391
輸 入 仕 入 高	50,339,210	47,145,751	3,193,459	3,193,459			319,345
［ 小 計 ］	483,707,338	47,145,751	436,561,587	436,561,587	0	0	42,615,559
（うち10%）	431,677,446	47,145,751	384,531,695	384,531,695	0	0	38,453,168
（うち8%）	52,029,892	0	52,029,892	52,029,892	0	0	4,162,391
（うち旧8%）	0	0	0	0	0	0	0
役 員 給 与	17,200,000	17,200,000	0				0
給 料 手 当	35,571,590	35,571,590	0				0
福 利 厚 生 費	2,846,121	2,000,000	846,121		846,121		84,612
福 利 厚 生 費 8%	43,562		43,562		43,562		3,484
リ ー ス 料 旧 8%	540,000		540,000		540,000		43,200
地 代 家 賃	2,400,000		2,400,000		2,400,000		240,000
使 用 料	1,440,000		1,440,000		1,440,000		144,000
雑 費	210,600		210,600		210,600		21,060
［ 小 計 ］	86,816,368	61,617,456	25,198,912	4,393,087	20,805,825	0	2,507,278
（うち10%）	86,185,906	61,617,456	24,568,450	4,362,387	20,206,063	0	2,456,842
（うち8%）	90,462	0	90,462	30,700	59,762	0	7,236
（うち旧8%）	540,000	0	540,000		540,000	0	43,200
支 払 利 息	261,860	261,860	0				0
手 形 売 却 損	548,321	548,321	0				0
為 替 差 損	436,000	436,000	0				0
仕 入 割 引	-6,149,930		-6,149,930	-6,149,930			-614,993
仕 入 割 引 8%	-749,231		-749,231	-749,231			-59,938
［ 小 計 ］	-5,652,980	1,246,181	-6,899,161	-6,899,161	0	0	-674,931
（うち10%）	-4,903,749	1,246,181	-6,149,930	-6,149,930	0	0	-614,993
（うち8%）	-749,231	0	-749,231	-749,231	0	0	-59,938
（うち旧8%）	0	0	0	0	0	0	0
固 定 資 産 除 却 損	692,644	692,644	0				0
［ 小 計 ］	692,644	692,644	0	0	0	0	0
（うち10%）	692,644	692,644	0	0	0	0	0
（うち8%）	0	0	0	0	0	0	0
（うち旧8%）	0	0	0	0	0	0	0
［ 合 計 ］	565,563,370	110,702,032	454,861,338	434,055,513	20,805,825	0	44,447,906
（うち10%）	513,652,247	110,702,032	402,950,215	382,744,152	20,206,063	0	40,295,017
（うち8%）	51,371,123	0	51,371,123	51,311,361	59,762	0	4,109,689
（うち旧8%）	540,000	0	540,000	0	540,000		43,200

各勘定科目の課税区分別、売上げとの対応区分別、税率別の内訳です。
総勘定元帳で課税区分、税率の入力に誤りがないか確認し、誤りがあれば訂正し、正しい計算表を完成させます。

Ⅱ. 仕入税額控除（資産項目）

勘定科目	決算額	決算額の内訳		課税仕入れの内訳			仮払消費税
		課税取引以外	課税取引	課税売上対応	共通対応	非課税売上対応	
器 具 備 品	1,580,000		1,580,000		1,580,000		158,000
ソ フ ト ウ ェ ア	600,000		600,000	600,000			60,000
土 地	30,900,000	30,000,000	900,000		900,000		90,000
[小 計]	33,080,000	30,000,000	3,080,000	600,000	2,480,000	0	308,000
（うち10%）	33,080,000	30,000,000	3,080,000	600,000	2,480,000	0	308,000
（うち8%）	0	0	0	0	0	0	0
（うち旧8%）	0	0	0	0	0	0	0
長 期 前 払 費 用	2,800,000		2,800,000		2,800,000		280,000
[小 計]	2,800,000	0	2,800,000	0	2,800,000	0	280,000
（うち10%）	2,800,000	0	2,800,000	0	2,800,000	0	280,000
（うち8%）	0	0	0	0	0	0	0
（うち旧8%）	0	0	0	0	0	0	0
[合 計]	35,880,000	30,000,000	5,880,000	600,000	5,280,000	0	588,000
（うち10%）	35,880,000	30,000,000	5,880,000	600,000	5,280,000	0	588,000
（うち8%）	0	0	0	0	0	0	0
（うち旧8%）	0	0	0	0	0	0	0

残高試算表の期末残高と一致します。

Ⅲ. 仕入税額控除（合 計）

【課税仕入れの内訳】		課税売上対応	共通対応	非課税売上対応	仮払消費税
課税仕入れ10%	408,830,215	383,344,152	25,486,063	0	40,883,017
課税仕入れ8%	51,371,123	51,311,361	59,762	0	4,109,689
課税仕入れ旧8%	540,000	0	540,000	0	43,200
仮払消費税10%	40,883,017	38,334,411	2,548,605	0	
仮払消費税8%	4,109,689	4,104,908	4,781	0	
仮払消費税旧8%	43,200	0	43,200	0	

付表2-1、2-2の課税仕入れに係る支払対価の額（税込み）⑨へ

【課税貨物の内訳】		課税売上対応	共通対応	非課税売上対応	仮払消費税
仮払消費税10%	4,118,633	4,118,633	0	0	4,118,633
仮払消費税8%	475,383	475,383	0	0	475,383
仮払消費税旧8%	0	0	0	0	0
			計		4,594,016

付表2-1、2-2の課税貨物に係る消費税額⑬の計算へ

【特定課税仕入れの内訳】		課税売上対応	共通対応	非課
特定課税仕入れ10%	1,950,000		1,950,000	
特定課税仕入れ8%				
特定課税仕入れ旧8%	0		0	

付表2-1、2-2の特定課税仕入れに係る支払対価の額⑪へ

付表2-1、2-2の⑮のうち、課税売上げと非課税売上げに共通して要するもの⑱の計算へ

Ⅳ. 貸倒れに係る税額控除

勘定科目	決算額	決算額の内訳		仮受消費税
		課税取引以外	課税貸倒	
貸 倒 損 失	265,981		265,981	26,598
貸 倒 損 失 8%	0		0	0
貸 倒 損 失 旧8%	1,199,999	120,000	1,079,999	86,399
合 計	1,465,980	120,000	1,345,980	112,997

付表2-1、2-2の⑮のうち、課税売上げにのみ要するもの⑰の計算へ

付表2-1、2-2の貸倒れに係る税額⑥の計算へ

第4-(6)号様式

付表2-2　課税売上割合・控除対象仕入税額等の計算表
〔経過措置対象課税資産の譲渡等を含む課税期間用〕　　　　　　一般

課　税　期　間	3・4・1〜4・3・31	氏 名 又 は 名 称	ステップ商事株式会社

項　目		税率3％適用分 A	税率4％適用分 B	税率6.3％適用分 C	旧税率分小計 X (A+B+C)
課 税 売 上 額 （ 税 抜 き ）	①	円	円	円	※付表2-1の①X欄へ　円
免 税 売 上 額	②				
非 課 税 資 産 の 輸 出 等 の 金 額 、海 外 支 店 等 へ 移 送 し た 資 産 の 価 額	③				
課税資産の譲渡等の対価の額（①＋②＋③）	④				※付表2-1の④F欄の金額） 625,740,768
課税資産の譲渡等の対価の額（④の金額）	⑤				
非 課 税 売 上 額	⑥				
資 産 の 譲 渡 等 の 対 価 の 額 （ ⑤ ＋ ⑥ ）	⑦				※付表2-1の⑦F欄の金額） 677,976,109
課 税 売 上 割 合 （ ④ ／ ⑦ ）	⑧				※付表2-1の⑧F欄の割合） [92 ％] ※端数切捨て
課 税 仕 入 れ に 係 る 支 払 対 価 の 額 （ 税 込 み ）	⑨			583,200	※付表2-1の⑨X欄へ 583,200
課 税 仕 入 れ に 係 る 消 費 税 額	⑩			（⑨C欄×6.3/108） 34,020	※付表2-1の⑩X欄へ 34,020
特 定 課 税 仕 入 れ に 係 る 支 払 対 価 の 額	⑪	※⑪及び⑫欄は、課税売上割合が95％未満、かつ、特定課税仕入れがある事業者のみ記載する。			※付表2-1の⑪X欄へ
特 定 課 税 仕 入 れ に 係 る 消 費 税 額	⑫			（⑪C欄×6.3/100）	※付表2-1の⑫X欄へ
課 税 貨 物 に 係 る 消 費 税 額	⑬				※付表2-1の⑬X欄へ
納 税 義 務 の 免 除 を 受 け な い （ 受 け る ） こ と と な っ た 場 合 に お け る 消 費 税 額 の 調 整 （ 加 算 又 は 減 算 ） 額	⑭				※付表2-1の⑭X欄へ
課 税 仕 入 れ 等 の 税 額 の 合 計 額 （ ⑩ ＋ ⑫ ＋ ⑬ ± ⑭ ）	⑮			34,020	※付表2-1の⑮X欄へ 34,020
課税売上高が5億円以下、かつ、課税売上割合が95％以上の場合（⑮の金額）	⑯				※付表2-1の⑯X欄へ
課5課95税億％売未円上満割超合の高又合は場がはが	個別対応方式	⑮のうち、課税売上げにのみ要するもの	⑰			※付表2-1の⑰X欄へ
		⑮のうち、課税売上げと非課税売上げに共通して要するもの	⑱		34,020	※付表2-1の⑱X欄へ 34,020
		個別対応方式により控除する課税仕入れ等の税額〔⑰＋（⑱×④／⑦）〕	⑲		31,398	※付表2-1の⑲X欄へ 31,398
控除税額の調整		一括比例配分方式により控除する課税仕入れ等の税額（⑮×④／⑦）	⑳		31,398	※付表2-1の⑳X欄へ 31,398
	課税売上割合変動時の調整対象固定資産に係る消費税額の調整（加算又は減算）額		㉑			※付表2-1の㉑X欄へ
	調整対象固定資産を課税業務用（非課税業務用）に転用した場合の調整（加算又は減算）額		㉒			※付表2-1の㉒X欄へ
	居住用賃貸建物を課税賃貸用に供した（譲渡した）場合の加算額		㉓			※付表2-1の㉓X欄へ
差引	控 除 対 象 仕 入 税 額〔（⑯、⑲又は⑳の金額）±㉑±㉒＋㉓〕がプラスの時		㉔	※付表1-2の④A欄へ	※付表1-2の④B欄へ	※付表1-2の④C欄へ 31,398	※付表2-1の㉔X欄へ 31,398
	控 除 過 大 調 整 税 額〔（⑯、⑲又は⑳の金額）±㉑±㉒＋㉓〕がマイナスの時		㉕	※付表1-2の③A欄へ	※付表1-2の③B欄へ	※付表1-2の③C欄へ	※付表2-1の㉕X欄へ
貸 倒 回 収 に 係 る 消 費 税 額	㉖			※付表1-2の③C欄へ 59,999	※付表2-1の㉖X欄へ 59,999

注意
1　金額の計算においては、1円未満の端数を切り捨てる。
2　旧税率が適用された取引がある場合は、当該付表を作成してから付表2-1を作成する。
3　⑧及び⑱のX欄は、付表2-1のF欄を計算した後に記載する。
4　⑨及び⑪欄には、値引き、割戻し、割引きなど仕入対価の返還等の金額がある場合（仕入対価の返還等の金額を仕入金額から直接減額している場合を除く。）には、その金額を控除した後の金額を記載する。

（R2.4.1以後終了課税期間用）

※各欄の計算の詳細は、**No.60**を参照。

220

第4-(2)号様式

付表2-1　課税売上割合・控除対象仕入税額等の計算表
〔経過措置対象課税資産の譲渡等を含む課税期間用〕　　　　　　一般

| 課税期間 | 3 ・ 4 ・ 1 ～ 4 ・ 3 ・ 31 | 氏名又は名称 | スキップ商事株式会社 |

課税売上げ8%より
課税売上げ10%より

項目		旧税率分小計 X	税率6.24%適用分 D	税率7.8%適用分 E	合計 F (X+D+E)
課 税 売 上 額 （ 税 抜 き ）	①	(付表2-2の①X欄の金額)	70,105,523	486,479,235	556,584,758
免 税 売 上 額	②			輸出免税より→	69,156,010
非課税資産の輸出等の金額、海外支店等へ移送した資産の価額	③				
課税資産の譲渡等の対価の額 （①＋②＋③）	④			※第一表の⑮欄へ ※付表2-2の④X欄へ	625,740,768
課税資産の譲渡等の対価の額 （④の金額）	⑤				625,740,768
非 課 税 売 上 額	⑥				52,235,341
資産の譲渡等の対価の額 （⑤＋⑥）	⑦			※第一表の⑯欄へ ※付表2-2の⑦X欄へ	677,976,109
課 税 売 上 割 合 （ ④ ／ ⑦ ）	⑧			※付表2-2の⑧X欄へ	[92 %] ※端数切捨て
課税仕入れに係る支払対価の額（税込み）	⑨	(付表2-2の⑨X欄の金額) 583,200	55,480,812	449,713,232	505,777,244
課税仕入れに係る消費税額	⑩	(付表2-2の⑩X欄の金額) 34,020	(⑨D欄×6.24/108) 3,205,558	(⑨E欄×7.8/110) 31,888,756	35,128,334
特定課税仕入れに係る支払対価の額	⑪	(付表2-2の⑪X欄の金額)	※⑪及び⑫欄は、課税売上割合が95%未満、かつ、特定課税仕入れがある事業者のみ記載する。	1,950,000	1,950,000
特定課税仕入れに係る消費税額	⑫	(付表2-2の⑫X欄の金額)		(⑪E欄×7.8/100) 152,100	152,100
課税貨物に係る消費税額	⑬	(付表2-2の⑬X欄の金額)	370,798	3,212,533	3,583,331
納税義務の免除を受けない（受ける）こととなった場合における消費税額の調整（加算又は減算）額	⑭	(付表2-2の⑭X欄の金額)			
課税仕入れ等の税額の合計額 （⑩＋⑫＋⑬±⑭）	⑮	(付表2-2の⑮X欄の金額) 34,020	3,576,356	35,253,389	38,863,765
課税売上高が5億円以下、かつ、課税売上割合が95%以上の場合 （⑮の金額）	⑯	(付表2-2の⑯X欄の金額)			
課税売上高が5億円超又は課税売上割合が95%未満の場合	個別対応方式	⑮のうち、課税売上げにのみ要するもの	⑰	(付表2-2の⑰X欄の金額)	3,572,626	33,113,376	36,686,002
		⑮のうち、課税売上げと非課税売上げに共通して要するもの	⑱	(付表2-2の⑱X欄の金額) 34,020	3,729	2,140,012	2,177,761
		個別対応方式により控除する課税仕入れ等の税額 〔⑰＋（⑱×④／⑦）〕	⑲	(付表2-2の⑲X欄の金額) 31,398	3,576,067	35,088,508	38,695,973
		一括比例配分方式により控除する課税仕入れ等の税額 （⑮×④／⑦）	⑳	(付表2-2の⑳X欄の金額) 31,398	3,300,812	32,537,256	35,869,466
控除税額の調整	課税売上割合変動時の調整対象固定資産に係る消費税額の調整（加算又は減算）額		㉑	(付表2-2の㉑X欄の金額)			
	調整対象固定資産を課税業務用（非課税業務用）に転用した場合の調整（加算又は減算）額		㉒	(付表2-2の㉒X欄の金額)			
	居住用賃貸建物を課税賃貸用に供した〔譲渡した〕場合の加算額		㉓	(付表2-2の㉓X欄の金額)			
差引	控除対象仕入税額 〔（⑯、⑲又は⑳の金額）±㉑±㉒＋㉓〕がプラスの時		㉔	(付表2-2の㉔X欄の金額) 31,398	※付表1-1の④D欄へ 3,576,067	※付表1-1の④E欄へ 35,088,508	38,695,973
	控除過大調整税額 〔（⑯、⑲又は⑳の金額）±㉑±㉒＋㉓〕がマイナスの時		㉕	(付表2-2の㉕X欄の金額)	※付表1-1の③D欄へ	※付表1-1の③E欄へ	
貸倒回収に係る消費税額			㉖	(付表2-2の㉖X欄の金額) 59,999	※付表1-1の③D欄へ	※付表1-1の③E欄へ	59,999

非課税売上等より

付表2-2 ⑨、⑪、⑬、⑰、⑱ と同じ計算方式で

注意
1　金額の計算においては、1円未満の端数を切り捨てる。
2　旧税率が適用された取引がある場合は、付表2-2を作成してから当該付表を作成する。
3　⑨及び⑱欄には、値引き、割戻し、割引きなど仕入対価の返還等の金額がある場合（仕入対価の返還等の金額を仕入金額から直接減額している場合を除く。）には、その金額を控除した後の金額を記載する。

(R2.4.1以後終了課税期間用)

※各欄の計算の詳細は、No.60を参照。

消費税の申告書を作成する

No.59で出力した「課税取引金額計算表」（以下「計算表」といいます。）をもとに「消費税及び地方消費税の申告書第一表（一般用）、第二表」、「付表１－１、１－２ 税率別消費税額計算表 兼 地方消費税の課税標準となる消費税額計算表」、及び「付表２－１、２－２ 課税売上割合・控除対象仕入税額等の計算表」を作成します。

申告に係る課税期間に旧税率が適用された取引がない場合には、付表１－３、２－３を使用します（**STEP 8** 参照）。

課税標準額、課税標準額に対する消費税額の計算

計算表（売上項目）の「Ⅰ. 資産の譲渡等」の「小計」の税率ごとの「課税売上げ」欄の金額と「仮受消費税」欄の金額を合計して、税込課税売上高を計算します。この税込課税売上高と「特定課税仕入れの支払対価の額」をもとに、課税標準額、課税標準額に対する消費税額を計算します。

付表１－１の①〜②欄を記載する

税率引上げ後の税率適用分について計算します。

（1）「課税資産の譲渡等の対価の額①－１」欄

税率6.24％適用分D
$$70,105,524 + 5,608,441 = 75,713,965$$
$$75,713,965 \times 100/108 = \underline{70,105,523}$$

税率7.8％適用分E
$$486,479,236 + 48,647,923 = 535,127,159$$
$$535,127,159 \times 100/110 = \underline{486,479,235}$$

合計F
$$70,105,523 + 486,479,235 = 556,584,758$$

（2）「特定課税仕入れに係る支払対価の額①－２」欄

税率7.8％適用分E 1,950,000

合計F 1,950,000

（注）課税売上割合が95％以上である事業者は、特定課税仕入れがある場合でもこの欄の記載はありません。

（3）「課税標準額①」欄

税率6.24％適用分D $70,105,523 \rightarrow \underline{70,105,000}$ （千円未満切捨て）

税率7.8％適用分E
$486,479,235 + 1,950,000 = 488,429,235 \rightarrow \underline{488,429,000}$ （千円未満切捨て）

合計F $70,105,000 + 488,429,000 = 558,534,000$

（4）「消費税額②」欄

税率6.24％適用分D $70,105,000 \times 6.24\% = \underline{4,374,552}$

税率7.8％適用分E $488,429,000 \times 7.8\% = \underline{38,097,462}$

合計F $4,374,552 + 38,097,462 = \underline{42,472,014}$

STEP 1 課税標準額、課税標準額に対する消費税額の計算

付表1−1　税率別消費税額計算表　兼　地方消費税の課税標準となる消費税額計算表
〔経過措置対象課税資産の譲渡等を含む課税期間用〕　　　　　　　　　　　　一　般

課　税　期　間	3・4・1 ～ 4・3・31	氏名又は名称	ステップ商事株式会社

区　　　　分		旧税率分小計 X	税率6.24%適用分 D	税率7.8%適用分 E	合　　計　F (X+D+E)
課　税　標　準　額	①	(付表1-2の①欄の金額) 000 円	70,105,000 円	488,429,000 円	※第二表の①欄へ 558,534,000 円
①の内訳	課税資産の譲渡等の対価の額 ①-1	(付表1-2の①-1X欄の金額)	※第二表の⑤欄へ 70,105,523	※第二表の⑥欄へ 486,479,235	※第二表の⑦欄へ 556,584,758
	特定課税仕入れに係る支払対価の額 ①-2	(付表1-2の①-2X欄の金額)	※①-2欄は、課税売上割合が95%未満、かつ、特定課税仕入れがある事業者のみ記載する。	※第二表の⑨欄へ 1,950,000	※第二表の⑩欄へ 1,950,000
消　費　税　額	②	(付表1-2の②X欄の金額)	※第二表の⑮欄へ 4,374,552	※第二表の⑯欄へ 38,097,462	※第二表の⑪欄へ 42,472,014
控除過大調整税額	③	(付表1-2の③X欄の金額)	(付表2-1の㉕・㉗D欄の合計金額)	(付表2-1の㉕・㉗E欄の合計金額)	※第一表の③欄へ
控除税額	控除対象仕入税額 ④	(付表1-2の④X欄の金額)	(付表2-1の㉔D欄の金額)	(付表2-1の㉔E欄の金額)	※第一表の④欄へ
	返還等対価に係る税額 ⑤	(付表1-2の⑤X欄の金額)			※第二表の⑰欄へ
	⑤の内訳 売上げの返還等対価に係る税額 ⑤-1	(付表1-2の⑤-1X欄の金額)			※第二表の⑱欄へ
	特定課税仕入れの返還等対価に係る税額 ⑤-2	(付表1-2の⑤-2X欄の金額)	※⑤-2欄は、課税売上割合が95%未満、かつ、特定課税仕入れがある事業者のみ記載する。		※第二表の⑲欄へ
	貸倒れに係る税額 ⑥	(付表1-2の⑥X欄の金額)			※第一表の⑥欄へ
	控除税額小計 (④+⑤+⑥) ⑦	(付表1-2の⑦X欄の金額)			※第一表の⑦欄へ
控除不足還付税額 (⑦-②-③)	⑧	(付表1-2の⑧X欄の金額)	※⑪E欄へ	※⑪E欄へ	
差　引　税　額 (②+③-⑦)	⑨	(付表1-2の⑨X欄の金額)	※⑫E欄へ	※⑫E欄へ	
合計差引税額 (⑨-⑧)	⑩				※マイナスの場合は第一表の⑧欄へ ※プラスの場合は第一表の⑨欄へ
地方消費税の課税標準となる消費税額	控除不足還付税額 ⑪	(付表1-2の⑪X欄の金額)		(⑧D欄と⑧E欄の合計金額)	
	差　引　税　額 ⑫	(付表1-2の⑫X欄の金額)		(⑨D欄と⑨E欄の合計金額)	
合計差引地方消費税の課税標準となる消費税額 (⑫-⑪)	⑬	(付表1-2の⑬X欄の金額)		※第二表の㉓欄へ	※マイナスの場合は第一表の⑱欄へ ※プラスの場合は第一表の⑱欄へ ※第二表の㉖欄へ
譲渡割額	還　付　額 ⑭	(付表1-2の⑭X欄の金額)		(⑪E欄×22/78)	
	納　税　額 ⑮	(付表1-2の⑮X欄の金額)		(⑫E欄×22/78)	
合計差引譲渡割額 (⑮-⑭)	⑯				※マイナスの場合は第一表の⑲欄へ ※プラスの場合は第一表の⑳欄へ

注意 1　金額の計算においては、1円未満の端数を切り捨てる。
　　 2　旧税率が適用された取引がある場合は、付表1-2を作成してから当該付表を作成する。

(R2.4.1以後終了課税期間用)

申告書第二表の①〜⑯欄を記載する

付表１－１、１－２より申告書第二表の各欄に転記します。

申告書第一表の①〜②欄を記載する

申告書第二表より申告書第一表の①、②欄に転記します。

Ⅴ 申告書（一般用）を作成する

申告書第二表 課税標準額等の内訳書

課　税　標　準　額 ※申告書（第一表）の①欄へ		①	5 5 8 5 3 4 0 0 0	01
課税資産の譲渡等の対価の額の合計額	3　％　適　用　分	②		02
	4　％　適　用　分	③		03
	6.3　％　適　用　分	④		04
	6.24　％　適　用　分	⑤	7 0 1 0 5 5 2 3	05
	7.8　％　適　用　分	⑥	4 8 6 4 7 9 2 3 5	06
		⑦	5 5 6 5 8 4 7 5 8	07
特定課税仕入れに係る支払対価の額の合計額 (注1)	6.3　％　適　用　分	⑧		11
	7.8　％　適　用　分	⑨	1 9 5 0 0 0 0	12
		⑩	1 9 5 0 0 0 0	13
消　費　税　額 ※申告書（第一表）の②欄へ		⑪	4 2 4 7 2 0 1 4	21
⑪ の 内 訳	3　％　適　用　分	⑫		22
	4　％　適　用　分	⑬		23
	6.3　％　適　用　分	⑭		24
	6.24　％　適　用　分	⑮	4 3 7 4 5 5 2	25
	7.8　％　適　用　分	⑯	3 8 0 9 7 4 6 2	26
返　還　等　対　価　に　係　る　税　額 ※申告書（第一表）の⑤欄へ		⑰		31

STEP 1-2

申告書第一表 消費税及び地方消費税の確定申告書

この申告書による消費税の税額の計算

課 税 標 準 額	①	5 5 8 5 3 4 0 0 0	03
消 費 税 額	②	4 2 4 7 2 0 1 4	06
控除過大調整税額	③		07
控除税額 控除対象仕入税額	④		08
返還等対価に係る税額	⑤		09
貸倒れに係る税額	⑥		10
控除税額小計（④＋⑤＋⑥）	⑦		11
控除不足還付税額（⑦－②－③）	⑧		13
差 引 税 額（②＋③－⑦）	⑨	0 0	15
中 間 納 付 税 額	⑩	0 0	16
納 付 税 額（⑨－⑩）	⑪	0 0	17
中間納付還付税額（⑩－⑨）	⑫	0 0	18
この申告書が修正申告である場合 既確定税額	⑬		19
差引納付税額	⑭	0 0	20
課税売上割合 課税資産の譲渡等の対価の額	⑮		21
資産の譲渡等の対価の額	⑯		22

この申告書による地方消費税の税額の計算

地方消費税の課税標準となる消費税額 控除不足還付税額	⑰		51
差 引 税 額	⑱	0 0	52
譲渡割額 還 付 額	⑲		53
納 税 額	⑳	0 0	54

STEP 1-3

付記事項	割賦基準の適用	○ 有	○ 無	31
	基準等の適用	○ 有	○ 無	32
	進行基準の適用	○ 有	○ 無	33
	現金主義会計の適用	○ 有	○ 無	34
参考事項	課税標準額に対する消費税額の計算の特例の適用	○ 有	○ 無	35
控除税額の計算方法	課税売上高5億円超又は課税売上割合95％未満	○ 個別対応方式		41
		○ 一括比例配分方式		
	上 記 以 外	○ 全 額 控 除		
	基準期間の課税売上高		千円	

還付を受けようとする金融機関等：銀行・本店・支店、金庫・組合・出張所、農協・漁協・本所・支所　預金口座番号　ゆうちょ銀行の貯金記号番号　－　郵便局名等　※税務署整理欄

225

課税売上割合の計算

STEP 1 で計算した「課税資産の譲渡等の対価の額①−1」と、計算表（売上項目）の「Ⅰ．資産の譲渡等」の「小計」の「輸出免税」欄、「非課税売上」欄、「有価証券売却」の欄の金額をもとに、課税売上割合を計算します。

付表2−1の①〜⑧欄を記載する

税率引上げ後の税率適用分について計算します。

（1）「課税売上額（税抜き）①」欄

この例では売上対価の返還等の金額がないので、付表1−1の①−1欄と同じとなります。

税率6.24％適用分D $\boxed{70,105,523}$

税率7.8％適用分E $\boxed{486,479,235}$

合計F $\boxed{70,105,523 + 486,479,235 = 556,584,758}$

（2）「免税売上額②」欄

合計F $\boxed{69,156,010}$

（3）「課税資産の譲渡等の対価の額④、⑤」欄

合計F $\boxed{556,584,758 + 69,156,010 = 625,740,768}$
$\boxed{(625,740,768 > 5 億円 ∴全額控除不可)}$

（4）「非課税売上額⑥」欄

合計F $\boxed{51,975,341 + 5,200,000 × 5 \% = 52,235,341}$

（5）「資産の譲渡等の対価の額⑦」欄

合計F $\boxed{625,740,768 + 52,235,341 = 677,976,109}$

（6）「課税売上割合⑧」欄

合計F $\boxed{625,740,768 ／ 677,976,109 = 92.295…\% → \underline{92\%}}$
$\boxed{(92\% < 95\% ∴リバースチャージ方式の適用あり※)}$

※ **No.69**「国境を越えた役務の提供がある場合（リバースチャージ方式）」参照

（7）付表2−2への転記

④F、⑦F、⑧F欄の金額を付表2−2の④X、⑦X、⑧X欄に転記します。

（8）申告書第一表⑮、⑯欄への転記

④F、⑦F欄の金額を申告書第一表の⑮、⑯欄に転記します。

付表2-1　課税売上割合・控除対象仕入税額等の計算表　[一 般]

| 課 税 期 間 | 3・4・1～4・3・31 | 氏 名 又 は 名 称 | ステップ商事株式会社 |

項　目		旧税率分小計 X（付表2-2の①X欄の金額）	税率6.24%適用分 D	税率7.8%適用分 E	合　計 F（X+D+E）
課 税 売 上 額 （ 税 抜 き ）	①		70,105,523	486,479,235	556,584,758
免 税 売 上 額	②				69,156,010
非 課 税 資 産 の 輸 出 等 の 金 額 、海 外 支 店 等 へ 移 送 し た 資 産 の 価 額	③				
課税資産の譲渡等の対価の額（①＋②＋③）	④				※第一表の⑮欄へ ※付表2-2の④X欄へ 625,740,768
課税資産の譲渡等の対価の額（④の金額）	⑤				625,740,768
非 課 税 売 上 額	⑥				52,235,341
資 産 の 譲 渡 等 の 対 価 の 額 （ ⑤ ＋ ⑥ ）	⑦				※第一表の⑯欄へ ※付表2-2の⑦X欄へ 677,976,109
課 税 売 上 割 合 （ ④ ／ ⑦ ）	⑧				※付表2-2の⑧X欄へ ［ 92 ％ ］ ※端数 切捨て
課税仕入れに係る支払対価の額（税込み）	⑨	（付表2-2の⑨X欄の金額）			
課 税 仕 入 れ に 係 る 消 費 税 額	⑩	（付表2-2の⑩X欄の金額）	（⑨D欄×6.24/108）	（⑨E欄×7.8/110）	

STEP 2-1

付表2-2　課税売上割合・控除対象仕入税額等の計算表　〔経過措置対象課税資産の譲渡等を含む課税期間用〕　[一 般]

| 課 税 期 間 | 3・4・1～4・3・31 | 氏 名 又 は 名 称 | ステップ商事株式会社 |

項　目		税率3%適用分 A	税率4%適用分 B	税率6.3%適用分 C	旧税率分小計 X（A+B+C）
非 課 税 資 産 の 輸 出 等 の 金 額 、海 外 支 店 等 へ 移 送 し た 資 産 の 価 額	③				※付表2-1の③X欄へ
課税資産の譲渡等の対価の額（①＋②＋③）	④				（付表2-1の④F欄の金額） 625,740,768
課税資産の譲渡等の対価の額（④の金額）	⑤				
非 課 税 売 上 額	⑥				
資 産 の 譲 渡 等 の 対 価 の 額 （ ⑤ ＋ ⑥ ）	⑦				（付表2-1の⑦F欄の金額） 677,976,109
課 税 売 上 割 合 （ ④ ／ ⑦ ）	⑧				（付表2-1の⑧F欄の割合） ［ 92 ％ ］ ※端数 切捨て
課税仕入れに係る支払対価の額（税込み）	⑨				※付表2-1の⑨X欄へ

STEP 2-1

申告書第一表 消費税及び地方消費税の確定申告書

この申告書が修正申告である場合	既 確 定 税 額	⑬			19
	差 引 納 付 税 額	⑭	0 0		20
課税売上割合	課税資産の譲渡等の対価の額	⑮	6 2 5 7 4 0 7 6 8		21
	資産の譲渡等の対価の額	⑯	6 7 7 9 7 6 1 0 9		22
この申告書による地方消費税の税額の計算					
地方消費税の課税標準となる消費税額	控除不足還付税額	⑰			51
	差 引 税 額	⑱	0 0		52

STEP 2-1

銀 行 / 金庫・組合 / 農協・漁協	本店・支店 / 出 張 所 / 本所・支所
預金 口 座 番 号	
ゆうちょ銀行の貯金記号番号	－
郵 便 局 名 等	

課税仕入れ等の税額の合計額の計算

　計算表（仕入項目）の「Ⅲ．仕入税額控除（合計）」の税率ごとの「課税仕入れ」欄の金額と「仮払消費税」欄の金額を合計して、「課税仕入れに係る支払対価の額（税込課税仕入高）」を計算します。この「課税仕入れに係る支払対価の額」と「課税貨物に係る消費税額」、「特定課税仕入れの支払対価の額」をもとに、課税仕入れ等の税額の合計額を計算します。

付表２－２の⑨～⑮欄を記載する

　税率引上げ前の旧税率適用分について計算します。

（1）「課税仕入れに係る支払対価の額（税込み）⑨」欄

　　税率6.3％適用分Ｃ $\boxed{540,000 + 43,200 = 583,200}$

（2）「課税仕入れに係る消費税額⑩」欄

　　税率6.3％適用分Ｃ $\boxed{583,200 \times 6.3/108 = 34,020}$

（3）「納税義務の免除を受けない（受ける）こととなった場合における消費税額
　　　の調整（加算又は減算）額⑭」欄

　免税事業者が課税事業者になった場合又は課税事業者が免税事業者になる場合には、棚卸資産に係る消費税額の調整額を記載します。

　（**No.68**「棚卸資産に係る消費税額の調整」参照）

　この例ではこの欄の記載はありません。

（4）「課税仕入れ等の税額の合計額⑮」欄

　　税率6.3％適用分Ｃ $\boxed{34,020}$

　その課税期間における課税売上高が５億円以下であり、かつ、課税売上割合が95％以上の場合は、この金額が控除対象仕入税額となり（全額控除）、⑯欄に転記します。この例では課税売上高が５億円超であり、全額控除には該当しないため、⑯欄の記載はせずに**STEP 4**の計算に進みます。

STEP 3

課税仕入れ等の税額の合計額の計算

付表2－2　　課税売上割合・控除対象仕入税額等の計算表
〔経過措置対象課税資産の譲渡等を含む課税期間用〕　　　　　　　一　般

課 税 期 間	3 ・ 4 ・ 1 ～ 4 ・ 3 ・ 31	氏 名 又 は 名 称	ステップ商事株式会社

項　目		税率3%適用分 A	税率4%適用分 B	税率6.3%適用分 C	旧税率分小計X (A+B+C)
課 税 売 上 額 （ 税 抜 き ）	①	円	円	円	※付表2-1の①X欄へ 円
免 税 売 上 額	②				
非 課 税 資 産 の 輸 出 等 の 金 額 、海 外 支 店 等 へ 移 送 し た 資 産 の 価 額	③				
課税資産の譲渡等の対価の額（①＋②＋③）	④				(付表2-1の④F欄の金額) 625,740,768
課 税 資 産 の 譲 渡 等 の 対 価 の 額 （ ④ の 金 額 ）	⑤				
非 課 税 売 上 額	⑥				
資 産 の 譲 渡 等 の 対 価 の 額 （ ⑤ ＋ ⑥ ）	⑦				(付表2-1の⑦F欄の金額) 677,976,109
課 税 売 上 割 合 （ ④ ／ ⑦ ）	⑧				(付表2-1の⑧F欄の割合) [92 %] ※端数切捨て
課 税 仕 入 れ に 係 る 支 払 対 価 の 額 （ 税 込 み ）	⑨			583,200	※付表2-1の⑨X欄へ 583,200
課 税 仕 入 れ に 係 る 消 費 税 額	⑩	(⑨A欄×3/103)	(⑨B欄×4/105)	(⑨C欄×6.3/108) 34,020	※付表2-1の⑩X欄へ 34,020
特 定 課 税 仕 入 れ に 係 る 支 払 対 価 の 額	⑪	※⑪及び⑫欄は、課税売上割合が95%未満、かつ、特定課税仕入れがある事業者のみ記載する。			※付表2-1の⑪X欄へ
特 定 課 税 仕 入 れ に 係 る 消 費 税 額	⑫			(⑪C欄×6.3/100)	※付表2-1の⑫X欄へ
課 税 貨 物 に 係 る 消 費 税 額	⑬				※付表2-1の⑬X欄へ
納 税 義 務 の 免 除 を 受 け な い （ 受 け る ）こ と と な っ た 場 合 に お け る 消 費 税 額 の 調 整 （ 加 算 又 は 減 算 ） 額	⑭				※付表2-1の⑭X欄へ
課 税 仕 入 れ 等 の 税 額 の 合 計 額 （⑩＋⑫＋⑬±⑭）	⑮			34,020	※付表2-1の⑮X欄へ 34,020
課 税 売 上 高 が 5 億 円 以 下 、 か つ 、課 税 売 上 割 合 が 95 % 以 上 の 場 合 （⑮の金額）	⑯				※付表2-1の⑯X欄へ
課税売上高5億円超又は課税売上割合95%未満の場合	個別対応方式	⑯のうち、課税売上げにのみ要するもの	⑰		※付表2-1の⑰X欄へ
		⑯のうち、課税売上げと非課税売上げに共 通 し て 要 す る も の	⑱		※付表2-1の⑱X欄へ
		個 別 対 応 方 式 に よ り 控 除 す る 課 税 仕 入 れ 等 の 税 額 〔⑰＋(⑱×④／⑦)〕	⑲		※付表2-1の⑲X欄へ
	一括比例配分方式により控除する課税仕入れ等の税額 （⑮×④／⑦）		⑳		※付表2-1の⑳X欄へ
控除税額調整	課税売上割合変動時の調整対象固定資産に係る消 費 税 額 の 調 整 （ 加 算 又 は 減 算 ） 額		㉑		※付表2-1の㉑X欄へ
	調整対象固定資産を課税業務用（非課税業務用）に 転 用 し た 場 合 の 調 整 （ 加 算 又 は 減 算 ） 額		㉒		※付表2-1の㉒X欄へ
	居 住 用 賃 貸 建 物 を 課 税 賃 貸 用 に 供 し た （ 譲 渡 し た ） 場 合 の 加 算 額		㉓		※付表2-1の㉓X欄へ
差引	控 除 対 象 仕 入 税 額 〔(⑯、⑲又は⑳の金額)±㉑±㉒＋㉓〕がプラスの時		㉔	※付表1-2の④A欄へ	※付表1-2の④B欄へ	※付表1-2の④C欄へ	※付表2-1の㉔X欄へ
	控 除 過 大 調 整 税 額			※付表1-2の③A欄へ	※付表1-2の③B欄へ	※付表1-2の③C欄へ	※付表2-1の㉕X欄へ

STEP 3-1

付表2−1の⑨～⑮欄を記載する

税率引上げ後の税率適用分について計算します。

まず、付表2−2の⑨X～⑮X欄の金額を付表2−1の同欄に転記します。

（1）「課税仕入れに係る支払対価の額（税込み）⑨」欄

税率6.24％適用分D $51,371,123 + 4,109,689 = 55,480,812$

税率7.8％適用分E $408,830,215 + 40,883,017 = 449,713,232$

合計F $583,200 + 55,480,812 + 449,713,232 = 505,777,244$

（2）「課税仕入れに係る消費税額⑩」欄

税率6.24％適用分D $55,480,812 × 6.24/108 = 3,205,558$

税率7.8％適用分E $449,713,232 × 7.8/110 = 31,888,756$

合計F $34,020 + 3,205,558 + 31,888,756 = 35,128,334$

（3）「特定課税仕入れに係る支払対価の額⑪」欄

税率7.8％適用分E $1,950,000$

合計F $1,950,000$

（4）「特定課税仕入れに係る消費税額⑫」欄

税率7.8％適用分E $1,950,000 × 7.8/100 = 152,100$

合計F $152,100$

（注）課税売上割合が95％以上である事業者は、特定課税仕入れがある場合でも⑪、⑫欄の記載はありません。

（5）「課税貨物に係る消費税額⑬」欄

税率6.24％適用分D $475,383 × 6.24/8 = 370,798$

税率7.8％適用分E $4,118,633 × 7.8/10 = 3,212,533$

合計F $370,798 + 3,212,533 = 3,583,331$

（6）「納税義務の免除を受けない（受ける）こととなった場合における消費税額の調整（加算又は減算）額⑭」欄

免税事業者が課税事業者になった場合又は課税事業者が免税事業者になる場合には、棚卸資産に係る消費税額の調整額を記載します。

（**No.68**「棚卸資産に係る消費税額の調整」参照）

この例ではこの欄の記載はありません。

（7）「課税仕入れ等の税額の合計額⑮」欄

税率6.24％適用分D $3,205,558 + 370,798 = 3,576,356$

税率7.8％適用分E $31,888,756 + 152,100 + 3,212,533 = 35,253,389$

合計F $34,020 + 3,576,356 + 35,253,389 = 38,863,765$

その課税期間における課税売上高が5億円以下であり、かつ、課税売上割合が95％以上の場合は、この金額が控除対象仕入税額となり（全額控除）、⑯欄に転記します。この例では課税売上高が5億円超であり、全額控除には該当しないため、⑯欄の記載はせずに**STEP 4**の計算に進みます。

付表2-1　課税売上割合・控除対象仕入税額等の計算表
〔経過措置対象課税資産の譲渡等を含む課税期間用〕

一 般

課 税 期 間	3・4・1 ~ 4・3・31	氏名又は名称	ステップ商事株式会社

項　目			旧税率分小計 X	税率6.24%適用分 D	税率7.8%適用分 E	合　計 F (X+D+E)
課 税 売 上 額 （ 税 抜 き ）		①	(付表2-2の①X欄の金額) 円	70,105,523 円	486,479,235 円	556,584,758 円
免 税 売 上 額		②				69,156,010
非 課 税 資 産 の 輸 出 等 の 金 額 、海 外 支 店 等 へ 移 送 し た 資 産 の 価 額		③				
課税資産の譲渡等の対価の額（①＋②＋③）		④				※第一表の⑮欄へ ※付表2-2の④X欄へ 625,740,768
課税資産の譲渡等の対価の額（④の金額）		⑤				625,740,768
非 課 税 売 上 額		⑥				52,235,341
資 産 の 譲 渡 等 の 対 価 の 額 （ ⑤ ＋ ⑥ ）		⑦				※第一表の⑯欄へ ※付表2-2の⑦X欄へ 677,976,109
課 税 売 上 割 合 （ ④ ／ ⑦ ）		⑧				※付表2-2の⑧X欄へ [92 %] ※端数切捨て
課 税 仕 入 れ に 係 る 支 払 対 価 の 額 （ 税 込 み ）		⑨	(付表2-2の⑨X欄の金額) 583,200	55,480,812	449,713,232	505,777,244
課 税 仕 入 れ に 係 る 消 費 税 額		⑩	(付表2-2の⑩X欄の金額) 34,020	(⑨D欄×6.24/108) 3,205,558	(⑨E欄×7.8/110) 31,888,756	35,128,334
特 定 課 税 仕 入 れ に 係 る 支 払 対 価 の 額		⑪	(付表2-2の⑪X欄の金額)	※⑪及び⑫欄は、課税売上割合が95％未満、かつ、特定課税仕入れがある事業者のみ記載する。	1,950,000	1,950,000
特 定 課 税 仕 入 れ に 係 る 消 費 税 額		⑫	(付表2-2の⑫X欄の金額)		(⑪E欄×7.8/100) 152,100	152,100
課 税 貨 物 に 係 る 消 費 税 額		⑬	(付表2-2の⑬X欄の金額)	370,798	3,212,533	3,583,331
納 税 義 務 の 免 除 を 受 け な い （ 受 け る ） こ と と な っ た 場 合 に お け る 消 費 税 額 の 調 整 （ 加 算 又 は 減 算 ） 額		⑭	(付表2-2の⑭X欄の金額)			
課 税 仕 入 れ 等 の 税 額 の 合 計 額 （⑩＋⑫＋⑬±⑭）		⑮	(付表2-2の⑮X欄の金額) 34,020	3,576,356	35,235,389	38,863,765
課 税 売 上 高 が ５ 億 円 以 下 、 か つ 、課 税 売 上 割 合 が 95 ％ 以 上 の 場 合 （⑮の金額）		⑯	(付表2-2の⑯X欄の金額)	STEP 3-2		
課税売上高が5億円超又は課税売上割合が95％未満の場合	個別対応方式	⑮のうち、課税売上げにのみ要するもの	⑰	(付表2-2の⑰X欄の金額)			
		⑮のうち、課税売上げと非課税売上げに共通して要するもの	⑱	(付表2-2の⑱X欄の金額)			
		個別対応方式により控除する課税仕入れ等の税額 〔⑰＋（⑱×④／⑦）〕	⑲	(付表2-2の⑲X欄の金額)			
	一括比例配分方式により控除する課税仕入れ等の税額 （⑮×④／⑦）		⑳	(付表2-2の⑳X欄の金額)			
控除税額の調整	課税売上割合変動時の調整対象固定資産に係る消費税額の調整（加算又は減算）		㉑	(付表2-2の㉑X欄の金額)			
	調整対象固定資産を課税業務用（非課税業務用）に転用した場合の調整（加算又は減算）		㉒	(付表2-2の㉒X欄の金額)			
	居住用賃貸建物を課税賃貸用に供した（譲渡した）場合の加算額		㉓	(付表2-2の㉓X欄の金額)			
差引	控 除 対 象 仕 入 税 額 〔（⑯、⑲又は⑳の金額）±㉑±㉒＋㉓〕がプラスの時		㉔	(付表2-2の㉔X欄の金額)	※付表1-1の④D欄へ	※付表1-1の④E欄へ	
	控 除 過 大 調 整 税 額 〔（⑯、⑲又は⑳の金額）±㉑±㉒＋㉓〕がマイナスの時		㉕	(付表2-2の㉕X欄の金額)	※付表1-1の③D欄へ	※付表1-1の③E欄へ	
貸 倒 回 収 に 係 る 消 費 税 額		㉖	(付表2-2の㉖X欄の金額)	※付表1-1の③D欄へ	※付表1-1の③E欄へ	

注意　1　金額の計算においては、1円未満の端数を切り捨てる。
　　　2　旧税率が適用された取引がある場合は、付表2-2を作成してから当該付表を作成する。
　　　3　⑨及び⑪欄には、値引き、割戻し、割引きなど仕入対価の返還等の金額がある場合（仕入対価の返還等の金額を仕入金額から直接減額している場合を除く。）には、その金額を控除した後の金額を記載する。

(R2.4.1以後終了課税期間用)

231

控除対象仕入税額の計算

その課税期間における課税売上高が5億円超の場合又は課税売上割合が95％未満の場合は、個別対応方式又は一括比例配分方式により控除対象仕入税額を計算します。

付表2－2の⑰～⑲欄を記載する（個別対応方式）

税率引上げ前の旧税率適用分について計算します。

計算表（仕入項目）の「Ⅲ．仕入税額控除（合計）」の税率ごとの「課税売上対応」、「共通対応」各欄の、「課税仕入れ」欄の金額と「仮払消費税」欄の金額を合計して、それぞれの「課税仕入れに係る支払対価の額」を計算します。この「課税仕入れに係る支払対価の額」と「課税貨物に係る消費税額」、「特定課税仕入れの支払対価の額」をもとに、「課税売上対応」、「共通対応」の課税仕入れ等の税額の合計額を計算します。

（1）「⑮のうち、課税売上げと非課税売上げに共通して要するもの⑱」欄

税率6.3％適用分C

$$540,000 + 43,200 = 583,200$$
$$583,200 \times 6.3/108 = \underline{34,020}$$

（2）「個別対応方式により控除する課税仕入れ等の税額⑲」欄

税率6.3％適用分C

$$34,020 \times 625,740,768 / 677,976,109 = \underline{31,398}$$

（**No.18**「原則課税による控除税額の計算」参照）

付表2－2の⑳欄を記載する（一括比例配分方式）

税率引上げ前の旧税率適用分について計算します。

付表2－2⑮「課税仕入れ等の税額の合計額」に課税売上割合を乗じて計算します。

税率6.3％適用分C

$$34,020 \times 625,740,768 / 677,976,109 = \underline{31,398}$$

STEP 4　控除対象仕入税額の計算

付表2-2　課税売上割合・控除対象仕入税額等の計算表
〔経過措置対象課税資産の譲渡等を含む課税期間用〕　　　　　一　般

課　税　期　間	3・4・1～4・3・31	氏名又は名称	ステップ商事株式会社

項　目		税率3％適用分 A	税率4％適用分 B	税率6.3％適用分 C	旧税率分小計X (A＋B＋C)
課　税　売　上　額　（　税　抜　き　）	①	円	円	円	※付表2-1の①X欄へ　円
免　　税　　売　　上　　額	②				
非課税資産の輸出等の金額、海外支店等へ移送した資産の価額	③				
課税資産の譲渡等の対価の額（①＋②＋③）	④				(付表2-1の④F欄の金額) 625,740,768
課税資産の譲渡等の対価の額（④の金額）	⑤				
非　　課　　税　　売　　上　　額	⑥				
資産の譲渡等の対価の額（⑤＋⑥）	⑦				(付表2-1の⑦F欄の金額) 677,976,109
課　税　売　上　割　合　（　④　／　⑦　）	⑧				(付表2-1の⑧F欄の割合) [92 %] ※端数切捨て
課税仕入れに係る支払対価の額（税込み）	⑨			583,200	※付表2-1の⑨X欄へ 583,200
課　税　仕　入　れ　に　係　る　消　費　税　額	⑩	(⑨A欄×3/103)	(⑨B欄×4/105)	(⑨C欄×6.3/108) 34,020	※付表2-1の⑩X欄へ 34,020
特定課税仕入れに係る支払対価の額	⑪		※⑪及び⑫欄は、課税売上割合が95%未満、かつ、特定課税仕入れがある事業者のみ記載する。		※付表2-1の⑪X欄へ
特定課税仕入れに係る消費税額	⑫			(⑪C欄×6.3/100)	※付表2-1の⑫X欄へ
課　税　貨　物　に　係　る　消　費　税　額	⑬				※付表2-1の⑬X欄へ
納税義務の免除を受けない（受ける）こととなった場合における消費税額の調整（加算又は減算）額	⑭				※付表2-1の⑭X欄へ
課税仕入れ等の税額の合計額（⑩＋⑫＋⑬±⑭）	⑮			34,020	※付表2-1の⑮X欄へ 34,020
課税売上高が5億円以下、かつ、課税売上割合が95％以上の場合（⑮の金額）	⑯				※付表2-1の⑯X欄へ
課5課95税億税%売円売未売円売未上超上満上の割高又合 個別対応方式	⑮のうち、課税売上げにのみ要するもの	⑰				※付表2-1の⑰X欄へ
	⑮のうち、課税売上げと非課税売上げに共通して要するもの	⑱			34,020	※付表2-1の⑱X欄へ 34,020
	個別対応方式により控除する課税仕入れ等の税額〔⑰＋（⑱×④／⑦）〕	⑲			31,398	※付表2-1の⑲X欄へ 31,398
がはが合 一括比例配分方式により控除する課税仕入れ等の税額　（⑮×④／⑦）	⑳			31,398	※付表2-1の⑳X欄へ 31,398
控の除調税額整 課税売上割合変動時の調整対象固定資産に係る消費税額の調整（加算又は減算）額	㉑				※付表2-1の㉑X欄へ
	調整対象固定資産を課税業務用（非課税業務用）に転用した場合の調整（加算又は減算）額	㉒				※付表2-1の㉒X欄へ
	居住用賃貸建物を課税賃貸用に供した（譲渡した）場合の加算額	㉓				※付表2-1の㉓X欄へ
差 控　除　対　象　仕　入　税　額〔（⑯、⑲又は⑳の金額）±㉑±㉒＋㉓〕がプラスの時	㉔	※付表1-2の④A欄へ	※付表1-2の④B欄へ	※付表1-2の④C欄へ 31,398	※付表2-1の㉔X欄へ 31,398

STEP 4-1　STEP 4-2　STEP 4-6

付表２－１の⑰～⑲欄を記載する（個別対応方式）

税率引上げ後の税率適用分について計算します。

まず、付表２－２の⑰Ｘ～⑲Ｘ欄の金額を付表２－１の同欄に転記します。

（１）「⑮のうち、課税売上げにのみ要するもの⑰」欄

税率6.24％適用分Ｄ
$51,311,361 + 4,104,908 = 55,416,269$
$55,416,269 × 6.24/108 + 475,383 × 6.24/8 = \underline{3,572,626}$

税率7.8％適用分Ｅ
$383,344,152 + 38,334,411 = 421,678,563$
$421,678,563 × 7.8/110 + 4,118,633 × 7.8/10 = \underline{33,113,376}$

合計Ｆ $3,572,626 + 33,113,376 = \underline{36,686,002}$

（２）「⑮のうち、課税売上げと非課税売上げに共通して要するもの⑱」欄

税率6.24％適用分Ｄ
$59,762 + 4,781 = 64,543$
$64,543 × 6.24/108 = \underline{3,729}$

税率7.8％適用分Ｅ
$25,486,063 + 2,548,605 = 28,034,668$
$28,034,668 × 7.8/110 + 1,950,000 × 7.8/100 = \underline{2,140,012}$

合計Ｆ $34,020 + 3,729 + 2,140,012 = \underline{2,177,761}$

（３）「個別対応方式により控除する課税仕入れ等の税額⑲」欄

税率6.24％適用分Ｄ
$3,572,626 + 3,729 × 625,740,768 / 677,976,109 = \underline{3,576,067}$

税率7.8％適用分Ｅ
$33,113,376 + 2,140,012 × 625,740,768 / 677,976,109 = \underline{35,088,508}$

合計Ｆ $31,398 + 3,576,067 + 35,088,508 = \underline{38,695,973}$

付表２－１の⑳欄を記載する（一括比例配分方式）

税率引上げ後の税率適用分について計算します。

まず、付表２－２の⑳Ｘの金額を付表２－１の同欄に転記します。

付表２－１⑮「課税仕入れ等の税額の合計額」に課税売上割合を乗じて計算します。

税率6.24％適用分Ｄ
$3,576,356 × 625,740,768 / 677,976,109 = \underline{3,300,812}$

税率7.8％適用分Ｅ
$35,253,389 × 625,740,768 / 677,976,109 = \underline{32,537,256}$

合計Ｆ $31,398 + 3,300,812 + 32,537,256 = \underline{35,869,466}$

付表２－２、２－１の㉑、㉒欄を記載する（控除税額の調整）

次に該当する場合は、控除税額の調整が必要です。

（１）課税売上割合変動時の調整対象固定資産に係る消費税額の調整（加算又は減算）
額（**No.73**「調整対象固定資産②－課税売上割合が著しく変動した場合」参照）㉑
欄に記載します。

（２）調整対象固定資産を課税業務用（非課税業務用）に転用した場合の調整（加算又
は減算）額（**No.72**「調整対象固定資産①－転用した場合」参照）㉒欄に記載します。

（３）居住用賃貸建物を課税賃貸用に供した（譲渡した）場合の加算額（**No.82**「居住
用賃貸建物の取得等に係る仕入税額控除制限」参照）㉓欄に記載します。

この例ではこの欄の記載はありません。

付表2-1　課税売上割合・控除対象仕入税額等の計算表
〔経過措置対象課税資産の譲渡等を含む課税期間用〕　　　　　　　　　　一　般

| 課　税　期　間 | 3・4・1 ～ 4・3・31 | 氏 名 又 は 名 称 | ステップ商事株式会社 |

項　　　目				旧税率分小計　X (付表2-2の①X欄の金額)　円	税率6.24%適用分　D 円	税率7.8%適用分　E 円	合　計　F (X+D+E)　円
課5課95 税億税%			⑮の金額				
売円未	個別対応方式	⑮のうち、課税売上げにのみ要するもの	⑰	(付表2-2の⑰X欄の金額)	3,572,626	33,113,376	36,686,002
上満 高割		⑮のうち、課税売上げと非課税売上げに共通して要するもの	⑱	(付表2-2の⑱X欄の金額) 34,020	**STEP 4-3** 3,729	2,140,012	2,177,761
が又 合は		個別対応方式により控除する課税仕入れ等の税額 〔⑰+(⑱×④/⑦)〕	⑲	(付表2-2の⑲X欄の金額) 31,398	3,576,067	35,088,508	38,695,973
の課 控税 除額		一括比例配分方式により控除する課税仕入れ等の税額　(⑮×④/⑦)	⑳	(付表2-2の⑳X欄の金額) 31,398	3,300,812	32,537,256	35,869,466
調整	控 除 税 額 の 調 整	課税売上割合変動時の調整対象固定資産に係る消費税額の調整(加算又は減算)額	㉑	(付表2-2の㉑X欄の金額)	**STEP 4-4**		
		調整対象固定資産を課税業務用(非課税業務用)に転用した場合の調整(加算又は減算)額	㉒	(付表2-2の㉒X欄の金額)			
		居住用賃貸建物を課税賃貸用に供した(譲渡した)場合の加算額	㉓	(付表2-2の㉓X欄の金額)	**STEP 4-6**		
差引	控 除 対 象 仕 入 税 額 〔(⑮、⑲又は⑳の金額)±㉑±㉒+㉓〕がプラスの時		㉔	(付表2-2の㉔X欄の金額) 31,398	※付表1-1の④D欄へ 3,576,067	※付表1-1の④E欄へ 35,088,508	38,695,973
	控 除 過 大 調 整 税 額			(付表2-2の㉕X欄の金額)			

付表1-2　税率別消費税額計算表　兼　地方消費税の課税標準となる消費税額計算表
〔経過措置対象課税資産の譲渡等を含む課税期間用〕　　　　　　　　　　一　般

| 課　税　期　間 | 3・4・1 ～ 4・3・31 | 氏 名 又 は 名 称 | ステップ商事株式会社 |

区　　　分		税率3%適用分　A	税率4%適用分　B	税率6.3%適用分　C	旧税率分小計　X (A+B+C)
控	控除対象仕入税額 ④	(付表2-2の㉔A欄の金額)	(付表2-2の㉔B欄の金額)　**STEP 4-7**	(付表2-2の㉔C欄の金額) 31,398	※付表1-1の④X欄へ 31,398
	返 還 等 対 価				※付表1-1の⑤X欄へ

付表1-1　税率別消費税額計算表　兼　地方消費税の課税標準となる消費税額計算表
〔経過措置対象課税資産の譲渡等を含む課税期間用〕　　　　　　　　　　一　般

| 課　税　期　間 | 3・4・1 ～ 4・3・31 | 氏 名 又 は 名 称 | ステップ商事株式会社 |

区　　　分		旧税率分小計　X	税率6.24%適用分　D **STEP 4-7**	税率7.8%適用分　E	合　計　F (X+D+E) ※第二表の①欄へ
		(付表1-2の①X欄の金額)　円	円	円	円
控	控除対象仕入税額 ④	(付表1-2の④X欄の金額) 31,398	(付表2-1の㉔D欄の金額) 3,576,067	(付表2-1の㉔E欄の金額) 35,088,508	※第一表の④欄へ 38,695,973
	返 還 等 対 価	(付表1-2の⑤X欄の金額)			※第二表の⑰欄へ

申告書第一表 消費税及び地方消費税の確定申告書

消費税額 ②			事	工事進行基準の適用	○有 ○無 33
控除過大調整税額 ③		07	項	現金主義会計の適用	○有 ○無 34
控除	控除対象仕入税額 ④	3 8 6 9 5 9 7 3	08	**STEP 4-8** 課税標準額に対する消費税額の計算の特例の適用	○有 ○無 35
税	返還等対価に係る税額 ⑤		09	考 除	課税売上高5億円超又は課税売上割合95%未満	○個別対応方式 ○一括比例配分方式 41
	貸倒れに係る税額 ⑥		10			

 **Ⅴ 申告書（一般用）を作成する**

付表2-2、2-1の㉔、㉕欄を記載する（控除対象仕入税額・控除過大調整税額）

付表2-1の⑲X、⑳Xで個別対応方式と一括比例配分方式を比較し、いずれかの方式を選択します。ただし、税率ごとに異なる方式を選択することはできません。この例では金額が大きい個別対応方式を選択しています。

選択した金額に㉑～㉓の金額を加減算し、税率ごとに、計算結果がプラスのものは付表2-1、付表2-2㉔各欄に、マイナスのものは付表2-1、付表2-2㉕各欄に記載します。この例では、すべての税区分の計算結果がプラスとなっており、㉔各欄に記載しています。

税率6.3％適用分C 31,398
税率6.24％適用分D 3,576,067
税率7.8％適用分E 35,088,508
合計F 38,695,973

付表1-2、1-1の④欄を記載する（控除対象仕入税額）

付表2-2、付表2-1㉔各欄の金額を付表1-2、付表1-1④各欄に転記します。付表1-2の④X欄の金額は付表1-1の同欄に転記します。

申告書第一表の④欄を記載する

付表1-1④F欄の金額を④欄に転記します。

控除過大調整税額の計算

付表2-2、2-1の㉖欄を記載する（貸倒回収に係る消費税額）

前期以前に貸倒れに係る消費税額の控除をした債権を当課税期間中に回収した場合には、回収した金額に含まれる消費税額を課税標準額に対する消費税額に加算します。

計算表（売上項目）の「Ⅱ.貸倒回収」の「課税貸倒回収」欄の金額と「仮受消費税」欄の金額の合計額をもとに計算します。付表2-2の㉖X欄の金額は付表2-1の同欄に転記します。

税率6.3％適用分C (952,380＋76,190) × 6.3/108 ＝ 59,999
合計F 59,999

付表1-2、1-1の③欄を記載する（控除過大調整税額）

付表2-2,2-1の㉕、㉖の合計金額を付表1-2、1-1の③欄に記載します。付表1-2の③X欄の金額は付表1-1の同欄に転記します。

申告書第一表の③欄を記載する

付表1-1③F欄の金額を③欄に転記します。

STEP 5 控除過大調整税額の計算

付表2－2　課税売上割合・控除対象仕入税額等の計算表
〔経過措置対象課税資産の譲渡等を含む課税期間用〕　　一　般

課　税　期　間	3・4・1 ～ 4・3・31	氏 名 又 は 名 称	ステップ商事株式会社

項　　　　目	税率3％適用分 A	税率4％適用分 B	税率6.3％適用分 C	旧税率分小計 X (A＋B＋C)
〔(⑮、⑲又は⑳の金額)±㉑±㉒＋㉓〕がマイナスの時 貸 倒 回 収 に 係 る 消 費 税 額 ㉖	※付表1-2の③A欄へ	※付表1-2の③B欄へ STEP 5-1	※付表1-2の③C欄へ 59,999	※付表2-1の①X欄へ 59,999

注意　1　金額の計算においては、1円未満の端数を切り捨てる。
　　　2　旧控除率が適用された取引がある場合は、当該付表を作成してから付表2-1を作成する。

付表2－1　課税売上割合・控除対象仕入税額等の計算表
〔経過措置対象課税資産の譲渡等を含む課税期間用〕　　一　般

課　税　期　間	3・4・1 ～ 4・3・31	氏 名 又 は 名 称	ステップ商事株式会社

項　　　　目	旧税率分小計 X	税率6.24％適用分 D	税率7.8％適用分 E	合　　計 F (X＋D＋E)
	(付表2-2の①X欄の金額) 円	円	円	円
〔(⑮、⑲又は⑳の金額)±㉑±㉒＋㉓〕がマイナスの時 貸 倒 回 収 に 係 る 消 費 税 額 ㉖	(付表2-2の㉖X欄の金額) 59,999	※付表1-1の③D欄へ	※付表1-1の③E欄へ STEP 5-1	59,999

注意　1　金額の計算においては、1円未満の端数を切り捨てる。

付表1－2　税率別消費税額計算表 兼 地方消費税の課税標準となる消費税額計算表
〔経過措置対象課税資産の譲渡等を含む課税期間用〕　　一　般

課　税　期　間	3・4・1 ～ 4・3・31	氏 名 又 は 名 称	ステップ商事株式会社

区　　　　分	税率3％適用分 A	税率4％適用分 B	税率6.3％適用分 C	旧税率分小計 X (A＋B＋C)
	円	円	円	※付表1-1の①X欄へ 円
控 除 過 大 調 整 税 額 ③	(付表2-2の㉕・㉖A欄の合計金額)	(付表2-2の㉕・㉖B欄の合計金額) STEP 5-2	(付表2-2の㉕・㉖C欄の合計金額) 59,999	※付表1-1の③X欄へ 59,999
控除対象仕入税額 ④	(付表2-2の㉕A欄の金額)	(付表2-2の㉕B欄の金額)	(付表2-2の㉔C欄の金額)	※付表1-1の④X欄へ

付表1－1　税率別消費税額計算表 兼 地方消費税の課税標準となる消費税額計算表
〔経過措置対象課税資産の譲渡等を含む課税期間用〕　　一　般

課　税　期　間	3・4・1 ～ 4・3・31	氏 名 又 は 名 称	ステップ商事株式会社

区　　　　分	旧税率分小計 X	税率6.24％適用分 D	税率7.8％適用分 E	合　　計 F (X＋D＋E)
	(付表1-2の①X欄の金額) 円	円	円 ※第二表の①欄へ	円
控 除 過 大 調 整 税 額 ③	(付表1-2の③X欄の金額) 59,999	(付表2-1の㉕・㉖D欄の合計金額)	(付表2-1の㉕・㉖E欄の合計金額) STEP 5-2	※第一表の③欄へ 59,999
控除対象仕入税額 ④	(付表1-2の④X欄の金額)	(付表2-1の㉔D欄の金額)	(付表2-1の㉔E欄の金額)	※第一表の④欄へ

申告書第一表 消費税及び地方消費税の確定申告書

消　費　税　額 ②				06	事 工事進行基準の適用 ○有 ○無 33
控除過大調整税額 ③	59999		07	STEP 5-3	項 金主義会計の適用 ○有 ○無 34
控 控除対象仕入税額 ④			08	参 課税標準額に対する消費税額の計算の特例の適用 ○有 ○無 35

STEP 6　控除税額の計算

付表１－２、１－１の⑤欄を記載する（返還等対価に係る税額）

（１）「売上げの返還等対価に係る税額⑤－１」欄

　　課税売上げについて、値引きや返品又は割戻しがあった場合には、その値引きや返品等に係る消費税額を計算し、付表１－２、１－１「返還等対価に係る税額⑤－１」の各欄へ記載します。付表１－２の⑤－１Ｘ欄の金額は付表１－１の同欄に転記します。

　（注）売上値引等を、売上高から直接減額する経理処理を行っている場合には、この欄の記載はありません。

　（**No.23**「売上値引・返品（売上げに係る対価の返還等）」参照）

　税率6.3％適用分Ｃ 　売上げに係る対価の返還等の金額 × 6.3/108

　税率6.24％適用分Ｄ 　売上げに係る対価の返還等の金額 × 6.24/108

　税率7.8％適用分Ｅ 　売上げに係る対価の返還等の金額 × 7.8/110

　合計Ｆ 　Ｃ＋Ｄ＋Ｅ

　　この例ではこの欄の記載はありません。

（２）「特定課税仕入れの返還等対価に係る税額⑤－２」欄

　　特定課税仕入れについて、値引きや返品又は割戻しがあった場合には、その値引きや返品等に係る消費税額を計算し、付表１－２、１－１「返還等対価に係る税額⑤－２」欄へ記載します。付表１－２の⑤－２Ｘ欄の金額は付表１－１の同欄に転記します。

　（注）課税売上割合が95％以上である事業者は、特定課税仕入れがある場合でも⑤－２欄の記載はありません。

　税率6.3％適用分Ｃ 　特定課税仕入れに係る対価の返還等の金額 × 6.3/100

　税率7.8％適用分Ｅ 　特定課税仕入れに係る対価の返還等の金額 × 7.8/100

　合計Ｆ 　Ｃ＋Ｅ

　　この例ではこの欄の記載はありません。

（３）申告書第二表の⑰～⑲欄を記載する

　　付表１－１⑤～⑤－２欄より申告書第二表⑰～⑲欄に転記します。

　　この例ではこの欄の記載はありません。

付表１－２、１－１の⑥欄を記載する（貸倒れに係る税額）

　　課税売上げに係る売掛債権が貸倒れとなった場合には、課税標準額に対する消費税額から貸倒債権に含まれる消費税額を控除します。

　　計算表（仕入項目）の「Ⅳ．貸倒れに係る税額控除」の「課税貸倒」欄の金額と「仮受消費税」欄の金額の合計額をもとに「貸倒れに係る税額」を計算し、付表１－２、１－１「貸倒れに係る税額⑥」欄へ記載します。付表１－２の⑥Ｘ欄の金額は付表１－１の同欄に転記します。

　（**No.34**「貸倒損失」参照）

税率6.3％適用分Ｃ 　1,079,999＋86,399 ＝ 1,166,398
　　　　　　　　　　1,166,398×6.3/108 ＝ 68,039

税率7.8％適用分Ｅ 　265,981＋26,598 ＝ 292,579
　　　　　　　　　　292,579×7.8/110 ＝ 20,746

合計Ｆ 　68,039＋20,746 ＝ 88,785

STEP 6 控除税額の計算

付表1-2　税率別消費税額計算表　兼　地方消費税の課税標準となる消費税額計算表
〔経過措置対象課税資産の譲渡等を含む課税期間用〕　　　一　般

| 課　税　期　間 | 3・4・1 ～ 4・3・31 | 氏名又は名称 | ステップ商事株式会社 |

区　　　分	税率3%適用分 A	税率4%適用分 B	税率6.3%適用分 C	旧税率分小計 X (A+B+C)
控 除 の 内 訳　控除対象仕入税額 ④		(付表2-2の㉔A欄の金額)	(付表2-2の㉔B欄の金額)	(付表2-2の㉔C欄の金額) 31,398 ※付表1-1の④X欄へ 31,398
返還等対価に係る税額 ⑤	STEP 6-1			※付表1-1の⑤X欄へ
⑤のうち 売上げの返還等対価に係る税額 ⑤-1				※付表1-1の⑤-1X欄へ
税額 特定課税仕入れの返還等対価に係る税額 ⑤-2	※⑤-2欄は、課税売上割合が95%未満、かつ、特定課税仕入れがある事業者のみ記載する。			※付表1-1の⑤-2X欄へ
貸倒れに係る税額 ⑥	STEP 6-2		68,039	※付表1-1の⑥X欄へ 68,039
控除税額小計 (④+⑤+⑥) ⑦	STEP 6-3		99,437	※付表1-1の⑦X欄へ 99,437

付表1-1　税率別消費税額計算表　兼　地方消費税の課税標準となる消費税額計算表
〔経過措置対象課税資産の譲渡等を含む課税期間用〕　　　一　般

| 課　税　期　間 | 3・4・1 ～ 4・3・31 | 氏名又は名称 | ステップ商事株式会社 |

区　　　分	旧税率分小計 X	税率6.24%適用分 D	税率7.8%適用分 E	合　　計 F (X+D+E)
控 除 の 内 訳　控除対象仕入税額 ④	(付表1-2の④X欄の金額) 31,398	(付表2-1の㉔D欄の金額) 3,576,067	(付表2-1の㉔E欄の金額) 35,088,508	※第一表の④欄へ 38,695,973
返還等対価に係る税額 ⑤	(付表1-2の⑤X欄の金額)	STEP 6-1		※第二表の⑰欄へ
⑤のうち 売上げの返還等対価に係る税額 ⑤-1	(付表1-2の⑤-1X欄の金額)			※第二表の⑱欄へ
特定課税仕入れの返還等対価に係る税額 ⑤-2	(付表1-2の⑤-2X欄の金額)	※⑤-2欄は、課税売上割合が95%未満、かつ、特定課税仕入れがある事業者のみ記載する。		※第二表の⑲欄へ
貸倒れに係る税額 ⑥	(付表1-2の⑥X欄の金額) 68,039	STEP 6-2	20,746	※第一表の⑥欄へ 88,785
控除税額小計 (④+⑤+⑥) ⑦	(付表1-2の⑦X欄の金額) 99,437	STEP 6-3 3,576,067	35,109,254	※第一表の⑦欄へ 38,784,758

申告書第一表 消費税及び地方消費税の確定申告書

控除税額			
控除対象仕入税額 ④	3 8 6 9 5 9 7 3	08	
返還等対価に係る税額 ⑤	STEP 6-4	09	
貸倒れに係る税額 ⑥	8 8 7 8 5	10	
控除税額小計 (④+⑤+⑥) ⑦	3 8 7 8 4 7 5 8	11	
控除不足還付税額			

参考事項		
課税標準額に対する消費税額の計算の特例の適用	有　　無	35
控除税額の計算方法 課税売上高5億円超又は課税売上割合95%未満	個別対応方式 一括比例配分方式	41
上記以外	全額控除	
基準期間の	千円	

付表１－２、１－１の⑦欄を記載する（控除税額小計）

付表１－２、１－１の④、⑤、⑥の合計金額を、付表１－２、１－１の各⑦欄に記入します。

申告書第一表の⑤～⑦欄を記載する

申告書第二表⑰欄の金額、付表１－１⑥Ｆ、⑦Ｆ欄の金額を⑤～⑦欄に転記します。

消費税額、地方消費税額の計算

付表１－２の⑧～⑨、付表１－１の⑧～⑩欄を記載する（差引税額）

（１）「控除不足還付税額⑧」欄、「差引税額⑨」欄

付表１－２、１－１の②、⑦、③の金額を用いて、差引税額又は控除不足還付税額を計算します。税率ごとに、②＋③－⑦で計算した結果がプラスの場合は「差引税額⑨」に、マイナスの場合は「控除不足還付税額⑧」に記載します。付表１－２の⑧Ｘ、⑨Ｘ欄の金額は付表１－１の同欄に転記します。この例では、税率6.3％適用分Ｃがマイナスに、6.24％適用分Ｄと7.8％適用分Ｅがプラスとなっています。

税率6.3％適用分Ｃ $59,999 - 99,437 = -39,498$

税率6.24％適用分Ｄ $4,374,552 - 3,576,067 = 798,485$

税率7.8％適用分Ｅ $38,097,462 - 35,109,254 = 2,988,208$

合計Ｆ⑧ $39,438$

⑨ $798,485 + 2,988,208 = 3,786,693$

（２）「合計差引税額⑩」欄

付表１－１の⑨Ｆ－⑧Ｆで計算した金額を⑩Ｆ欄に記載します。

合計Ｆ $3,786,693 - 39,438 = 3,747,255$

付表１－２の⑪～⑮、付表１－１の⑪～⑯欄を記載する（差引譲渡割額）

（１）地方消費税の課税標準となる消費税額

「控除不足還付税額⑪」、「差引税額⑫」欄

付表１－２の⑧各欄の金額を⑪各欄に、⑨各欄の金額を⑫各欄に、付表１－１の⑧Ｄと⑧Ｅの合計金額を⑪Ｅ欄に、⑨Ｄと⑨Ｅの合計金額を⑫Ｅ欄に、それぞれ記載します。付表１－２の⑪Ｘ～⑮Ｘ欄の金額は付表１－１の同欄に転記します。この例では、税率6.3％適用分が⑧各欄に、6.24％適用分と7.8％適用分が⑨各欄に記載されているため、下記金額を⑪、⑫各欄に記載します。

税率6.3％適用分Ｃ⑪ $39,438$

税率7.8％適用分Ｅ⑫ $798,485 + 2,988,208 = 3,786,693$

合計Ｆ⑪ $39,438$

⑫ $3,786,693$

STEP 7　消費税額、地方消費税額の計算

付表1-2　税率別消費税額計算表 兼 地方消費税の課税標準となる消費税額計算表
〔経過措置対象課税資産の譲渡等を含む課税期間用〕

一　般

課　税　期　間	3・4・1 ～ 4・3・31	氏 名 又 は 名 称	ステップ商事株式会社

区　　　　分		税率3%適用分 A	税率4%適用分 B	税率6.3%適用分 C	旧税率分小計 X (A+B+C)
課　税　標　準　額	①	円 000	円 000	円 000	※付表1-1の①X欄へ 円 000
内訳 課税資産の譲渡等の対価の額	①-1	※第二表の②欄へ	※第二表の③欄へ	※第二表の④欄へ	※付表1-1の①-1X欄へ
特定課税仕入れに係る支払対価の額	①-2	※①-2欄は、課税売上割合が95%未満、かつ、特定課税仕入れがある事業者のみ記載する。		※第二表の⑧欄へ	※付表1-1の①-2X欄へ
消　費　税　額	②	※第二表の⑫欄へ	※第二表の⑬欄へ	※第二表の⑭欄へ	※付表1-1の②X欄へ
控除過大調整税額	③	(付表2-2の㉕・㉖A欄の合計金額)	(付表2-2の㉕・㉖B欄の合計金額)	(付表2-2の㉕・㉖C欄の合計金額) 59,999	※付表1-1の③X欄へ 59,999
控除税額 控除対象仕入税額	④	(付表2-2の㉔A欄の金額)	(付表2-2の㉔B欄の金額)	(付表2-2の㉔C欄の金額) 31,398	※付表1-1の④X欄へ 31,398
返還等対価に係る税額	⑤				※付表1-1の⑤X欄へ
⑤の内訳 売上げの返還等対価に係る税額	⑤-1				※付表1-1の⑤-1X欄へ
特定課税仕入れの返還等対価に係る税額	⑤-2	※⑤-2欄は、課税売上割合が95%未満、かつ、特定課税仕入れがある事業者のみ記載する。			※付表1-1の⑤-2X欄へ
貸倒れに係る税額	⑥			68,039	※付表1-1の⑥X欄へ 68,039
控除税額小計 (④+⑤+⑥)	⑦			99,437	※付表1-1の⑦X欄へ 99,437
控除不足還付税額 (⑦-②-③)	⑧		※⑪B欄へ	※⑪C欄へ 39,438	※付表1-1の⑧X欄へ 39,438
差　引　税　額 (②+③-⑦)	⑨		※⑫B欄へ	※⑫C欄へ	※付表1-1の⑨X欄へ
合計差引税額 (⑨-⑧)	⑩				
地方消費税の課税標準となる消費税額 控除不足還付税額	⑪		(⑧B欄の金額)	(⑧C欄の金額) 39,438	※付表1-1の⑪X欄へ 39,438
差　引　税　額	⑫		(⑨B欄の金額)	(⑨C欄の金額)	※付表1-1の⑫X欄へ
合計差引地方消費税の課税標準となる消費税額 (⑫-⑪)	⑬		※第二表の㉑欄へ	※第二表の㉒欄へ △39,438	※付表1-1の⑬X欄へ △39,438
譲渡割額 還　付　額	⑭		(⑪B欄×25/100)	(⑪C欄×17/63) 10,642	※付表1-1の⑭X欄へ 10,642
納　税　額	⑮		(⑫B欄×25/100)	(⑫C欄×17/63)	※付表1-1の⑮X欄へ
合計差引譲渡割額 (⑮-⑭)	⑯				

STEP 7-1

STEP 7-2

注意　1　金額の計算においては、1円未満の端数を切り捨てる。
　　　2　旧税率が適用された取引がある場合は、当該付表を作成してから付表1-1を作成する。

（2）「合計差引地方消費税の課税標準となる消費税額⑬」欄

　　付表１－２、１－１の⑫各欄の金額－⑪各欄の金額を⑬各欄に、それぞれ記載します。付表１－２の⑬Ｘ欄の金額は付表１－１の同欄に転記します。

　　　税率6.3％適用分Ｃ $\boxed{0-39,438 \ = \ \triangle 39,438}$

　　　税率7.8％適用分Ｅ $\boxed{3,786,693-0 \ = \ 3,786,693}$

　　　合計Ｆ $\boxed{\triangle 39,438+3,786,693 \ = \ 3,747,255}$

（3）申告書第二表の⑳～㉓欄を記載する

　　付表１－２、１－１⑬各欄より申告書第二表⑳～㉓欄に転記します。

（4）譲渡割額「還付額⑭」、「納税額⑮」欄

　　付表１－２、１－１の⑪又は⑫各欄に記載された金額に、「税率４％適用分Ｂ」については25/100 を、「税率6.3％適用分Ｃ」については17/63 を、「税率7.8％適用分Ｅ」については22/78 をそれぞれ乗じて計算した金額を、⑭又は⑮各欄に記載します。付表１－２の⑭Ｘ、⑮Ｘ欄の金額は付表１－１の同欄に転記します。この例では、税率6.3％適用分を⑭欄に、6.24％適用分と7.8％適用分を⑮各欄に記載しています。

　　　税率6.3％適用分Ｃ $\boxed{39,438 \times 17/63 \ = \ 10,642}$

　　　税率7.8％適用分Ｅ $\boxed{3,786,693 \times 22/78 \ = \ 1,068,041}$

　　　合計Ｆ⑭ $\boxed{10,642}$

　　　合計Ｆ⑮ $\boxed{1,068,041}$

（5）「合計差引譲渡割額⑯」欄

　　付表１－１の⑮Ｆ－⑭Ｆで計算した金額を⑯Ｆ欄に記載します。

　　　合計Ｆ $\boxed{1,068,041-10,642 \ = \ 1,057,399}$

申告書第一表の⑧、⑨欄、⑰～⑳欄を記載する

　　付表１－１⑩Ｆ欄の金額を、プラスの場合は申告書第一表の⑨欄（100 円未満切捨）に、マイナスの場合は⑧欄に転記します。

　　付表１－１⑬Ｆ欄の金額を、プラスの場合は申告書第一表の⑱欄（100 円未満切捨）に、マイナスの場合は⑰欄に転記します。

　　付表１－１⑯Ｆ欄の金額を、プラスの場合は申告書第一表の⑳欄（100 円未満切捨）に、マイナスの場合は⑲欄に転記します。

付表1－1　税率別消費税額計算表　兼　地方消費税の課税標準となる消費税額計算表　［一般］

| 課税期間 | 3・4・1 ～ 4・3・31 | 氏名又は名称 | ステップ商事株式会社 |

区　　分		旧税率分小計 X	税率6.24％適用分 D	税率7.8％適用分 E	合　計　F (X＋D＋E)
		（付表1-2の①X欄の金額）　円	円	円※第二表の①欄へ　円	円
（④＋⑤＋⑥）					
控除不足還付税額 （⑦－②－③）	⑧	（付表1-2の⑧X欄の金額）	※⑪E欄へ	※⑪E欄へ	
差　引　税　額 （②＋③－⑦）	⑨	（付表1-2の⑨X欄の金額）	※⑫E欄へ 798,485	※⑫E欄へ 2,988,208	3,786,693
合　計　差　引　税　額 （⑨－⑧）	⑩		STEP 7-1		※マイナスの場合は第一表の⑧欄へ ※プラスの場合は第一表の⑨欄へ 3,747,255
控除不足還付税額	⑪	（付表1-2の⑪X欄の金額） 39,438		（⑧D欄と⑧E欄の合計金額）	39,438
差　引　税　額	⑫	（付表1-2の⑫X欄の金額）		（⑨D欄と⑨E欄の合計金額） 3,786,693	3,786,693
合計差引地方消費税の 課税標準となる消費税額 （⑫－⑪）	⑬	（付表1-2の⑬X欄の金額） △39,438	STEP 7-2	※第二表の⑳欄へ 3,786,693	※マイナスの場合は第一表の⑰欄へ ※プラスの場合は第一表の⑱欄へ ※第二表の㉑欄へ 3,747,255
還　付　額	⑭	（付表1-2の⑭X欄の金額） 10,642		（⑪E欄×22/78）	10,642
納　税　額	⑮	（付表1-2の⑮X欄の金額）		（⑫E欄×22/78） 1,068,041	1,068,041
合　計　差　引　譲　渡　割　額 （⑮－⑭）	⑯				※マイナスの場合は第一表の⑲欄へ ※プラスの場合は第一表の⑳欄へ 1,057,399

注意　1　金額の計算においては、1円未満の端数を切り捨てる。

申告書第二表　課税標準額等の内訳書

訳　特定課税仕入れの返還等対価に係る税額（注1）⑲　　　　　　　　　　　　　53

地方消費税の 課税標準となる 消費税額	4　％　適用分	STEP 7-2	⑳		3 7 4 7 2 5 5	41
			㉑			42
	6.3　％　適用分		㉒		- 3 9 4 3 8	43
	（注2）6.24％及び7.8％　適用分		㉓		3 7 8 6 6 9 3	44

（注1）⑧～⑪及び⑭欄は、一般課税により申告する場合で、課税売上割合が95％未満、かつ、特定課税仕入れがある事業者のみ記載します。

申告書第一表　消費税及び地方消費税の確定申告書

控除税額小計 （④＋⑤＋⑥）	⑦					上　記　以　外　全　額　控　除
控除不足還付税額 （⑦－②－③）	⑧			13		基準期間の 課税売上高　千円
差　引　税　額 （②＋③－⑦）	⑨	3 7 4 7 2 0 0		15	STEP 7-3	
中間納付税額	⑩	0 0		16		

課税資産の譲渡 等の対価の額	⑯			22		

この申告書による地方消費税の税額の計算

地方消費税の 課税標準となる 税額	控除不足還付税額	⑰			51		預金　口座番号
	差　引　税　額	⑱	3 7 4 7 2 0 0		52	STEP 7-3	ちょ銀行の 記号番号　－
譲渡 割額	還　付　額	⑲			53		郵便局名等
	納　税　額	⑳	1 0 5 7 3 0 0		54		※税務署整理欄
中間納付譲渡割額		㉑	0 0		55		

申告書第一表の⑩～⑫欄、㉑～㉓欄、㉖欄を記載する

（1）「中間納付税額⑩」、「中間納付譲渡割額㉑」欄

　　中間申告をした場合には、中間納付税額を⑩欄に、中間納付譲渡割額を㉑に記載します。

（2）「納付税額⑪」、「中間納付還付税額⑫」欄

　　⑨－⑩で計算した金額を、計算結果がプラスとなる場合は⑪欄に記載し、計算結果がマイナスとなる場合は⑩－⑨で計算した金額を⑫欄に記載します。

（3）「納付譲渡割額㉒」、「中間納付還付譲渡割額㉓」欄

　　⑳－㉑で計算した金額を、計算結果がプラスとなる場合は㉒欄に記載し、計算結果がマイナスとなる場合は㉑－⑳で計算した金額を㉓欄に記載します。

（4）「消費税及び地方消費税の合計（納付又は還付）税額㉖」欄

　　下記の算式により、納付又は還付する消費税及び地方消費税の合計税額を計算し、㉖欄に記載します。なお、計算結果がマイナスの場合には還付されますので、マイナス記号（－）を付して記載します（△は記入しないでください）。

　　（「納付税額⑪」＋「納付譲渡割額㉒」）－（「控除不足還付税額⑧」＋「中間納付還付税額⑫」＋「譲渡割還付額⑲」＋「中間納付還付譲渡割額㉓」）

申告書第一表を完成させる

（1）「付記事項」、「参考事項」欄

① 付記事項

　　割賦基準、延払基準等、工事進行基準、現金主義会計の特別な売上基準を適用している場合には、該当する売上基準の「有」の欄に○を付します。適用していない場合は「無」の欄に○を付します。

② 控除税額の計算方法

　　STEP 4 で選択した計算方法に○を付します。

③ 基準期間の課税売上高

　　この申告に係る課税期間の基準期間（前々事業年度）の課税売上高（申告書第一表⑮欄の金額）を記入します。

（2）「還付を受けようとする金融機関等」欄

　　「消費税及び地方消費税の合計税額」欄がマイナスとなる場合は、消費税等が還付されますので、還付を受けようとする金融機関等を記入します。

（3）納税地・名称等を記入して申告書を完成させる

　　申告書を提出する税務署名、納税者の納税地、電話番号、名称又は屋号、個人又は法人番号、代表者氏名又は氏名を記入します。

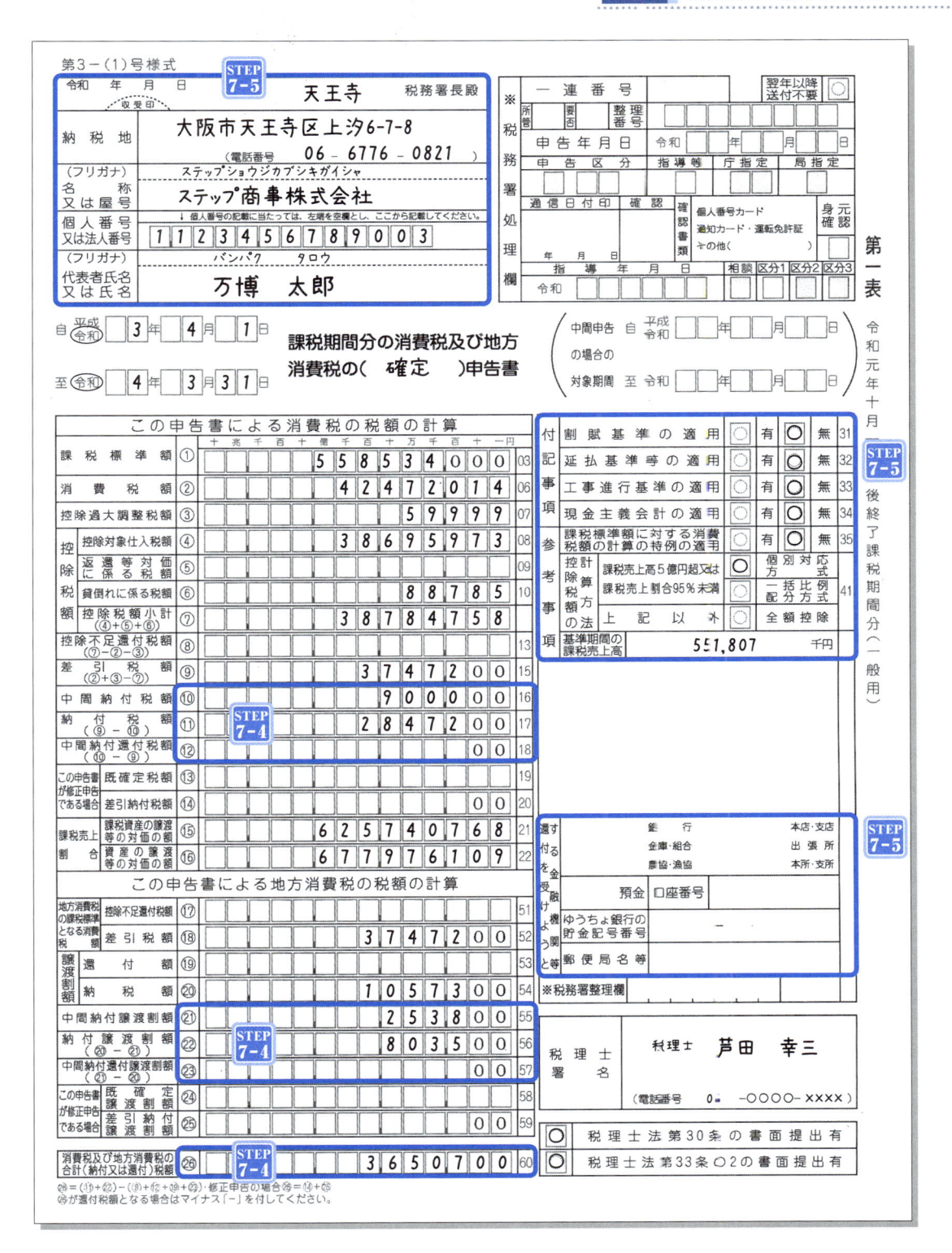

第4-(9)号様式

付表1-3　税率別消費税額計算表　兼　地方消費税の課税標準となる消費税額計算表

〔一　般〕

| 課　税　期　間 | ・・　～　・・ | 氏　名　又　は　名　称 | |

区　　　　　　　分		税率 6.24 % 適用分 A	税率 7.8 % 適用分 B	合　　　計　C (A＋B)
課　税　標　準　額	①	円 000	円 000	円 000
①の内訳	課 税 資 産 の 譲 渡 等 の 対 価 の 額 ①-1	※第二表の⑤欄へ	※第二表の⑥欄へ	※第二表の⑦欄へ
	特 定 課 税 仕 入 れ に 係 る 支 払 対 価 の 額 ①-2	※①-2欄は、課税売上割合が95%未満、かつ、特定課税仕入れがある事業者のみ記載する。	※第二表の⑨欄へ	※第二表の⑩欄へ
消　費　税　額	②	※第二表の⑮欄へ	※第二表の⑯欄へ	※第二表の⑪欄へ
控 除 過 大 調 整 税 額	③	(付表2-3の㉕・㉖A欄の合計金額)	(付表2-3の㉕・㉖B欄の合計金額)	※第一表の③欄へ
控除税額	控 除 対 象 仕 入 税 額 ④	(付表2-3の㉔A欄の金額)	(付表2-3の㉔B欄の金額)	※第一表の④欄へ
	返 還 等 対 価 に 係 る 税 額 ⑤			※第二表の⑰欄へ
	⑤の内訳 売 上 げ の 返 還 等 対 価 に 係 る 税 額 ⑤-1			※第二表の⑱欄へ
	特 定 課 税 仕 入 れ の 返 還 等 対 価 に 係 る 税 額 ⑤-2	※⑤-2欄は、課税売上割合が95%未満、かつ、特定課税仕入れがある事業者のみ記載する。		※第二表の⑲欄へ
	貸 倒 れ に 係 る 税 額 ⑥			※第一表の⑥欄へ
	控 除 税 額 小 計 (④＋⑤＋⑥) ⑦			※第一表の⑦欄へ
控 除 不 足 還 付 税 額 (⑦－②－③)	⑧			※第一表の⑧欄へ
差 引 税 額 (②＋③－⑦)	⑨			※第一表の⑨欄へ 00
地方消費税の課税標準となる消費税額	控 除 不 足 還 付 税 額 (⑧) ⑩			※第一表の⑰欄へ ※マイナス「－」を付して第二表の㉑及び㉓欄へ
	差 引 税 額 (⑨) ⑪			※第一表の⑱欄へ ※第二表の㉑及び㉒欄へ 00
譲渡割額	還 付 額 ⑫			(⑩C欄×22/78) ※第一表の⑲欄へ
	納 税 額 ⑬			(⑪C欄×22/78) ※第一表の⑳欄へ 00

注意　金額の計算においては、1円未満の端数を切り捨てる。

(R2.4.1以後終了課税期間用)

第4-(10)号様式

付表2-3　課税売上割合・控除対象仕入税額等の計算表

一般

| 課　税　期　間 | ・　・　～　・　・ | 氏　名　又　は　名　称 | |

項　　　目		税率 6.24 ％ 適用分 A	税率 7.8 ％ 適用分 B	合　　　計 C (A＋B)
課　税　売　上　額　（　税　抜　き　）	①	円	円	円
免　　税　　売　　上　　額	②			
非 課 税 資 産 の 輸 出 等 の 金 額、海 外 支 店 等 へ 移 送 し た 資 産 の 価 額	③			
課税資産の譲渡等の対価の額（①＋②＋③）	④			※第一表の⑮欄へ
課税資産の譲渡等の対価の額（④の金額）	⑤			
非　　課　　税　　売　　上　　額	⑥			
資 産 の 譲 渡 等 の 対 価 の 額 （⑤＋⑥）	⑦			※第一表の⑯欄へ
課　税　売　上　割　合　（　④／⑦　）	⑧			[　　％]　※端数切捨て
課 税 仕 入 れ に 係 る 支 払 対 価 の 額（税込み）	⑨			
課 税 仕 入 れ に 係 る 消 費 税 額	⑩	(⑨A欄×6.24/108)	(⑨B欄×7.8/110)	
特 定 課 税 仕 入 れ に 係 る 支 払 対 価 の 額	⑪	※⑪及び⑫欄は、課税売上割合が95%未満、かつ、特定課税仕入れがある事業者のみ記載する。		
特 定 課 税 仕 入 れ に 係 る 消 費 税 額	⑫		(⑪B欄×7.8/100)	
課 税 貨 物 に 係 る 消 費 税 額	⑬			
納 税 義 務 の 免 除 を 受 け な い（受 け る）こ と と な っ た 場 合 に お け る 消 費 税 額 の 調 整（加 算 又 は 減 算）額	⑭			
課 税 仕 入 れ 等 の 税 額 の 合 計 額 （⑩＋⑫＋⑬±⑭）	⑮			
課 税 売 上 高 が 5 億 円 以 下、か つ、課 税 売 上 割 合 が 95 ％ 以 上 の 場 合 （⑮の金額）	⑯			
課5課95 税億税% 売円売未 上超上満 高又割の がはが場合	個別対応方式	⑮のうち、課税売上げにのみ要するもの	⑰			
		⑮のうち、課税売上げと非課税売上げに共 通 し て 要 す る も の	⑱			
		個 別 対 応 方 式 に よ り 控 除 す る課 税 仕 入 れ 等 の 税 額〔⑰＋（⑱×④／⑦）〕	⑲			
	一括比例配分方式により控除する課税仕入れ等の税額　（⑮×④／⑦）		⑳			
控除税額の調整	課税売上割合変動時の調整対象固定資産に係る消 費 税 額 の 調 整（加 算 又 は 減 算）額		㉑			
	調整対象固定資産を課税業務用（非課税業務用）に 転 用 し た 場 合 の 調 整（加 算 又 は 減 算）額		㉒			
	居 住 用 賃 貸 建 物 を 課 税 賃 貸 用に 供 し た（譲 渡 し た）場 合 の 加 算 額		㉓			
差引	控 除 対 象 仕 入 税 額〔（（⑯、⑲又は⑳の金額）±㉑±㉒＋㉓〕がプラスの時		㉔	※付表1-3の④A欄へ	※付表1-3の④B欄へ	
	控 除 過 大 調 整 税 額〔（（⑯、⑲又は⑳の金額）±㉑±㉒＋㉓〕がマイナスの時		㉕	※付表1-3の③A欄へ	※付表1-3の③B欄へ	
貸 倒 回 収 に 係 る 消 費 税 額		㉖	※付表1-3の③A欄へ	※付表1-3の③B欄へ	

注意　1　金額の計算においては、1円未満の端数を切り捨てる。
　　　2　⑨及び⑪欄には、値引き、割戻し、割引きなど仕入対価の返還等の金額がある場合（仕入対価の返還等の金額を仕入金額から直接減額している場合を除く。）には、その金額を控除した後の金額を記載する。

(R2.4.1以後終了課税期間用)

還付申告とは

STEP 1 　還付税額が生ずる場合（消法45、52、53）

　消費税が還付となるのは、下記の場合です。

1．「控除不足還付税額⑧」がある場合

「課税標準額に対する消費税額②」　＋　「控除過大調整税額③」　＜　「控除税額小計⑦」

　なお、控除不足還付税額の還付を受けるときは、確定申告書に**「消費税の還付申告に関する明細書」**を添付する必要があります。

2．「中間納付還付税額⑫」がある場合

「差引税額⑨」　＜　「中間納付税額⑩」

STEP 2 　還付申告ができる場合（消法46、52、5）

　課税事業者は、その課税期間において、国内における課税資産の譲渡等（免税となるものを除く）及び特定課税仕入れがない場合で、かつ、納付すべき差引税額がない場合は、確定申告書を提出する義務はありませんが、その場合でも還付税額が生ずる場合は、還付を受けるために申告書を提出することができます。

STEP 3 　「消費税の還付申告に関する明細書」を作成する

　控除不足還付税額がある還付申告書を提出する場合には、「消費税の還付申告に関する明細書」を申告書に添付します。

① 　この明細書は、法人用と個人用の２種類があります。

② 　記載金額は、法人用は千円単位（千円未満切捨て）、個人用は円単位です。

③ 　「取引金額等」「決算額」「資産の取得価額」欄について、経理処理に応じて（税込・税抜）を○で囲みます。

STEP 3-1 　還付申告となった主な理由

　還付申告となった主な理由（輸出等の免税取引の割合が高い・設備投資（高額な固定資産の購入等）・その他）に○印を付けます。その他に該当する場合は、理由を簡単に記載します。

STEP 3-2 　課税売上げ等に係る事項

⑴ 　**「主な課税資産の譲渡等」**

　当課税期間の課税資産の譲渡等（輸出免税取引は下記⑵へ）について、１件当たりの取引金額（税抜金額）が100万円以上のものを上位10番目まで（個人事業者用は５番目まで）記載します。なお、継続的な取引先は当課税期間中の合計額が100万円以上の場合に記載し、「譲渡年月日等」には「継続」と記載します。

⑵ 　**「主な輸出取引等の明細」**

　当課税期間の輸出免税取引について、取引金額総額の上位10番目まで（個人事業者用は５番目まで）記載します。

　また、輸出取引等に利用する主な金融機関と主な通関業者について記載します。

STEP 3　消費税の還付申告に関する明細書を作成する

第28-(9)号様式

消費税の還付申告に関する明細書（法人用）

課税期間	3・4・1 ～ 4・3・31	所在地	大阪市大正区平尾8丁目6-9
		名　称	今村産業株式会社

1 還付申告となった主な理由（該当する事項に○印を付してください。）

STEP 3-1

	輸出等の免税取引の割合が高い	その他	
○	設備投資（高額な固定資産の購入等）		

2 課税売上げ等に係る事項

(1) 主な課税資産の譲渡等（取引金額が100万円以上の取引を上位10番目まで記載してください。）　単位：千円

STEP 3-2 (1)

資産の種類等	譲渡年月日等	取引金額等（税込・税抜）	取引先の氏名（名称）	取引先の住所（所在地）
機械部品	継・続	81,543	(株)ステップ機械	大阪市大正区三軒家東○-○
機械部品	継・続	60,899	ステップ商事(株)	大阪市天王寺区上汐8-2-3
機械部品	継・続	57,225	(株)松田機械	大阪市天王寺区上汐1-○-5
機械部品	2・9・5	134	奄美商事(株)	大島郡龍郷町123-1
	・・			
	・・			
	・・			
	・・			

※ 継続的に課税資産の譲渡等を行っている取引先のものについては、当課税期間分をまとめて記載してください。その場合、譲渡年月日等欄に「継続」と記載してください。輸出取引等は(2)に記載してください。

(2) 主な輸出取引等の明細（取引金額総額の上位10番目まで記載してください。）　単位：千円

STEP 3-2 (2)

取引先の氏名（名称）	取引先の住所（所在地）	取引金額	主な取引商品等	所轄税関（支署）名
秦有限公司	台北懸五股郷孝義路○○	25,902	機械部品	大阪
昭久Co.Ltd	天津市河西区友誼路△△	10,683	機械部品	大阪

輸出取引等に利用する	主な金融機関	ABC	銀行・金庫・組合・農協・漁協	大正	本店・支店・出張所・本所・支所
		普通　預金	口座番号	987654	
	主な通関業者	氏名（名称）	松田運輸株式会社		
		住所（所在地）	大阪市港区○-△-◇		

（1／2）

STEP 2-3 課税仕入れに係る事項

(1) 「仕入金額等の明細」

① 課税仕入れ等の税額の合計額の計算の基礎となった金額の明細を記載します。課税取引金額計算表を作成している場合は、それぞれの区分ごとに集計し転記します。

② 保税地域から引き取った課税貨物の金額は、「㋑ 決算額」又は「㋑ 資産の取得価額」に含めて記載し、「㋺ ㋑のうち課税仕入れにならないもの」に記載します。

③ 「課税仕入れ等の税額の合計額⑩」には、「⑤＋⑨の金額に対する消費税額」を記載します。すなわち、課税仕入れに係る消費税額と課税貨物に係る消費税額の合計額を記載します。なお、この金額は、付表2－1「課税仕入れ等の税額の合計額⑮」の「合計F」欄の金額と一致します。

(2) 「主な棚卸資産・原材料等の取得」

① 上記(1)の「損益科目」の「商品仕入高等①」の「（㋑－㋺）課税仕入高」に記載した棚卸資産及び原材料等のうち、取引金額（税抜価額）が100万円以上のものについて、上位5番目まで記載します。なお、継続的な取引先は当課税期間中の合計額が100万円以上の場合に記載し、「取得年月日等」には「継続」と記載します。

② 「資産の種類等」には、棚卸資産等については機械用部品、製品原料など、外注費等については下請加工、支払手数料などとその内容を記載します。

(3) 「主な固定資産等の取得」

① 上記(1)の「資産科目」の「（㋑－㋺）課税仕入高」に記載した固定資産等の取得のうち、1件当たりの取引金額（税抜価額）が100万円以上のものについて、上位10番目まで（個人事業者用は5番目まで）記載します。

② 「資産の種類等」には、資産の種類（建物、車両等）を記載します。

STEP 2-4 当課税期間中の特殊事情

当課税期間中の顕著な増減事項等及びその理由を記載します。

例えば、多額の売上返還等が発生した、多額の貸倒損失が発生したなどを記載します。

3 課税仕入れに係る事項

(1) 仕入金額等の明細

単位：千円

区　分			㋑ 決算額（税込・税抜）	㋺ ㋑のうち課税仕入れにならないもの	(㋑－㋺) 課税仕入高
損益科目	商品仕入高等	①	50,817	0	50,817
	販売費・一般管理費	②	25,955	18,333	7,622
	営業外費用	③	595	595	0
	そ　の　他	④	128	128	0
	小　　計	⑤	77,495	19,056	58,439

区　分			㋑ 資産の取得価額（税込・税抜）	㋺ ㋑のうち課税仕入れにならないもの	(㋑－㋺) 課税仕入高
資産科目	固　定　資　産	⑥	57,123	20,000	37,123
	繰　延　資　産	⑦	0	0	0
	そ　の　他	⑧	0	0	0
	小　　計	⑨	57,123	20,000	37,123
課税仕入れ等の税額の合計額	⑩	⑤＋⑨の金額に対する消費税額			5,732

STEP 2-3 (1)

(2) 主な棚卸資産・原材料等の取得（取引金額が100万円以上の取引を上位5番目まで記載してください。）　単位：千円

資産の種類等	取得年月日等	取引金額等（税込・税抜）	取引先の氏名（名称）	取引先の住所（所在地）
製品原料	継・続	21,583	(株)ステップ金属	大阪市此花区梅花〇-〇
下請加工	継・続	16,982	ステップ製作所(株)	大阪市西区新町〇-〇
	・・			
	・・			
	・・			

STEP 2-3 (2)

※ 継続的に課税資産の取得を行っている取引先のものについては、当課税期間分をまとめて記載してください。
　その場合取得年月日等欄に「継続」と記載してください。

(3) 主な固定資産等の取得（1件当たりの取引金額が100万円以上の取引を上位10番目まで記載してください。）　単位：千円

資産の種類等	取得年月日等	取引金額等（税込・税抜）	取引先の氏名（名称）	取引先の住所（所在地）
建物	2・5・31	37,123	藤本産業(株)	東大阪市倭徳道1-2
	・・			
	・・			
	・・			
	・・			
	・・			
	・・			
	・・			
	・・			

STEP 2-3 (3)

4 当課税期間中の特殊事情（顕著な増減事項等及びその理由を記載してください。）

STEP 2-4

設備投資（建物の取得）を行った。

（2／2）

Ⅴ 申告書（一般用）を作成する

STEP 1

経理処理の概要（平元．３.１付直法２－１）

　申告書の作成が完成したら、会社の経理処理方式に応じて次のように取り扱います。

１．消費税を納付する場合

① 税抜経理… 申告書により計算した納付すべき消費税額を、「未払消費税」として計上します。「仮受消費税」の金額から「仮払消費税」の金額を控除した金額と、納付すべき消費税額との差額は、「雑収入」又は「雑損失」として計上します。

② 税込経理

（原則） 納付すべき消費税額は、「租税公課」として、申告書が提出された日の属する事業年度の損金の額に算入します。

（特例） 納付すべき消費税額を「未払金」として計上した場合は、その計上した事業年度の損金の額に算入します。

２．消費税が還付される場合

① 税抜経理… 申告書により計算した還付を受ける消費税額を、「未収消費税」として計上します。「仮払消費税」の金額から「仮受消費税」の金額を控除した金額と、還付される消費税額との差額は、「雑収入」又は「雑損失」として計上します。

② 税込経理

（原則） 還付を受ける消費税額は、「雑収入」等として、申告書が提出された日の属する事業年度の益金の額に算入します。

（特例） 納付すべき消費税額を「未収入金」として計上した場合は、その計上した事業年度の益金の額に算入します。

STEP 2

当社の経理処理

　当社はすべて税抜経理方式で行っていますので、次の精算を行います。

「仮受消費税」の期末残高	28,142,554円
「仮払消費税」の期末残高	25,827,368円
中間申告の消費税額	1,125,000円（「仮払金」で計上しています。）
申告書「納付税額㉖」の金額	1,189,800円

仕 訳

（仮受消費税）	28,142,554	（未払消費税）	1,189,800
		（仮払消費税）	25,827,368
		（仮 払 金）	1,125,000
		（雑 収 入）　対外	386

　「仮受消費税」28,142,554円－「仮払消費税」25,827,368円－「中間申告の消費税額」1,125,000円＝1,190,186円と、申告書「納付税額㉖」1,189,800円の差額386円は、「雑収入」として計上します。

経理処理の概要

1. 消費税を納付する場合

　税抜経理方式

　　　　　　　　　（仮受消費税）×××　／　（未払消費税）　×××
　　　　　　　　　　　　　　　　　　　　　（仮払消費税）　×××
　　　　　　　　　　　　　　　　　　　　　（雑　収　入）　×××

　税込経理方式

　　（原則）　申告書提出日（翌期）に損金算入

　　　　　　　　　　　　　　（租税公課）×××　／　（現金預金）　×××

　　（特例）　未払計上したときは、未払計上日（当期）に損金算入

　　　　　　　　　　　　　　（租税公課）×××　／　（未　払　金）　×××

2. 消費税が還付される場合

　税抜経理方式

　　　　　　　　　（未収消費税）×××　／　（仮払消費税）　×××
　　　　　　　　　（仮受消費税）×××　／　（雑　収　入）　×××

　税込経理方式

　　（原則）　申告書提出日（翌期）に益金算入

　　　　　　　　　　　　　　（現金預金）×××　／　（雑　収　入）　×××

　　（特例）　未収計上したときは、未収計上日（当期）に益金算入

　　　　　　　　　　　　　　（未収入金）×××　／　（雑　収　入）　×××

当社の経理処理（簡易課税の場合）

　設例　当社はすべて税抜経理方式で行い、簡易課税制度を適用しています。

　　「仮受消費税」の期末残高　　　1,628,264円
　　「仮払消費税」の期末残高　　　1,375,618円
　　申告書「納付税額㉖」の金額　　162,800円

　仕訳　（仮受消費税）1,628,264　／　（未払消費税）　　　　162,800
　　　　　　　　　　　　　　　　　　　（仮払消費税）　　1,375,618
　　　　　　　　　　　　　　　　　　　（雑　収　入）　対外　89,846

　「仮受消費税」1,628,264円－「仮払消費税」1,375,618円＝252,646円と、申告書「納付税額㉖」162,800円の差額89,846円は、「雑収入」として計上します。

STEP 1

概要（法令139の４）

　税抜経理方式を採用し、その課税期間の課税売上高が５億円超又は課税売上割合が95％未満である場合には、仕入控除税額は、課税仕入れ等に対する消費税額の全額ではなく、課税売上げに対応する部分の金額となり、仕入税額控除ができない仮払消費税等の額が生じることになります。この税額控除の対象とならない仮払消費税等を**控除対象外消費税額等**といいます。

　控除対象外消費税額等については、次の**STEP2**又は**STEP3**に掲げる方法により処理します。

　（注）税込処理方式を採用している場合は、消費税等は資産の取得価額又は経費の額に含まれますので、特別な処理は必要ありません。

STEP 2

資産に係る控除対象外消費税額等

　資産に係る控除対象外消費税額等は、次のいずれかの方法により損金の額又は必要経費に算入します。

⑴　個々の資産の取得価額に算入し、以後の事業年度又は年分において償却費などとして損金の額又は必要経費にします。

⑵　次のいずれかに該当する場合には、法人については損金経理を要件としてその事業年度の損金の額に、個人事業者は全額をその年分の必要経費に算入します。

　①　その事業年度又は年分の課税売上割合が80%以上であること。

　②　棚卸資産に係る控除対象外消費税額等であること。

　③　一の資産に係る控除対象外消費税額等が20万円未満であること。

⑶　上記に該当しない場合には、「繰延消費税額等」として資産計上し、５年以上の期間で償却します。

　①　繰延消費税額等の生じた事業年度

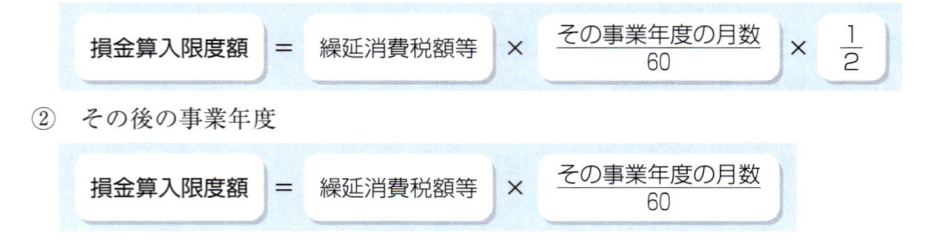

$$\text{損金算入限度額} = \text{繰延消費税額等} \times \frac{\text{その事業年度の月数}}{60} \times \frac{1}{2}$$

　②　その後の事業年度

$$\text{損金算入限度額} = \text{繰延消費税額等} \times \frac{\text{その事業年度の月数}}{60}$$

 **STEP 1** 控除対象外消費税額等の取扱い

税込経理方式を採用している → **YES** → 控除対象外消費税額等は発生しない

↓ NO

課税売上割合が95%以上
かつ
課税売上高が5億円以下 → **YES** → 控除対象外消費税額等は発生しない

↓ NO

控除対象外消費税額等が生じる → 法人税法・所得税法で取扱いが定められている

  **STEP 2 STEP 3** 控除対象外消費税額等の処理

		区分		法人税	所得税
控除対象外消費税額等	資産に係るもの	資産の取得価額に算入する			
		①課税売上割合が80%以上である		損金経理を要件として損金算入	必要経費算入
		②棚卸資産に係る控除対象外消費税額等である			
		③一の資産に係る控除対象外消費税額等が20万円未満である			
		①から③のいずれにも該当しない（繰延消費税額等）	初年度	繰延消費税額等×$\frac{当期の月数}{60}$×$\frac{1}{2}$を損金算入（損金経理要件）又は必要経費算入	
			その後	繰延消費税額等×$\frac{当期の月数}{60}$を損金算入（損金経理要件）又は必要経費算入	
		経費に係るもの		損金算入	必要経費算入
		交際費等及び寄附金等に係るもの		支出交際費等及び寄附金等に含めて損金不算入額を計算	必要経費算入

設例 当期に建物2,750万円（消費税額等250万円）を取得した。課税売上割合は60%である。

① 繰延消費税額等の計算　250万円×（1−60%）＝100万円

（繰延消費税額等）　　　1,000,000／（仮払消費税）　　1,000,000

② 繰延消費税額等の償却　100万円×$\frac{12}{60}$×$\frac{1}{2}$＝10万円→法人税申告書別表16⑽で計算します。

（繰延消費税額等償却費）　100,000／（繰延消費税額等）　100,000

（注）上記の他、取得価額に算入する方法も選択できます。

経費に係る控除対象外消費税額等

経費に係る控除対象外消費税額等は、その全額をその事業年度の損金の額又はその年分の必要経費に算入します。

ただし、法人の場合、法人税の計算において、交際費等に係る控除対象外消費税額等に相当する金額は、支出交際費等の額に含めて、交際費等の損金不算入額を計算します。また、課税資産を購入して、寄附した場合の控除対象外消費税額等に相当する金額は、支出寄附金等の額に含めて、寄附金等の損金不算入額を計算します。

なお、交際費等の損金算入に関する明細書（法人税申告書別表15）には、交際費自体の額とは別に、控除対象外消費税額等の金額を記載します。

⑴ 個別対応方式で計算している場合

① 課税売上対応の交際費に係る税額……控除対象外消費税額等は生じません。

② 非課税売上対応の交際費に係る税額……その全額が控除対象外消費税額等になります。

③ 共通対応の交際費に係る税額……交際費等のうち、次の算式で計算した金額が控除対象外消費税額等になります。

$$\boxed{控除対象外消費税額等の金額} = \boxed{共通対応の交際費に係る税額} \times \left(\ 1\ -\ \boxed{課税売上割合}\ \right)$$

⑵ 一括比例配分方式で計算している場合

交際費等のうち、次の算式で計算した金額が控除対象外消費税額等になります。

$$\boxed{控除対象外消費税額等の金額} = \boxed{交際費に係る税額} \times \left(\ 1\ -\ \boxed{課税売上割合}\ \right)$$

また、課税資産を購入して寄附した場合の控除対象外消費税額等に相当する金額は、支出寄附金の額として寄附金等の損金不算入額を計算します。

STEP 3

総 勘 定 元 帳 （ 交 際 費 ）

ステップ商事株式会社　　　　　　　　　　　　　　　　　　　　　消費税：税抜経理

日付	相手科目	摘　要	課税区分	借方	貸方	残高
:	:	:	:			:
R3.5.12	現 金 預 金	社長ゴルフ代　ステップ カントリークラブ	共通	19,800		253,353
R3.5.12	現 金 預 金	〃　〃　ゴルフ場利用税	対外	1,200		254,353
R3.5.31	仮払消費税	消費税額振替　税込金額：19,440	共通		1,80■	253,■53
		＊＊　5月計　＊＊		21,000	1,80■	
:	:			:	:	:
		＊＊　年間計　＊＊		4,699,729	327,24￣	4,372,■82
		＊＊＊　年間　消費税集計　＊＊＊	課対	1,305,400	118,67■	1,186,￣28
			非対			0
			共通	2,294,329	208,575	2,085,￣54
			非仕	100,000		100,■00
			対外	1,000,000		1,000,■00

> 支出交際費へ加算する金額を計算します

【交際費の控除対象外消費税額等の計算】

(1)　課税売上割合……「**No.60　消費税の申告書を作成する**」の金額を伹います。

①　課税資産の譲渡等の対価の額　625,740,768 円

②　資産の譲渡等の対価の額　677,976,109 円

③　課税売上割合　$\dfrac{625,740,768 \text{ 円}}{677,976,109 \text{ 円}}$

(2)　交際費の控除対象外消費税額等

①　共通対応の交際費に係る税額　2,085,754 円 ×10％＝208,575 円

②　支出交際費の額　208,575 円 ×（1－課税売上割合（(1)③））＝16,069 円

交際費等の損金算入に関する明細書

| 事 業 年 度 | 3・4・1 4・3・31 | 法人名 | ステップ商事株式会社 | 別表十五 |

支 出 交 際 費 等 の 額 （8 の 計）	1	4,388,551 円	損 金 算 入 限 度 額 (2)又は(3)	4	0 円
支出接待飲食費損金算入基準額 （9の計）×$\frac{50}{100}$	2	0	損 金 不 算 入 額 (1)－(4)	5	4,388,551
中小法人等の定額控除限度額 (1)の金額又は800万円×$\frac{}{12}$ 相当額のうち少ない金額	3	4,388,551			

支 出 交 際 費 等 の 額 の 明 細

科　　目	支　出　額 6	交際費等の額から控除される費用の額 7	差引交際費等の額 8	(8) のうち接待飲食費の額 9
交 際 費	4,372,482 円	円	4,372,482 円	円
控除対象外消費税額	16,069		16,069	

> 法人税申告書別表15へ記入します

概要（消法30、消令48）

課税売上割合とは、課税期間中に国内において行った「売上高」のうちに「課税売上高」の占める割合をいいます。

課税売上割合が95%以上かつ課税期間における課税売上高が5億円以下の場合は、課税仕入れに係る消費税額は全額控除することができます。

$$課税売上割合 = \frac{課税売上高}{売上高} = \frac{課税売上高 + 免税売上高}{課税売上高 + 免税売上高 + 非課税売上高}$$

課税売上割合の計算上の留意点

1．売上げに係る対価の返還等がある場合

返品、値引き、割戻し等の売上げに係る対価の返還等の金額は、分母・分子それぞれの売上高から控除します。

なお、免税事業者であったときの売上げについて、課税事業者になってから売上値引き等があった場合は、税抜きにしないでその全額を控除します（消基通11−5−2）。

2．貸倒れがある場合

貸倒金額は、分母・分子から控除しません。

3．有価証券の売却及び金銭債権の譲渡がある場合（消令48）

有価証券及び金銭債権の譲渡収入は非課税売上げですが、分母の非課税売上高には、譲渡収入の5%相当額を計上します。

（注）金銭債権の譲渡収入の5%相当額を非課税売上高に計上するのは、貸付金等の金銭債権に限られます。売掛金や資産の売却により生じた未収金など、資産の譲渡等の対価として取得した金銭債権の譲渡については非課税売上高には計上しません。

4．端数処理（消基通11−5−6）

課税売上割合については、原則として端数処理は行いませんが、切り捨てることはできます。（例）0.94657 → 0.946（切捨て○） 0.94657→0.95（切上げ×）

5．課税売上割合の計算単位（消基通11−5−1）

課税売上割合は、事業者の全ての売上高のうちに課税売上高の占める割合をいいますので、事業所や事業部単位で計算することはできません。

6．課税売上割合が95%未満であるかの判定（消基通11−5−9）

仕入控除税額の計算において、課税売上割合が95%未満であるかの判定は、必ず課税売上割合で判定します。課税売上割合に準ずる割合（**No.70**参照）で判定することはできません。

課税売上割合の計算

設例	
国内売上高（税込み）	38 525,678円
国内売上の値引・返品（税込み）	1 526,271円
輸出売上高	61 235,628円
家賃収入（住宅家賃）	4 800,000円
受取利息	201,357円
受取配当金	120,000円
有価証券の売却収入	1 980,000円
貸倒損失	2 100,000円

※税率はすべて10％とする

① 課税売上げ　　（38,525,678円×$\frac{100}{110}$）−（1,526,271円×$\frac{100}{110}$）＝38,635,824円

② 免税売上げ　　61,235,628円

③ 非課税売上げ　4,800,000円＋201,357円＋1,980,000円×5％＝5,100,357円

④ 課税売上割合

$$\frac{①+②}{①+②+③} = \frac{94,871,452円}{99,971,809円} = 0.94898 → 94\% （端数切捨て）$$

課税売上割合の計算上の注意点

課税売上割合の計算式における分母又は分子に、○は含める、×は含めません。

	分子	分母
消費税額及び地方消費税額	×	×
売上げに係る対価の返還等	○	○
法人の役員に対する課税資産の贈与・低額譲渡	○	○
個人事業者の課税資産の家事消費	○	○
貸倒金額	×	×
貸倒れに係る売掛債権等の回収金額	×	×
輸出取引に係る対価の額	○	○
国外取引に係る対価の額	×	×
受取配当金・受取保険金等　（不課税取引）	×	×
譲渡対価として取得した金銭債権の譲渡	×	×
他人から購入した金銭債権の譲渡	×	○（5％）
国債等の償還金額	×	×
国債等の償還金の差損益	×	○
合名会社等の持分の譲渡	×	○
株式・社債・受益証券等の譲渡	×	○（5％）
預貯金・貸付金・公社債の受取利息	×	○
投資信託等の収益分配金	×	○

税理士が添付書面を作成する

　書面添付制度は、申告書の作成について、税理士が税務の専門家としてどの程度まで関与し、計算・整理したかを明らかにすることにより、適法に申告書が作成されていることを税務官公署に対して表明する制度です。また、意見聴取制度と一体で運用されることにより、納税義務の適正な実現に寄与し、納税者の負担が軽減される効果もあります。

書面添付制度とは（税理士法33の2）

(1)　書面添付制度は、税理士が税務に関する専門家として、その申告書に関して計算し、整理し、相談に応じた事項を記載した書面を申告書に添付する制度です。

(2)　書面には税理士がどのような書類に基づいて帳簿を作成したか、どのような帳簿に基づいて計算・整理を行ったか、どのような相談に応じたか等を記載します。

(3)　また、計算・整理に関する顕著な増減事項や、会計処理方法の変更等があった場合には、その内容や理由等も記載します。

意見聴取制度との関係について

(1)　税務職員はあらかじめ事前通知を行ったうえで調査を行う場合に、税理士が、
　　・税務代理権限証書を提出しており、かつ、
　　・添付書面を申告書に添付している
　　ときは、その添付書面に記載された事項に関して、調査の事前通知前にその税理士に意見を述べる機会を与えなければなりません。また、更正処分を行う場合も同様です。

(2)　したがって、調査の事前通知前に税理士に対して意見聴取が行われることになり、その結果、調査時間の短縮や調査省略もあり得るなど、納税者にとっても、税務調査における負担が軽減される結果となります。

(3)　また、意見聴取の結果、調査の必要がないと認められた場合には、税理士に対し「現時点では調査に移行しない」旨の連絡を、原則として「意見聴取結果についてのお知らせ」の文書により行われます。

書面作成に関わる税理士とは

(1)　添付書面には、実際に計算・整理し自らが申告書を作成した税理士の氏名や事務所所在地を記載します。

(2)　また、税理士又は税理士法人に補助者として従事している税理士（所属税理士）が申告書を作成した場合には、その所属税理士の氏名を書面作成に係る税理士として記載します。

消費　税　確定　申告書（　　　　年分・ ³ 年 4月 1日　事業年度分・　　　　）に係る
　　　　　　　　　　　　　　　　　⁴ 年 3月31日

受付印

税理士法第３３条の２第１項に規定する添付書面　33の2①

4 年 5 月 8 日
天王寺税務署長殿

※整理番号

税理士又は税理士法人	氏名又は名称	杉田　宗久
	事務所の所在地	大阪市西区西本町１丁目３番１０号　第５冨士ビル　　電話（06）6536 － 5572
書面作成に係る税理士	氏　　名	田部　純一
	事務所の所在地	大阪市西区西本町１丁目３番１０号　第５冨士ビル　　電話（06）6536 － 5572
	所属税理士会等	近畿税理士会 西 支部　登録番号　第○○○○号
税務代理権限証書の提出		有（　消費税　　　　　　）・　無
依　頼　者	氏名又は名称	ステップ商事株式会社
	住所又は事務所の所在地	大阪市天王寺区上汐8-2-3　　電話（06）6776 － 08×1

　私（当法人）が申告書の作成に関し、計算し、整理し、又は相談に応じた事項は、下記の１から４に掲げる事項であります。

１　自ら作成記入した帳簿書類に記載されている事項

帳簿書類の名称	作成記入の基礎となった書類等
振替伝票、総勘定元帳、月次財務諸表、貸借対照表、損益計算書、課税取引金額計算表	入出金伝票、金銭出納帳、銀行帳、売掛金元帳、買掛金元帳請求書綴り、領収書綴り

２　提示を受けた帳簿書類（備考欄の帳簿書類を除く。）に記載されている事項

帳簿書類の名称	備　　考
上記１の「作成記入の基礎となった書類等」と同じ	各種契約書、議事録

※事務処理欄	部門	業種			意見聴取連絡事績		事前通知等事績	
					年月日	税理士名	通知年月日	予定年月日
					・　・		・　・	・　・

（1／4）

添付書面に記入する事項

　添付書面には９号様式（税理士が自ら申告書を作成した場合）と10号様式（他人が作成した申告書を審査した場合）がありますが、ここでは９号様式について説明します。

(1)　（税理士が）自ら作成記入した帳簿書類に記載されている事項

　　例えば、会社が入出金伝票を起票し、税理士が補助簿を基に振替伝票を起票して総勘定元帳などを作成している場合には、

　　「帳簿書類の名称」欄には、振替伝票、月次財務諸表、総勘定元帳等を記載し、

　　「作成記入の基礎となった書類等」欄には、入出金伝票、銀行帳、手形帳等を記載します。

(2)　（税理士が）提示を受けた帳簿書類に記載されている事項

　　会社が作成している売掛金元帳や買掛金元帳について、関係資料と突合して正しく記録されているか確認をした場合には、

　　「帳簿書類の名称」欄には、請求書綴、領収書綴等を記載し、

　　「備考」欄には、各種契約書、議事録等を記載します。

(3)　計算し、整理した主な事項

　①　区分・事項・備考

　　(1)に、申告書の作成に関して、計算・整理した事項を記載するとともに、関係資料との確認方法や留意した点について、区分ごとに記載します。

　　例えば、取引の課税判定について記載する場合には、「区分」欄には、「課税取引の判定」と記載し、「事項」欄には「振替伝票をチェックし、紛らわしい取引は証憑を確認して判定した。記帳内容を課否判定し、課税取引金額計算表を作成している。」などと記載します。

　　「備考」欄には、その際に留意した事項について記載します。

　②　(1)のうち顕著な増減事項・増減理由

　　(1)に記載したもののうち前期と比較して金額が顕著に増減したものについてその項目を記載し、その原因や理由を記載します。例えば、

　　「(1)のうち顕著な増減事項」欄には、「車両運搬具」と記載し、「増減理由」欄には、「業務拡大に伴い、車両を１台増車した。」などと記載します。

　③　(1)のうち会計処理方法に変更等があった事項・変更等の理由

　　(1)に記載したもののうち、当期において会計処理方法に変更があった事項について、その事項や理由を記載します。

(4)　相談に応じた事項

　　申告に当たって、特に重要だと思われる相談事項について、その項目や相談内容・回答要旨を記載します。

(5)　その他

　　申告書作成に当たっての税理士の所見を記載します。

| | ※整理番号 | |

| 3　計算し、整理した主な事項 | | |

	区　　分	事　　　　　項	備　　　　考
(1)	課税取引の判定	振替伝票をチェックし、必要に応じ証憑を確認して判定した。 記帳内容を課否判定し、課税取引金額計算表を作成している。 決算時に再度確認した取引は次のとおりであり、他の科目も確認している。	振替伝票、領収書等
	車両費	軽油代の支払時に軽油引取税は不課税仕入れとして処理した。	領収書等
	交際費	香典、祝い金等は不課税仕入れ、贈答品のうち飲食料品は軽減税率適用の課税仕入れとして処理した。	振替伝票、出金依頼票 区分記載請求書
	諸会費	会費等に対価性が認められるかを確認し、課否区分を適正に処理した。	領収書等
	車両運搬具	購入明細書を確認し、課否区分の判定を行うと共に新税率により処理を行った。 リサイクル料金については、資金管理料金のみ課税仕入れとした。	購入明細書
	リース料	前期より継続しているファイナンスリース取引については、旧税率により処理した。	

	(1)のうち顕著な増減事項	増　減　理　由
(2)	輸入仕入高	対前期比25％増加し、税率区分はインボイスを確認し適正に処理を行った。
	特定課税仕入れ	当期からインターネットを通じて広告配信を行っており、リバースチャージ方式を適用した。

	(1)のうち会計処理方法に変更等があった事項	変　更　等　の　理　由
(3)	特になし	

（2／4）

263

> **【10号様式について】**
>
> 　10号様式は依頼者（他人）が作成した申告書について、税理士が、その相談について審査し、その申告書が法令の規定に従って作成されていると認めたときにその旨を記載する書面です。つまり、依頼者が作成した申告書について、その当否のチェックのみを行い、税理士の指導に基づいて依頼者が申告書を修正して完成させるような場合をいいます。
>
> 　この10号様式を記載する場合「審査結果」欄には、申告書が法令の規定に従って作成されている旨を記載します。また、審査において、指導等を行った場合はその内容を具体的に記載します。

STEP 5

質問検査権と意見聴取の関係

(1)　質問検査権とは、税務職員が課税処分のために、納税者に対して、法律の規定に基づいて認められている課税要件事実に関する質問及び検査を行う権限をいいます。

(2)　質問検査権に基づいて実地調査が開始された後に、非違事項が発見され修正申告を行った場合は、更正があるべきことを予知してなされたものと解され、加算税が賦課されます。

(3)　しかし、意見聴取は質問検査権の行使には当たらないので、具体的な非違事項の指摘に至らない範囲での意見聴取の後に提出された修正申告については、加算税は賦課されません。

> **（税務代理の権限の明示）税理士法第30条**
>
> 　税理士は、税務代理をする場合においては、財務省令で定めるところにより、その権限を有することを証する書面を税務官公署に提出しなければならない。
>
> **（計算事項、審査事項等を記載した書面の添付）税理士法第33条の2第1項**
>
> 　税理士又は税理士法人は、国税通則法第16条第1項第1号に掲げる申告納税方式又は地方税法第1条第1項第8号若しくは第11号に掲げる申告納付若しくは申告納入の方法による租税の課税標準等を記載した申告書を作成したときは、当該申告書の作成に関し、計算し、整理し、又は相談に応じた事項を財務省令で定めるところにより記載した書面を当該申告書に添付することができる。
>
> **（調査の通知）税理士法第34条第1項**
>
> 　税務官公署の当該職員は、租税の課税標準等を記載した申告書を提出した者について、当該申告書に係る租税に関しあらかじめその者に日時場所を通知してその帳簿書類を調査する場合において、当該租税に関し第30条の規定による書面を提出している税理士があるときは、あわせて当該税理士に対しその調査の日時場所を通知しなければならない。
>
> **（意見の聴取）税理士法第35条第1項**
>
> 　税務官公署の当該職員は、第33条の2第1項又は第2項に規定する書面（以下「添付書面」という。）が添付されている申告書を提出した者について、当該申告書に係る租税に関しあらかじめその者に日時場所を通知してその帳簿書類を調査する場合において、当該租税に関し第30条の規定による書面を提出している税理士があるときは、当該通知をする前に、当該税理士に対し、当該添付書面に記載された事項に関し意見を述べる機会を与えなければならない。

※整理番号

4　相談に応じた事項	
事　　　　項	相　談　の　要　旨
貸倒損失	[相談] 　取引先が破産したため貸倒損失を計上したいとの相談を受けた。 [回答] 　破産については切捨てという制度がないため、回収不能という状態になったときに貸倒損失が計上できるということを説明した。なお、控除税額は、当該売掛債権に係る売上計上時の税率を適用する旨を説明した。
地代家賃	[相談] 　当社は定期借家契約により事務所を賃借しており、家賃の変更を行うことができない。消費税率の引上げによる家賃支払額は新税率が適用されるのか。 [回答] 　当該契約は、平成31年3月31日以前に締結しており、賃貸借の期間及び対価の額が定められ、かつ、その対価の額の変更は認められていないことから、経過措置の適用を受け旧税率の適用となる旨を説明した。

5　その他
消費税の課否判定に関しては取引ごとに月次でチェックしており、正確に処理されている。 帳簿の記載事項及び領収書等の保存状態は良好であり、記帳は正確に処理されている。 帳簿を基に法令の規定に従って申告書を作成した。 決算及び申告書の作成にあたり、会社は税理士の指導に誠実に応じている。

（3／4）

簡易課税制度を選択する

VI 申告書（簡易課税用）を作成する

STEP 1

概要（消法37）

　簡易課税制度は、経理事務処理の負担の減少、税負担が一般課税よりも少なくなる等のメリットがありますが、適用には基準期間の課税売上高が5,000万円以下という制限があります。また、簡易課税制度を選択した場合は、2年間継続して簡易課税で申告しなければなりませんが、高額な設備投資をした場合には、簡易課税では消費税の控除・還付を受けることができず、原則課税を選択する方が有利なケースもあります。したがって、簡易課税制度を選択するかどうかについては、設備投資計画等を踏まえ、有利不利を考慮した上で検討する必要があります。

STEP 2

簡易課税制度の適用時期（消令56、消基通13−1−3の2〜13−1−3の4）

　簡易課税制度の適用を受ける場合は、その適用を受けようとする課税期間の初日の前日までに、所轄税務署長に「簡易課税制度選択届出書」を提出する必要があります。

　ただし、一定の場合は提出した課税期間から簡易課税制度の適用を受けることができます。

〈適用開始時期〉

原則	提出日の属する課税期間の翌課税期間から	
特例	新たに課税資産の譲渡等に係る事業を開始した場合	提出日の属する課税期間から
	相続により課税事業者を選択していた被相続人の事業を承継した場合（※）	
	法人が合併により課税事業者を選択していた被合併法人の事業を承継した場合（※）	
	法人が吸収分割により課税事業者を選択していた被合併法人の事業を承継した場合（※）	

※相続、合併、吸収分割の納税義務の免除の特例により、免税事業者が課税事業者となる場合に限り、適用があります。

STEP 3

調整対象固定資産を取得した場合の簡易課税制度適用の制限

　次の(1)又は(2)の期間中に調整対象固定資産（**No.72**参照）を取得した場合には、その取得の日の属する課税期間の初日から**3年**を経過する日の属する課税期間の初日以後でなければ、「簡易課税制度選択届出書」を提出することはできません。

　また、これらの各課税期間中に「簡易課税制度選択届出書」を提出した後、同一の課税期間に調整対象固定資産を取得した場合には、既に提出したこの届出書は、その提出がなかったものとみなされます。

　(1)　課税事業者を選択している場合（**No.93**参照）

　　…　課税事業者となった日から2年を経過する日までの間に開始した各課税期間

　(2)　新設法人又は特定新規設立法人に該当する場合（**No.11**、**No.13**参照）

　　…　基準期間がない事業年度に含まれる各課税期間

簡易課税制度の適用要件

STEP 1

(1) 基準期間における課税売上高が5,000万円以下（※）

(2) 簡易課税制度選択届出書の提出

（※）相続、合併、吸収分割の税務義務の免除の特例規定を適用しないで判定します。

簡易課税制度の適用時期

STEP 2

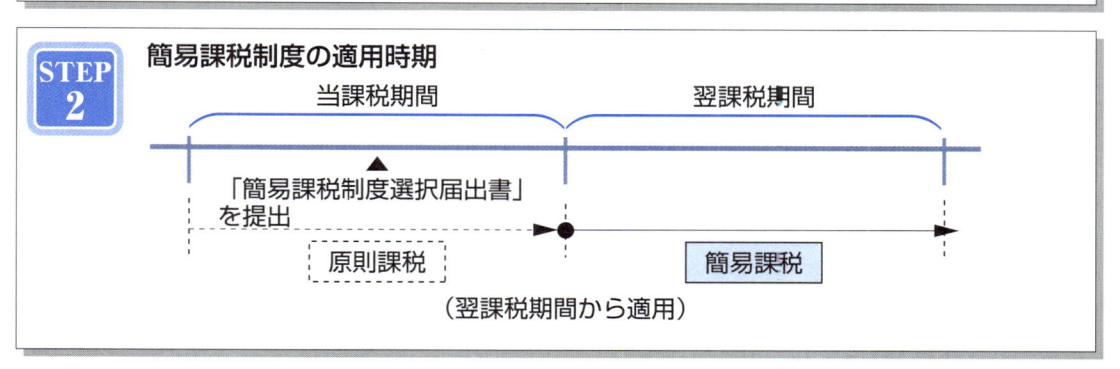

簡易課税制度適用の制限

STEP 3

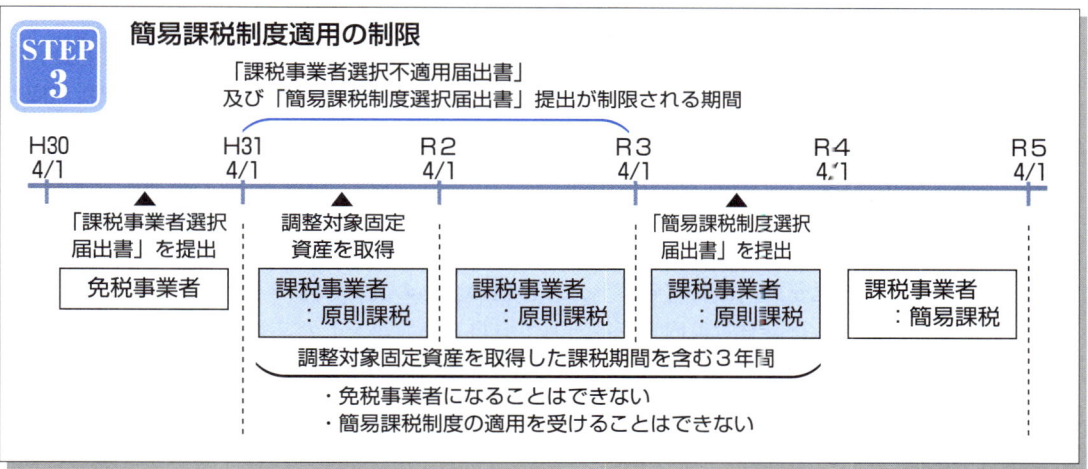

高額特定資産を取得した場合等の簡易課税制度適用の制限

STEP 4

⑴ 高額特定資産

　事業者が事業者免税点制度及び簡易課税制度の適用を受けない課税期間中に高額特定資産の仕入れ等を行った場合には、当該高額特定資産の仕入れ等の日の属する課税期間の初日から３年を経過する日の属する課税期間の初日以後でなければ、「簡易課税制度選択届出書」を提出することはできません。

　なお「高額特定資産」とは、一の取引の単位につき、課税仕入れに係る支払対価の額（税抜き）が1,000万円以上の棚卸資産又は調整対象固定資産をいいます。（詳細は、**No.80**参照）

⑵ 高額特定資産である棚卸資産

　事業者が、高額特定資産である棚卸資産等について、棚卸資産の調整措置（**No.68**「棚卸資産に係る消費税額の調整」参照）の適用を受けた場合には、その適用を受けた課税期間の初日から３年を経過する日の属する課税期間の初日以後でなければ、「簡易課税制度選択届出書」を提出することができません。

　（注）令和２年４月１日以後に棚卸資産の調整措置の適用を受けることとなった場合から適用されます

⑶ 自己建設高額特定資産

　自己建設高額特定資産については、当該自己建設高額特定資産の建設等に要した仕入れ等の支払対価の額（事業者免税点制度及び簡易課税制度の適用を受けない課税期間において行った原材料費及び経費に係るものに限り、消費税に相当する額を除きます。）の累計額が 1,000 万円以上となった日の属する課税期間の初日から、建設等が完了した課税期間の初日から３年を経過する日の属する課税期間の初日の前日までの期間は、「簡易課税制度選択届出書」を提出することはできません。

　なお「自己建設高額特定資産」とは、他の者との契約に基づき、又はその事業者の棚卸資産若しくは調整対象固定資産として、自ら建設等をした高額特定資産をいいます。

　（注）平成28年４月１日以後に高額特定資産の仕入れ等を行った場合に適用されます。

⑷ 自己建設高額特定資産である棚卸資産

　事業者が、調整対象自己建設高額資産について、棚卸資産の調整措置の適用を受けた場合には、その適用を受けた課税期間の初日からその適用を受けた課税期間（その適用を受けることとなった日の前日までに建設等が完了していない場合について、その建設等が完了した日の属する課税期間）の初日以後３年を経過する日の属する課税期間の初日の前日までの期間は、「簡易課税制度選択届出書」を提出することができません。

　（注）令和２年４月１日以後に棚卸資産の調整措置の適用を受けることとなった場合から適用されます。

高額特定資産を取得した場合の特例措置の適用関係を確認する

(1) 高額特定資産

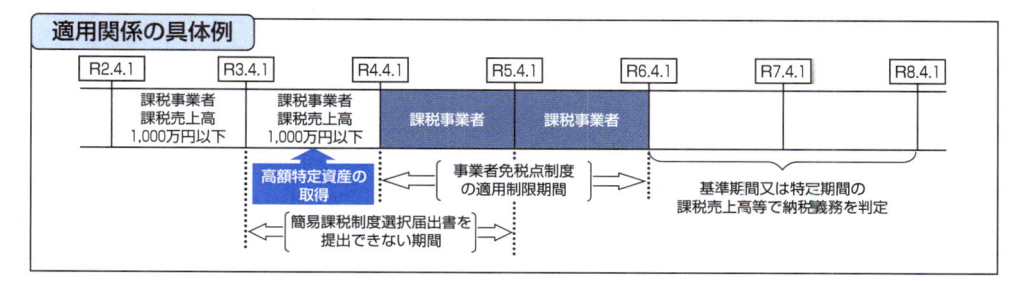

(2) 高額特定資産である棚卸資産

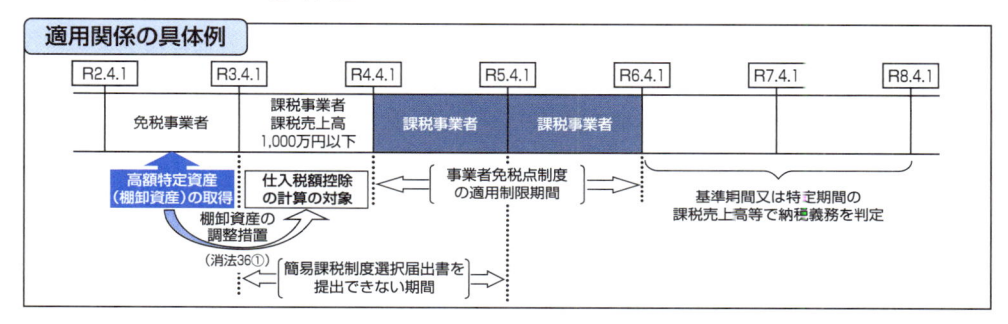

(3) 自己建設高額特定資産

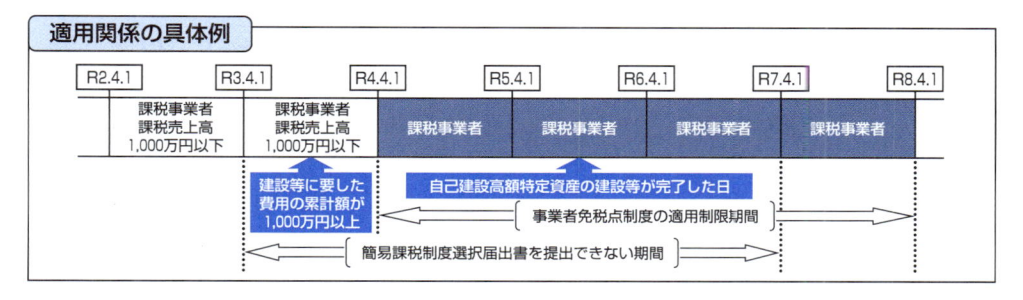

(4) 自己建設高額特定資産である棚卸資産

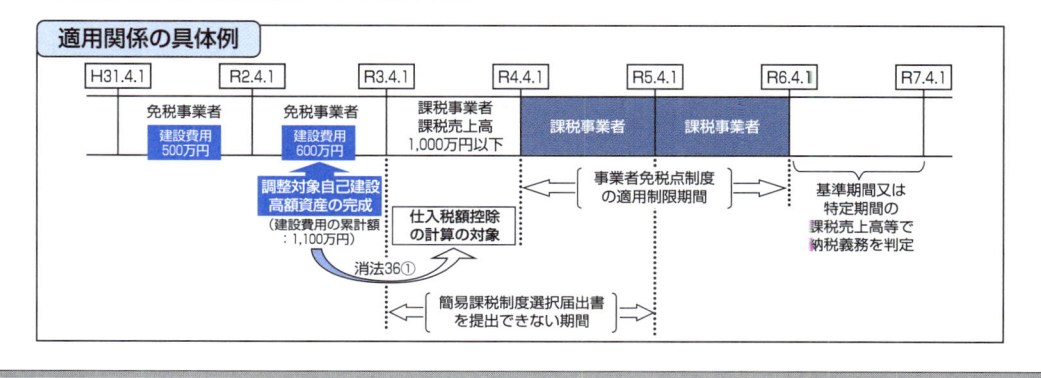

簡易課税制度をやめる場合（消法37）

簡易課税制度の適用を受けた事業者がその適用をやめるには、「簡易課税制度選択不適用届出書」（**No.96**参照）を所轄税務署長へ提出しなければなりません。この提出があった場合は、提出した翌課税期間から原則課税となります。

なお、「簡易課税制度選択不適用届出書」は、簡易課税制度を選択した初めての課税期間の初日から2年を経過する日の属する課税期間の初日以後でなければ提出できません。したがって、簡易課税制度を選択した場合は、最低2年間は簡易課税制度を適用することになります。

やむを得ない事情により届出書を提出できなかった場合

簡易課税制度を選択しようとする事業者又は簡易課税制度をやめようとする事業者が、災害等のやむを得ない事情により「簡易課税制度選択届出書」又は「簡易課税制度選択不適用届出書」を提出期限までに提出できなかった場合において、そのやむを得ない事情がやんだ日から2か月以内に「消費税簡易課税制度選択（不適用）届出に係る特例承認申請書」を所轄税務署長へ提出し、承認を受けたときは、その提出期限までに各届出書を提出したものとみなされます。

◎　やむを得ない事情（消基通13－1－5の2）

(1)　震災、風水害、雪害、凍害、落雷、雪崩、がけ崩れ、地滑り、火山の噴火等の天災又は火災その他の人的災害で自己の責任によらないものに基因する災害が発生したことにより、届出書の提出ができない状態になったと認められる場合
(2)　(1)に準ずるような状況又は当該事業者の責めに帰することができない状態にあることにより、届出書の提出ができない状態になったと認められる場合
(3)　その課税期間の末日前おおむね1か月以内に相続があったことにより、当該相続に係る相続人が新たに簡易課税制度選択届出書等を提出できる個人事業者となった場合
(4)　(1)から(3)までに準ずる事情がある場合で、税務署長がやむを得ないと認めた場合

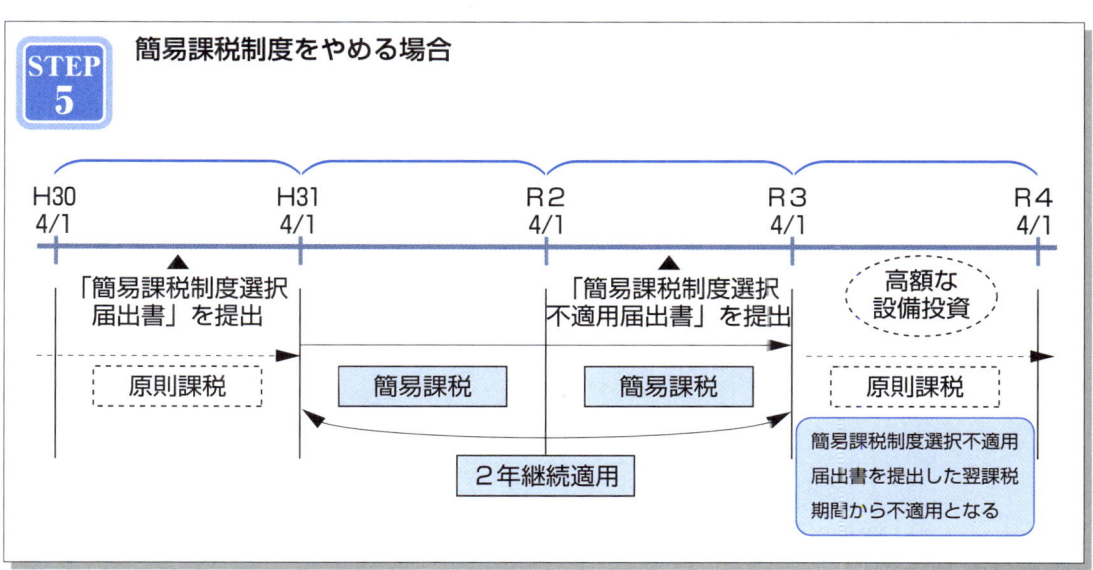

STEP 5 簡易課税制度をやめる場合

STEP 6 やむを得ない事情により届出書を提出できなかった場合

（例）　令和３年４月１日から簡易課税制度を選択する予定だったが、災害等により「簡易課
税制度選択届出書」を提出期限（令和３年３月31日）までに提出できなかった場合

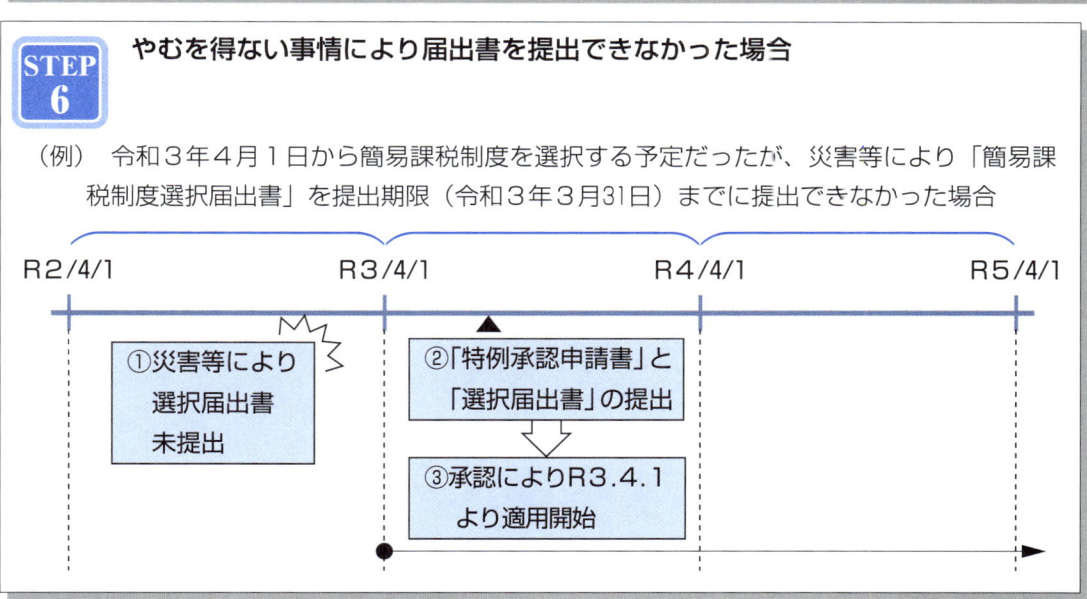

STEP 7

災害等があった場合の届出に関する特例（消法37の2）

　災害その他やむを得ない理由が生じたことにより被害を受けた事業者が、その被害を受けたことによりその課税期間に簡易課税制度の適用を受ける場合又は簡易課税制度の適用をやめる場合において、その災害その他やむを得ない理由がやんだ日から2か月以内に「災害等による消費税簡易課税制度選択（不適用）届出に係る特例承認申請書」を所轄税務署長へ提出し、その承認を受けたときは、その**災害等が発生した課税期間**より適用を受け、又は適用をやめることができます。

　◎　災害その他やむを得ない理由の範囲（消基通13－1－7）

(1)	地震、暴風、豪雨、豪雪、津波、落雷、地すべりその他の自然現象の異変による災害
(2)	火災、火薬類の爆発、ガス爆発、その他の人為による異常な災害
(3)	(1)又は(2)に掲げる災害に準ずる自己の責めに帰さないやむを得ない事実

※**STEP 6**の「やむを得ない事情」と異なりますので、ご注意ください

【具体的な事例】

(1) 簡易課税制度の適用を受ける場合

　　→災害等により、帳簿書類を紛失した場合など

(2) 簡易課税制度の適用をやめる場合

　　→災害等により、緊急の設備投資が必要となった場合など

 **STEP 7** 災害等があった場合の届出に関する特例

（例） 災害等が発生し、緊急の設備投資が必要となったことから簡易課税制度の適用をやめて原則課税を選択する場合

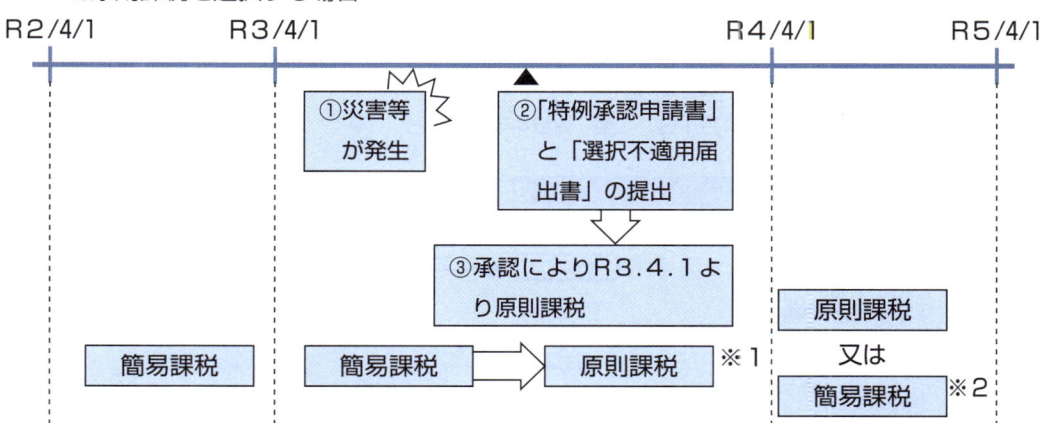

※1　簡易課税制度の適用を受けてから2年以内の課税期間においても「災害等による消費税簡易課税制度選択不適届出に係る特例承認申請書」を提出し、承認を受けることにより、その適用をやめることができます。

※2　令和4年4月1日～令和5年3月31日の課税期間について簡易課税制度の適用を受ける場合には、その適用を受けようとする課税期間の初日の前日までに「消費税簡易課税制度選択届出書」の提出が必要です。

消費税の申告書(簡易課税用)を作成する

設例

ステップ製パン㈱　　　　業種：　パンの製造販売(店内飲食あり)

　　　　　　　　　　　　事業年度：　令和3年4月1日～令和4年3月31日

損 益 計 算 書

自　令和3年4月1日　　至　令和4年3月31日

ステップ製パン㈱　　　　　　　　　　　　　(単位：円)

科目	金額	
[売上高]		
売上高	47,536,000	・小売業は第二種事業
売上値引高	3,094,000	・製造販売は第三種事業
[売上原価]		・店内飲食は第四種事業
期首商品棚卸高	1,155,000	
当期商品仕入高	17,280,000	
期末商品棚卸高	1,330,000	
売上総利益	27,337,000	
[販売費及び一般管理費]	25,464,000	・貸倒損失30,000円が含まれる
営業利益	1,873,000	
[営業外費用]	73,000	
経常利益	1,800,000	
[特別損失]		
固定資産売却損	800,000	・固定資産の売却収入は
税引前当期純利益	1,000,000	第四種事業
法人税など	294,500	
当期純利益	705,500	

<仕訳>
(預金)1,000,000　(固定資産)1,800,000
(売却損)800,000
※1,000,000円が課税売上

◆　当期の課税売上高等の状況(税込経理方式)

(1)　小売業　→　第二種事業

① 売上高　軽減8％　　1,472,000円　② 売上値引高　軽減8％　　68,000円
　　　　　　標準10％　　　　　　0円　　　　　　　　標準10％　　　　　　0円

(2)　製造販売　→　第三種事業

① 売上高　軽減8％　38,211,000円　② 売上値引高　軽減8％　2,196,000円
　　　　　　標準10％　　　　　　0円　　　　　　　　標準10％　　　　　　0円

(3)　店内飲食　→　第四種事業

① 売上高　軽減8％　　　　　0円　② 売上値引高　軽減8％　　　　　0円
　　　　　　標準10％　7,853,000円　　　　　　　　標準10％　830,000円

(4)　固定資産の売却収入　→　第四種事業

令和3年12月に固定資産を売却　標準10％　1,000,000円

(5)　貸倒処理した金額

令和2年12月の売上に係る売掛金が、令和4年3月に貸倒れとなったもの
　　　　　軽減8％　　　30,000円

◆　基準期間の課税売上高(自 平成31年4月1日　至 令和2年3月31日)
44,205,000円(税抜き)

［作成手順］

 **STEP 1** 課税標準額・消費税額・返還等対価に係る税額を計算

付表４－３の①〜②及び⑤欄を作成する

 **STEP 2** 控除対象仕入税額を計算

⑴付表５－３の①〜⑲欄を作成する

⑵付表５－３の⑳〜㊱欄を作成する

⑶付表５－３の㊲欄を作成する

 **STEP 3** 消費税額及び地方消費税額を計算

付表４－３の④及び⑥〜⑯欄を作成する

 **STEP 4** 申告書第一表・第二表の作成

⑴申告書　第二表を作成する

⑵申告書　第一表を作成する

※　旧税率が適用された取引がある場合は、付表４－１・４－２・５－１・５－２（旧税率分）の作成が必要です。。

課税売上高などの抽出と事業区分

⑴　簡易課税制度では、事業区分によって、みなし仕入率が異なりますので、課税売上げを第一種事業から第六種事業のいずれの事業に該当するかを区分しておく必要があります。なお、事業区分は、取引（課税資産の譲渡等）ごとに行います。

⑵　第一種事業から第六種事業の具体的な区分方法としては、次のような方法などがあります。

①帳簿に事業の種類を記帳し、事業の種類ごとに課税売上高を計算する方法

②納品書、請求書、売上伝票、レジペーパーなどに事業の種類が分かるように売上げ内容を記載しておき、事業の種類ごとに課税売上高を計算する方法

（注）事業区分を行っていない場合には、その区分していない課税売上げについては、区分していない事業のうち、みなし仕入率が最も低い事業に係る課税売上げとして計算することになります。

税込金額（単位：円）

| | 令和３年４月１日〜令和４年３月31日 | | 合計金額 |
| | 税率6.24%適用分 | 税率7.8%適用分 | |
	軽減税率	標準税率	
課税売上高	39,683,000	8,853,000	48,536,000
うち第二種事業	1,472,000	0	1,472,000
うち第三種事業	38,211,000	0	38,211,000
うち第四種事業	0	8,853,000	8,853,000
売上対価の返還等	2,264,000	830,000	3,094,000
うち第二種事業	68,000	0	68,000
うち第三種事業	2,196,000	0	2,196,000
うち第四種事業	0	830,000	830,000
貸倒処理した金額	30,000		

※基準期間の課税売上高　44,205,000円（税抜き）

課税標準額・消費税額・返還等対価に係る税額の計算

付表４－３の①～②及び⑤欄を作成する

(1) 「課税資産の譲渡等の対価の額①－１」欄・「課税標準額①」欄（千円未満切捨て）

税率6.24％適用分A　$39,683,000 \times 100/108 = 36,743,518 \rightarrow 36,743,000$（千円未満切捨て）

税率7.8％適用分B　$8,853,000 \times 100/110 = 8,048,181 \rightarrow 8,048,000$（千円未満切捨て）

（注）売上金額から売上対価の返還等の金額を直接減額する方法により経理している場合は、減額した後の金額を基に課税資産の譲渡等の対価の額及び課税標準額を計算します。

合計C　$36,743,000 + 8,048,000 = 44,791,000$

合計C　$36,743,518 + 8,048,181 = 44,791,699$

(2) 「消費税額②」欄

税率6.24％適用分A　$36,743,000 \times 6.24\% = 2,292,763$

税率7.8％適用分B　$8,048,000 \times 7.8\% = 627,744$

合計C　$2,292,763 + 627,744 = 2,920,507$

A、B、C欄の金額を付表５－３①A、B、C欄へ転記します。

(3) 「返還等対価に係る税額⑤」欄

税率6.24％適用分A　$2,264,000 \times 6.24/108 = 130,808$

税率7.8％適用分B　$830,000 \times 7.8/110 = 58,854$

合計C　$130,808 + 58,854 = 189,662$

A、B、C欄の金額を付表５－３③A、B、C欄へ転記します。

控除対象仕入税額を計算

(1) 付表５－３の①～⑲欄を作成する

① 「Ⅰ 控除対象仕入税額の計算の基礎となる消費税額」欄

（イ）「課税標準額に対する消費税額①」欄及び「売上対価の返還等に係る消費税額③」欄

付表４－３②A、B及びC欄　及び　付表４－３⑤A、B及びC欄から転記

（ロ）「控除対象仕入税額の計算の基礎となる消費税額④」欄

税率6.24％適用分A　$2,292,763 - 130,808 = 2,161,955$

税率7.8％適用分B　$627,744 - 58,854 = 568,890$

合計C　$2,161,955 + 568,890 = 2,730,845$

② 「Ⅱ　１種類の事業の専業者の控除対象仕入税額」欄

事業区分が１種類のみである場合

「控除対象仕入税額の計算の基礎となる消費税額④」×みなし仕入率

※本設例は３種類の事業を営んでいるため対象外。

Ⅵ 申告書（簡易課税用）を作成する

STEP 1　付表4−3の①〜②及び⑤欄を作成する

第4-(11)号様式

付表4−3　税率別消費税額計算表　兼　地方消費税の課税標準となる消費税額計算表　　　　簡 易

課 税 期 間	3 ・4 ・1 ～ 4 ・3 ・31	氏 名 又 は 名 称	ステップ製パン株式会社

区　　　分		税 率 6.24 % 適 用 分 A	税 率 7.8 % 適 用 分 B	合　　　計　　C (A＋B)
課 税 標 準 額	①	円 36,743 000	円 8,048 000	※第二表の①欄へ 44,791 000
課 税 資 産 の 譲 渡 等 の 対 価 の 額	① - 1	※第二表の⑤欄へ 36,743,518	※第二表の⑥欄へ 8,048,181	※第二表の⑦欄へ 44,791,699
消 費 税 額	②	※付表5-3の①A欄へ ※第二表の⑮欄へ 2,292,763	※付表5-3の①B欄へ ※第二表の⑯欄へ 627,744	※付表5-3の①C欄へ ※第二表の⑪欄へ 2,920,507
貸倒回収に係る消費税額	③	※付表5-3の②A欄へ	※付表5-3の②B欄へ	※付表5-3の②C欄へ ※第一表の③欄へ
控 除	控 除 対 象 仕 入 税 額	④	(付表5-3の⑤A欄又は⑬A欄の金額)	(付表5-3の⑤B欄又は⑬B欄の金額)	(付表5-3の⑤C欄又は⑬C欄の金額) ※第一表の④欄へ
	返 還 等 対 価 に 係 る 税 額	⑤	※付表5-3の③A欄へ 130,808	※付表5-3の③B欄へ 58,854	※付表5-3の③C欄へ ※第二表の⑰欄へ 189,662

付表5・3へ転記

STEP 2　(1)付表5−3の①〜⑲欄を作成する

第4-(12)号様式

付表5−3　控除対象仕入税額等の計算表　　　　簡 易

課 税 期 間	3 ・4 ・1 ～ 4 ・3 ・31	氏 名 又 は 名 称	ステップ製パン株式会社

Ⅰ 控除対象仕入税額の計算の基礎となる消費税額

項　　　目		税率6.24%適用分 A	税率7.8%適用分 B	合計 C (A＋B)
課 税 標 準 額 に 対 す る 消 費 税 額	①	(付表4-3の②A欄の金額)　円 2,292,763	(付表4-3の②B欄の金額)　円 627,744	(付表4-3の②C欄の金額)　円 2,920,507
貸 倒 回 収 に 係 る 消 費 税 額	②	(付表4-3の③A欄の金額)	(付表4-3の③B欄の金額)	(付表4-3の③C欄の金額)
売 上 対 価 の 返 還 等 に 係 る 消 費 税 額	③	(付表4-3の⑤A欄の金額) 130,808	(付表4-3の⑤B欄の金額) 58,854	(付表4-3の⑤C欄の金額) 189,662
控 除 対 象 と な る 税 額 の 計 算 の 基 礎 と な る 消 費 税 額 （ ① ＋ ② － ③ ）	④	2,161,955	568,890	2,730,845

Ⅱ 1種類の事業の専業者の場合の控除対象仕入税額

項　　　目		税率6.24%適用分 A	税率7.8%適用分 B	合計 C (A＋B)
④ × みなし仕入率 (90%・80%・70%・60%・50%・40%)	⑤	※付表4-3の④A欄へ　　円	※付表4-3の④B欄へ　　円	※付表4-3の④C欄へ　　円

③「Ⅲ　２種類以上の事業を営む事業者の場合の控除対象仕入税額」欄

(イ)「(1)　事業区分別の課税売上高（税抜き）の明細」欄

(ｲ)「事業区分別の合計額⑥」欄

税率6.24％適用分A　$39{,}683{,}000 \times 100/108 - 2{,}264{,}000 \times 100/108 = \underline{34{,}647{,}222}$

税率7.8％適用分B　$8{,}853{,}000 \times 100/110 - 830{,}000 \times 100/110 = \underline{7{,}293{,}636}$

合計C　$34{,}647{,}222 + 7{,}293{,}636 = \underline{41{,}940{,}858}$

(ﾛ)「第二種事業⑧」欄

税率6.24％適用分A　$1{,}472{,}000 \times 100/108 - 68{,}000 \times 100/108 = \underline{1{,}300{,}000}$

税率7.8％適用分B　$\underline{0}$　（⑨、⑮、⑯も同様のため省略）

合計C　$1{,}300{,}000 + 0 = \underline{1{,}300{,}000}$

売上割合　$1{,}300{,}000 / 41{,}940{,}858 = 3.099\cdots\% \rightarrow \underline{3.0\%}$

（3.099…％＜75％ ⇒ 特例計算適用不可）

(ﾊ)「第三種事業⑨」欄

税率6.24％適用分A　$38{,}211{,}000 \times 100/108 - 2{,}196{,}000 \times 100/108 = \underline{33{,}347{,}222}$

合計C　$33{,}347{,}222 + 0 = \underline{33{,}347{,}222}$

売上割合　$33{,}347{,}222 / 41{,}940{,}858 = 79.510\cdots\% \rightarrow \underline{79.5\%}$

（79.510…％≧75％ ⇒ 特例計算適用可）

(ﾆ)「第四種事業⑩」欄

税率6.24％適用A　$\underline{0}$　（⑰欄も同様のため省略）

税率7.8％適用分B　$8{,}853{,}000 \times 100/110 - 830{,}000 \times 100/110 = \underline{7{,}293{,}636}$

合計C　$0 + 7{,}293{,}636 = \underline{7{,}293{,}636}$

売上割合　$7{,}293{,}636 / 41{,}940{,}858 = 17.390\cdots\% \rightarrow \underline{17.3\%}$

（17.390…％＜75％ ⇒ 特例計算適用不可）

(ﾛ)「(2)　(1)の事業区分別の課税売上高に係る消費税額の明細」欄

(ｲ)「第二種事業⑮」欄

税率6.24％適用分A　$1{,}472{,}000 \times 6.24/108 - 68{,}000 \times 6.24/108 = \underline{81{,}120}$

合計C　$81{,}120 + 0 = \underline{81{,}120}$

(ﾛ)「第三種事業⑯」欄

税率6.24％適用分A　$38{,}211{,}000 \times 6.24/108 - 2{,}196{,}000 \times 6.24/108 = \underline{2{,}080{,}867}$

合計C　$2{,}080{,}867 + 0 = \underline{2{,}080{,}867}$

(ﾊ)「第四種事業⑰」欄

税率7.8％適用分B　$8{,}853{,}000 \times 7.8/110 - 830{,}000 \times 7.8/110 = \underline{568{,}904}$

合計C　$0 + 568{,}904 = \underline{568{,}904}$

(ﾆ)「事業区分別の合計額⑬」欄

税率6.24％適用分A　$81{,}120 + 2{,}080{,}867 + 0 = \underline{2{,}161{,}987}$

税率7.8％適用分B　$0 + 0 + 568{,}904 = \underline{568{,}904}$

合計C　$2{,}161{,}987 + 568{,}904 = \underline{2{,}730{,}891}$

⑴付表５−３の①〜⑲欄を作成する

第4-(12)号様式

付表5−3　控除対象仕入税額等の計算表

簡　易

| 課税期間 | 3・4・1 〜 4・3・31 | 氏名又は名称 | ステップ製パン株式会社 |

Ⅰ 控除対象仕入税額の計算の基礎となる消費税額

項　　　目		税率6.24%適用分 A	税率7.8%適用分 B	合計 C (A−B)
課　税　標　準　額　に対　す　る　消　費　税　額	①	(付表4-3の②A欄の金額) 2,292,763 円	(付表4-3の②B欄の金額) 627,744 円	(付表4-3の②C欄の金額) 2,920,507 円
貸　倒　回　収　に係　る　消　費　税　額	②	(付表4-3の③A欄の金額)	(付表4-3の③B欄の金額)	(付表4-3の③C欄の金額)
売　上　対　価　の　返　還　等に　係　る　消　費　税　額	③	(付表4-3の⑤A欄の金額) 130,808	(付表4-3の⑤B欄の金額) 58,854	(付表4-3の⑤C欄の金額) 189,662
控　除　対　象　仕　入　税　額　の　計　算の　基　礎　と　な　る　消　費　税　額（　①　+　②　−　③　）	④	2,161,955	568,890	2,730,845

Ⅱ 1種類の事業の専業者の場合の控除対象仕入税額

項　　　目		税率6.24%適用分 A	税率7.8%適用分 B	合計 C (A−B)
④　×　みなし仕入率（90%・80%・70%・60%・50%・40%）	⑤	※付表4-3の④A欄へ 円	※付表4-3の④B欄へ 円	※付表4-3の④C欄へ 円

Ⅲ 2種類以上の事業を営む事業者の場合の控除対象仕入税額
(1) 事業区分別の課税売上高(税抜き)の明細

項　　　目		税率6.24%適用分 A	税率7.8%適用分 B	合計 C (A＋B)	売上割合
事　業　区　分　別　の　合　計　額	⑥	34,647,222 円	7,293,636 円	41,940,858 円	%
第　一　種　事　業（　卸　売　業　）	⑦			※第一表「事業区分」欄へ	%
第　二　種　事　業（　小　売　業　等　）	⑧	1,300,000	0	1,300,000	3.0
第　三　種　事　業（　製　造　業　等　）	⑨	33,347,222	0	※ 33,347,222	79.5
第　四　種　事　業（　そ　の　他　）	⑩	0	7,293,636	※ 7,293,636	17.3
第　五　種　事　業（　サ　ー　ビ　ス　業　等　）	⑪			※	
第　六　種　事　業（　不　動　産　業　）	⑫			※	

(2) (1)の事業区分別の課税売上高に係る消費税額の明細

項　　　目		税率6.24%適用分 A	税率7.8%適用分 B	合計 C (A＋B)
事　業　区　分　別　の　合　計　額	⑬	2,161,987 円	568,904 円	2,730,891 円
第　一　種　事　業（　卸　売　業　）	⑭			
第　二　種　事　業（　小　売　業　等　）	⑮	81,120	0	81,120
第　三　種　事　業（　製　造　業　等　）	⑯	2,080,867	0	2,080,867
第　四　種　事　業（　そ　の　他　）	⑰	0	568,904	568,904
第　五　種　事　業（　サ　ー　ビ　ス　業　等　）	⑱			
第　六　種　事　業（　不　動　産　業　）	⑲			

注意 1 金額の計算においては、1円未満の端数を切り捨てる。
　　 2 課税売上げにつき返品を受け又は値引き・割戻しをした金額(売上対価の返還等の金額)があり、売上(収入)金額から減算しない方法で経理して経費に含めている場合には、⑥から⑫欄には売上対価の返還等の金額(税抜き)を控除した後の金額を記載する。

(1／2)

(R1.10..以後終了課税期間用)

⑵ 付表５−３の⑳〜㊱欄を作成する

① 「イ　原則計算を適用する場合⑳」欄

税率6.24％適用分A
「みなし仕入率」

$$\frac{\overset{\text{第二種事業}}{81{,}120×80\%}+\overset{\text{第三種事業}}{2{,}080{,}867×70\%}+\overset{\text{第四種事業}}{0×60\%}}{2{,}161{,}987}=\frac{1{,}521{,}502}{2{,}161{,}987}$$

控除対象仕入税額

$$2{,}161{,}955×\frac{1{,}521{,}502}{2{,}161{,}987}=\underline{1{,}521{,}479}$$

税率7.8％適用分B
「みなし仕入率」

$$\frac{\overset{\text{第二種事業}}{0×80\%}+\overset{\text{第三種事業}}{0×70\%}+\overset{\text{第四種事業}}{568{,}904×60\%}}{568{,}904}=\frac{341{,}342}{568{,}904}$$

控除対象仕入税額

$$568{,}890×\frac{341{,}342}{568{,}904}=\underline{341{,}333}$$

合計C　$1{,}521{,}479+341{,}333=\underline{1{,}862{,}812}$

② 「ロ　特例計算を適用する場合」欄

(イ)「（イ）　１種類の事業で75％以上㉑」欄

設例の場合は第三種事業の課税売上高が全体の課税売上高の75％以上を占めることから、控除対象仕入税額の計算の基礎となる消費税額の全体に第三種事業に係るみなし仕入率（70％）を適用することができます。

税率6.24％適用分A　$2{,}161{,}955×70\%=\underline{1{,}513{,}368}$

税率7.8％適用分B　$568{,}890×70\%=\underline{398{,}223}$

合計C　$1{,}513{,}368+398{,}223=\underline{1{,}911{,}591}$

(ロ)「（ロ）　２種類の事業で75％以上・第二種事業及び第三種事業㉗」欄

設例の場合は第二種事業及び第三種事業の課税売上高が全体の課税売上高の75％以上を占めることから、控除対象仕入税額の計算は次のとおりになります。

税率6.24％適用分A
「みなし仕入率」

$$\frac{\overset{\text{第二種事業}}{81{,}120×80\%}+\overset{\text{第二種事業以外}}{(2{,}161{,}987-81{,}120)×70\%}}{2{,}161{,}987}=\frac{1{,}521{,}502}{2{,}161{,}987}$$

控除対象仕入税額

$$2{,}161{,}955×\frac{1{,}521{,}502}{2{,}161{,}987}=\underline{1{,}521{,}479}$$

税率7.8％適用分B
「みなし仕入率」

$$\frac{\overset{\text{第二種事業}}{0×80\%}+\overset{\text{第二種事業以外}}{(568{,}904-0)×70\%}}{568{,}904}=\frac{398{,}232}{568{,}904}$$

控除対象仕入税額

$$568{,}890×\frac{398{,}232}{568{,}904}=\underline{398{,}222}$$

合計C　$1{,}521{,}479+398{,}222=\underline{1{,}919{,}701}$

(2) 付表5－3の⑳～㊱欄を作成する

(3) 控除対象仕入税額の計算式区分の明細

イ 原則計算を適用する場合

控除対象仕入税額の計算式区分		税率6.24%適用分 A	税率7.8%適用分 B	合計 C (A＋B)
④ × みなし仕入率 $\dfrac{⑭×90\%＋⑮×80\%＋⑯×70\%＋⑰×60\%＋⑱×50\%＋⑲×40\%}{⑬}$	⑳	円 1,521,479	円 341,333	円 1,862,812

ロ 特例計算を適用する場合

(イ) 1種類の事業で75%以上

控除対象仕入税額の計算式区分		税率6.24%適用分 A	税率7.8%適用分 B	合計 C (A＋B)
(⑦C／⑥C・⑧C／⑥C・⑨C／⑥C・⑩C／⑥C・⑪C／⑥C・⑫C／⑥C) ≧ 75% ④×みなし仕入率（90％・80％・70％・60％・50％・40％）	㉑	円 1,513,368	円 398,223	円 1,911,591

(ロ) 2種類の事業で75%以上

控除対象仕入税額の計算式区分			税率6.24%適用分 A	税率7.8%適用分 B	合計 C (A＋B)
第一種事業及び第二種事業 (⑦C＋⑧C)／⑥C ≧ 75%	④×	$\dfrac{⑭×90\%＋(⑬－⑭)×80\%}{⑬}$	㉒	円	円	円
第一種事業及び第三種事業 (⑦C＋⑨C)／⑥C ≧ 75%	④×	$\dfrac{⑭×90\%＋(⑬－⑭)×70\%}{⑬}$	㉓			
第一種事業及び第四種事業 (⑦C＋⑩C)／⑥C ≧ 75%	④×	$\dfrac{⑭×90\%＋(⑬－⑭)×60\%}{⑬}$	㉔			
第一種事業及び第五種事業 (⑦C＋⑪C)／⑥C ≧ 75%	④×	$\dfrac{⑭×90\%＋(⑬－⑭)×50\%}{⑬}$	㉕			
第一種事業及び第六種事業 (⑦C＋⑫C)／⑥C ≧ 75%	④×	$\dfrac{⑭×90\%＋(⑬－⑭)×40\%}{⑬}$	㉖			
第二種事業及び第三種事業 (⑧C＋⑨C)／⑥C ≧ 75%	④×	$\dfrac{⑮×80\%＋(⑬－⑮)×70\%}{⑬}$	㉗	1,521,479	398,222	1,919,701
第二種事業及び第四種事業 (⑧C＋⑩C)／⑥C ≧ 75%	④×	$\dfrac{⑮×80\%＋(⑬－⑮)×60\%}{⑬}$	㉘			
第二種事業及び第五種事業 (⑧C＋⑪C)／⑥C ≧ 75%	④×	$\dfrac{⑮×80\%＋(⑬－⑮)×50\%}{⑬}$	㉙			
第二種事業及び第六種事業 (⑧C＋⑫C)／⑥C ≧ 75%	④×	$\dfrac{⑮×80\%＋(⑬－⑮)×40\%}{⑬}$	㉚			
第三種事業及び第四種事業 (⑨C＋⑩C)／⑥C ≧ 75%	④×	$\dfrac{⑯×70\%＋(⑬－⑯)×60\%}{⑬}$	㉛	1,505,255	341,333	1,846,588
第三種事業及び第五種事業 (⑨C＋⑪C)／⑥C ≧ 75%	④×	$\dfrac{⑯×70\%＋(⑬－⑯)×50\%}{⑬}$	㉜			
第三種事業及び第六種事業 (⑨C＋⑫C)／⑥C ≧ 75%	④×	$\dfrac{⑯×70\%＋(⑬－⑯)×40\%}{⑬}$	㉝			
第四種事業及び第五種事業 (⑩C＋⑪C)／⑥C ≧ 75%	④×	$\dfrac{⑰×60\%＋(⑬－⑰)×50\%}{⑬}$	㉞			
第四種事業及び第六種事業 (⑩C＋⑫C)／⑥C ≧ 75%	④×	$\dfrac{⑰×60\%＋(⑬－⑰)×40\%}{⑬}$	㉟			
第五種事業及び第六種事業	④×	$\dfrac{⑱×50\%＋(⑬－⑱)×40\%}{⑬}$	㊱			

ハ「ロ　2種類の事業で75％以上・第三種事業及び第四種事業㉛」欄

設例の場合は第三種事業及び第四種事業の課税売上高が全体の課税売上高の75％以上を占めることから、控除対象仕入税額の計算は次のとおりになります。

税率6.24％適用分A
「みなし仕入率」

$$\frac{\underset{\text{第三種事業}}{2,080,867 \times 70\%} + \underset{\text{第三種事業以外}}{(2,161,987 - 2,080,867) \times 60\%}}{2,161,987} = \frac{1,505,278}{2,161,987}$$

控除対象仕入税額

$$2,161,955 \times \frac{1,505,278}{2,161,987} = \underline{1,505,255}$$

税率7.8％適用分B
「みなし仕入率」

$$\frac{\underset{\text{第三種事業}}{0 \times 70\%} + \underset{\text{第三種事業以外}}{(568,904 - 0) \times 60\%}}{568,904} = \frac{341,342}{568,904}$$

控除対象仕入税額

$$568,890 \times \frac{341,342}{568,904} = \underline{341,333}$$

合計C　$1,505,255 + 341,333 = \underline{1,846,588}$

⑶ 付表5－3の㊲欄を作成する

「ハ　上記の算式区分から選択した控除対象仕入税額㊲」欄

税率6.24％適用分A　⇒　$\underline{1,521,479}$

税率7.8％適用分B　⇒　$\underline{398,222}$

合計C　⇒　$1,521,479 + 398,222 = \underline{1,919,701}$

(注)適用税率ごとに異なる計算方法を選択することはできません。

STEP 3　消費税額及び地方消費税額を計算

付表4－3の④及び⑥～⑯欄を作成する

⑴「控除対象仕入税額④」欄

付表5－3の㊲A、B及びC欄から転記

⑵「貸倒れに係る税額⑥」欄

税率6.24％適用分A　$30,000 \times 6.24/108 = \underline{1,733}$

⑶「控除税額小計⑦」欄

税率6.24％適用分A　$1,521,479 + 130,808 + 1,733 = \underline{1,654,020}$

税率7.8％適用分B　$398,222 + 58,854 + 0 = \underline{457,076}$

合計C　$1,654,020 + 457,076 = \underline{2,111,096}$

⑷「差引税額⑨」欄

合計C　$2,920,507 - 2,111,096 = 809,411 \rightarrow \underline{809,400}$（百円未満切捨て）

⑸「地方消費税の課税標準となる消費税額・差引税額⑪」欄

合計C　⑨欄の$\underline{809,400}$を転記

⑹「譲渡割額・納税額⑬」欄

合計C　$809,400 \times \frac{22}{78} = 228,292 \rightarrow \underline{228,200}$（百円未満切捨て）

(3) 付表5−3の㊲欄を作成する

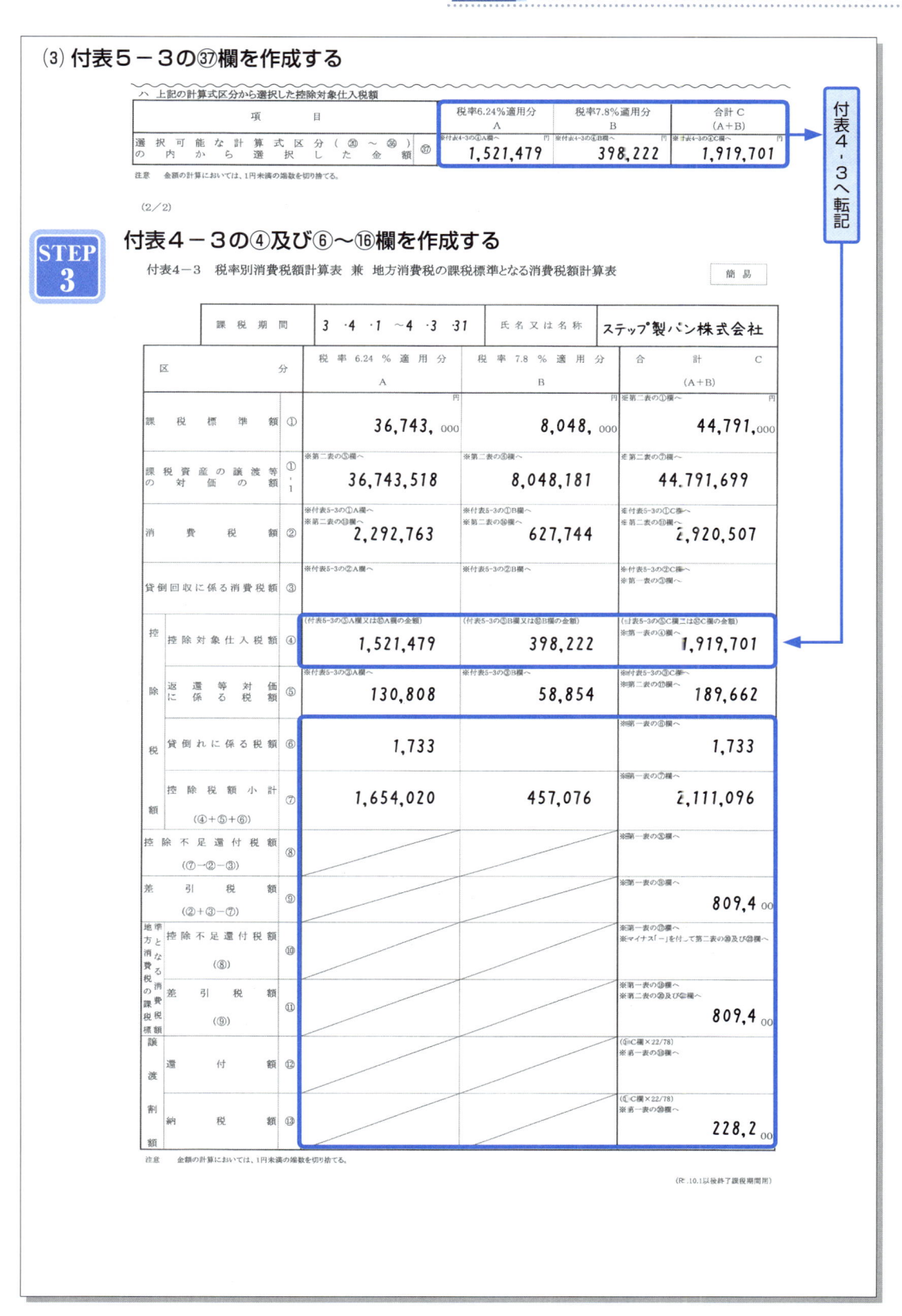

ハ 上記の計算式区分から選択した控除対象仕入税額

項　目	税率6.24%適用分 A	税率7.8%適用分 B	合計 C (A+B)
選択可能な計算式区分（㉞〜㊱）の内から選択した金額 ㊲	※付表4-3の④A欄へ 1,521,479	※付表4-3の④B欄へ 398,222	※付表4-3の④C欄へ 1,919,701

注意　金額の計算においては、1円未満の端数を切り捨てる。

(2／2)

STEP 3 付表4−3の④及び⑥〜⑯欄を作成する

付表4−3　税率別消費税額計算表 兼 地方消費税の課税標準となる消費税額計算表　　簡 易

課税期間	3・4・1 〜 4・3・31	氏名又は名称	ステップ製パン株式会社	

区　分		税率 6.24 % 適用分 A	税率 7.8 % 適用分 B	合　計 C (A+B)
課 税 標 準 額	①	36,743,000 円	8,048,000 円	※第二表の①欄へ 44,791,000 円
課税資産の譲渡等の対価の額	①-1	※第二表の⑤欄へ 36,743,518	※第二表の⑥欄へ 8,048,181	※第二表の⑦欄へ 44,791,699
消 費 税 額	②	※付表5-3の①A欄へ ※第二表の⑮欄へ 2,292,763	※付表5-3の①B欄へ ※第二表の⑯欄へ 627,744	※付表5-3の①C欄へ ※第二表の⑪欄へ 2,920,507
貸倒回収に係る消費税額	③	※付表5-3の②A欄へ	※付表5-3の②B欄へ	※付表5-3の②C欄へ ※第一表の③欄へ
控除 控除対象仕入税額	④	(付表5-3の⑤A欄又は㊲A欄の金額) 1,521,479	(付表5-3の⑤B欄又は㊲B欄の金額) 398,222	(付表5-3の⑤C欄二は㊲C欄の金額) ※第一表の④欄へ 1,919,701
返還等対価に係る税額	⑤	※付表5-3の③A欄へ 130,808	※付表5-3の③B欄へ 58,854	※付表5-3の③C欄へ ※第二表の⑰欄へ 189,662
税 貸倒れに係る税額	⑥	1,733		※第一表の⑥欄へ 1,733
額 控除税額小計 (④+⑤+⑥)	⑦	1,654,020	457,076	※第一表の⑦欄へ 2,111,096
控除不足還付税額 (⑦−②−③)	⑧			※第一表の⑧欄へ
差引税額 (②+③−⑦)	⑨			※第一表の⑨欄へ 809,400
地方消費税の課税標準となる消費税額 控除不足還付税額 (⑧)	⑩			※第一表の⑰欄へ ※マイナス「−」を付して第二表の㉑及び㉕欄へ
差引税額 (⑨)	⑪			※第一表の⑱欄へ ※第二表の㉒及び㉖欄へ 809,400
譲渡割額 還付額	⑫			(⑩C欄×22/78) ※第一表の⑲欄へ
納税額	⑬			(⑪C欄×22/78) ※第一表の⑳欄へ 228,200

注意　　金額の計算においては、1円未満の端数を切り捨てる。

(R .10.1以後終了課税期間用)

申告書第一表・第二表を作成

⑴ **申告書 第二表を作成する**

付表4－3及び付表5－3の作成が終わりましたら、次のとおり第二表に転記します。

申告書第二表の記載項目			転記元項目
課　税　標　準　額		①	付 表 4－3 ①C 欄の金額
課税資産の譲渡等の対価の額の合計額	3%適用分	②	
	4%適用分	③	
	6.3%適用分	④	
	6.24%適用分	⑤	付 表 4－3 ①-1A 欄の金額
	7.8%適用分	⑥	付 表 4－3 ①-1B 欄の金額
		⑦	付 表 4－3 ①-1C 欄の金額
特定課税仕入れに係る支払対価の額の合計額	6.3%適用分	⑧	
	7.8%適用分	⑨	
		⑩	
消　費　税　額		⑪	付 表 4－3 ②C 欄の金額
⑪の内訳	3%適用分	⑫	
	4%適用分	⑬	
	6.3%適用分	⑭	
	6.24%適用分	⑮	付 表 4－3 ②A 欄の金額
	7.8%適用分	⑯	付 表 4－3 ②B 欄の金額
返　還　等　対　価　に　係　る　税　額		⑰	付 表 4－3 ⑤C 欄の金額
⑰の内訳	売上げの返還等対価に係る税額	⑱	付 表 4－3 ⑤C 欄の金額
	特定課税仕入れの返還等対価に係る税額	⑲	
地方消費税の課税標準となる消費税額		⑳	付 表 4－3 ⑪C 欄の金額
	4%適用分	㉑	
	6.3%適用分	㉒	
	6.24及び7.8%適用分	㉓	付 表 4－3 ⑪C 欄の金額

STEP 4

（1）**申告書 第二表を作成する**

第3ー(2)号様式

課税標準額等の内訳書

整理番号 ☐☐☐☐☐☐☐☐

納 税 地	大阪市大正区三軒家東8-1-5 （電話番号 06 - 6551 - ××××）
（フリガナ）名 称又 は 屋 号	ステップセイパン　カブシキガイシャ **ステップ製パン 株式会社**
（フリガナ）代表者氏名又 は 氏 名	ヤマシタ　タツオ **山 下 達 夫**

第二表

改 正 法 附 則 に よ る 税 額 の 特 例 計 算

軽 減 売 上 割 合 （ 10 営 業 日 ）	○	附則38①	51
小 売 等 軽 減 仕 入 割 合	○	附則38②	52
小 売 等 軽 減 売 上 割 合	○	附則39①	53

令 和 元 年 十 月 一 日 以 後 終 了 課 税 期 間 分

自 平成・令和 **3** 年 **4** 月 **1** 日
至 平成・令和 **4** 年 **3** 月 **31** 日

課税期間分の消費税及び地方消費税の（ **確定** ）申告書

中間申告の場合の対象期間
自 平成・令和 ☐☐ 年 ☐☐ 月 ☐☐ 日
至 平成・令和 ☐☐ 年 ☐☐ 月 ☐☐ 日

課 税 標 準 額※申告書（第一表）の①欄へ	①	十兆千百十億千百十万千百十一円 4 4 7 9 1 0 0 0	01

課税資産の譲渡等の対価の額の合計額	3 ％ 適 用 分	②		02
	4 ％ 適 用 分	③		03
	6.3 ％ 適 用 分	④		04
	6.24 ％ 適 用 分	⑤	3 6 7 4 3 5 1 8	05
	7.8 ％ 適 用 分	⑥	8 0 4 8 1 8 1	06
		⑦	4 4 7 9 1 6 9 9	07
特定課税仕入れに係る支払対価の額の合計額(注1)	6.3 ％ 適 用 分	⑧		11
	7.8 ％ 適 用 分	⑨		12
		⑩		13

消 費 税 額※申告書（第一表）の②欄へ		⑪	2 9 2 0 5 0 7	21
⑪ の 内 訳	3 ％ 適 用 分	⑫		22
	4 ％ 適 用 分	⑬		23
	6.3 ％ 適 用 分	⑭		24
	6.24 ％ 適 用 分	⑮	2 2 9 2 7 6 3	25
	7.8 ％ 適 用 分	⑯	6 2 7 7 4 4	26

返 還 等 対 価 に 係 る 税 額※申告書（第一表）の⑤欄へ		⑰	1 8 9 6 6 2	31
⑰の内訳	売 上 げ の 返 還 等 対 価 に 係 る 税 額	⑱	1 8 9 6 2 2	32
	特定課税仕入れの返還等対価に係る税額（注１）	⑲		33

地方消費税の課税標準となる消費税額		⑳	8 0 9 4 0 0	41
	4 ％ 適 用 分	㉑		42
	6.3 ％ 適 用 分	㉒		43
(注2)	6.24%及び7.8% 適 用 分	㉓	8 0 9 4 0 0	44

（注1） ⑧～⑩及び⑲欄は、一般課税により申告する場合で、課税売上割合が95％未満、かつ、特定課税仕入れがある事業者のみ記載します。

（注2） ⑳～㉓欄が還付税額となる場合はマイナス「ー」を付してください。

⑵ 申告書 第一表を作成する

① 申告書第二表の作成が終わりましたら、次のとおり申告書第一表に必要な事項を転記します。

申告書第一表の記載項目			転記元項目
課　税　標　準　額	①	申告書第二表①欄の金額
消　費　税　額	②	申告書第二表⑪欄の金額
貸　倒　回　収　に　係　る　消　費　税　額	③	
控除税額	控　除　対　象　仕　入　税　額	④	付表4-3④C欄の金額
	返　還　等　対　価　に　係　る　税　額	⑤	申告書第二表⑰欄の金額
	貸　倒　に　係　る　税　額	⑥	付表4-3⑥C欄の金額
	控　除　税　額　小　計	⑦	付表4-3⑦C欄の金額
控　除　不　足　還　付　税　額	⑧	
差引税額（百円未満切捨て）	⑨	付表4-3⑨C欄の金額
参考事項の「事業区分」欄（千円未満四捨五入）		付表5-3⑦〜⑫C欄の金額等
地方消費税の課税標準となる消費税額	控　除　不　足　還　付　税	⑰	
	差引税額（百円未満切捨て）	⑱	付表4-3⑪C欄の金額
譲渡割額	還　付　額	⑲	
	納付額（百円未満切捨て）	⑳	付表4-3⑬C欄の金額

② 中間納付税額を記入し、納付税額を計算する

中間申告をした場合には、中間納付税額を「中間納付税額⑩」に記入します。

「差引税額⑨」－「中間納付税額⑩」を計算し、「納付税額⑪」に記入します。この金額がマイナスとなる場合は、⑪に記入しないで、「中間納付税額⑩」－「差引税額⑨」で計算した金額を「中間納付還付税額⑫」に記入します。

③ 中間納付譲渡割額を記入し、納付譲渡割額を計算する

中間申告をした場合には、中間納付譲渡割額を「中間納付譲渡割額㉑」に記入します。

「納税額⑳」－「中間納付譲渡割額㉑」を計算し、「納付譲渡割額㉒」に記入します。この金額がマイナスとなる場合は、㉒に記入しないで、「中間納付譲渡割額㉑」－「納税額⑳」で計算した金額を「中間納付還付譲渡割額㉓」に記入します。

④ 消費税額及び地方消費税額の合計税額を計算する

下記の算式により、納付又は還付する消費税及び地方消費税の合計税額を計算し、「消費税及び地方消費税の合計（納付又は還付）税額㉖」に記入します。なお、計算結果がマイナスの場合には、マイナス記号（－）を付して記入します。（△は記載しないでください。）

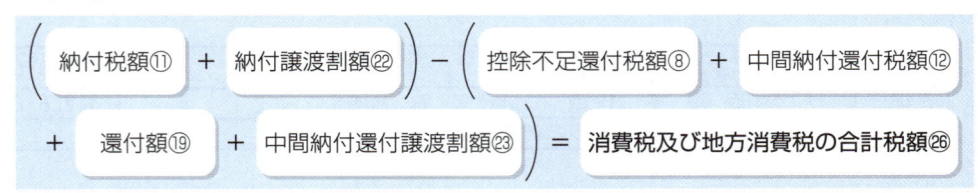

⑤「この課税期間の課税売上高⑮」欄を計算する

課税売上高（税抜き）から、課税売上げに係る対価の返還等の金額（税抜き）を控除し、免税売上高を加算した金額を記載します。

課税売上高（39,683,000×100/108　+　8,853,000×100/110）

－課税売上げに係る対価の返還等の金額（2,264,000×100/108　+　830,000×100/110）

+ 免税売上高　=　41,940,858

⑥「基準期間の課税売上高⑯」欄を記入する

基準期間（自 平成31年4月1日　至 令和2年3月31日）の消費税等申告書第一表の「この課税期間の課税売上高」欄の金額を記入します。

⑦「事業区分」欄の記入

付表5-3より適用のある事業区分ごとの金額（千円未満切捨て）及び売上割合を記入します。

(2) 申告書第一表を作成する

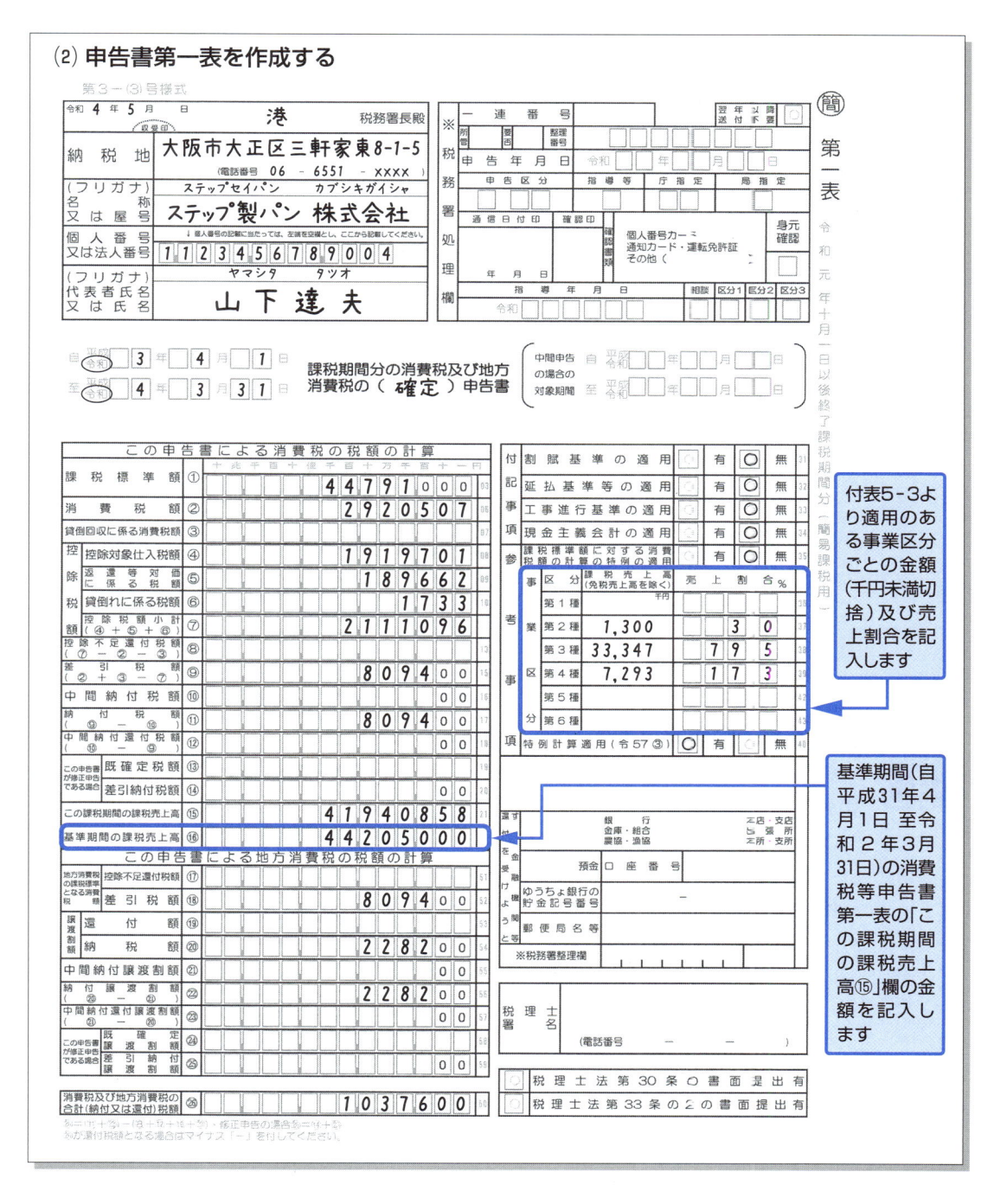

棚卸資産に係る消費税額の調整

VII 特殊な事例等

STEP 1

概要（消法36、消令54）

　免税事業者であった課税期間に仕入れた商品等を課税事業者になった課税期間に販売すると、売上げに係る消費税額は計上されますが、原則課税では仕入れに係る消費税額は控除されません。

　また、課税事業者であった課税期間に仕入れた商品等を免税事業者になった課税期間に販売すると、原則課税では仕入れに係る消費税額は控除されますが、売上げに係る消費税額は計上されません。

　このような不合理を調整するために、免税事業者が課税事業者となった場合（相続、合併等により課税事業者となった場合も含みます。）や、課税事業者が免税事業者となった場合には、棚卸資産に係る課税仕入れ等の消費税額を調整することとなっています。

STEP 2

免税事業者が課税事業者となった場合

　課税事業者となった課税期間の期首棚卸高に係る消費税額を「課税仕入れに係る消費税額」に加算します。

(1)　対象資産……免税事業者であった課税期間に仕入れた棚卸資産のうち、課税事業者となった課税期間の期首棚卸高となっているもの

(2)　調整税額

　　納税義務の免除を受けないこととなった場合における消費税額の調整額

　　＝期首棚卸資産の取得価額 $\times \dfrac{7.8}{110}$ （令和元年9月30日以前に仕入れたものは $\dfrac{6.3}{108}$ ）

> **設例**　調整する期首棚卸高が1,100,000円の場合
> $1,100,000円 \times \dfrac{7.8}{110} = 78,000円$ ・・・付表2-1 ⑭ で加算調整

(3)　適用要件……課税仕入れ等に係る棚卸資産の明細を記録した書類を確定申告期限から7年間保存することが義務づけられています。

STEP 3

課税事業者が免税事業者となった場合

　免税事業者となる直前の課税期間の期末棚卸高に係る消費税額を「課税仕入れに係る消費税額」から控除します。

(1)　対象資産……免税事業者となる直前の課税期間に仕入れた棚卸資産のうち、当該課税期間の期末棚卸高となっているもの

(2)　調整税額

　　納税義務の免除を受けることとなった場合における消費税額の調整額

　　＝期末棚卸資産の取得価額 $\times \dfrac{7.8}{110}$ （令和元年9月30日以前に仕入れたものは $\dfrac{6.3}{108}$ ）

> **設例**　調整する期末棚卸高が2,200,000円の場合
> $2,200,000円 \times \dfrac{7.8}{110} = 156,000円$ ・・・付表2-1 ⑭ で減算調整

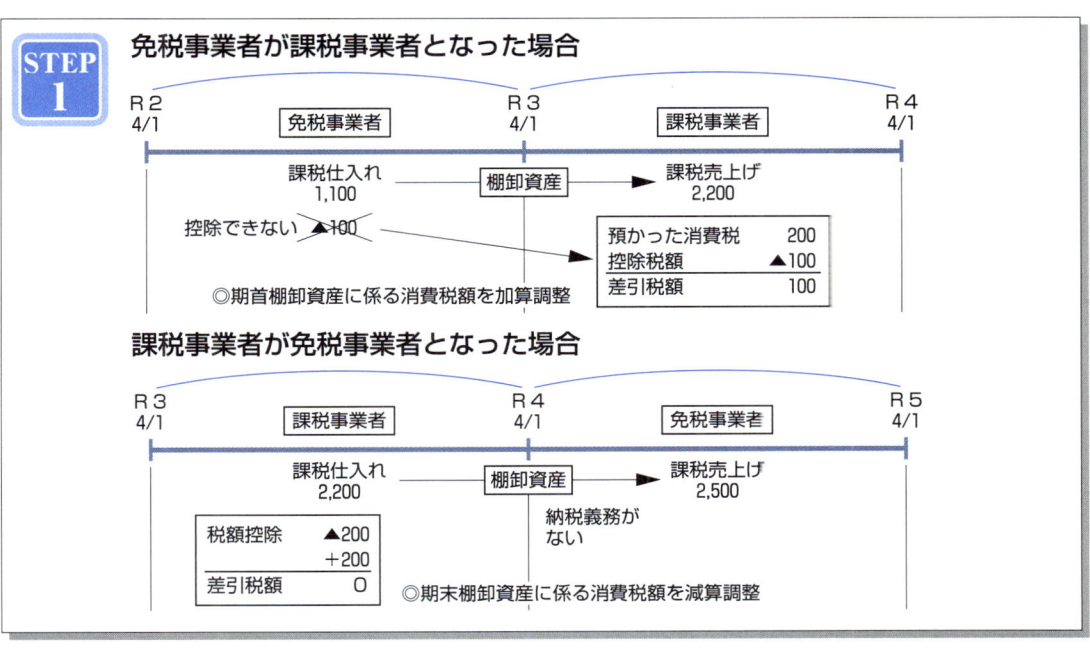

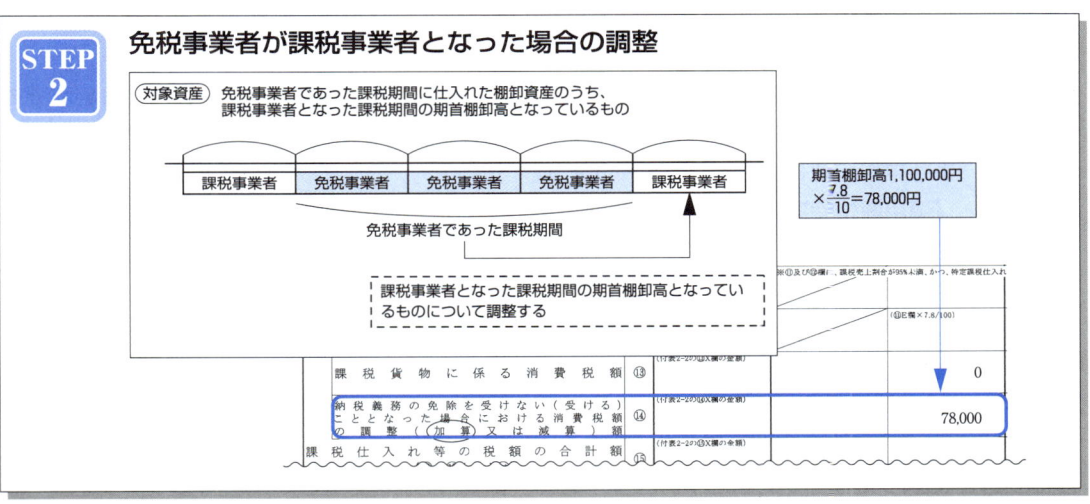

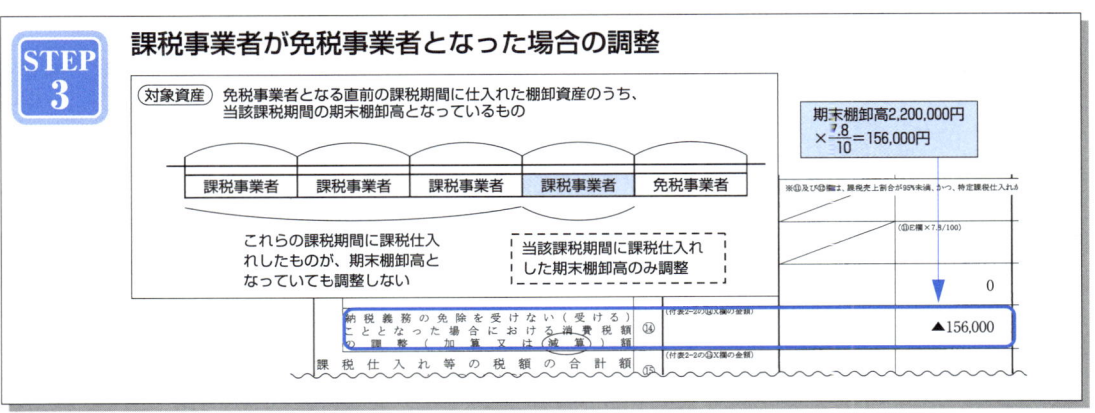

STEP 1 特定課税仕入れ等の概要

（消法2①八の三〜八の四、4③三、5①、28②、45①一、平27附則1三ロ、35、38）

電気通信回線（インターネット等）を介して国内の事業者・消費者に対して行われる電子書籍の配信等の役務の提供（**電気通信利用役務の提供**）について、平成27年9月30日までは、国内の事務所等から行われるもののみ消費税が課税されていました。平成27年10月1日以後、国外から行われるものも、国内取引として消費税が課税されることとされました。

消費税法においては、課税資産の譲渡等を行った事業者が、その課税資産の譲渡等に係る申告・納税を行うこととされていますが、電気通信利用役務の提供のうち**「事業者向け電気通信利用役務の提供」**については、国外事業者からその役務の提供を受けた国内事業者が「特定課税仕入れ」として申告・納税を行う、いわゆる**「リバースチャージ方式」**が導入されました。

【適用開始時期】

平成27年10月1日以後に行う課税資産の譲渡等及び課税仕入れから適用されます。

また**「特定役務の提供」**（**STEP5**参照）については、国外事業者から国内においてその役務の提供を受けた事業者が「特定課税仕入れ」として、**「リバースチャージ方式」**により申告・納税を行うこととなります。

【適用開始時期】

平成28年4月1日以後に行われる課税資産の譲渡等及び課税仕入れから適用されます。

STEP 2 電気通信利用役務の提供を確認する（消基通5−8−3）

「電気通信利用役務の提供」に該当する取引の具体例

電気通信利用役務の提供に該当する取引は、対価を得て行われる以下のようなものが該当します。
- インターネット等を通じて行われる電子書籍・電子新聞・音楽・映像・ソフトウエア（ゲームなどの様々なアプリケーションを含みます。）の配信
- 顧客に、クラウド上のソフトウエアやデータベースを利用させるサービス
- 顧客に、クラウド上で顧客の電子データの保存を行う場所の提供を行うサービス
- インターネット等を通じた広告の配信・掲載
- インターネット上のショッピングサイト・オークションサイトを利用させるサービス（商品の掲載料金等）
- インターネット上でゲームソフト等を販売する場所を利用させるサービス
- インターネットを介して行う宿泊予約、飲食店予約サイト（宿泊施設、飲食店等を経営する事業者から掲載料等を徴するもの）
- インターネットを介して行う英会話教室

 **STEP 1** 特定課税仕入れの概要

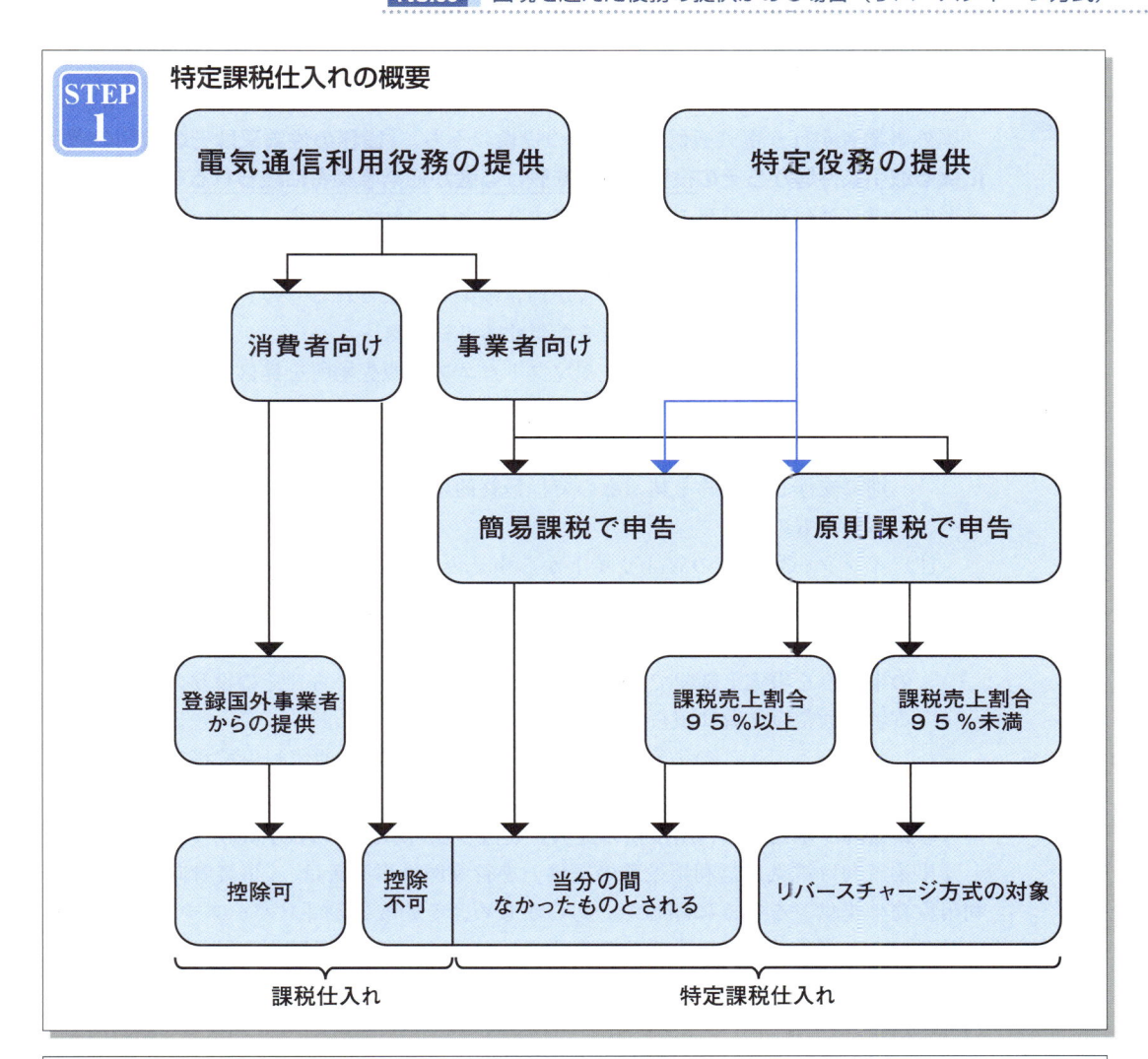

STEP 2 電気通信利用役務の提供に該当しない取引

> **「電気通信利用役務の提供」に該当しない取引の具体例**

　電気通信利用役務の提供に該当しない取引は、通信そのもの、若しくは、その電気通信回線を介して行う行為が他の資産の譲渡等に付随して行われるもので、具体的には以下のようなものが該当します。
○ 電話、FAX、電報、データ伝送、インターネット回線の利用など、他者間の情報伝達を単に媒介するもの（いわゆる通信）
○ ソフトウエアの制作等
○ 国外に所在する資産の管理・運用等（ネットバンキングも含まれます。）
○ 国外事業者に依頼する情報の収集・分析等
○ 国外の法務専門家等が行う国外での訴訟遂行等

事業者向け電気通信利用役務の提供を確認する

（消法2①八の四、消基通5－8－4）

国外事業者が行う電気通信利用役務の提供のうち、**「役務の性質又はその役務の提供に係る取引条件等からその役務の提供を受ける者が通常事業者に限られるもの」**が、事業者向け電気通信利用役務の提供に該当することとされています。

「役務の性質」から提供を受ける者が通常事業者に限られるもの。
・インターネット上での広告を配信するサービス
・インターネット上でゲームやソフトウエアの販売場所を提供するサービス

「取引条件等」から提供を受ける者が通常事業者に限られるもの
クラウドサービス等であって、取引当事者間において提供する役務の内容を個別に交渉し、契約を結ぶもので、最終的に契約書で事業者向けであることが明らかなもの

（注）インターネットのWebサイトから申込みを受け付けるようなクラウドサービス等において、「事業者向け」であることをそのWebサイトに掲載していたとしても、消費者をはじめとする事業者以外の者からの申込みが行われた場合に、その申込みを事実上制限できないものは、取引条件等から「その役務の提供を受ける者が通常事業者に限られるもの」には該当しません。
したがって、このような取引は、「消費者向け電気通信利用役務の提供」に該当しますので、その役務の提供を行う事業者が申告・納税を行うこととなります。

※**「事業者向け電気通信利用役務の提供」を行う国外事業者の表示義務**（消法62）
「事業者向け電気通信利用役務の提供」を行う国外事業者は、「事業者向け電気通信利用役務の提供」を行うに際して、あらかじめ、その取引が「リバースチャージ方式」の対象である（役務の提供を受ける事業者において、「特定課税仕入れ」として消費税を納める義務がある）旨の表示を行わなければなりません。

消費者向け電気通信利用役務の提供を確認する

（消基通5－8－4（注）、平27附則38①）

消費者向け電気通信利用役務の提供に該当するものとは、例えば、次のようなものが該当します。
・広く消費者を対象に提供されている電子書籍・音楽・映像の配信等
・ホームページ等で、事業者を対象に販売することとしているものであっても、消費者をはじめとする事業者以外の者からの申込みが行われた場合に、その申込みを事実上制限できないもの
※「消費者向け電気通信利用役務の提供」は、消費者が提供を受けるものに限られず、事業者が提供を受けるものも含まれます。

国外事業者が行う「消費者向け電気通信利用役務の提供」については、経過措置により、当分の間、その役務の提供を受けた国内事業者において仕入税額控除が認められません。
ただし、その国外事業者が登録国外事業者である場合には、仕入税額控除の対象となります。

 **STEP 3 事業者向け電気通信利用役務の提供を確認する**

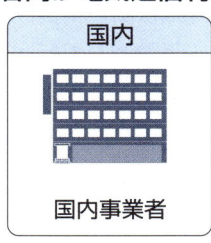  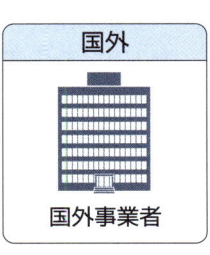

国内／国内事業者　①又は②の取引　国外／国外事業者

① インターネットを介した広告の配信やインターネット上でゲームやソフトウエアの販売場所を提供するサービス
② クラウドサービス等の電気通信利用役務の提供のうち、取引当事者間において提供する役務の内容を個別に交渉し、取引当事者間固有の契約を結ぶもので、契約において役務の提供を受ける事業者が事業として利用することが明らかなものなど

 **STEP 4 消費者向け電気通信利用役務の提供を確認する**

 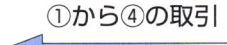 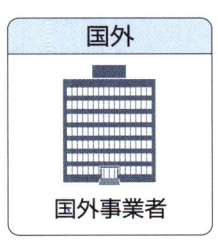

国内／消費者　①から④の取引　国外／国外事業者

① インターネット等を通じて行われる電子書籍・電子新聞・音楽・映像・ソフトウエア（ゲームなどの様々なアプリケーションを含みます。）の配信
② 顧客に、クラウド上のソフトウエアやデータベースを利用させるサービス
③ 顧客に、クラウド上で顧客の電子データの保存を行う場所の提供を行うサービス
④ インターネット上のショッピングサイト・オークションナイトを利用させるサービス（商品の掲載料金等）

※インターネット上でゲームやソフトウエアの販売場所を提供するサービスなどは「事業者向け電気通信利用役務の提供」に該当します。

　登録国外事業者の氏名又は名称、住所又は本店所在地、登録番号等は、登録手続が終了次第、順次、国税庁ホームページで公表することとされていますので、取引の相手先である国外事業者が登録国外事業者に該当するかどうかについては、国税庁ホームページでご確認ください。

STEP 5 **特定役務の提供を確認する**（消法2①八の五、消令2の2、消基通5-8-5）

　資産の譲渡等のうち、国外事業者が行う映画若しくは演劇の俳優、音楽家その他の芸能人又は職業運動家の役務の提供を主たる内容とする事業として行う役務の提供のうち、国外事業者が国内事業者に対して行う役務の提供（不特定かつ多数の者に対して行う役務の提供を除きます。）をいいます。

STEP 6 **特定課税仕入れがある場合の申告書の記載例**

　特定課税仕入れがある場合には、「**申告書　第二表　第3－⑵号様式　課税標準額等の内訳書**」を作成し、課税標準額の内訳を記入します。

> **設 例**
>
> | | | | |
> |---|---|---|---|
> | 課税売上げ（税抜き） | 100,000千円 | 非課税売上げ | 14,000千円 |
> | 課税仕入れ（税込み） | 66,000千円 | 特定課税仕入れ（税抜き） | 1,600千円 |
> | （内訳）課税売上対応※ | 44,000千円 | （内訳）共通対応 | 1,600千円 |
> | 非課税売上対応 | 15,400千円 | 【課税売上割合95％未満】 | |
> | 共通対応 | 6,600千円 | | |
>
> ※　「課税売上対応」の課税仕入れには、登録国外事業者から受けた「消費者向け電気通信利用役務の提供」に係る課税仕入れ 21,600 円が含まれています。

会計処理（特定課税仕入れ）

　　（広告宣伝費）　1,600 千円　／　（現預金）　　　　1,600 千円　　A社　海外広告代金
　　（仮払消費税）　　160 千円　／　（仮受消費税）　　160 千円

課税標準

　　| 100,000 千円 ＋ 1,600 千円 ＝ 101,600 千円 |　⇒　第二表　第3－⑵号様式　⑥、⑨欄へ

> リバースチャージ方式による申告は、特定課税仕入れに係る支払対価の額を課税標準額に算入します。

課税標準に係る消費税額

　　101,600 千円 × 7.8％ ＝ 7,924,800 円（申告書②）

仕入れ税額控除の計算（個別対応方式）

　　44,000 千円 × 7.8／110 ＝ 3,120,000 円（課税売上対応）
　　6,600 千円 × 7.8／110 ＝　468,000 円（共通対応）
　　| 1,600 千円 × 7.8／100 ＝　124,800 円（共通対応） |　⇒　付表2－1　第4－⑵号様式　⑪、⑫欄へ

> 特定課税仕入れに係る支払対価についても、課税仕入れとして仕入控除税額の計算を行います。

　　（468,000 円 ＋ 124,800 円）　×　$\dfrac{100,000 千円}{100,000 千円＋14,000 千円}$　＝ 520,000 円

　　3,120,000 円 ＋ 520,000 円 ＝ 3,640,000 円

> 課税売上割合が 95％未満ですので、「特定課税仕入れ」について申告が必要となります。

納付すべき消費税額

　　7,924,800 円 － 3,640,000 円 ＝ 4,284,800 円

納付すべき地方消費税の課税標準及び地方消費税額

　　4,284,800 円 ×22／78＝1,208,500 円（百円未満切捨て）

納付すべき消費税及び地方消費税の額

　　4,284,800 円 ＋ 1,208,500 円 ＝ 5,493,300 円

STEP 5

特定役務の提供を確認する

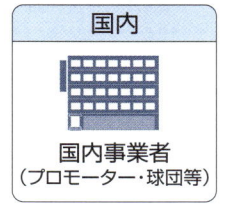

国内

国内事業者
（プロモーター・球団等）

①から③の取引を
国内で国内事業者
に対して行う

国外

国外事業者

① 芸能人としての映画の撮影、テレビへの出演
② 俳優、音楽家としての演劇、演奏
③ スポーツ競技の大会等への出場

　この場合に、国外事業者が個人事業者で、その個人事業者自身が①から③の役務の提供を行う場合も含まれます。

STEP 6

特定課税仕入れがある場合の申告書の記載例

【申告書　第二表　第３－（２）号様式　課税標準額等の内訳書】

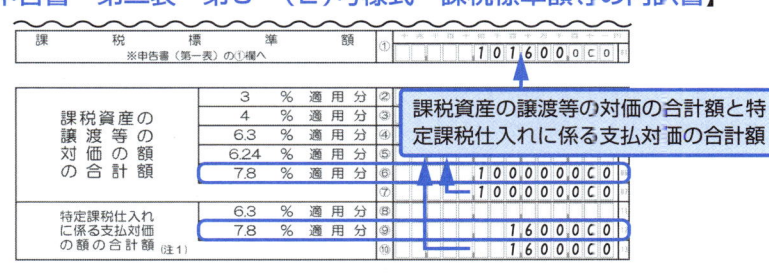

【付表２－１　第４－（２）号様式　課税売上割合・控除対象仕入税額等の計算表】

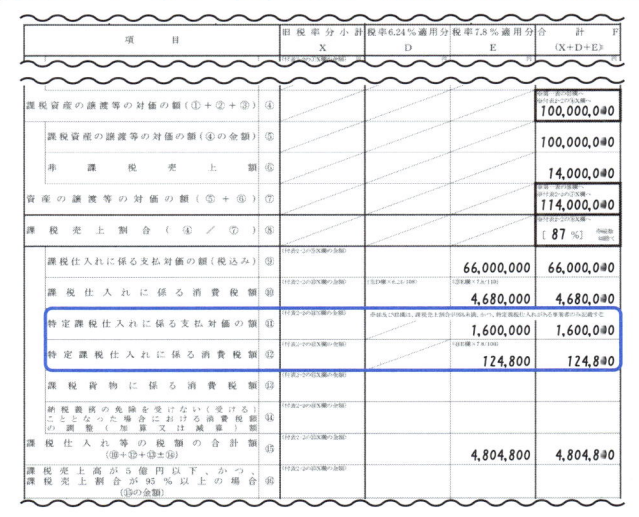

課税売上割合に準ずる割合

STEP 1

概要（消法30③）

　課税売上げに係る消費税の額から控除する仕入控除税額を個別対応方式によって計算する場合には、課税売上げと非課税売上げに共通して要する課税仕入れ等に係る消費税額に、原則として、課税売上割合を乗じて計算します。

　しかし、課税売上割合により計算した仕入控除税額が、その事業の実態を反映していないなど、課税売上割合により仕入控除税額を計算するよりも、課税売上割合に準ずる割合によって計算する方が合理的である場合には、課税売上割合に代えて「課税売上割合に準ずる割合」によって仕入控除税額を計算することができます。

STEP 2

適用手続

1．適用の承認申請

　課税売上割合に準ずる割合を適用するには、納税地の所轄税務署長に、「消費税課税売上割合に準ずる割合の適用承認申請書」を提出して、適用しようとする課税期間の末日までに税務署長の承認を受ける必要があります。ただし、令和3年4月1日以後に終了する課税期間からは、適用を受けようとする課税期間の末日までにその承認申請書を提出し、同日の翌日から同日以後1か月を経過する日までの間に税務署長の承認を受けた場合にその承認申請書を提出した日の属する課税期間から適用されます。（令和3年度税制改正）

2．不適用の届出

　納税地の所轄税務署長に、「消費税課税売上割合に準ずる割合の不適用届出書」を提出すれば、提出した日の属する課税期間から、課税売上割合に準ずる割合の適用を止めることができます。

STEP 3

課税売上割合に準ずる割合の算定方法と適用範囲

1．課税売上割合に準ずる割合の算定方法（消基通11-5-7）

　課税売上げと非課税売上げに共通して要する課税仕入れ等の性質に応じた合理的な基準により算定します。具体的には、使用人の数、従事日数の割合、消費又は使用する資産の価額、使用数量、使用面積の割合などが挙げられます。

2．課税売上割合に準ずる割合の適用範囲（消基通11-5-8）

　課税売上割合に準ずる割合を適用する場合、すべての事業について同一の割合を使うこともできますが、

(イ)　事業の種類が異なるごと

(ロ)　事業所の単位ごと

(ハ)　販売費一般管理費、その他の費用など経費の種類ごと

など、一定の単位ごとに、異なる割合を適用することができます。また、通常の課税売上割合を併用することもできます。

STEP 1

課税売上割合に準ずる割合

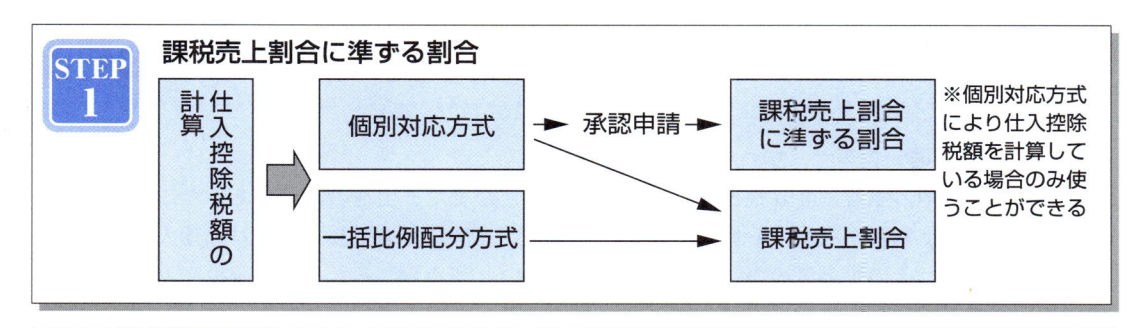

仕入控除税額の計算

個別対応方式 → 承認申請 → 課税売上割合に準ずる割合

一括比例配分方式 → 課税売上割合

※個別対応方式により仕入控除税額を計算している場合のみ使うことができる

STEP 2

課税売上割合に準ずる割合の適用手続

〈区　分〉	〈申請書・届出書〉		〈適　用〉
課税売上割合に準ずる割合を適用することの承認申請	消費税課税売上割合に準ずる割合の適用承認申請書	承認	所轄税務署長に申請を行った日の属する課税期間（令和13年4月1日以後終了する課税期間から）
課税売上割合に準ずる割合の適用をやめようとする届出	消費税課税売上割合に準ずる割合の不適用届出書		提出があった日の属する課税期間

STEP 3

課税売上割合に準ずる割合の適用範囲と算定方法

適用範囲	算定方法
事業の種類の異なるごと	使用人の数の割合
	使用人の従事日数の割合
事業に係る事業所ごと	使用数量の割合
	使用面積の割合
販売費一般管理費その他の費用の種類の異なるごと	その他の合理的な割合
	通常の課税売上割合

設 例

売上げ　商品販売　3,000万円　不動産賃貸（住宅家賃）7,000万円
課税売上げのみ対応の課税仕入高　2,000万円
共通対応の課税仕入高　　　　　　1,000万円
非課税売上げのみ対応の課税仕入高　500万円　計3,500万円（金額は税抜）

(1)　課税売上割合を使用する場合
　　①　課税売上割合　＝　3,000万円　／　（3,000万円＋7,000万円）＝30%
　　②　個別対応方式　　　2,000万円＋1,000万円×30%＝2,300万円
　　③　一括比例配分方式　3,500万円×30%＝1,050万円
　　④　②＞③　2,300万円

(2)　課税売上割合に準ずる割合として、従業員数の割合で、承認を受けた場合
　　　　商品販売部門　8人　不動産賃貸部門　2人
　　①　課税売上割合に準ずる割合　＝　8人／10人＝80%
　　②　個別対応方式　　2,000万円＋1,000万円×80%＝2,800万円
　　③　一括比例配分方式　3,500万円×30%＝1,050万円 ※課税売上割合のみ適用
　　④　②＞③　2,800万円

土地の譲渡があった場合の課税売上割合に準ずる割合

概　要（国税庁　質疑応答事例）

　土地の譲渡は非課税とされていますので、たまたま土地の譲渡があったことにより課税売上割合が減少する場合において、課税売上割合を適用して控除対象仕入税額を計算するとその事業者の事業の実態を反映しないと認められるときは、課税売上割合に代えて、課税売上割合に準ずる割合を適用することができます。

要　件

① 　土地の譲渡が単発であること

② 　その土地の譲渡がなかったとした場合には、事業の実態に変動がないと認められる場合

　⇒事業者の営業の実態に変動がなく、かつ、過去３年間で最も高い課税売上割合と最も低い課税売上割合の差が５％以内であることをいいます。

課税売上割合に準ずる割合

　STEP2の要件に該当する場合には、次の①又は②の割合のいずれか低い割合を、課税売上割合に準ずる割合として適用することができます。

① 　土地の譲渡があった課税期間の前３年に含まれる課税期間の通算課税売上割合

② 　土地の譲渡があった課税期間の前課税期間の課税売上割合

「消費税課税売上割合に準ずる割合の適用承認申請書」

　課税売上割合に準ずる割合を適用する場合は、その土地を譲渡した課税期間内に、「消費税課税売上割合に準ずる割合の適用承認申請書」を所轄税務署長に提出し、その承認を受けなければなりません。

　なお、適用を受けようとする課税期間の末日までに承認申請書を提出し、同日の翌日以後１月を経過する日までに納税地の所轄税務署長の承認を受けた場合であっても、その承認申請書を提出した日の属する課税期間から適用されます。

「消費税課税売上割合に準ずる割合の不適用届出書」

　この課税売上割合に準ずる割合の承認は、たまたま土地の譲渡があった場合に行うものですから、翌課税期間において「消費税課税売上割合に準ずる割合の不適用届出書」を提出しなければなりません。その提出がない場合には、課税売上割合に準ずる割合の承認の取消しが行われます。

Ⅶ 特殊な事例等

設 例

当社の土地の譲渡があった当期並びに過去３年間の課税売上割合は次のとおりです。

課税期間	課税売上高	非課税売上高	総売上高	課税売上割合
平成30年４月１日 〜平成31年３月31日	531,322,861	541,367	531,864,228	99.89%
平成31年４月１日 〜令和２年３月31日	560,891,884	1,120,145	562,012,029	99.80%
令和２年４月１日 〜令和３年３月31日	636,960,985	1,284,152	638,245,137	99.79%
令和３年４月１日 〜令和４年３月31日	561,324,766	201,495,314	762,820,080	73.58%

STEP 2 **要件を確認する**

① 土地の譲渡は単発である。

② ㈤ 最も高い課税売上割合　99.89%

　　 ㈥ 最も低い課税売上割合　99.79%

　　 ㈦ ㈤－㈥＝0.10%≦５%　かつ　営業実態に変動がない

③ ∴ 課税売上割合に準ずる割合を適用することができる

STEP 3 **課税売上割合に準ずる割合を計算する**

① 土地の譲渡があった課税期間の前３年の課税期間の通算課税売上割合

$$\frac{課税売上高}{総売上高} = \frac{531,322,861+560,891,884+636,960,985}{531,864,228+562,012,029+638,245,137} = \frac{1,729,175,730}{1,732,121,394} = 99.82\%$$

② 土地の譲渡があった課税期間の前課税期間の課税売上割合

99.79%

③ ①＞②　∴　99.79%

STEP 4 **STEP 5** **課税売上割合に準ずる割合の適用**

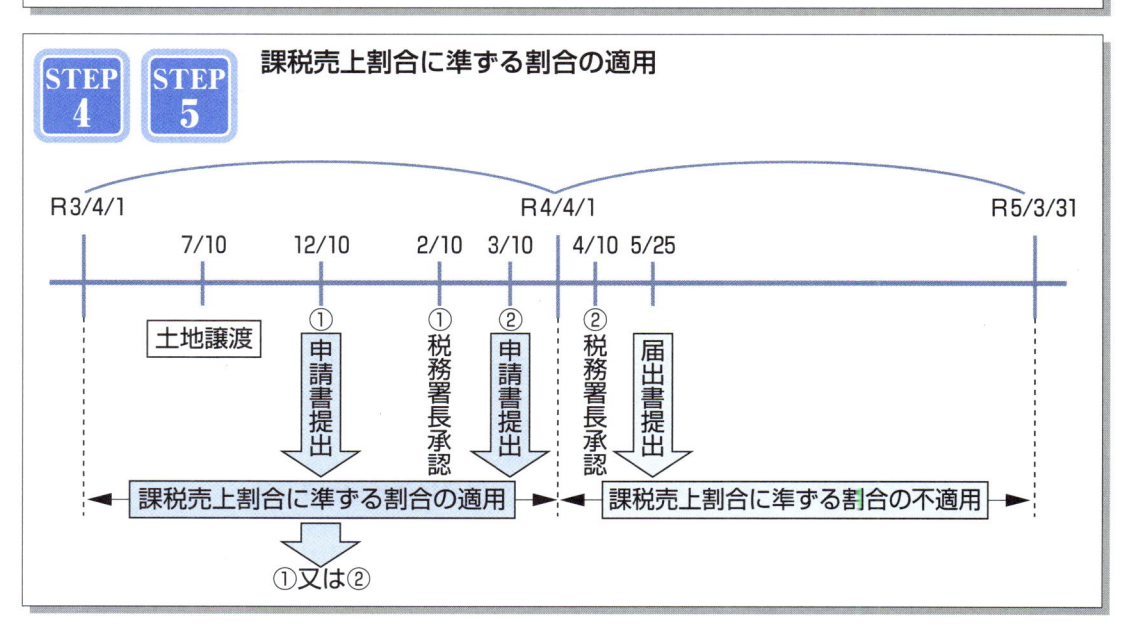

調整対象固定資産①－転用した場合

VII 特殊な事例等

STEP 1 概要

会計上、建物や機械装置などの固定資産は、耐用年数で減価償却を行い、毎期費用按分しますが、消費税法では固定資産を購入したときの消費税は、その取得の日の課税期間において、仕入税額控除の対象となります。

しかし、固定資産は長期にわたり使用されるものであるので、固定資産の用途を変更した場合には、その固定資産の取得に係る仕入税額控除について、調整計算を行うこととしています。

STEP 2 調整対象固定資産（消法2①十六、消令5、消基通12-2-1）

調整の対象となる資産は、建物、機械装置等の固定資産で、一取引単位の税抜金額が100万円以上のものをいいます。したがって、国内の課税仕入れの対象となる固定資産については、支払対価 $\times \dfrac{100}{110}$ （令和元年9月30日以前の課税期間に仕入れたものは $\dfrac{100}{108}$ ）により、輸入貨物については、課税標準が100万円以上であるかにより判定します。なお、100万円以上の判定をする金額には、引取運賃など購入のための付随費用を含みません。

STEP 3 調整対象固定資産を転用した場合（消法34、35、消基通12-4-1、12-5-1）

調整対象固定資産を購入した課税期間において課税業務用資産として使用し、3年以内の課税期間において非課税業務用資産に転用した場合には、取得の日から転用の日までの期間に応じて計算した金額を仕入税額から控除します。

逆に、調整対象固定資産を購入した課税期間において非課税業務用資産として使用し、3年以内の課税期間において課税業務用資産に転用した場合には、取得の日から転用の日までの期間に応じて計算した金額を仕入税額に加算します。

なお、転用による調整の計算は、個別対応方式により仕入税額控除を計算した場合に行いますが、共通用の資産を転用した場合や、共通用に転用した場合には適用はありません。

STEP 4 転用の場合の調整税額の計算

転用した課税期間において仕入税額に加算・減算する金額を調整税額といいます。調整税額は、転用した時期に応じて下記により計算します。

転用の時期		調整税額
仕入れの日から	1年以内	調整対象税額の全額
	2年以内	調整対象税額 $\times \dfrac{2}{3}$
	3年以内	調整対象税額 $\times \dfrac{1}{3}$

⇒ 転用日の属する課税期間の仕入税額に加算・減算する

調整対象税額は、調整対象固定資産に係る消費税額をいいます。

STEP 2 調整対象固定資産の判定

棚卸資産以外の固定資産	建物及びその附属設備、構築物、機械装置 船舶、航空機、車両運搬具、工具器具備品 鉱業権等の無形固定資産 ゴルフ会員権、課税資産を賃借するための権利金 ソフトウェア、生物、書画骨董　他
一組、一式の税抜金額が100万円以上	国内の課税資産　支払対価×$\frac{100}{110}$（令和元年9月30日までは$\frac{100}{108}$）が100万円以上 輸入貨物　　　　課税標準が100万円以上 （注）付随費用を除く。　資本的支出を含む。 　　　　共有物は持分割合に応じて判定。

STEP 3 転用の判定

仕入時の課税売上割合	仕入時の処理			3年以内に転用	転用の調整
95%以上					調整不要
95%未満	一括比例配分方式				調整不要
	個別対応方式	共　通　用			
		課税売上用	→非課税売上用		調整税額を減算
		非課税売上用	→ 課税売上用		調整税額を加算

STEP 4 調整対象固定資産の転用の調整

【付表2－1　第4－（2）号様式　課税売上割合・控除対象仕入税額等の計算表】

項　　目	旧税率分小計 X	税率6.24％適用分 D	税率7.8％適用分 E	合　計　F (X+D+E)
控除の調整税額 課税売上割合変動時の調整対象固定資産に係る消費税額の調整（加算又は減算）額 ㉑	（付表2-2の㉑X欄の金額）			
調整対象固定資産を課税業務用（非課税業務用）に転用した場合の調整（加算又は減算）額 ㉒	（付表2-2の㉒X欄の金額）		52,000	52,000
差引 控除対象仕入税額〔(⑱、⑲又は⑳の金額)±㉑±㉒〕がプラスの時 ㉓	（付表2-2の㉓X欄の金額）	※付表1-1の④D欄へ	※付表1-1の④E欄へ	
引 控除過大調整税額〔(⑱、⑲又は⑳の金額)±㉑±㉒〕がマイナスの時 ㉔	（付表2-2の㉔X欄の金額）	※付表1-1の③D欄へ	※付表1-1の③E欄へ	
貸倒回収に係る消費税額 ㉕	（付表2-2の㉕X欄の金額）	※付表1-1の③D欄へ	※付表1-1の③E欄へ	

設例　購入時　課税業務用の固定資産　220万円（税込み）

2年2か月経過後に、非課税業務用に転用した場合。

計算　判定　220万円×$\frac{100}{110}$=2,000,000円　≧　100万円　調整対象固定資産に該当

調整対象税額　220万円×$\frac{7.8}{110}$=156,000円

調整税額　　　156,000円×$\frac{1}{3}$（3年以内）=52,000円

転用した日の課税期間の仕入税額より減算する。（付表2-1㉒欄へ）

調整対象固定資産② — 課税売上割合が著しく変動した場合

概要

　会計上、建物や機械装置などの固定資産は、耐用年数で減価償却を行い、毎期費用配分しますが、消費税法では固定資産を購入したときの消費税は、その取得の日の課税期間において、仕入税額控除の対象となります。

　しかし、固定資産は長期間にわたり使用されるものであるので、課税売上割合が著しく変動した場合には、その固定資産の取得に係る仕入税額控除について、調整計算を行うこととしています。

要件（消法33）

　調整対象固定資産（**No.72**参照）を購入した場合において、次の要件にすべて該当する場合は、調整対象固定資産に係る仕入税額について調整を行います。

① 　調整対象固定資産を購入した課税期間において、調整対象固定資産に係る仕入税額につき、次のいずれかに該当する（比例配分法）。

　㈱　課税売上割合が95％以上で、全額控除された場合

　㈱　課税売上割合が95％未満で、個別対応方式で共通用として計算した場合

　㈱　課税売上割合が95％未満で、一括比例配分方式により計算した場合

② 　第３年度の課税期間の末日において、その調整対象固定資産を保有している。

③ 　課税売上割合が著しく変動している。

課税売上割合が著しく変動した場合とは

１．課税売上割合が著しく増加

　次の㈱、㈱いずれにも該当する場合

　㈱　変動率が50％以上である

$$\boxed{変動率} = \frac{通算課税売上割合 \quad - \quad 仕入れ等の課税期間の課税売上割合}{仕入れ等の課税期間の課税売上割合} \geq \boxed{50\%}$$

　㈱　変動差が５％以上である

$$\boxed{変動差} = 通算課税売上割合 \quad - \quad 仕入れ等の課税期間の課税売上割合 \geq \boxed{5\%}$$

２．課税売上割合が著しく減少

　次の㈱、㈱いずれにも該当する場合

　㈱　変動率が50％以上である

$$\boxed{変動率} = \frac{仕入れ等の課税期間の課税売上割合 \quad - \quad 通算課税売上割合}{仕入れ等の課税期間の課税売上割合} \geq \boxed{50\%}$$

　㈱　変動差が５％以上である

$$\boxed{変動差} = 仕入れ等の課税期間の課税売上割合 \quad - \quad 通算課税売上割合 \geq \boxed{5\%}$$

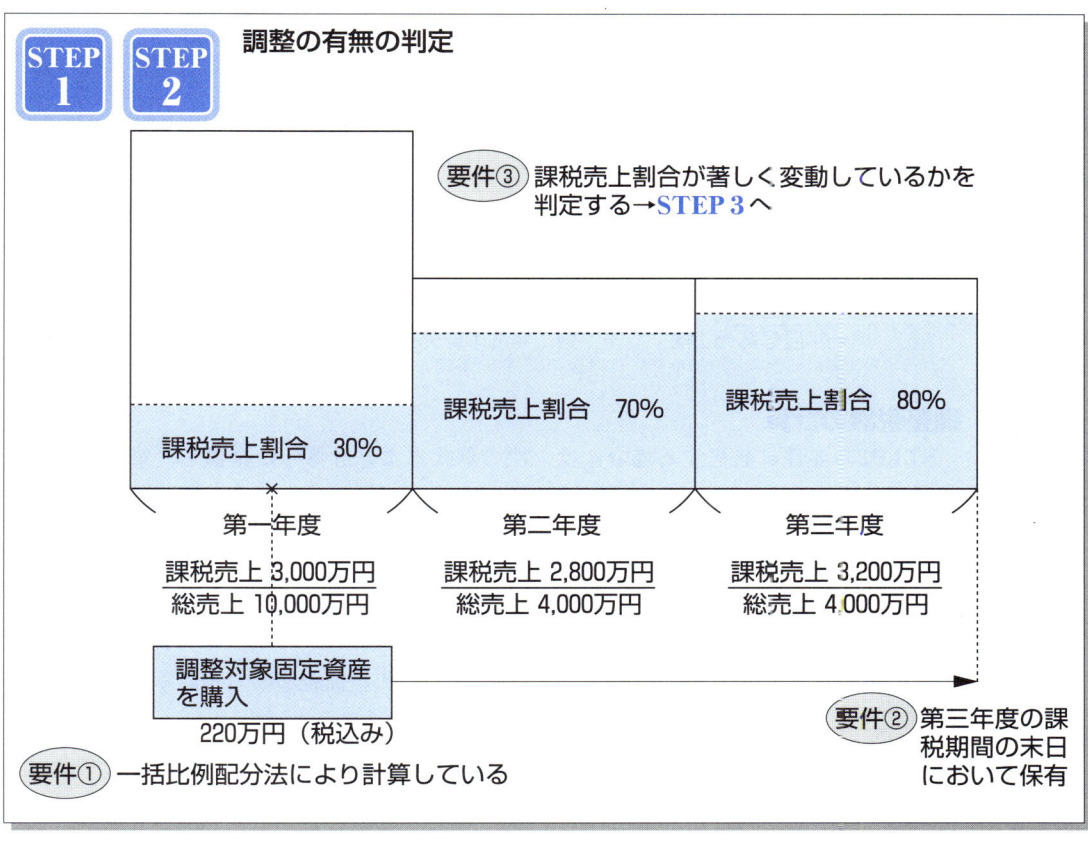

通算課税売上割合とは

　「通算課税売上割合」とは、仕入れ等の課税期間から第三年度の課税期間までの売上高を通算して計算した割合をいいます。

　「第三年度の課税期間」とは、仕入れ等の課税期間の開始の日から3年を経過する日の属する課税期間をいいます。

通算課税売上割合 ＝

$$\frac{\text{第一年度の課税売上高} \;+\; \text{第二年度の課税売上高} \;+\; \text{第三年度の課税売上高}}{\text{第一年度の総売上高} \;+\; \text{第二年度の総売上高} \;+\; \text{第三年度の総売上高}}$$

調整税額の計算

　STEP2の要件に該当する場合には、次の算式により計算した金額を、第三年度の課税期間の控除対象仕入税額に加算・減算します。

　① **課税売上割合が著しく増加した場合** ⇒ 仕入控除税額に加算する

| 調整対象固定資産に係る消費税額 | × | 通算課税売上割合 | − | 調整対象固定資産に係る消費税額 | × | 仕入れ等の課税期間の課税売上割合 |

　② **課税売上割合が著しく減少した場合** ⇒ 仕入控除税額から控除する

| 調整対象固定資産に係る消費税額 | × | 仕入れ等の課税期間の課税売上割合 | − | 調整対象固定資産に係る消費税額 | × | 通算課税売上割合 |

付表2に記入する

　STEP5により計算した調整税額を、付表2－1「課税売上割合変動時の調整対象固定資産に係る消費税額の調整（加算又は減算）額㉑」に記入します。

適用上の注意点

① 第三年度の課税期間において免税事業者である場合や簡易課税制度の適用がある場合
　　STEP2の要件に該当していても、仕入税額控除の調整は必要ありません。

② 仕入れ等の課税期間と第三年度の課税期間の間に免税事業者となった課税期間や簡易課税制度の適用を受けた課税期間が含まれている場合（消基通12－3－1）
　　STEP2の要件に該当していれば、仕入税額控除の調整を行います。
　　この場合、免税事業者となった課税期間又は簡易課税制度の適用を受けた課税期間の売上高を含めて通算課税売上割合の計算を行います。

③ 調整対象固定資産について除却、廃棄、滅失又は譲渡があったため、第三年度の課税期間の末日においてその調整対象固定資産を有していない場合には、仕入税額控除の調整は必要ありません。（消基通12－3－3）

調整税額の計算

課税売上割合が著しく増加している ⇒ 仕入控除税額に加算する

$$\left(\begin{array}{c}\text{調整対象固定資産に}\\\text{係る消費税額}\end{array}\right)\quad\left(\begin{array}{c}\text{通算課税}\\\text{売上割合}\end{array}\right)\quad\left(\begin{array}{c}\text{調整対象固定資産}\\\text{に係る消費税額}\end{array}\right)\quad\left(\begin{array}{c}\text{仕入れ等の課税期}\\\text{間の課税売上割合}\end{array}\right)$$

$$220万円\times\frac{7.8}{110}\Rightarrow156{,}000円\times\quad50\%\quad-\quad156{,}000円\quad\times\quad30\%$$

$$156{,}000円\times50\%-156{,}000円\times30\%=31{,}200円$$

⇒仕入控除税額に加算する（付表２－１㉑欄へ）

付表２－１を作成する

【付表２－１　第４－（２）号様式　課税売上割合・控除対象仕入税額等の計算表】

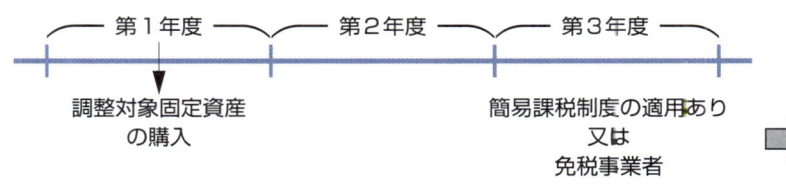

項　目		旧税率分小計 X	税率6.24％適用分 D	税率7.8％適用分 E	合　計 F (X+D+E)
控除税額調整	課税売上割合変動時の調整対象固定資産に係る消費税額の調整（加算又は減算）額 ㉑	(付表2-2の㉑X欄の金額)		31,200	31,200
	調整対象固定資産を課税業務用（非課税業務用）に転用した場合の調整（加算又は減算）額 ㉒	(付表2-2の㉒X欄の金額)			
差引	控　除　対　象　仕　入　税　額　㉓ 〔（⑯、⑱又は⑳の金額）±㉑±㉒〕がプラスの時	(付表2-2の㉓X欄の金額)	※付表1-1の③D欄へ	※付表1-1の③E欄へ	
	控　除　過　大　調　整　税　額　㉔ 〔（⑯、⑱又は⑳の金額）±㉑±㉒〕がマイナスの時	(付表2-2の㉔X欄の金額)	※付表1-1の③D欄へ	※付表1-1の③E欄へ	
貸　倒　回　収　に　係　る　消　費　税　額　㉕		(付表2-2の㉕X欄の金額)	※付表1-1の③D欄へ	※付表1-1の③E欄へ	

適用上の注意点

① 第３年度の課税期間が免税事業者又は簡易課税制度の適用がある場合

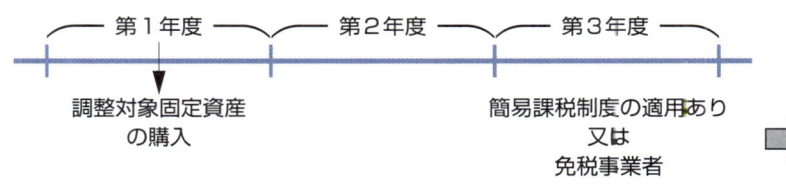

② 第２年度の課税期間が免税事業者又は簡易課税制度の適用がある場合

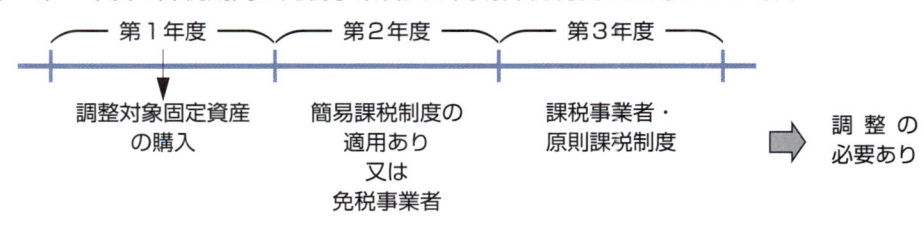

③ 第３年度の末日において調整対象固定資産を保有していない場合

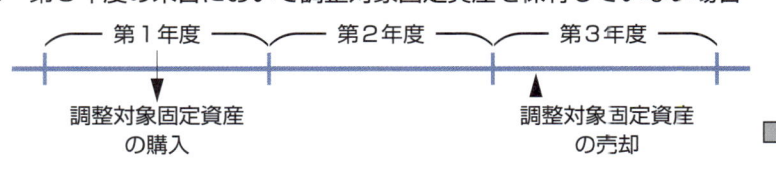

課税標準額に対する消費税額の計算の特例
（消費税の積上げ計算方式）

VII 特殊な事例等

STEP 1

課税標準額に対する消費税額の計算（原則）

$$課税標準額に対する消費税額 = 課税標準額 \times \frac{7.8}{100}$$

課税標準額は、課税期間中の税込課税売上高に $\frac{100}{110}$ を乗じて計算します。

税込経理　課税資産の譲渡等の対価の額（税込み）$\times \frac{100}{110}$

税抜経理（課税資産の譲渡等の対価の額（本体価格）＋仮受消費税等）$\times \frac{100}{110}$

課税標準額は経理方式を問わず、税込価格の金額を基に計算します。

STEP 2

課税標準額に対する消費税額の計算の特例

(1) 旧規則22条１項の規定

課税事業者が、決済上受領すべき金額を、対価の額（本体価格）と、消費税等相当額とに区分して領収する場合に、その消費税等相当額の１円未満の端数を処理しているときは、その端数を処理した後の消費税等相当額を積上げ計算した金額をもって、その課税期間の課税標準額に対する消費税額とすることができるという規定が設けられていました。

> **設 例**
>
> 本体価格165円　消費税額16円　の商品を10万個売り上げた場合
>
> 原則　課税標準額　（165円＋16円）×10万個×$\frac{100}{110}$＝16,454,000円（千円未満切捨て）
>
> 　　　消費税額等　16,454,000×10％＝1,645,400円
>
> 特例　課税標準額　165円×10万個＝16,500,000円
>
> 　　　消費税額等　16円×10万個＝1,600,000円

(2) 経過措置

平成16年４月、対消費者取引について総額表示が義務付けられたことにより、規則第22条１項の特例は廃止されました。しかし、事業者間取引については、従来の規定が適用されるなど経過措置が設けられています。また、対消費者取引についても、一定の条件のもと消費税等相当額の積上げ計算が認められています。

	適用対象	代金決済の前提	領収書等の明示	適用内容	適用期日
経過措置1	事業者間取引等（総額表示義務の対象とならない取引）	税抜価格	「税抜価格の合計額」と「その税抜価格の合計額に10％を掛けて１円未満の端数を処理した後の「消費税等相当額」」を区分して明示※	旧規則第22条第１項の規定を適用することができる	平成16年４月１日から令和５年９月30日まで
経過措置2	対消費者取引等（総額表示義務の対象となる取引）／事業者間取引等（総額表示義務の対象とならない取引）	税込価格	受領すべき金額に含まれる「消費税等相当額（その決済上受領すべき金額に110分の10を掛けて算出した金額）」の１円未満の端数を処理した後の金額を領収書等に明示※	１円未満の端数を処理した後の消費税等相当額を基準として課税標準額に対する消費税額を計算することができる　課税標準額＝税込価格の合計額－消費税等相当額の累計額	平成15年10月１日から令和５年９月30日まで
経過措置3	「総額表示義務の対象となる取引で、総額表示は行っているものの税込価格対応のレジシステムへの変更が間に合わない場合」	税抜価格	「税抜価格の合計額」と「その税抜価格の合計額に10％を掛けて１円未満の端数を処理した後の「消費税等相当額」」を区分して明示※	旧規則第22条第１項の規定を適用することができる	平成26年４月１日から令和５年９月30日まで

※平成26年４月１日～令和元年９月30日までの課税資産の譲渡については原則として、10％→８％に、110分の100→108分の100に、100分の7.8→100分の6.3となります。

STEP 2　課税標準額に対する消費税額の計算の特例

[経過措置の適用一覧]（令和5年9月30日まで）

	「税抜価格」を前提とした代金決済	「税込価格」を前提とした代金決済
事業者間取引等	経過措置1	経過措置2
対消費者取引（総額表示義務対象取引）	経過措置3	経過措置2

[領収書の表示例]

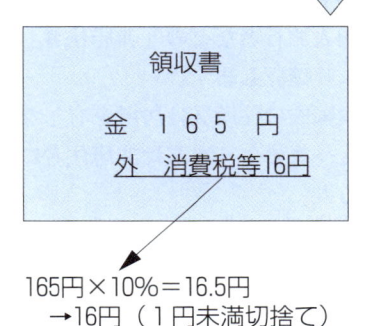

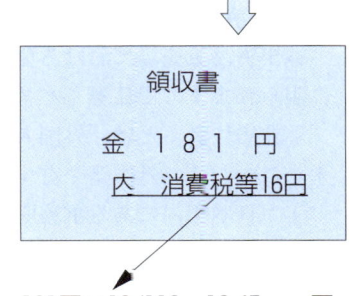

```
          領収書

     金　１６５　円
     外　消費税等16円
```

```
          領収書

     金　１８１　円
     内　消費税等16円
```

165円×10％＝16.5円
→16円（1円未満切捨て）

181円×10/110＝16.45……円
→16円（1円未満切捨て）

（設例）本体価格165円　消費税額等16円
　　　　10万個売り上げた場合
課税標準額　165円×10万＝1,650万円
消費税等　　16円×10万＝1,600,000円

（設例）　税込価格181円　内消費税額等16円
　　　　　10万個売り上げた場合
消費税等　16円×10万＝1,600,000円
課税標準額181円×10万－160万円＝1,650万円

総額表示とは

【概　要】
令和3年4月1日より「総額表示」が義務づけられました。この「総額表示」とは、消費者に商品の販売やサービスの提供を行う際に、値札やチラシなどにおいて、消費税額（地方消費税額を含む）を含めた税込価格を表示することをいいます。

【適用対象】
ただし総額表示は対消費者取引について義務付けられるものであり、事業者間取引における価格表示を対象とするものではありません。

【具体的な表示方法】
例えば、次に掲げるような表示が「総額表示」に該当します。（標準税率10％が適用される場合）
11,000円
11,000円（税込み）
11,000円（税抜き10,000円）
11,000円（うち消費税等1,000円）
11,000円（税抜き10,000円、消費税等1,000円）
11,000円（税抜き10,000円、消費税率10％）
10,000円（税込み11,000円）

輸出物品販売場における輸出免税

STEP 1 輸出物品販売場における輸出免税の概要 （消法8①）

　輸出物品販売場（免税店）を経営する事業者が、外国人旅行者などの非居住者に対して免税対象物品を一定の方法で販売する場合には、消費税が免除されます。

　輸出物品販売場を開設しようとする事業者（消費税の課税事業者に限ります。）は、販売場ごとに事業者の納税地を所轄する税務署長の許可を受ける必要があります。許可を受けるためには、現に国税の滞納がないこと等の一定の要件を満たしている必要があります。

STEP 2 免税販売の対象となる人（非居住者）を確認する （外国為替及び外国貿易法6①六）

　輸出物品販売場における免税販売は、外国人旅行者などの「非居住者」に対するものに限られますので旅券（パスポート）等により確認します。

　「非居住者」とは、外国人旅行者など日本国内に住所又は居所を有しない人をいいます。このため、外国籍を有する方であっても、次のような人は非居住者に該当しません。

　①　日本国内にある事務所に勤務している人

　②　日本に入国後6か月以上経過した人

　また、日本国籍を有する人であっても、2年以上外国に滞在する目的で出国し外国に滞在する人などは「非居住者」に該当します。

STEP 3 免税対象となる物品の範囲を確認する （消令18①②⑦、消基通8－1－1）

　免税販売の対象となる物品は、次のとおりです。

　①　通常生活の用に供される一般物品（消耗品以外のもの）については、同一の非居住者に対する同一店舗における1日の販売額の合計が5千円以上のもの。

　②　通常生活の用に供される消耗品（食品類、飲料類、薬品類、化粧品類その他の消耗品）については、同一の非居住者に対する同一店舗における1日の販売額の合計が5千円以上50万円以下の範囲内のもの。

　（注）　一般物品と消耗品の販売価額が5千円未満であったとしても、合計額が5千円以上であれば、一般物品を消耗品と同様の指定された方法により包装することで、免税販売することができることとされました。この場合、その一般物品は消耗品として取扱うこととなります。

　非居住者が事業用又は販売用として購入することが明らかな物品は免税販売の対象になりません（非居住者が国外に所在する事業者の代理として、このような物品を購入する場合も同様です。）。

　また、金又は白金の地金は免税対象物品から除かれています。

STEP 1 輸出物品販売場における輸出免税の概要

免税店 → 旅券の提示などの手続

消費税免税で販売（引渡し） →

免税店
（税務署長の許可が必要）

非居住者
（外国人旅行者など）

STEP 2 免税販売の対象となる人（非居住者）

外国人	非居住者	① 外国人は原則として非居住者として取り扱われます。 ② 外国政府又は国際機関の公務を帯びる者
	居住者	① 本邦内にある事務所に勤務する者 ② 本邦に入国後6か月以上経過するに至った者
日本人	非居住者	① 外国にある事務所（本邦法人の海外支店等、現地法人、駐在員事務所及び国際機関を含む。）に勤務する目的で出国し外国に滞在する者 ② 2年以上外国に滞在する目的で出国し外国に滞在する者 ③ ①及び②に掲げる者のほか、本邦出国後、外国に2年以上滞在するに至った者 ④ ①から③までに掲げる者で、事務連絡、休暇等のため一時帰国し、その滞在期間が6か月未満の者
	居住者	① 日本人は、原則として居住者として取り扱われます。 ② 日本の在外公館に勤務する目的で出国し外国に滞在する者は、居住者として取り扱われます。

STEP 3 免税対象となる物品の範囲を確認する

　通常生活の用に供する物品であっても、免税販売の対象となるのは、一般物品又は消耗品ごとに、同一の非居住者に対する同一の輸出物品販売場における1日の販売価額（税抜き）の合計額が、それぞれ次の基準を満たすものです。

免税対象物品の区分	販売価額（税抜き）の合計額
通常生活の用に供される一般物品（家電製品、カバン・靴、洋服・着物、時計・宝飾品、民芸品「消耗品以外のもの」）	5千円以上
通常生活の用に供される消耗品（飲食料品、医薬品、化粧品その他の消耗品）	5千円以上50万円以下

● **免税手続カウンターにおける手続等の特例**

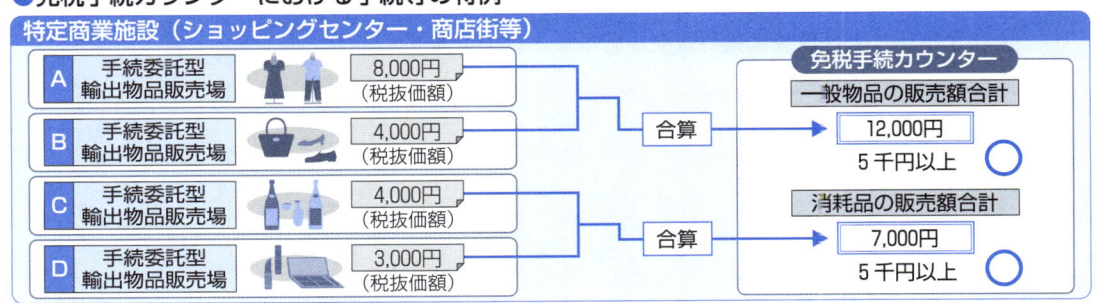

特定商業施設（ショッピングセンター・商店街等）

A	手続委託型輸出物品販売場	8,000円（税抜価額）
B	手続委託型輸出物品販売場	4,000円（税抜価額）
C	手続委託型輸出物品販売場	4,000円（税抜価額）
D	手続委託型輸出物品販売場	3,000円（税抜価額）

免税手続カウンター
一般物品の販売額合計 → 合算 → 12,000円　5千円以上 ○
消耗品の販売額合計 → 合算 → 7,000円　5千円以上 ○

【指定された方法による包装】観光庁ホームページ参照　https://www.mlit.go.jp/common/001044306.pdf

STEP 4

輸出物品販売場における免税販売の要件を確認する （消法8⑥）

　事業者が「輸出物品販売場」として物品を免税販売するためには、次の要件の全てを満たす必要があります。

　納税地の所轄税務署長に、「輸出物品販売場許可申請書（一般型用）」又は「輸出物品販売場許可申請書（手続委託型用）」に必要な書類を添付して申請します。

一般型輸出物品販売場	手続委託型輸出物品販売場
①現に国税の滞納（その滞納額の徴収が著しく困難であるものに限る。）がないこと	
②輸出物品販売場の許可を取り消され、その取消しの日から3年を経過しない者でないこと	
③輸出物品販売場を経営する事業者として特に不適当と認められる事情がないこと	
④現に非居住者の利用する場所又は非居住者の利用が見込まれる場所に所在する販売場であること	
⑤免税販売手続に必要な人員を販売場に配置し、かつ、免税販売手続を行うための設備を有する販売場であること	⑤販売場を経営する事業者と当該販売場の所在する特定商業施設内に免税手続カウンターを設置する一の承認免税手続事業者（他の事業者が経営する販売場における免税販売手続を代理しようとする事業者）との間において次の要件の全てを満たす関係があること イ）販売場において譲渡する物品に係る免税販売手続につき、代理に関する契約が締結されていること ロ）販売場において譲渡した物品と免税手続カウンターにおいて免税販売手続を行う物品とが同一であることを確認するための措置が講じられていること ハ）免税販売手続につき必要な情報を共有するための措置が講じられていること

STEP 5

免税販売手続きの電子化を確認する

　令和2年4月1日以後に行う免税販売手続について、これまで輸出物品販売場において書面により行われていた購入記録票の作成等の手続が廃止され、輸出物品販売場を経営する事業者は、購入記録情報（購入者（非居住者）から提供を受けた旅券等に記載された情報及び購入の事実を記録した電磁的記録（データ））を、電子情報処理組織を使用して（インターネット回線等を通じて電子的に）、遅滞なく国税庁長官へ提供することとされました。

　令和3年9月30日までの間は、経過措置として従来の書面による免税販売手続ができることとされています。同日までに免税販売手続の電子化に対応しなかった場合、令和3年10月1日以後は免税販売を行うことはできません。

STEP 4　輸出物品販売場における免税販売の要件を確認する

1．一般型輸出物品販売場

| 小売店 | ──申請書＋添付書類で申請──▶ | 税務署 |

2．手続委託型輸出物品販売場

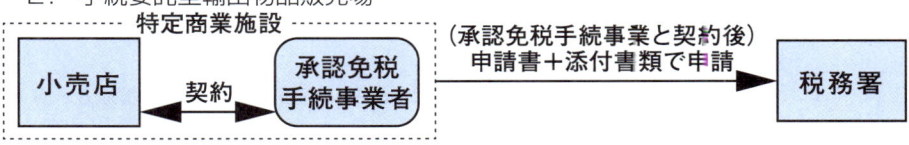

特定商業施設

| 小売店 | ◀─契約─▶ | 承認免税手続事業者 | （承認免税手続事業と契約後）申請書＋添付書類で申請 ▶ | 税務署 |

【添付書類】
①許可を受けようとする販売場または、所在する特定商業施設の見取図
②免税販売手続の代理に関する契約書の写し（手続委託型に限る）
③特定商業施設に該当することを証する書類（手続委託型に限る）
④申請者の事業内容が確認できる資料（会社案内など）
⑤許可を受けようとする販売場の取扱商品が確認できる資料（商品カタログなど）
⑥その他参考となる書類（免税販売手続マニュアル）

STEP 5　免税販売手続きの電子化を確認する

1．インターネット回線等を通じた購入記録情報の提供方法の選択

① 免税店が自ら購入記録情報を提供する方法。

　　免税店は、購入記録情報を国税庁が管理する免税販売管理システムへ提供するためのソフトウェア・アプリケーションを用意する必要があります。

② 承認送信事業者を介して購入記録情報を提供する方法。

　　免税店が、承認送信事業者と事前に契約して必要な情報を共有し、承認通信事業者が国税庁の管理する免税販売管理システムに購入記録情報を提供します。

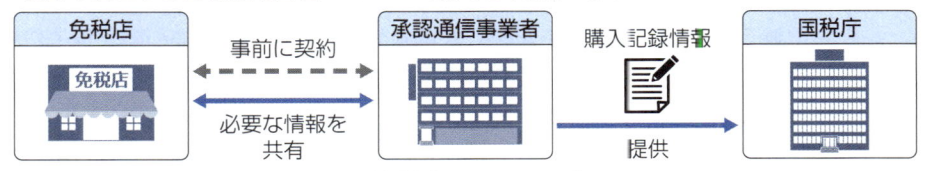

2．購入記録情報の提供方法の所轄税務署長への届出

　　輸出物品販売場を経営する事業者又は承認免税手続事業者（免税手続カウンター）は、輸出物品販売場ごとに「輸出物品販売場における購入記録情報の提供方法等の届出書」の納税地の所轄税務署長に提出します。

3．所轄税務署長から識別符号の通知

　　上記2．の届出書の提出後、税務署長から輸出物品販売場ごとの識別符号が通知されます。この識別符号は、免税販売管理システムに送信する購入記録情報の記録項目の一つとなりますので、適切な管理が必要となります。

4．免税販売管理システム専用の電子証明書の発行

　　免税店が自ら購入記録情報を提供する場合は、免税販売管理システム専用の電子証明書が必要となりますので、上記2．の届出書の「電子証明書発行の要否」の必要欄にチェックマークを記入して提出し、電子証明書の発行を受けて送信機器に事前インストールしておきます。

STEP 6

輸出物品販売場の販売方法を確認する （消令18②一）

　輸出物品販売場には、販売場を経営する事業者自身がその販売場においてのみ免税販売手続きを行う「一般型輸出物品販売場」と、その販売場が所在する商店街やショッピングセンター等の特定商業施設内に免税販売手続きを代行するための免税手続きカウンター等の設備を設置する事業者が免税販売手続きを代理する「手続委託型輸出物品販売場」の2種類があります。

1．一般型輸出物品販売場の販売方法 （消令18、消規6〜7、消基通8-3-2）

① 旅券等の提示・情報の提供

　　輸出物品販売場を経営する事業者（以下「事業者」といいます。）は、購入者（非居住者）から旅券等（旅券・乗員上陸許可証など）の提示を受けて、その旅券等に記載された情報の提供を受けます。

② 購入者への説明義務

　　事業者は、免税販売の際購入者に対して、次の事項を説明（注）しなければなりません。

　⑴ その免税購入した物品が輸出するため購入されるものである旨

　⑵ 本邦から出国する際、その出港地を所轄する税関長にその所持する旅券等を提示しなければならない旨

　⑶ 免税で購入した物品を出国の際に所持していなかった場合には、免除された消費税額（地方消費税額に相当する額を含みます。）に相当する額を徴収される旨

　（注） 説明は口頭で行う方法のほかに、説明事項を日本語及び外国語で記載した書類等を交付する方法や販売場内に掲示する方法があります。なお、書面交付や場内掲示の方法により説明する場合には、単に書類等を交付又は掲示するだけではなく、購入者が内容を理解するよう「書類等をご一読ください」と口頭で伝える等して確認を促す必要があります。

③ 購入記録情報の提供

　　事業者は、購入記録情報（購入者から提供を受けた旅券等に記載された情報及び購入者の購入の事実を記録した電磁的記録）を免税販売の際、電子情報処理組織を用いて遅滞なく国税庁長官に提供します。

④ 購入記録情報の保存

　　事業者は、国税庁長官に提供した購入記録情報を整理して、免税販売を行った日の属する課税期間の末日の翌日から2か月を経過した日から7年間、これを納税地又は免税販売を行った輸出物品販売場の所在地に保存しなければなりません。

2．手続委託型輸出物品販売場の販売方法

　上記1．の一般型輸出物品販売場での販売方法との違いは、

　⑴ 店舗は通常の客と同様に外国人旅行者に販売し（右図①）、

　⑵ 免税手続について承認を受けた免税手続カウンターに委託できるようになります。（右図②〜⑤）。

　⑶ 消費税相当額については、免税手続カウンターにて返金されます（右図⑥）。
　　商店街やショッピングセンターの中で店舗を超えて合算して、免税販売手続きができます。

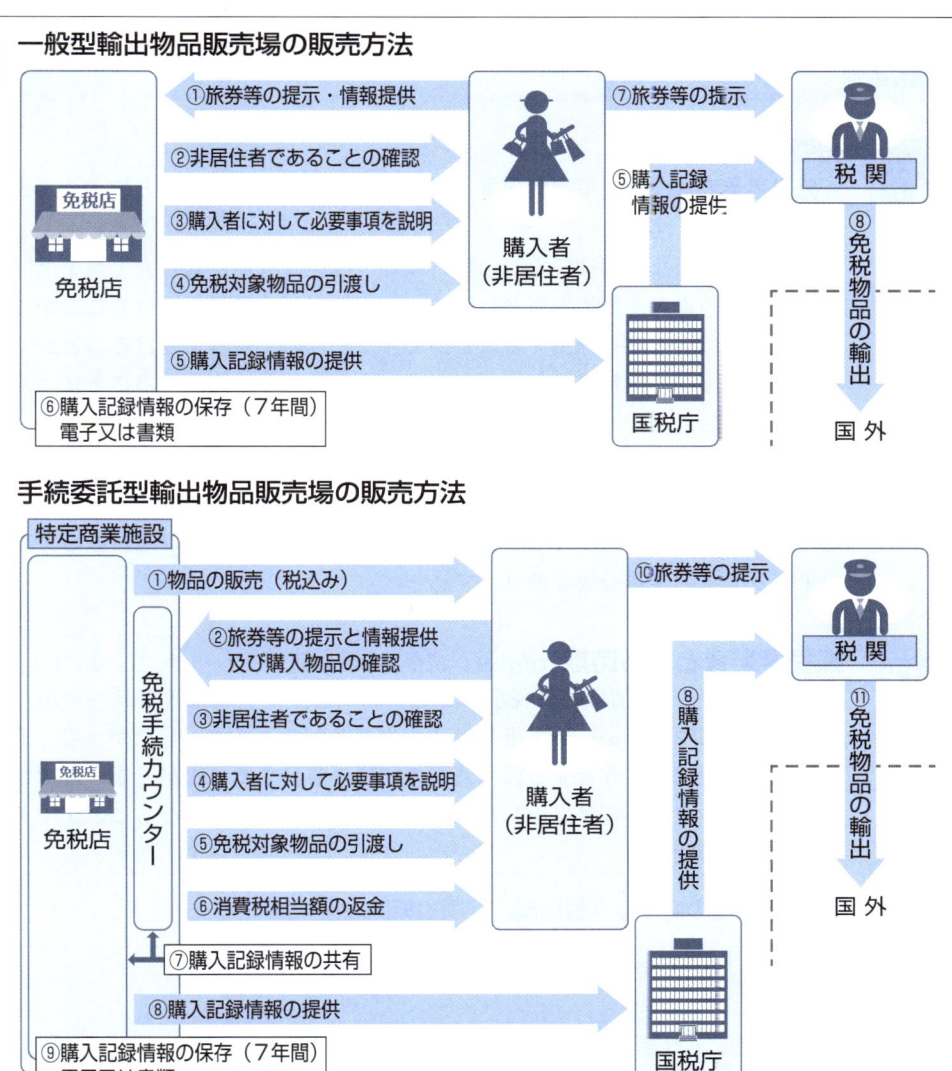

購入記録情報の内容

購入記録情報の種類	主な内容
①送信者の情報	送信者識別符号、送信者識別符号区分など
②旅券等の情報	氏名、国籍、生年月日、在留資格、上陸年月日、旅券等の種類、旅券等の番号
③輸出物品販売場の情報	販売場識別符号、販売場の名称、譲渡年月日、物品を海外へ直送する場合の運送業者の氏名名称、一般物品合計額、消耗品合計額、酒税適用有無など
④物品の情報	品名、JANコード、数量、単位、単価、販売価額、消費税軽減税率対象区分など

課税事業者を選択する

STEP 1

概要（消法9）

　免税事業者は「消費税課税事業者選択届出書」を提出することにより課税事業者となることができます。

　例えば、高額な設備投資をした場合には、課税仕入高が課税売上高を上回ることがあります。この場合、課税事業者は申告により消費税の還付を受けることができますが、免税事業者は申告書を提出することができませんので還付を受けることができません。このような場合、免税事業者は課税事業者になることを選択することにより、消費税の還付を受けることができます。

　ただし、課税事業者を選択すると2年間（調整対象固定資産を取得した場合で一定の要件に該当するときは3年間）継続して課税事業者として申告する必要がありますので、還付を受ける予定であっても、複数年のトータルの納税額及び還付額を考慮した上で課税事業者を選択する必要があります。

STEP 2

課税事業者となる時期（消法9、消令20、消基通1−4−12〜1−4−14）

　免税事業者が、「消費税課税事業者選択届出書」を所轄税務署長へ提出した場合は、提出した翌課税期間から課税事業者になることができます。したがって、課税事業者となることを選択しようとする課税期間の初日の前日までに提出しなければなりません。

　ただし、一定の場合は提出した課税期間から課税事業者になることができます。

〈適用開始時期〉

原則	提出日の属する課税期間の翌課税期間以後	
特例	新たに課税資産の譲渡等に係る事業を開始した場合	提出日の属する課税期間以後
	相続により課税事業者を選択していた被相続人の事業を承継した場合	
	法人が合併により課税事業者を選択していた被合併法人の事業を承継した場合	
	法人が吸収分割により課税事業者を選択していた分割法人の事業を承継した場合	

STEP 3

課税事業者を選択した事業者がその選択をやめる場合

1．「消費税課税事業者選択不適用届出書」（消法9⑤）

　課税事業者を選択した事業者がその選択をやめるには、「消費税課税事業者選択不適用届出書」を所轄税務署長へ提出しなければなりません。

　例えば、消費税の還付を受ける目的等のために課税事業者を選択することができますが、その後免税事業者に戻った方が有利な場合は、この届出書を提出することにより課税事業者の選択をやめることができます。

STEP 1 課税事業者

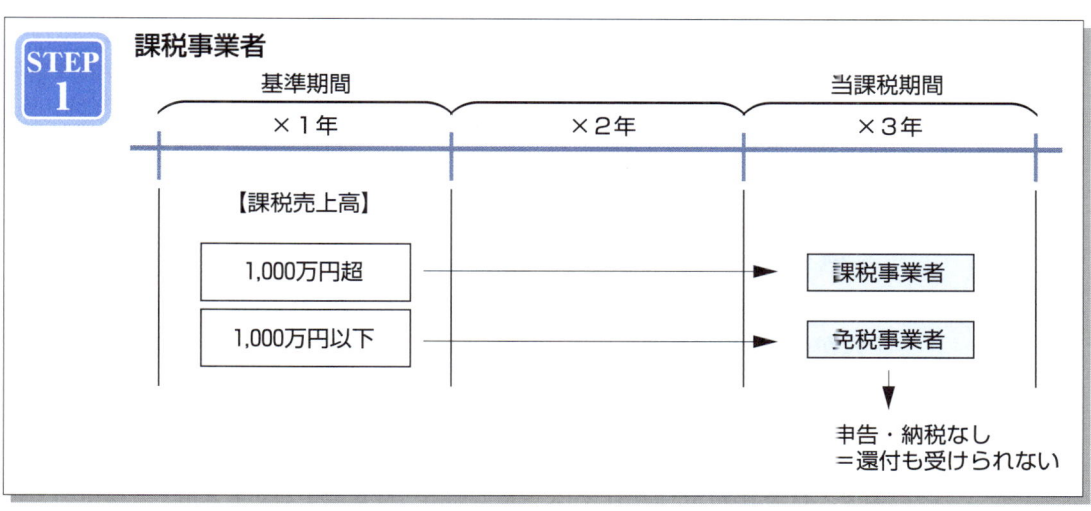

STEP 2 課税事業者となる時期（原則）

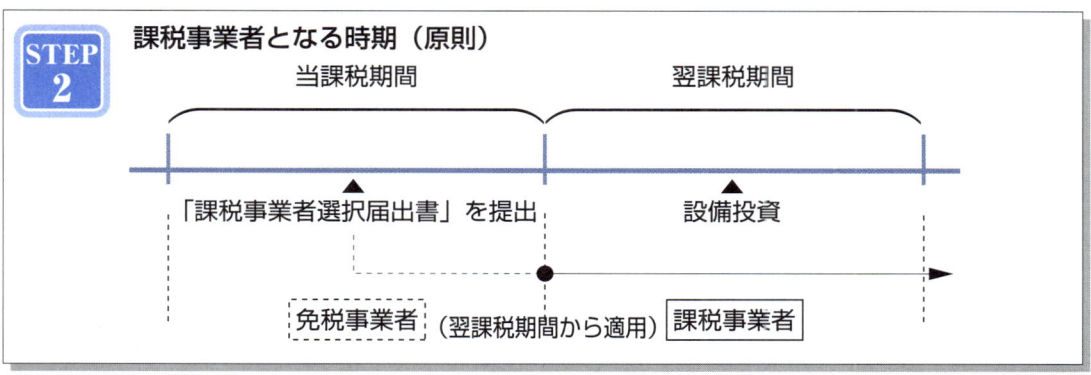

STEP 3 課税事業者を選択した事業者がその選択をやめる場合

① 2年間の継続適用

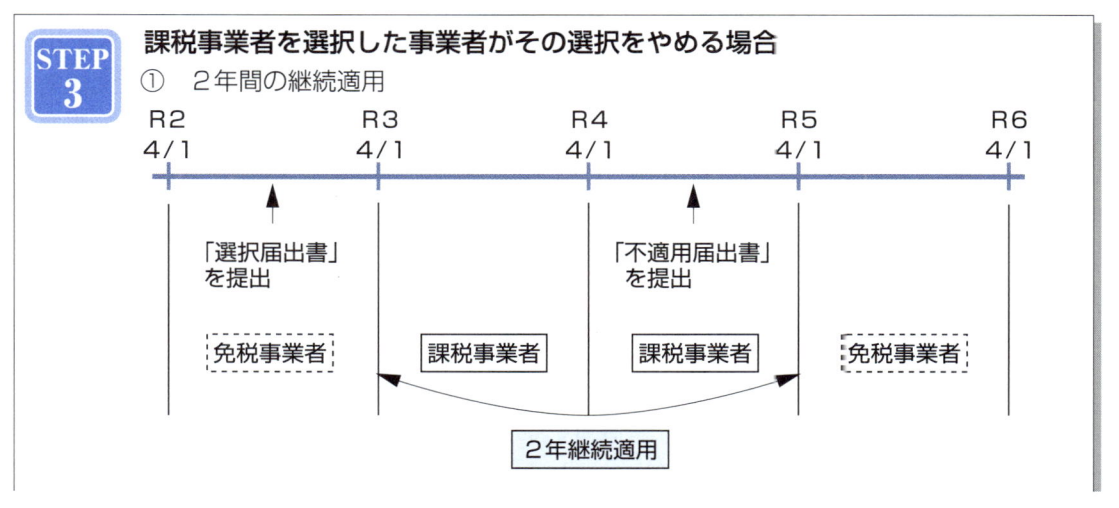

2．提出時期

「消費税課税事業者選択不適用届出書」の効力は、提出した翌課税期間から免税事業者となります。したがって、選択をやめようとする課税期間の初日の前日までに提出しなければなりません。

3．課税事業者の継続適用が強制される期間

① 2年間の継続適用（消法9⑥）

「消費税課税事業者選択不適用届出書」は、課税事業者となった課税期間の初日から2年を経過する日の属する課税期間の初日以後でなければ、提出できません。

したがって課税事業者を選択した場合は、2年間継続した後でなければ課税事業者をやめることはできません。

② 3年間の継続適用（消法9⑦）

課税事業者を選択した事業者が、課税事業者となった課税期間の初日から2年を経過する日までの間に開始した各課税期間中（簡易課税制度の適用を受けている課税期間を除きます。）に、**調整対象固定資産を取得**した場合には、その取得があった課税期間の初日から3年を経過する日の属する課税期間の初日以後でなければ、「消費税課税事業者選択不適用届出書」は提出できません。

また、その課税事業者をやめることができない期間中に、この届出書を提出した後、同一の課税期間に調整対象固定資産を取得した場合には、既に提出したこの届出書はその提出がなかったものとみなされます。

この規定は、平成22年4月1日以後に「消費税課税事業者選択届出書」を提出した事業者の同日以後開始する課税期間から適用されます。

STEP 4　災害等のやむを得ない事情がある場合の特例

（消法9⑧、消令20の2、消基通1－4－16、1－4－17）

課税事業者を選択しようとする事業者又は課税事業者の選択をやめようとする事業者が、やむを得ない事情により「消費税課税事業者選択届出書」又は「消費税課税事業者選択不適用届出書」を期限までに提出できなかった場合において、そのやむを得ない事情がやんだ日から2か月以内に事情等を記載した特例承認申請書を所轄税務署長へ提出し、その承認を受けたときは、提出期限までに各届出書を提出したものとみなされます。

◎　やむを得ない事情

⑴　震災、風水害、雪害、凍害、落雷、雪崩、がけ崩れ、地滑り、火山の噴火等の天災又は火災その他の人的災害で自己の責任によらないものに基因する災害が発生したことにより、届出書の提出ができない状態になったと認められる場合
⑵　⑴に準ずるような状況又は当該事業者の責めに帰することができない状態にあることにより、届出書の提出ができない状態になったと認められる場合
⑶　その課税期間の末日前おおむね1月以内に相続があったことにより、当該相続に係る相続人が新たに法第9条第4項の届出書を提出できる個人事業者となった場合
⑷　⑴から⑶までに準ずる事情がある場合で、税務署長がやむを得ないと認めた場合

② 3年間の継続適用

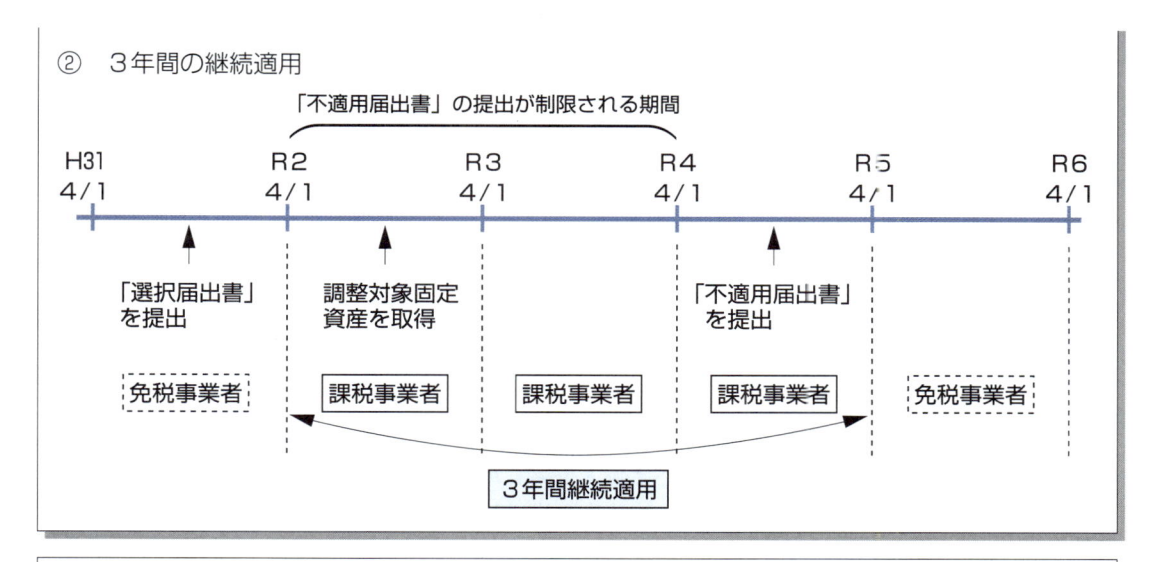

 STEP 4　**災害等のやむを得ない事情がある場合の特例**

設例　令和3年4月1日から課税事業者を選択する予定だったが、災害により届出書を提出できなかった場合

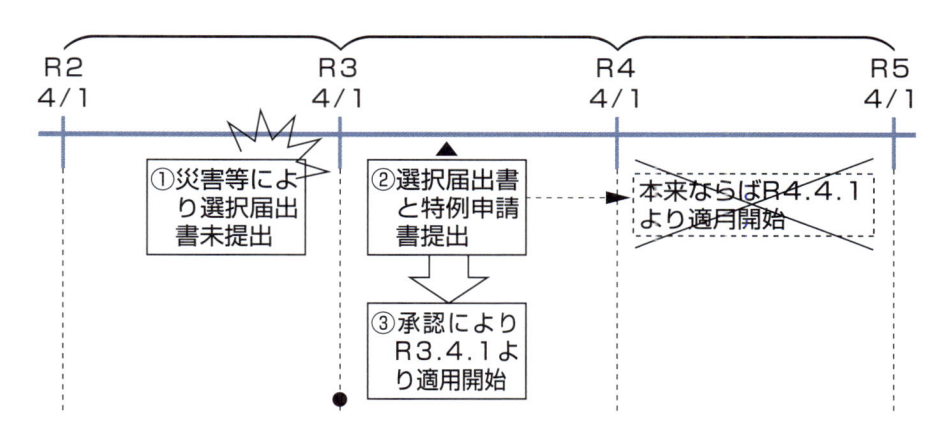

【当初はR3.4.1より課税事業者を選択する予定だった】

① しかし、災害等やむを得ない理由により「課税事業者選択届出書」を提出できなかった。

② 「課税事業者選択届出書」と「特例承認申請書」を提出した。
（本来ならば提出課税期間の翌課税期間より適用開始となる）

③ 税務署長の承認により、予定どおりR3.4.1より課税事業者の適用を開始することができる。

消費税の（準）確定申告

概要

　個人事業者が死亡した場合には、所得税と同様、相続人は個人事業者の死亡日の翌日から４か月以内に（準）確定申告をしなければなりません。

（準）確定申告　（消法45②③）

　次に該当する場合は、相続人はその相続の開始があったことを知った日の翌日から４か月以内に、申告書を提出する必要があります。

１．課税事業者である個人事業者が、課税期間の中途に死亡した場合

２．消費税の申告書を提出すべき個人事業者が、その課税期間の末日の翌日から申告書の提出期限までの間に、その申告書を提出しないで死亡した場合

「死亡した事業者の消費税及び地方消費税の確定申告書」を作成する

１．課税事業者である個人事業者が、課税期間の中途に死亡した場合には、課税期間の初日から死亡した日までを課税期間とする消費税の確定申告書を作成します。

２．消費税の申告書を提出すべき個人事業者が、その課税期間の末日の翌日から申告書の提出期限までの間に、その申告書を提出しないで死亡した場合には、その課税期間と、死亡した日までを課税期間とする消費税の確定申告書を作成します。

「付表６死亡した事業者の消費税及び地方消費税の確定申告明細書」を作成する

　STEP3により作成した確定申告書に基づき、「死亡した事業者の消費税及び地方消費税の確定申告明細書」を作成します。

　死亡した事業者の相続人は、事業を承継したか否かにかかわらず、消費税の申告書を提出する必要があり、この明細書に基づき計算した消費税額を負担し、又は還付税額がある場合は還付税額を請求します。

「個人事業者の死亡届出書」を作成する　（消法57①四）

　課税事業者である個人事業者が死亡した場合には、その相続人が「個人事業者の死亡届出書」を被相続人の納税地の所轄税務署長に提出する必要があります。

STEP 2

（準）確定申告

1．課税事業者である個人事業者が、課税期間の中途に死亡した場合（令和3年分）

```
        令和3年                        令和4年
        ┌─────────────┐      ┌─────────────┐
        1/1        10/21        2/21
                   死亡    12/31  申告期限
        └── 課税期間 ──┘ └── 4か月以内 ──┘
```

2．消費税の申告書を提出すべき個人事業者が、その課税期間の末日の翌日から申告書の提出期限までの間に、その申告書を提出しないで死亡した場合（令和3年分及び令和4年分）

```
        令和3年                        令和4年
        ┌─────────────┐      ┌─────────────┐
        1/1        12/31        2/14      6/14
                                死亡     申告期限
        └── 課税期間 ──┘ └ 課税期間 ┘ └ 4か月以内 ┘
```

STEP 3

「死亡した事業者の消費税及び地方消費税の確定申告書」を作成する

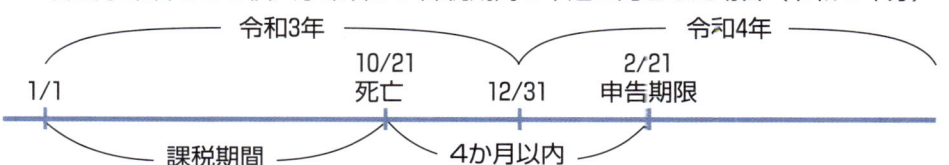

STEP 4

「死亡した事業者の消費税及び地方消費税の確定申告明細書」を作成する

STEP 5

「個人事業者の死亡届出書」を作成する

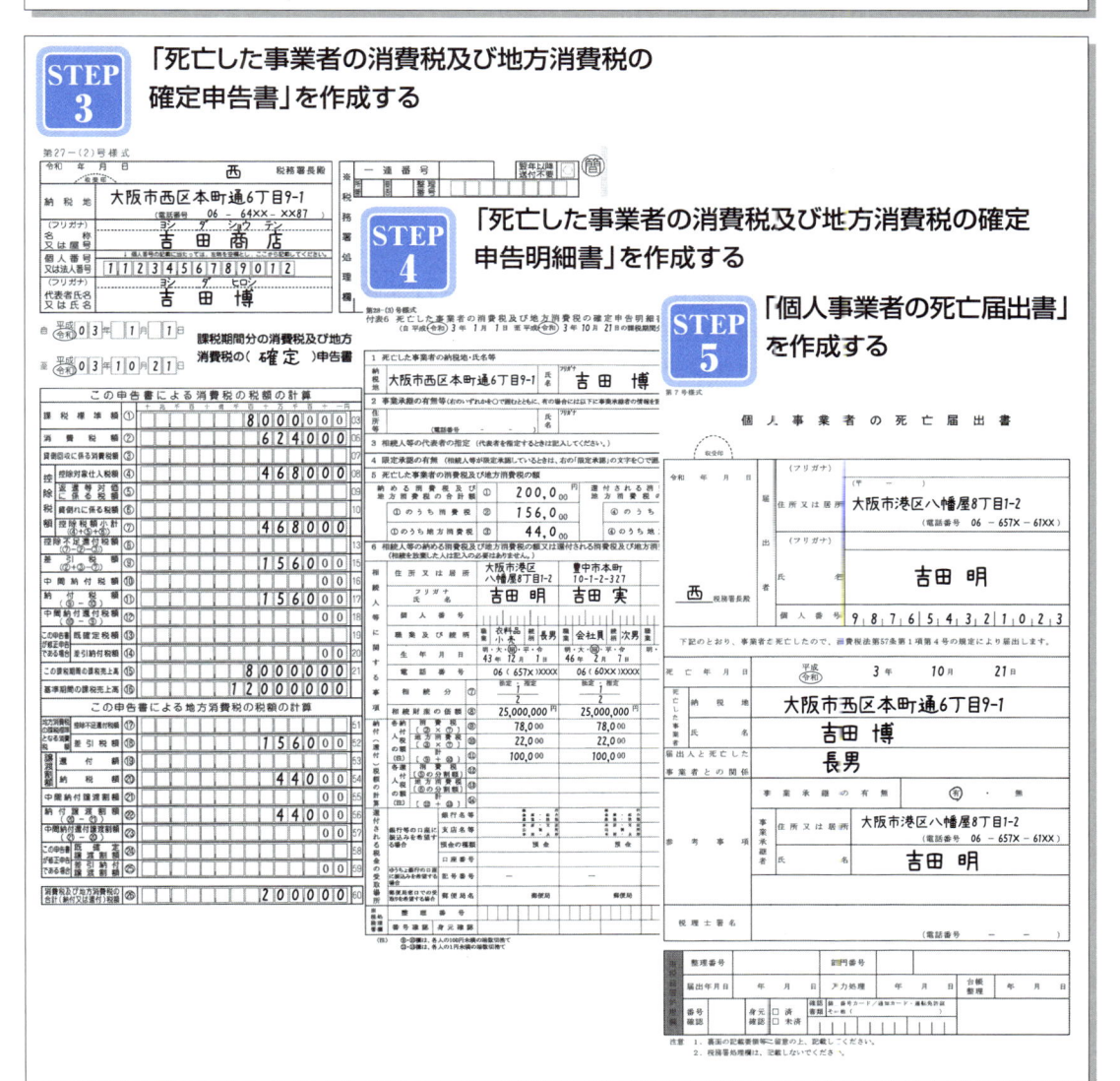

319

VII

特殊な事例等

概要

　基準期間の課税売上高が1,000万円以下の事業者は、納税義務が免除されますが、相続により事業を引き継いだ場合には、納税義務の免除の特例があります。

相続があった場合の納税義務の免除の特例 （消法10①②、消基通１－５－４）

　免税事業者である個人事業者（事業を営んでいなかった個人を含みます。）が相続により被相続人の事業を承継した場合には、次の区分により相続人の納税義務を判定します。

　なお、複数の事業場を相続人が事業場ごとに相続した場合は、事業場ごとの課税売上高で判定します。また、相続があった場合には、特定期間の課税売上高による判定は行いません。

１．相続があった年

　被相続人の基準期間における課税売上高が、1,000万円を超える場合は、相続があった日の翌日からその年の12月31日までの間の相続人の納税義務は免除されません。

２．相続があった年の翌年又は翌々年

　基準期間における被相続人の課税売上高と相続人の課税売上高の合計額が、1,000万円を超える場合は、相続があった年の翌年又は翌々年の相続人の納税義務は免除されません。

「相続等があったことにより課税事業者となる場合の付表」を作成する

　相続があった場合の納税義務の免除の特例により、事業を承継した相続人が課税事業者となる場合は、「消費税課税事業者届出書」とともに「相続・合併・分割等があったことにより課税事業者となる場合の付表」を、納税地の所轄税務署長に提出する必要があります。

「消費税簡易課税制度選択届出書」の効力

　被相続人が簡易課税制度を選択適用していた場合であっても、被相続人の死亡によりその効力は消滅します。したがって、相続人が簡易課税制度の適用を受けようとする場合は、相続人は「簡易課税制度選択届出書」を納税地の所轄税務署長に提出する必要があります。

　なお、簡易課税制度の適用要件である基準期間の課税売上高5,000万円以下の判定は、相続人の課税売上高だけで行います。被相続人の課税売上高は、**STEP2**の納税義務の判定に使用しますが、簡易課税制度の判定には使用しません。

STEP 2 相続があった場合の納税義務の免除の特例

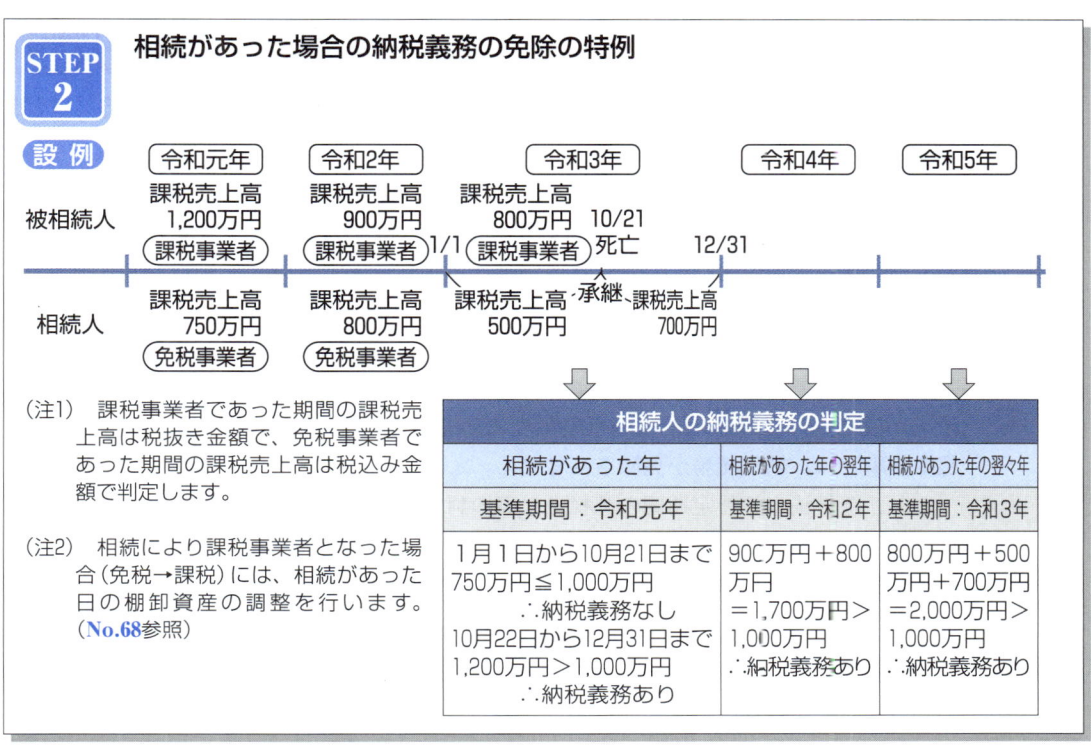

（注1） 課税事業者であった期間の課税売上高は税抜き金額で、免税事業者であった期間の課税売上高は税込み金額で判定します。

（注2） 相続により課税事業者となった場合（免税→課税）には、相続があった日の棚卸資産の調整を行います。（No.68参照）

相続人の納税義務の判定		
相続があった年	相続があった年の翌年	相続があった年の翌々年
基準期間：令和元年	基準期間：令和2年	基準期間：令和3年
1月1日から10月21日まで 750万円≦1,000万円 ∴納税義務なし 10月22日から12月31日まで 1,200万円＞1,000万円 ∴納税義務あり	900万円＋800万円 ＝1,700万円＞1,000万円 ∴納税義務あり	800万円＋500万円＋700万円 ＝2,000万円＞1,000万円 ∴納税義務あり

STEP 3 「消費税課税事業者届出書」「相続・合併・分割等があったことにより課税事業者となる場合の付表」を作成する

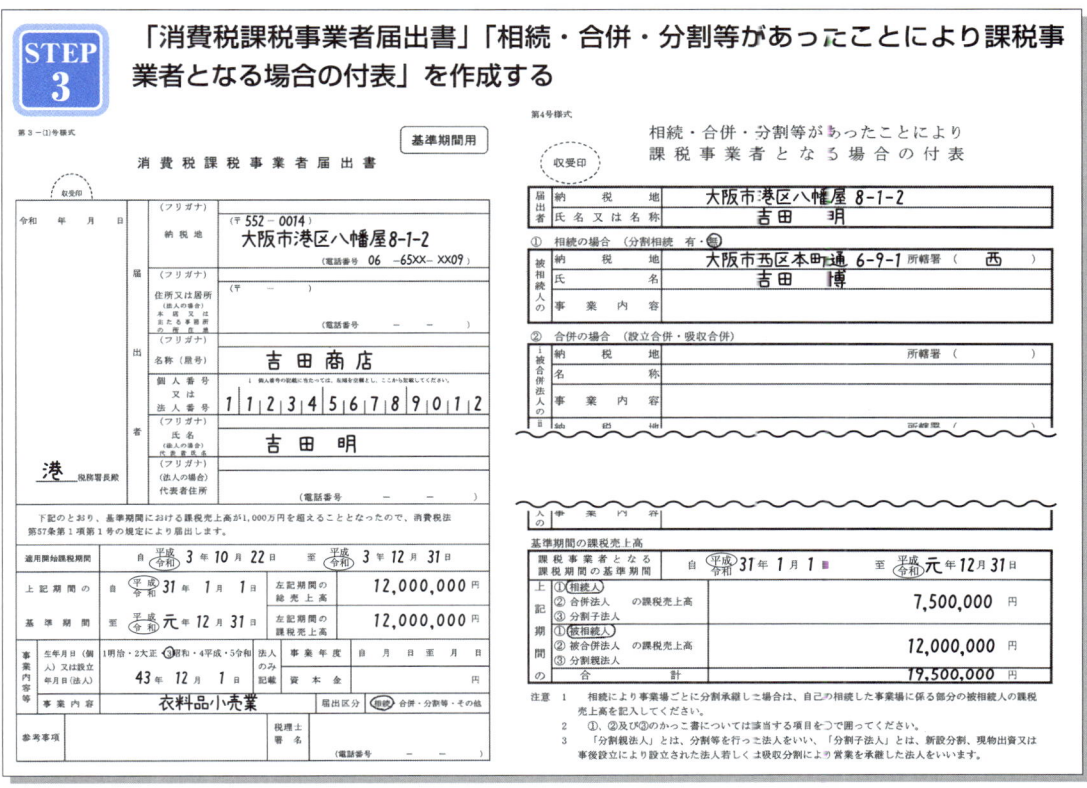

VII 特殊な事例等

概要

　免税事業者である法人が、合併により被合併法人の事業を承継した場合や、分割等（新設分割、一定の現物出資又は事後設立）により設立又は事業譲渡を受けた法人については、納税義務の免除について特例が設けられています。

合併により事業を承継した場合　(消法11、消基通1－5－6・1－5－7)

　免税事業者である法人が合併により被合併法人の事業を承継した場合や、合併により法人が設立された場合は、次の事業年度に応じ、それぞれの課税売上高が1,000万円を超える場合は、納税義務が免除されません。

　なお、合併法人の特定期間の課税売上高の判定は、合併法人の課税売上高のみで行います。

（1）合併があった日の属する事業年度

> 　合併法人のその事業年度の**基準期間に対応する期間**における被合併法人の課税売上高（被合併法人が2以上ある場合は、**いずれか**の被合併法人の課税売上高）。

【基準期間に対応する期間】(消令22①②③)

　合併法人の合併があった日の属する事業年度開始の日の2年前の日の前日から1年を経過する日までの間に終了した被合併法人の各事業年度。

（2）合併があった日の事業年度の翌事業年度及び翌々事業年度

①　吸収合併の場合

> 　合併法人の基準期間における課税売上高と被合併法人の**基準期間に対応する期間**における課税売上高（被合併法人が2以上ある場合は、各被合併法人の課税売上高の合計額）との合計額。

②　新設合併の場合

> 　被合併法人の**基準期間に対応する期間**における課税売上高（被合併法人が2以上ある場合は、各被合併法人の課税売上高の合計額）。

 **STEP 2**

合併により事業を承継した場合の納税義務の判定

【例】A社及びB社を吸収合併した場合

合併法人（3月末決算）

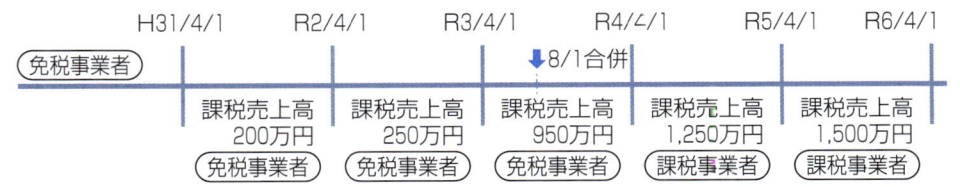

A被合併法人（9月末決算）

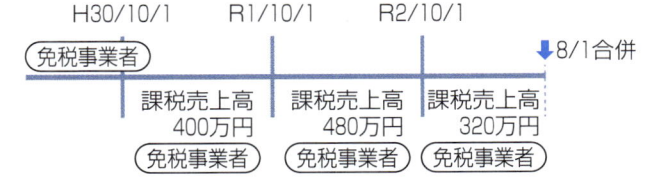

B被合併法人（6月末決算）

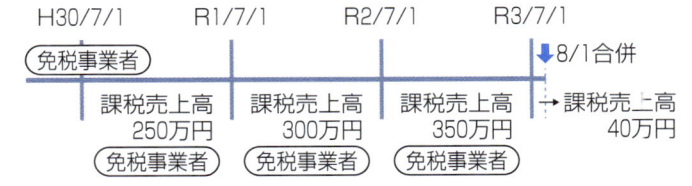

合併があった日を含む事業年度（R2/4/1〜R3/3/31）

合併法人　　　　　　　　　　　　　　　　200万円　≦　1,000万円
A被合併法人（H30/10/1〜R1/9/30）　400万円　≦　1,000万円
B被合併法人（H30/7/1〜R1/6/30）　　250万円　≦　1,000万円
∴納税義務なし

合併の翌事業年度（R4/4/1〜R5/3/31）

合併法人　250万円　≦　1,000万円
合併法人＋A被合併法人＋B被合併法人
　　　　250万円＋480万円＋300万円＝1,030万円　＞　1,000万円
∴納税義務あり

合併の翌々事業年度（R5/4/1〜R6/3/31）

合併法人　950万円　≦　1,000万円
合併法人＋A被合併法人＋B被合併法人
　950万円＋｛320万円×12/10（年換算）×4/12｝　＋　｛(350万円＋
　40万円）×12/13（年換算）×4/12｝　＝1,198万円　＞　1,000万円
∴納税義務あり

分割等（新設分割、一定の現物出資又は事後設立）があった場合

（消法12、消基通１－５－６の２・９・13）

（1）分割等があった日の属する事業年度及び翌事業年度

イ　新設分割子法人

> 新設分割子法人の**基準期間に対応する期間**における新設分割親法人の課税売上高（新設分割親法人が２以上ある場合は、**いずれか**の新設分割親法人の課税売上高）が1,000万円を超えるときは、納税義務が免除されません。

【基準期間に対応する期間】（令23①②）

新設分割子法人の分割等があった日の属する事業年度開始の日の２年前の日の前日から１年を経過する日までの間に**終了した**新設分割親法人の各事業年度。

ロ　新設分割親法人

> 新設分割親法人の基準期間における課税売上高で判定する。

（2）分割等（新設分割親法人が一社の場合に限る。）があった日の属する事業年度の翌々事業年度

イ　新設分割子法人

> 新設分割子法人がその事業年度の基準期間の末日において、特定要件に該当し、かつ、新設分割子法人の基準期間における課税売上高と、その**基準期間に対応する期間**における新設分割親法人の課税売上高との合計額が1,000万円を超える場合は、納税義務が免除されません。

【特定要件】（法12③）

新設分割子法人の株式等の50％超が、新設分割親法人及びその特殊関係者の所有される場合など、新設分割親法人等に支配されていること。

なお、特定要件に該当しない場合は、特例の適用はありません。

【基準期間に対応する期間】（令23④）

新設分割子法人のその事業年度開始の日の２年前の日の前日から１年を経過する日までの間に**開始した**新設分割親法人の各事業年度。

ロ　新設分割親法人

> 新設分割子法人がその事業年度の基準期間の末日において、特定要件に該当し、かつ、新設分割親法人の基準期間における課税売上高と、その**基準期間に対応する期間**の新設分割子法人の課税売上高との合計額が1,000万円を超える場合は、納税義務が免除されません。

【基準期間に対応する期間】（令23⑤）

新設分割親法人のその事業年度開始の日の２年前の日の前日から１年を経過する日までの間に**開始した**新設分割子法人の各事業年度。

分割等（新設分割、一定の現物出資又は事後設立）があった場合の納税義務の判定

【例】新設分割（特定要件に該当）

新設分割親法人（3月末決算）

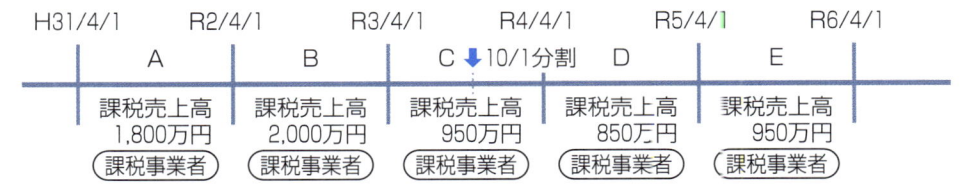

	A	B	C ↓10/1分割	D	E
	H31/4/1	R2/4/1	R3/4/1	R4/4/1	R5/4/1 R6/4/1
課税売上高	1,800万円	2,000万円	950万円	850万円	950万円
	課税事業者	課税事業者	課税事業者	課税事業者	課税事業者

新設分割子法人（9月末決算、新設法人に該当しない）

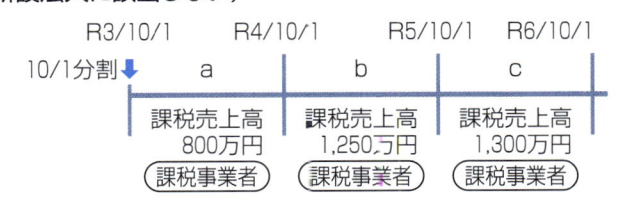

10/1分割↓	a	b	c
	R3/10/1	R4/10/1	R5/10/1 R6/10/1
課税売上高	800万円	1,250万円	1,300万円
	課税事業者	課税事業者	課税事業者

新設分割子法人の納税義務判定	
a 課税期間	新設分割親法人（A）1,800万円 ＞ 1,000万円 ∴納税義務あり
b 課税期間	新設分割親法人（B）2,000万円 ＞ 1,000万円 ∴納税義務あり
c 課税期間	新設分割法人（a）800万円 ≦ 1,000万円 新設分割子法人（a）＋新設分割親法人（D） 　800万円＋850万円＝1,650万円 ＞ 1,000万円 ∴納税義務あり

新設分割親法人の納税義務判定	
C 課税期間	新設分割親法人（A）1,800万円 ＞ 1,000万円 ∴納税義務あり
D 課税期間	新設分割親法人（B）2,000万円 ＞ 1,000万円 ∴納税義務あり
E 課税期間	新設分割親法人（C）950万円 ≦ 1,000万円 新設分割親法人（C）＋新設分割子法人（a）× （R2/10/1〜R3/3/31）/12 950万円＋800万円×6/12＝1,350万円 ＞ 1,000万円 ∴納税義務あり

VII 特殊な事例等

STEP 1　高額特定資産とは （令25の5①一）

　棚卸資産及び調整対象固定資産（対象資産）で、一の取引の単位に係る課税仕入れに係る支払対価の額（付随費用は含まない）の $\frac{100}{110}$ に相当する金額が、**1,000万円以上のもの**をいいます（共有物は持分割合で、調整対象固定資産は資産ごとに判定）。

　保税地域から引き取られる対象資産の場合は、その課税標準である金額が、1,000万円以上のものをいいます。

STEP 2　高額特定資産を取得した場合 （法12の4①）

　課税事業者が、簡易課税制度の適用を受けない課税期間中に、国内における**高額特定資産**の仕入れ等を行った場合、その高額特定資産の**仕入れ等の日**の属する課税期間の初日から**3年**を経過する日の属する課税期間までの各課税期間については、納税義務が免除されません。

※　平成28年4月1日以後に高額特定資産の仕入れ等を行った場合に適用されます（H28改正法附則32①）。
　　ただし、平成27年12月31日までに締結した契約に基づき、平成28年4月1日以後に高額特定資産の仕入れ等を行った場合は適用しません（H28改正法附則32②）。

STEP 3　自己建設高額特定資産とは （令25の5①二）

　他の者との契約に基づき又は事業者の棚卸資産若しくは調整対象固定資産として、自ら建設等をした高額特定資産といいます。

STEP 4　自己建設高額特定資産を建設等した場合

　自己建設高額特定資産で、その建設等に要した仕入れ等の支払対価の額の $\frac{100}{110}$ に相当する金額の累計額が、1,000万円以上となった日の属する課税期間の翌課税期間から、**その建設等が完了した日**の属する課税期間の初日以後**3年**を経過する日の属する課税期間までの各課税期間においては、納税義務が免除されません。

※　平成28年4月1日以後に建設等が完了した場合に適用されます（H28改正法附則32①）。
　　ただし、平成27年12月31日までに締結した契約に基づき、平成28年4月1日以後に建設等が完了した場合は適用しません（H28改正法附則32②）。
※　建設等に要した仕入れ等の支払対価の額には、免税期間中及び簡易課税制度適用期間中の課税仕入れ等に係るものを除きます。
（注）令和元年9月30日までの課税仕入れに係るものについては $\frac{100}{110}$ を $\frac{100}{108}$ と読みかえます。

 **STEP 1** 高額特定資産

対象資産	棚卸資産及び調整対象固定資産（**No.72**「調整対象固定資産①－転用した場合」参照）
一組、一式の税抜き金額が1,000万円以上	国内の課税資産　　支払対価×$\frac{100}{110}$　が1,000万円以上 輸入貨物　　　　　課税標準が1,000万円以上 ※付随費用を除く。資本的支出を含む。共有物は持分割合で判定。

STEP 2 高額特定資産を取得した場合の納税義務の判定

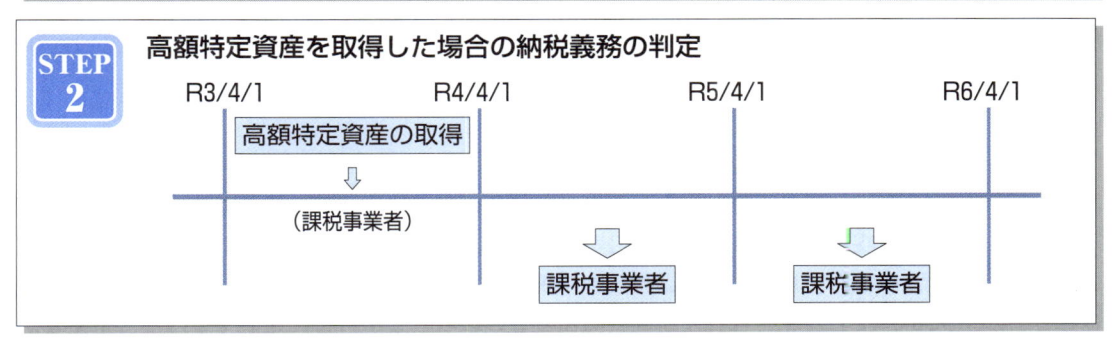

STEP 4 自己建設高額特定資産を建設等した場合の納税義務の判定

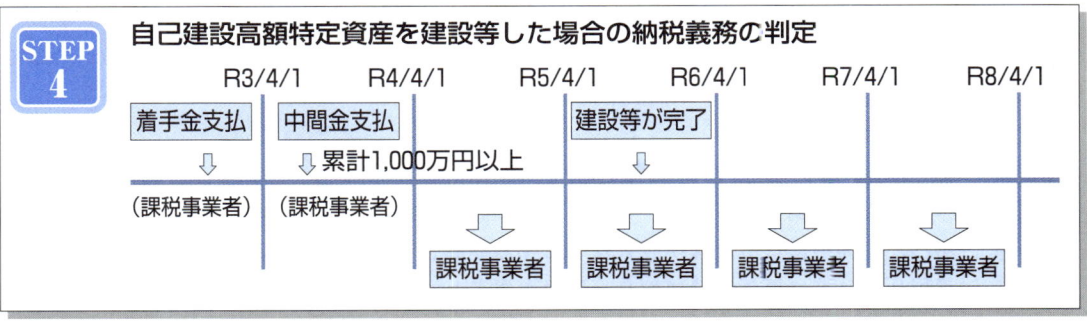

高額特定資産である棚卸資産等について調整措置の適用を受けた場合の納税義務の免除の特例の制限

VII 特殊な事例等

STEP 1

高額特定資産とは （令25の5①一）

　棚卸資産及び調整対象固定資産（以下「対象資産」といいます。）で、一の取引の単位に係る課税仕入れに係る支払対価の額（付随費用は含まない）の$\frac{100}{110}$に相当する金額が、**1,000万円以上**のものをいいます（共有物は割合で、調整対象固定資産は資産ごとに判定）。

　保税地域から引き取られる対象資産の場合は、その課税標準である金額が、**1,000万円以上**のものをいいます。

自己建設の場合 （令25の5①二）

　対象資産のうち、他の者との契約に基づき、又は事業者の棚卸資産若しくは調整対象固定資産として自ら建設等をしたもので、その自己建設資産の建設等に要した課税仕入れに係る支払対価の額の$\frac{100}{110}$に相当する金額、特定課税仕入れに係る支払対価の額及び保税地域から引き取られる課税貨物の課税標準である金額（その自己建設資産の建設等のために要した原材料費及び経費に係るものに限ります。また建設等を行った事業者が消費税の納税義務が免除される課税期間又は簡易課税の規定の適用を受ける課税期間中に国内において行った課税仕入れ及び保税地域から引き取った課税貨物に係るものは除かれます。）の合計額が**1,000万円以上**のものをいいます

STEP 2

棚卸資産等についての調整措置とは （消法36①③）

　棚卸資産の調整措置とは、免税事業者が課税事業者となる日の前日に、免税事業者であった期間中に行った課税仕入れ等に係る棚卸資産を有している場合、その棚卸資産の課税仕入れ等に係る消費税額を、課税事業者となった課税期間の課税仕入れ等に係る消費税額とみなして仕入税額控除の計算の対象とする等の制度です。（**No.68**「棚卸資産に係る消費税額の調達」参照。）

STEP 3

高額特定資産である棚卸資産等についての調整措置を受けた場合 （消法12の4②）

　事業者が、「高額特定資産」である棚卸資産等について、「棚卸資産の調整措置」の適用を受けた場合は、その適用を受けた課税期間の翌課税期間からその適用を受けた課税期間の初日以後3年を経過する日の属する課税期間までの各課税期間については、納税義務が免除されません。

　また、その3年を経過する日の属する課税期間の初日の前日までの期間は、「消費税簡易課税制度選択届出書」を提出することができません。（消法37③四）

STEP 4

調整対象自己建設高額資産とは （消法12の4②、消令25の5③）

　調整対象自己建設高額資産とは、他の者との契約に基づき、又は事業者の棚卸資産として自ら建設等をした棚卸資産で、その建設等に要した課税仕入れに係る支払対価の額の$\frac{100}{110}$に相当する金額等の累計額が 1,000 万円以上となったものをいいます。

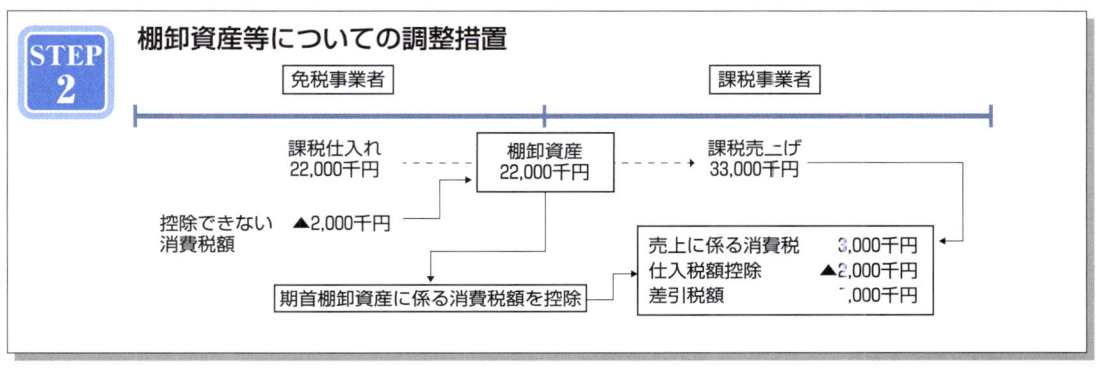

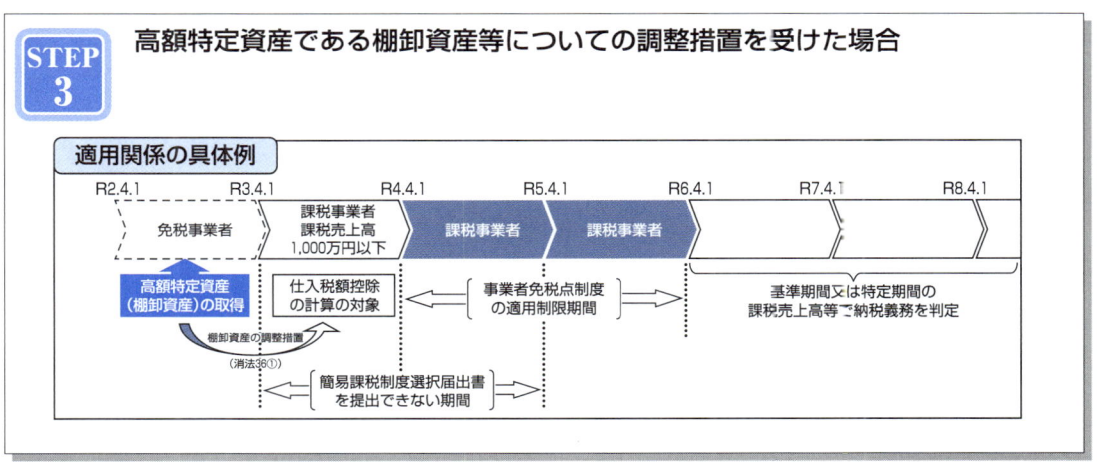

STEP 5

調整対象自己建設高額資産である棚卸資産等についての調整措置を受けた場合（消法12の4②）

　事業者が、調整対象自己建設高額資産について、棚卸資産の調整措置の適用を受けた場合にも、その適用を受けた課税期間の翌課税期間からその適用を受けた課税期間（その適用を受けることとなった日の前日までに建設等が完了していない調整対象自己建設高額資産にあっては、その建設等が完了した日の属する課税期間）の初日以後3年を経過する日の属する課税期間までの各課税期間については、納税義務が免除されません。

　また、その3年を経過する日の属する課税期間の初日の前日までの期間は、「消費税簡易課税制度選択届出書」を提出することができません。（消法37③四）

　【適用開始時期】STEP 3、STEP 5 の規定は、令和2年4月1日以後に棚卸資産の調整措置の適用を受けることとなった場合から適用されます。

STEP 5 調整対象自己建設高額資産である棚卸資産等についての調整措置を受けた場合

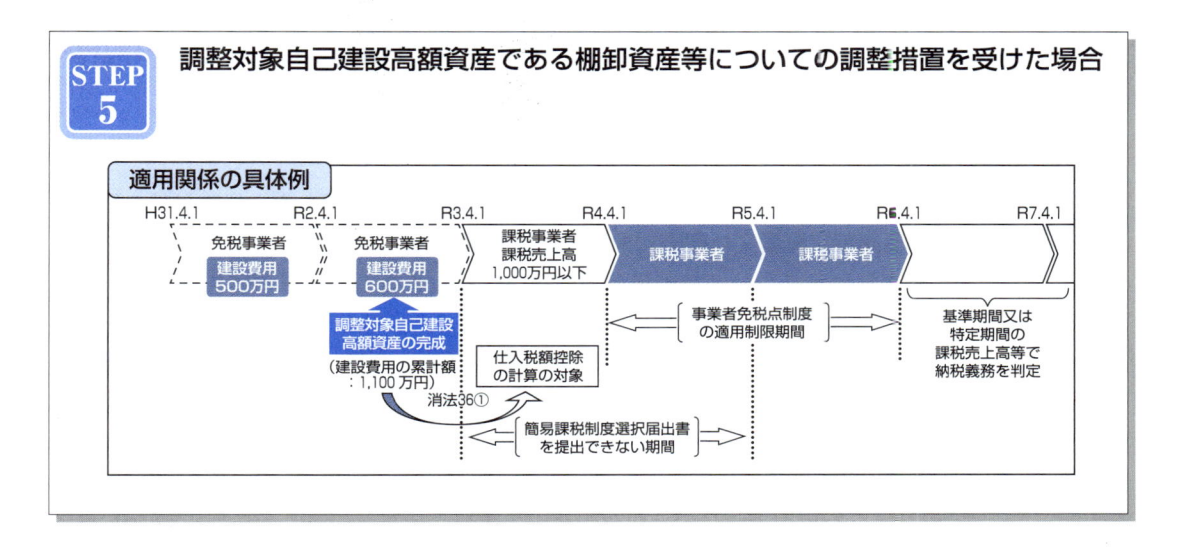

VII 特殊な事例等

STEP 1 居住用賃貸建物とは

　居住用賃貸建物とは、住宅の貸付けの用に供しないことが明らかな建物以外の建物であって、**高額特定資産又は調整対象自己建設高額資産**（詳細は、**No.81**「高額特定資産である棚卸資産等について調整措置の適用を受けた場合の納税義務の免除の特例の制限」参照。）に**該当**するものをいいます。

　「住宅の貸付けの用に供しないことが明らかな建物」とは、建物の構造及び設備の状況その他の状況により住宅の貸付けの用に供しないことが客観的に明らかなものをいい、例えば、次に掲げるようなものがこれに該当します。（消基通11－7－1）

　　① 建物の全てが店舗等の事業用施設である建物など、建物の設備等の状況により住宅の貸付けの用に供しないことが明らかな建物

　　② 旅館又はホテルなど、旅館業法第2条第1項《定義》に規定する旅館業に係る施設の貸付けに供することが明らかな建物

　　③ 棚卸資産として取得した建物であって、所有している間、住宅の貸付けの用に供しないことが明らかなもの

STEP 2 居住用賃貸建物の判定時期 （消基通11－7－2）

原則…課税仕入れを行った日

例外…課税仕入れを行った日の属する課税期間の末日において、住宅の貸付けの用に供しないことが明らかにされたときは、居住用賃貸建物に該当しないものとして差し支えありません。

STEP 3 仕入れ税額控除の制限 （消法30⑩）

　事業者が、国内において行う居住用賃貸建物を取得等した場合の課税仕入れの税額については、仕入税額控除の対象としないこととされました。

　したがって、住宅の貸付けの用に供しないことが明らかな建物は、仕入税額控除の対象となります。

　例えば、建物の一部が事務所用になっている居住用賃貸建物を、その構造及び設備その他の状況により住宅の貸付けの用に供しないことが明らかな部分とそれ以外の部分（「居住用賃貸部分」といいます。）とに合理的に区分しているときは、その居住用賃貸部分以外の部分に係る課税仕入れ等の税額については、これまでと同様、仕入税額控除の対象となります。

　（注）「合理的に区分している」とは、使用面積割合や使用面積に対する建設原価の割合など、その建物の実態に応じた合理的な基準により区分していることをいいます。（消基通11－7－3）

　　【適用開始時期】令和2年10月1日以後に行われる居住用賃貸建物の課税仕入れ等の税額について適用されます。

　　【経過措置】令和2年3月31日までに締結した契約に基づき令和2年10月1日以後に行われる居住用賃貸建物の課税仕入れ等については、上記の制限は適用されません。

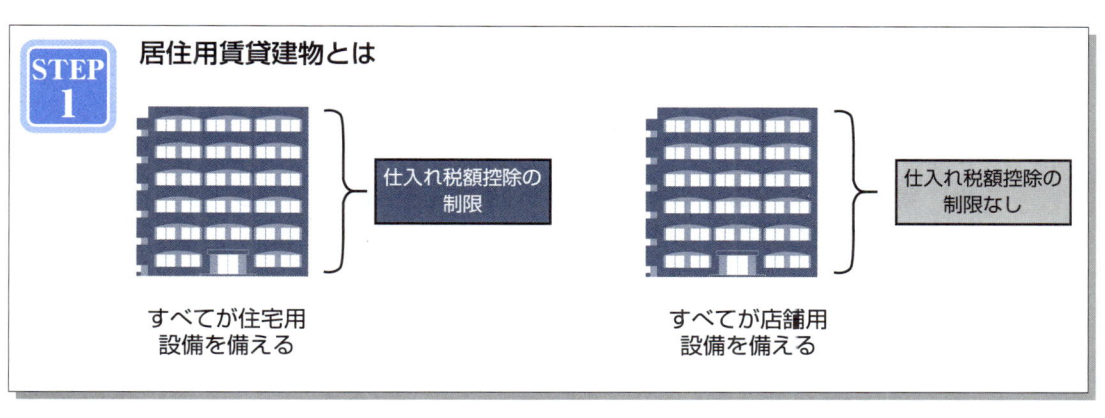

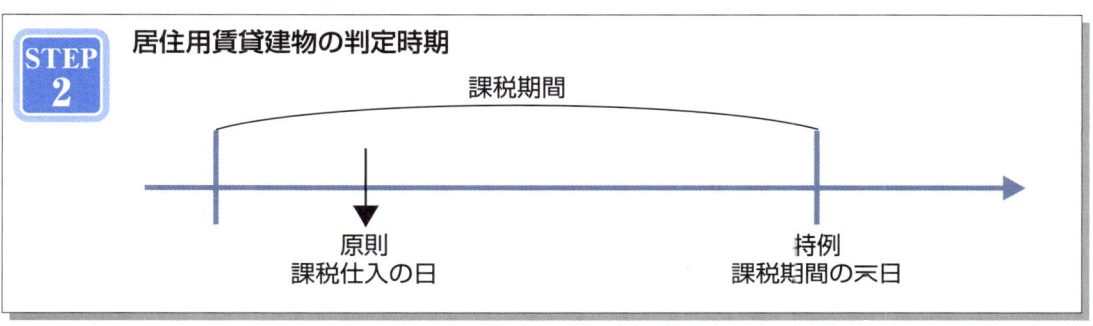

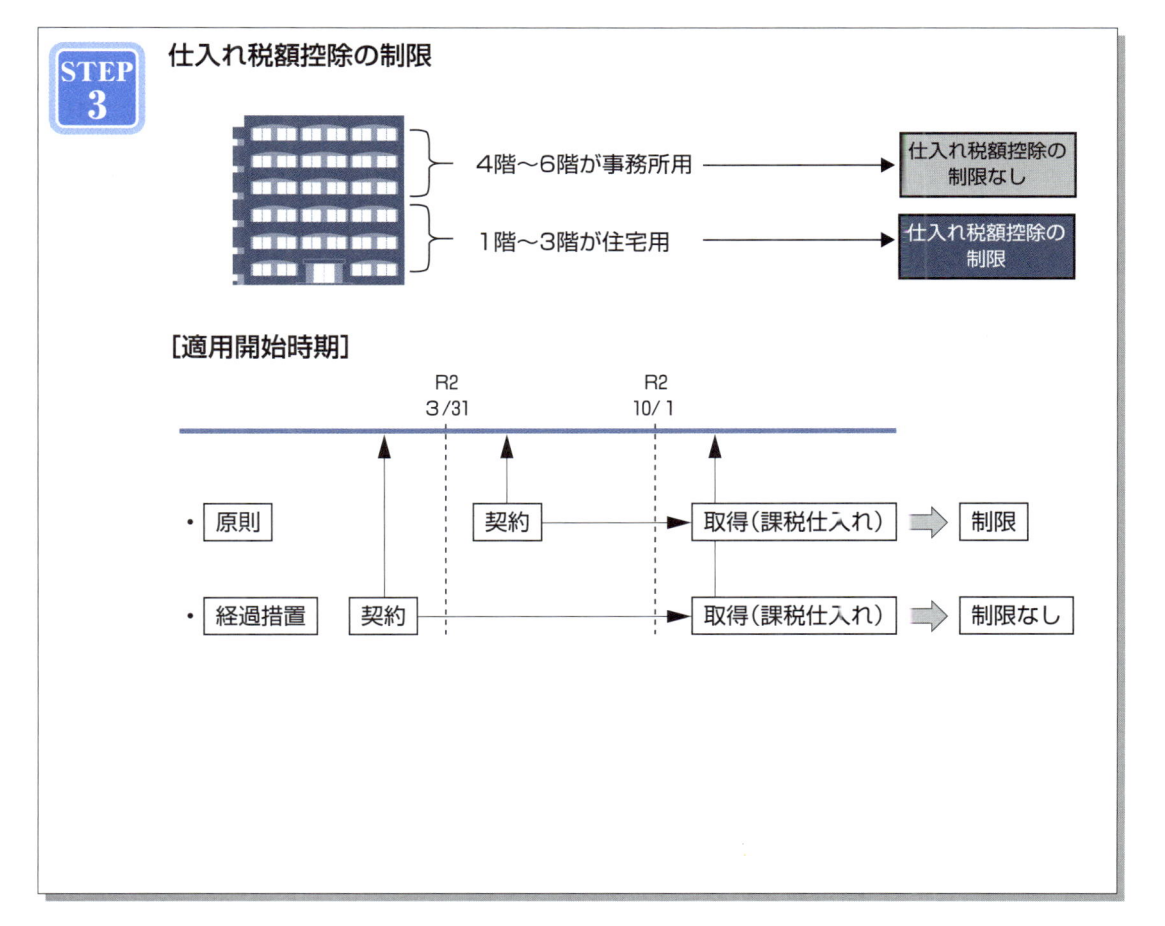

STEP 4 課税賃貸の用に供した場合の仕入れ税額控除 （消法35の２）

STEP 3 の仕入れ税額控除の制限を受けた「居住用賃貸建物」について、次のいずれかに該当する場合は、仕入控除税額を調整します。

⑴ **第三年度の課税期間の末日にその居住用賃貸建物を有しており、かつ、その居住用賃貸建物の全部又は一部を調整期間に課税賃貸用に供した場合**

次の算式で計算した消費税額を第三年度の課税期間の仕入控除税額に加算します。

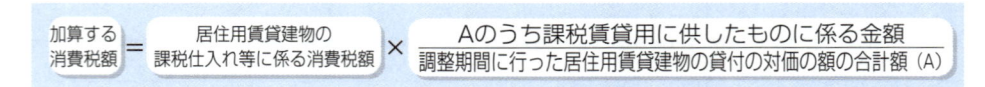

⑵ **その居住用賃貸建物の全部又は一部を調整期間に他の者に譲渡した場合**

次の算式で計算した消費税額を第三年度の課税期間の仕入控除税額に加算します。

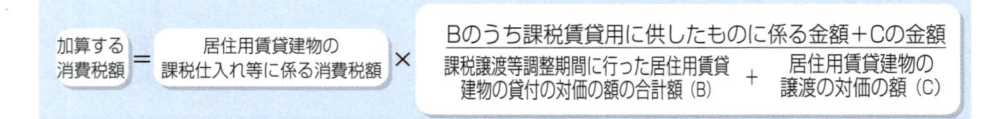

① 　**第三年度の課税期間**とは、居住用賃貸建物の仕入れ等の日の属する課税期間の初日以後３年を経過する日の属する課税期間をいいます。

② 　**調整期間**とは、居住用賃貸建物の仕入れ等の日から第三年度の課税期間の末日までの間をいいます。

③ 　課税賃貸用とは、非課税とされる住宅の貸付け以外の貸付けの用をいいます。

④ 　対価の額は税抜き金額で、この対価の額について値引き等（対価の返還等）がある場合には、その金額を控除した残額で計算します。

⑤ 　**課税譲渡等調整期間**とは、居住用賃貸建物の仕入れ等の日からその居住用賃貸建物を他の者に譲渡した日までの間をいいます。

STEP 4 課税賃貸の用に供した場合の仕入れ税額控除

(1) 第三年度の課税期間の末日にその居住用賃貸建物を有しており、かつ、その居住用賃貸建物の全部又は一部を調整期間に課税賃貸用に供した場合

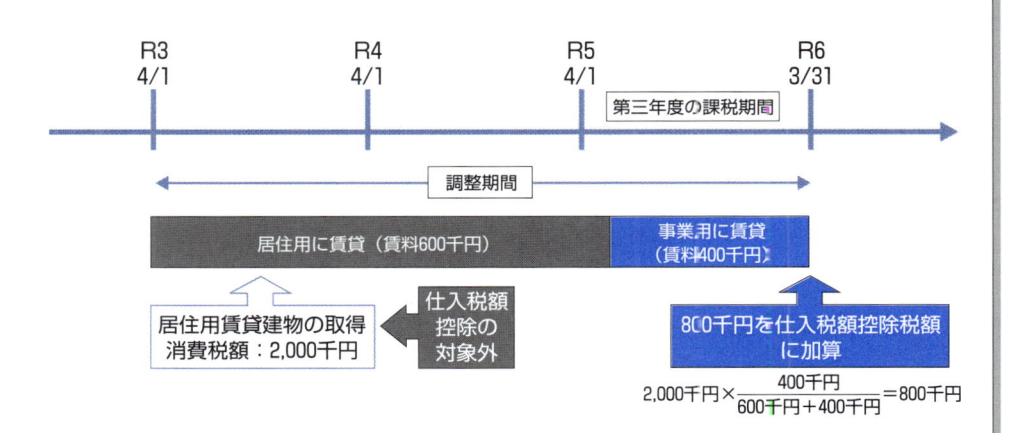

(2) その居住用賃貸建物の全部又は一部を調整期間に他の者に譲渡した場合

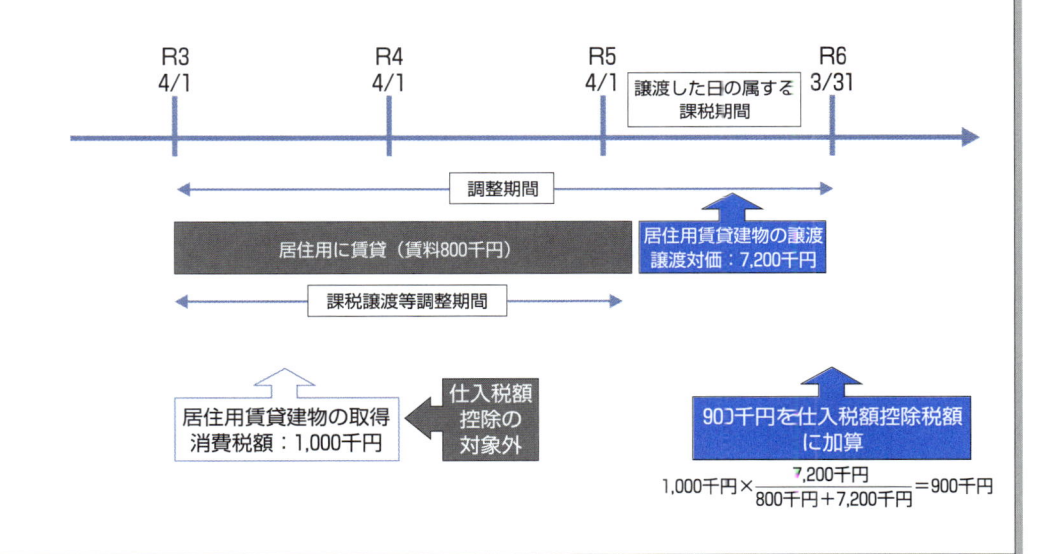

No.83　課税期間の短縮の特例

概要（消法19）

　課税期間は、原則として、法人は事業年度、個人事業者は1月1日から12月31日までと定められていますが、事業者の選択により課税期間を3か月又は1か月に短縮することもできます。

　たとえば、輸出業者など免税売上の多い事業者は、消費税の還付を受けることがありますが、その場合に課税期間を短縮すると、早期に還付を受けることができ資金繰りに有利となります。

課税期間の原則

　消費税の課税期間は原則として次のとおりです。

法　　　人	事業年度
個人事業者	暦年（1月1日〜12月31日）

課税期間短縮の届出書

　「課税期間特例選択・変更届出書」を所轄税務署長へ提出した場合は、提出をした期間の翌期間から3か月毎又は1か月毎の課税期間となります。

　例えば、法人の場合、短縮される課税期間は、事業年度開始の日から3か月毎又は1か月毎となります。

事業年度が4月1日〜3月31日で、3か月に区分する場合
【区分される期間】　①　4月1日〜6月30日　　②　7月1日〜9月30日　　　　　　　　　　　　　③　10月1日〜12月31日　　④　1月1日〜3月31日

　ただし、合併があった場合など一定の場合には、届出書を提出した期間から適用を受けることができます。（消令41、消基通3−3−2〜3−3−4）

原　　　　　則	提出日の属する課税期間の翌課税期間以後
特　　例 ・新たに課税資産の譲渡等に係る事業を開始した場合 ・相続により課税事業者を選択していた被相続人の事業を承継した場合 ・法人が合併により課税事業者を選択していた被合併法人の事業を承継した場合 ・法人が吸収分割により課税事業者を選択していた分割法人の事業を承継した場合	提出日の属する課税期間以後

STEP 2 課税期間の原則

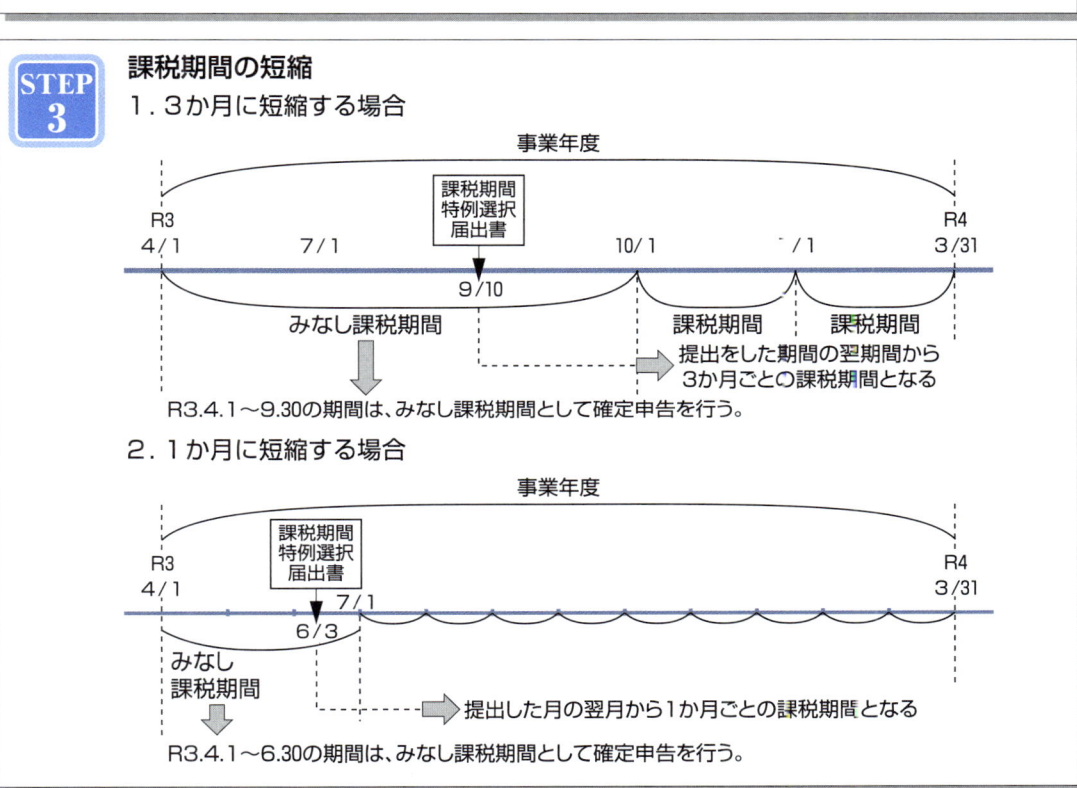

（法人） 事業年度

R3 4/1 ─ R4 3/31

課税期間

（個人事業者） 暦年

R3 1/1 ─ R3 12/31

課税期間

STEP 3 課税期間の短縮

1. 3か月に短縮する場合

事業年度

R3 4/1　　7/1　　課税期間特例選択届出書　　10/1　　/1　　R4 3/31

9/10

みなし課税期間　　課税期間　　課税期間

提出をした期間の翌期間から3か月ごとの課税期間となる

R3.4.1〜9.30の期間は、みなし課税期間として確定申告を行う。

2. 1か月に短縮する場合

事業年度

R3 4/1　　課税期間特例選択届出書　　7/1　　R4 3/31

6/3

みなし課税期間

提出した月の翌月から1か月ごとの課税期間となる

R3.4.1〜6.30の期間は、みなし課税期間として確定申告を行う。

課税期間の短縮の変更

1．3か月の課税期間を1か月に又は1か月分の課税期間を3か月に変更する場合には、所轄税務署長に「課税期間特例選択・変更届出書」を提出する必要があります。この場合、提出した期間の翌期間から課税期間が変更されます。

2．2年間継続適用

(1) 3か月を1か月に変更する場合（消法19⑤、消令41②）

3か月毎の課税期間の特例の効力が生じた日から2年を経過する日の属する日の初日以後でなければ変更の届出書を提出することはできません。

(2) 1か月を3か月に変更する場合（消法19⑤、消令41②二）

1か月毎の課税期間の特例の効力が生じた日から2年を経過する日の属する日の前々月の初日以後でなければ変更の届出書を提出することはできません。

課税期間の短縮の特例をやめる場合

1．課税期間の特例を選択した事業者が、この特例の適用をやめようとするときは、所轄税務署長に「消費税課税期間特例選択不適用届出書」を提出する必要があります。この場合、提出した期間の末日の翌日以後、短縮の効力がなくなり、原則の課税期間に戻ります。

2．2年間継続適用

課税期間の特例を選択した場合は、選択・変更の効力が生じた日から2年を経過する日の属する期間の初日以後でなければ不適用の届出書を提出することはできません。

課税期間の短縮を選択するケースとは

	提出する届出書	効　果
輸出業者が還付を受ける場合	課税期間特例選択・変更届出書	3か月毎（又は1か月毎）に還付を受けることができる
簡易課税制度の適用を受ける場合	簡易課税制度選択届出書 課税期間特例選択・変更届出書	短縮後の翌課税期間から簡易課税制度等適用を受けること又はやめることができる
簡易課税制度の適用をやめる場合	簡易課税制度選択不適用届出書 課税期間特例選択・変更届出書	
課税事業者を選択する場合	課税事業者選択届出書 課税期間特例選択・変更届出書	
課税事業者の選択をやめる場合	課税事業者選択不適用届出書 課税期間特例選択・変更届出書	

課税期間の短縮の特例の変更

1．3か月を1か月に変更する場合

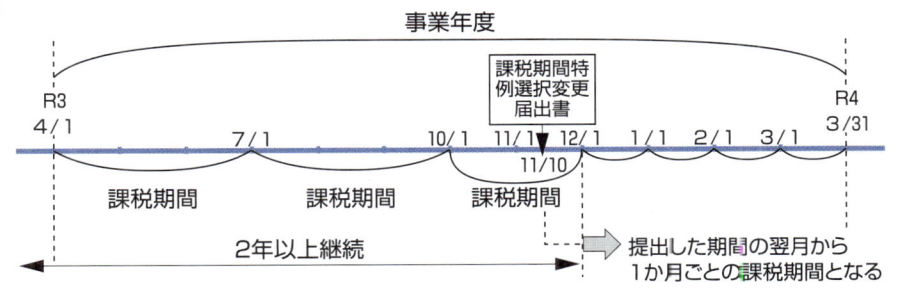

2．1か月を3か月に変更する場合

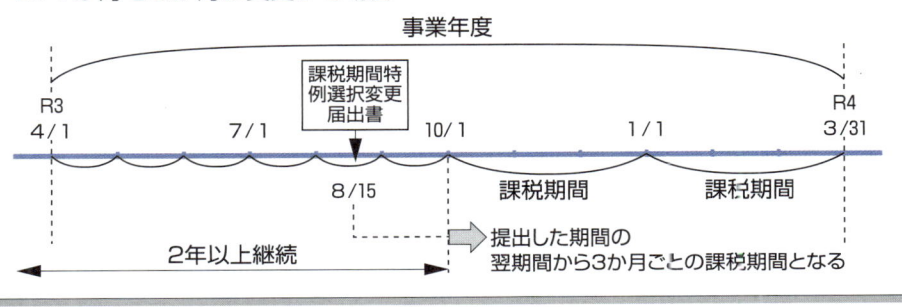

課税期間特例選択の不適用

課税期間の短縮をやめる場合

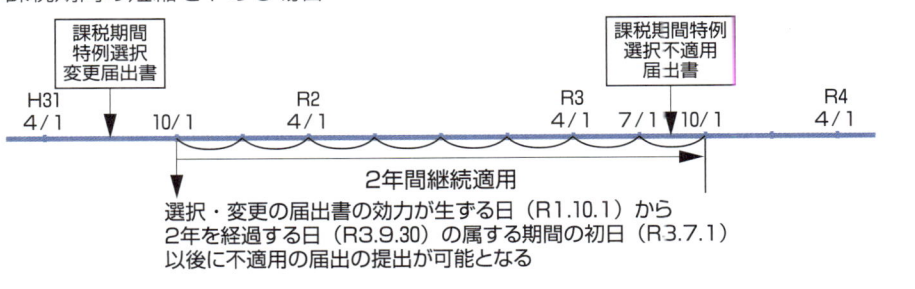

課税期間の短縮を選択するケース

例：輸出業者が還付を受ける場合

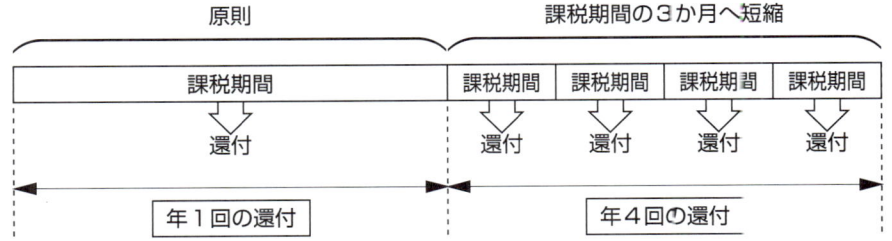

原則の場合は、年1回の確定申告時のみ還付を受けます。

課税期間を短縮（例：3か月）した場合は、年4回確定申告しますので、その度毎に還付を受けます。

STEP 1

特例の概要（措法86の5）

　平成29年4月に租税特別措置法の一部が改正され、**特定非常災害**の被災者である事業者について、消費税法の特例（以下「災害特例」といいます。）が設けられました。

　これにより消費税の課税事業者の選択や簡易課税制度の選択の届出期限を、通常の課税期間の初日の前日から一定の指定日とすることができることとなりました。

　この特例は、原則として平成29年4月1日以後発生する特定非常災害から適用されます。

1．届出の特例

　特定非常災害の**被災事業者**が、その被害を受けたことによって、**被災日**を含む課税期間以後の課税期間について、**指定日**までに所轄税務署長に次の届出書を提出すれば、その適用を受けよう（又はやめよう）とする課税期間の初日の前日に提出があったものとみなし、適用を受ける（又はやめる）ことができます。

届　出　書
消費税課税事業者選択届出書（又は選択不適用届出書）
消費税簡易課税制度選択届出書（又は選択不適用届出書）

この特例により、例えば、

① 　免税事業者が、被害を受けた機械装置を買い換えるため、課税事業者を選択し原則課税により申告を行い還付を受けた後、課税事業者の選択をやめて免税事業者になることができます。

② 　また、簡易課税を選択している事業者が、特定非常災害により相当な損失を受け、緊急な設備投資等を行う場合には、簡易課税制度の適用をやめて原則課税により申告を行うことができます。

2．調整対象固定資産を取得した場合の特例

　課税事業者を選択し、課税事業者となった日から2年を経過する日までの間に開始した各課税期間中に調整対象固定資産を取得し、その課税期間について原則課税で申告を行う場合、取得の日の属する課税期間の初日から原則として3年間は、課税事業者選択をやめること及び簡易課税制度を選択することができませんが（**No.11**、**76**参照）、被災日前又は指定日までに「消費税課税事業者選択届出書」を提出した事業者が、被災事業者となった場合には、被災日の属する課税期間以後の課税期間から、これらの選択不適用の届出書を提出することができます。

 **STEP 1** **届出の特例**

特定非常災害	「特定非常災害の被害者の権利利益の保全等を図るための特別措置に関する法律」第2条第1項の規定により、特定非常災害として指定された非常災害
被災事業者	・特定非常災害により申告期限等が延長される（国税通則法11）こととなる地域に納税地を有する事業者 ・その他の地域に納税地を有する事業者のうち特定非常災害により被災した事業者
被災日	事業者が特定非常災害により被災事業者となった日
指定日	特定非常災害の状況及び特定非常災害により申告に関する期限の延長の状況を勘案して国税庁長官が定める日

【課税事業者を選択する場合】

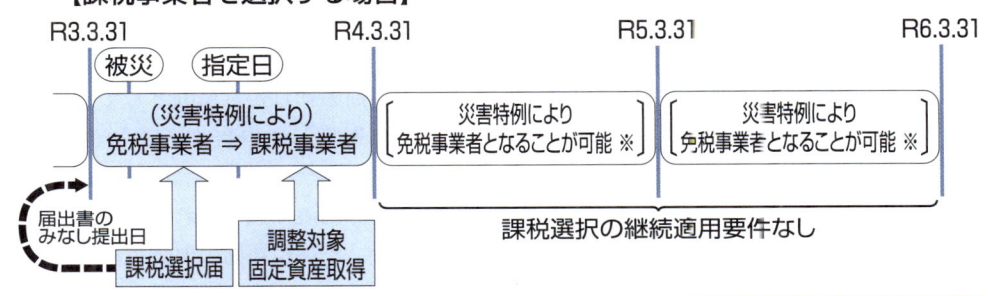

R4年3月期のみ課税事業者を選択し、R5年3月期から選択をやめる場合には、選択をやめようとする課税期間の初日の前日（R4年3月31日）までに「課税事業者選択不適用届出書」の提出が必要です。指定日までに提出する「課税事業者選択届出書」と併せて提出できます。

【簡易課税制度の適用をやめる場合】

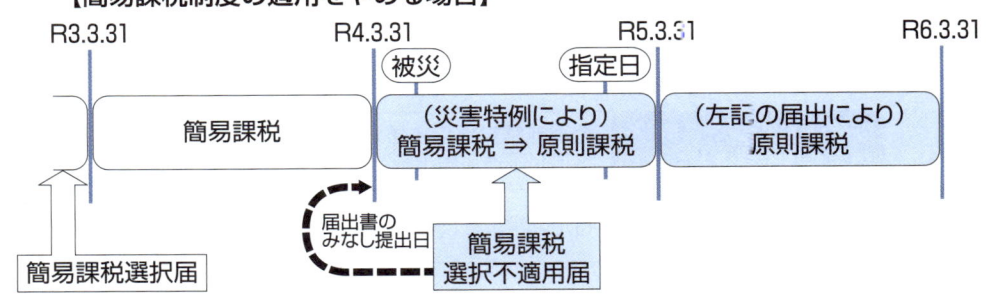

事例の場合において

R6年3月期について、再び簡易課税制度の適用を受ける場合には、適用を受けようとする課税期間の初日の前日（R5年3月31日）までに「簡易課税制度選択届出書」の提出が必要です。指定日までに提出する「簡易課税制度選択不適用届出書」と併せて提出できます。

（注）災害特例により、簡易課税制度を2年継続して適用した後でなくても、その選択をやめることができます。

調整対象固定資産を取得した場合、高額特定資産の仕入れ等を行った場合の事業者免税点制度及び簡易課税制度の適用制限の解除

1．被災事業者である新設法人等が調整対象固定資産を取得した場合

　　新設法人又は特定新規設立法人は、基準期間がない各課税期間（通常設立１期目及び２期目）中に調整対象固定資産を取得し、その課税期間について原則課税で申告を行う場合、取得日の属する課税期間の初日から原則として３年間は、納税義務が免除されず、その間は簡易課税制度を選択することができませんが（**No.11**参照）、新設法人又は特定新規設立法人が被災事業者となった場合は、被災日を含む課税期間以後の課税期間から、これらの制限規定が適用されません。

　　したがって、被災事業者の基準期間ができてからの課税期間（通常設立３期目）以後の納税義務の判定は、原則どおり、基準期間における課税売上高等により行うこととなります。

2．被災事業者が高額特定資産の仕入れ等を行った場合

　　高額特定資産の仕入れ等を行い、その課税期間について原則課税で申告を行う場合、事業者は、その仕入れ等の日の属する課税期間の初日から原則として３年間は納税義務が免除されず、その間は簡易課税制度を選択して申告することができませんが（**No.104**参照）、被災事業者については、被災日を含む課税期間以後の課税期間（注）から、高額特定資産の仕入れ等に係るこれらの制限は適用されません。

　　したがって、高額特定資産の仕入れ等を行った課税期間の翌課税期間以後（被災日を含む課税期間以後の課税期間に限ります。）の納税義務の判定は、原則どおり、基準期間における課税売上高等により行うこととなります。

　　（注）被災日以後に取得する場合は、「『被災日』から『指定日以後２年を経過する日の属する課税期間の末日』までの間」に高額特定資産の仕入れ等を行った場合に限ります。

3．特定非常災害に係る申告期限等の延長（国税通則法11）の規定の適用を受けていない場合

　　支店が被災するなど、特定非常災害に係る申告期限等の延長の規定の適用を受けていない事業者については、次の届出書を一定の期日までに所轄税務署長へ提出すれば、上記１、２の適用を受けることができます。

新設法人又は特定新規設立法人	特定非常災害による消費税法第12条の２第２項（第12条の３第３項）不適用届出書
高額特定資産を取得した被災事業者	特定非常災害による消費税法第12条の４第１項不適用届出書

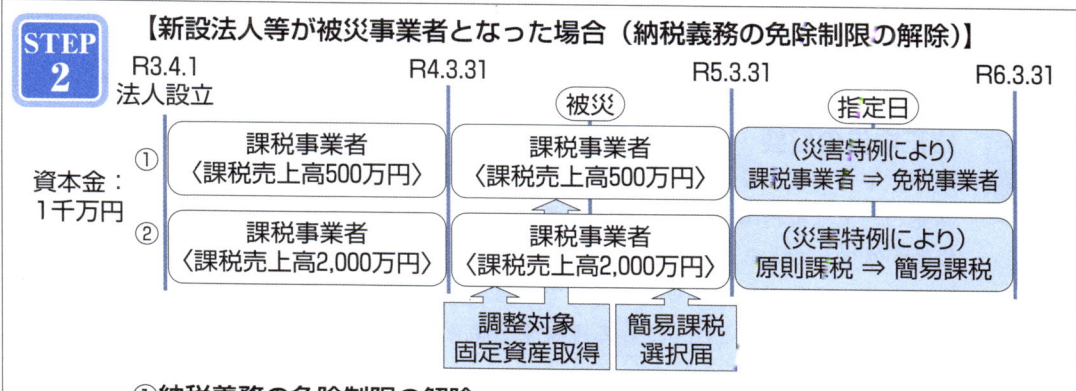

①納税義務の免除制限の解除

　新設法人又は特定新規設立法人の基準期間ができた以後の課税期間の納税義務の判定については、基準期間における課税売上高等により行うこととなります。

　また、新設法人又は特定新規設立法人のその基準期間がない課税期間は、課税事業者となるため、本特例により免税事業者となることはありません。（**No.11**参照）

②簡易課税制度適用制限の解除

　被災事業者となった新設法人が、基準期間がない課税期間中に調整対象固定資産を取得し、その取得の日の属する課税期間の翌課税期間から簡易課税を選択する場合には、R5年3月31日までに「簡易課税制度選択届出書」の提出が必要です。

　なお、指定日がその選択をする課税期間の開始日以後に到来する場合には、指定日が提出期限となります。

【被災事業者が高額特定資産を取得する場合（納税義務の免除制限の解除）】

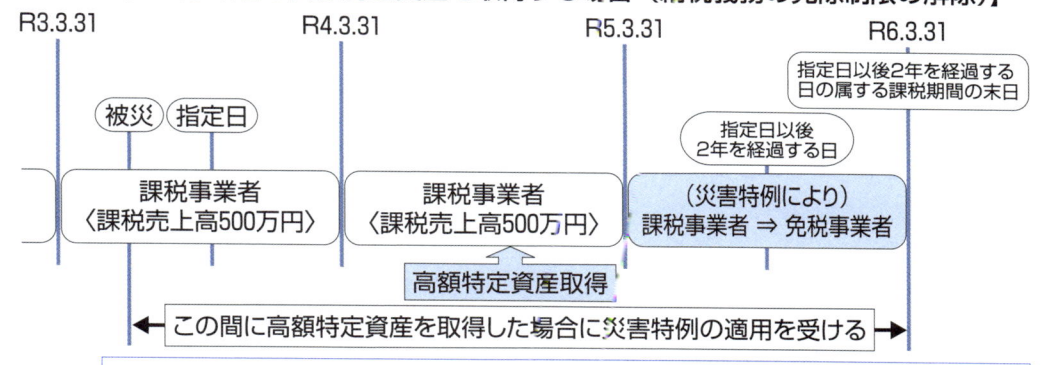

　災害特例により高額特定資産を取得した場合の事業者免税点制度の適用制限は解除されるため、R6年3月期の納税義務については、原則どおり、基準期間における課税売上高等により判定することとなります。

【被災事業者が高額特定資産を取得する場合（簡易課税制度適用制限の解除）】

　被災事業者が高額特定資産を取得した課税期間の翌課税期間から簡易課税を選択する場合、被災した課税期間の末日までに「簡易課税制度選択届出書」の提出が必要です。

　なお、指定日がその選択をする課税期間の開始の日以後に到来する場合には、指定日が提出期限となります

修正申告書を作成する①
（税込経理で原則課税の場合）

STEP 1

修正申告の概要

　修正申告書は、確定申告書の提出後に、課税標準額や税額の計算に誤りがあることを発見し、又は税務調査で誤りを指摘されたことにより、不足税額が生じたとき又は還付税額が減少したときに作成します。

　例えば、課税売上げの計上がもれていたことが判明した場合は、確定申告書の課税標準額にその計上もれとなっている課税売上高を加算して正しい納付税額を計算し直すこととなります。

　次の設例をもとに修正申告書を作成します。

> **設 例**
>
> 　前期（R2.4.1〜R3.3.31）の決算について、下記の修正事項があった。（金額は税込み）
>
> （修正事項）当期に売上計上した660,000円は、前期に売上計上（標準10％）すべきであった。
>
> （確定申告）課税売上高　　　　　437,300,000円
> 　　　　　　　うち旧8％　　　　　　　　　0円
> 　　　　　　　うち標準10％　　　437,300,000円⇒修正事項
> 　　　　　　課税仕入額　　　　　337,695,720円
> 　　　　　　　うち旧8％　　　　　2,358,720円
> 　　　　　　　うち軽減8％　　　　　300,000円
> 　　　　　　　うち標準10％　　　335,037,000円
> 　　　　　　課税売上割合　95％以上かつ課税売上高5億円以下（全額控除）
> 　　　　　　納付税額　2,594,100円（消費税2,021,900円、地方消費税572,200円）

税務上の修正仕訳をする

　売上計上もれとなっている前期分の売上高660,000円の税務上の修正仕訳を行います。

> （売掛金）　660,000　／　（売　上）　課売　660,000

STEP 2

消費税の修正申告書を作成する

(1)　付表1-1の①〜②欄を作成する

　① 「課税資産の譲渡等の対価の額①－1」・「課税標準額①（千円未満切捨）」

$$\text{税率7.8適用分E}\left(\underset{437,300,000}{\text{確定申告額}}+\underset{660,000}{\text{修正事項}}\right)\times\frac{100}{110}=\underline{398,145,454}\Rightarrow\underline{398,145,000}$$

　② 「消費税額②」

$$\text{税率7.8％適用分E}\quad 398,145,000\times 7.8\%=\underline{31,055,310}$$

　※その他の付表・第二表・第一表については、確定申告書を作成した手順に従って転記、計算してください。

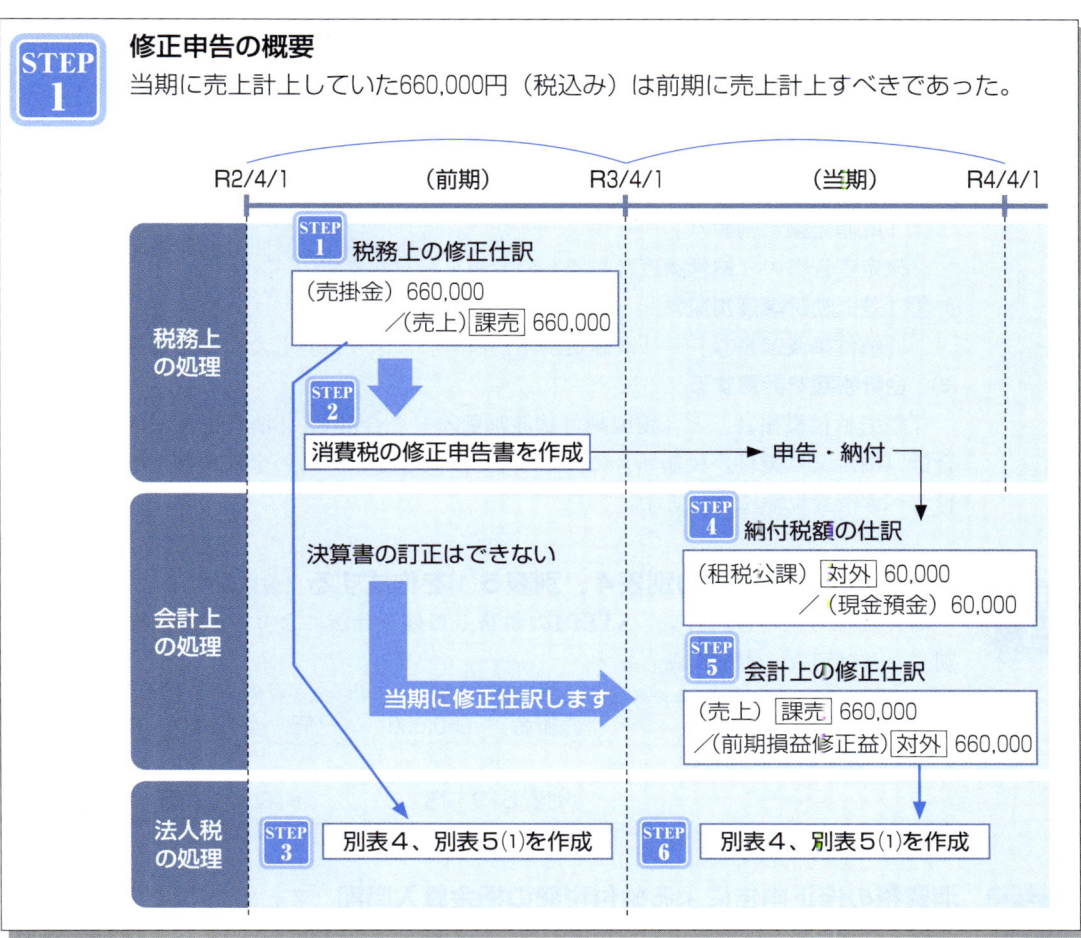

STEP 1 修正申告の概要

当期に売上計上していた660,000円（税込み）は前期に売上計上すべきであった。

STEP 2 (1) 付表1-1の①〜②欄を作成する

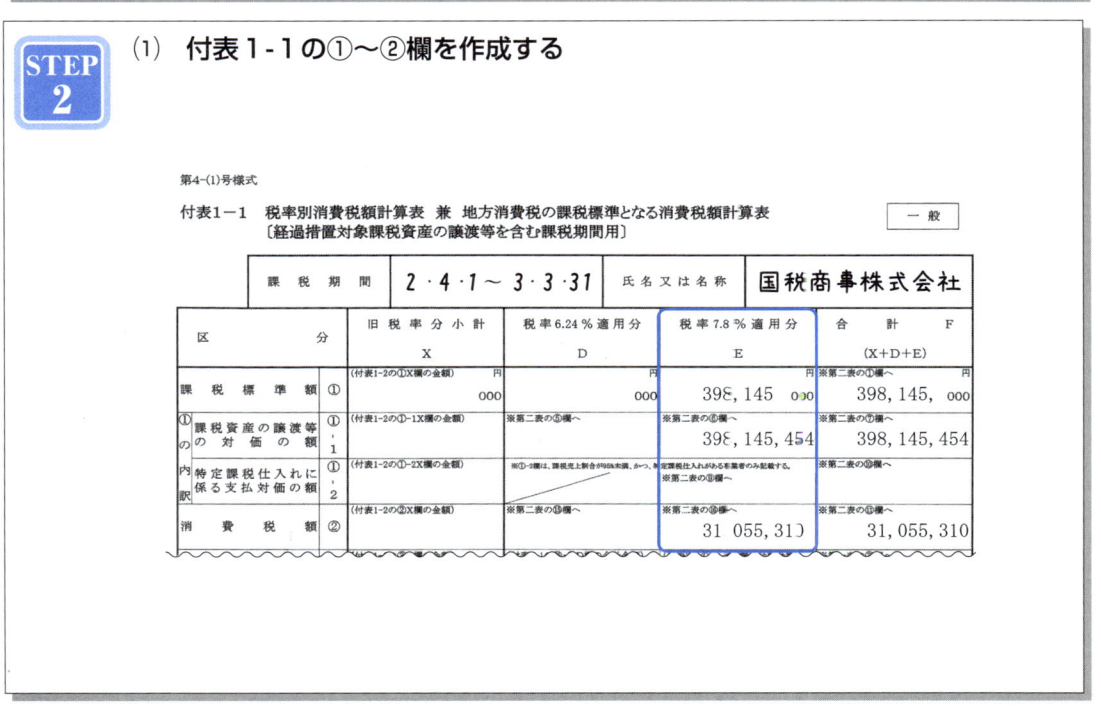

⑵ **第一表の「この申告書が修正申告である場合」の欄を作成する**

① 「既確定税額⑬」

確定申告書の「納付税額⑪」の金額を転記します。

② 「差引納付税額⑭」

「納付税額⑪」－「既確定税額⑬」により計算した金額を記載します。

③ 「既確定譲渡割額㉔」

確定申告書の「納付譲渡割額㉒」の金額を転記します。

④ 「差引納付譲渡割額㉕」

「納付譲渡割額㉒」－「既確定譲渡割額㉔」により計算した金額を記載します。

⑶ **合計税額を計算する**

「差引納付税額⑭」と「差引納付譲渡割額㉕」を合計し、「消費税及び地方消費税の合計（納付又は還付）税額㉖」に60,000円を記入します。この金額が修正申告により納付すべき消費税額になります。

法人税の修正申告書の別表４、別表５⑴を作成する （前期分）

消費税の修正申告に伴い、**STEP1**の税務上の修正仕訳により、法人税修正申告書の別表４及び別表５⑴を作成します。

◎売上げの修正仕訳　　　（売掛金）　660,000　／　（売　上）課売　660,000
別表5⑴：増　　　　　　　別表４：加算・留保

消費税の修正申告による納付税額の損金算入時期 （平元.3.1直法２－１）

税込経理の場合の法人税における消費税額の損金算入時期は次のとおりです。

原則	申告書を提出した日の属する事業年度
例外	申告期限末到来の場合で、損金経理により未払金へ計上したときはその事業年度

STEP2で計算した消費税の修正申告に係る納付税額60,000円は、法人税では修正申告書を提出した当期の損金となります。したがって、法人税の修正申告書では納付税額分の調整はありません。

○消費税額の納付時の仕訳（当期の仕訳）

（租税公課）　対外　60,000　／　（現金預金）　60,000

※修正申告による納付税額60,000円は、当期の法人税の損金の額となります。

STEP 2

(2) 第一表の「この申告書が修正申告である場合」の欄を作成する

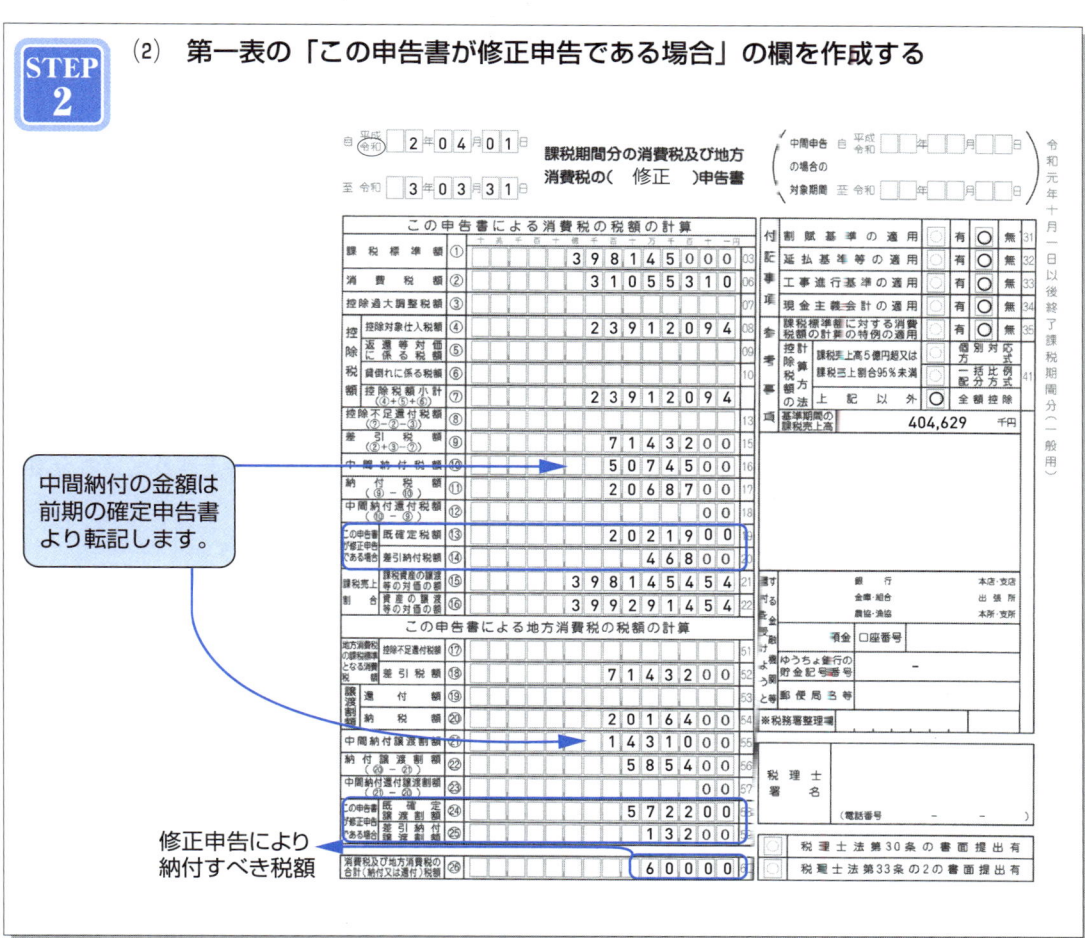

中間納付の金額は前期の確定申告書より転記します。

修正申告により納付すべき税額

STEP 3

法人税の修正申告書の別表４，別表５(1)を作成する（前期分）

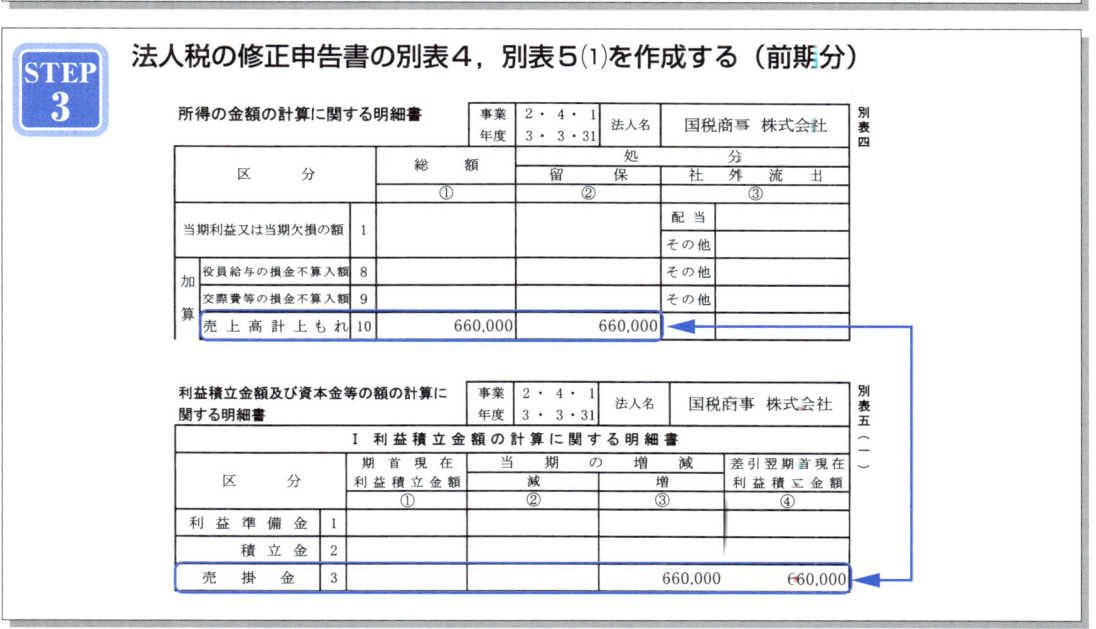

当期の会計上の修正仕訳（前期修正申告の受入処理）

当期に売上計上していた660,000円を前期の売上げとして修正申告しました。これに伴い当期の会計上の修正仕訳を行います。

(1) 既に行っている仕訳

> （売掛金） 660,000 ／ （売　上） 課売 660,000

(2) 会計上の当期の修正仕訳

当該売上げ660,000円は、前期の課税標準となっていますので、当期の消費税額の計算には影響させないように消費税の課税区分を「対象外」として修正仕訳します。

これはあくまでも消費税の課税区分の修正ですので、収益計上されている金額は、660,000円のまま変わりません。

> （売　上） 課売 660,000 ／ （前期損益修正益） 対外 660,000

当期の法人税申告書の別表４、別表５⑴を作成する

STEP5の当期の会計上の修正仕訳に伴い、前期の税務上の仕訳との二重仕訳を解消する必要があります。

税務上の修正仕訳を行ったうえで、当期の法人税の別表４，別表５⑴を作成します。

○前期の売上計上もれ660,000円

会計上は当期の前期損益修正益として収益に計上されている660,000円は、税務上は修正申告により前期の売上げ（益金）へ計上されています。

この660,000円が前期と当期に二重で税務上の売上げ（益金）へ計上されないように当期の法人税の別表４で減算調整します。

◎税務上の修正仕訳

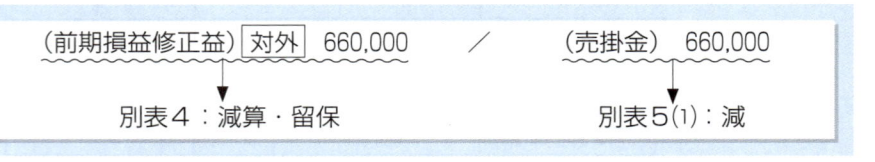

（前期損益修正益） 対外 660,000 ／ （売掛金） 660,000

別表４：減算・留保 　　　　別表５⑴：減

Ⅷ 修正申告書を作成する

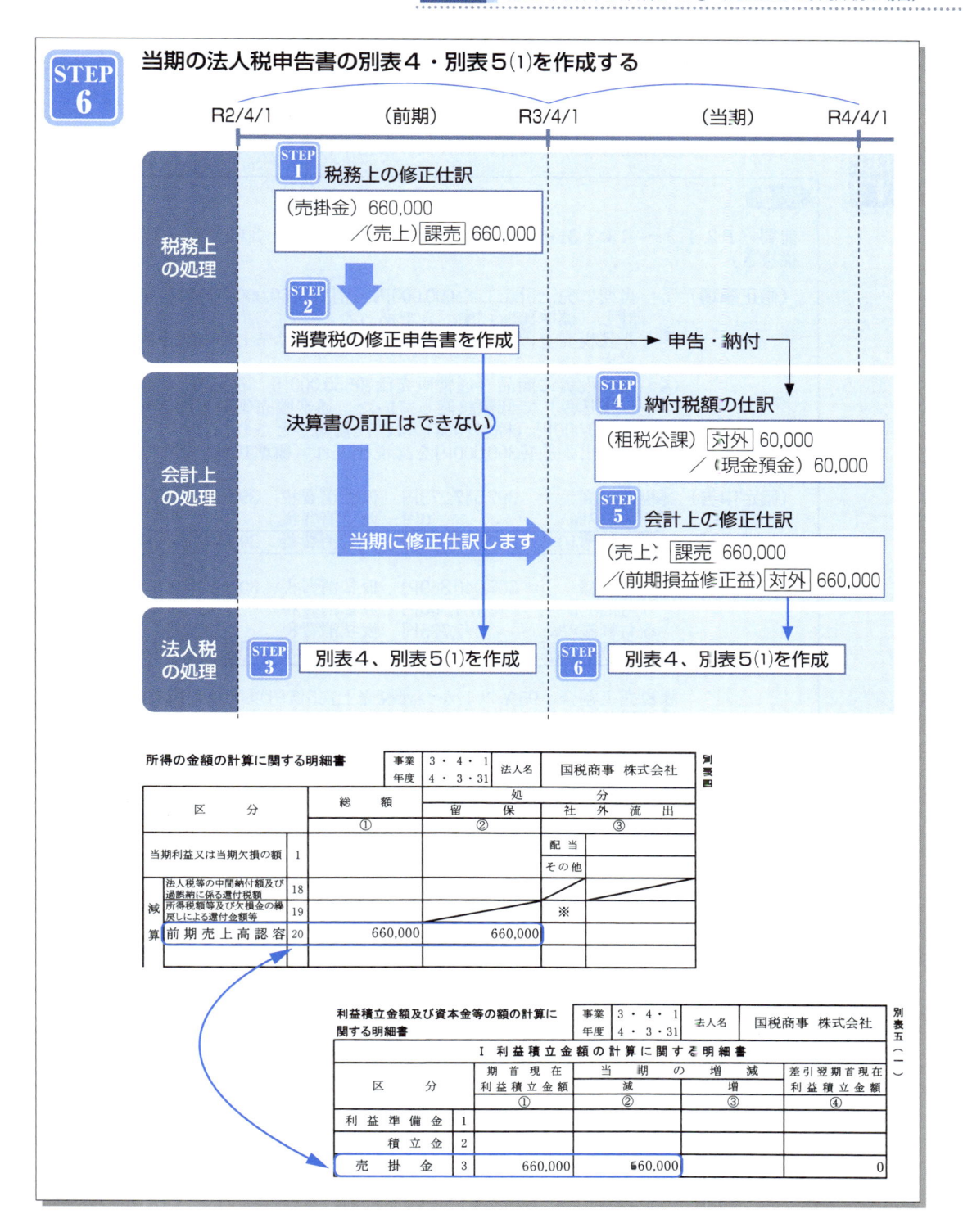

修正申告書を作成する②
（税抜経理で原則課税の場合）

STEP 1

税抜経理方式を採用している場合の消費税の修正申告書を作成します。

設 例

前期（R2.4.1～R3.3.31）の決算について、下記の修正事項があった。（金額は税抜き）

（修正事項）①　当期に売上計上した600,000円（消費税60,000円）は、前期に売上計上（標準10％）すべきであった。
②　非課税売上げとした1,000,000円は、課税売上げ（標準10％）に該当する。
③　当社役員に商品（通常販売価額550,000円（税込み））を220,000円（税込み）で低額譲渡していた。通常販売価額と譲渡対価との差額330,000円（標準10％）は、役員給与とされた。
④　海外出張旅費300,000円を課税仕入れ（標準10％）としていた。

（確定申告）課税売上高　　　397,547,273円　　仮受消費税　　39,754,727円
　　　　　　うち旧8％　　　　　　　　0円　　仮受消費税　　　　　　0円
　　　　　　うち標準10％　397,547,273円　　仮受消費税　　39,754,727円⇒修正事項

　　　　　　課税仕入額　　　307,040,869円　　仮払消費税　　30,654,851円
　　　　　　うち旧8％　　　　2,184,000円　　仮払消費税　　　174,720円
　　　　　　うち軽減8％　　　　277,778円　　仮払消費税　　　 22,222円
　　　　　　うち標準10％　304,579,091円　　仮払消費税　　30,457,909円⇒修正事項

　　　　　　課税売上割合　95％以上かつ課税売上高5億円以下（全額控除）
　　　　　　納付税額　2,482,600円（消費税1,935,000円、地方消費税547,600円）

税務上の修正仕訳をする

修正事項に基づき税務上の修正仕訳を行います。

(1) 売上計上もれ
（売掛金）　　　　　　　660,000　　（売　上）　　課売　600,000
　　　　　　　　　　　　　　　　　（仮受消費税）　　　　60,000

(2) 非課税売上げの課税売上げへの修正
（売　上）　　非売　1,000,000　　（売　上）　　課売　909,091
　　　　　　　　　　　　　　　　　（仮受消費税）　　　　90,909

(3) 当社役員への低額譲渡
（役員給与）　対外　330,000　　（売　上）　　課売　300,000
　　　　　　　　　　　　　　　　　（仮受消費税）　　　　30,000

(4) 海外出張旅費の修正
（旅費交通費）対外　300,000　　（旅費交通費）課仕　272,728
　　　　　　　　　　　　　　　　　（仮払消費税）　　　　27,272

STEP 1 修正申告の概要

R2/4/1　　　　（前期）　　　　R3/4/1　　　　（当期）　　　　R4/4/1

税務上の処理

STEP 1 税務上の修正仕訳

① （売掛金） 660,000 ／（売上）課売 600,000
　　　　　　　 ／（仮受消費税） 60,000

② （売上）非売 1,000,000 ／（売上）課売 909,091
　　　　　　　　　 ／（仮受消費税） 90,909

③ （役員給与）対外 330,000 ／（売上）課売 300,000
　　　　　　　　　　 ／（仮受消費税） 30,000

④ （旅費交通費）対外 300,000 ／（旅費交通費）課仕 272,728
　　　　　　　　　　 ／（仮払消費税） 27,272

STEP 2

消費税の修正申告書を作成 ――――――――→ 申告・納付

STEP 3 納付税額の仕訳

（仮受消費税） 180,909 ／（未払消費税） 208,200
（仮払消費税） 27,272 ／
（雑損失）対外 19 ／

会計上の処理

決算書の訂正は
できない

当期に修正仕訳します →

STEP 5 会計上の修正仕訳

①売上計上もれ
（売上）課売 600,000／（前期損益修正益）対外 600,000

②非課税売上の修正
（前期損益修正益）対外 1,000,000／（前期損益修正益）対外 909,091
　　　　　　　　　　　　 ／（仮受消費税） 90,909

③当社役員への低額譲渡
（前期損益修正損）対外 330,000／（前期損益修正益）対外 300,000
　　　　　　　　　　　　 ／（仮受消費税） 30,000

④海外出張旅費
（前期損益修正損）対外 300,000／（前期損益修正損）対外 272,728
　　　　　　　　　　　　 ／（仮払消費税） 27,272

⑤消費税額の修正
（仮受消費税） 180,909 ／（未払消費税） 208,200
（仮払消費税） 27,272 ／
（雑損失）対外 19 ／

⑥消費税額の納付
（未払消費税） 208,200 ／（現金預金） 208,200

法人税の処理

STEP 4 別表4、別表5(1)を作成

STEP 6 別表4、別表5(1)を作成

STEP 2 消費税の修正申告書を作成する

(1) 付表1-1の①～②欄を作成する

① 「課税資産の譲渡等の対価の額①-1」・「課税標準額①（千円未満切捨て）」

$$
税率7.8適用分E \left(\underbrace{397{,}547{,}273 + 39{,}754{,}727}_{確定申告額} + \underbrace{600{,}000 + 60{,}000}_{修正事項} + \underbrace{909{,}091 + 90{,}909}_{修正事項} \right.
$$
$$
\left. + \underbrace{300{,}000 + 30{,}000}_{修正事項} \right) \times \frac{100}{110} = 399{,}356{,}363 \Rightarrow 399{,}356{,}000（千円未満切捨て）
$$

② 「消費税額②」

$$
税率7.8\%適用分E \quad 399{,}356{,}000 \times 7.8\% = 31{,}149{,}768
$$

(2) 付表2-1の⑨～⑩欄を作成する

① 「課税仕入れに係る支払対価の額（税込み）⑨」

$$
税率7.8\%適用分E \quad \underbrace{304{,}579{,}091 + 30{,}457{,}909}_{確定申告額} - \underbrace{272{,}728 - 27{,}272}_{修正事項} = 334{,}737{,}000
$$

② 「課税仕入れに係る消費税額⑩」

$$
税率7.8\%適用分E \quad 334{,}737{,}000 \times \frac{7.8}{110} = 23{,}735{,}896
$$

※その他の付表・第二表・第一表については、確定申告書を作成した手順に従って転記、計算してください。

(3) 第一表の「この申告書が修正申告である場合」の欄を作成する

① 「既確定税額⑬」

確定申告書の「納付税額⑪」の金額を転記します。

② 「差引納付税額⑭」

「納付税額⑪」－「既確定税額⑬」により計算した金額を記載します。

③ 「既確定譲渡割額㉔」

確定申告書の「納付譲渡割額㉒」の金額を転記します。

④ 「差引納付譲渡割額㉕」

「納付譲渡割額㉒」－「既確定譲渡割額㉔」により計算した金額を記載します。

(4) 合計税額を計算する

「差引納付税額⑭」と「差引納付譲渡割額㉕」を合計し、「消費税及び地方消費税の合計納付税額㉖」に208,200円を記入します。この金額が修正申告により納付すべき消費税額になります。

STEP 3 納付税額の税務上の修正仕訳をする

修正申告書で算出された納付税額について税務上の修正仕訳を行います。

（仮受消費税）	180,909	（未払消費税）	208,200
（仮払消費税）	27,272		
（雑損失）対外	19		

仮受消費税と仮払消費税を精算する仕訳をしますが、納付税額との差額19円については雑損失として計上します。

STEP 2

(1) 付表1-1の①～②欄を作成する

第4-(1)号様式

付表1-1 税率別消費税額計算表 兼 地方消費税の課税標準となる消費税額計算表
〔経過措置対象課税資産の譲渡等を含む課税期間用〕　　　　　　　一 般

課 税 期 間	2・4・1～3・3・31	氏名又は名称	国税商事株式会社

区　分		旧税率分小計 X	税率6.24%適用分 D	税率7.8%適用分 E	合　計 F (X+D+E)
課 税 標 準 額	①	（付表1-2の①X欄の金額）円 000	000	399,356, 000	399,356, 000
①課税資産の譲渡等の対価の額	①-1	（付表1-2の①-1X欄の金額）		399,356,363	399,356,363
内特定課税仕入れに係る支払対価の額	①-2	（付表1-2の①-2X欄の金額）			
消 費 税 額	②	（付表1-2の②X欄の金額）		31,149,768	31,149,768

(2) 付表2-1の⑨～⑩欄を作成する

第4-(2)号様式

付表2-1 課税売上割合・控除対象仕入税額等の計算表
〔経過措置対象課税資産の譲渡等を含む課税期間用〕　　　　　　　一 般

課 税 期 間	2・4・1～3・3・31	氏名又は名称	国税商事株式会社

項　目		旧税率分小計 X	税率6.24%適用分 D	税率7.8%適用分 E	合　計 F (X+D+E)
課税仕入れに係る支払対価の額（税込み）	⑨	2,358,720	300,000	334,737,000	337,395,720
課税仕入れに係る消費税額	⑩	137,592	17,333	23,735,896	23,890,821

(3) 第一表の「この申告書が修正申告である場合」の欄を作成する

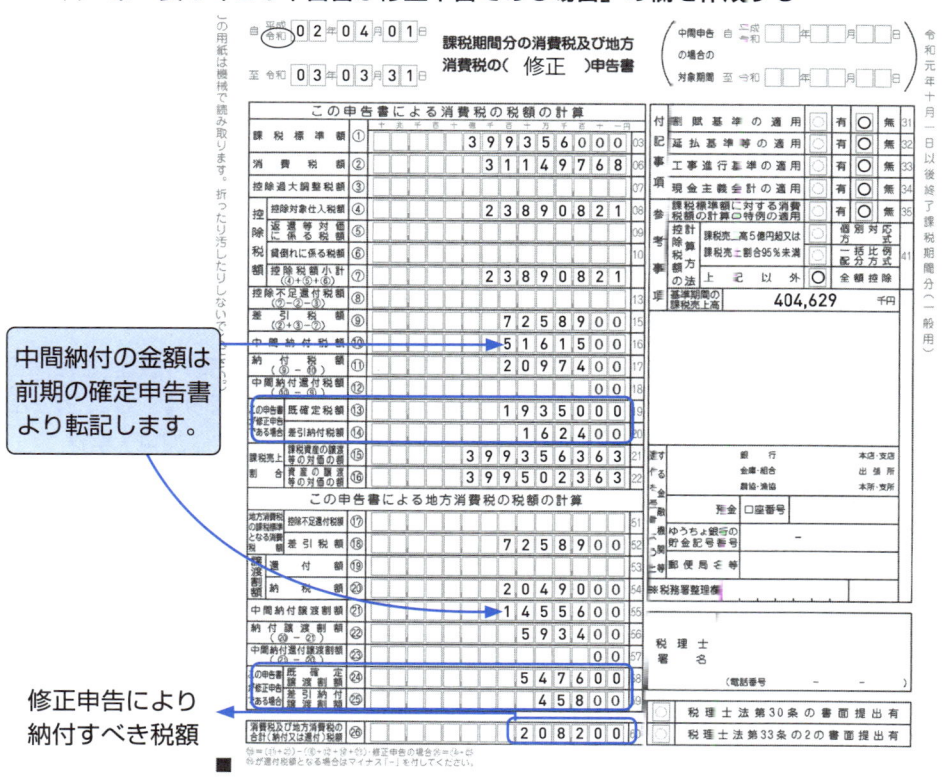

中間納付の金額は前期の確定申告書より転記します。

修正申告により納付すべき税額

STEP 4

法人税の修正申告書の別表４、別表５⑴を作成する（前期分）

(1) 売上の修正仕訳

計上もれとなっている前期分の売上高600,000円（税抜き）の金額を別表４で加算調整します。また、売掛金660,000円は、資産の増加ですので別表５⑴の「増③」に記入します。

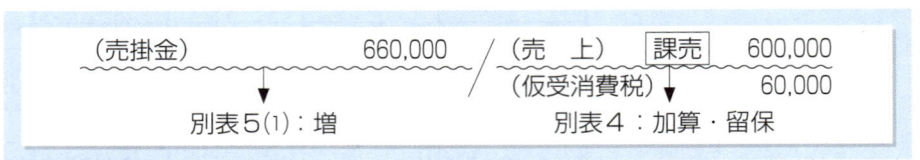

(2) 非課税売上げの修正仕訳

非課税売上げである売上げを減らしますので別表４で減算し、課税売上げである売上げを増やしますので別表４で加算します。

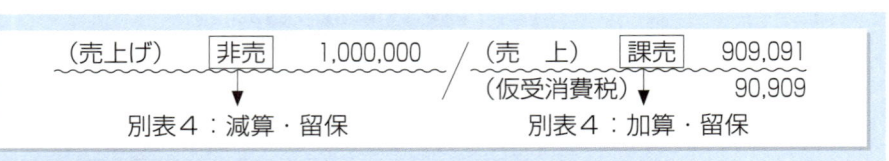

(3) 当社役員への低額譲渡

役員給与として認定された330,000円（課税対象外）を別表４で「役員給与認定損」として減算調整し、売上げ300,000円を別表４で加算調整します。また、当該役員給与は、法人税法上の損金不算入の役員給与に該当しますので、別表４で加算調整します。

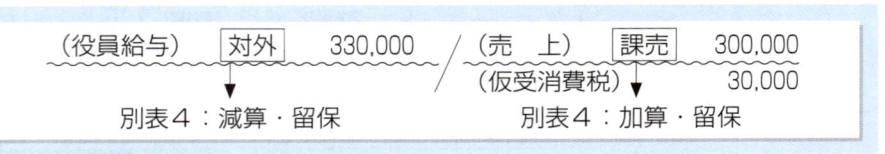

(4) 海外出張旅費

課税仕入れである旅費交通費を減らしますので別表４で加算し、課税対象外である旅費交通費を増やしますので別表４で減算します。

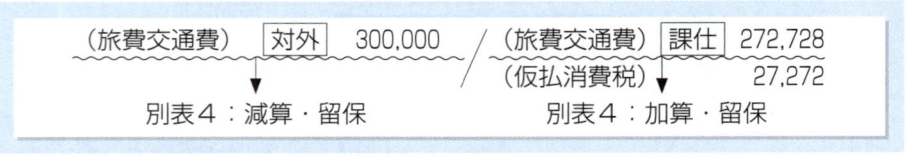

(5) 消費税の納付額の修正仕訳

雑損失については「雑損失計上」として別表４で減算調整します。未払消費税208,200円は負債の増加ですので、別表５⑴の「増③」欄に△で記入します。

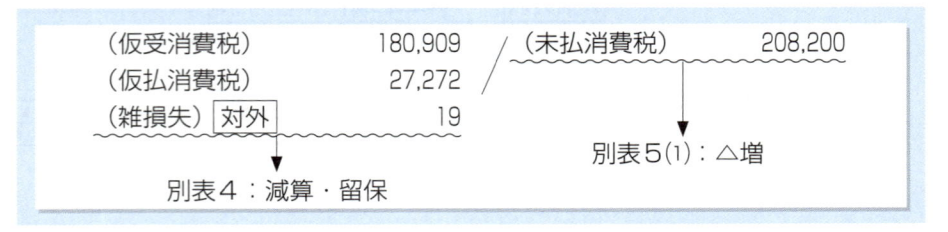

STEP 4 法人税の修正申告書の別表４、別表５⑴を作成する（前期分）

所得の金額の計算に関する明細書

事業年度	法人名		別表四
2・4・1 3・3・31		国税商事 株式会社	

区　分		総　額 ①	処　分	
			留　保 ②	社　外　流　出 ③
当期利益又は当期欠損の額	1			配　当
				その他
役員給与の損金不算入額	8	330,000		その他 330,000
交際費等の損金不算入額	9			その他
加算 売 上 高 計 上 も れ	10	600,000	600,000	
売 上 高 加 算	11	909,091	909,091	
売 上 高 計 上 も れ	12	300,000	300,000	
旅 費 交 通 費 加 算		272,728	272,728	
法人税等の中間納付額及び過誤納に係る還付税額	20			
所得税額等及び欠損金の繰戻しによる還付金額等	21			※
減算 売 上 高 減 算		1,000,000	1,000,000	
役 員 給 与 認 定 損		330,000	330,000	
旅 費 交 通 費 減 算		300,000	300,000	
雑 損 失 計 上		19	19	

利益積立金額及び資本金等の額の計算に関する明細書

事業年度	法人名		別表五（一）
2・4・1 3・3・31		国税商事 株式会社	

Ⅰ 利益積立金額の計算に関する明細書

区　分		期首現在利益積立金額 ①	当　期　の　増　減		差引翌期首現在利益積立金額 ④
			減 ②	増 ③	
利 益 準 備 金	1				
積 立 金	2				
売 掛 金	3			660,000	660,000
未 払 消 費 税	4			△ 208,200	△ 208,200

未払消費税の内訳書を作る

内容	金額
仮受消費税（売上計上もれ）	60,000
仮受消費税（非課税売上修正）	90,909
仮受消費税（低額譲渡）	30,000
仮払消費税（海外旅費）	27,272
消費税差額	19
合計	208,200

STEP 5 当期の会計上の修正仕訳（前期修正申告の受入処理）

消費税の修正申告に伴い、当期の会計上の修正仕訳を行います。

(1) 売上げの修正仕訳

当期に売上計上していた600,000円（税抜き）を前期の売上げとして修正申告しました。これに伴い当期の会計上の修正仕訳を行います。

① 既に行っている仕訳

| （売掛金） | 660,000 | （売　上）　課売 | 600,000 |
| | | （仮受消費税） | 60,000 |

② 会計上の当期の修正仕訳

当該売上げ600,000円は、前期の課税標準となっていますので、当期の消費税額の計算には影響させないように消費税の課税区分を「対象外」として修正仕訳します。

| （売　上）　課売 | 600,000 | （前期損益修正益）　対外 | 600,000 |

(2) 非課税売上げ1,000,000円の課税売上げへの修正

| （前期損益修正益）　対外 | 1,000,000 | （前期損益修正益）　対外 | 909,091 |
| | | （仮受消費税） | 90,909 |

(3) 当社役員への低額譲渡

| （前期損益修正損）　対外 | 330,000 | （前期損益修正益）　対外 | 300,000 |
| | | （仮受消費税） | 30,000 |

(4) 海外出張旅費の修正

| （前期損益修正損）　対外 | 300,000 | （前期損益修正損）　対外 | 272,728 |
| | | （仮払消費税） | 27,272 |

(5) 修正申告の消費税額納付の仕訳

（仮受消費税）	180,909	（未払消費税）	208,200
（仮払消費税）	27,272		
（前期損益修正損）　対外	19		

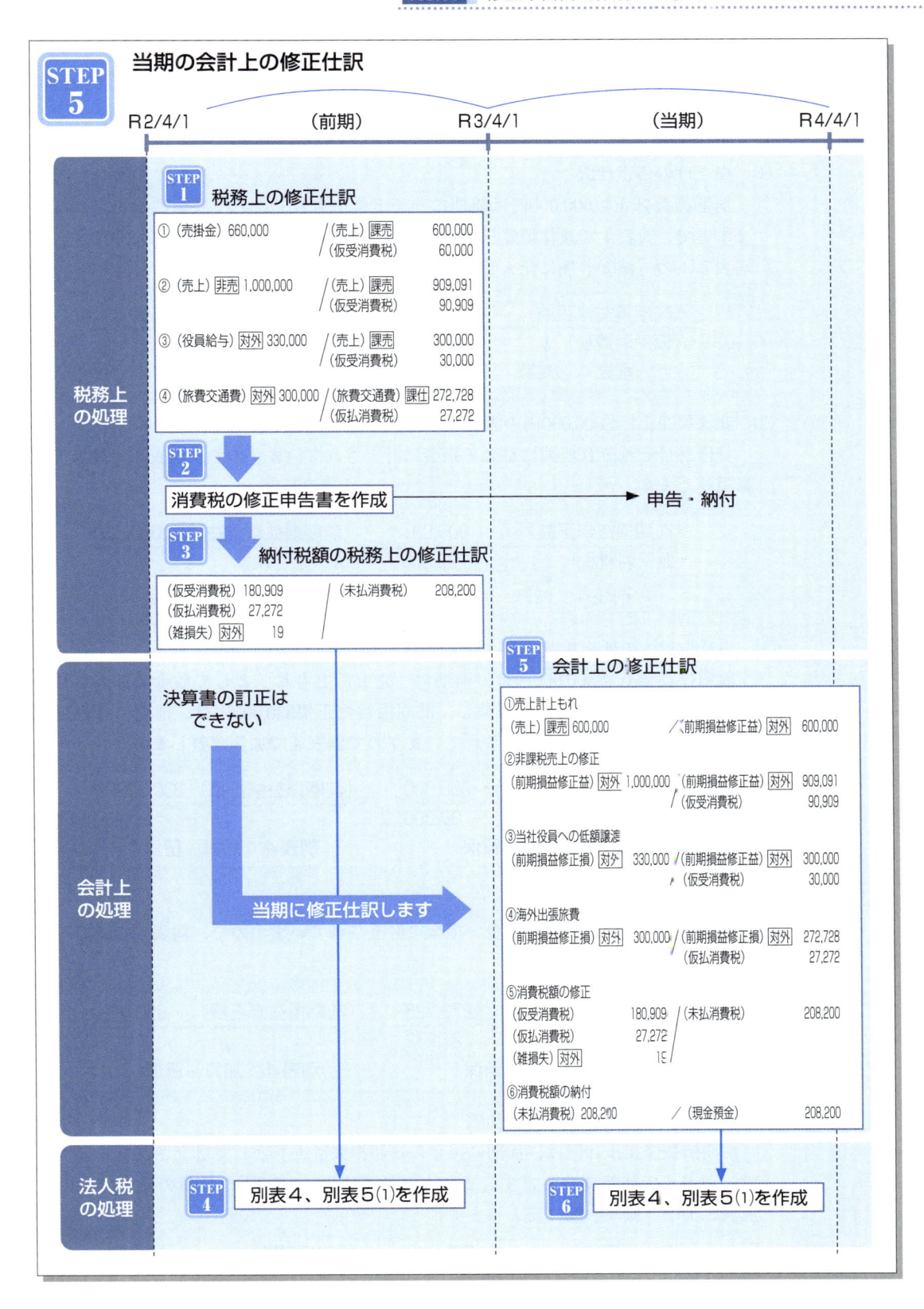

STEP 5 当期の会計上の修正仕訳

R2/4/1　（前期）　R3/4/1　（当期）　R4/4/1

税務上の処理

STEP 1　税務上の修正仕訳

① （売掛金）660,000　／（売上）[課売] 600,000
　　　　　　　　　　　／（仮受消費税） 60,000

② （売上）[非売] 1,000,000　／（売上）[課売] 909,091
　　　　　　　　　　　　　　／（仮受消費税） 90,909

③ （役員給与）[対外] 330,000　／（売上）[課売] 300,000
　　　　　　　　　　　　　　／（仮受消費税） 30,000

④ （旅費交通費）[対外] 300,000　／（旅費交通費）[課仕] 272,728
　　　　　　　　　　　　　　　／（仮払消費税） 27,272

STEP 2　消費税の修正申告書を作成 ──→ 申告・納付

STEP 3　納付税額の税務上の修正仕訳

（仮受消費税）180,909　／（未払消費税） 208,200
（仮払消費税）27,272　／
（雑損失）[対外] 19　／

会計上の処理

決算書の訂正はできない

当期に修正仕訳します →

STEP 5　会計上の修正仕訳

①売上計上もれ
（売上）[課売] 600,000　／（前期損益修正益）[対外] 600,000

②非課税売上の修正
（前期損益修正益）[対外] 1,000,000　／（前期損益修正益）[対外] 909,091
　　　　　　　　　　　　　　　　／（仮受消費税） 90,909

③当社役員への低額譲渡
（前期損益修正損）[対外] 330,000　／（前期損益修正益）[対外] 300,000
　　　　　　　　　　　　　　　　／（仮受消費税） 30,000

④海外出張旅費
（前期損益修正損）[対外] 300,000　／（前期損益修正損）[対外] 272,728
　　　　　　　　　　　　　　　　／（仮払消費税） 27,272

⑤消費税額の修正
（仮受消費税）180,909　／（未払消費税） 208,200
（仮払消費税）27,272　／
（雑損失）[対外] 19　／

⑥消費税額の納付
（未払消費税）208,200　／（現金預金） 208,200

法人税の処理

STEP 4　別表4、別表5(1)を作成

STEP 6　別表4、別表5(1)を作成

当期の法人税申告書の別表4、別表5⑴を作成する

STEP6

STEP5の当期の会計上の修正仕訳に伴い、前期の税務上の仕訳との二重仕訳を解消する必要があります。税務上の修正仕訳を行ったうえで、法人税の別表4、別表5⑴を作成します。

⑴　売上げの修正仕訳

　　前期損益修正益600,000円は前期に「売上計上もれ」として益金に計上されていますので、別表4で減算調整します。また売掛金660,000円は、資産の減少ですので、別表5⑴の「減②」欄に記入します。

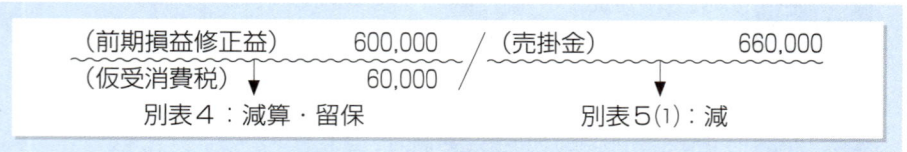

⑵　非課税売上げ1,000,000円の課税売上げへの修正

　　貸借科目それぞれ前期に益金・損金に計上されていますので、別表4で減算・加算調整します。

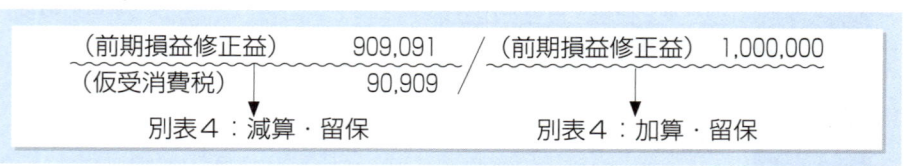

⑶　当社役員への低額譲渡

　　前期損益修正益300,000円は、前期に「売上計上もれ」として益金に算入されていますので、別表4で減算調整し、前期損益修正損330,000円は、前期に「役員給与認定損」として損金に算入されていますので別表4で加算調整します。

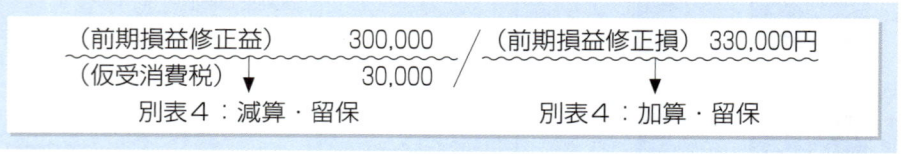

⑷　海外出張旅費の修正

　　貸借科目それぞれ前期に益金・損金に計上されていますので、別表4で減算・加算調整します。

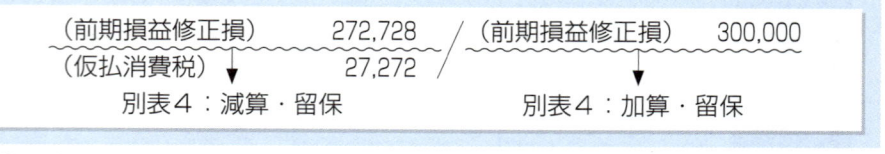

⑸　修正申告の消費税額納付の仕訳

　　前期損益修正損19円は、前期に損金に「雑損失計上」として計上されていますので、別表4で加算調整します。また、未払消費税208,200円は負債の減少ですので、別表5⑴の「減②」欄に記入します。

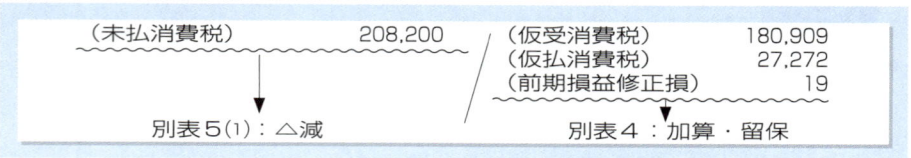

STEP 6 当期の法人税申告書の別表４、別表５(1)を作成する

所得の金額の計算に関する明細書

| 事業年度 | 3・4・1 4・3・31 | 法人名 | 国税商事 株式会社 | 別表四 |

| 区 分 | | 総 額 ① | 処 分 | |
			留 保 ②	社 外 流 出 ③
当期利益又は当期欠損の額	1			配 当
				その他
役員給与の損金不算入額	8			その他
交際費等の損金不算入額	9			その他
加 前期売上高減算否認	10	1,000,000	1,000,000	
算 前期役員給与否認		330,000	330,000	
前期旅費交通費減算否認		300,000	300,000	
前期雑損失計上否認		19	19	
法人税等の中間納付額及び過誤納に係る還付税額	18			
所得税額等及び欠損金の繰戻しによる還付金額等	19			※
減 前期売上高計上もれ認容	20	600,000	600,000	
算 前期売上高加算認容		909,091	909,091	
前期売上高計上もれ認容		300,000	300,000	
前期旅費交通費認容		272,728	272,728	

利益積立金額及び資本金等の額の計算に関する明細書

| 事業年度 | 3・4・1 4・3・31 | 法人名 | 国税商事 株式会社 | 別表五(一) |

Ⅰ 利益積立金額の計算に関する明細書

| 区 分 | | 期首現在利益積立金額 ① | 当 期 の 増 減 | | 差引翌期首現在利益積立金額 ④ |
			減 ②	増 ③	
利 益 準 備 金	1				
積 立 金	2				
売 掛 金	3	660,000	660,000		0
未 払 消 費 税	4	△ 208,200	△ 208,200		0

未払消費税の内訳書を作る

内容	金額	減額	残高
仮受消費税 (売上計上もれ)	30,000	▲30,000	0
仮受消費税 (非課税売上修正)	30,909	▲30,909	0
仮受消費税 (低額譲渡)	30,000	▲30,000	0
仮払消費税 (海外旅費)	27,272	▲27,272	0
消費税差額	19	▲19	0
合計	208,200	▲208,200	0

修正申告書を作成する③
（税抜経理で簡易課税の場合）

STEP 1

税抜経理方式で簡易課税制度を選択している場合の消費税の修正申告書を作成します。

設例

前期（R2.4.1～R3.3.31）の決算について、下記の修正事項があった。（金額は税抜き）

（修正事項）当期に売上計上した600,000円（消費税60,000円）は、前期に売上計上
　　　　　　（標準10％）すべきであった。

（確定申告）課税売上高

　　　　標準10％　18,954,500円　仮受消費税　1,895,450円⇒**修正事項**

　　　　業種：運送業　第5種事業　みなし仕入率　50％

　　　　納付税額　947,600円（消費税739,200円、地方消費税208,400円）

税務上の修正仕訳をする

売上計上もれとなっている前期分の売上高について税務上の修正仕訳を行います。

売上の修正仕訳

　　（売掛金）　660,000　／　（売　上）　課売　600,000
　　　　　　　　　　　　　　　　（仮受消費税）　　60,000

STEP 2

消費税の修正申告書を作成する

(1)　付表4-3の①～②欄を作成する

①「課税資産の譲渡等の対価の額①－1」・「課税標準額①（千円未満切捨て）」

税率7.8％適用分B　$\left(\dfrac{\text{確定申告額}}{18,954,500 + 1,895,450} + \dfrac{\text{修正事項}}{600,000 + 60,000} \right) \times \dfrac{100}{110}$

　　　　　　　　　＝19,554,500⇒19,554,000（千円未満切捨て）

②「消費税額②」

税率7.8％適用分B　19,554,000×7.8％＝1,525,212

※その他の付表・第二表・第一表については、確定申告書を作成した手順に従って転記、計算してください。

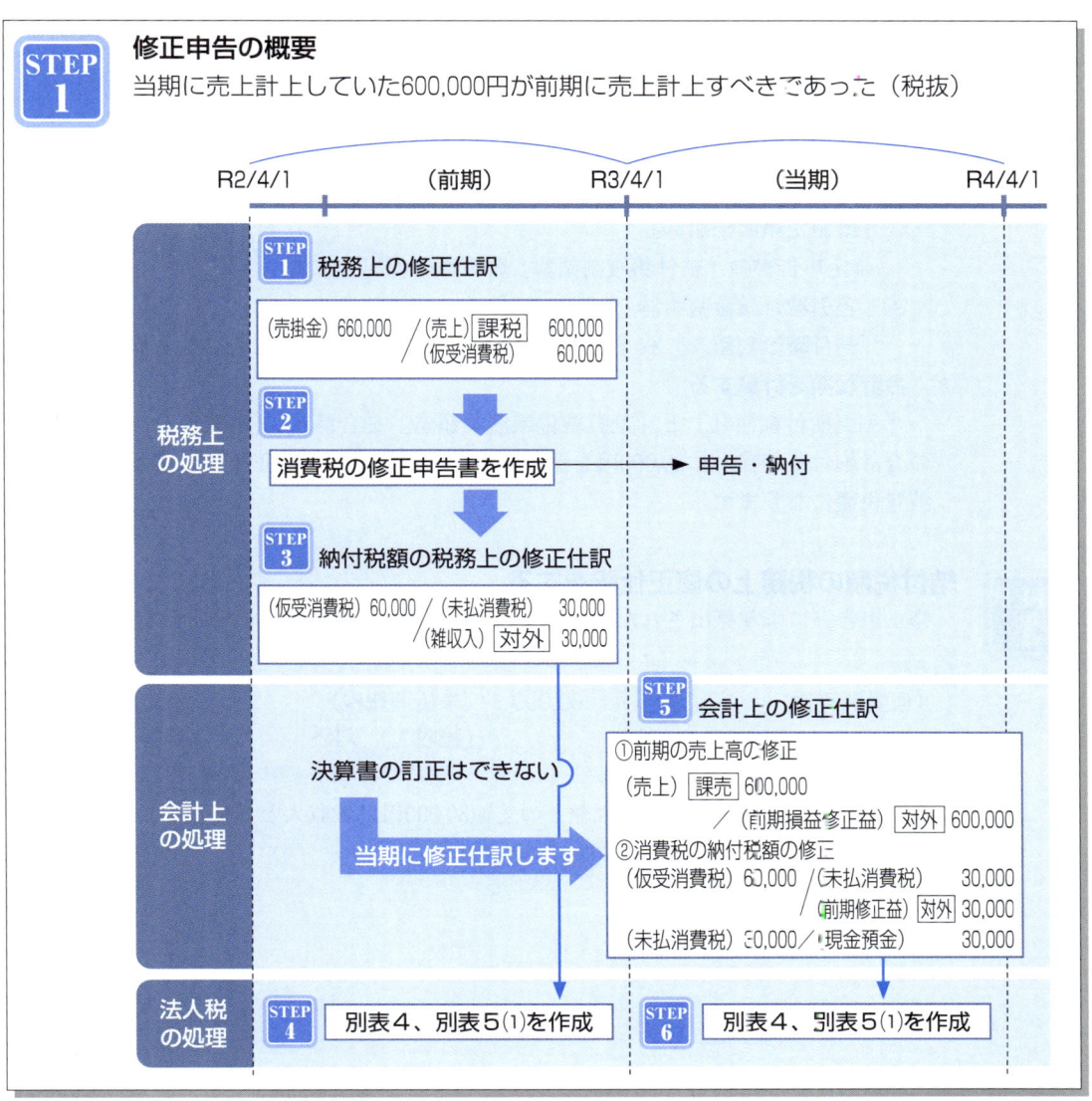

STEP 1 修正申告の概要

当期に売上計上していた600,000円が前期に売上計上すべきであった（税抜）

STEP 2 (1) 付表4-3の①～②欄を作成する

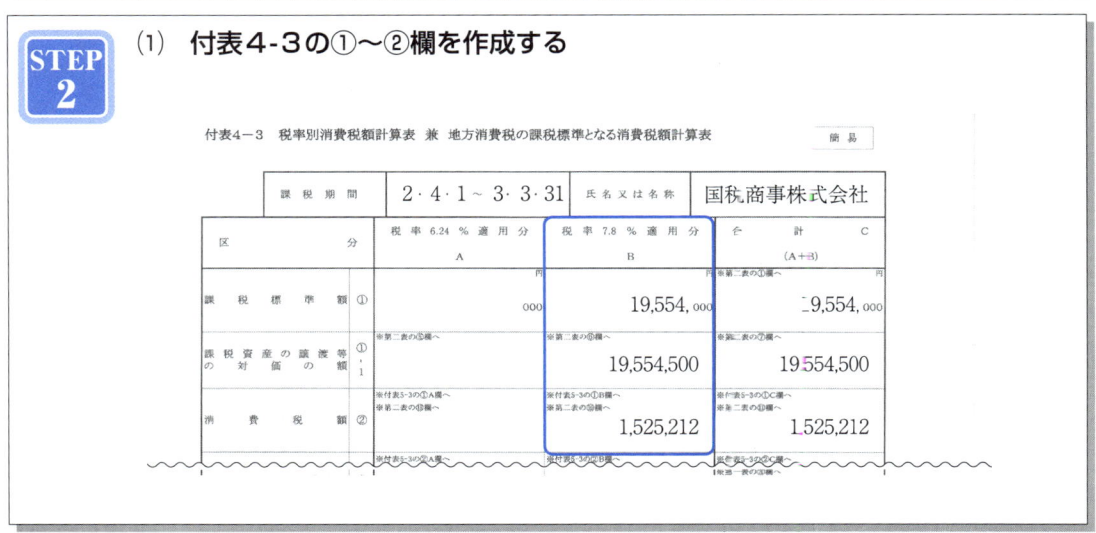

(2) 第一表の「この申告書が修正申告である場合」の欄を作成する

　①「既確定税額⑬」

　　確定申告書の「納付税額⑪」の金額を転記します。

　②「差引納付税額⑭」

　　「納付税額⑪」－「既確定税額⑬」により計算した金額を記載します。

　③「既確定譲渡割額㉔」

　　確定申告書の「納付譲渡割額㉒」の金額を転記します。

　④「差引納付譲渡割額㉕」

　　「納付譲渡割額㉒」－「既確定譲渡割額㉔」により計算した金額を記載します。

(3) 合計税額を計算する

　「差引納付税額⑭」と「差引納付譲渡割額㉕」を合計し、「消費税及び地方消費税の合計納付税額㉖」に30,000円を記入します。この金額が修正申告により納付すべき消費税額になります。

STEP 3 **納付税額の税務上の修正仕訳をする**

　修正申告書により算出された納付税額30,000円について税務上の修正仕訳を行います。

| （仮受消費税） | 60,000 | （未払消費税） | 30,000 |
| | | （雑収入）対外 | 30,000 |

　仮受消費税と納付すべき消費税額との差額30,000円は雑収入として計上します。

(2) 第一表の「この申告書が修正申告である場合」の欄を作成する

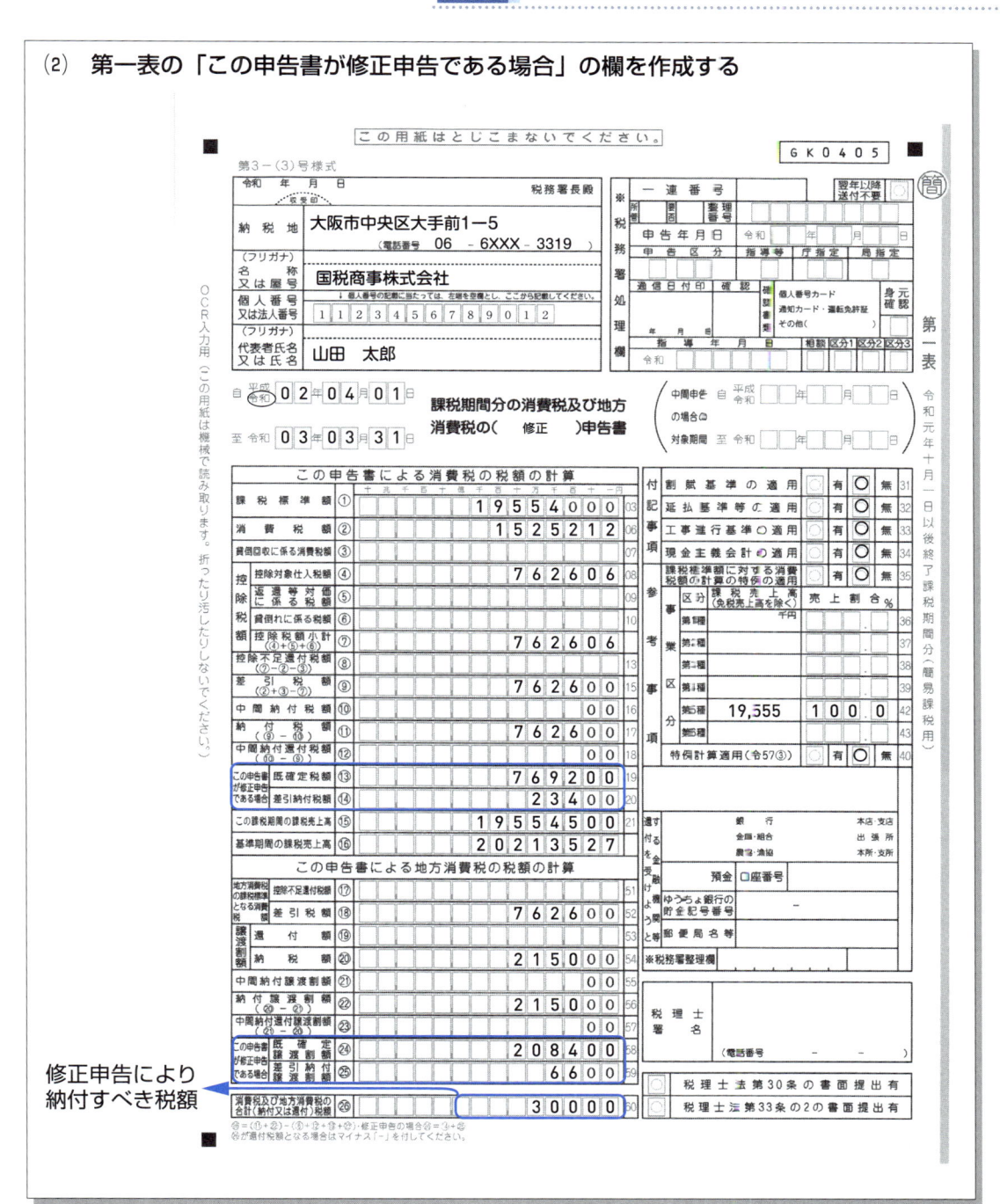

修正申告により
納付すべき税額

363

法人税の修正申告書の別表４、別表５⑴を作成する（前期分）

STEP 4

　消費税の修正申告に伴い、**STEP1**及び**STEP3**の税務上の修正仕訳より、法人税の別表４及び別表５⑴を作成します。

⑴　売上の修正仕訳

　　計上もれとなっている前期分の売上高600,000円（税抜き）の金額を別表４で加算調整します。また、売掛金660,000円は、資産の増加ですので別表５⑴の「増③」欄に記入します。

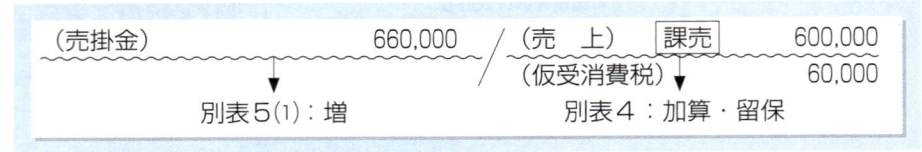

⑵　消費税の納付額の修正仕訳

　　雑収入30,000円を別表４で加算調整します。また、未払消費税30,000円は負債の増加ですので、別表５⑴の「増③」欄に△で記入します。

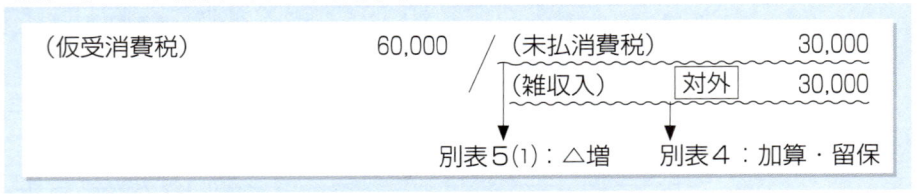

当期の会計上の修正仕訳（前期修正申告の受入処理）

STEP 5

　当期に売上計上していた600,000円（税抜き）を前期の売上げとして修正申告しました。これに伴い当期の会計上の修正仕訳を行います。

⑴　既に行っている仕訳

| （売掛金） | 660,000 | ／ | （売　上）　課売 | 600,000 |
| | | | （仮受消費税） | 60,000 |

⑵　会計上の当期の修正仕訳

　　当該売上げ600,000円（税抜き）は、前期の課税標準となっていますので、当期の消費税額の計算には影響させないように消費税の課税区分を「対象外」として修正仕訳します。

　　これはあくまでも消費税の課税区分の修正であって、収益計上されている金額は、600,000円のまま変わりません。

| （売　上）　課売 | 600,000 | ／ | （前期損益修正益）　対外 | 600,000 |

⑶　修正申告の消費税額の仕訳

| （仮受消費税） | 60,000 | ／ | （未払消費税） | 30,000 |
| | | | （前期損益修正益）　対外 | 30,000 |

⑷　消費税額の納付時の仕訳

| （未払消費税） | 30,000 | ／ | （現金預金） | 30,000 |

STEP 4

法人税の修正申告書の別表4、別表5⑴を作成する（前期分）

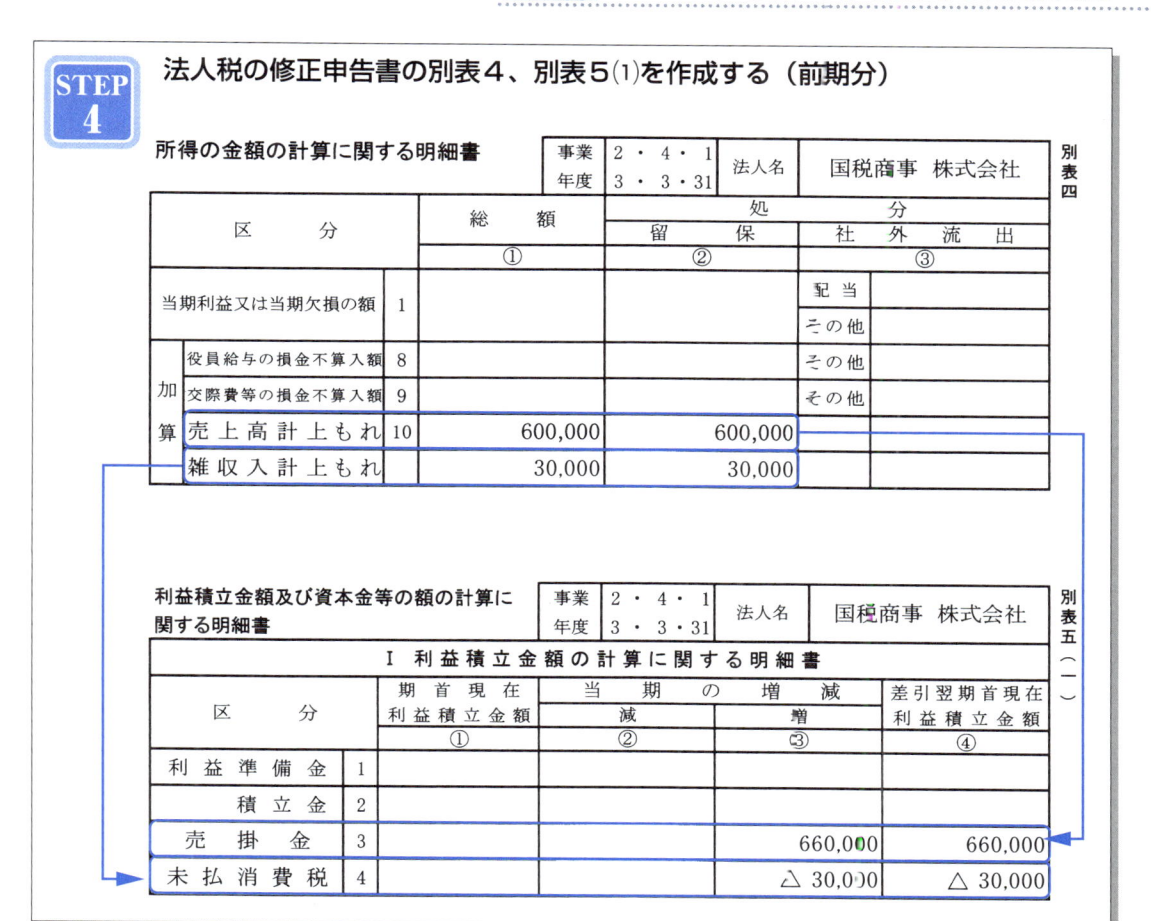

所得の金額の計算に関する明細書

| 事業年度 | 2・4・1 3・3・31 | 法人名 | 国税商事　株式会社 | 別表四 |

区　分		総　額 ①	処　　分	
			留　保 ②	社　外　流　出 ③
当期利益又は当期欠損の額	1			配　当
				その他
加算	役員給与の損金不算入額	8			その他
	交際費等の損金不算入額	9			その他
	売上高計上もれ	10	600,000	600,000	
	雑収入計上もれ		30,000	30,000	

利益積立金額及び資本金等の額の計算に関する明細書

| 事業年度 | 2・4・1 3・3・31 | 法人名 | 国税商事　株式会社 | 別表五（一） |

Ⅰ　利益積立金額の計算に関する明細書

区　分		期首現在利益積立金額 ①	当　期　の　増　減		差引翌期首現在利益積立金額 ④
			減 ②	増 ③	
利益準備金	1				
積立金	2				
売掛金	3			660,000	660,000
未払消費税	4			△ 30,000	△ 30,000

365

当期の法人税申告書の別表４、別表５(1)を作成する

STEP5の当期の会計上の修正仕訳に伴い、前期の税務上の仕訳との二重仕訳を解消する必要があります。税務上の修正仕訳を行ったうえで、法人税の別表４、別表５(1)を作成します。

⑴ 売上の修正

前期損益修正益600,000円は前期に「売上計上もれ」として益金に計上されていますので、別表４で減算調整します。また、売掛金660,000円は、資産の減少ですので別表５(1)の「減②」欄に記入します。

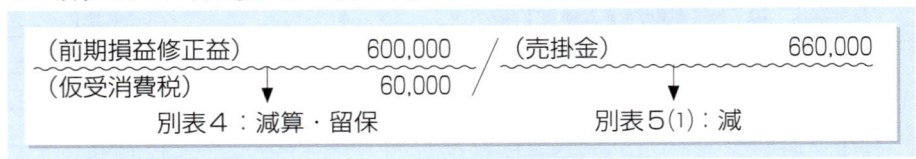

⑵ 消費税額の修正

前期損益修正益は「雑収入計上もれ」として前期の益金に計上されていますので、別表４で減算調整します。また、未払消費税30,000円は負債の減少ですので、別表５(1)の「減②」欄に△で記入します。

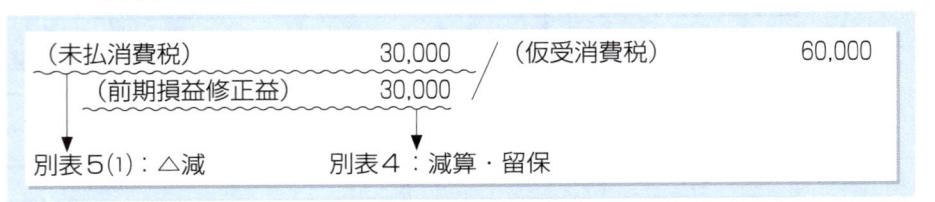

STEP 6 当期の法人税申告書の別表４、別表５(1)を作成する

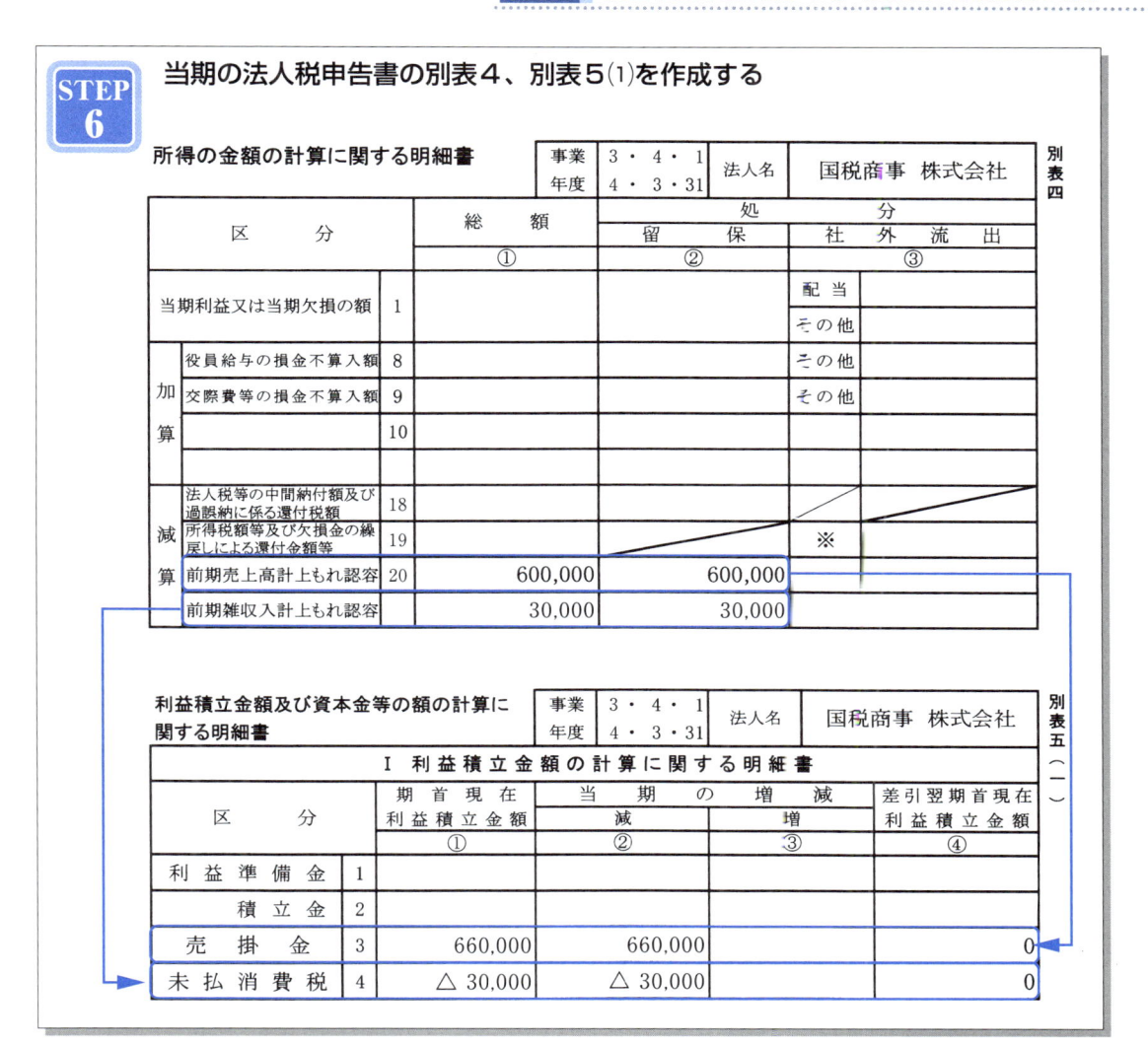

所得の金額の計算に関する明細書

| 事業年度 | 3・4・1 4・3・31 | 法人名 | 国税商事 株式会社 | 別表四 |

区　分		総　額 ①	処　分	
			留　保 ②	社　外　流　出 ③
当期利益又は当期欠損の額	1			配　当
				その他
加	役員給与の損金不算入額	8			その他
	交際費等の損金不算入額	9			その他
算		10			
減	法人税等の中間納付額及び過誤納に係る還付税額	18			
	所得税額等及び欠損金の繰戻しによる還付金額等	19			※
算	前期売上高計上もれ認容	20	600,000	600,000	
	前期雑収入計上もれ認容		30,000	30,000	

利益積立金額及び資本金等の額の計算に関する明細書

| 事業年度 | 3・4・1 4・3・31 | 法人名 | 国税商事 株式会社 | 別表五(一) |

Ⅰ　利益積立金額の計算に関する明細書

区　分		期首現在 利益積立金額 ①	当　期　の　増　減		差引翌期首現在 利益積立金額 ④
			減 ②	増 ③	
利 益 準 備 金	1				
積 立 金	2				
売　　掛　　金	3	660,000	660,000		0
未 払 消 費 税	4	△ 30,000	△ 30,000		0

消費税について各種届出をする

 **STEP 1**

必要な届出を確認する

消費税に関する届出書等の主なものは右ページの表に掲げるものがあります。

1．法人を設立したとき

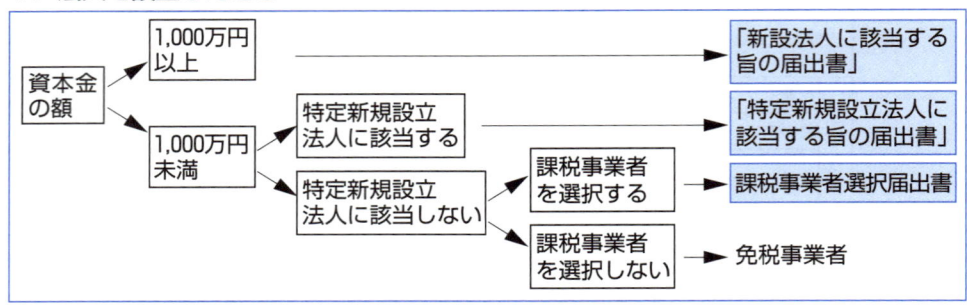

2．基準期間・特定期間の課税売上高の判定

(1) 現在は、免税事業者である

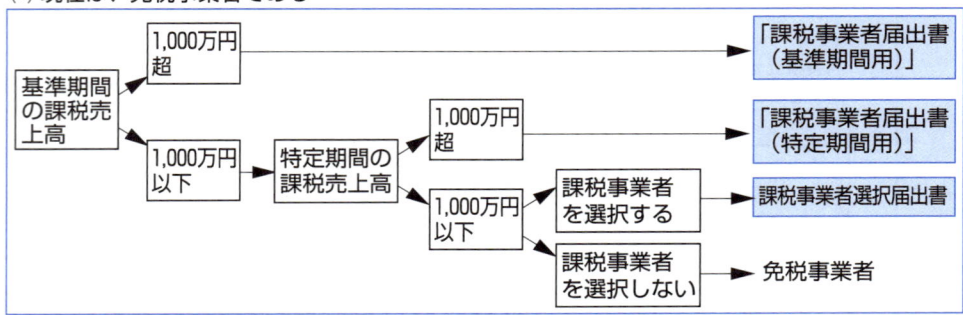

(2) 現在は、課税事業者である

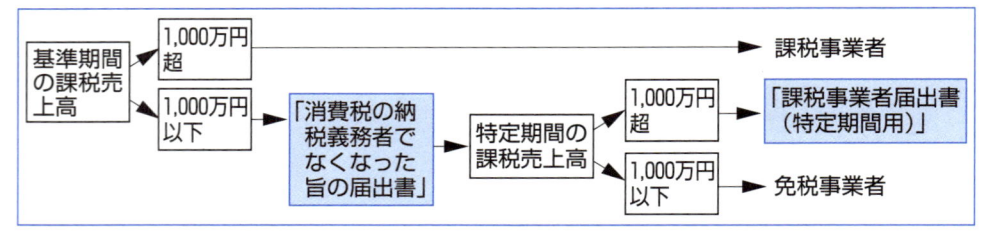

 **STEP 2**

提出期限等の注意点

1．提出期限等が課税期間の初日の前日までとされている届出書

　　該当日が日曜日等の国民の休日に当たる場合であっても、その日までに提出がなければそれぞれの規定の適用を受けることができません。ただし、これらの届出書が郵便又は信書便により提出された場合には、その郵便物又は信書便物の通信日付印により表示された日に提出されたものとみなされます。

2．事業を開始した日の属する課税期間から選択・適用できる届出書

　　「消費税簡易課税制度選択届出書」、「消費税課税事業者選択届出書」、「消費税課税期間特例選択届出書」は、これらの届出書をその事業を開始した日の属する課税期間の終了の日までに提出すれば、その課税期間から選択・適用することができます。

STEP 1 消費税の主な届出書等

届出書等	様式番号	届出書等の期限	参照No.
消費税課税事業者届出書（基準期間用）	第3－(1)号様式	速やかに	No.89
消費税課税事業者届出書（特定期間用）	第3－(2)号様式	速やかに	No.90
消費税の納税義務者でなくなった旨の届出書	第5号様式	速やかに	No.92
消費税の新設法人に該当する旨の届出書	第10－(2)号様式	速やかに	No.91
消費税の特定新規設立法人に該当する旨の届出書	第10－(3)号様式	速やかに	No.101
消費税課税事業者選択届出書	第1号様式	選択しようとする課税期間の初日の前日まで	No.93
消費税課税事業者選択不適用届出書	第2号様式	選択をやめようとする課税期間の初日の前日まで	No.94
消費税簡易課税制度選択届出書	第1号様式	選択しようとする課税期間の初日の前日まで	No.95
消費税簡易課税制度選択不適用届出書	第25号様式	選択をやめようとする課税期間の初日の前日まで	No.96
消費税課税期間特例選択・変更届出書	第13号様式	短縮又は変更に係る期間の初日の前日まで	No.97
消費税課税期間特例選択不適用届出書	第14号様式	選択をやめようとする課税期間の初日の前日まで	No.98
消費税課税売上割合に準ずる割合の適用承認申請書	第22号様式	適用しようとする課税期間中に提出して承認を受ける	No.99
消費税課税売上割合に準ずる割合の不適用届出書	第23号様式	適用をやめようとする課税期間中	No.100

STEP 2 提出期限等の注意点

1．課税期間の初日の前日が国民の休日の場合

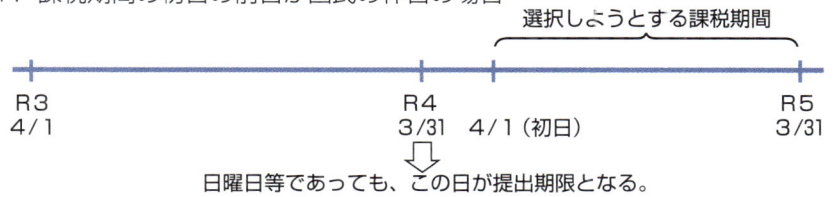

日曜日等であっても、この日が提出期限となる。

2．事業を開始した日の属する課税期間から選択・適用できる届出書

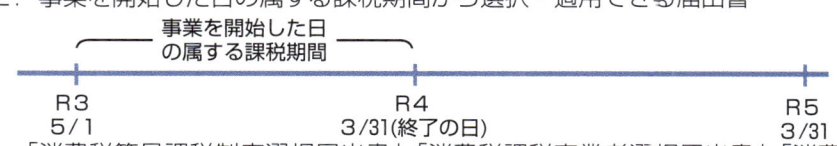

　「消費税簡易課税制度選択届出書」「消費税課税事業者選択届出書」「消費税課税期間特例選択届出書」は、事業を開始した日の属する課税期間の終了の日までに提出すれば選択・適用できます。

「消費税課税事業者届出書(基準期間用)」を作成する
─免税事業者が課税事業者になることとなった場合─

IX

届出書等を作成する

STEP 1 概要

　基準期間における課税売上高が1,000万円を超えたことにより、免税事業者が課税事業者になる場合に提出します。課税事業者になることが判明した場合は速やかに提出しなければならないこととされています。

　この「課税事業者届出書」は、課税事業者になることを確認するための届出書です。したがって、未提出であっても免税事業者のままであるということはありません。あくまで課税事業者に該当するかどうかは、基準期間における課税売上高で判定します。

STEP 2 適用開始課税期間を記載する

　課税事業者になる課税期間を記載します。

STEP 3 基準期間及び基準期間における課税売上高等を記載する

１．適用開始課税期間の基準期間を記載します。

２．基準期間における総売上高、課税売上高を記載します。

（1）　基準期間が１年でない法人は、１年分（12か月分）に換算した課税売上高となります。

> **（例）** 基準期間が５か月で、課税売上高が525万円の場合
>
> $$525万円 \times \frac{12月}{5月} = 1,260万円 （基準期間における課税売上高）$$

（2）　個人事業者が年の中途において事業を開始した場合等であっても、１年分に換算する必要はありません。基準期間の課税売上高をそのまま記載します。（消基通１－４－９）

（3）　基準期間に免税事業者であった場合は、基準期間における課税売上高は税込みの金額となり、税抜き処理はしません。（消基通１－４－５）

STEP 4 その他の事項を記載する

　各々の欄に必要事項を記載します。

①　設立年月日（法人の場合）／生年月日（個人事業者の場合）

②　事業内容

③　事業年度・資本金（法人のみ）

④　届出区分

　なお、合併や分割等により課税事業者となった場合は、付表（第４号様式）を添付します。

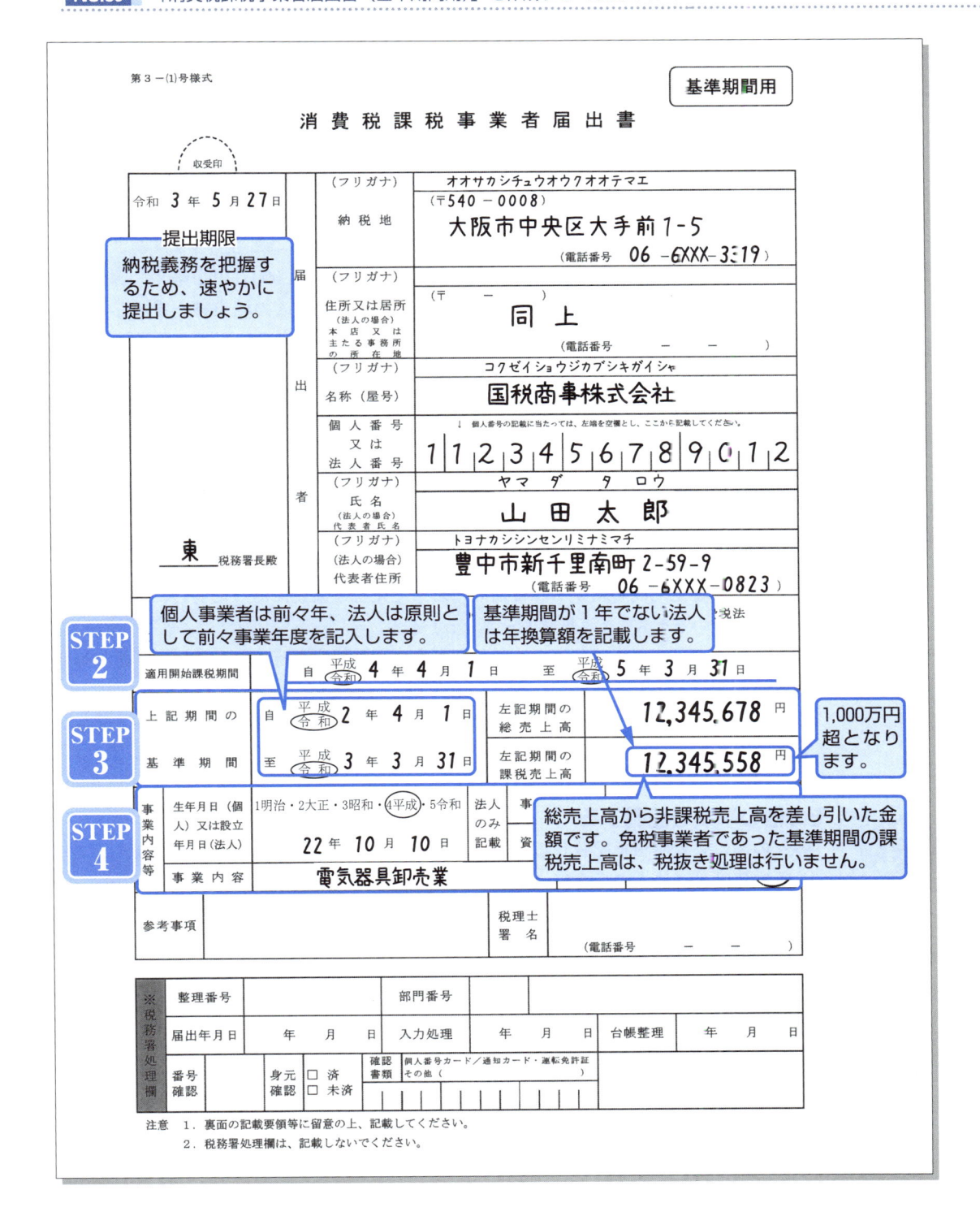

第３−(1)号様式

基準期間用

消 費 税 課 税 事 業 者 届 出 書

収受印	

令和 3 年 5 月 27 日

提出期限
納税義務を把握するため、速やかに提出しましょう。

（フリガナ）オオサカシチュウオウクオオテマエ
納税地 （〒540−0008）
大阪市中央区大手前1-5
（電話番号 06 −6XXX−3319 ）

（フリガナ）
住所又は居所
（法人の場合）
本店又は主たる事務所の所在地
同 上
（〒 − ）
（電話番号 − − ）

（フリガナ）コクゼイショウジカブシキガイシャ
名称（屋号）国税商事株式会社

個人番号又は法人番号
↓ 個人番号の記載に当たっては、左端を空欄とし、ここから記載してください。
1 1 2 3 4 5 6 7 8 9 0 1 2

（フリガナ）ヤマダ タロウ
氏名
（法人の場合）代表者氏名
山田太郎

（フリガナ）トヨナカシシンセンリミナミマチ
（法人の場合）代表者住所
豊中市新千里南町2-59-9
（電話番号 06 −6XXX−0823 ）

東 税務署長殿

STEP 2

個人事業者は前々年、法人は原則として前々事業年度を記入します。

基準期間が１年でない法人は年換算額を記載します。

適用開始課税期間 自 平成・令和 4 年 4 月 1 日 至 平成・令和 5 年 3 月 31 日

STEP 3

上記期間の基準期間
自 平成・令和 2 年 4 月 1 日
至 平成・令和 3 年 3 月 31 日

左記期間の総売上高 12,345,678 円
左記期間の課税売上高 12,345,558 円

1,000万円超となります。

STEP 4

事業内容等
生年月日（個人）又は設立年月日（法人）
1明治・2大正・3昭和・4平成・5令和
22 年 10 月 10 日
法人のみ記載

事業内容 電気器具卸売業

総売上高から非課税売上高を差し引いた金額です。免税事業者であった基準期間の課税売上高は、税抜き処理は行いません。

参考事項

税理士署名
（電話番号 − − ）

※税務署処理欄	整理番号		部門番号					
	届出年月日	年 月 日	入力処理	年 月 日	台帳整理	年 月 日		
	番号確認		身元確認	□ 済 □ 未済	確認書類	個人番号カード／通知カード・運転免許証 その他（ ）		

注意 1. 裏面の記載要領等に留意の上、記載してください。
2. 税務署処理欄は、記載しないでください。

「消費税課税事業者届出書(特定期間用)」を作成する
―免税事業者が課税事業者になることとなった場合―

Ⅸ 届出書等を作成する

STEP 1

概要

基準期間における課税売上高が1,000万円以下である事業者が、特定期間における課税売上高が1,000万円を超えたことにより、課税事業者になる場合に提出します。なお、課税売上高に代えて給与等の支払額の合計額により判定することもできます。

特定期間の課税売上高（又は給与等支払額の合計額）が1,000万円を超え、課税事業者になることとなった場合には、特定期間終了後速やかにこの届出書を提出します。（**No.12**参照）

STEP 2

適用開始課税期間を記載する

課税事業者になる課税期間を記載します。

STEP 3

特定期間及び特定期間における課税売上高等を記載する

１．適用開始課税期間の特定期間を記載します。

２．特定期間における総売上高、課税売上高を記載します。

　　なお、特定期間の属する課税期間において免税事業者であった場合には、税抜き処理は行いません。（消基通１－４－５）

３．課税売上高に代えて給与等支払額の合計額により判定を行った場合には、給与等支払額を記載します。

　　給与等支払額とは、特定期間中に支払った所得税の課税対象となる給与・賞与等の合計額です。（未払給与等は対象となりません）

STEP 4

その他の事項を記載する

各々の欄に必要事項を記載します。

① 設立年月日（法人の場合）／生年月日（個人事業者の場合）

② 事業内容

③ 事業年度・資本金（法人のみ）

第3－(2)号様式

特定期間用

消費税課税事業者届出書

収受印

令和 **3** 年 **11** 月 **25** 日

提出期限
特定期間の翌事業年度又は翌年の納税義務を把握するため、速やかに提出しましょう。

東　税務署長殿

（フリガナ）	オオサカシチュウオウクオオテマエ	
納税地	（〒540－0008）大阪市中央区大手前1-5	
	（電話番号　06－6XXX－3319）	
（フリガナ）		
住所又は居所（法人の場合）本店又は主たる事務所の所在地	（〒　－　）同　上	
	（電話番号　－　－　）	
（フリガナ）	コクゼイショウジカブシキガイシャ	
名称（屋号）	国税商事株式会社	
個人番号又は法人番号	↓個人番号の記載に当たっては、左端を空欄とし、ここから記載してください。 1 1 2 3 4 5 6 7 8 9 0 1 2	
（フリガナ）	ヤマダ　タロウ	
氏名（法人の場合）代表者氏名	山田太郎	
（フリガナ）	トヨナカシ シンセンリミナミ マチ	
（法人の場合）	豊中市新千里南町2-59-9	
	（電話番号　06－6XXX－0823）	

届出者

…が1,000万円を超えることとなったので、消費税法

個人事業者はその前年の1月1日から6月30日までの期間、法人は原則としてその前事業年度開始の日以後6か月の期間を記入します。

STEP 2

適用開始課税期間	自 平成・令和 **4** 年 **4** 月 **1** 日	至 平成・令和 **5** 年 **3** 月 **31** 日

STEP 3

上記期間の特定期間	自 平成・令和 **3** 年 **4** 月 **1** 日	左記期間の総売上高	**12,365,748** 円
	至 平成・令和 **3** 年 **9** 月 **30** 日	左記期間の課税売上高	**12,365,668** 円
		左記期間の給与等支払額	円

1,000万円超となります。

STEP 4

事業内容等	生年月日（個人）又は設立年月日（法人）	1明治・2大正・3昭和・4平成・5令和 **22** 年 **10** 月 **10** 日	法人のみ記載	事業年度	自 **4** 月 **1** 日 至 **3** 月 **31** 日
				資本金	**10,000,000** 円
	事業内容	電気器具卸売業			

特定期間の属する課税期間が免税事業者であった場合には課税売上高は税抜き処理は行いません。給与等支払額により判定する場合には「左記期間の給与等支払額」の欄に記入します。

参考事項		税理士署名	

※税務署処理欄	整理番号		部門番号		
	届出年月日	年　月　日	入力処理	年　月　日	台帳整理　年　月　日
	番号確認	身元確認 □済 □未済	確認書類	個人番号カード／通知カード・運転免許証 その他（　　）	

注意　1．裏面の記載要領等に留意の上、記載してください。
　　　2．税務署処理欄は、記載しないでください。

「消費税の新設法人に該当する旨の届出書」を作成する
―資本金1,000万円以上の法人を設立した場合―

STEP 1

概要（消法12の2）

　資本金の額又は出資の金額が1,000万円以上の法人を設立した場合に提出します。

　新たに設立された法人については基準期間が存在しないため、設立1期目及び2期目は原則として免税事業者となります。しかし、基準期間がない法人のうち、その事業年度開始の日における資本金の額又は出資の金額が1,000万円以上である法人（消費税の新設法人）については、その基準期間がない事業年度において納税義務を免除しない特例が設けられています。

　なお、法人設立届出書に「消費税の新設法人に該当することとなった事業年度開始の日」の記載をしたときは、この届出書を提出する必要はありません。

　設立3期目以降は、基準期間の課税売上高及び特定期間の課税売上高等で納税義務を判定します。

STEP 2

必要事項を記載する

　各々の欄に必要事項を記載します。

① 消費税の新設法人に該当することとなった事業年度開始の日

② 上記①の日における資本金の額又は出資金の額

　　この金額が1,000万円未満の場合は、消費税の新設法人に該当しませんので、この届出書を提出する必要はありません。

③ 設立年月日、事業年度、事業内容

STEP 3

基準期間のない課税期間中に調整対象固定資産の取得があった場合

（消法12の2②、37②）

　新設法人が、基準期間のない課税期間（簡易課税制度適用の課税期間を除く。）において、調整対象固定資産を取得した場合には、その取得の日の属する課税期間の初日から3年を経過する日の属する課税期間までの各課税期間については、納税義務が免除されません。また、この間は簡易課税制度を適用することもできません。

STEP 1

・基準期間がない法人で
・期首の資本金の額又は出資金額≧1,000万円 消費税の新設法人

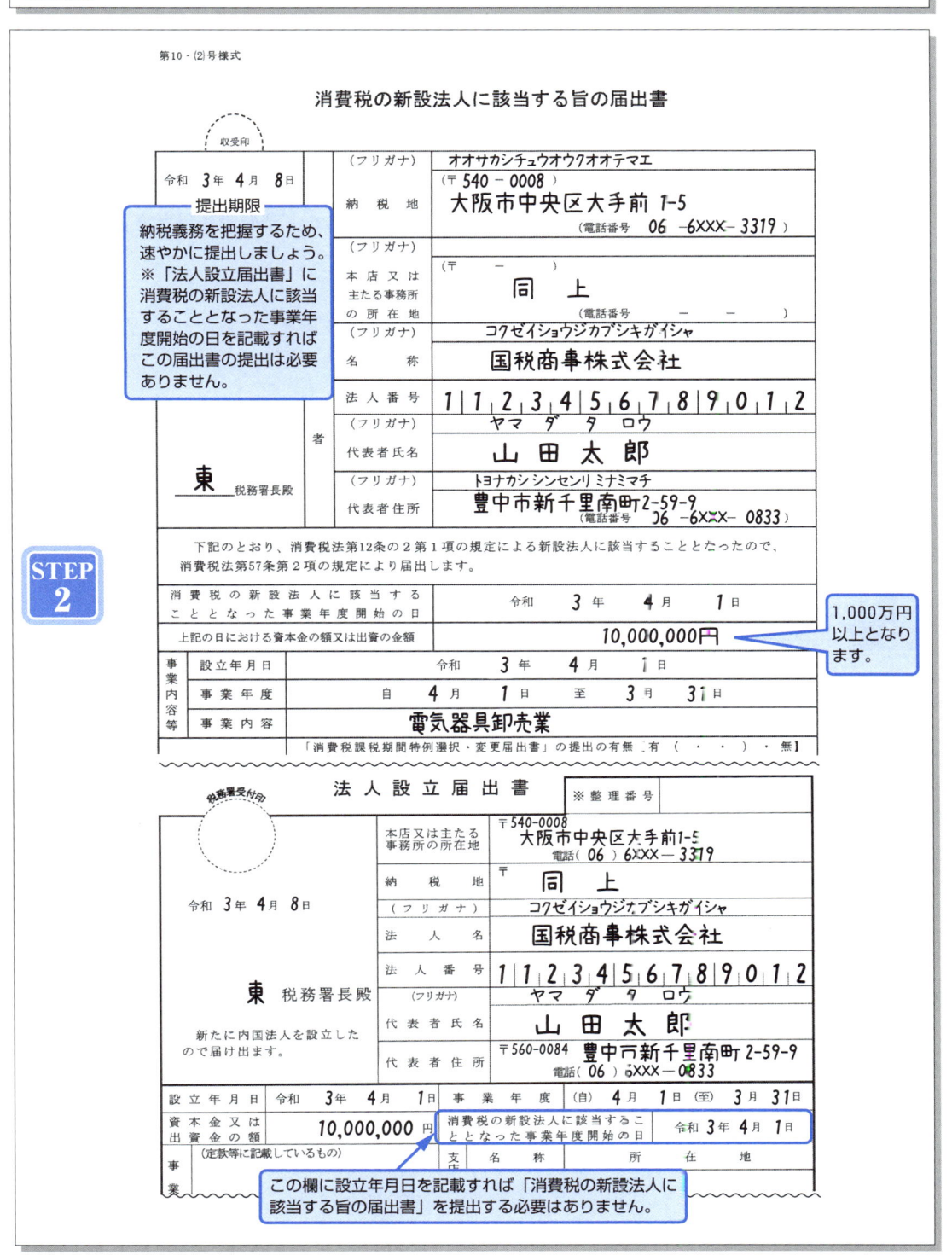

第10-(2)号様式

消費税の新設法人に該当する旨の届出書

令和 3 年 4 月 8 日

提出期限
納税義務を把握するため、速やかに提出しましょう。
※「法人設立届出書」に消費税の新設法人に該当することとなった事業年度開始の日を記載すればこの届出書の提出は必要ありません。

東 税務署長殿

（フリガナ）	オオサカシチュウオウクオオテマエ
納税地	（〒 540 - 0008 ）大阪市中央区大手前 1-5（電話番号 06 -6XXX- 3319 ）
（フリガナ）	
本店又は主たる事務所の所在地	（〒 - ）同 上（電話番号 - - ）
（フリガナ）	コクゼイショウジカブシキガイシャ
名 称	国税商事株式会社
法人番号	1 1 2 3 4 5 6 7 8 9 0 1 2
（フリガナ）	ヤマ ダ タ ロウ
代表者氏名	山 田 太 郎
（フリガナ）	トヨナカシ シンセンリ ミナミマチ
代表者住所	豊中市新千里南町2-59-9（電話番号 06 -6XXX- 0833）

STEP 2

　下記のとおり、消費税法第12条の2第1項の規定による新設法人に該当することとなったので、消費税法第57条第2項の規定により届出します。

消費税の新設法人に該当することとなった事業年度開始の日	令和 3 年 4 月 1 日
上記の日における資本金の額又は出資の金額	10,000,000円

1,000万円以上となります。

事業内容等	設立年月日	令和 3 年 4 月 1 日
	事業年度	自 4 月 1 日 至 3 月 31 日
	事業内容	電気器具卸売業

「消費税課税期間特例選択・変更届出書」の提出の有無 ［有 （ ・ ・ ） ・ 無］

法人設立届出書

※整理番号

令和 3 年 4 月 8 日

東 税務署長殿

新たに内国法人を設立したので届け出ます。

本店又は主たる事務所の所在地	〒540-0008 大阪市中央区大手前1-5 電話（06）6XXX-3319
納税地	〒 同 上
（フリガナ）	コクゼイショウジカブシキガイシャ
法人名	国税商事株式会社
法人番号	1 1 2 3 4 5 6 7 8 9 0 1 2
（フリガナ）	ヤマ ダ タ ロウ
代表者氏名	山 田 太 郎
代表者住所	〒560-0084 豊中市新千里南町 2-59-9 電話（06）6XXX-0833

設立年月日	令和 3 年 4 月 1日	事業年度	（自）4月1日（至）3月31日
資本金又は出資金の額	10,000,000 円（定款等に記載しているもの）	消費税の新設法人に該当することとなった事業年度開始の日	令和 3 年 4 月 1日
事業		支 名 称	所 在 地

この欄に設立年月日を記載すれば「消費税の新設法人に該当する旨の届出書」を提出する必要はありません。

375

「消費税の納税義務者でなくなった旨の届出書」を作成する
―基準期間の課税売上高が1,000万円以下となった場合―

IX 届出書等を作成する

概要

　課税事業者である事業者の基準期間における課税売上高が1,000万円以下となったことにより、納税義務が免除されることとなる場合に提出します。

　納税義務が免除されることが判明した場合は、速やかに提出します。

　ただし、この届出書を提出した場合であっても、特定期間の課税売上高が1,000万円を超える場合には、納税義務は免除されないこととなります（**No.12**「特定期間における課税売上高による納税義務の免除の特例」参照）ので、「消費税課税事業者届出書（特定期間用）」を提出する必要があります。

適用開始課税期間を記載する

　免税事業者となる課税期間を記載します。

基準期間及びその課税売上高を記載する

1．適用課税期間の基準期間を記載します。

2．基準期間における課税売上高を記載します。基準期間が1年でない法人は、1年分（12か月分）に換算した課税売上高となります。

納税義務者となった日を記載する

　課税事業者となった課税期間の初日を記載します。

> （例）令和2年4月1日〜令和3年3月31日の課税期間から課税事業者となった場合
> 　　　「納税義務者となった日」は令和2年4月1日

第5号様式

消費税の納税義務者でなくなった旨の届出書

収受印

令和 **3** 年 **5** 月 **27** 日	（フリガナ）	オオサカシチュウオウクオオテマエ
	納税地	（〒540-0008） 大阪市中央区大手前1-5
		（電話番号　06 - 6XX> -3319 ）
	（フリガナ）	コクゼイショウジカブシキガイシャ　ヤマダタロウ
届出者	氏名又は 名称及び 代表者氏名	国税商事株式会社 山田太郎
東 税務署長殿	個人番号 又は 法人番号	↓ 個人番号の記載に当たっては、左端を空欄とし、ここから記載してください。 1 1 2 3 4 5 6 7 8 9 0 1 2

提出期限
納税義務を把握するため、速やかに提出しましょう。

下記のとおり、納税〜します。　〜項第2号の規定により届出

個人事業者は前々年、法人は原則として前々事業年度を記入します。

STEP 2

	①	この届出の適用 開始課税期間	自 平成 令和 **4** 年 **4** 月 **1** 日	至 平成 令和 **5** 年 **3** 月 **31** 日
	②	①の基準期間	自 平成 令和 **2** 年 **4** 月 **1** 日	至 平成 令和 **3** 年 **3** 月 **31** 日

STEP 3

	③	②の課税売上高	9,523,809 円

基準期間が1年でない法人は年換算額を記載します。

1,000万円以下となります。

※1　この届出書を提出した場合であっても、特定期間（原則として、①の課税期間の前年の1月1日（法人の場合は前事業年度開始の日）から6か月間）の課税売上高が1千万円を超える場合には、①の課税期間の納税義務は免除されないこととなります。
　2　高額特定資産の仕入れ等を行った場合に、消費税法第12条の4第1項の適用がある課税期間については、当該課税期間の基準期間の課税売上高が1千万円以下となった場合であっても、その課税期間の納税義務は免除されないこととなります。
（詳しくは、裏面をご覧ください。）

STEP 4

納税義務者 となった日	平成 令和 **2** 年 **4** 月 **1** 日
参　考　事　項	
税理士署名	（電話番号　　　—　　　—　　　）

※税務署処理欄	整理番号		部門番号		
	届出年月日	年　月　日	入力処理	年　月　日	台帳整理 年　月　日
	番号確認	身元確認 □済 □未済	確認書類	個人番号カード／通知カード・運転免許証 その他（　　　）	

注意　1．裏面の記載要領等に留意の上、記載してください。
　　　2．税務署処理欄は、記載しないでください。

「消費税課税事業者選択届出書」を作成する
―免税事業者が課税事業者になろうとする場合―

Ⅸ

届出書等を作成する

概要（消法9）

免税事業者が課税事業者になることを選択しようとするときに提出します。

基準期間の課税売上高が1,000万円以下である免税事業者は納税義務はありませんが、例えばある課税期間に高額な設備投資をした場合、課税仕入高が課税売上高を上回ることがあります。この場合、課税事業者は申告により還付を受けることができますが、免税事業者は申告書を提出することができないため還付を受けることができません。この場合に、免税事業者が、課税事業者になることを選択することにより還付を受けることが可能となります。

ただし、この届出書を提出すると2年間（調整対象固定資産を取得した場合で一定の要件に該当するときは取得した課税期間から3年間）継続して課税事業者として申告する必要がありますので、還付を受ける予定であっても、複数年のトータルの納税・還付見込額を考慮した上で課税事業者を選択するかどうか、検討する必要があります。

STEP 2

適用開始課税期間を記載する

課税事業者を選択する課税期間を記載します。

適用開始課税期間は、通常はこの届出書を提出した日の属する課税期間の翌課税期間となります。したがって課税事業者を選択しようとする課税期間の初日の前日までに提出しなければなりません。

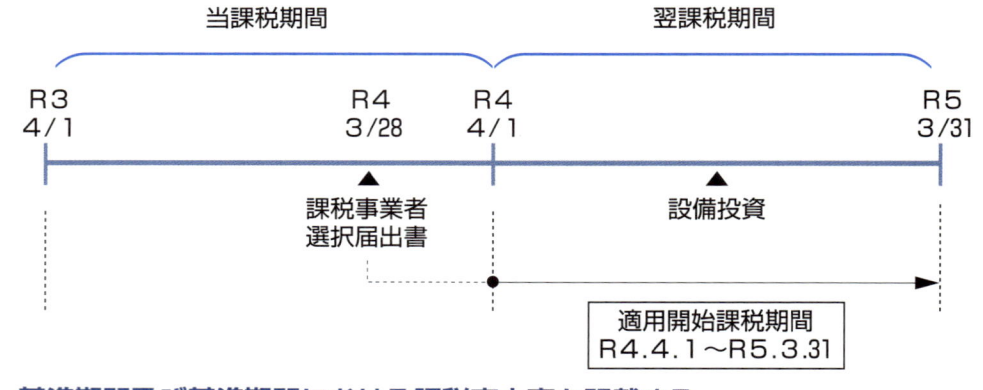

STEP 3

基準期間及び基準期間における課税売上高を記載する

1. 適用期間の基準期間を記載します。
2. 基準期間における課税売上高を記載します。基準期間が1年でない法人は、1年分（12か月分）に換算した金額を記載します。

STEP 4

その他の事項を記載する

各々の欄に必要事項を記載します。

① 設立年月日（法人の場合）／生年月日（個人事業者の場合）
② 事業内容
③ 事業年度・資本金（法人のみ）
④ 届出区分

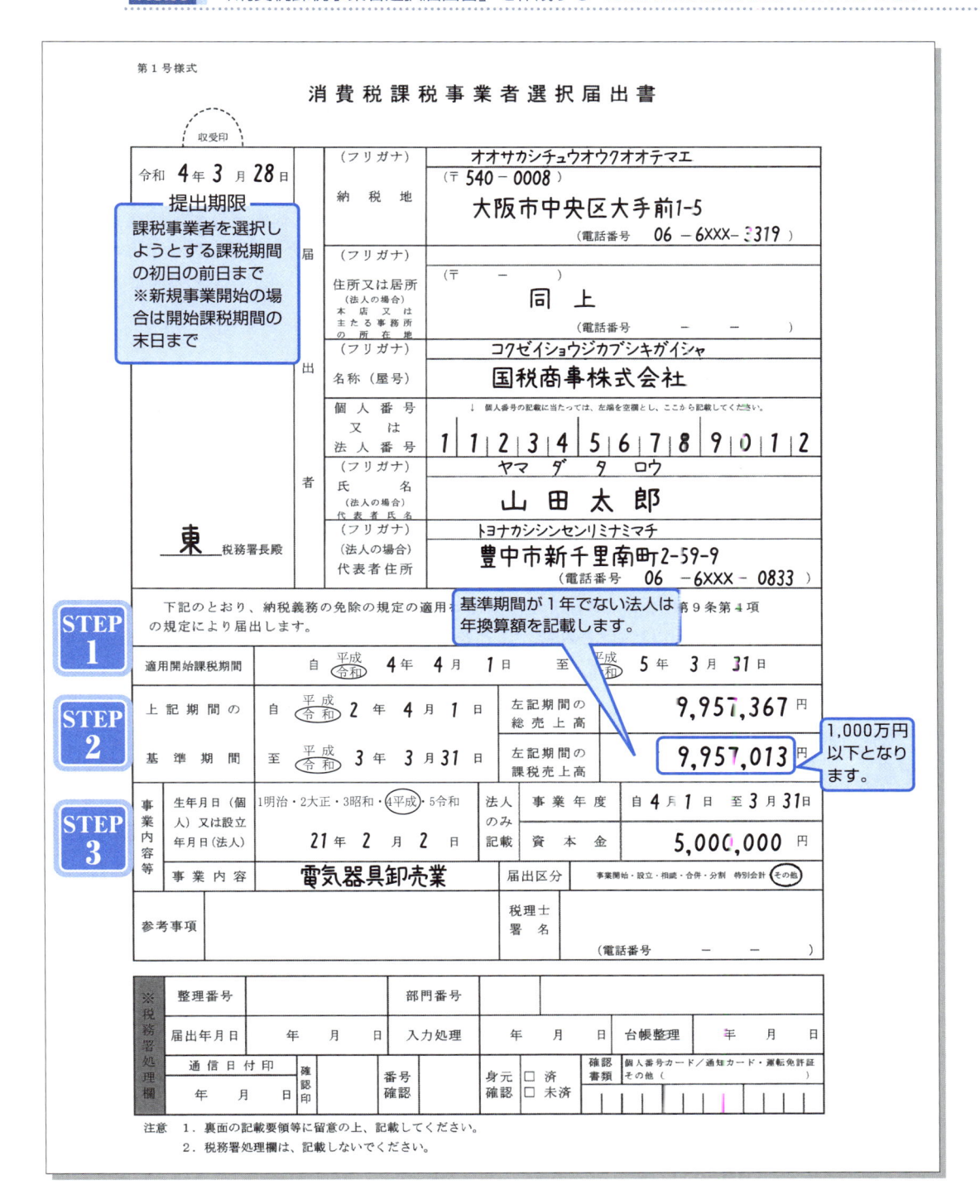

「消費税課税事業者選択不適用届出書」を作成する
―課税事業者を選択した事業者が免税事業者に戻る場合―

概要

　課税事業者を選択している事業者が、その選択をやめようとする場合に提出します。

　基準期間の課税売上高が1,000万円以下であっても、消費税の還付を受ける目的等のために課税事業者を選択することができますが、その後免税事業者に戻った方が有利な場合など、この届出書を提出することにより、課税事業者の選択をやめることができます。

適用開始課税期間を記載する

　課税事業者の選択をやめようとする課税期間を記載します。適用開始課税期間は、通常はこの届出書を提出する日の属する課税期間の翌課税期間となります。したがって免税事業者に戻ろうとする課税期間の初日の前日までに提出しなければなりません。

基準期間及び基準期間における課税売上高を記載する

　適用開始課税期間の基準期間及び基準期間の課税売上高を記載します。

　この届出書を提出した場合であっても、特定期間の課税売上高が1,000万円を超える場合には、納税義務は免除されないこととなりますので、「消費税課税事業者届出書（特定期間用）」を提出する必要があります。

課税事業者となった日を記載する

　課税事業者選択届出書の効力が生じた日、すなわち、かつて所轄税務署へ提出した「課税事業者選択届出書」に記載した適用開始課税期間の初日を記載します。

　「課税事業者選択不適用届出書」は、課税事業者となった初めての課税期間の初日から２年を経過する日の属する課税期間の初日以後でなければ提出できません。

提出要件を確認する

　課税事業者となった日から２年を経過する日までの間に開始した各課税期間中に調整対象固定資産の取得がないことを確認し、チェックマークを入れます。

　課税事業者となった日から２年を経過する日までの間に開始した各課税期間中に調整対象固定資産を取得した場合は、調整対象固定資産の仕入れ等の日の属する課税期間の初日から３年を経過する日の属する課税期間の初日以後でなければ「課税事業者選択不適用届出書」を提出できません。

第2号様式

消費税課税事業者選択不適用届出書

収受印

令和 **3** 年 **6** 月 **8** 日	（フリガナ）	オオサカシチュウオウクオオテマエ	
		（〒 540 − 0008）	
提出期限	納税地	大阪市中央区大手前1-5	
免税事業者に戻ろうとする課税期間の初日の前日まで		（電話番号 06−6×××−3319）	
	（フリガナ）	コクゼイショウジカブシキガイシャ　ヤマダタロウ	
	氏名又は名称及び代表者氏名	**国税商事株式会社**　代表取締役 **山田太郎**	
東 税務署長殿	個人番号又は法人番号	↓ 個人番号の記載に当たっては、左端を空欄とし、ここから記載してください。 1 1 2 3 4 5 6 7 8 9 0 1 2	

下記のとおり、課税事業者を選択することをやめたいので、消費税法第9条第5項の規定により届出します。

①	この届出の適用開始課税期間	自 平成／令和 **4** 年 **4** 月 **1** 日	至 平成／令和 **5** 年 **3** 月 **31** 日
②	①の基準期間	自 平成／令和 **2** 年 **4** 月 **1** 日	至 平成／令和 **3** 年 **3** 月 **31** 日
③	②の課税売上高		**8,684,391** 円

※ この届出書を提出した場合であっても、特定期間（原則として、①の課税期間の前年の1月1日（法人の場合は前事業年度開始の日）から6か月間）の課税売上高が1千万円を超える場合には、①の課税期間の納税義務は免除されないこととなります。詳しくは、裏面をご覧ください。

課税事業者となった日	平成／令和 **30** 年 **4** 月 **1** 日
事業を廃止した場合の廃止した日	平成／令和 　年 　月 　日
提出要件の確認	課税事業者となった日から2年を経過する日までの間に開始した各課税期間中に調整対象固定資産の課税仕入れ等を行っていない。　　はい ☑
	※ この届出書を提出した課税期間が、課税事業者となった日から2年を経過する日までに開始した各課税期間である場合、この届出書提出後、届出を行った課税期間中に調整対象固定資産の課税仕入れ等を行うと、原則としてこの届出書の提出はなかったものとみなされます。詳しくは、裏面をご確認ください。
参　考　事　項	
税　理　士　署　名	（電話番号 　　−　　−　　）

この日から2年を経過する日の属する課税期間の初日以後でなければ、この届出書を提出することができません。

※税務署処理欄	整理番号			部門番号				
	届出年月日	年 月 日	入力処理	年 月 日	台帳整理	年 月 日		
	通信日付印 年 月 日	確認印	番号確認	身元確認	□ 済 □ 未済	確認書類	個人番号カード／通知カード・運転免許証 その他（ 　　）	

注意　1．裏面の記載要領等に留意の上、記載してください。
　　　2．税務署処理欄は、記載しないでください。

STEP 2
STEP 3
STEP 4
STEP 5

「消費税簡易課税制度選択届出書」を作成する
―簡易課税制度を選択する場合―

STEP 1

概要（消法37）

　簡易課税制度の適用を受けようとする場合に提出します。（**No.66**参照）

　簡易課税制度の適用により、経理事務処理が簡便になる等のメリットがありますが、適用は基準期間の課税売上高が5,000万円以下の場合に限られ、簡易課税制度を選択した場合には２年間継続して簡易課税で申告する必要があります。例えば高額な設備投資の予定がある場合には、原則課税を選択する方が有利なケースもあります。したがって、簡易課税制度を選択するにあたっては、有利不利を考慮した上で検討する必要があります。

STEP 2

経過措置

　令和元年10月１日から令和２年９月30日までの日の属する課税期間において、課税仕入れ等（税込み）を税率ごとに区分して合計することにつき困難な事情がある事業者は、経過措置として、簡易課税制度の適用を受けようとする課税期間の末日までにこの届出書を提出すれば、届出書を提出した課税期間から簡易課税制度の適用を受けることができます。

　この経過措置の適用を受けようとする場合には、「所得税法等の一部を改正する法律（平成28年法律第15号）附則第40条第１項の規定により消費税法第37条第１項に規定する簡易課税制度の適用を受けたいので、届出します。」にチェックをしてください。

⑴適用開始課税期間を記載する

　簡易課税制度を選択する課税期間を記載します。

　適用開始課税期間は、通常はこの届出書を提出する日の属する課税期間の翌課税期間となります。したがって簡易課税制度を選択しようとする課税期間の初日の前日までに提出しなければなりません。

⑵基準期間及び基準期間の課税売上高を記載する

　簡易課税制度は、基準期間の課税売上高が5,000万円以下の場合に適用を受けることができます。

⑶事業内容等を記載する

　事業内容は具体的に記載し、事業区分は簡易課税制度の第１種事業から第６種事業の区分のうち、該当するものを記載します。

提出要件を確認する

　この届出書は、下記のとおり提出が制限される場合がありますので、確認の上、該当するものに記載します。

イ　課税事業者を選択した場合 　　課税事業者となった日から２年を経過する日までの間に開始した各課税期間中に、調整対象固定資産を取得した場合	調整対象固定資産又は高額特定資産の仕入れ等の日の属する課税期間の初日から３年を経過する日の属する課税期間の初日以後でなければ、この届出書を提出することはできない。
ロ　新設法人又は特定新規設立法人に該当する場合 　　基準期間がない事業年度に含まれる各課税期間中に、調整対象固定資産を取得した場合	
ハ　高額特定資産の仕入れ等を行っている場合	

第1号様式

消費税簡易課税制度選択届出書

収受印

令和 4 年 3 月 25 日

	（フリガナ）	オオサカシチュウオウクオオテマエ
納 税 地	（〒 540 － 0008 ） 大阪市中央区大手前1-5 （電話番号 O6 － 6XX< － 3319 ）
（フリガナ）	コクゼイショウジカブシキガイシャ　ヤマダタロウ
氏 名 又 は 名 称 及 び 代 表 者 氏 名	国税商事株式会社 代表取締役 山田太郎 ※個人の方は個人番号の記載は不要です。
法 人 番 号	1 1 2 3 4 5 6 7 8 9 0 1 2

※ この届出書を所得税しようとする場合には

提出期限
簡易課税制度の適用を受けようとする課税期間の初日の前日まで

下記のとおり、消費税法第37条第1項に規定する簡易課税制度の適用を受けたいので、届出します。

☐ 所得税法等の一部を改正する法律（平成28年法律第15号）附則第40条第1項の規定により消費税法第37条第1項に規定する簡易課税制度の適用を受けたいので、届出します。

STEP 2

① 適用開始課税期間　自 平成・令和 4 年 4 月 1 日　至 平成・令和 5 年 3 月 31 日

STEP 3

② ①の基準期間　自 平成・令和 2 年 4 月 1 日　至 平成・令和 3 年 3 月 31 日

5,000万円以下となります

③ ②の課税売上高　19,757,013 円

事 業 内 容 等　（事業の内容）電気器具卸売業　（事業区分）第 1 種事業

基準期間が1年でない法人は年換算額を記載します

STEP 4

提 出 要 件 の 確 認		次のイ、ロ又はハの場合に該当する（「はい」の場合のみ、イ、ロ又はハの項目を記載してください）			はい ☑
イ	消費税法第9条第4項の規定により課税事業者を選択している場合	課税事業者となった日		平成・令和 年 月 日	
		課税事業者となった日から2年を経過する期間中に調整対象固定資産の課税仕入れ等を行っていない			はい ☐
ロ	消費税法第12条の2第1項に規定する「新設法人」又は同法第12条の3第1項に規定する「特定新規設立法人」に該当する（該当していた）場合	設立年月日		平成・令和 年 月 日	
		基準期間がない事業年度に含まれる各課税期間中に調整対象固定資産の課税仕入れ等を行っていない			はい ☐
ハ	消費税法第12条の4第1項に規定する「高額特定資産の仕入れ等」を行っている場合（同条第2項の規定の適用を受ける場合） A	仕入れ等を行った課税期間の初日		平成・令和 年 月 日	
		この届出による①の「適用開始課税期間」は、高額特定資産の仕入れ等を行った課税期間の初日から、同日以後3年を経過する日の属する課税期間までの各課税期間に該当しない			はい ☐
	仕入れ等を行った資産が高額特定資産に該当する場合はAの欄を、自己建設高額特定資産に該当する場合は、Bの欄をそれぞれ記載してください。 B	仕入れ等を行った課税期間の初日		平成・令和 年 月 日	
		建設等が完了した課税期間の初日		平成・令和 年 月 日	
		この届出による①の「適用開始課税期間」は、自己建設高額特定資産の建設等に要した仕入れ等に係る支払対価の額の累計額が1千万円以上となった課税期間の初日から、自己建設高額特定資産の建設等が完了した課税期間の初日以後3年を経過する日の属する課税期間までの各課税期間に該当しない			はい ☐

※ 消費税法第12条の4第2項の規定による場合は、ハの項目を次のとおり記載してください。
1「自己建設高額特定資産」を「調整対象自己建設高額資産」と読み替える。
2「仕入れ等を行った」は、「消費税法第36条第1項又は第3項の規定の適用を受けた」と、「自己建設高額特定資産の建設等に要した仕入れ等に係る支払対価の額の累計額が1千万円以上となった」は、「調整対象自己建設高額資産について消費税法第36条第1項又は第3項の規定の適用を受けた」と読み替える。

※ この届出書を提出した課税期間が、上記イ、ロ又はハに記載の各課税期間である場合、この届出書提出後、届出を行った課税期間中に調整対象固定資産の課税仕入れ等又は高額特定資産の仕入れ等を行うと、原則としてこの届出書の提出はなかったものとみなされます。詳しくは、裏面をご確認ください。

所得税法等の一部を改正する法律（平成28年法律第15号）（平成28年改正法）附則第40条第1項の規定による場合		次のニ又はホのうち、いずれか該当する項目を記載してください。		
	ニ	平成28年改正法附則第40条第1項に規定する「困難な事情のある事業者」に該当する（ただし、上記イ又はロに記載の各課税期間に調整対象固定資産の課税仕入れ等を行っている場合又はこの届出書を提出した日を含む課税期間がハに記載の各課税期間に該当する場合には、次の「ホ」により判定する。）		はい ☐
	ホ	平成28年改正法附則第40条第2項に規定する「著しく困難な事情があるとき」に該当する（該当する場合は、以下に「著しく困難な事情」を記載してください。）		はい ☐

参 考 事 項	
税 理 士 署 名	（電話番号 － － ）

※税務署処理欄	整理番号		部門番号				
	届出年月日	年 月 日	入力処理	年 月 日	台帳整理	年 月 日	
	通信日付印 年 月 日	確認印	番号確認				

注意　1．裏面の記載要領等に留意の上、記載してください。
　　　2．税務署処理欄は、記載しないでください。

「消費税簡易課税制度選択不適用届出書」を作成する
―簡易課税制度の選択をやめようとする場合―

概要

　簡易課税制度の適用を受けている事業者が、その適用をやめようとする場合に提出します。簡易課税制度の適用を受けることにより、経理事務処理の負担が減る、税負担が一般課税よりも少なくなる場合がある等のメリットがありますが、例えば高額な設備投資をする場合、一般課税では、消費税の還付を受けることができますが、簡易課税制度では、消費税が還付されることはありません。この届出書を提出することにより、簡易課税制度の適用をやめることができます。（**No.66**参照）

適用開始課税期間を記載する

　簡易課税制度の適用をやめようとする課税期間を記載します。適用開始課税期間は、通常はこの届出書を提出する日の属する課税期間の翌課税期間となります。したがって、簡易課税制度の適用をやめようとする課税期間の初日の前日までに提出しなければなりません。

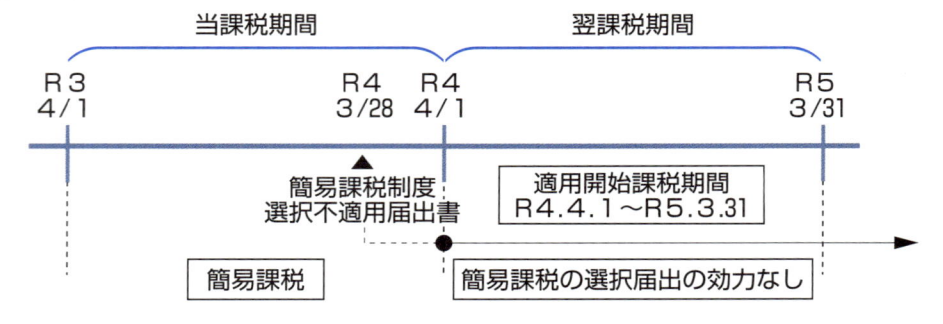

基準期間及び基準期間の課税売上高を記載する

　適用課税期間の基準期間及び基準期間の課税売上高を記載します。

　基準期間の課税売上高が5,000万円を超える場合は、簡易課税制度を適用することはできませんが、「簡易課税制度選択届出書」の効力はなくなりません。その後の課税期間において基準期間の課税売上高が5,000万円以下となったときには、その課税期間については再び簡易課税制度が適用されます。

　したがって、この「簡易課税制度選択不適用届出書」を提出しない限り、「簡易課税制度選択届出書」の効力は存続することになります。（消基通13－1－3）

簡易課税制度の適用開始日を記載する

　簡易課税制度選択届出書の効力が生じた日、すなわち、かつて所轄税務署に提出した「簡易課税制度選択届出書」に記載した適用開始課税期間の初日を記載します。「簡易課税制度不適用届出書」は、簡易課税制度を選択した課税期間の初日から2年を経過する日の属する課税期間の初日以後でなければ提出することができません。

第25号様式

消費税簡易課税制度選択不適用届出書

収受印

令和 4年 3月 28日

提出期限
簡易課税制度の適用をやめようとする課税期間の初日の前日まで

東 税務署長殿

（フリガナ）		オオサカシチュウオウク オオテマエ
納 税 地		（〒 540 － 0008 ） 大阪市中央区大手前1-5 （電話番号 06 － 6X✕X － 3319）
（フリガナ）		コクゼイショウジカブシキガイシャ　ヤマダタロウ
氏 名 又 は 名 称 及 び 代 表 者 氏 名	者	国税商事株式会社 代表取締役 山田太郎
法 人 番 号		1 1 2 3 4 5 6 7 8 9 0 1 2

下記のとおり、簡易課税制度をやめたいので、消費税法第37条第5項の規定により届出します。

STEP 2

①	この届出の適用 開 始 課 税 期 間	自 平成 令和 4年 4月 1日　至 平成 令和 5年 3月 31日

STEP 3

②	①の基準期間	自 平成 令和 2年 4月 1日　至 平成 令和 3年 3月 31日
③	②の課税売上高	34,763,112 円

STEP 4

簡 易 課 税 制 度 の 適 用 開 始 日	平成 令和 31年 4月 1日

この日から2年を経過する日の属する課税期間の初日以後でなければ、この届出書を提出することができません。

事 業 を 廃 止 し た 場 合 の 廃 止 し た 日	個人 ※ 事業を廃止〔…〕 してください。	平成 令和　　　年　　　月　　　日
参 考 事 項		
税 理 士 署 名		（電話番号　　　　－　　　　－　　　　）

※ 税 務 署 処 理 欄	整理番号			部門番号				
	届出年月日	年 月 日	入力処理	年 月 日	台帳整理	年 月 日		
	通信日付印 年 月 日	確認 印	番号 確認	身元 確認	□ 済 □ 未済	確認 書類	個人番号カード／通知カード・運転免許証 その他（　　　　　　）	

注意　1．裏面の記載要領等に留意の上、記載してください。
　　　2．税務署処理欄は、記載しないでください。

「消費税課税期間特例選択・変更届出書」を作成する
―課税期間の特例を選択・変更する場合―

概要

課税期間の特例（**No.83**参照）を受けようとする又は変更しようとする場合に提出します。

消費税の課税期間は、原則として、法人は事業年度、個人事業者は1月1日から12月31日までと定められていますが、事業者の選択により課税期間を3か月又は1か月に短縮することができます。また、短縮している3か月の課税期間を1か月に、1か月の課税期間を3か月に変更することもできます。

輸出業者など免税売上げの多い事業者は、消費税の還付を受けることがありますが、このような場合に課税期間を短縮すると、早期に還付を受けることができ資金繰りの面で有利になります。

事業年度を記載する

事業年度は法人の事業年度を記載します。個人事業者は、記載不要です。

適用開始日又は変更日を記載する

短縮又は変更の適用を開始する課税期間の初日を記載します。適用開始課税期間は、通常はこの届出書を提出する3か月又は1か月ごとの期間の翌期間となります。したがって適用を受け又は変更しようとする期間の初日の前日までに提出しなければなりません。

適用又は変更後の課税期間を記載する

事業年度開始の日（個人事業者の場合は1月1日）から、3か月毎に区分した期間又は1か月毎に区分した期間を記載します。

STEP 5

「変更前の課税期間特例選択・変更届出書の提出日」「変更前の課税期間特例の適用開始日」を記載する

「変更前の課税期間特例選択・変更届出書の提出日」欄には、既に課税期間特例の適用を受けている事業者がこの届出により短縮期間を変更する場合に、変更前に適用を受けていた課税期間特例に係る「課税期間特例選択・変更届出書」の提出年月日を記載します。

「変更前の課税期間特例の適用開始日」欄には、既に課税期間特例の適用を受けている事業者がこの届出により短縮期間を変更する場合に、変更前に適用を受けていた課税期間特例の効力が生じた日、すなわち、先に提出した「課税期間特例選択・変更届出書」の「適用開始日又は変更日」欄に記載した日を記載します。

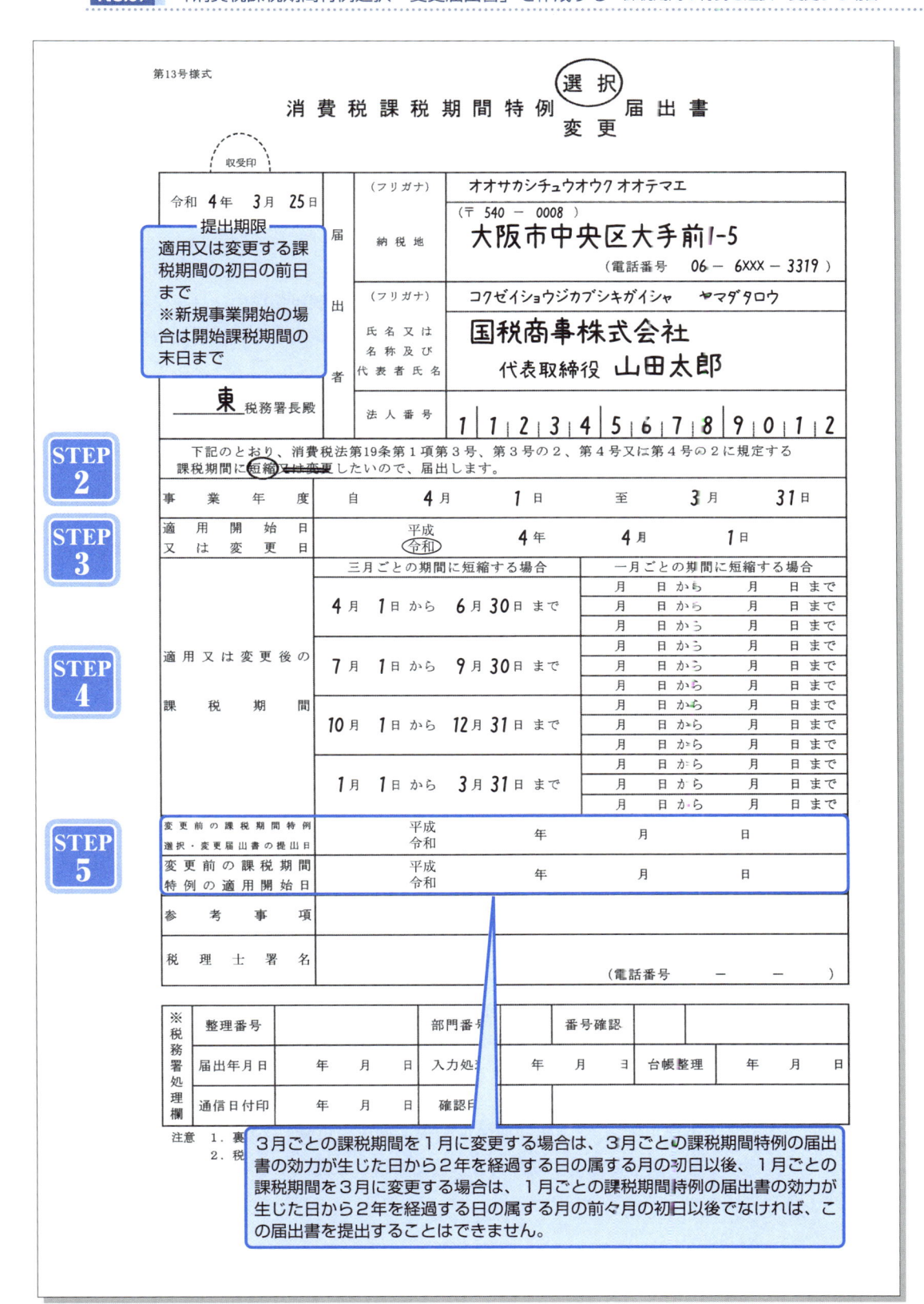

第13号様式

消費税課税期間特例〔選択／変更〕届出書

収受印	（フリガナ）	オオサカシチュウオウク オオテマエ
令和 4年 3月 25日	納税地	（〒 540 － 0008 ） 大阪市中央区大手前1-5 （電話番号 06 － 6xxx － 3319 ）
提出期限 適用又は変更する課税期間の初日の前日まで ※新規事業開始の場合は開始課税期間の末日まで	（フリガナ） 氏名又は名称及び代表者氏名	コクゼイショウジカブシキガイシャ ヤマダタロウ 国税商事株式会社 代表取締役 山田太郎
____東___税務署長殿	法人番号	1 1 2 3 4 5 6 7 8 9 0 1 2

下記のとおり、消費税法第19条第1項第3号、第3号の2、第4号又は第4号の2に規定する課税期間に短縮又は変更したいので、届出します。

STEP 2

事 業 年 度	自 **4**月 **1**日 至 **3**月 **31**日

STEP 3

適用開始日又は変更日	平成・令和 **4**年 **4**月 **1**日

STEP 4

適用又は変更後の課税期間	三月ごとの期間に短縮する場合	一月ごとの期間に短縮する場合
	4月 **1**日 から **6**月 **30**日 まで	月 日 から 月 日 まで 月 日 から 月 日 まで 月 日 から 月 日 まで
	7月 **1**日 から **9**月 **30**日 まで	月 日 から 月 日 まで 月 日 から 月 日 まで 月 日 から 月 日 まで
	10月 **1**日 から **12**月 **31**日 まで	月 日 から 月 日 まで 月 日 から 月 日 まで 月 日 から 月 日 まで
	1月 **1**日 から **3**月 **31**日 まで	月 日 から 月 日 まで 月 日 から 月 日 まで 月 日 から 月 日 まで

STEP 5

変更前の課税期間特例選択・変更届出書の提出日	平成・令和 年 月 日
変更前の課税期間特例の適用開始日	平成・令和 年 月 日
参 考 事 項	
税 理 士 署 名	（電話番号 － － ）

※税務署処理欄	整理番号		部門番号		番号確認	
	届出年月日	年 月 日	入力処理	年 月 日	台帳整理	年 月 日
	通信日付印	年 月 日	確認印			

注意 1. 裏...
　　 2. 税...

> 3月ごとの課税期間を1月に変更する場合は、3月ごとの課税期間特例の届出書の効力が生じた日から2年を経過する日の属する月の初日以後、1月ごとの課税期間を3月に変更する場合は、1月ごとの課税期間特例の届出書の効力が生じた日から2年を経過する日の属する月の前々月の初日以後でなければ、この届出書を提出することはできません。

「消費税課税期間特例選択不適用届出書」を作成する
―課税期間の特例をやめる場合―

Ⅸ 届出書等を作成する

STEP 1

概要

課税期間特例の適用を受けている事業者が、その適用をやめようとする場合に提出します。（**No.83**参照）

STEP 2

事業年度、特例選択不適用の開始日を記載する

法人の事業年度、課税期間の短縮をやめようとする課税期間の初日を記載します。

課税期間特例選択不適用の開始日は、この届出書を提出する課税期間の翌課税期間の初日となります。

したがって適用をやめようとする課税期間の初日の前日までに提出しなければなりません。

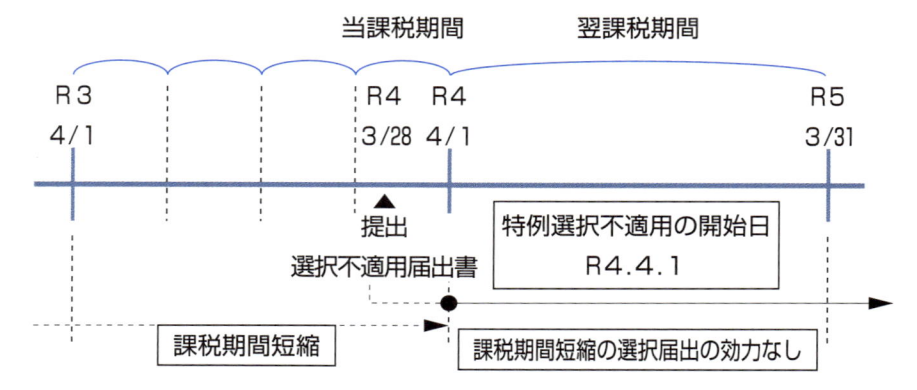

**STEP 3**

短縮の適用を受けていた課税期間を記載する

特例の適用によって短縮されていた3か月ごと又は1か月ごとの各期間を記載します。

**STEP 4**

選択・変更届出書の提出日を記載する

現在適用を受けている課税期間特例に係る「課税期間特例選択・変更届出書」を提出した日を記載します。

**STEP 5**

課税期間短縮・変更の適用開始日を記載する

現在適用を受けている課税期間特例の効力が生じた日、すなわち、先に提出した「課税期間特例選択・変更届出書」の「適用開始日又は変更日」欄に記載した日を記載します。

なお、この届出書は、「課税期間特例選択・変更届出書」の効力が生ずる日から2年を経過する日の属する課税期間の初日以後でなければ提出することができません。

第14号様式

消費税課税期間特例選択不適用届出書

収受印

令和 4 年 3 月 28 日	届出者	（フリガナ）	オオサカシチュウオウク オオテマエ
提出期限 適用をやめる課税期間の初日の前日まで		納税地	（〒 540 － 0008 ） **大阪市中央区大手前1-5** （電話番号 06 － 6XXX － 3319 ）
東 税務署長殿		（フリガナ） 氏名又は名称及び代表者氏名	コクゼイショウジカブシキガイシャ　ヤマダタロウ **国税商事株式会社** 代表取締役 **山田太郎**
		法人番号	1 1 2 3 4 5 6 7 8 9 0 1 2

下記のとおり、課税期間の短縮の適用をやめたいので、消費税法第19条第3項の規定により届出します。

STEP 2

事業年度	自 **4**月 **1**日 至 **3**月 **31**日
特例選択不適用の開始日	平成/<u>令和</u> **4**年 **4**月 **1**日

STEP 3

STEP 4

STEP 5

短縮の適用を受けていた課税期間	三月ごとの期間に短縮していた場合	一月ごとの期間に短縮していた場合	
	4月 **1**日 から **6**月 **30**日 まで	月 日 から 月 日 まで 月 日 から 月 日 まで 月 日 から 月 日 まで	
	7月 **1**日 から **9**月 **30**日 まで	月 日 から 月 日 まで 月 日 から 月 日 まで 月 日 から 月 日 まで	
	10月 **1**日 から **12**月 **31**日 まで	月 日 から 月 日 まで 月 日 から 月 日 まで 月 日 から 月 日 まで	
	1月 **1**日 から **3**月 **31**日 まで	月 日 から 月 日 まで 月 日 から 月 日 まで	

選択・変更届出書の提出日	平成/<u>令和</u> **2**年 **3**月 **1**日
課税期間短縮・変更の適用開始日	平成/<u>令和</u> **2**年 **4**月 **1**日
事業を廃止した場合の廃止した日 ※	平成/令和 年 月 日

> この日から2年を経過する日の属する課税期間の初日以後でなければ、この届出書を提出することができません。

参考事項	
税理士署名	（電話番号 － － ）

※税務署処理欄	整理番号		部門番号				
	届出年月日	年 月 日	入力処理	年 月 日	台帳整理	年 月 日	
	通信日付印 年 月 日	確認印	番号確認	身元確認 □ 済 □ 未済	確認書類	個人番号カード／通知カード・運転免許証 その他（ ）	

注意　1．裏面の記載要領等に留意の上、記載してください。
　　　2．税務署処理欄は、記載しないでください。

「消費税課税売上割合に準ずる割合の適用承認申請書」を作成する
—課税売上割合に代えて課税売上割合に準ずる割合を使用する場合—

Ⅸ 届出書等を作成する

概要

　個別対応方式で仕入控除税額を計算する場合の共通対応の仕入控除税額の計算について、この申請書を提出し、税務署長の承認を受けることにより、課税売上割合に代えて、課税売上割合に準ずる割合を使用することができます。（**No.70**参照）

　なお、一括比例配分方式により計算する場合は、課税売上割合しか使えません。

適用時期を確認する

　この承認申請書を提出し、税務署長の承認を受けた課税期間から適用することができます。なお、適用を受けようとする課税期間の末日までに承認申請書を提出し、同日の翌日から同日以後1か月を経過する日までの間に承認を受けた場合には、当該課税期間の末日においてその承認があったものとみなされます。

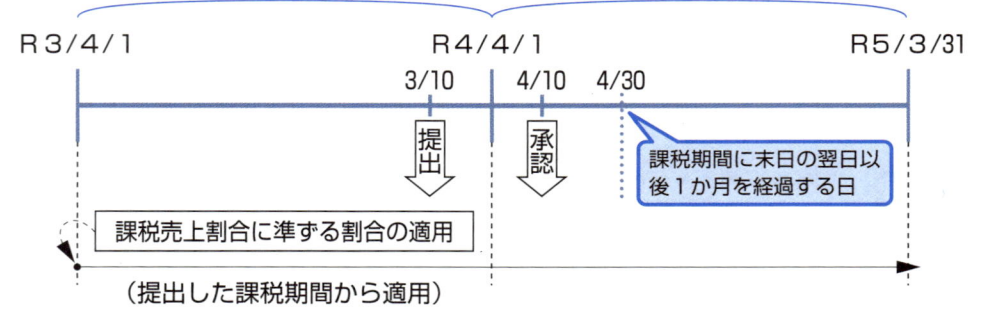

　また、承認を受けた場合は、その承認を受けた割合で計算しなければなりません。

　（本来の課税売上割合との有利な方を選択適用することはできません。）

適用開始課税期間を記載する

　適用を受けようとする課税期間を記載します。

採用しようとする計算方法を記載する

　課税売上割合に準ずる割合の計算方法について具体的に記載します。

　使用人の数又は従事日数、資産の価額又は使用数量、使用面積の割合などの合理的な基準を採用します。（消基通11−5−7）

その計算方法が合理的である理由を記載する

　その計算方法が合理的である理由を具体的に記載します。

本来の課税売上割合を記載する

　この申請書を提出する日の属する課税期間の直前の課税期間の課税売上割合を記載します。

消費税課税売上割合に 準ずる割合の適用承認申請書

2通提出

収受印

※ 法人番号は、税務署提出用2通の内1通のみに記載してください。

令和 4 年 3 月 10 日	（フリガナ）	オオサカシチュウオウクオオテマエ	
	納 税 地	（〒 540 － 0008 ） 大阪市中央区大手前1-5 （電話番号 06 － 6xxx － 3319 ）	
東 税務署長殿	（フリガナ）	コクゼイショウジカブシキガイシャ　ヤマダタロウ	
	氏 名 又 は 名 称 及 び 代 表 者 氏 名	国税商事株式会社 代表取締役 山田太郎	
	法 人 番 号	※ 個人の方は個人番号の記載は不要です。 1 1 2 3 4 5 6 7 8 9 0 1 2	

提出期限
課税売上割合に準ずる割合を採用しようとする課税期間中に提出して承認を受ける必要があります。

下記のとおり、消費税法第30条第3項第2号に規定する課税売上割合に準ずる割合の適用の承認を受けたいので、申請します。

適 用 開 始 課 税 期 間	自 令和 3 年 4 月 1 日 至 令和 4 年 3 月 31 日
採用しようと する 計 算 方 法	1.福利厚生費・水道光熱費… 課税売上げのみに従事する者の人数 / 課税売上げのみに従事する者の人数+非課税売上げのみに従事する者の数 2.その他の費用…本来の課税売上割合
その計算方法が 合理的である理由	福利厚生費及び水道光熱費は、従業員数と比例している。
本 来 の 課 税 売 上 割 合	課税資産の譲渡等の 対価の額の合計額 67,890,123 円 / 資産の譲渡等の 対価の額の合計額 134,125,178 円	左記の割合 の算出期間 自 平成/令和 2 年 4 月 1 日 至 平成/令和 3 年 3 月 31 日
参 考 事 項	
税 理 士 署 名	（電話番号 ）

右の課税期間の課税売上割合を記載します

この申請書を提出する課税期間の直前の課税期間を記載します

※ 上記の計算方法につき消費税法第30条第3項第2号の規定により承認します。				
＿＿＿＿＿ 第 ＿＿＿＿＿ 号			税務署長 ＿＿＿＿＿＿＿	印
令和 ＿ 年 ＿ 月 ＿ 日				

※ 税 務 署 処 理 欄	整理番号		部門 番号		適用開始年月日	年 月 日	番号 確認	
	申請年月日	年 月 日	入力処理	年 月 日	台帳整理	年 月 日		
	通 信 日 付 印 年 月 日		確 認					

注意 1．この申請書は、裏面の記載要領等に留意の上、2通提出してください。
2．※印欄は、記載しないでください。

STEP 3
STEP 4
STEP 5
STEP 6

「消費税課税売上割合に準ずる割合の不適用届出書」を作成する
—課税売上割合に準ずる割合の使用をやめる場合—

Ⅸ

届出書等を作成する

STEP 1

概要

　個別対応方式で仕入控除税額を計算する場合の共通対応の仕入控除税額の計算について、承認を受けた課税売上割合に準ずる割合の使用をやめる場合に提出します。（**No.70** 参照）

STEP 2

適用時期を確認する

　この届出書を提出した課税期間から課税売上割合に準ずる割合は不適用となります。

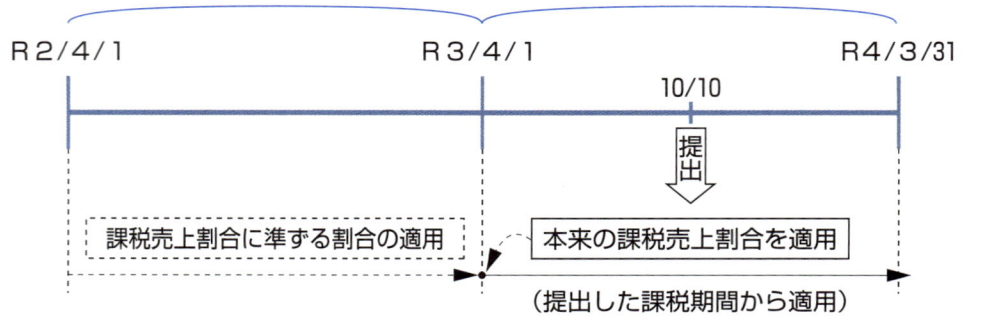

| R2/4/1 | | R3/4/1 | | R4/3/31 |

10/10

提出

課税売上割合に準ずる割合の適用　　本来の課税売上割合を適用

（提出した課税期間から適用）

STEP 3

承認を受けている計算方法を記載する

　既に承認を受けている計算方法を記載します。

STEP 4

承認年月日を記載する

　課税売上割合に準ずる割合の承認を受けた日を記載します。

STEP 5

届出の適用開始日を記載する

　この届出書を提出する日の属する課税期間の初日を記載します。

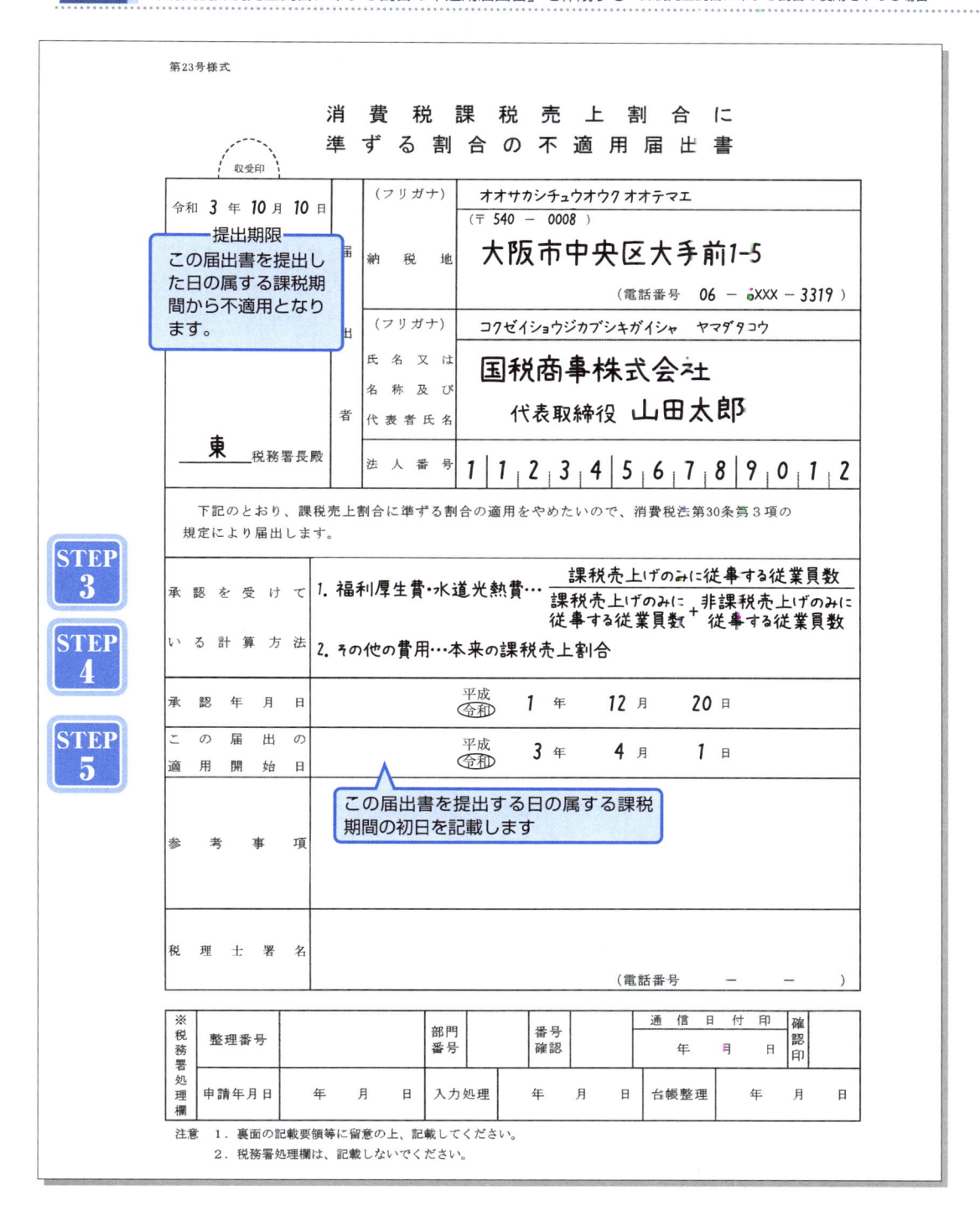

第23号様式

消費税課税売上割合に準ずる割合の不適用届出書

収受印

令和 3 年 10 月 10 日

提出期限
この届出書を提出した日の属する課税期間から不適用となります。

東 税務署長殿

届出者	（フリガナ）	オオサカシチュウオウク オオテマエ
	納 税 地	（〒 540 － 0008 ） 大阪市中央区大手前1-5 （電話番号 06 － ○XXX － 3319 ）
	（フリガナ）	コクゼイショウジカブシキガイシャ　ヤマダタロウ
	氏 名 又 は 名 称 及 び 代 表 者 氏 名	国税商事株式会社 代表取締役 山田太郎
	法 人 番 号	1 1 2 3 4 5 6 7 8 9 0 1 2

下記のとおり、課税売上割合に準ずる割合の適用をやめたいので、消費税法第30条第3項の規定により届出します。

STEP 3

STEP 4

STEP 5

承認を受けている計算方法	1. 福利厚生費・水道光熱費… $\dfrac{課税売上げのみに従事する従業員数}{課税売上げのみに従事する従業員数 + 非課税売上げのみに従事する従業員数}$ 2. その他の費用…本来の課税売上割合
承 認 年 月 日	平成 令和 1 年 12 月 20 日
この届出の 適 用 開 始 日	平成 令和 3 年 4 月 1 日
参 考 事 項	この届出書を提出する日の属する課税期間の初日を記載します
税 理 士 署 名	（電話番号 － － ）

※税務署処理欄	整理番号		部門 番号		番号 確認		通 信 日 付 印 年 月 日	確認印
	申請年月日	年 月 日	入力処理	年 月 日			台帳整理 年 月 日	

注意 1. 裏面の記載要領等に留意の上、記載してください。
　　 2. 税務署処理欄は、記載しないでください。

No.101 「消費税の特定新規設立法人に該当する旨の届出書」を作成する
―特定新規設立法人に該当することとなった場合―

IX 届出書等を作成する

STEP 1

概要（消法12の3）

　特定新規設立法人に該当することとなった場合に、提出します。

　新たに設立された法人で資本金1,000万円未満の法人（新規設立法人）は、基準期間が存在せず、新設法人にも該当しないため、設立1期目及び2期目は原則として免税事業者になります。しかし、設立した法人を支配する法人等の基準期間に相当する期間の課税売上高が5億円を超える場合には、基準期間がない事業年度においても納税義務を免除しない特例が設けられています。（**No.13**参照）

STEP 2

必要事項を記載する

①　「消費税の特定新規設立法人に該当することとなった事業年度開始の日」欄には、消費税法第12条の3第1項に規定する特定新規設立法人に該当することとなった事業年度の開始の日を記載します。

②　「設立年月日」欄には、法人を設立した年月日を記載します。

③　「事業年度」欄には、法人の事業年度を記載します。

　なお、新規開業等の場合で設立1期目の事業年度が変則的なものとなる場合などは、2期目以降の通常の事業年度を記載します。

④　「事業内容」欄には、法人の事業内容を具体的に記載します。

⑤　イの①の欄には、法人の株式等の50％超を直接又は間接に保有する個人又は法人の氏名又は名称及び納税地を記載します。

　イの②の欄には、イの①の者が直接又は間接に保有する株式等の数又は金額を記載します。

　イの③の欄には、法人の発行済株式総数又は総額を記載します。

⑥　ロの欄の「納税地等」「氏名又は名称」「基準期間に相当する期間」「基準期間に相当する期間の課税売上高」には、イの①の他の者及び他の者が支配する法人（判定対象者）のいずれかの者のうち、基準期間相当期間の課税売上高が5億円を超えている者の納税地、氏名又は名称、基準期間に相当する期間、基準期間に相当する期間の課税売上高を記載します。

STEP 3

特定新規設立法人に係る特殊関係法人が解散した場合

　新規設立法人が、基準期間のない事業年度開始日において50％超の出資要件に該当し、かつ、他の者が支配する判定対象者に該当していた法人が、新規設立法人の設立の日前1年以内等に解散した場合であっても、その解散した法人の特定新規設立法人に係る基準期間のない事業年度開始日の基準期間に相当する期間の課税売上高が5億円を超える場合には納税義務が免除されません。

STEP 4

特定新規設立法人が調整対象固定資産を取得した場合

　特定新規設立法人が、基準期間のない各課税期間中に調整対象固定資産を取得し、原則課税により申告した場合には、3年間免税事業者となることはできず、簡易課税制度を適用することもできません。

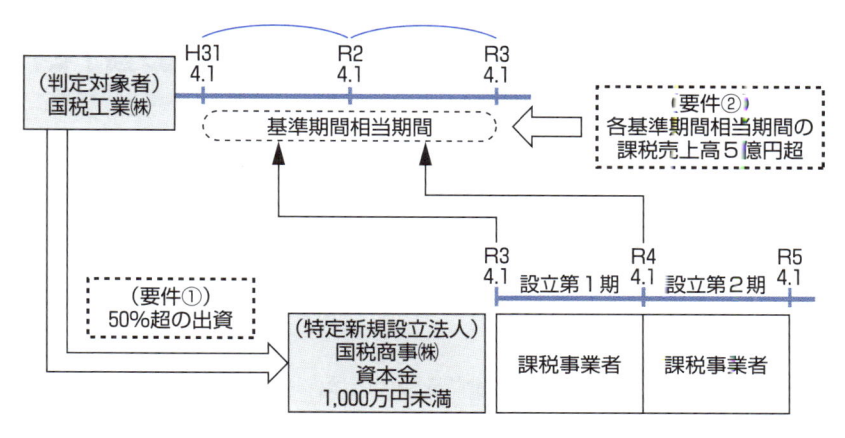

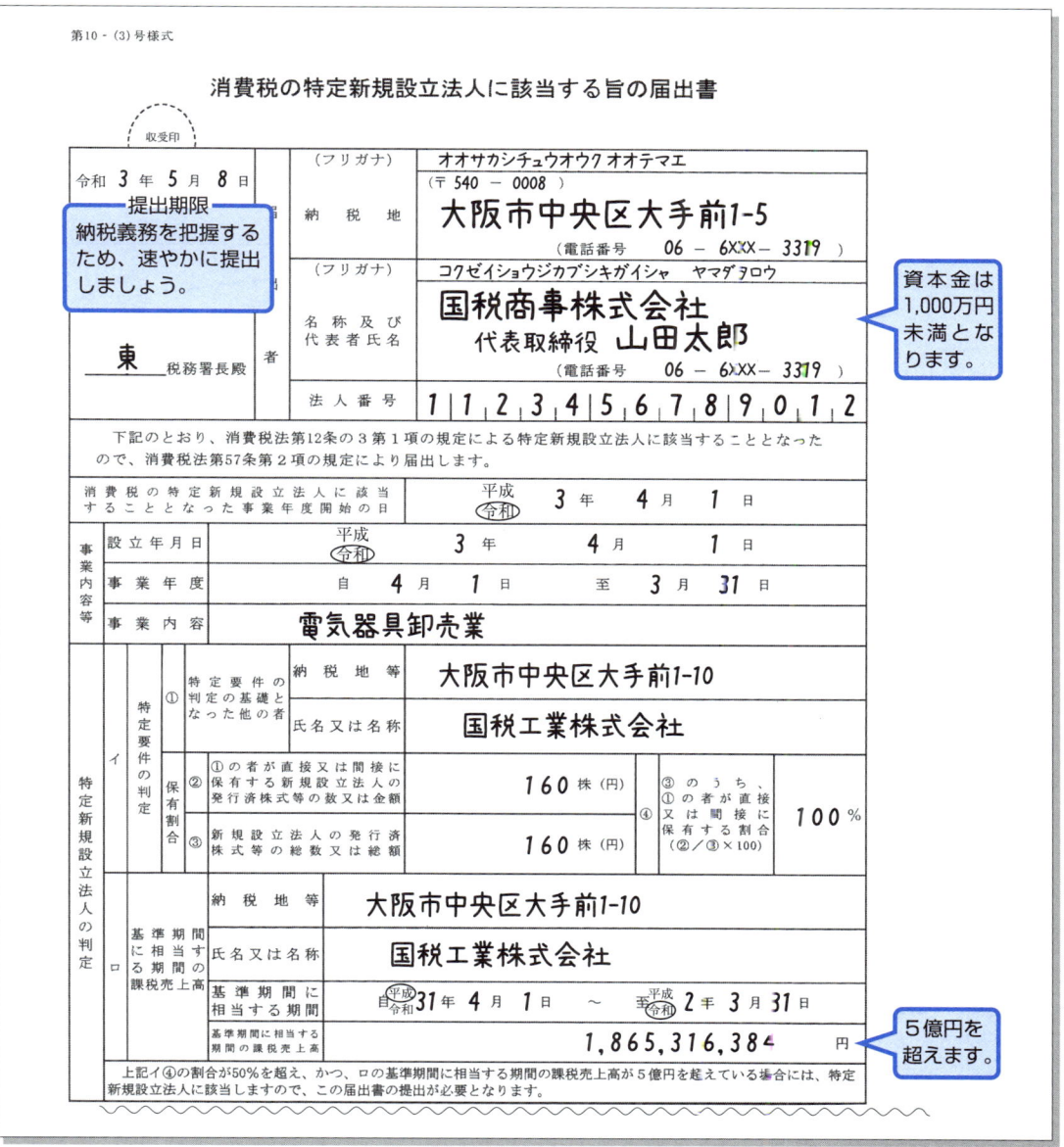

「任意の中間申告書を提出する旨の届出書」を作成する

STEP 1

概要（消法42⑧）

　中間申告義務のない事業者が、任意に中間申告をしようとする場合に提出します。

　なお、この届出書を提出した日以後にその末日が到来する六月中間申告対象期間から、中間申告及び納付をすることができます。（**No.56**参照）

　（1）　「六月中間申告対象期間」とは、その課税期間開始の日以後6か月の期間をいいます。

　（2）　任意の中間申告制度を適用する場合には、六月中間申告対象期間の末日の翌日から2か月以内に、中間申告書を提出するとともに、中間納付税額を納付する必要があります。

（注）中間申告書を提出したにも関わらず、納付が遅れた場合には、延滞税が発生します。

STEP 2

適用開始中間申告対象期間を記載する

　この届出書を提出した日以後にその末日が到来する六月中間申告対象期間を記載します。

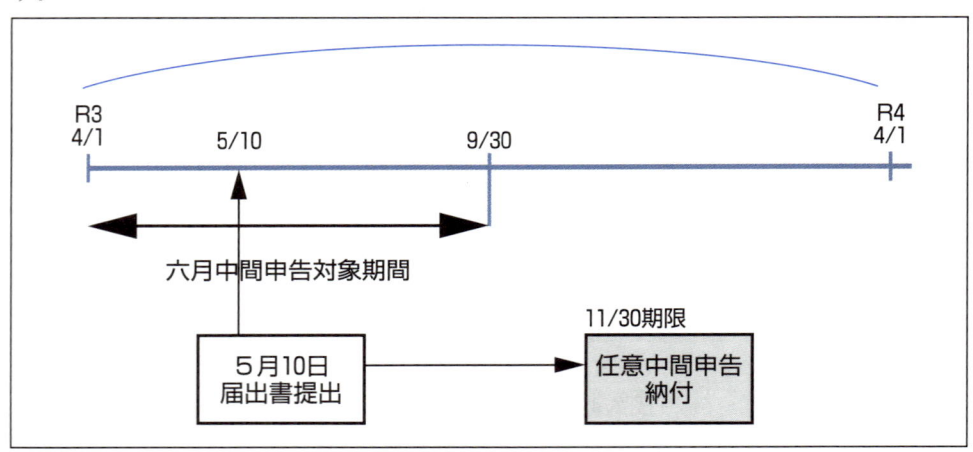

STEP 3

課税期間を記載する

　STEP2の中間申告対象期間を含む課税期間を記載します。

STEP 4

直前の課税期間及びその確定消費税額を記載する

　1．任意の中間申告を行う課税期間の直前の課税期間を記載します。

　2．この課税期間の確定消費税額（申告書「差引税額⑨」）を記載します。

STEP 5

月数按分額を記載する

　任意の中間申告を行う課税期間の直前の課税期間の確定消費税額を直前の課税期間の月数で除し、これに6を乗じて計算した金額が、中間申告及び納付する金額となります。

　また、中間申告対象期間を一課税期間とみなして仮決算により中間納付額を計算することもできます。

第26-(2)号様式

任意の中間申告書を提出する旨の届出書

収受印

令和 3 年 5 月 10 日

提出期限
任意に六月中間申告書を提出しようとする六月中間申告対象期間の末日まで

この届出書を提出した日以後にその末日が到来する六月申告対象期間から適用されます。

東　税務署長殿

届	（フリガナ）	オオサカシチュウオウク オオテマエ
	納　税　地	（〒 540 − 0008 ） 大阪市中央区大手前1-5 （電話番号　06 − 6xxx − 3319 ）
	（フリガナ）	
	住所又は居所 （法人の場合） 本 店 又 は 主たる事務所 の 所 在 地	（〒　−　） 同上 （電話番号　−　−　）
出	（フリガナ）	コクゼイショウジカブシキガイシャ
	名称（屋号）	国税商事株式会社
	法 人 番 号	1 1 2 3 4 5 6 7 8 9 0 1 2
	（フリガナ）	ヤマダ タロウ
者	氏　　名 （法人の場合） 代 表 者 氏 名	山田太郎
	（フリガナ）	トヨナカシシンセンリミナミマチ
	（法人の場合） 代表者住所	豊中市新千里南町2-59-9 （電話番号　06 − 6xxx − 0833 ）

　下記のとおり、中間申告書の提出を要しない中間申告対象期間につき、六月中間申告書を提出したいので、消費税法第42条第8項の規定により届出します。

①	適用開始中間 申 告 対 象 期 間	自 平成 （令和） 3 年 4 月 1 日　至 平成 （令和） 3 年 9 月 30 日
②	①の中間申告対象期間 を含む課税期間	自 平成 （令和） 3 年 4 月 1 日　至 平成 （令和） 4 年 3 月 31 日
③	②の直前の 課 税 期 間	自 平成 （令和） 2 年 4 月 1 日 至 平成 （令和） 3 年 3 月 31 日
④	③の課税期間 に お け る 確定消費税額	450,000 円
⑤	月 　数 　按 　分 （④×6／③の月数）	225,000 円

参 考 事 項		税理士 署 名	（電話番号　−　−　）

※ 税 務 署 処 理 欄	整理番号		部門 番号		番号 確認		通 信 日 付 印 年 　月 　日		確 認 印
	申請年月日	年 月 日	入力処理	年 月 日	台帳整理	年 月 日			

注意　1．裏面の記載要領等に留意の上、記載してください。
　　　2．税務署処理欄は、記載しないでください。

STEP 2　STEP 3　STEP 4　STEP 5

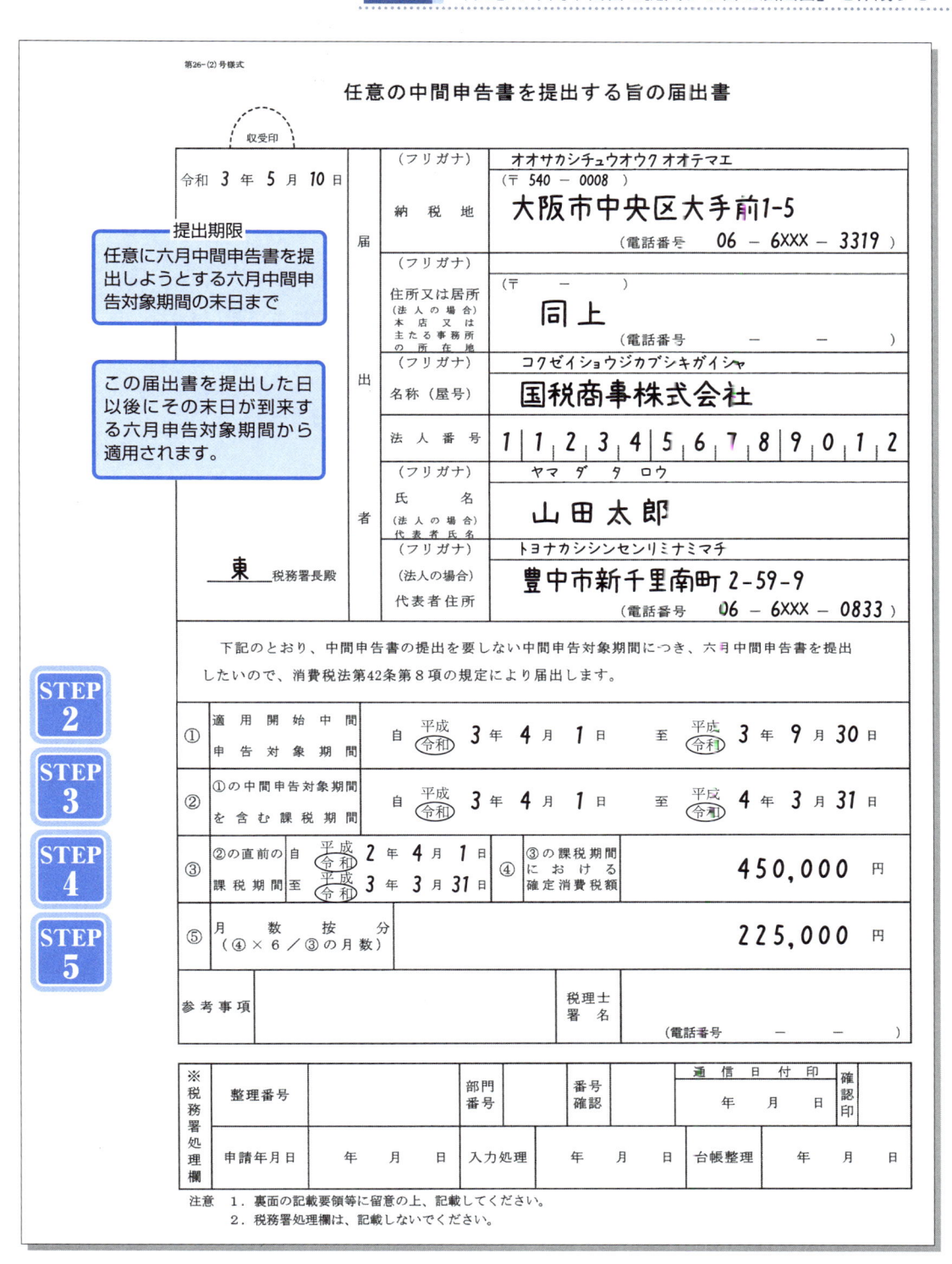

IX 届出書等を作成する

概要（消法42⑨）

　任意の中間申告制度を選択した事業者が、その適用をやめようとするときは、その旨を記載した届出書を、納税地の所轄税務署長に提出しなければなりません。（**No.56**参照）

適用開始中間申告対象期間を記載する

　任意の中間申告をやめようとする六月中間申告対象期間を記載します。

課税期間を記載する

　STEP2の中間申告対象期間を含む課税期間を記載します。

任意の中間申告書を提出する旨の届出書提出日を記載する

　任意の中間申告書を提出する旨の届出書を提出した日を記載します。

最初の中間申告対象期間を記載する

　任意の中間申告書を提出する旨の届出書を提出することにより、適用を受けることとなった最初の中間申告対象期間を記載します。

STEP 6

不適用のみなし規定

　任意の中間申告制度を選択した事業者が、その適用対象となる中間申告書をその申告期限までに提出しなかった場合には、その適用をやめる旨を記載した届出書の提出があったものとみなされます。

第26-(3)号様式

任意の中間申告書を提出することの取りやめ届出書

令和 3 年 8 月 25 日

収受印

提出期限
任意に六月中間申告書を提出することをやめようとする六月中間申告対象期間の末日まで

任意の中間申告の適用をやめようとするときにこの届出書を提出します。

東 税務署長殿

（フリガナ）		オオサカシチュウオウクオオテマエ
納税地		（〒540－0008） 大阪市中央区大手前1-5 （電話番号 06－6xxx－3319）
（フリガナ）		
住所又は居所 （法人の場合） 本店又は 主たる事務所 の所在地		（〒 － ） 同上 （電話番号 － － ）
（フリガナ）		コクゼイショウジカブシキガイシャ
名称（屋号）		国税商事株式会社
法人番号		1 1 2 3 4 5 6 7 8 9 0 1 2
（フリガナ）		ヤマダ タロウ
氏名 （法人の場合） 代表者氏名		山田太郎
（フリガナ）		トヨナカシシンセンリミナミマチ
（法人の場合） 代表者住所		豊中市新千里南町2-59-9 （電話番号 C6－6xxx－0833）

下記のとおり、消費税法第42条第8項の規定の適用を受けることを取りやめたいので、消費税法第42条第9項の規定により届出します。

①	この届出の適用開始 中間申告対象期間	自 平成・令和 3 年 4 月 1 日 至 平成・令和 3 年 9 月 30 日
②	①の中間申告対象 期間を含む課税期間	自 平成・令和 3 年 4 月 1 日 至 平成・令和 4 年 3 月 31 日
③	任意の中間申告書を提出する 旨の届出書の提出日	平成・令和 2 年 5 月 8 日
④	③の届出書により適用 を受けることとした最初 の中間申告対象期間	自 平成・令和 2 年 4 月 1 日 至 平成・令和 2 年 9 月 30 日

事業を廃止した日　平成・令和 年 月 日

個人番号
※事業を廃止した場合には記載してください。

参考事項

税理士署名　（電話番号 － － ）

※税務署処理欄	整理番号		部門番号	
	届出年月日	年 月 日	入力処理 年 月 日	台帳整理 年 月 日
	通信日付印 年 月 日	確認印	番号確認	身元確認 □済 □未済　確認書類 個人番号カード／通知カード・運転免許証 その他（ ）

注意 1．裏面の記載要領等に留意の上、記載してください。
2．税務署処理欄は、記載しないでください。

Ⅸ 届出書等を作成する

STEP 1

概要

　事業者が事業者免税点制度及び簡易課税制度の適用を受けない課税期間中に高額特定資産の仕入れ等を行った場合、又は高額特定資産である棚卸資産等について棚卸資産の調整措置の適用を受けた場合には、その高額特定資産の仕入れ等の日の属する課税期間又は棚卸資産の調整措置の適用を受けた課税期間から3年間は、事業者免税点制度及び簡易課税制度が適用されない特例が設けられています。（**No.80**、**81**参照）

　事業者がこの適用を受ける課税期間の基準期間の課税売上高が1,000万円以下となった場合に提出します。

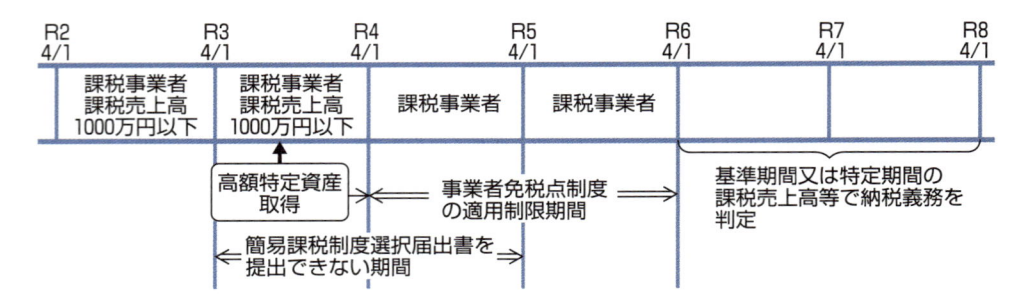

STEP 2

事業の内容・適用対象課税期間・基準期間及び基準期間の課税売上高を記載する

・届出者が行う事業の内容を記載します。

・この規定の適用により納税義務が免除されない課税期間で、その課税期間の基準期間の課税売上高が1,000万円以下となった課税期間を記載します。

・この届出の適用対象課税期間の基準期間及びその基準期間における課税売上高を記載します。

STEP 3

該当する資産の区分等を記載する

　高額特定資産又は自己建設高額特定資産の区分に応じ、それぞれ記載します。

① **高額特定資産**……高額特定資産の仕入れ等を行った日を記載し、内容欄には棚卸資産又は調整対象固定資産の別及び具体的な資産の内容を記載します。

② **自己建設高額特定資産**……「自己建設高額特定資産の仕入れ等を行った場合に該当することとなった日」には、自己建設高額特定資産について、その資産の建設等に要した仕入れ等の対価の額の累計額が1,000万円以上となった日を記載します。

　建設等が完了する予定時期を記載し、内容欄には棚卸資産又は調整対象固定資産の別及び具体的な資産の内容を記載します。

※棚卸資産の調整措置の適用を受けた場合…「高額特定資産の仕入れ等の日」・「自己建設高額特定資産の仕入れ等を行った場合に該当することとなった日」には、棚卸資産の調整措置の適用を受けた課税期間の初日を記載します。

第5－(2)号様式

高額特定資産の取得等に係る課税事業者である旨の届出書

収受印

令和 3 年 8 月 30 日

提出期限
納税義務を把握するため、速やかに提出しましょう

東＿税務署長殿

届出者	（フリガナ）	オオサカシチュウオウク オオテマエ
	納 税 地	（〒 540 － 0008 ） 大阪市中央区大手前1-5 （電話番号　06 － 6XXX － 3319）
	（フリガナ）	コクゼイショウジカブシキガイシャ　　ヤマダタロウ
	氏 名 又 は 名 称 及 び 代 表 者 氏 名	国税商事株式会社 代表取締役 山田太郎
	法 人 番 号	※ 個人の方は個人番号の記載は不要です。 1 1 2 3 4 5 6 7 8 9 0 1 2

下記のとおり、消費税法第12条の4第1項又は第2項の規定の適用を受ける課税期間の基準期間の課税売上高が1,000万円以下となったので、消費税法第57条第1項第2号の2の規定により届出します。

1,000万円以下となります

届出者の行う 事業の内容	電気器具卸売業

STEP 2

この届出の適用 対象課税期間	※消費税法第12条の4第1項又は第2項の規定が適用される課税期間で基準期間の課税売上高が1,000万円以下となった課税期間を記載してください。 自 令和 4 年 4 月 1 日　　　至 令和 5 年 3 月 31 日

上記課税期間の 基 準 期 間	自 平成 令和 2 年 4 月 1 日 至 平成 令和 3 年 3 月 31 日	左記期間の 課税売上高	9,876,543 円

STEP 3

該当する資産の 区 分 等 該当する資産の区分に応じて記載してください。	☑ ①高額特定資産 （②に該当するものを除く）	高額特定資産の仕入れ等の日 平成 令和 3 年 8 月 20 日	高額特定資産の内容 調整対象固定資産 太陽光発電設備
	□ ②自己建設高額特定資産	自己建設高額特定資産の仕入れ等を行った場合に該当することとなった日 平成 令和　　年　　月　　日	
		建設等の完了予定時期 平成 令和　　年　　月　　日	自己建設高額特定資産の内容

※消費税法第12条の4第2項の規定による場合は、次のとおり記載してください。
1 「高額特定資産の仕入れ等の日」及び「自己建設高額特定資産の仕入れ等を行った場合に該当することとなった日」は、「消費税法第36条第1項又は第3項の規定の適用を受けた課税期間の初日」と読み替える。
2 「自己建設高額特定資産」を、「調整対象自己建設高額資産」と読み替える。

参 考 事 項	

税 理 士 署 名	（電話番号　　　－　　　－　　　）

※ 税務署処理欄	整理番号		部門番号		番号確認		
	届出年月日	年　月　日	入力処理	年　月　日	台帳整理		年　月　日

注意　1．裏面の記載要領等に留意の上、記載してください。
　　　2．税務署処理欄は、記載しないでください。

50音順項目索引

(この索引は、項目をすべてその読みがなで50音順に並べたものです。)

402

監修者略歴

杉田　宗久 （すぎた　むねひさ）

昭和30年　大阪府生まれ
昭和52年　帝人株式会社入社
平成元年　税理士登録
平成2年　杉田会計事務所開設
平成14年度〜16年度　税理士試験委員
事 務 所　大阪市西区西本町1−3−10 信濃橋富士ビル
著　　書　「STEP式　法人税申告書と決算書の作成手順」（共著）
　　　　　「役員給与の税務Q＆A」
　　　　　「「中小企業の会計に関する指針」ガイドブック」（共著）
　　　　　「税務ハンドブック」「相続税ハンドブック」（コントロール社）など

著者略歴

石原　健次 （いしはら　けんじ）

昭和33年　大阪府生まれ
昭和62年　高木康之税理士事務所勤務
昭和63年　税理士登録
平成2年　石原健次税理士事務所開設
平成30年　税理士法人DSA代表社員
平成21年度〜23年度　税理士試験委員
事 務 所　大阪市天王寺区上汐3−2−17
　　　　　コモド上汐ビル502号

松田　昭久 （まつだ　あきひさ）

昭和37年　大阪府生まれ
平成3年　税理士登録
平成12年　松田昭久税理士事務所開設
平成30年　税理士法人DSA代表社員
事 務 所　大阪市天王寺区上汐3−2−17
　　　　　コモド上汐ビル502号

田部　純一 （たべ　じゅんいち）

昭和47年　大阪府生まれ
平成18年　税理士登録
平成19年　田部純一税理士事務所開設
事 務 所　大阪市天王寺区勝山4−11−1−1203

三野　友行 （みの　ともゆき）

昭和50年　大阪府生まれ
平成21年　細野俊明税理士事務所勤務
平成24年　税理士登録
事 務 所　大阪市天王寺区上本町5−2−14

田中　信大 （たなか　のぶひろ）

昭和47年　大阪府生まれ
平成18年　税理士登録
平成18年　田中信大税理士事務所開設
平成27年　税理士法人TENWA代表社員
事 務 所　大阪市北区浪花町14−33
　　　　　OMビル401号

令和3年版 STEP式 消費税申告書の作成手順

2021年10月20日　発行

監修者　杉田 宗久

著　者　石原 健次／松田 昭久／田部 純一／三野 友行／田中 信大 ©

発行者　小泉 定裕

発行所　株式会社 清文社
　　　　東京都千代田区内神田 1 - 6 - 6（MIFビル）
　　　　〒101-0047　電話 03（6273）7946　FAX 03（3518）0299
　　　　大阪市北区天神橋 2 丁目北 2 - 6（大和南森町ビル）
　　　　〒530-0041　電話 06（6135）4050　FAX 06（6135）4059
　　　　URL https://www.skattsei.co.jp/

印刷：㈱廣済堂

ISBN978-4-433-71611-0

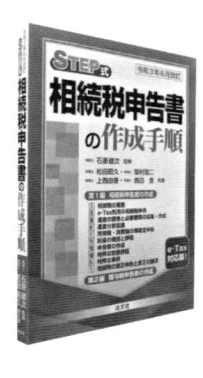